方尖碑
OBELISK

探知新视界

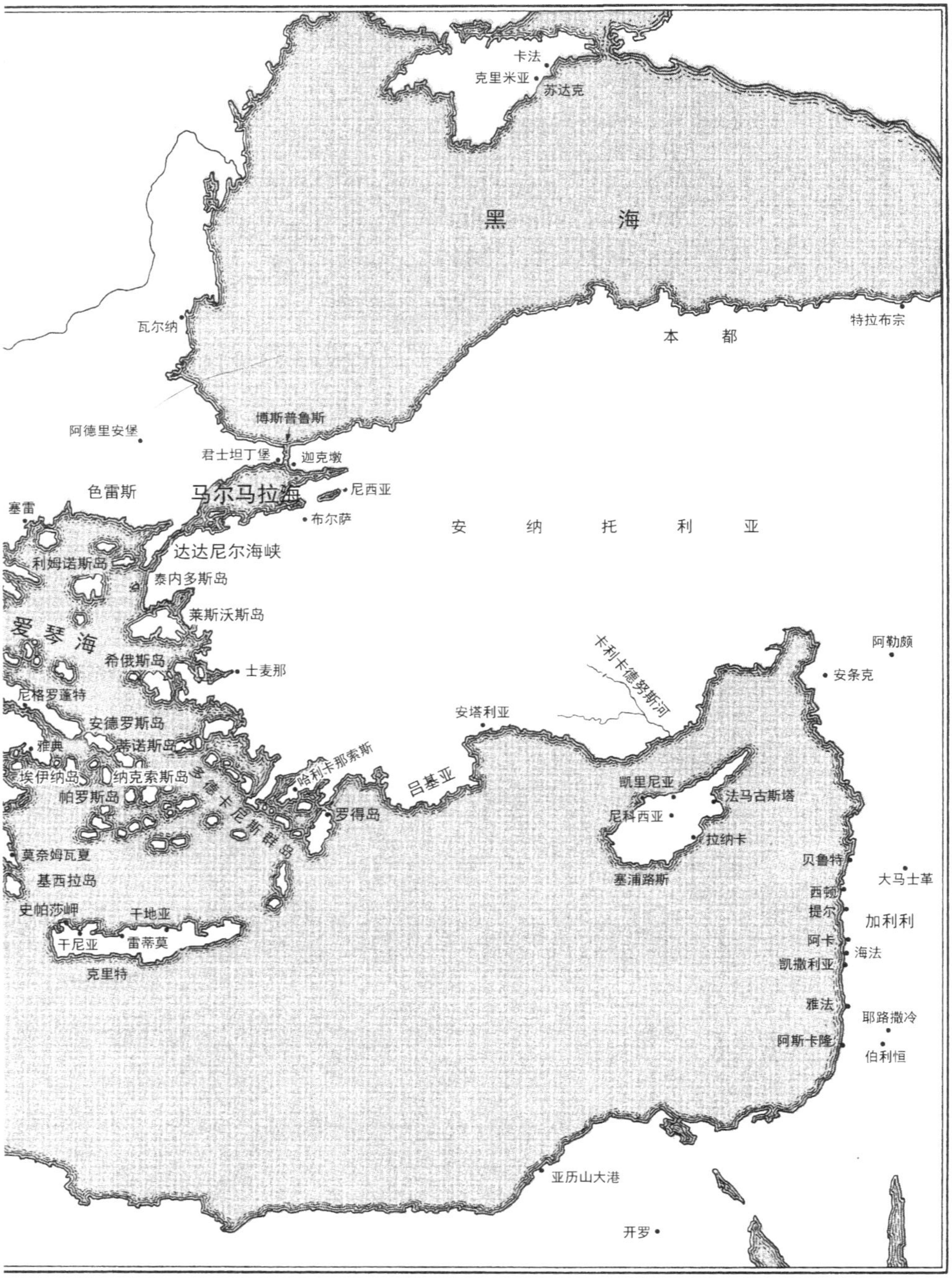

卡法
克里米亚
苏达克
黑　　海
瓦尔纳
本　都
特拉布宗
阿德里安堡
博斯普鲁斯
君士坦丁堡
迦克墩
色雷斯
马尔马拉海
尼西亚
塞雷
布尔萨
安　纳　托　利　亚
达达尼尔海峡
利姆诺斯岛
泰内多斯岛
莱斯沃斯岛
爱琴海
希俄斯岛
士麦那
阿勒颇
卡利卡德努斯河
安条克
尼格罗蓬特
安德罗斯岛
安塔利亚
雅典
蒂诺斯岛
哈利卡那索斯
埃伊纳岛
纳克索斯岛
多德卡尼斯群岛
吕基亚
凯里尼亚
法马古斯塔
帕罗斯岛
罗得岛
尼科西亚
拉纳卡
莫奈姆瓦夏
贝鲁特
大马士革
基西拉岛
塞浦路斯
西顿
史帕莎岬
提尔
加利利
干地亚
阿卡
海法
干尼亚
雷蒂莫
凯撒利亚
克里特
雅法
耶路撒冷
阿斯卡隆
伯利恒
亚历山大港
开罗

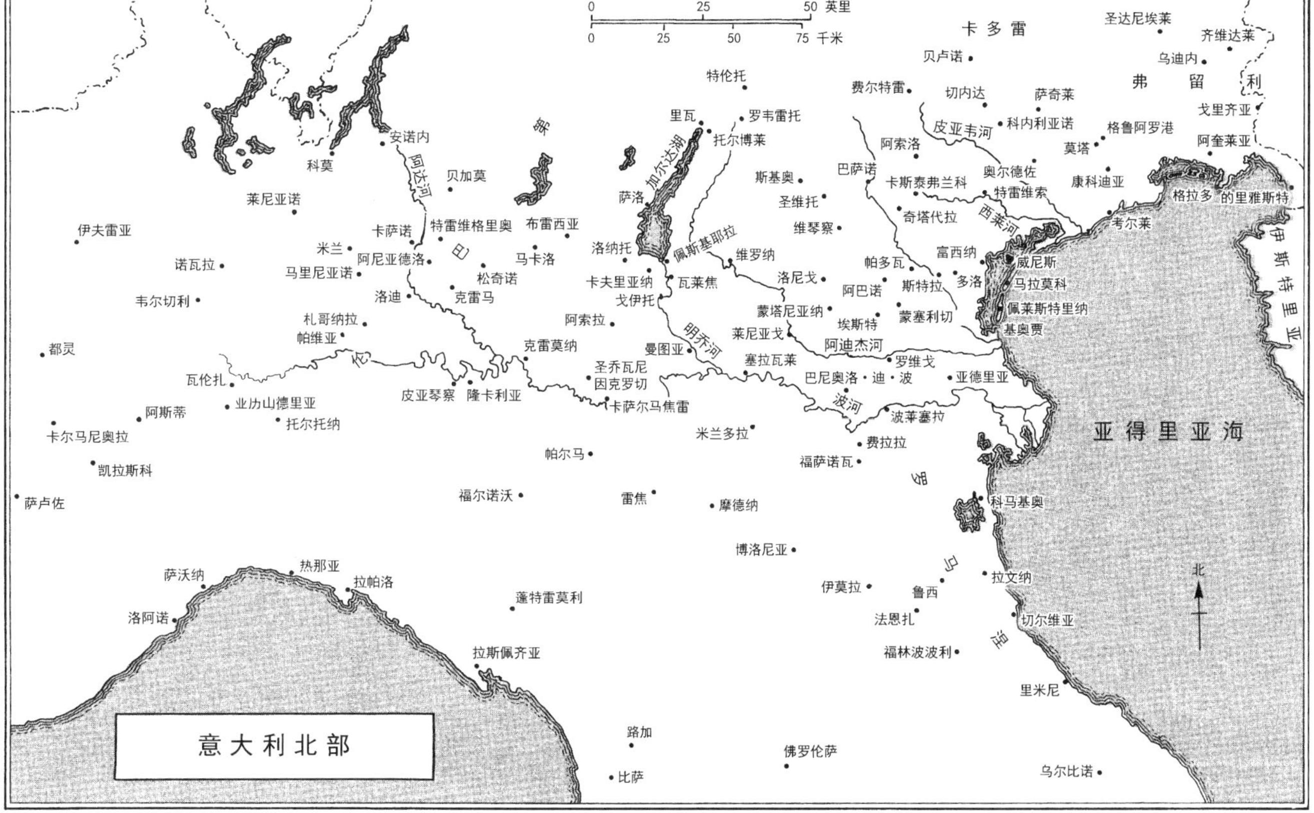
意大利北部
亚得里亚海
伊斯特里亚
卡多雷
弗留利
伦巴第
罗马涅
0 25 50 英里
0 25 50 75 千米
北
圣达尼埃莱
齐维达莱
乌迪内
贝卢诺
费尔特雷
切内达
萨奇莱
科内利亚诺
皮亚韦河
格鲁阿罗港
戈里齐亚
阿奎莱亚
莫塔
康科迪亚
格拉多
的里雅斯特
考尔莱
特伦托
里瓦
罗韦雷托
托尔博莱
阿索洛
巴萨诺
奥尔德佐
卡斯泰弗兰科
特雷维索
奇塔代拉
西莱河
斯基奥
圣维托
维琴察
富西纳
威尼斯
马拉莫科
佩莱斯特里纳
基奥贾
帕多瓦
多洛
斯特拉
阿巴诺
蒙塞利切
埃斯特
洛尼戈
维罗纳
蒙塔尼亚纳
莱尼亚戈
阿迪杰河
罗维戈
亚德里亚
巴尼奥洛·迪·波
波河
波莱塞拉
费拉拉
福萨诺瓦
米兰多拉
塞拉瓦莱
曼图亚
明乔河
圣乔瓦尼因克罗切
卡萨尔马焦雷
加尔达湖
萨洛
佩斯基耶拉
洛纳托
卡夫里亚纳
瓦莱焦
戈伊托
阿索拉
克雷莫纳
科莫
安诺内
阿达河
贝加莫
莱尼亚诺
卡萨诺
特雷维格里奥
布雷西亚
马卡洛
米兰
阿尼亚德洛
马里尼亚诺
松奇诺
克雷马
洛迪
札哥纳拉
帕维亚
伊夫雷亚
诺瓦拉
韦尔切利
都灵
瓦伦扎
皮亚琴察
隆卡利亚
阿斯蒂
亚历山德里亚
托尔托纳
卡尔马尼奥拉
凯拉斯科
萨卢佐
帕尔马
福尔诺沃
雷焦
摩德纳
博洛尼亚
伊莫拉
鲁西
法恩扎
福林波波利
科马基奥
拉文纳
切尔维亚
里米尼
乌尔比诺
佛罗伦萨
路加
比萨
蓬特雷莫利
拉斯佩齐亚
热那亚
拉帕洛
萨沃纳
洛阿诺

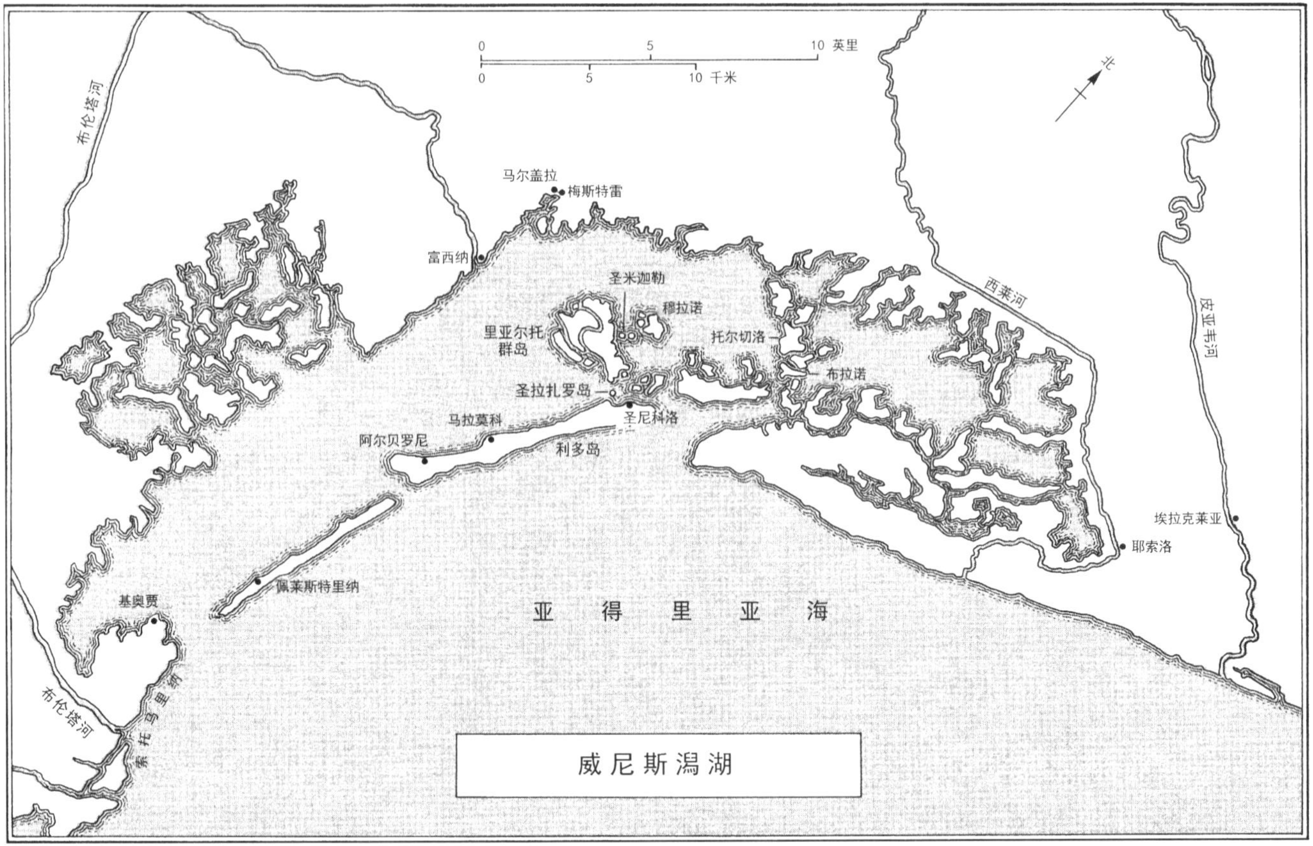
0 5 10 英里
0 5 10 千米
北
布伦塔河
马尔盖拉
梅斯特雷
富西纳
圣米迦勒
穆拉诺
里亚尔托
群岛
托尔切洛
布拉诺
圣拉扎罗岛
圣尼科洛
马拉莫科
阿尔贝罗尼
利多岛
西莱河
皮亚韦河
埃拉克莱亚
耶索洛
佩莱斯特里纳
基奥贾
索托马里纳
亚得里亚海

威尼斯潟湖

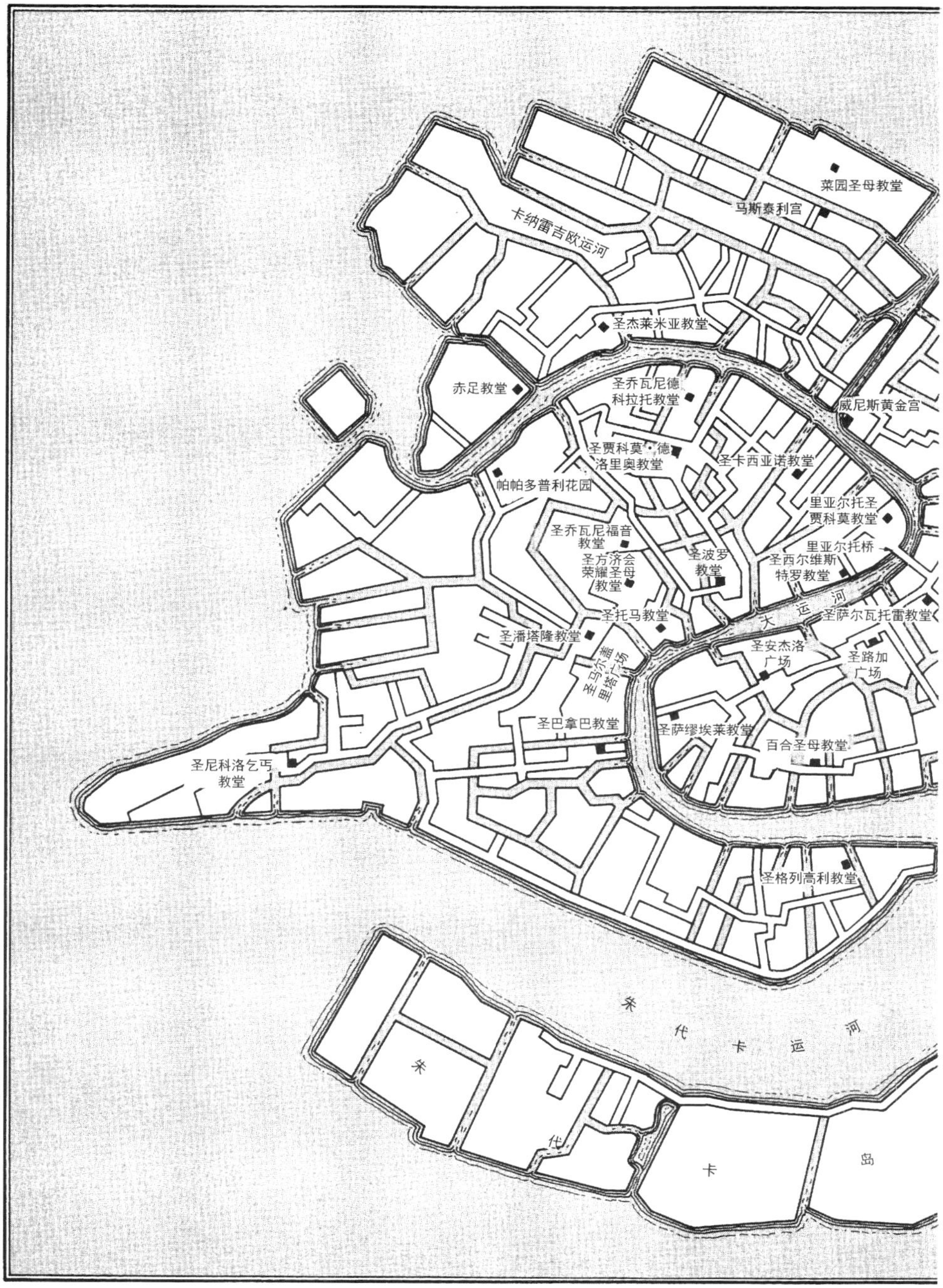
菜园圣母教堂
马斯泰利宫
卡纳雷吉欧运河
圣杰莱米亚教堂
赤足教堂
圣乔瓦尼德
科拉托教堂
威尼斯黄金宫
圣贾科莫·德
洛里奥教堂
圣卡西亚诺教堂
帕帕多普利花园
里亚尔托圣
贾科莫教堂
圣乔瓦尼福音
教堂
里亚尔托桥
圣方济会
荣耀圣母
教堂
圣波罗
教堂
圣西尔维斯
特罗教堂
大运河
圣萨尔瓦托雷教堂
圣托马教堂
圣潘塔隆教堂
圣安杰洛
广场
圣路加
广场
圣马尔盖
里塔广场
圣巴拿巴教堂
圣萨缪埃莱教堂
百合圣母教堂
圣尼科洛乞丐
教堂
圣格列高利教堂
朱代卡运河
朱代卡岛

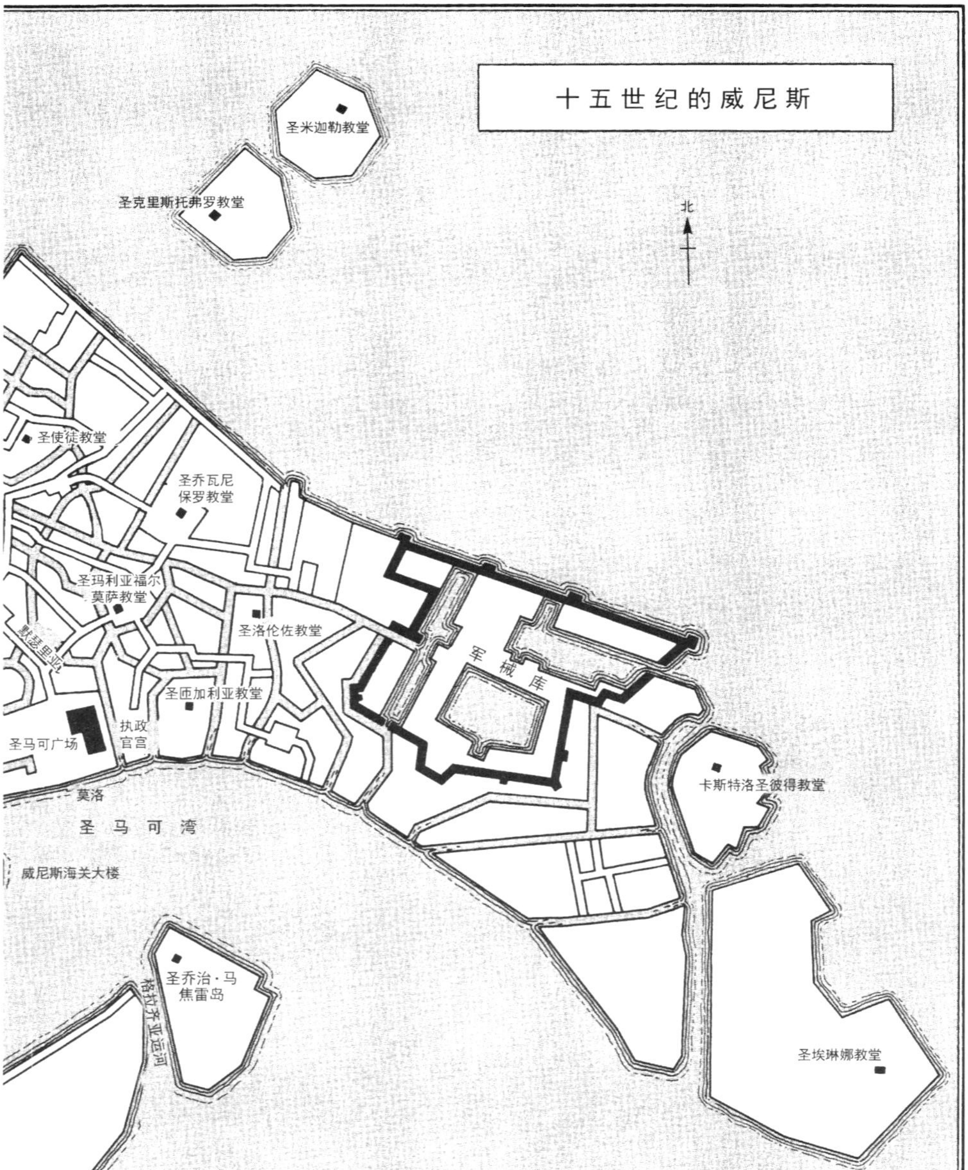
十五世纪的威尼斯
北
圣米迦勒教堂
圣克里斯托弗罗教堂
圣使徒教堂
圣乔瓦尼
保罗教堂
圣玛利亚福尔
莫萨教堂
默瑟里亚
圣洛伦佐教堂
军械库
圣匝加利亚教堂
执政
官宫
圣马可广场
莫洛
圣马可湾
卡斯特洛圣彼得教堂
威尼斯海关大楼
圣乔治·马
焦雷岛
格拉齐亚运河
圣埃琳娜教堂
0
500
1000 码
0
500
1000 米

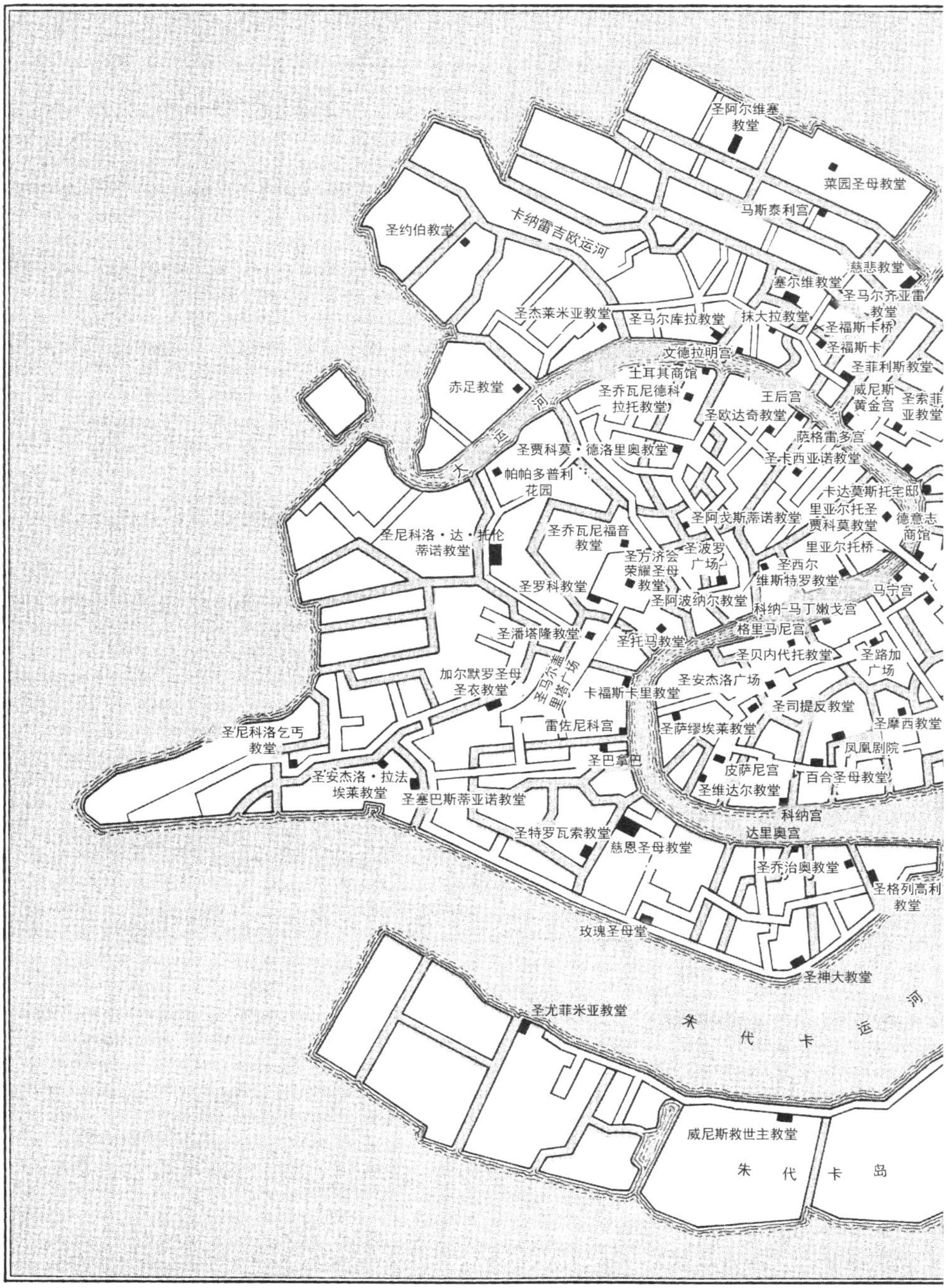
圣阿尔维塞教堂
菜园圣母教堂
马斯泰利宫
卡纳雷吉欧运河
圣约伯教堂
慈悲教堂
塞尔维教堂
圣马尔齐亚雷教堂
圣杰莱米亚教堂
圣马尔库拉教堂
抹大拉教堂
圣福斯卡桥
圣福斯卡
文德拉明宫
圣菲利斯教堂
土耳其商馆
赤足教堂
圣乔瓦尼德科拉托教堂
王后宫
威尼斯黄金宫
圣索菲亚教堂
圣欧达奇教堂
大运河
萨格雷多宫
圣贾科莫·德洛里奥教堂
圣卡西亚诺教堂
帕帕多普利花园
卡达莫斯托宅邸
圣阿戈斯蒂诺教堂
里亚尔托圣贾科莫教堂
德意志商馆
圣尼科洛·达·托伦蒂诺教堂
圣乔瓦尼福音教堂
圣波罗广场
圣方济会荣耀圣母教堂
里亚尔托桥
圣西尔维斯特罗教堂
圣罗科教堂
马宁宫
圣阿波纳尔教堂
科纳-马丁嫩戈宫
圣潘塔隆教堂
圣托马教堂
格里马尼宫
圣马尔盖里塔广场
圣贝内代托教堂
圣路加广场
加尔默罗圣母圣衣教堂
圣安杰洛广场
卡福斯卡里教堂
圣司提反教堂
圣萨缪埃莱教堂
圣摩西教堂
雷佐尼科宫
圣尼科洛乞丐教堂
圣巴拿巴
凤凰剧院
圣安杰洛·拉法埃莱教堂
皮萨尼宫
百合圣母教堂
圣塞巴斯蒂亚诺教堂
圣维达尔教堂
科纳宫
圣特罗瓦索教堂
达里奥宫
慈恩圣母教堂
圣乔治奥教堂
圣格列高利教堂
玫瑰圣母堂
圣神大教堂
圣尤菲米亚教堂
朱代卡运河
威尼斯救世主教堂
朱代卡岛

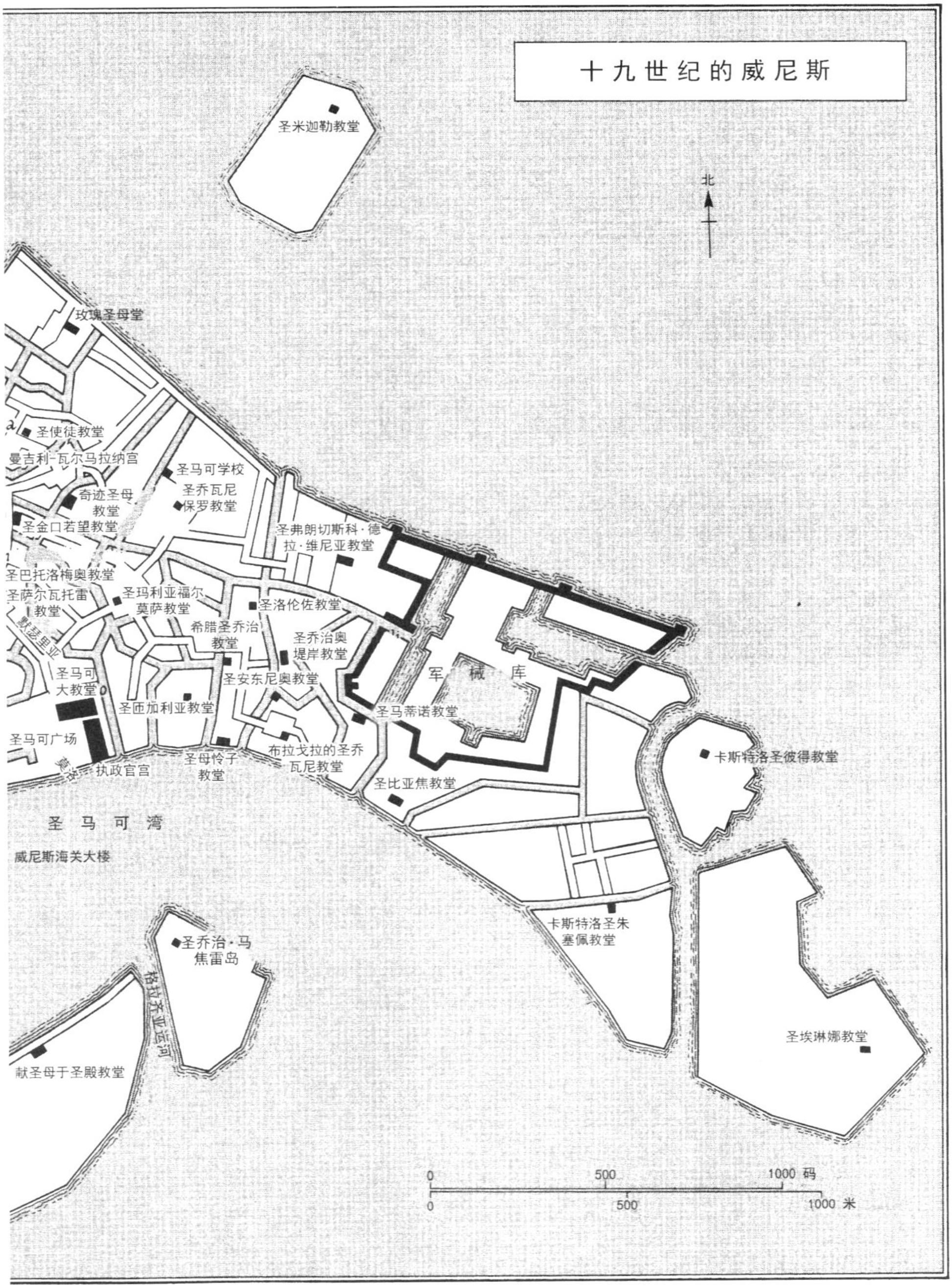
十九世纪的威尼斯
北
圣米迦勒教堂
玫瑰圣母堂
圣使徒教堂
曼吉利-瓦尔马拉纳宫
圣马可学校
奇迹圣母教堂
圣乔瓦尼保罗教堂
圣金口若望教堂
圣弗朗切斯科·德拉·维尼亚教堂
圣巴托洛梅奥教堂
圣萨尔瓦托雷教堂
圣玛利亚福尔莫萨教堂
圣洛伦佐教堂
默瑟里亚
希腊圣乔治教堂
圣乔治奥堤岸教堂
军械库
圣马可大教堂
圣安东尼奥教堂
圣匝加利亚教堂
圣马蒂诺教堂
圣马可广场
莫洛
执政官宫
圣母怜子教堂
布拉戈拉的圣乔瓦尼教堂
卡斯特洛圣彼得教堂
圣比亚焦教堂
圣马可湾
威尼斯海关大楼
圣乔治·马焦雷岛
卡斯特洛圣朱塞佩教堂
格拉齐亚运河
圣埃琳娜教堂
献圣母于圣殿教堂
0 500 1000 码
0 500 1000 米

目　录

致　谢

在完成拙作的漫长时间中，我得到许多英国和威尼斯朋友的鼓励和帮助。然而有一些人情债，我必须单独鸣谢。我将特别致谢莫莉·菲利普斯，为其在插图和参考文献整理上不倦而宝贵的工作。以及乔·林克斯，他自己便是一本有史以来最令人愉悦的威尼斯专著作者，我感谢他借出参考书籍，并且以敏锐的眼光对本书校样进行了审阅。我由衷感谢彼得·莱斯罗普·劳瑞森，他的博学多识使得一些棘手的问题迎刃而解。感谢琼·柯蒂斯和尤菲·斯考特耐心细致地多次录入我这份难以辨认的手稿。感谢芭芭拉·雷诺兹允许我在第二章中使用她所翻译的阿里奥斯托墓志铭版本。感谢道格拉斯·马修斯和莎拉·马修斯负责本书的索引部分，以及同时鸣谢玛丽莲·佩里、菲利普·朗沃思和约翰·本。我对此书唯一的遗憾就是，获得这本单卷版《威尼斯史》的读者没有机会一睹我妻子安妮为该书最早分两卷出版的英文版所设计的可爱护封。

我在伦敦图书馆的阅读室内完成了几乎整本书的写作，我对图书馆每一位优秀的员工铭感五内。

导　言

我初次对威尼斯的体验十分短暂，但这座城市给我留下了非常强烈而鲜明的印象。我父母在 1946 年的夏天带我到威尼斯，尽管仅仅在那儿停留了几个小时，但我依然能感受到——并不是记得，而是**感受**——这座城市在我十六岁的头脑中留下的强烈印象。在我父亲一贯的认知和坚持下，我们一行人仅去了圣马可大教堂与哈利酒吧，剩下的时间则在城中漫步或乘贡多拉泛舟河上。我下意识地吸收了威尼斯给我的最精华的、完全偶然性的一课，那是可怜的拉斯金为他那些环绕着执政官宫的卷叶式浮雕与叶形雕饰尖头忙忙碌碌时从未体会到的：比起其他任何地方，威尼斯作为一个整体要远远伟大于城市各个部分的简单总和。无论城市中那些教堂多么雄伟，那些宫殿多么壮丽，那些绘画多么耀眼夺目，此地至高的杰作始终是威尼斯本身。在其之中，哪怕是圣马可大教堂华贵夺目的宗教仪式，都不过是一些细枝末节。圣马可广场与广场边码头小广场的联系；圣乔治·马焦雷岛以绝佳角度正对着莫洛，展示其壮美风景；在一条运河河湾处的光影摇曳；河水拍打着贡多拉的船体；海的气息四处弥漫——为避免误解我要在此说明，除了海风吹过梅斯特雷和马格拉的时候，威尼斯可以说是欧洲最气味宜人的城市——这是这座城市最先被感受和了解到的东西。接下来是欣赏提香和丁托列托作品的时间。即便是卡尔帕乔也要暂时靠边站。

在我们漫步与泛舟的时候，我的父亲讲起威尼斯的历史。从他的讲述中我了解到，威尼斯不只是我所见过的最美的城市，它还曾经是一个国祚绵延千余年的独立共和国——这时期比我们如今与诺曼征服之间相距的时间还长——在这时期的大部分时间里，威尼斯是地中海的霸主，东西方交通最重要的十字路口，文明世界最富庶也是最繁荣的商业中心。父亲告诉我，大海不但在威尼斯动荡多难的兴起之际保护它，并且自始至终庇护着这座城市，使其成为意大利唯一一座不曾被侵占、蹂躏或摧毁的城市——直到自诩为“威尼斯共和国的阿提拉”的拿破仑在一场报复性的持续动乱中永远终结了共和国的历史。我父亲承认威尼斯独特的政府体系是严厉的，有时甚至十分残酷，但他同时相信，虽然长期以来历史学家对此多有不实的非议，但威尼斯政府在公平正义方面运作得远比欧洲其他地方要好。出于这些原因，他决心有朝一日要亲笔撰写一本威尼斯史来进行纠正。

就在到达威尼斯那日，在夜幕降临，大运河华灯初上之际，我们便启程离开。我从未在离开一座城市时感到如此不舍。不过第二年我们重返威尼斯，并且逗留了更长时间。我开始自己探索这座城市，并发掘出日后我生命中的一个重要乐趣：在威尼斯夜晚的街巷穿行。夜里十一点钟，街道杳无人迹，只有猫在四处游荡；只有偶尔几个普通灯泡为城市照明，但这亮度很好；只有我自己的脚步声与目所不见之处时而响起的潺潺水声打破寂静。通过二十余年前的漫步，我爱上了这座城市。我走过它，从此深爱它。

我父亲于 1954 年新年去世。虽然遗下的威尼斯相关藏书数量可观，还有一些笔记，但他长期规划的威尼斯史依然没有动笔。时至今日，撰写威尼斯史的必要性于我来说要更甚于他当年。对这座城市拼命挣扎求存的公开宣传力度正逐渐加强，然而除去过剩的美妙旅游指南、描述性散文、艺术与建筑考察和对特定时代的历史研究，整个二十世纪，我只知道有一部时代连贯的英文版威尼斯共和国通史（而且它在篇幅上太短了）。诚然十九世纪倒有几部这样题材的作品，然而以我或有偏颇的标准来看，它们或是不够准确，或是行文不忍卒读——实际上往往多半两者兼备。

因此，这本书就是一个填补“完整讲述威尼斯历史”的尝试。本书将从威尼斯朦胧模糊如在雾中的起源，讲到令全欧洲感到悲伤的那一日，执政官卢多维科·马宁将执政官帽缓缓从头上取下交给秘书，喃喃着他再也用不着它为止。这不是件轻松的任务。这项任务有许多问题，其中最棘手的一个涉及研究威尼斯的历史学家所主张的观点，这观点来源于共和国本能的恐惧，并且随着时间推移逐渐累积成一种病症，它表现在共和国与个人崇拜之间极其微弱的联系上。任何人研究这类命题时，迟早会发现他自己正热切地望向意大利大陆，望向美第奇和马拉泰斯塔、维斯孔蒂与德拉·斯卡拉、斯福尔扎与博尔吉亚和贡扎加家族这些超凡高傲的人物们的盛会。相较之下，那些在威尼斯被反复提及、如雷贯耳的名字，则更让人想起宫殿建筑而非人物，我们亦很难从威尼斯刻板而毫无特性的十人议会所发布的法令与审议中发现多少人情味。

本书撰写过程中的另一个困难在于时常出现的使人离题的诱惑，即更多地讨论绘画和雕塑、音乐和建筑、服饰、习俗和社会生活——尤其是十八世纪的社会生活通过人为所达到的复杂精致程度，恐怕只有三个世纪前的威尼斯军旅生活可以与之媲美。（卡萨诺瓦和卡尔马尼奥拉，谁更脱离现实？谁的形象更悲剧化？或者说，关于这两者的结局，哪一个更荒谬可笑？）我尽我所能去抵抗这种诱惑，虽然我意识到自己做得并不完全成功，特别是涉及建筑的方面。这些题材的书籍如今已经十分丰富，它们行文专业，附有大量插图，而且就我当前的工作来说，需要撰写的篇幅已经够长了。

通常来说，拥有比较久的平静时光是很好的，但事实上，威尼斯的历史总是表现为极端的多事之秋和极端的清净无事。威尼斯的早期岁月，基础资源匮乏，时常矛盾丛生，这段时间很快就可以被覆盖过去，但随着共和国的重要性逐渐提升，局面就变得愈来愈复杂。之后的一个时期，以十三世纪拉丁帝国对君士坦丁堡的占领和威尼斯打下商业帝国的基础为开端，到十六世纪法国人对意大利长期而卑劣的干涉，导致威尼斯痛苦地看到整个欧洲文明社会都在和它作对为止。这段时间充满了事故动乱，充满了复杂纠纷，有时我甚至怀疑自己能否完成撰写工作，或者是否有读者愿意去阅读它。然后，历史的脚步突然放慢了，当发现本书较后部分给予一个世纪时段的篇幅竟然少于本书中间部分配给一个十年期的量，读者们也许会惊奇地扬起眉，然后松一口气，推断出作者已经筋疲力尽的结论。我必须指出，所有研究威尼斯共和国政治史的学者们，无论他们国籍为何，以及在哪一个时期撰写作品，都曾受到过这样的猜测。而真相其实十分简单：相较于过去，十七世纪共和国的政治生活确实风平浪静，而至少在威尼斯共和国覆亡之前，十八世纪发生的事件甚至更少于前一百年。然而我还需要数年的工作，进度才能达到这令人高兴的一步。

这些困难的问题已然存在，但更难的则是如何解决它们。首先需要提及的是威尼斯的特性，它独异于意大利的其他名城，以希腊的方式产生、成长。这样一来，它拥有世界上最美妙绝伦的拜占庭式教堂就绝非偶然了，这座教堂如今依然被用于基督教的宗教礼拜，并有一位宗主教留驻其中主持活动。威尼斯脱离对君士坦丁堡的依附之后很久，它依然背向意大利，坚决地唯东方马首是瞻。意大利大陆上那噩梦一般的政治纠葛，无论是产生于教宗派（归尔甫派）与皇帝派（吉伯林派），还是封建领主与市民社团，没有一项影响到威尼斯这座城市。此时威尼斯屈尊俯就所做的事，最终使它开拓出一个大陆帝国，而这座城市获得的名声则基于其模糊暧昧的特性。

其次，这座城市本身具有恒久不变的美质。潟湖保护着威尼斯，使其在共和国最终灭亡前不受任何外来侵略者染指——以及在当下隔绝机动车带来的更潜在威胁——这使得威尼斯始终得以保留它曾在加纳莱托，甚至是在卡尔帕乔与真蒂莱·贝利尼的时代所展现给世人的大致风貌。这显而易见的巨大成就随着时间的流逝，对任何一座城市而言都是种非凡的现象；而当这城市成为世界上最美的一座，这现象就成了一个奇迹。对历史学家来说，威尼斯亦是天赐之福，无论如何，它比欧洲其他任何地方都更能使人想象出一个与他们在更早时代的研究主题相关的更为清晰鲜活的图景。

但撰写这本书并不是一份用想象力完成的工作，对此我努力维持着严格的自控状态。另一方面，这并不是一份研究深奥学术的工作，本书的时间跨度迫使我无论如何都必须以叙事体推动进展，同时几乎没有可供我详细分析的机会。我唯一难得的享受是偶尔可以参考与被描述事件直接相关的威尼斯现存建筑与纪念碑。除此之外，我唯一的目标就是尽可能准确并连贯地讲述威尼斯的故事，对此我唯一遗憾的是具有这项要求的任务落在我而非我父亲的肩上，后者也许在二十五年以前就已经比我更为出色。

在时局变化或者是新纪元开始之际，大批平民移民拥入一个国家并不罕见。在这里，一个数百土瓦兹[1]宽的沙洲的堤坝上，一群逃亡者建立了一个没有领土的国家。要让大量人口生活在松散的沙滩上，此地必须有植被、饮用水、材料及建筑空间。于是这些人勉力生存，加固脚下土地所需的产业，直到其成为第一个拥有合法政府的现代国家，直到其派出羽翼未丰的舰队，去颠覆一个庞大的帝国，获取拜占庭的财富。这些逃亡者和他们的后代维持了意大利的政治平衡，他们借助海洋统治这里，使周围的所有国家成为他们国家的支流，最终使欧洲兼并它们的努力付诸东流：值得注意的是，这可能是人类智慧的进步。

——达吕，《威尼斯共和国史》

1　Toise，法国的旧长度单位，相当于 1.949—2 米。——译注

I

第一部分

从蛮族入侵到第四次十字军东征

问：什么是海洋？

答：使人躲避危险之物。

——阿尔昆的教义问答

1

开　端

（至公元 727 年）

那少数心怀恐惧的人
远远逃开他，他曾夸口
他的马蹄踏处寸草不生，
这些人造就了威尼斯。就像水鸟，
他们将住所建筑在海浪之上；
当风从他们迁移的地方吹来，无论北方或南方
沙砾便游移不定
于是人们要确保脚下的土地稳固，不再动荡。
仿佛从海洋深处升起，
这座大都会充满闪耀的塔尖，
以及精心修饰的剧院与大教堂；
这般明亮壮丽的景色，这样一块自治的土地，
它存在于人类之中的岁月最为久长。

——塞缪尔·罗杰斯

潟湖产生了威尼斯，并静静地环绕着它。在其周边地区，没有一座

城市的环境能够保留如此多它诞生时的原貌。无论是从海上，还是从陆路穿过堤道，甚至是从空中抵达威尼斯的旅行者，在最初的威尼斯人为自己选择的平坦荒凉的茫茫水面以及芦苇和沼泽之上极目远眺时，每次都会更强烈地被威尼斯最早的居民们开创的这份伟业以及他们的蛮勇所打动。这是一个奇妙的世界，这个有着约两百平方英里海水水域的威尼斯潟湖区，大部分地方水深不过齐腰，足够一个人涉水而过，然而几个世纪以来，沿着其中纵横交错的较深海峡，威尼斯航运业开辟出了前往广阔外海的道路。这片海域中众多沙洲星罗棋布，它们由布伦塔河、西莱河以及诸如波河和阿迪杰河一类更大的河流从阿尔卑斯山携带的淤泥冲积而成；数不清的标杆与木桩被成行插入砂质海床，用来标记肉眼不可见的要素——龙虾笼与渔场，船难遗骸与缆绳，停泊处，浅滩，以及水上巴士定时往返于威尼斯城与离岛之间的推荐航线。不知为何在任何光线下，潟湖的海水都显现出一种缺乏色彩的状态，它没有深邃到呈现出地中海中部那种鲜艳饱满的、天鹅绒般柔和的蓝色，也没有显现出亚得里亚海水域所特有的那种收敛的绿色。然而，当白昼渐短的秋日傍晚，水面在雾蒙蒙的低垂夕阳下仿佛油画般闪耀时，那景象简直美不胜收，甚至使人们对那些着迷于他们壮丽城市的伟大威尼斯画家们感到惊讶，他们对周边环境产生的兴趣竟然如此之少。这与荷兰人可能对此产生的反应简直有天壤之别！不过话说回来，威尼斯画派的风格本质上是欢乐的，而潟湖所有的美展现出的是难以言表的悲哀。有人会提出疑问：有哪一个理智的人会离开肥沃丰饶的伦巴第平原，身处这瘴气弥漫、沼泽遍布的荒地，在满是沙砾与茅草，消遣物仅有水流和潮汐的小岛屿上建立一个定居点，遑论一座城市呢？

这问题只有一个答案，因为只有一个足够有力的动机导致了这看起来极不合理的行动——恐惧。威尼斯最初的建造者们是一群担惊受怕的人。他们最初来自哪里无关紧要，或许他们来自伊利里亚，尽管有个同荷马一样古老的传说认为这些人是安纳托利亚人的后裔，他们的祖先在特洛伊覆灭后西逃至此。然而差不多在公元400年，威尼斯的历史开始之际，在帕多瓦、阿尔蒂诺、康科迪亚以及阿奎莱亚等一连串罗马帝国沿亚得里亚海北部与西北海岸建设的壮观城市内，它的建设者们或许正享受着富裕优雅的生活，他们从潟湖获得食盐和新鲜鱼类，但除此之外就没有什么了。

如果有机会，这些人毫无疑问会继续这样的生活。然而在五世纪初期，蛮族铁蹄席卷而来。哥特人在他们的领袖阿拉里克率领下最先到来，于公元402年袭击了阿奎莱亚，并一路在伊斯特里亚和威尼西亚的富庶省份抢掠焚烧，震骇意大利全境。城镇里的人在蛮族到来之前纷纷逃散，去那些之前条件糟糕和人迹罕至的地方寻求庇护，这样一来敌人就无心亦无力再去那儿追击他们。因此，来到潟湖内的岛屿上就是最明智的选择。逃难到那儿的人相信，来自中欧内陆的野蛮人既缺乏船只，也欠缺海洋方面的知识，如果运气好的话，蛮族会忽视他们，转而将注意力投向大陆上更丰富、更诱人的战利品。他们是对的。之后的数年内，更多批侵略者跟着蜂拥而来，间歇性地席卷亚平宁半岛，于是愈来愈多的逃亡者穿越海峡和浅滩以求安全。公元410年，阿拉里克将罗马洗劫一空，十一年后，在公元421年3月25日周五的正午，威尼斯这座城市正式成形。

无论如何，威尼斯古老悠久的传说四处流传。然而令人遗憾的是，根据被当作传说依据的文件，威尼斯的建立更有可能离不开三位领事官的来访。此三人被帕多瓦派遣，要去里亚尔托的岛屿上建立一个贸易点。这个使节团很有可能曾经登上岛屿，甚至可能像文件所断言的那样，建立起一座奉献给圣雅各的教堂来庆祝此事。[1]不过可以肯定，帕多瓦人没怎么试着继续进行早期殖民，然而对提供了如此精确得可怕的日期的岛民来说，要萌发出独立的主体意识还为时尚早。在五世纪前半叶，岛民中只有一小部分将他们自己视为岛上的永久居民。每当一波蛮族人的侵掠过去，大部分人就会回到他们的家园——或者说侵略者留给他们的断壁残垣——试图重建旧的大陆生活。直到后来他们的后代才意识到，过去的生活已不能重来。

哥特人的袭扰只是一个开始。公元 452 年，匈王阿提拉，这更凶猛、更残酷的灾星到来了，他冷酷无情地挥军横扫北意大利，身后沿路留下满目疮痍。他同样袭击了阿奎莱亚，该城英勇地打了三个月的保卫战，直到围困它的匈人开始不习惯这样的抵抗，打算放弃攻城，转向攻击那些更易征服的受害者。然而某日阿提拉巡视城墙时，偶然抬头发现一群年轻的鹳带着它们的幼鸟飞离了城市。“他捕捉到了这一幕”——吉本的话语十分令人信服——“出于政治家敏锐的洞察力，这一微不足道的小插曲碰巧为迷信所用”，阿提拉将这情景当作阿奎莱亚在劫难逃的确实信号指点给他的将士们。在这种方式的鼓励下，匈人重整旗鼓，一两天后，这座曾经是罗马帝国第九大都会的城市就被掳掠得如同一只空贝壳了。

在这之后，更多城镇和庄园遭受相似的命运，前往威尼斯的难民潮也在不断增加。很多人继续选择在危险过去后重返大陆，但还有很多人发现新生活比他们想象中宜人，于是决定留下。故而在大陆的情势恶化的同时，岛上的聚居点成长起来，逐渐欣欣向荣。公元 466 年，不同聚居社区的代表在格拉多共聚一堂，目的是通过他们每年各自选举出的保民官来制定一个初步的自治政府体系。在此阶段，这个体系还只是一个松散的组

1 这个传说成了里亚尔托圣贾科莫教堂宣称自己是威尼斯最古老教堂的根据。不过这座教堂现存建筑的年代不会早于十一世纪。

织，甚至其范围并不仅限于今日为我们所知的威尼斯，譬如格拉多就位于六十英里外阿奎莱亚正南方属于它自己的潟湖区内。然而这个彼此关系疏远的议会却比其他任何事物都要明确地标志着，以这个缓慢的宪制进程作为开端，威尼斯共和国终于开始发展演化。

诚然，自治政府与独立还是有所不同的。但是地理上的隔绝状态使早期威尼斯居民得以在政治上超脱于震荡不安的意大利本土持续产生的剧变。甚至西罗马帝国的覆亡与帝国不谙世事的末代皇帝，年轻的罗慕路斯·奥古斯都路斯被蛮族人奥多亚塞废黜这件事，在潟湖之内亦未引起多大波澜。等到奥多亚塞转而被东哥特的狄奥多里克推翻，即便是狄奥多里克本人，也不太确定他可以指望威尼斯人的顺服到什么程度。狄奥多里克朝廷的杰出官僚卡西奥多鲁斯曾在公元523年亲自执笔，从位于拉文纳的首都寄给“海上的保民官们”一封信，对于例行的政府公务来说，信件文辞实在是略有谄媚之虞。“伊斯特里亚收获了酒和橄榄油，”卡西奥多鲁斯写道，

> 今年的产量尤其丰裕，国王下令它们需被安全地运抵拉文纳。因此我冀望你们全速运送货物到此处，以表达你们的忠诚。因为你们在这个地区拥有许多船只……以及某种意义上说，你们将驶过你们祖辈生活过的国土。除了其他上天给予的恩典，还有一条安全的道路向你们开放；当狂风呼啸，大海阻挡你们之际，你们可以沿那些最讨人喜爱的河流溯流而上。你们的船不必害怕暴风的吹袭，因为它们常常紧靠着岸边前行。在穿过田野的时候，船体经常隐没不见。有时候你们需要用缆绳牵引船只，而另一批人则用脚来进行协助……
>
> 你们过着海鸟般的生活，栖身的住所像基克拉泽斯群岛一样四散

分布于水面之上。虽然只依靠柳条和篱笆来保证它们所支撑的土地的坚固性，但你们仍毫不犹豫地以如此脆弱的屏障来对抗大海的狂暴。你们的人民拥有一笔巨大的财富——海中鱼类可以满足所有人的需要。在你们之中没有贫富差异，你们吃同样的食物，住宅相差无几。你们不知道这世界上其他地方的人对此有多么羡慕。你们将全部精力投诸盐田，盐田亦带来繁荣昌盛，使你们有能力购买所缺之物。因为对活着的人来说，可以对黄金无欲，但不可对食盐无求。

所以勤奋起来吧，修缮你们同拴在住所门外的马儿一般的船，然后快快动身……[1]

尽管卡西奥多鲁斯在上文中对威尼斯早期的居民做出了认可，但透过他天然华丽风格的文字，他留给我们的印象是明显无疑的：纵然这些古怪的水上居民对中央政府极有助益，但仍需小心应付。然而对我们来说，他这封信件的真正价值在于它最先展示了潟湖居民的生活。[2] 它亦展示出日后威尼斯的伟业所倚仗的两大支柱——商业力量和海上霸权——即使在当时就已有了不可动摇的地位。贸易行为业已深深融入威尼斯早期居民的血液。他们用浅底盘收集的盐不仅仅是有价值的商品，还可以被用于保存人们从周围的水中和沼泽地轻松张网捕捉到的鱼和猎物。到六世纪中叶，威尼斯的平底贸易驳船沿河行驶在意大利北部与中部的景象，对当时的人来说已是司空见惯了。

同样，威尼斯初期的海军也在逐渐成形。在狄奥多里克的时代，就

1 《杂录》，第十二卷，书信 24。

2 这重现六世纪威尼斯风貌的行为如果与加布里埃尔·邓南遮另一个距离今天更近，但不可避免地略欠可信的尝试相比较，想必会非常有趣。邓南遮充满强烈沙文主义色彩的作品《船》的时代背景便设置在公元 552 年的威尼斯。

我们所知，它们被召集的主要目的是承担不定期向拉文纳运输必需品的工作。但狄奥多里克为亚平宁半岛带来的和平在他死后并未持续太久。尽管他最初的入侵在拜占庭帝国的支持下进行，但狄奥多里克随后的统治则是全然的专政，他不能容忍来自君士坦丁堡或者其他任何地方的干涉。在他治下，意大利再也不是东罗马帝国真正意义上的一部分。更有甚者，狄奥多里克和追随他的臣民狂热地维护他们的阿里乌斯教派信仰。根据该派教义，耶稣基督并不是一个真正的、完全的神，而是一个纯粹的天父造物，并且因此地位仅次于他，这样的理论长期以来都被斥为异端，然而不幸的是，这个教派的教义被大多数蛮族人所接触到的第一批传教士所传播，在当时仍被几乎所有的欧洲部族所信奉。狄奥多里克本人是个宽容的君主，他保护各种不同的宗教信仰，并且颁布了对反犹主义判罚严厉的法令，但他臣民们的信仰最终使他们成为拜占庭帝国野心的攻击对象。因为此事，查士丁尼大帝在公元 535 年着手准备夺回帝国意大利遗产的大战役，皇帝将这一任务委任给他最具才干的将领，贝利萨留斯。

潟湖的居民们再一次保持，或者说他们目前仍有能力保持置身局外的立场。而这回出于不那么和平的目的，他们的船只再一次被紧急征召。公元 539 年，贝利萨留斯兵临拉文纳城下。威尼斯人被要求控制住他们的港口，准备对付任何可能携增援抵达的希腊船只，并且派出所有可供调用的较小型船去协助封锁敌人前往首都的路。

但拉文纳还是陷落了，意大利重新归入帝国版图；尽管距整个半岛重现和平还需要很多年，但威尼西亚和伊斯特里亚，这两个仍保持原有版图的罗马帝国昔日行省，已经准备好向他们的希腊新主人效忠。对这两地的居民来说这没什么困难可言。日常的事务管理一如往日掌握在他们自己选举的保民官手里，这些人同帝国朝廷的关系虽然疏远，却十分热情。公元

551 年，我们发现他们为贝利萨留斯的后继者，七旬宦官将领纳尔塞斯提供帮助，在洪水隔绝了拉文纳之后，将一个分遣队的伦巴第雇佣军通过海路送到了那里。作为回报，纳尔塞斯宣称将在里亚尔托的岛屿上修建两座教堂。一座以圣吉米尼亚诺与圣门纳命名——这两位圣人是十分奇妙的一对，这两者其一是摩德纳的主教，而另一位是遇难时间不详的弗里吉亚殉道者——可能就坐落于今日的圣马可广场正中；另一座的地址在现今圣马可大教堂内的圣伊西多尔小教堂，奉献对象是威尼斯的第一位保护圣人阿马西亚的圣狄奥多尔，现在还能在圣马可小广场西侧的那根圆柱上见到他和他龙形的鳄鱼。

威尼斯人在十二年间，以当时无疑是亚得里亚海最强的舰队两次对君士坦丁堡施以援手。他们可能因此被帝国的拉文纳总督（Exarch）和行省级别的统治者——大元帅（Magister militum）给予特别待遇，其中的一些在《阿尔蒂诺纪事》中得到了确定的暗示。《阿尔蒂诺纪事》成书于十二世纪，是本极其不合语法的、将史实和传说混为一谈的大杂烩，但不论它的存在对我们来说是更好还是更坏，这本书都是我们研究那段早期历史的基本文献之一。书中讲述了一个稍显断章取义的故事：查士丁尼大帝于公元 565 年去世，这导致了纳尔塞斯的失宠与撤职，他的后任朗基努斯随后对潟湖地区进行了一次正式的访问。在他到达之际威尼斯人送上的致辞值得在此加以引述：

上帝是我们的助力与保护，他使我们得以在这多水的沼泽生活，居住在木头和篱笆搭建的小屋内。因为我们从潟湖中建立起来的新威尼斯成了一个强大的聚居地，我们不害怕这世上任何国王与君主的侵略和占领，哪怕来自皇帝的也一样……除非他们从海上来，然而那里也正是我们的力量之源。

除去这些暗藏轻蔑的言辞，朗基努斯似乎得到了足够热情的接待，“伴随着钟、笛子，以及西特琴等其他乐器奏出的音乐，响亮到仿佛能盖过天堂的雷电之声”。随后，威尼斯大使同他一起返回君士坦丁堡，并带着威尼斯和拜占庭之间签订的第一份正式合约归来，为了回报威尼斯人的忠诚和在需要时提供的服务，合约确保了威尼斯得到军事保护和遍布帝国全境的贸易特权。

《阿尔蒂诺纪事》宣称朗基努斯有意避免要求任何正式的宣誓效忠，于是接下来的一千年内，本地的爱国主义舆论就坚称威尼斯从未彻底臣服于拜占庭帝国。前文中所引述的语句，在差不多时隔六个世纪后仍被抄录，更不用说被人铭记于心，不过在此有另一种对这类态度的反映。只有到了近几个世纪，拜占庭学者们才无情地审视当时留下的证据，不容置疑地认为：无论早期的威尼斯人是否乐于接受他们的特权，他们和大陆上那些不幸的邻居们一样，一直都是帝国完全意义上的臣民。独立性并非像民主制度一般，在威尼斯诞生之日起就奇迹般地降临；多年以来，它缓慢且有机地成长着，这或许正是威尼斯共和国得以延续如此长时间的原因。

众所周知，与宦官作对是十分危险的，如果传言可信的话，纳尔塞斯被免职一事不只是阐明了他在政治上的现状，还给威尼斯——事实上给整个意大利——带来了更严重的后果。这位老人曾无可挑剔地侍奉他的皇帝。尽管他已是可以期待舒适退休生活的高龄，纳尔塞斯仍然北上南下，转战全意大利，在一场接一场危急的战役中浴血奋战。即便公元553年他在维苏威火山山麓地带最终击败东哥特人之后，纳尔塞斯依然未竟全功。他立即开始从事整顿与重建的计划，直到十二年后被免职的打击在他八十七岁高龄时降临。在他被撤职之后，奇耻大辱接踵而至，因为纳尔塞斯已经不能算是真正的男人，索菲亚皇后便送给他一根金纺线杆，邀请他前往她侍女们所住的套房，并在那儿纺线。“我要将她像转纺线杆似的搅成一团糟，”据说纳尔塞斯这样咕哝道，“让她在有生之年都无法找到麻烦的尽头。”他立即派出信使，满载地中海的各种水果，去谒见在现今匈牙利境内的伦巴第国王阿尔博因，邀请他领军南下，前来这片出产丰饶的土地。

阿尔博因接受了这个邀请，公元568年，伦巴第人掀起了蛮族人最后一次，也是历时最久的对意大利的入侵。长长的难民队伍再一次从各大陆城市动身前往潟湖的聚居地，然而这一次有所不同的是，这些到来的难民不再是受惊的个别男女，不再保持着一种自我放逐的状态来等待较好的返回时期。这些人受够了随每一次新降下的人祸而愈发恶化的屠杀、抢掠与肆无忌惮的破坏。现在他们成群地到达威尼斯，往往一整个聚落一起行动。他们的主教作为领导者随行携带着圣物，人们准备等新家园中的教堂建成后，将它们安置在里面。这代表着对他们过去生活的一种象征性延续，是一种联系着过去和现在的有形纽带。

早期历史上，在此后伦巴第势力遍布意大利的七十年中，关于这些新移民的故事与传说相当丰富。举例来说，《阿尔蒂诺纪事》就记载了某城市的主教保罗如何听到天堂传来的声音命令他爬上附近的高塔顶端观星；同时天上的星辰如何指引主教看见——很可能是通过它们在水面反射的光形成的小径——必须带领他辖区所有教众前往的岛屿。他们在托尔切洛岛安顿下来，这座岛即是以主教曾经攀爬的那座“小塔”命名的。与此故事相似，在主教的带领下，即便并不总是有神圣的指引，阿奎莱亚人——阿奎莱亚这座城市在一个半世纪内已经是第三次变为废墟了——设法到达了格拉多，康科迪亚的居民到达了考尔莱，那些来自帕多瓦的人去了马拉莫科。最后，在皇帝希拉克略（Heraclius）当政的公元639年，伦巴第人占领了奥德尔佐，那里的居民与希腊人的地方行政班底一同逃亡到位于皮亚韦河河口尚存村落的奇塔诺瓦。奥德尔佐是拜占庭帝国威尼斯省在陆上的最后一个据点。自其陷落之后，除了在伊斯特里亚半岛的孤立一隅，这个曾经辉煌一时的行省被缩减成潟湖上的一些聚居点。奇塔诺瓦是它的地方首府，如今为了纪念皇帝而更名为赫拉克利亚（Heraclea）。但在人们眼里，托尔切洛至少具有与赫拉克利亚平起平坐的重要性，同样在 639 年，此地由皇帝希拉克略资助修建了一座纪念童贞圣母玛利亚的大教堂。文献记载教堂的地基如今依然存在，甚至可以辨认出相关拜占庭官员的名字：拉文纳总督伊萨克，以及他的大元帅莫里斯。而这座教堂本身如今以圣母升天圣殿[1]的名字为人所知。

对威尼斯共和国之后的历史来说，从伦巴第统治之下逃离的人群中，最为重要的也是最早的，是从阿奎莱亚前往格拉多的那一批。阿奎莱亚的主教教区传说是由圣马可本人建立的，因此它的大主教——不久之后得到了宗主教的头衔——在潟湖地区堪称至尊，拥有意大利的教会等级结构中仅次于罗马教宗的地位。然而在我们所讲述的年代，这份尊荣更近于理论层面而非实际，因为当时的大主教保利努斯尽管带领他的教众远离了异端（伦巴第人全都成了阿里乌斯派信徒），但几乎在同时，他又陷入了教派分裂的境地。令他与罗马决裂的历史和神学上的原因，历史上称为“三章分裂案”，不过这并不是我们需要在此特别纠结的内容。对我们的讲述目的来说最重要的是这件事造成的既成事实。从与教会相关的角度来说，威尼斯是伴随着教会的分裂诞生的。尽管格拉多大主教于公元 608 年回到罗马

---

1 这座教堂曾在公元 864 年和公元 1008 年两度重建，我们所见的正是第二次重建之后的教堂。教堂内极其华丽的马赛克画出现的时间还要略晚一些，大约在十二世纪至十三世纪。鉴于亚得里亚海海岸线的轮廓已经改变，当年的赫拉克利亚如今已经不复存在，无迹可寻。它或许曾经存在于如今名为赫拉克利亚的城镇东南数英里，靠近科尔泰拉佐的位置。

的阵营，教会分裂仍然又持续了近一个世纪。在老阿奎莱亚，格拉多大主教成了宗主教的对手，双方坚持谴责另一人是个欺世盗名的骗子，并互相你来我往地叫嚣要将对方逐出教会。最终这场争端尘埃落定，但是过去的团结一去不复返。阿奎莱亚和格拉多各自继续作为独立的教区存在着，前者的权威覆盖旧大陆行省领地，后者的势力覆盖了伊斯特里亚和潟湖地区。它们的互相提防从政治上和宗教上危害了威尼斯与大陆接下来几个世代的关系。不过那把圣马可曾端坐其上的古老主教宝座，虽然一度被格拉多宗主教所占据，但如今保利努斯和他的追随者到达后，却在他们新建的大教堂内被重新树立起来。这座教堂如今依然矗立。令人惊讶的是，这座教堂并不是被奉献给圣马可这位福音书的撰写者，而是被献给圣尤菲米亚的，她是一群名不见经传的阿奎莱亚本地贞女的领袖，在他启程后不久便在这座城市内殉道。至于圣马可与威尼斯之间的联系，则要等到他的遗骸在二百五十年以后被人从亚历山大港带回之后才被完全确认。

骤然接纳了如此多的永久住民拥入，威尼斯开始迅速地发展，但它在各种意义上都还不能算是一座城市。除了纳尔塞斯建造的两座教堂，以及包含了如今我们所知的威尼斯的里亚尔托群岛以外，在六世纪和七世纪，大部分区域仍然荒无人烟。在这个阶段，未来的共和国还只是一个岛屿聚落之间松散的联盟，这些聚居点散布在极其广阔的区域，除非它们的拜占庭统治者强行要求，否则彼此之间也没有达到有效统一的状态。甚至这个联盟被它的居民们始终如一地使用着的拉丁语名字，Venetiae[1]，都是复数形式。它仍没有一个真正的核心。赫拉克利亚是拜占庭的总督办公的所在

1 接受对这个名字来源的传统解释，是一件愉快但绝不简单的事。建筑师桑索维诺之子发表于公元 1581 年的作品《威尼斯：非凡的高贵城市》第十二卷，至今仍是描摹这座城市最伟大的作品之一。它这样写道："VENETIA 这个词代表的是 VENI ETIAM［重返］，这意味着无论你来威尼斯多少次，你都可以发现新事物，以及这座城市新的优美之处。"

地，格拉多则是宗主教的所在，这两个地方的规模都无异于一个大村镇。不过托尔切洛比它们都更繁荣，它被公认拥有作为商业中心的优势。但是随着时间流逝，邻居们对它的不满与日俱增。在个别的聚居点成长的过程中，这样的压力和重担或许在所难免，六世纪时曾经给卡西奥多鲁斯印象深刻的纯真无邪，似乎在七世纪的威尼斯人那儿存留得所剩无几了。根基稳固的保民官与新来的主教们往往倾向于质疑对方的权威，相邻聚落之间的分歧越来越容易导致公开斗殴，而拜占庭官方对此却无力控制。帝国势力在赫拉克利亚的存在阻碍了威尼斯人自行产生一位可以带来他们所需的凝聚力的领袖，倘若不是公元 726 年拜占庭在意大利的统治经历了最终使其垮台的危机，没人知道这难尽如人意的情况会持续多久。

这场危机开始于拜占庭皇帝利奥三世下令在他统治的疆域内破坏所有圣像。他的法令造成了直接且惨痛的影响。各地居民在愤怒中揭竿而起，诸多修道院更感到义愤填膺。在帝国的东部省份，圣像崇拜到达了极其严重的程度，在当地人施洗礼时，圣像经常会充当他们的教父与教母。因此针对这些地方的“净化行动”就不可避免，而利奥三世也得到了某种程度上的支持。但是在情况相对较为温和的西部省份，当地人的所作所为完全不应受到如此对待，于是他们愤怒地拒绝了皇帝的新法令。帝国的意大利省份受到教宗格列高利二世狂热的鼓动，转而反抗它们的主人。拉文纳总督保罗被暗杀，地方官员纷纷逃散。在整个地区范围内，从当地被招募的叛乱军队自行选出指挥官并宣告独立。在潟湖的众多聚落中，人们选择了来自赫拉克利亚，曾经担任过地方行政机关首脑的乌尔苏斯（Ursus）或称奥尔索（Orso），并授予此人执政官的头衔。

这最后的一步发展并无特别引人注意之处，几乎在同时，在其他很多叛乱的城镇发生着相同的事。使威尼斯有别于其他地方的是，奥尔索的任命日后成了一个延续千年颠扑不破的传统，他的头衔 Dux 被粗糙的威尼斯方言转化为 Doge，在共和国灭亡前，被他之后的 117 位继任者代代传承。

对威尼斯早期历史来说，最令人恼火的一个方面是事实与传说一次次地背道而驰。这是读者业已深知的一个倾向；若有人恰有机会阅读这类题材的英文作品，他就会了解到前文所描述的执政官制度，从前并不是被广泛认可的。如果相信了威尼斯是从自由中诞生的说法，你就无法同时接受一个反抗外国压迫者的叛乱理论。在被权威认可的版本中，公元 697 年，格拉多宗主教在赫拉克利亚召开了一个代表潟湖地区所有居民的全体大会。宗主教指出他们的内部争斗已经将这个国家的未来置于危险的境地，并提议威尼斯人应当从十二个保民官之中选出一个统治者。在与伦巴第国王利乌特普兰德签订了一份友好协议后不久，他们选择了一位叫保卢齐奥·阿纳法斯托的人来担任首任执政官。

就一个故事而言，它听上去倒像是可能真实发生的事。目前所知最早威尼斯史的假定作者，学者执事约翰认为，这个故事至少可以被追溯到十一世纪初，因为它如此古老，使人不得不肃然起敬。的的确确，在每一份执政官名单中，这位保卢齐奥的姓名都位列榜首。我们甚至可以给他想象出一幅肖像画，以这幅画为开端，列位执政官的画像在执政官宫著名的大议会厅墙上排成长长的一列。不过令人遗憾的是，这个人物并不存在，至少他没有做过执政官，甚至都不是威尼斯人。当然威尼斯也没有同伦巴第的利乌特普兰德签订过任何协议。我们从原始资料中所知的全部信息，就只有一位名叫保利修斯的执政官员和他的大元帅马尔切卢斯两人负责确定赫拉克利亚附近的威尼斯边界线，而这条界线，后来也被伦巴第人所接受。我们知道，在这时期威尼斯是拜占庭的一个省份，因此从中唯一一个可以明确得出的合理推论就是，这位神秘的保利修斯不是别人，正是拉文纳总督保罗。他于公元 723 年就任，直到公元 727 年被叛乱者谋杀——执事约翰偶然提及，他认为保卢齐奥正死于那一年。身为帝国的总督，界定边界一事对保罗来说责无旁贷，作为一方军事大员的马尔切卢斯亦是如此。这位马尔切卢斯，同之前发生的情况相似，一厢情愿的猜想再次获得胜利，他最后以威尼斯第二任执政官的身份青史留名。威尼斯的史学家们，正像建造这座城市的建筑师们，在不稳固的流沙上打下了他们工作的基础。

2

初　显

（公元727—811年）

矮子丕平率军前行，
他的军队看起来所向披靡；
从波河河口的整片土地，
到佩莱斯特里纳的大海之滨；
丕平他在马拉莫科建起座浮桥，
被风吹被浪打东歪西倒，
攻打里亚尔托的军队掉进深深潟湖，
千军万马全都一命呜呼。

——阿里奥斯托，《疯狂的奥兰多》，第33节
（芭芭拉·雷诺兹英译）

拜占庭管辖的意大利地区反抗他们希腊主人的叛乱并没有持续太久。作为道德领袖的教宗格列高利，并不希望伦巴第异教徒的势力坐大。而且不久后人们便发现，利奥三世禁止崇拜偶像法令的条款不会，也不可能在帝国的西边当真强制推行。当人们冷静下来，不再怒火中烧后，他们似乎产生了这样一个共识：既然这个新建立的民主制度可以在个别城市保留下

来，那么还是让它继续存在，不过最好还是与拜占庭帝国保留着名义上的依附关系。因此，在几年之内，因起义而产生的执政官奥尔索被拜占庭方面授予执政官（Hypatos）的帝国头衔时，就并不令我们感到惊讶了。这个奥尔索引以为豪的执政官头衔，与他已经拥有的那个之间的区别，在于获得这个帝国头衔后，他的后代们都可以使用伊帕托（Ipato）这个从此头衔演化而来的姓氏。不论在政治层面出现了怎样的变化发展，威尼斯与君士坦丁堡在制度和情感上的纽带显然仍牢不可破。奥尔索不过是众多以拜占庭授予的尊称为傲的执政官中最早的一位。像“patricius”、“proedrus”和“spatharius”这样响亮的贵族称号常常出现，甚至有人怀疑它们在十世纪或更晚一些的时期被滥加使用。不久执政官的衣着就以帝国总督的，甚至皇帝的服饰作为样板，执政官的仪式亦刻意反映皇家惯例。在圣马可大教堂举办的周日礼拜仿效的是当时圣索菲亚大教堂的希腊礼拜仪式。不少拜占庭少女和她们的威尼斯新郎们扬帆向西前往威尼斯，而许多威尼斯人选择将儿子送往东方，在君士坦丁堡接受教育，完成学业。

然而从政治的层面上，帝国对威尼斯的控制减弱了。可以确定的是，虽然希腊人不会眼睁睁放弃，看着这样的事发生而不做任何补救，但显而易见的是，拜占庭帝国在北意大利的势力在逐步衰微。公元742年，奥尔索的儿子特奥达托——他有时更愿意被人用狄乌迪弟[1]这个有些卖弄学问意味的名字称呼——在短暂的过渡期后被选为威尼斯第二任执政官。与此同时，特奥达托将政府所在地从帝国色彩更浓的赫拉克利亚搬到了地理位置更靠近中心，也更倾向于共和政体的马拉莫科[2]，这样一来，他觉得自己事实上成了一个独立自主的统治者。

---

1 Deusdedit，意为“神赐”。——译注

2 老马拉莫科的位置与现在马拉莫科城镇的位置并不相同，它在利多岛东海岸更远的地方，于公元1105年被海水席卷一空（见第7章）。

拉文纳最终在公元 751 年被攻下，因此那块未被外来势力染指的空白地带——潟湖地区——就更显而易见，伦巴第人或许曾有过进军威尼斯、彻底填补这块空白的雄心壮志。但幸运的是，利乌特普兰德的继承人埃斯图尔夫国王心中有着更急迫的问题。就在同一年，阿尔卑斯山那一边的矮子丕平——铁锤查理的儿子——废黜了墨洛温王朝的希尔德里克国王，攫取了法兰克王国的宝座。旋即应教宗司提反三世之邀，丕平率军在极短时间内接连两次进入意大利，重创了伦巴第军队。自此之后，尽管丕平征服而来的大片领土被他赠予教宗司提反，从而打下日后教宗国与教宗世俗权力的基础，法兰克人仍然成了北意大利的控制者。然而威尼斯再一次幸免于战争，潟湖地区并不在被重新分配的土地之列，而法兰克人亦不急于将他们的势力向亚得里亚海周边扩展。直到六十年后总督制崩溃，威尼斯人才终于不得不组建起军事力量，保卫他们年轻的共和国。

但是，我们并不能就此断言八世纪的后五十年对威尼斯人来说，要比前五十年来得更和平。威尼斯或许已经找到了适合它的政府组织形式，但它的内部还并没有达到稳定与团结。村落与村落之间，甚至单一聚落之内都常有争执，爆发的导火索离他们并不遥远，人们往往因为家族世仇或者派系争斗而怒火中烧。特奥达托被他的继任者刺瞎废黜后，同他父亲一样死于非命，而对他施以暴行的这位继任者仅仅数年之后亦遭受了相似的命运。第四任执政官任职的时间稍长一些，但八年之后，他因为引起两位保民官的不满而被铲除了。保民官这个职位在此时每年进行选举，为的就是防止执政官滥用职权。

公元 764 年，在毛里齐奥 · 加尔巴约当选后，执政官在位短暂的情况得到了改善。他是一位出身良好的赫拉克利亚人，声称自己是古罗马皇帝加尔巴[1]的后裔，毛里齐奥的当选代表着前拜占庭时代古老传统的回归。他的敌人们，忠诚的共和政体拥护者和那些认为与崛起的法兰克王国建立紧密联系对威尼斯的繁荣最为有利的人，认定他是个反动的保守分子。到了公元778年，这些人对毛里齐奥的猜疑在这位执政官让他的儿子乔瓦尼和他进行共治执政时得到了确认。对尚在萌芽期的共和政体而言，这前所未有的一步无疑是非常危险的。特奥达托·伊帕托确实亦是子继父职，但他并非直接继任，而且无论如何，他的就职是被大众选举所认可的。而另一方面，乔瓦尼的荣升意味着他可以在父亲去世后自动取得执政官实权而不必通过他的臣民们的同意，甚至都不需询问他们的意见。老执政官为此费尽心力去请求君士坦丁堡皇帝的许可，但这对共和国居民来说也没起到多大的安慰作用。

这可是个坏兆头。令人瞠目结舌的不仅仅是毛里齐奥成功达成了他的目的，他的儿子乔瓦尼亦故技重施，于公元796年被准许让他的儿子与他共治，从而将威尼斯朝着世袭君主制的道路更推进一步。对此最可能的解释是威尼斯人厌倦了血腥的屠戮，转而寻求一个统治者能够平静地更迭、对日常生活和贸易扰乱最小的制度。这实在是无甚新奇，政权承继的顺畅度一直都是支持世袭的一方最有说服力的论点，而且在世上很多国家的实践中被充分证明。但这不意味着它适用于威尼斯，随后发生的事件很快就表现出这一点。

加尔巴约家族的第一位执政官，无论保守反动与否，还是做了很多当得起人民信赖的事。在其十一年的任期中，他优秀且有力地领导着人民。当威尼斯日渐繁荣，人口也逐日增多之际，人们慢慢扩散到潟湖中被

1 加尔巴约家族此后僭取了另一个名字，改称奎里尼家族。在这个名头下，他们在之后的历史中发挥了重要的作用。

早期居民因为这样或那样的原因忽略的岛屿上。特别是位于潟湖沙堤外围和大陆海岸正中间，从纳尔塞斯的时代起，就几乎处在荒废的状态的里亚尔托诸岛。这个地方的土地与其说是沙滩地，不如说更像一片泥泞，它们的周围环绕着浅滩，因而难以靠近，而且因为地势低洼，在亚得里亚海涨潮（这个现象被称作 acqua alta）之际，就很容易受洪涝之苦。在此之前，这些岛屿从未被认为具有可集中殖民的吸引力。但是它们处于优越的中心地理位置，对那些厌恶旧的居住地内无穷无尽争执的人们来说，这些岛屿提供了享受和平的机会与崭新的开始。因此，在八世纪的时候，建设这块地方突然开始变成一件郑重其事的工作。一开始建设的重心集中在东部的奥利沃洛岛，相传当年特洛伊人在特洛伊城毁灭之后逃难西来，在岛上建造了一座要塞，因此之后这个地区就以卡斯特洛（城堡区）这个名字为人所知。公元 775 年，执政官毛里齐奥在这成立了一个新的主教辖区，并将一座以圣巴克斯与圣塞尔吉乌斯命名的小教堂改造为奉献给圣彼得的主教座堂。[1]

同年老执政官去世，他的儿子小乔瓦尼就像先前预料的那样，将所有的权柄收入掌中。然而可惜，这个乔瓦尼·加尔巴约没继承到多少他父亲的天分，他被证明并没有应对意大利其他地区正在不断发展变化的时局的能力。在那些地方，法兰克人正在飞速巩固他们的地位，并展现出对共和国的独立日渐增长的威胁。矮子丕平死了，他的王位传给了儿子查理，即查理大帝。这位新国王将在此之前十五年人生的大部分时间都留在了意大

1 另有传说称选择此地的是圣彼得本人，他奇迹般地显现在赫拉克利亚主教面前并指示他去一块“可以见到一群公牛与羊群共同饲养之地”。这座卡斯特洛圣彼得大殿经过多次重建，最近的一次是在公元 1598 年，结果它成了一座不成功的仿帕拉弟奥式建筑。在威尼斯共和国存在期间，它一直都是威尼斯的主教座堂。直到公元 1807 年这个称号才转移给圣马可大教堂，在那之前，圣马可大教堂都只不过是执政官宫的礼拜教堂。

利。在这段时间内，他对威尼斯人怀有由衷的厌恶之情，因为他有充分的理由怀疑他们从奴隶贸易中获得暴利，这位法兰克国王还一度向教宗呼吁要采取主动措施来对付威尼斯人。对教宗本人来说，自从矮子丕平打败伦巴第人之后，他便将自己视作意大利半岛上一块面积相当可观土地的主人，但在事实上，他却完全依靠法兰克王国来占据和保卫这片土地。教宗的亲法兰克政策自然而然地受到大多数拉丁教士的支持，因此在威尼斯长期存在着两个传统的宗教派系的情况下，又出现了第三股力量。威尼斯旧有的两个派系，尽管有过度简化之嫌，可以被划分描述为赫拉克利亚的亲拜占庭派，和另一个共和制下的马拉莫科派，而第三派中包含了很大比例的教士力量，他们选择站在法兰克的盟友那一边。

这个世纪的最后数年中，三个派系都在积蓄力量，当公元 800 年查理大帝在圣诞节被教宗加冕为罗马帝国皇帝时，它们的行为就有了更进一步的推动力。在一度公开对马拉莫科的中央政权表示反抗的格拉多宗主教领导下，威尼斯的安全开始受到他的严重威胁。执政官乔瓦尼充分察觉到了危险，他如今步其父亲后尘，让儿子小毛里齐奥与他共治。同时为了将宗主教的影响限制在教堂之内，他新指派了一位名叫克里斯托弗的年轻希腊人到奥利沃洛的新教区去。然而遗憾的是，没有宗主教为他进行祝圣礼在前，克里斯托弗就不能够履行他的职责。而这位宗主教顽固地拒绝施行这个仪式，他拒绝的原因并不是因为这位年轻主教仅有十六岁，而是克里斯托弗贸然地宣布了自己反法兰克人的倾向。执政官对此举的响应是让儿子带着一支骑兵队乘船前往格拉多。他们到达格拉多，逮捕了宗主教，将他拖上他宫殿的高塔顶端，然后将已经遍体鳞伤的宗主教从那里丢了下去。

然而政治刺杀很少能够达到它们预期的目的。这桩可怕的罪行声名远播，范围远超格拉多当地，直到几代人以后还有人宣称他们仍能看到高塔下石板路面上的血迹。而在被害宗主教的侄子福图纳图斯被选中接替他叔叔职位的消息到来之前，小毛里齐奥几乎无法动身返回家乡。比起他叔叔，福图纳图斯对加尔巴约家族统治的反对甚至更为激烈，他即刻便逃亡到了法兰克人的势力范围。与此同时，站在反对加尔巴约家族一方的世俗领袖们与福图纳图斯有着同样的担忧，他们害怕近期在格拉多发生的事件会成为威尼斯恐怖统治的序幕，于是他们一同迁移到了前保民官奥贝莱里奥·德利·安泰诺里治下的特雷维索。他们在那儿安顿下来，谋划如何推翻两位执政官的统治。他们在公元 804 年获得了成功。加尔巴约在一场民众起义中被废黜，但他们很幸运地得以活着离开。紧接着，年轻的主教克里斯托弗被判流放，奥贝莱里奥凯旋，随后在威尼斯获得了执政官的至高权力。

但如果威尼斯人认为这是能够解决他们诸多问题的最后一场政变，那么他们很快就会大失所望。奥贝莱里奥毫不迟疑地提拔了自己的兄弟贝亚托与他共享宝座，而这对新的共治者很快就被证明与过去的那些毫无区别。内部动乱比以往更甚。过去两年的变乱激起了更激烈的情绪，导致了有待清算的新账和有待以牙还牙的新侮辱。赫拉克利亚和马拉莫科之间年深日久的世仇再度爆发并持续，直到前者遭到攻打，然后化为灰烬。面对过去几个月的状况，这两个不走运的统治者看起来似乎要重蹈他们前任的覆辙。然而这时宗主教福图纳图斯带着一份法兰克人提出的价码，从查理大帝的宫廷重新回到这里。他宣称，如果奥贝莱里奥能让他复任，并公开承认法兰克势力对威尼斯和潟湖的统治权，那么执政官和他的兄弟就可以依赖于查理在西方的罗马帝国（或称法兰克帝国）的保护。

尽管奥贝莱里奥和他的兄弟反对亲拜占庭的加尔巴约家族，但他们从未对法兰克人表示过支持，而且兄弟两人对法兰克人产生的敌意，个人原因要多过政治因素。然而如今他们别无选择。于是，公元 805 年的圣诞节当日，威尼斯的统治者们在亚琛向身为皇帝的查理效忠，奥贝莱里奥甚至在法兰克宫廷仕女中为自己选择了一位新娘。这位女士随丈夫返回威尼斯之后，以威尼斯首位执政官夫人的身份名留青史。

尽管威尼斯的变节经过深思熟虑，亦符合情理，但收到消息后，君士坦丁堡方面十分不满。拜占庭人始终理所当然地将自己视作罗马帝国的正当继承者，因此他们还没有从查理加冕的打击中完全恢复过来。两年后，当在位的佐伊女皇并未直接拒绝查理的求婚时，拜占庭人毫不犹豫地——尽管有些不适当——将她废黜并流放到莱斯沃斯岛。新皇帝尼基弗鲁斯一世虽然很快接受法兰克人在西方建立的帝国已经是无法改变的事实，但面临对他统治权的新一次打击，他绝不选择默默接受。公元 809 年，一支拜占庭军队从达尔马提亚海岸起航，停泊在威尼斯潟湖。

拜占庭人遭到了冷遇。舰队司令尝试交涉，但一次次受挫，处处遭逢恶意。最后他失去耐性，被说服下令攻击。然而他们所攻击的并不是威尼斯，而是差不多向南四十英里外以科马基奥为基地的一支小型法兰克舰队。对方比司令想象的来得强大，数日后他被打败，忍辱含耻地撤回到位于凯法洛尼亚的基地。

威尼斯的局势要比过去更错综复杂。两个敌对帝国之间不断加强的敌意反射在一个新涌现的派系斗争上。奥贝莱里奥和贝亚托又提拔了第三个兄弟瓦伦蒂诺来分享执政官的尊贵，以此作为他们的最后手段。他们派遣使者去觐见查理的儿子丕平，如今身处拉文纳的意大利国王，援引公元 805 年签下的协议来邀请他占据威尼斯并在整个省份驻军。意大利的丕平接受了邀请，就合约本身的条款来说他并没有多少可选择的余地，尽管如此，他还是会努力去弄清楚他会受到怎样的“招待”。

公元 810 年，丕平从拉文纳开始他的远征，这场行动准备得仓促且并不充分。他发现威尼斯人已经准备好应付他，但从某种意义上说，这并非是他所期待的那种。潟湖的人民在最终面对共同的危机时忘记了他们内部的分歧。他们根本不理睬三位执政官的解释和抗议，这三兄弟是叛徒，不过处置他们是之后的事。人们将保卫共和国的任务托付给里亚尔托的老居民中一位名叫阿涅洛·帕契帕索[1]的人，他们封锁了海峡，移走了所有的浮标和标记，并准备好用他们手中所有的一切来直面敌人。

尽管在进入威尼斯境内的那一刻他的军队就遭遇了猛烈的抵抗，丕平仍然轻松地控制了潟湖南端的基奥贾和佩莱斯特里纳。但在将佩莱斯特里纳岛与马拉莫科（利多这个名字如今更广为人知）分开的马拉莫科海峡，他被阻断了去路。关于接下来发生的事，拜占庭皇帝，“生于紫室者”君士坦丁七世写下了一份生动的记录。这份记录出自他在十世纪中期写给儿子的一篇论文，论文以治理帝国为题材，其中的描述使我们身临其境。这或许是我们所掌握的最可信的资料了。

威尼斯人眼看着意大利国王丕平带着军队过来攻打他们，并试图用船将他的骑兵队运送到马拉莫科岛……于是他们用突出的木桩所组成的堡垒封锁了水路。这样丕平的军队就束手无策，由于他们不能渡海去其他地方，只能在对岸的大陆上安营扎寨长达六个月，然后与威尼斯人日日作战。而当丕平君臣暴露在海岸上的时候，威尼斯人登上甲板，在他们固定下的木桩后面占据了隐蔽位置。他们使用弓箭和其他投射武器，阻止法兰克人渡过海到达岛屿。于是丕平向威尼斯人呼吁道：“因为你们的土地属于我的国土，你们的人民受我统治，所以你们要听命于我，受我的意志支配。”然而威尼斯人如此答复：“我们可以做罗马皇帝[2]的臣仆，但绝不会

1 此人的姓名亦有阿涅洛·帕尔蒂恰科这个版本。之后在十世纪，这个家族的姓氏转变为巴多尔，并延续至今。

2 即君士坦丁堡的拜占庭帝国皇帝，他的臣民自称 Ρωματοι，即罗马人。

臣服于你。”

在另一条路线上，丕平的军队继续挺进。格拉多陷落了，它的老对头们，像是赫拉克利亚（或者说它剩余下来的部分）和耶索洛也遭到同样命运。不过马拉莫科的妇孺全数撤离到了里亚尔托，当地人丝毫没有动摇的迹象。某天，城中传言丕平决定采取断粮战术让他们挨饿屈服，于是人们以向法兰克军队投射大量面包的方式告诉丕平他完全是在枉费心机。与此同时，时节由春转夏，热病横行的利多海岸开始让入侵者付出代价。一支庞大的拜占庭舰队即将起航解威尼斯之围的流言也在四处传播。于是意大利的丕平知道他失败了，下令撤退。丕平本人的健康状况可能影响了他的决定，在决定下达后的几周，他就死了。

近年来，批评威尼斯人夸大他们胜利重要性的言论相当流行。确实，当凝视着执政官宫投票厅内两幅由维琴蒂诺执笔的纪念这场胜利的巨大画作时，谁都无法说画作主题的重要性被轻描淡写一笔带过。但事实上，直到威尼斯人为了摆脱意大利的丕平，答应上缴年贡，他才率军离开威尼斯。而这份年贡，准确地说，持续了一个多世纪。另外，即便丕平本人确实在他最重要的目标上失败了，他仍将自己的权威扩展到整个潟湖地区乃至更远，不过法兰克人并未能控制那些被征服的城镇太久。而无论如何，公元 810 年的重要性要远胜过任何个别的政治与军事事件。如今潟湖的人民比过去任何一段时间都要坚持他们作为一个独立实体存在的权利，在这年，他们第一次为它而战，并且证实了这点。通过这样做，威尼斯人同时还证明了另外一些东西：无论早先彼此之间有多少竞争和猜忌，当面临真正的危机时，他们能够视自己为威尼斯人，而非马拉莫科、基奥贾、耶索洛或佩莱斯特里纳的人民。丕平进军对阵的是一批争执不休的聚落，而打败他的是一群团结一心的人。

现在，当需要寻找一些代表他们和解的可见迹象时，人们将眼光投向了从未被卷入周边纷争的里亚尔托及其群岛。与它的邻居们形成对比的是，里亚尔托成为其他城市市民的避难所，并收容了一些更不幸的居民，就像威尼斯居民在三四个世纪前的祖先们所做的那样，这些人从不断进逼的入侵者铁蹄下逃难而来。至于马拉莫科，尽管它以一个聚落的方式英勇地保卫了自己，但却与地方首府的地位失之交臂。马拉莫科的最后一批执政官们，安泰诺里家族的“兄弟三重奏”，造成了一场灾祸。在此之前，人们从未如此深刻地认识到一个联邦首府必须拥有政治上的中立。再者，丕平让威尼斯人明白马拉莫科非常容易受到攻击，他们成功阻挡了敌人一次，但下次也许就没有这样的好运气了。它所在的潟湖外围海滨，那沿着利多海岸线将其与广阔开放的亚得里亚海隔开的细长沙堤，如今被事实证明它们并不比大陆更安全。

而里亚尔托群岛，包括里亚尔托本岛与多尔索杜罗、史宾纳隆加（如今的朱代卡岛）、卢普里奥（奥里奥圣贾科莫教堂的周边地区）和奥利沃洛（如今的卡斯特洛），并没有上述任何一项马拉莫科的缺点。它们表现得愈来愈像一个在苦难和仇恨之海中温和、宽容、充满善意的避风港。群岛位于潟湖的正中心，对于那些不熟悉环绕着它们的沙洲与浅滩的人来说，这些岛屿几乎是无法靠近的，因此它们就处在一个对抗袭击者的最佳位置。自从格拉多陷落以后，里亚尔托就拥有共和国内唯一一个国家级别的宗教中心——卡斯特洛圣彼得教堂。由于曾是各个不同派别政治观点的支持者或避难者，因此总体上说，里亚尔托的居民们是不偏不倚的。当时击退了丕平军队的英雄阿涅洛·帕契帕索也是个里亚尔托人。因为上述种种，威尼斯的首府终于迁去了里亚尔托。原来的三位执政官被流放了。尽管他们改换了立场，拿起武器对抗他们自己邀请来的侵略者，为了保住自己的权威和名誉做最后一搏，但这个策略毫无价值，没有一个人上当受骗。在他们的职位上，威尼斯人选举阿涅洛为唯一可能的就职人选，阿涅洛在坎皮耶洛·德拉·卡森（靠近圣坎恰诺）的朴素住宅成了我们如今所知的威尼斯范围内第一座执政官宫。

理论上说，威尼斯省依然是拜占庭帝国的一部分。但现在它已经完全自治，位于君士坦丁堡的帝国政府对此无能为力，因而对能够维持目前名义上统治的状态表示满意。现在对威尼斯来说，重要的是从西方的帝国那儿获得对威尼斯自治权的承认。意大利的丕平撤退后的一或两个月内，一名拜占庭使节在他前往位于亚琛的法兰克人朝廷途中抵达了威尼斯。

拜占庭人一度震惊于这样一个想法，他们发现自己对查理的存在其实并不如预想中深恶痛绝。或许是他们在潜意识中明白对于这个崭新的、正在兴起的欧洲而言，一个皇帝已经远远不够了。君士坦丁堡或许是罗马法律、文化和帝国传统在理论上的保存地，但在精神上它如今是全然希腊式的。罗马，虽然在蛮族铁蹄下支离破碎，并在近无政府状态下被削弱长达几个世纪，但它始终还是拉丁文化的焦点。因此应当由亚琛，而非拜占庭，来重建西方的“罗马治世”（Pax Romana）。

假如查理大帝此时年轻三十岁，他或许不太会准备接受拜占庭的提议，但他已经老了，疲惫不堪，开始把精力更多地集中在将自己的帝国分割给还活着的诸继承人而非开疆拓土之上。而且他始终坚持他的皇帝加冕完全出乎他意料，加冕为皇帝无疑使他犯了难，而且从此他就得十分小心，绝不建议任何针对东罗马帝国的挑衅性计划。而拜占庭承认了他的皇帝头衔，查理便别无所求了。在这种情况下，查理所希望的莫过于同另一位皇帝，东罗马帝国的尼基弗鲁斯一世建立友好的关系，为达成这一目的，放弃他对威尼斯牵强的所有权声明不过是很小的代价。

两个帝国之间的协议签订于公元 811 年的春天，尽管由于查理和尼基弗鲁斯的死，这份协议直到三年后才宣告生效，但它还是以一个可观的价码给予了双方各自想要的。法兰克人获得了对他们帝国地位的承认，对拜占庭人来说，查理大帝放弃了他在威尼斯省全部的所有权，意味着拜占庭人不仅可以在那儿继续行使他们的宗主权，同时还保证了亚得里亚海上最强的海军力量不会被动员起来对付他们。然而这两者任何一方的收获都伴随着另一方相应的让步，只有威尼斯获得了十足十的利益。从此威尼斯可以享受所有的有利条件，一部分是政治性的，而最重要的是文化和商业性的，它身为拜占庭帝国的一个省份，本身的独立性却完全没有被削弱。在接下来的很多年中，执政官在法律上仍然作为帝国官员，承载着拜占庭的尊荣称号，偶尔获得它的金钱。但他们依然是威尼斯人，并由威尼斯居民选举出任，东罗马帝国再也不会干涉他们的事务。对历史强行比较这件事，如果做得过火的话是很危险的，尤其是处理在时间和精神上都相似甚少的几种制度。但当我们考虑威尼斯和君士坦丁堡之间的关系，就像欣赏接下来两个世纪中某种和我们今日称为联邦状态类似的东西那样，或许我们倒不会错得太离谱。

威尼斯还获得了其他好处。所谓的《尼基弗鲁斯和约》将威尼斯与意大利其他部分分离开来，这就恰好使威尼斯得以逃离不久之后改变了整个亚平宁半岛以及大部分西欧地区面貌的众多政治剧变。多亏了它与拜占庭帝国的联系，使得威尼斯可以完全不接触封建制度，之后成为伦巴第和托斯卡纳统治准则的“公共政府”，以及教宗党与皇帝党之间仿佛永无休止的间歇性战争。它们一个接着一个，持续的时间就像威尼斯共和国的历史那样长。因此，说起来有些自相矛盾，通过对东罗马帝国的高度顺从，威尼斯获得了它的独立，并保证了它未来的伟大。

3

城市的兴起

（公元 811—900 年）

“巴拿巴带着马可，坐船往塞浦路斯去。”这个软弱的门徒，他曾手扶着犁向后看，曾被基督最重要的使徒因此评判为不宜带上他一起去工作，当亚洲的海岸线逐渐在视野中消失之际，若那预知的灵进入他心中，让他看到在未来的时代，他因那狮子的象征而在众人之中成为表率，他会产生多么奇妙的想法啊！……

——罗斯金，《威尼斯的石头》

随着和平重归潟湖，执政官阿涅洛开始有余裕去关注一个新问题，这个问题的每一部分都像他刚克服的难题一样充满挑战。里亚尔托列岛地势低平，土地泥泞，常常遭水浸之苦，既没有足够的空间亦没有足够的坚实度来容纳新拥入的定居者。假如要将这些岛屿建成一个能够与不断成长的共和国相匹配的首都，人们就得加固它们，排干积水，以及只要可行，无论采取怎样原始简陋的土地开拓方法，都要扩大土地面积。人们还要保护岛屿不受大海的侵袭，而列岛外围的海堤利多有时候并不是有效的防护屏障。为了承担起这些任务，阿涅洛任命了一个三人委员会。尼科洛·阿尔迪索尼奥负责巩固海堤，并在必要的情况下对其进行人工加固；洛伦佐·阿利帕托被任命开凿运河、加固岛屿和准备建筑选址；而城市建筑物本身，则由执政官的近亲彼得罗·特拉多尼科来负责。

这些建筑绝大部分仍然是朴素的二层楼结构，为了使建筑物沉陷最小化，它们都建造得十分轻巧，并用稻草覆盖房顶。像如今的威尼斯房屋一样，此时的建筑已经倾向于开两扇前门：一扇供陆上出入，通常还配有一小块用来种植蔬菜的园地；而另一扇门则正对水路。木头依然是最受欢迎的建材，它轻巧，易于运输，价格便宜，而且多亏有潟湖周边的松林，威尼斯的木材供应十分充足。而砖块这一日后威尼斯建筑的典型材料，因为潟湖的泥土过于软且稀薄，难以烧制出合适的产品，此时仍然鲜为人知。要建造那些更重要的，使用木材恐有不够耐久或不够引人注目之虞的建筑，石头是建材的唯一选择，特别是出产自伊斯特里亚半岛的坚硬雪白的石材。

但石头也有它本身的问题，尤其是重量。要建造一个足够坚固、能够担负起石头建筑重量的地基，唯一的办法就是在淤泥中敲入上千根木桩。木桩排列得极其密实，一个紧挨着另一个，这样它们被锯断的顶端就可以形成一个差不多合为一体的坚固表面。这是个耗时耗力的过程，但非常有效，如今许多威尼斯房屋依旧矗立在近一千年前埋下的木桩之上，而且这项技术被很好地延续到了二十世纪。[1]不过在九世纪，该技术还处在它发展的初期，因此城内除了教堂外，只有很少几座石头建筑，其中就有阿涅洛执政官为自己和继任者们建造的雄伟宫殿，它紧紧挨着纪念圣狄奥多尔的古老教堂。

---

1 即便是像隆盖纳在 1630 年到 1687 年之间于多尔索杜罗（正如其名称的含义，它是里亚尔托诸岛中最为坚实的）最外缘主持建造的安康圣母教堂那样庞大的建筑物，也完全建造在木桩之上。据一份资料记载，承托起这座教堂的木桩共有 1 156 627 根。

当时建造的第一座执政官官邸如今已是片瓦不存了。尽管它与现存的执政官宫坐落在同一位置，但它的外观应当有很大的不同。它拥有大量城垛，配有角楼和活动吊桥，看上去更像是一座堡垒。这并不足为奇，因为在当时共和国的历史上，威尼斯的形象亦是这样一番面貌。从建筑的角度上说，这座执政官宫并不能与在它后方东边位置上同时兴建的华丽大厦相比。那座建筑是圣匝加利亚女修道院的所在地，亦是一间用于接收施洗者约翰之父的圣遗物的教堂。这件宝物作为一个展示友谊和祝福的象征，由拜占庭皇帝亚美尼亚人利奥五世赠给威尼斯。利奥五世甚至承担了修建这座教堂的所有建设费用，还可以确定的是，他从君士坦丁堡派来了建筑师和工匠。不过可惜的是，这些建筑师与工匠的成果同样不复存在了。圣匝加利亚教堂，像大多数威尼斯的古老教堂一样，经历过频繁的重建和修缮，以至于最初的面貌已经无从辨认。然而它对威尼斯共和国的早期历史有很大的重要性，我们将留待后文分解。

威尼斯精心规划建设的初期确定了新首都日后发展的大致轮廓，并塑造起城市保存至今的基本形貌。然而不可避免地，执政官当下还要对付一个更迫切的问题，而它是他需要负责处理的问题中最重要的。不过目前威尼斯还没有产生出它最开明的统治者，与前人一样，执政官阿涅洛同样受到了试图让他的职务世袭化的诱惑。自从阿涅洛的大儿子朱斯蒂尼亚诺远赴君士坦丁堡后，小儿子乔瓦尼就与父亲共为执政官执政。于是朱斯蒂尼亚诺愤怒地返回，要求将弟弟免职。此举激怒了乔瓦尼，不久后，这场兄弟之争以弟弟流亡海外而告终。尽管这些家族内斗不怎么体面，它们却从未影响到共和国的安全。建设工程不受打扰地继续进行着，而阿涅洛·帕契帕索被认为是新威尼斯的第一任建设者。只可惜他并没能活着见到可能是共和国精神生活中最重要事件的发生，此事比其他任何事物都更能强化威尼斯在宗教上的独立性，并凝聚人们的国家自豪感。顺便一提，它还为威尼斯带来了最持久，也是最辉煌的纪念物。

就如故事所说，某日圣马可从阿奎莱亚前往罗马，他的船恰巧在里亚尔托入港。一位天使出现在他面前，并祝福道："Pax tibi, Marce, evangelista meus. Hic requiescet corpus tuum."[1] 我们得说，至少并没有确定的历史证据来证明这个故事的真实性。鉴于圣马可后来成了亚历山大港的主教直到在那里去世，这预言看上去也不像可能发生的事。不过大约在公元 828 年，当两个威尼斯商人将据称是这位福音书作者的遗体从他位于亚历山大港的墓中偷出，由埃及一路携带返回威尼斯时，这个传说就变得非常有用了。正如我们所料，这场冒险的诸多细节众说纷纭，但可以达成共识的是，遗骸所在圣地的基督徒守卫对撒拉森人统治下的教堂未来感到忧虑，因此他们被说服或接受了贿赂，同意合作。于是遗骸的裹尸布从背后被撕开，他们移出遗体，然后因利乘便，拿旁边圣克劳迪安的遗骸代替了它。接着，遗体被装进一个大筐运往港口，在那儿有一艘威尼斯船正等着接应。[2]

就在这时，遗体所散发出的神圣气味变得十分强烈，一位编年史作家[3] 这样描述："即使把世界上所有的香料都聚集到亚历山大港，它们也不能使这座城市如此气味芬芳。"这自然引起了怀疑，当地官员前来搜查船只，不过威尼斯人将他们的战利品用大量肉类覆盖起来，当那些官员第

---

1 "主赐你平安，福音使徒马可。你的躯体将在此安息长眠。"这段话的前一句对每个造访威尼斯的旅客来说都不陌生，因为它镌刻在这座城市中无所不在的有翼狮子爪中打开的书本上。只有少数狮子的造型例外，其中一头石狮子位于威尼斯军械库门外，这句话放在这样一个备战之地显得太过温和，于是这头狮子爪间的书本是合拢的。

2 某一条记载信誓旦旦地确认，当时在亚历山大港的港口停泊着不下十艘威尼斯船。如果这是真的，那么这无疑是威尼斯共和国商贸船队发展壮大的重要例证。

3 马蒂诺 · 达 · 卡纳莱，见第十一章。

一眼看见它们，这些虔诚的撒拉森人尖叫着惊恐地逃走了。然后人们将圣骸用帆布包裹起来吊上横桅，直到船只离开海港。即便这样，危险也还没有过去，船径直驶向了海图没有记载的暗礁，如果没有圣马可及时显灵叫醒了沉睡的船长并引导他降下船帆，那么这艘船就一定会沉没了。不管怎样，这艘船最终平安到达了威尼斯，伴随着恰如其分的喜悦，威尼斯人接收了它运载的这件珍贵货物。

这个被精心描述的故事，下至海关人员的尖叫，上至故事中大教堂的马赛克墙面[1]，比充斥着威尼斯早期历史的诸多传说中任意一个都更胜一筹。在这时，所谓的圣马可遗骸被送到威尼斯一事通常被认为是史实；同样，在公元 827 年其父过世后成为唯一一位执政官的朱斯蒂尼亚诺·帕契帕索即刻下令要在圣狄奥多尔教堂与他的官邸之间的花园，或菜园内建造一间专门收藏圣遗体的教堂这件事，也算是确凿不移的了。甚至于从亚历山大港到威尼斯的这场冒险，也有很大可能是出自执政官的秘密命令。如果共和国想在周边逐渐形成的新欧洲获得尊敬，它就需要一些仅仅靠财富或海上实力不能给予的特殊声望。而在政治和宗教纠缠在一起难解难分的中世纪，拥有一件重要的圣遗物可以令一座城市获得其独有的神秘魅力。威尼斯之前拥有的圣匝加利亚遗体固然非常好，但是还远远不够。而另一方面，获得一具存在于另一片大陆上的福音书作者遗体，将使威尼斯得到基督门徒保护者的名声，让这座城市在精神层面的地位仅次于罗马。威尼斯已经宣称宗教自治，其主教的宗主教地位更强化了这一点，如今再加上圣遗体保存地的声名，它在拉丁基督教世界已是无与伦比的了。

同理，精神上的优势未必不能转化为直接的政治结果。值得再次一提的是，圣遗体到达威尼斯的时机实在是恰到好处。仅在一年之前的公元

1　在圣克雷芒教堂小礼拜堂附近的南耳堂上方。

827 年，一个由教宗使节和帝国代表领导的宗教会议在曼图亚召开，它提议重设旧阿奎莱亚的宗主教职位，并且它可以对格拉多教区行使权力。由于阿奎莱亚业已成为法兰克人帝国的一部分，因此这样一个决定将对威尼斯的独立性构成严重威胁。而如今有了圣马可遗体的有力助攻，支持格拉多的势力规模大增，于是某种程度而言曼图亚会议的决定就可以被安全地忽略了。格拉多得以继续以威尼斯教会大主教区的身份存在，在圣马可的名义下重整旗鼓，焕然一新，并有了它自己的宗教拥趸。

在这样的情况下，有人猜测朱斯蒂尼亚诺会将圣遗体存放在奥利沃洛的新教堂。但执政官决定将圣人遗体保存在与自己的宫殿有明显依赖性的地方，并有意识地从一开始就将它与大众联系起来，而不是与国家的宗教权威连成一气。[1] 从此老圣狄奥多尔和他的龙被贬黜到小广场的一根柱子顶端，并且在人们的实际考量下被遗忘了。圣马可成了威尼斯的守护圣人。代表他的狮子双翼怒张，前爪自豪地指示着来自天国的启示，这个形象被醒目地装饰在旗帜和堡垒上，悬挂在船尾或船首，以及在任何时间与任何地点生效的威尼斯文书与法令上。信徒在祷告时，共和国的士兵和水手们奔赴战场时，都会提到圣马可的名字。

除非我们将那些与耶稣复活相关的事件包括进去，否则随后的历史再没有类似夺取圣马可遗体这样“无耻”又意义深远的例子。当圣马可安然身处在威尼斯人之中，他们便接纳了他，将他当作他们自己的圣徒，比任何其他城市对待它们的守护圣人都更全心全意。数个世纪以来，圣马可作

---

1 这同样给予这座圣马可的圣殿一项永不遗失的重要性。罗斯金在《威尼斯的石头》第一卷第四章中说：“我意识到，欧洲的城市中，再没有一座像威尼斯这样，不以教堂作为它的主要特点。不过在威尼斯，最主要的教堂是执政官宫附属的礼拜堂‘执政官教堂’。而宗主教座堂位于离威尼斯人群最远的岛上，屋宇狭小，装饰简陋。匆匆穿过这座城市的大多数旅客，无论是对它的名字还是对其坐落地点，或许都一无所知。”

为威尼斯人的守护者，见证了威尼斯为他辛勤工作，将他视为唯一。他们付出爱和尊敬，绝不令这位圣人失望。

而就圣马可本人而言，他也很好地回报了他们。

威尼斯的第一座圣马可教堂规模比较小，看上去也不如现在位于同一地点的那一座雄伟，但以当时的标准，它已经配得上让一位福音使徒在其中长眠。四年后，教堂在公元 832 年举行了正式的祝圣仪式。[1] 此时，距离执政官朱斯蒂尼亚诺去世，由他的弟弟继任执政官，还有三年。朱斯蒂尼亚诺一直都轻视他的弟弟乔瓦尼，从我们收集到的少数资料来看，他是正确的。假如这位新执政官乔瓦尼不曾跟在他父亲身边短暂当政，他压根就不会当选。事实上，新执政官的不负责任以及对什么都漠不关心的姿态很快就超过了他的臣民可以容忍的限度。公元 836 年 6 月 29 日是圣彼得和圣保罗的节日，正当乔瓦尼参加完卡斯特洛圣彼得教堂的弥撒准备离开时，他被自己的臣民逮捕，然后被迫逊位。此后他被强迫剃头和授予圣职，然后被遣送到格拉多的一所修道院内度过了余生。

威尼斯人民对乔瓦尼·帕契帕索不满的其中一个原因是他在应对逐渐逼近的新威胁时表现出的低效和无能。亚得里亚海的贸易已经被斯拉夫海盗骚扰了好些年，他们的巢穴位于纳伦塔河 [2] 与采蒂纳河河口附近的达尔马提亚海岸，潜藏于暗河与小海湾之中，海盗们从那里溜出来，袭击他们看中的满载货物的商船。最初几次作案成功使得海盗的数量激增，于是威尼斯的船长们开始小心翼翼地出海，商业因此有被缓慢扼杀的威胁，这切

---

1 尽管被描述为大教堂（Basilica），但第一座圣马可教堂与之后重建的几所不同，在设计草图上完全与大教堂不同。它模仿了不久前被摧毁的君士坦丁堡圣使徒教堂，使用的亦是圣使徒教堂的十字形风格。

2 如今这条河有一个被更多人所知的斯拉夫式名字“内雷特瓦”。

中了威尼斯的命脉。威尼斯不是海盗的唯一受害者，西部的帝国在与拉文纳进行海上交流的过程中也开始体会到这种切肤之痛，帕多瓦和其他帝国的意大利城市也变得越来越难以维持开放的状态。

因此，以强硬手段打击海盗就成为所有新统治者面临的当务之急。而从他原本的建设岗位上被提拔起来的威尼斯第十一任执政官，耶索洛的彼得罗·特拉多尼科，是个不会推卸责任的男子汉。在他当选后的三年内，他曾率领一支海军远征达尔马提亚，并在公元840年，通过上述军事行动稳扎稳打带来的胜利，强化了自己的实力。随后他派出与法兰克人谈判的大使，与查理大帝的孙子，皇帝洛泰尔一世签订了一份条约。条约的大部分内容不过是对之前合约的确认，但是有两点值得注意：首先，这份条约的最初手稿是现存最古老的威尼斯外交文件；其次，它包含了执政官关于承担起保卫亚得里亚海并打击斯拉夫人及其他任何敌人责任的誓言，并伴随着洛泰尔一世对本国海军弱点的隐晦承认，与威尼斯随之得来的覆盖整个中部地中海的权利。

大约在同时，另一个民族正给另一个帝国带来更深的忧虑。公元827年，一位名叫优锡米乌斯的拜占庭驻西西里总督为了逃避他与一位本地修女私奔造成的后果而宣布独立，并邀请北非的阿格拉布撒拉森人支持他。这正是撒拉森人需要的机会。他们沿着西南海岸大举登陆，并除掉了优锡米乌斯。而在彻底征服西西里岛前，撒拉森人就已经将其作为攻击拜占庭帝国阿普利亚省的跳板。在阿普利亚，驻扎于巴里、布林迪西和奥特朗托的希腊守军发现他们对付这些新敌人正像法兰克人对付达尔马提亚人那样无助。在过去的三十年间，由于君士坦丁堡的皇帝们从威尼斯那儿得到了他们之间友谊的保证，与此同时，威尼斯的海上力量在不断增长，拜占庭人就忽视了他们自己在亚得里亚海的基地。即便是在东部的海岸，杜拉佐和凯法洛尼亚岛上曾经让人望而生畏的要塞，也已经无力抵御任何规模的攻击。因此公元840年前后，差不多在威尼斯的全权代表与洛泰尔一世签订协议的同时，一位地位不亚于君士坦丁堡牧首的要人来到里亚尔托，给执政官加封了“执剑近卫”（spatharius）的头衔，并请求他能够主动提供帮助，来应对撒拉森危机。

特拉多尼科立刻做出了回应。他意识到从长远来看，撒拉森人会构成比任何斯拉夫海盗更为严重的威胁，阻止他们在这片狭窄水域成功站住脚跟。这不仅是出于君士坦丁堡的利益，也关乎威尼斯的利益。威尼斯海军于是迅速做好准备，在公元841年初，威尼斯最庞大的六十条船，各载着两百人驶出潟湖，前往与拜占庭军队碰面的指定集结点。这支联合舰队随后向南移动，直到他们发现撒拉森人正从克罗托内这个卡拉布里亚的小港口离开。

无论事实是如威尼斯人所愤怒控诉的那样，希腊人的海军将领在与撒拉森人开战的第一时间便逃之夭夭，还是在其他什么我们永无可能知道的地方出了岔子，可以确定的是基督徒们遭遇了彻底的失败。威尼斯海军的骄傲跌至谷底，在塔兰托附近登陆的陆上兵力被尽数歼灭。撒拉森人的舰队随即畅通无阻地进军亚得里亚海。他们洗劫了安科纳，在潟湖的浅滩和波河三角洲附近的漩涡迫使其返航之前，撒拉森人已经逼近了威尼斯潟湖的边缘。

威尼斯再一次凭借其独特的地理环境幸免于难，然而这一次它没有理由为自己的好运感到高兴。这片海域曾经被威尼斯视为囊中之物，两个伟大的欧洲帝国亦在一年前承认它对其拥有的权利，但事实却推翻了一切。次年撒拉森人更进一步朝海岸进逼，而威尼斯无力阻止。与此同时，纳伦塔河附近的海盗们发现他们不必像想象的那样小心翼翼，于是变得更大胆、更具掠夺性。直到数十年之后，这两拨灾星才终于在亚得里亚海销声匿迹，威尼斯和拜占庭帝国航运往来的水路才变得安全。

在经历如此彻底的溃败之后，威尼斯与拜占庭的关系不可避免地急剧恶化。它们之间原有的联系还存在，但一直在变弱。另一方面，威尼斯与西边的法兰克帝国曾在政治和宗教方面订下的独立原则被很好地确立起来，两国的友谊持续蓬勃发展。公元 856 年，继承父亲洛泰尔一世的年轻皇帝路易二世和皇后一起对威尼斯进行了国事访问。执政官与儿子乔瓦尼（毋庸多言，他已和父亲一同坐上了执政官宝座）在基奥贾以南不远的布罗多洛觐见并款待了皇帝夫妇，然后在盛大的排场下将他们护送至里亚尔托。这对皇室夫妻在威尼斯逗留了三天，在此期间，皇帝还成了乔瓦尼小女儿的教父。

在内政上，执政官彼得罗亦面临着一些问题。威尼斯的首都在里亚尔托的岛屿上建立起来已近半个世纪，现在看来，当初选择里亚尔托作为首都时的优势之一，即相对超脱于派系纷争的状态，在一系列事件过去之后，看起来并不能永远维持下去。虽然在亚得里亚海树敌，此时威尼斯却已是地中海基督教世界最主要的商业中心与票据交换中心。它向四面八方扩展贸易，率先攫取利益，在商业竞争激烈且残酷无情的普遍氛围下，新的嫉妒与怨恨不免滋生，而同时那些新近拥入威尼斯的居民又将他们的旧恩怨带来此处。如今彼得罗·特拉多尼科任执政官已达二十八年，这是迄今为止任职时间最长的纪录。在他任期的绝大多数时候，彼得罗在维持和平方面表现出非凡的成功。直到乔瓦尼作为他的共同执政官死去——作为历史上担任此职位的少数人之一，乔瓦尼证明这个制度几乎总是灾难性的——彼得罗发现自己已经不能够在不同派系之间达成平衡。或许是因为他恢复了臣民们所不能忍受的镇压手段，或许是他表现得过于偏向某一群人，因此使得另一群人与他为敌，不管原因为何，一个针对他的阴谋酝酿成形，在公元 864 年的 9 月 13 日，阴谋家们采取了行动。这天是举荣圣架节的前一天，按照传统，执政官会参加在圣匝加利亚教堂举办的弥撒。当这位将近八旬、服务共和国超过半个世纪的老人在晚祷之后离开教堂时，他被一队武装人员袭击，横死在广场。他的随从与袭击者们的搏斗很快导致了一场骚乱，在此情形下，我们可以理解修道院的修女们并不敢在一开始冒险出去抢回执政官的遗体。直到夜幕降临，死者才被送到安全处所并体面下葬。

与此同时，被袭击的执政官的仆人们——可能是克罗地亚奴隶们充当的保镖——匆忙返回执政官宫并固守其中。当巷战在整个城市激烈进行时，他们在那儿坚持了数日，直到听说密谋暗杀者的五个领导人纷纷死于暴民之手。此后，一位名叫奥尔索的贵族，由于没有参与暗杀执政官的密谋，被人们推举到执政官的位置。直到这时，和平才真正重新回到威尼斯。

在没有任何历史实证的情况下，如果按照威尼斯的传统，新执政官应当是帕契帕索家族的一员。在他之前的四任执政官中，有三任拥有这个姓氏，而剩下的一位彼得罗·特拉多尼科则是帕契帕索家族的姻亲。由此推测，如果这一传统确实可信，这么这次的新人当选便暗示着在执政官世袭准则下产生的又一次权力转移。不过无论奥尔索是不是帕契帕索家族的成员，他都没有允许旧秩序继续下去的意向。新执政官就任后立即发布了一份激进的改革方案，而他的头一个改革目标，就是手中执政官的权力。

自独立以来，威尼斯在理论上实行的是民主制度。不但执政官是经由选举产生的，执政官本人亦被两位保民官所监督。他们的目的很明确，就是防止执政官滥用权力。此外，还有一种名为“群众大会”（anrego）的规定，当需要做出影响国家安全的重大决定时，所有市民都要到大会进行投票。然而民主制度并非是稳定的，它的运转需要长期持续不断的维护。多年以来在威尼斯，保民官的重要性在慢慢减退，至于群众大会压根就没有被发起过。公共事务逐渐由当时围绕在执政官身边的小团体负责处理。如今奥尔索制定了一个由选举出来的法官（giudici）组成的新体系，政府高级官员、地区神父和地方治安官组成一个核心，从中产生将来的元老院，并开始对执政官肆意滥用最高权力的情况进行有效的审查。与此同时，威尼斯地方政府结构上的改变加深了偏远岛屿对中央政府的依赖。

重整政府机器后，奥尔索将下一步的注意力转向了教会事务。与针对政府的政策相比，他在这里采用的是分化策略。潟湖内部及周边的数个主教职位或被撤销，或将权限归还于那些曾经被蛮族入侵者控制的城市，只有格拉多、阿尔蒂诺和奥利沃洛的职位得以保留。另外，由于威尼斯不少偏远地区愈来愈多地受到阿奎莱亚宗主教，或是西边法兰克帝国领土内差不多同样令人讨厌的神职者影响，共和国新增加了埃奎洛的主教职位。同时为了抵消这一倾向，卡奥莱、马拉莫科、奇塔诺瓦（即过去的赫拉克利亚）以及托尔切洛等城市，在此之前仅仅是阿尔蒂诺主教的临时牧座所在地，如今都被授予了属于它们自己的教区。无论新老主教，他们在任何方面都需服从共和国政权，但由于他们拥有很高的独立性，因此主教们对共和国的忠诚度也同时上升了。在短短数年内，我们可以发现所有新任命的主教，在执政官对格拉多宗主教的某次周期性争端中，站在支持执政官的一方；他们还在一年之内拒绝了三次教宗要求他们去罗马参加宗教会议讨论事务的宣召。

除此之外，另一个与阿奎莱亚宗主教的争端解决得更令人满意。这个厚颜的主教不知通过什么手段获得了对弗留利公爵领地的世俗统治权。或许是被新设主教这件事激怒，他在这片领地招兵买马来对抗威尼斯商人。奥尔索用经济封锁作为回应。所有流经阿奎莱亚境内的河流河口都被封锁，同时所有来往这个城市的运输口岸都被查封。在这种情况下，宗主教不得不屈服，然而他的示弱较之接踵而至的条约，对威尼斯人来说简直不值一提。奥尔索同意威尼斯商人与阿奎莱亚进行贸易时继续为他们的货物支付数目合理的税款，但他随后又愉快地在条约中讲明，他个人在阿奎莱亚地区的贸易代表应当免征一切税目。这就是威尼斯真实的声音，国家第一，但是个人利益从未被远远抛下。

奥尔索的宪政改革尽管意义深远，但他依然未触及裙带关系的问题。就像他大多数的前任那样，奥尔索在生前就让自己的儿子与自己共治，在他于公元 881 年去世后，他的儿子乔瓦尼便毫无争议地顺利接替了他的位置。但是乔瓦尼已经不年轻了，身体状况也不稳定，经过数年徒劳的努力，他只能承认自己不能够胜任执政官一职，他的臣民们也赞同这一点。然而同时从宪法的角度，威尼斯人第一次坚定地表达出他们的意见，这是在过去的时代所没有的。出于对乔瓦尼的喜爱，威尼斯人不希望他退位，而是让四十五岁的彼得罗·坎迪亚诺在他身边一同行使执政官的权力。

但遗憾的是，仅仅五个月后，公元 887 年 9 月 18 日，彼得罗在领导一场与达尔马提亚海盗的战斗时被杀，他是共和国死于沙场的第一位执政官。无奈之下，老乔瓦尼重掌权柄，直到威尼斯人选择彼得罗·特里布诺作为他的继任者为止。或许我们还记得那位不幸被谋杀的执政官特拉多尼科，二十五年前他的死引起了城内的大混乱，这位彼得罗就是他的侄孙。

彼得罗·坎迪亚诺在位短暂，穷兵黩武，他所统治的这段时间，至少对他本人是灾难性的。而彼得罗·特里布诺治理威尼斯则更长久，他的执政期大致上比较和平，但因为一个突发事件，威尼斯取得了战胜意大利的丕平以来最辉煌的军事胜利。彼得罗·特里布诺先后在公元 888 年和公元 891 年与法兰克人续签了过去的协议，看上去他的统治前景光明。在乔瓦尼·帕契帕索与法兰克帝国皇帝胖子查理在公元 883 年协商续订了相似的条约之后，难免有人质疑，如今威尼斯是否真有必要展开那么多外交活动。但在其政治发展的这一个重要阶段，威尼斯依然像在两个漩涡中谨慎巧妙地航行一般，在东西两大帝国之间如履薄冰，小心行事，不断遇到可能被卷入其中的危险。对威尼斯来说，抓住任何一个它可以观望形势并且进行调整的机会至关重要。在这个方针下，威尼斯很少在提升自己地位的努力上失败。因此数年前，协议内加入了一条新的条款，任何谋杀威尼斯执政官并试图在法兰克帝国范围内寻求庇护的人，将被处以一百磅黄金的罚款并予以驱逐，这在当时的环境下是很温和的处罚。而到了公元 888 年，这条内容有了相当大的改进，从此之后威尼斯人在帝国所属的任何意大利地区都依然处在执政官的管辖之下，并且他需要服从于威尼斯法律而非帝国的法律。这条规定并非仅指向引渡或以其他自洛泰尔一世起便被允许的打击犯罪手段，它主要的意义在于保证威尼斯商人能在帝国所属的意大利土地上得到威尼斯法律的保护，然后鼓励他们将业务扩展到更远的地方。

伴随着贸易的扩展，威尼斯的经济稳步发展着，造船业发展得如火如荼，全新的生铁制造业迅速成长起来。[1] 同时，这座城市在清洁、排水、填海和建筑的多重工作所产生的动力作用下，逐渐形成辉煌壮丽的面貌。九世纪的最后十年可以说是威尼斯人最幸福与最富足的时期。但紧接着在公元 899 年，随着新敌人的出现，危机到来了。在这个时期，人们似乎觉得蛮族人肆虐的时代已经过去了，但是马扎尔人让他们知道自己大错特错。马扎尔人像很多他们的前辈一样发源于中亚的草原，直到三年之前才第一次翻越喀尔巴阡山脉。他们依然蒙昧野蛮，凶相毕露，当时一些震惊的编年史作家尽他们所能地将这群人描述为食人魔鬼——而马扎尔人偶尔确实会那样做。公元 898 年，马扎尔人就已经短暂地袭击过威尼托，不过在造成更多破坏之前就已撤退离开。然而第二年他们集结大军卷土重来，

1 公元 864 年，在拜占庭皇帝巴西尔一世的即位典礼上，奥尔索·帕契帕索赠送了一组十二只由威尼斯铸造工坊出产的钟。

在最初退却一阵之后，便迅速占领了整个伦巴第平原。随后，他们将威尼斯视作了目标。

潟湖周边的城市一个接着一个在匈牙利游牧民族的铁蹄下沦陷，奇塔诺瓦、菲内和埃奎洛首当其冲，接着是阿尔蒂诺，随后是在北部与西部腹地的特雷维索和帕多瓦。接下来马扎尔人挥师南下，沿着海堤从基奥贾攻打到佩莱斯特里纳，直指马拉莫科。他们没花多大力气便到达了阿尔比奥拉，但就在这九十年前意大利的丕平铩羽而归的地方，马扎尔人遇上了严阵以待的彼得罗·特里布诺和他的军队。从亚洲广袤大陆中心来到这里的马扎尔人对大海一无所知，他们用来渡河的轻便小艇在威尼斯的战船面前全然不值一提，于是溃败得自然快且彻底。潟湖就这样再一次拯救了整座城市。

然而即便如此，有潟湖就真的足够了吗？彼得罗·特里布诺并不这么认为。如果未来有那么一些侵略者更训练有素，在航海技术上更有经验，他们就可能克服这个使马扎尔人失败的阻碍。一旦进入海堤的内围，就能发现里亚尔托群岛的大多数岛屿依然不设防。因此执政官下令建造从奥利沃洛东部的城堡到如今斯拉夫人堤岸的所在地，以及从那里前往佐贝尼戈圣母教堂沿途的防御工事，另外威尼斯人还生产出巨大的铁链，将它们从多尔索杜罗的圣格列高利教堂开始，横亘大运河延伸到运河对岸。[1]

大约百年之后，编年史作家执事约翰在写作时，认为这些堡垒标记了里亚尔托的定居点第一次真正达到他所谓的“市民状态”（civitas）的

---

1 此地的确切位置如今是十七世纪建造的加吉亚宫。它在孔塔里尼法桑宫（“苔丝德蒙娜的家”）以东两座建筑之外的地方。有趣的是，我们发现佐贝尼戈圣母教堂和圣格列高利教堂是当时威尼斯的地标。尽管建筑已经是后世重建的模样，它们如今仍然矗立在原地。前者以它的建立者尤班尼科家族命名，经过重建后，现在存留的是十七世纪的建筑，而后者则是一座十五世纪的教堂。在这个地点附近的一条小巷，今天还被叫作堡垒巷。

时刻。这个词如今已难以翻译，我们从字面意思上理解，它指的是一座城市，尽管规模很小，但从执政官阿涅洛所在的时代和中央政府转移到此处开始就一直矗立在此处。然而彼得罗·特里布诺的防护墙以及促使它产生的非常事件，给予这座城市的市民一种全新的凝聚感和日后具有共重要性的社群。而我们现在所期望的，就是这些位于威尼斯军械库的南端、逐渐崩塌损坏的防御工事现存残部能够由当局给予应得的敬意。

4

冒险者与圣徒

（公元 900—991 年）

一个君主如果要保持自己的地位，就必须知道怎样做不好的事情，并且必须懂得视他自己的需要来选择是否使用这手段。

——马基雅维利，《君主论》，第十五章

威尼斯以一种自信的态度进入了十世纪，它因为战胜了匈牙利人而意气风发，因为新的公民精神而倍加振奋，因为迅速兴建起的防御工事而得到强化和保护。它的敌人溃散四逃，两个庞大帝国对它心怀感激与尊敬，而商业贸易则达到了有史以来最好的状态。彼得罗·特里布诺继续英明出色地统治着这个城市，直到公元 912 年去世并安葬在圣匝加利亚教堂。他的继任者，另一位奥尔索·帕契帕索，秉承着与前任相似的和平政策，在这位帕契帕索于公元 932 年自愿隐退到圣斐理斯修道院之前，他像彼得罗·特里布诺那样继续成功治理了威尼斯二十年。此后，威尼斯迎来坎迪亚诺家族长达四十四年的统治，在威尼斯的早期历史上，它是这座城市最卓越的家族之一。

第一位坎迪亚诺家族的执政官，因为在抗击达尔马提亚海盗的战斗中以身殉职，在史书上的出场不过昙花一现。如今他的子孙跟随父辈的步伐，接二连三地坐上执政官宝座。首先是第一位坎迪亚诺执政官的儿子，然后过了一段短得几乎不值得注意的空位期，他的孙子与曾孙随即接替上来。容易使人混淆的是，这四个人都名叫彼得罗，而且看上去似乎比他们的同胞都更具活力，更富进取精神，也更自信。虽然这四人无一例外，在性格上都傲慢顽固，甚至其中有一人成为国家的灾难，但他们中绝无愚钝之辈。坎迪亚诺一族中的第二位执政官在对伊斯特里亚展开猛烈的经济封锁战之前差点坐不稳自己的执政官宝座。不久后，因为一场微不足道的外交事件，他将科马基奥这一威尼斯的邻居兼潜在竞争对手烧成白地。第三位彼得罗·坎迪亚诺曾两次出航，与杀死他祖父的纳伦塔海盗作战，并迫使他们屈膝投降。至于接下来的第四位彼得罗，由于他的执政生涯实在疯狂惊人，难以用只言片语来进行总结，因此这位执政官的事迹值得在下文中详细叙述。

彼得罗·坎迪亚诺四世的父亲就任仅四年，便让儿子小彼得罗与他共同执政，然而在彼得罗·坎迪亚诺三世的余生中，他也许会后悔做出这个决定。这个叫小彼得罗的男孩从一开始便是个叛逆的家伙。无论他像某些人猜测的那样是个堕落又邪恶的浪荡子，还是说那些不合从根本上是出于政治的原因，事实的真相已经不清楚了。但我们可以确定的是，这对父子之间的关系和他们之间的分歧很快就恶化到在城市内街道上爆发公开冲突的地步。最后做儿子的被俘虏，还险些丢掉性命，幸亏坎迪亚诺三世向司法机关求情减刑，才令小彼得罗被判处终身流放。于是彼得罗·坎迪亚诺四世投入于公元 950 年加冕为意大利国王的伊夫雷亚侯爵居伊旗下，成为一名雇佣兵。虽然被放逐在外，但他的怨愤还在持续增长，数年之后，我们发现他指挥一队海盗，至少七次在波河河口阻截了威尼斯共和国的桨帆船。

数个世纪以来，威尼斯人蒙受的海盗之害，比其他大多数人受到的都更深重。因此，威尼斯人最为痛恨，谴责起来最不加犹豫的就是海盗的罪行。老执政官因儿子长期蒙羞，直到公元959年威尼斯流行的可怕瘟疫最终摧毁了他的精神，老彼得罗在这一年死去了。接着，不寻常的事发生了，威尼斯人居然集体推选他的儿子小彼得罗来接任他执政官的职位。

如果说最初威尼斯人将小彼得罗判罪的原因已难以分析清楚，那么如今他们对他态度突然的一百八十度大转弯就更叫人摸不着头脑。一个可能的推测是，这令人意外的转折只不过是源于政治上的摇摆不定。彼得罗·坎迪亚诺四世年富力强，具有进取精神，据我们的推测，他还颇具某种个人魅力，可以算得上是一个天生的领导人。而且，他还是一个坎迪亚诺家族的成员。最后，威尼斯人的选择还出于实际的考虑（这已经成了他们的本性），过去的经验证明，这一位彼得罗可以成为他们危险的眼中钉，肉中刺，所以将他与他们放在同一边，总比与他对抗来得好。无论如何，威尼斯人投下了这决定性的选票，同时派出三百艘船前往拉文纳，以适当的排场来迎接新执政官返回潟湖。

对威尼斯来说，他们付诸行动的那一天是黑暗无光的。尽管彼得罗·坎迪亚诺已经没有可以对着干的父亲，但他很快就以一贯的坚决态度去反对所有他父亲曾提出的准则：比如这个国家赖以为基础，并在其上成就伟业的古老、简朴、共和政体式的诸般美德；比如人们期望威尼斯的领袖们所拥有的高标准道德举止（即便它并不总是由他们表现出来），以及对个人浮夸炫耀的不信任。彼得罗曾经生活在复杂的欧陆宫廷，在那儿他领略奢华，以及在精心计划的种种抑制与平衡手段之下不受约束的独裁政治体验，这些东西都是威尼斯的执政官们正在日益着手削弱的。然而从彼得罗·坎迪亚诺四世身上，人们并不能看到设法规避这些控制的精妙之处。尽管彼得罗乐于通过依照宪法行事来获得大众支持，但因为他自我膨胀的欲望永无止境，加之以残酷手段打击异己，因此像他这样的人，在威尼斯是绝不会长久的。

这不是彼得罗·坎迪亚诺四世第一次将精力用偏方向。差不多在他就职的第一年，他对奴隶贸易增加了新的严格限制，违反者将遭到肉体上、经济上甚至信仰上的严厉处罚。尽管奴隶交易没有被完全禁止，还有特殊的条款以“出于政府目的”的名义在需要时保证奴隶贸易的继续，但是新法已经足够严厉到引起威尼斯奴隶贸易者潜在的愤怒。或许正是考虑到这一点，执政官不单单是以自己的名义来起草法律，还拉上了宗主教、诸位主教和城内贵族们。无论是因为什么原因产生了这种集体责任制，它似乎被视作了一个先例，从此在威尼斯的立法中，类似的议会组织越来越频繁地出现。

彼得罗之后的行为仍然相当欠缺考虑。在他被流放期间，彼得罗看中了当时意大利最富有亦最具权势的领主之一托斯卡纳侯爵的妹妹瓦尔德雷达，于是如今他与自己的威尼斯籍妻子离婚，把她打发到圣匝加利亚女修道院度日，然后将瓦尔德雷达接到威尼斯。新妇带来一笔丰厚的嫁妆，其中包括弗留利、特雷维索的边地、阿德里亚和费拉拉的领地。然而值得注意的是，尽管这些地区归入了威尼斯的版图，但它们却是执政官彼得罗的个人私产。因此威尼斯人突然意识到，当初被他们推选出来坐在执政官位置上的人，如今更近于一个在大陆领地上拥有庞大地产、权势逼人的法兰克帝国封臣，这对威尼斯得来不易的独立来说实在过分。同时，这位执政官就像那些喷着香水的拜占庭公子哥儿一般生活，并且他从欧洲大陆领地上招募外国雇佣兵组成保镖，将他与自己的臣民们隔离开来。

以上所有的这些已经够糟糕了，但人们对执政官的不满还在与日俱增。就任执政官后不久，彼得罗·坎迪亚诺四世很快将所有与其子维塔莱竞争托尔切洛主教的候选人刺瞎或投入监狱，让儿子顺利得到这个职位。随后，他又在公元 969 年设法为维塔莱弄到了格拉多宗主教的职位。依靠在过去一个世纪中格拉多宗主教这个职位稳步累积起来的财富与影响力，这个年轻人不仅在国家等级制度中地位仅次于他父亲，还变成了一个掌管他的教区与威尼斯潟湖之间几乎所有的海岸与其腹地的大地主。因此，维塔莱·坎迪亚诺得以带着一大批随从，像王侯一样气派出游，沿途居民纷纷出来向他致敬，而众修道院则争先恐后地用奢侈浪费来表达它们的殷勤好客。

如今民政与神权尽握于彼得罗·坎迪亚诺四世之手，他看起来似乎已经无所不能。然而遗憾的是，像他众多才华横溢的家人们一样，他永远不知道适可而止。公元 976 年夏天，他号召威尼斯的臣民去保卫他在费拉拉的个人利益，激起了威尼斯人的反抗。起义者们第一次攻打执政官宫的行动失败了，这座建筑固若金汤，人们只得撤退。然而反抗者们比任何时候都要坚决，他们点燃了周边的建筑。木材在夏日的炎热中像火柴般燃烧起来，火焰迅速蔓延到执政官宫。

作为一名历史学权威，甚至很可能是当时的一位目击者，执事约翰可信地描述了接下来发生的事。彼得罗·坎迪亚诺四世在火中满心绝望，呼吸困难，他带着娇妻和襁褓中的幼子，试图穿过圣马可大教堂的中庭逃跑，但一群贵族阻截了他们的去路。执政官彼得罗徒劳地向他们恳求，许诺只要放他和他的家人一条生路，就满足他们的全部要求。“然而确认了他就是那世上最邪恶[1]的死有余辜之人后，人们发出了可怕的叫喊，宣称他已经无法逃脱。他们立即围上来，用剑尖残酷地戳刺他。他的灵魂就这样脱离了身体的桎梏，前往它应去的神圣福地。”虽然这么说，但我们知道对于彼得罗·坎迪亚诺四世来说，他的灵魂大概是无法找到那个目的地了。

执政官夫人瓦尔德雷达设法成功逃得性命，但她的男婴则被一支长

1　笔者注：此处用了最高级的形容。

矛刺穿，和他的父亲遭遇了同样的命运。这两具尸体随即被丢上一艘船送到一个低贱的屠宰场，一个名叫乔瓦尼·格拉代尼戈的人在那儿收殓了他们。这位被称作“一个最通情达理的人”的格拉代尼戈为死者安排了一场隐蔽但合宜的葬礼。当时圣匝加利亚女修道院已成为威尼斯执政官传统的安息之地，但毫无疑问，彼得罗·坎迪亚诺四世和他的孩子在这种场合下并不能埋葬于此。于是在威尼斯的民怨最终平息，人们开始着手重建被破坏的城市之际，他们的尸体被秘密运送过潟湖，送到比富西纳更偏远的圣伊拉里奥教堂。

包括圣马可大教堂、执政官宫和新落成的佐贝尼戈圣母教堂在内，大约有300座建筑物被先前的大火严重破坏或摧毁，而古老的、落成时间可以追溯到即便是教堂都只能以木材建造的时代的圣狄奥多尔教堂，它的整座建筑在火中片瓦不存。威尼斯除掉了它的执政官，但它也为自己的错误付出了高昂的代价。

彼得罗·坎迪亚诺是他所处的这个世纪的产物。公元888年，随着查理大帝的帝国分崩离析，这个时代目睹了意大利持续不断的政治解体。北方的伦巴第仍然经受着五十年前在潟湖受挫而还的游牧民族马扎尔人的折磨；在南方，拜占庭帝国越来越难以控制那些除了自己的荣耀什么都不关心的伦巴第王公们，它同样难以掌控那不勒斯、阿马尔菲和加埃塔一类的海上城邦共和国，最适于贸易的风从哪个方向吹来，这些国家的忠诚就到哪儿去。在这南北之间，教宗国所呈现出的是最为丑陋的一面。教宗约翰十世被自己情妇的女儿勒死在圣天使堡，这样一来这女人就可以将自己与前任教宗的私生子安插进他的位置。至于教宗约翰十二世，他在十七岁便即位登上教宗圣座，吉本如此描述他统治的时期：“我们惊讶地发现，教宗的拉特朗宫竟然变成了一所培养娼妓的学校。他［教宗］强奸处女和寡妇们，这足以吓阻女性朝圣者们前往圣彼得的坟墓，以免她们因这虔诚行为受到圣彼得继承人的侵犯。”

然而尽管约翰十二世的统治标志着罗马教廷黑暗时代的最糟时期，他却无意识地导致了意大利的解放。公元 962 年，当意大利国王贝伦加尔二世入侵教宗国北部边界时，约翰十二世毫无自卫之力，只能向刚把匈牙利人驱赶出伦巴第平原、成为北意大利统治者的萨克森公爵奥托求助。奥托急赴罗马，约翰十二世无疑因此想到了教宗利奥三世与查理大帝的往事，便在罗马草草加冕奥托为皇帝。而这也正是这位教宗败亡的原因。约翰十二世放荡的生活已糟糕透顶，但两年后，当他表现出对自己一手炮制出的皇帝不顺服的迹象时，后者便毫不迟疑地召开了一个宗教会议，将他罢黜。贝伦加尔很快便投降了，如今奥托的地位至高无上，西罗马帝国随之重生，它从一种形式转至另一种形式，实质上不间断地延续到了拿破仑的时代。

在南意大利，新的秩序并未带来多少直接影响，直到一百年后，诺曼人的一次征服才重塑了那里的秩序。不过在北部，它引起了人们对近年来淫逸放荡风气的普遍反感。或许人们对基督教第一个千禧年的终结，以及很多人相信的世界末日即将很快到来的忧虑鼓励了这种情绪的产生。这种厌恶可能在威尼斯人决心除去第四位坎迪亚诺执政官的过程中起到了很大作用，而当公元 976 年 8 月，威尼斯人聚集在卡斯特洛圣彼得大教堂选举继任的执政官时，这种情绪更有可能影响了人们的决定。

彼得罗·奥尔塞奥洛一世是威尼斯历史上唯一一位后来被封圣的执政官，或许也是世界上唯一成为圣徒的共和政体国家首脑。虽然他是否配得上这份荣光还有待商榷，毕竟在五十岁的年纪抛妻弃子，丢下沉重的政治责任来寻求修道士斗室内的一份平静，这样的行为在如今并不会被认为是得到圣徒地位的一种资格。然而从他早年起，彼得罗·奥尔塞奥洛看上去就是一位真正的禁欲者。在他两年的任期内，奥尔塞奥洛用明智且慷慨的手段治理着威尼斯，而后一点对当时来说尤为意义重大。奥尔塞奥洛发现共和国陷入了严重的财政困难。彼得罗·坎迪亚诺四世的奢侈浪费掏空了国库，而前执政官夫人瓦尔德雷达避难于日耳曼人的帝国宫廷，要求威尼斯归还她庞大得惊人的嫁妆。与此同时，整个威尼斯中心地区需要重建。由于这个区域遭到严重破坏，奥尔塞奥洛不得不将政府办公场所转移到他的私人寓所，从执政官宫烧焦的废墟沿着堤岸走一段路就是他的房子，他在那里着手开始让这座城市恢复元气的工作。在此期间，政府第一次对所有威尼斯人征收什一税，而从各方面来看能够生还就已是万幸的瓦尔德雷达得到了充分的补偿。与此同时，奥尔塞奥洛执政官捐出了个人财产中极大的一部分——据我们所知，这笔财产相当于领取八十年金额为八千杜卡特的年金——用于重建执政官宫和圣马可大教堂，以及在小广场的对面建造一座新的医院，如今在医院原址上矗立的是圣马可图书馆与行政官邸大楼的东翼。[1]

然而很快，一个名叫瓜里努斯的人物登上历史舞台，他带来一缕隐隐约约的险恶气息。此人还有一个为人所知的身份，即位于靠近比利牛斯山脉法国一侧普拉德斯的本笃会修道院，圣米迦勒·德·库克萨修道院院长沃伦。[2]我们并不确定此人要为执政官接下来的行为负多大的责任。他或许是接受身处奥托一世宫廷、心中欲壑难平的瓦尔德雷达派遣，成了她的代理人。在继子格拉多宗主教维塔莱·坎迪亚诺的热情协助下，瓦尔德雷达加紧了针对威尼斯的外交攻势。沃伦不过是又一个心怀好意但误入歧途的中世纪神职者，这一类人的理想世界包含在一所巨大的修道院内，而他

1 作为重建工程的一部分，彼得罗·奥尔塞奥洛一世在君士坦丁堡订购了一架祭坛围屏。它在一千年后被诗人叶芝描述为“使用锤薄的黄金片，又施以镀金”。经过几个世纪的不断增扩和重修，它成了我们如今所知的黄金祭坛（Pala d’Oro）。

2 这所修道院在法国大革命时期被解散并摧毁，即便后来熙笃会教士令其起死回生，修道院也难以重回往日荣光。如今在纽约大都会艺术博物馆的修道院分馆保存有重建的修道院复制品，其中包括了一些当年建筑的部件。

们将毕生精力花费在说服一个又一个公众人物隐遁到修道院内避世修行。沃伦或许与此两者都不沾边：因为圣彼得·达米安这位最严厉的圣徒指控执政官是颠覆其前任统治并破坏执政官宫的同谋，所以将之后发生的所有事件归咎于执政官本人的内疚之情。[1] 在公元 977 年对威尼斯的第一次造访中，沃伦的花言巧语并未直接奏效，但一年之后，这位修道院院长借口前往耶路撒冷朝圣卷土重来，而这一次他成功了。公元 978 年对威尼斯来说是糟糕的一年，城市内外的反对声越来越多，人们对什一税的不满与日俱增。而尽管彼得罗·奥尔塞奥洛还在尽其所能地自掏腰包，但他无疑已认识到慷慨和人望其实是两样截然不同的东西。同时，他或许开始怀疑自己是否缺乏最后一点承受住身边重重压力所需的坚定意志。终于在公元 978 年 9 月 1 日，奥尔塞奥洛一世选择了出逃这一最简单的方式令自己摆脱困境。借着夜色的掩护，他只偕同女婿乔瓦尼·莫罗西尼和另一个叫格拉代尼戈的人——他十有八九是两年前收殓坎迪亚诺父子尸体的人——溜过潟湖，到达圣伊拉里奥。这时接应众人的马匹已经在那里待命，奥尔塞奥洛在出发前剃掉了自己的胡子，好让别人认不出他，一行人因此得以顺利离开，并在数周后安全抵达修道院。这位前执政官在修道院又生活了九年才去世，他的尸体在那儿一直保存到他被封圣后的公元 1732 年，才由法王路易十五下令送还给威尼斯。

奥尔塞奥洛的继任者是一位虚弱无能的维塔莱·坎迪亚诺。[2] 他治理的时间极短，几乎与新旧交替间的一个权力真空期没什么差别，仅仅过了十四个月，他就隐退到一间修道院，将执政官宝座让给了他的另一个家族

1 《在圣罗慕德的生活》，第五章。

2 为了不因他的名字与那位格拉多宗主教产生混淆，在此特别注明。他和那位更有名的同名家族成员之间的关系至今不明。

成员特里布诺·梅莫。此人因为出众的园艺造诣闻名，不过除此之外就没什么值得称道之处了。身为被杀的坎迪亚诺四世执政官的女婿，并不妨碍他在公元 979 年就职之后颁布大赦令赦免那些在此次刺杀后流亡在外的人。不过尽管颁下了赦令，梅莫如果想通过此举来重建潟湖的和平，那么最终他还是失败了。威尼斯此时仍然被派系纷争所撕裂，在其中有两个主要的敌对派别，它们各自由一个家族领导，并分头寻求东西两大帝国的支持。其中一方是莫罗西尼家族，它是威尼斯与拜占庭帝国旧有联系的维护者；另一方则是科洛普里尼家族，它的成员们将信任寄托在西方的帝国及其精力充沛的年轻皇帝奥托二世身上。

公元 973 年，十八岁的奥托二世继承了父亲的王位。接下来的七年中，他忙于巩固自己在阿尔卑斯山脉北部的地位，此后，他因西西里穆斯林入侵阿普利亚和卡拉布里亚而感到震怒和警惕。于是奥托二世在公元 980 年 12 月率兵南下进入意大利，意图毕其功于一役，将亚平宁半岛从撒拉森人的占领下解放出来。事实上这些被围困的省份严格意义上属于拜占庭帝国的一部分，无须他越俎代庖，过多操心；但年轻皇帝的妻子泰奥法诺是如今拜占庭帝国两位共治皇帝巴西尔二世和君士坦丁八世的姊妹，比起较远的、对他们来说相对不那么重要的领地，这两位皇帝更愿意在离他们较近的问题上付出应有的关注。奥托二世的征战开始得很不错，但到了公元 982 年夏天，当他向西南挺进卡拉布里亚时，他震惊地发现有一股撒拉森人的部队出现在斯蒂洛附近。他的军队随即被打得支离破碎。而皇帝本人仅以身免，他隐瞒身份游上一艘经过此地的船只，当这艘船靠近罗萨诺时，他从甲板上跳回水中，独自前进到岸边。

虽然狼狈至此，年轻皇帝的决心依然坚定。第二年 6 月，他在维罗纳着手筹备新的战役，顺便与威尼斯续订常规贸易与保护条约。他或许是真心诚意地做着这些事，然而这之后一群威尼斯人拜访了他的宫廷，这些人的领袖是斯特凡诺·科洛普里尼，他曾在卡斯特洛圣彼得大教堂的广场上杀死了莫罗西尼一派的某个成员，为了保住性命而不得不远走他乡。而他此次前来的目的是带给皇帝一个提议。尽管威尼斯如今的实力不断增长，但仍然保持着对大陆通信渠道和补给线的依赖。如果这些通道被切断，它很快就会屈服，不得不接受科洛普里尼为执政官。这样一来，在皇帝帮助下获得威尼斯的科洛普里尼家族便会投桃报李，接受帝国为威尼斯的宗主，全威尼斯的舰队就可以供奥托与撒拉森的下一次战争调遣。

将威尼斯这颗最耀眼的明珠镶嵌到他的皇冠上，这样的前景是雄心勃勃的年轻皇帝无法拒绝的。于是他将刚续订的条约抛诸脑后，宣布立即对威尼斯共和国进行封锁。皇帝的封臣卡林西亚公爵收到命令，要求他确保维罗纳的边地、伊斯特里亚和弗留利能够结束与威尼斯的商业关系。同时科洛普里尼家族和他们的追随者们则在沿路、沿河的战略要地布下岗哨。时间从秋天转入冬季，威尼斯因为七年前的大火而依然处在满目疮痍的状态，因为公民们的纷争和优柔寡断、摇摆不定的执政官的统治而士气低沉，在这种情况下，如今这座城市正面临着双重威胁：饥荒和帝国的接管。从某方面来说，这一回共和国的危机要比当年面对丕平，或者稍后马扎尔人的挑战更为严峻。在那时威尼斯至少还有包围着城市的海水来保护它，也只有它自己的水手们知道那些危险的浅滩和乱流。而如今来袭的敌人也是威尼斯人，对他们来说潟湖就再无秘密可言。更何况他们还有多少代理人和支持者被留在这座城市中？陷入慌乱的民众于是在科洛普里尼家族留下的宅邸处集中，将这些房屋夷为平地，并扣押了那里的妇孺作为人质。然后这些无力再做更多事的人只能等待着敌人猛攻的到来。

但预想中的攻击并未到来，斯特凡诺在公元983年突然暴毙，接着皇帝奥托二世本人因为摄入过量药物（他服用了整整四德拉克马的芦荟油）而致的高热，在同年12月以二十八岁的年纪英年早逝。皇帝的母亲阿德莱德代表她年仅三岁的孙子摄政，她也许愿意继续推行针对威尼斯的封锁，但共同摄政的泰奥法诺，即奥托二世的拜占庭帝国遗孀拥有的影响力实在太过强大，因此阿德莱德尽其所能做到的就只有发布一道敕令，允许科洛普里尼家族和跟随他们的叛乱者回到威尼斯。不过对这些人来说，告诫他们远离威尼斯或许更好。他们的老敌人莫罗西尼家族可没有忘记被谋杀的亲族。莫罗西尼家族发誓要血债血偿，而且他们的记性相当不错。公元 991 年，莫罗西尼家族攻击了三名科洛普里尼家族成员，后者刚准备登上新建执政官宫外的一艘船时，莫罗西尼的剑刺穿了他们，随后尸体被丢进了水里。

将这场新的暴行归咎于特里布诺·梅莫或许并不公平。他是莫罗西尼家族的姻亲。公元 982 年，当乔瓦尼·莫罗西尼将他逃亡的岳父安顿在圣米迦勒修道院，尔后离开这位前执政官回到威尼斯之际，他想要寻觅一块土地，在上面建造一座本笃会的修道院。梅莫执政官给了他正对着执政官宫的那座小岛，它当时名为丝柏树岛，正是如今我们所熟悉的圣乔治·马焦雷岛。因此，在他的立场允许范围内，梅莫的同情心是非常明显的。他是一位温和且爱好和平的人，在经历接近十年的相对平静，又经过社会再次被两败俱伤的战事撕裂之后，他在人生尽头最后希望见到的就是他的城市。然而他依然受到攻击和责难，除了像两位前任那样隐退到修道院中之外别无选择。这一次他选择的是位于执政官宫后方的圣匝加利亚修道院，然后在他毕生从未脱离的默默无闻中去世。[1]

1 令人惊讶的是，这位最容易被人遗忘的执政官却是最早宣称要在威尼斯留下永久纪念物的一位，尽管他为了达到这个目标等待了近五百年。直到十六世纪晚期帕拉弟奥建造了圣乔治·马焦雷教堂，梅莫才一偿宿愿。教堂正面左手边的一个壁龛中，有一座梅莫的半身胸像被放在一个象征性的石棺上，以此承认这座教堂的存在应当归功于他和始创者乔瓦尼·莫罗西尼。

5

执着的王朝

（公元 991—1032 年）

帝国的力量来自波涛之上，

海王的三叉戟是统治世界的权杖。

——勒米埃

威尼斯在击退了马扎尔人侵略者的胜利气氛中迎来了十世纪的开端。然而尽管如此，它却未能善始善终。在过去的五十年间，除了包括短暂在位的彼得罗·奥尔塞奥洛一世在内的两人，共和国的命运被交托给坎迪亚诺家族的血亲与姻亲，他们的政策让这个国家处在了灾难的边缘。因为他们的傲慢和野心，以及这个派系最后掌权的特里布诺·梅莫在危急关头软弱无能而无法力挽狂澜，坎迪亚诺们弄僵了与西边帝国的关系，又忽略了东方的拜占庭帝国，并滋长了家乡的社会不和。当这个世纪最后的十年开始时，威尼斯已是病入膏肓。一位普通旅客来到此处，它表面的繁荣或许会给他留下深刻印象，像是港口停泊的船只，在里亚尔托展示的货物，那些黑貂皮、丝绸、香料，诸如此类。但是共和国已经不再被它的邻居们像过去那样敬畏，它的声望日益衰退，风气亦日益败坏。它独特的民族自豪感形式——意识到自己正成为一个由不同人群整合而成的独立民族，以及对个体命运的追求——曾给予威尼斯的开国元勋们勇气和凝聚力，并敦促他们的继承者开创伟业，然而现在这种精神也渐渐枯竭。威尼斯如今需要一位铁腕人物来引导它，弥合裂痕仇隙，将它重整为一个完整的国家，同时重建起它的自尊与自信。

它找到了适合的人选。十三年前老彼得罗·奥尔塞奥洛逃避职责去国离家之际，留下了一个与他同名的年轻儿子。公元 991 年，如今正当而立之年的这位小彼得罗被宣布为威尼斯人新的统治者。威尼斯人再没有比这更好的选择了。彼得罗·奥尔塞奥洛二世，一位天纵奇才的政治家、战士和外交家，与同时代的其他执政者相比简直鹤立鸡群。他的子民们仿佛从一开始就认识到了新执政官的伟大之处。随着奥尔塞奥洛二世的上任，原本长期荼毒社会生活的世仇纷争突然一夜消失，好像它们之前从未存在过。威尼斯人似乎再次成长为一群成熟、负责、有才华的人，时刻准备跟随他们的新执政官走向通往光荣的康庄大道。

对威尼斯来说，荣耀即是贸易的代名词，因此彼得罗·奥尔塞奥洛二世上任的第一个任务就是修复与两大帝国的友好双边互惠贸易关系。上任的头一年，他就与君士坦丁堡的巴西尔二世议定了诸多商业条款，这些条款的优惠之处是过去的威尼斯从未享受过的。在一份所署日期为公元 992 年 3 月的金玺诏书上，帝国同意让“真正的威尼斯货物”享受比其他外国商品低得多的关税税率，在此强调真正的威尼斯货物，便是将货源来自他处、通过搭载威尼斯货船运到帝国的商品排除在了关税优惠之外。同样重要的是，从此以后君士坦丁堡的威尼斯商人将受到地位相当于财政大臣的宫廷总管直接监管。因此一旦遇上紧急状况，就可以令商人们免于忍受拜占庭官僚机构名声在外的迟滞与随之而来的挫败感，直接将事件传到皇帝耳中。作为回报，威尼斯舰队必须为临时运输帝国军队随时待命，然后将这些军队送到任何需要的地方。

执政官与西方年轻的皇帝交涉时也取得了成功，或许得到的成果比从东方取得的更大。这要归功于两位领袖彼此间迅速增长的相互敬慕与喜爱。神圣罗马帝国现任皇帝奥托三世出生于公元 980 年，在三岁时加冕为皇帝。这个非凡孩子的成长过程融合了所在家族传统的雄心壮志与继承自他希腊母亲的浪漫神秘主义，以及用拜占庭式神权统治的方式一视同仁接纳日耳曼人、意大利人和斯拉夫人的夙愿。他还希望自己和教宗能按照类似他与两位副王之间的统治秩序侍奉于上帝座前。对梦想的追求使得奥托三世比他父亲当年要更专注于意大利事务，同时年轻的皇帝对君士坦丁堡以西那位富有才干的领导人产生了英雄崇拜情结，使得剩下的事发展得顺理成章。公元 996 年，奥托三世初次翻越阿尔卑斯山，远赴他于罗马举行的加冕典礼，在途中，他向威尼斯充分地表露了他的友好态度。首先皇帝责令两位不服管束的主教将先前非法据为己有的领地归还给威尼斯，接着他授权执政官在皮亚韦河与西莱河沿岸建立威尼斯的货仓与贸易点，同时对威尼斯人在帝国领土上的通行安全与税务减免做出了保证。更重要的是，皇帝亲自派人找来奥尔塞奥洛二世的第三个儿子，让他在维罗纳与自己同行，奥托三世还在那儿主持了对方的坚信礼，并赐给他自己的名字。

就这样，在他执政的第五年年底，彼得罗·奥尔塞奥洛二世保证了基督教世界最强大的两股势力与共和国的商业发展前景。于是北意大利的宽广河流上挤满了有史以来最多的威尼斯驳船，这些船负荷着如此多的货物，以至于它们的船舷几乎要沉到与水位线齐平。货船运载着铁、木材、谷物、酒、盐，还有奴隶，奋力逆流而上到达位于维罗纳、皮亚琴察和帕维亚的交换所，货物从那儿转运陆路穿越亚平宁半岛到达那不勒斯、阿马尔菲及其周边，甚至越过阿尔卑斯山到达德意志和北欧。更庞大的交通工具则在同时往亚得里亚海东南方向航行，绕过伯罗奔尼撒半岛沿岸，以及再度向北前往君士坦丁堡，甚至有时抵达黑海。然而还有一些人专注于扩张得更为迅速的新市场——伊斯兰世界。在此之前，尽管总有一些方法可以同阿拉伯人做生意——毕竟是威尼斯商人从亚历山大港盗走了圣马可的遗体——但商业交易总是被种种因素压制，比如撒拉森人对海盗事业的偏好，威尼斯人对他们一百五十年前进攻潟湖险些得逞的记忆，以及西方基督教世界对和异教徒产生任何层次友好关系建议的厌恶。这是彼得罗·奥尔塞奥洛二世意图消除的另一种态度。执政官派出的大使们四散前往地中海每一个飘扬着先知绿色旗帜的伊斯兰地区，他们从西班牙到北非巴巴里地区，西西里和黎凡特，又去到位于阿勒颇、开罗与大马士革的宫廷，以及科尔多瓦、凯鲁万和巴勒莫等名城。一个又一个统治着伊斯兰世界的埃米尔礼貌地接待这些使者，并接受他们的提议。就这样，一份又一份满载着自豪与满足的合约漂洋过海，由大使们送到执政官手中。威尼斯的左邻右舍，那两个分处东西的大帝国正对南意大利崛起的穆斯林势力感到忧虑，因此它们或许会惊骇于奥尔塞奥洛二世的所作所为，指控他背弃了基督的信仰。但对奥尔塞奥洛二世这个彻头彻尾的威尼斯人来说，商贸交往总好过流血杀人，何况前者更有利可图。

对桎梏尽除、尽情扩张的威尼斯贸易来说，如今唯一的阻碍就是达尔马提亚海岸的斯拉夫海盗。威尼斯上一次在公元 887 年针对他们的远征落得了灾难性的结局，就连领导军队的执政官彼得罗·坎迪亚诺一世都在战斗中以身殉职，即便六十年以后，这位执政官的孙子在某种程度上挽回了共和国与家族的荣誉。随着时间流逝，如今海盗的威胁已经比以往更甚。在十世纪后半叶，由于海盗肆虐，威尼斯养成了每年上缴保护费来确保船只在狭窄的亚得里亚海水域自由通航的习惯。然而彼得罗·奥尔塞奥洛二世并不是个会向敲诈勒索屈服的男人，他上任之后不但禁止续缴所有保护费，还在下一次缴款限期到来之际派遣六艘威尼斯桨帆船前往达尔马提亚，来防备海盗可能采取的报复行为。紧接着，战斗不可避免地打响了。此战之后，海盗最重要的据点之一利萨岛[1]落入威尼斯人之手，威尼斯战船满载男女俘虏凯旋。

威尼斯在与海盗交手的第一回合占了上风，但海盗并未就此被打垮。像纳伦塔河与采蒂纳河河口周边海盗活动的中心甚至全未受到影响。这一战后海盗倾巢而出，尽管沿海城市的居民从人种到语言都与攻击他们的人不同，海盗还是将他们的怒火发泄在这些毫无抵抗能力的人身上。海盗是克罗地亚人，他们属于六世纪与七世纪斯拉夫人穿越巴尔干半岛的大扩张中从喀尔巴阡山脉向西推进的那一部分斯拉夫人，并在十世纪建立了自己的王国。然而这个克罗地亚人的王国从未能囊括达尔马提亚海岸全境，像波拉、札拉、特劳、斯帕拉托[2]等城市，以及其他规模较小的沿海聚落中，生活的是说拉丁语民族的后裔。这些居民的祖先曾经是罗马帝国的公民，因此将这些克罗地亚人邻居视为野蛮的暴发户。除了札拉以外，这些地区的人民都在理论上臣服于君士坦丁堡，但这只不过更近于一种名分。就像某位历史学家所说的："皇帝受到官方的尊敬，但他既不发号施令，也无人真正服从他。"[3]当地人深知这一点，于是从未期待从拜占庭帝国方面获得帮助，他们转而向威尼斯求援。

假如说奥尔塞奥洛二世需要一个进一步的理由来完成他所开始的事业，那么现在到来的求助无疑使他得到了一个极好的机会。公元

1 如今的维斯岛。达尔马提亚地区的地名一直是一个问题，因为当时这些地方拉丁语和意大利语的地名版本和现在的斯拉夫式名字之间的相似性极小。在这本书内，一般使用当时的意大利语地名，但是所有相应的斯拉夫式地名都会以脚注和译名对照表的括号两种方式标注出来。

2 它们分别是今日的普拉、扎达尔、特罗吉尔和斯普利特。

3 R. 切西，《剑桥中世纪史》，第四卷，第一部分，第 269 页。

1000 年 5 月 9 日正是耶稣升天节，执政官在卡斯特洛圣彼得大教堂参加弥撒，并接受了经过奥利沃洛主教祝圣的旗帜。[1]然后他正式行进到港口，一支气势恢宏的威尼斯舰队正在那里等着他登上自己的旗舰并下达起锚出航的命令。舰队在耶索洛过了一夜，次日抵达格拉多，格拉多宗主教主持了欢迎他们的仪式，并将圣赫尔马戈拉斯[2]的遗物授予执政官。值得一提的是，这位格拉多宗主教仍是我们所熟悉的维塔莱・坎迪亚诺，他在职三十年，如今似乎已经放弃了政治上的阴谋诡计，安心当起了共和国的忠实仆人。到了 5 月 11 日，远征军终于在精神和物质上都已经准备好应付接下来的任务，于是舰队扬帆起航，横穿亚得里亚海。

执事约翰对威尼斯舰队此次前往达尔马提亚作战的描述，与其说是在记述一场战役，不如说是在记录胜利的进程。威尼斯人在每一个停靠的港口都受到当地主教、贵族和修道院院长的欢迎，人们特地为执政官接风洗尘，还拿出圣遗物供他视察敬拜。当地人许下大量宣誓效忠的言辞，偶尔还有年轻人自发聚集起来，投入威尼斯旗下效力。当威尼斯舰队兵临城下时，克罗地亚国王在特劳的兄弟主动投降，甚至留下他的小儿子作为人质，这个年轻人不久之后便和执政官的女儿喜结连理。直到舰队驶至斯帕拉托，奥尔塞奥洛二世才与敌人第一次短兵相接，这股敌人的首领来自纳伦塔河三角洲，前来同威尼斯舰队进行谈判。海盗们没有朝威尼斯舰队坐地起价的资本，作为威尼斯人撤退的交换条件，他们愿意放弃每年收受的财物，并不再骚扰合法行驶的威尼斯桨帆船。

---

1 格夫勒雷尔相信这面旗帜上第一次出现了之后被人所熟知的威尼斯徽记，即爪子捧着一本打开书册的有翼狮子。

2 此人是圣马可的朋友与门徒，他被圣马可任命为第一任阿奎莱亚主教，在那之后不久他就被罗马皇帝尼禄斩首。

不过遗憾的是，纳伦塔河的海盗不能代表所有达尔马提亚近海岛屿的立场。库尔佐拉岛[1]的居民就不那么配合，威尼斯舰队不得不使用武力来镇压他们，而拉戈斯塔岛[2]的海盗则寄信任于岛上传说中固若金汤的要塞，据守其中负隅顽抗。然而围困堡垒的威尼斯人成功应对了这次挑战，他们顶着从上方堡垒倾泻而下的岩石前进，迅速攻克了一座塔楼的底部。威尼斯人十分幸运，那里正巧负担着整个拉戈斯塔岛的淡水供应。因此，身为奥尔塞奥洛二世的朋友与心腹，很可能当时正在现场的执事约翰如此写道：

> 敌人们情绪沮丧，纷纷垂下手臂跪倒在地，祈求能够让他们从死亡的可怕境地中解脱出来。仁慈的执政官因此决定将他们全部赦免，只要求将海盗盘踞的村镇完全摧毁……拉古萨的大主教知悉此事，带着他的教士们前来面见执政官，他向执政官宣誓忠诚，并屡屡致敬[3]……就这样，执政官获得了伟大的胜利，原路返回威尼斯。

奥尔塞奥洛二世的子民们欢天喜地迎接执政官的归来。纳伦塔的海盗能够遵守他们的誓言多久还有待讨论，不过至少他们不敢再将共和国视为任他们摆布的俎上鱼肉，况且拉戈斯塔岛的遭遇还近在眼前，没那么容易叫人忘却。如今的威尼斯掌控了亚得里亚海东海岸，这是它过去从未达到过的成就。然而，虽然达尔马提亚的城镇对威尼斯宣誓效忠并愿意上缴年

---

1 今科尔丘拉岛。

2 今拉斯托沃岛。

3 公平而论，最后的这一点遭到了一些拉古萨历史学家的激烈否认。拉古萨这个地名如今已经不再使用，取而代之的是杜布罗夫尼克。

贡，[1]它们在理论上还不是威尼斯的领土。于是在执政官本人主动认可下，这些地方小心地恢复了拜占庭对其的全面宗主权。但即便如此，在达尔马提亚主要港口建立货仓与贸易点的道路已经再无阻碍，威尼斯接下来远至巴尔干半岛腹地的贸易扩张亦顺风顺水，一路畅通。

战略意义上，威尼斯也得到了不少好处。从此它拥有了一个紧急情况下备用的食物供应来源。尽管里亚尔托诸岛上仍只有一部分盖满了房子，但是岛上用于生产食物的小片保留地早已不能够满足威尼斯人口迅速增长的需要。因此，威尼斯不得不依靠大陆获得食物供给，这就是为何七年前它会因为奥托二世的陆上封锁而惊慌失措。自从威尼斯掌控达尔马提亚之后，在可预见的未来，类似封锁造成的结果就只会产生轻微的不便，不会再进一步恶化。威尼斯只消派出几艘船越过亚得里亚海，几天后它们就可以满载所有城市需要的谷物与必需品返航。最后值得一提的是，科尔丘拉等诸多岛屿上的松林为威尼斯的船坞拥有取之不尽用之不竭的木材储备提供了保障。

因此，威尼斯执政官又获得了一个悦耳动听的尊称，达尔马提亚领主。在之后的每一个耶稣升天节，即这支舰队出征的纪念日，这个名号都会被郑重地在纪念奥尔塞奥洛二世达尔马提亚远征的仪式上提起。执政官本人在奥利沃洛主教以及威尼斯的贵族与公民们的簇拥下，再一次从利多岛的码头起航到达外海，用宗教仪式表示祈愿和感恩。在早期这种仪式十分简短，执政官的祷告语句也很简单，尽管它的内容所求甚多。他这样祈祷：“啊，请主赐福于我们，以及所有航海者，让大海平静不起波澜。”接

1 阿尔贝（今拉布岛）每年要上缴十磅生丝；凯尔索（今茨雷斯）岛上的奥赛尔罗（今奥桉）需要缴纳四十张水貂皮；韦利亚（今克尔克）需要缴纳十五张水貂皮和二十张狐皮；波拉（今普拉）则要为圣马可大教堂每年提供两千磅油。而任何时候，只要威尼斯有舰队出航，斯帕拉托（今斯普利特）就要负责装备两艘桨帆船和一艘三桅帆船。

着当唱诗班合唱第五十一首赞美诗的句子“求你用牛膝草洁净我，我就干净”[1]时，圣水洒向执政官与他的随从，之后剩下的圣水则被倾倒入大海的波涛之中。随着传统越来越受到重视，这个仪式也变得越来越复杂，由于仪式中包括了执政官为了安抚大海而投入一枚金戒指的行为，这项仪式逐渐被看作一场与海洋的象征性联姻，即所谓的“海婚仪式”。这项特色从此一直保留到威尼斯共和国的终结。[2]

然而对奥托三世来说，他的新千年开端似乎不那么吉祥美妙。在他狂热的政治神秘主义的抱负推动下，年轻的皇帝选择在罗马住下，并在阿文提诺山建造了一座雄伟的新宫殿。在这座建筑内，奥托三世身处被拜占庭礼仪限制得呆板陈腐的宫廷，过着一种豪华与禁欲混合的奇妙生活。他在自己雄伟的隐居处使用金盘进餐，有时还会脱下紫色的冕服换上朝圣者的斗篷，赤着脚艰难跋涉到某个远处的圣地。或许在奥托三世看来，威尼斯是一座成功集西方的实用主义与拜占庭的神秘主义于一体的意大利城市，于是皇帝仍然保持着他过去对威尼斯的敬慕，并且像以前一样期待在对意大利制定的政策中，威尼斯能够为他所用。

可惜他失望了。执政官从达尔马提亚返回之后，一位皇家使者携皇帝邀请威尼斯在北意大利联合作战的提议到达里亚尔托，但他得到的是威尼斯人坚定有礼的拒绝。奥尔塞奥洛二世要比过去任何一位执政官都更清楚地意识到威尼斯的命运仰赖海洋的程度有多深，获取大陆上的领地对它的伟大并无帮助。另一方面，奥尔塞奥洛二世对皇帝同时提出的另一个建议

---

1 乍看这段话并没有什么惊人之处，在《圣经》的拉丁文译本中，这句话的第一个词更准确的翻译应当是“aspergere”（洒）。而牛膝草的枝条，比起用于轻泻的药剂，更常用于点洒圣水。

2 参见第 9 章。

更感兴趣，在执事约翰的记录中，奥托三世表示他将秘密前来威尼斯拜访执政官，皇帝这么做，是“为了听一听他明智的忠告，以及出于他对他怀有的爱”。

除非皇帝担忧可能出现的暗杀行为，否则他坚持秘密行动的动机实在让人难以理解。皇帝想讨论的问题是否机密，历史学家们为此争论不休。不过公开宣布的访问并没能阻止私下会谈的举行，无论如何，在皇帝启程后的一到两天内，奥托三世和执政官双方才公布了会面的事实，哪怕并不是具体的细节。这确实是很不寻常的，在前十字军东征时代，一位皇帝离开他帝国的国境，并不会产生特别的风险。无论原因为何，在这件事上奥托三世显得十分固执，而前期的准备要比他们选择用其他方式会面来得更长，也更令人筋疲力尽——执事约翰作为执政官密使置身其中，他花费了一年中的大部分时间，在两位统治者之间往返穿梭。公元 1001 年 2 月，罗马人掀起了一场针对皇帝的叛乱，然后将他逐出了城市，这无疑使这两人之间的情况变得更加复杂。

奥托三世对此并未表现出过分的沮丧。他在拉文纳庆祝了复活节，此时执事约翰也在当地与皇帝商讨最后的会面安排。皇帝随即宣布他要在位于波河河口的彭波萨岛上休养数日。岛上的彭波萨修道院[1]做好了迎接奥托三世下榻的准备，但仅仅在他到达后数小时，皇帝趁人不备，带着少数几位最亲近的随从悄悄溜到海滨，执事约翰和一艘船在那儿等着他们到来，然后一行人扬帆航向威尼斯。他们在航行时遭遇了猛烈的风暴，奥托三世在波涛汹涌的海上漂流了一天一夜，最终登上威尼斯的圣塞尔沃洛岛[2]，彼

1 这座修道院教堂如今还矗立在当地，周边还有许多修道院建筑。

2 如今在威尼斯众所周知，这座岛是全城两所主要的疯人院之一的所在地。这所疯人院于公元 1725 年投入使用，当时十人议会将它拨出，用于“精神错乱的贵族在舒适环境下的疗养地”。

得罗执政官正等候在那里迎接他。执事约翰为我们记录下了接下来他亲眼所见的事。他告诉我们，那天晚上伸手不见五指，乃至于双方都很难看清对方的面孔。执政官似乎心情不佳，他首先打开了话匣子："如果您想去看一看圣匝加利亚修道院，最好马上动身。这样在黎明前你们就可以在我的官邸内安安稳稳地得到接待。"他对身边那个模糊的人影说。此时奥托三世和他的朋友们差不多已经筋疲力尽，但彼得罗执政官十分无情。要求保密行事是皇帝自己的主意，把执政官卷进所有这些不便、花招和尴尬的也是他，最后还是这位奥托三世，在这么一个寒冷的风暴之夜让他来到如此荒凉的岛屿上，那么好吧，他得后果自负。

在执事约翰的编年史与其他任何地方，都没有奥托三世特别渴望去瞻仰圣匝加利亚教堂的迹象，即便他真的想去，也不必如此急迫地造访。不过他还是像执政官对他说的那样去了教堂，而彼得罗执政官并没有陪同在他身边。执政官抛下皇帝匆匆回到执政官宫，表面上是为了准备接待皇帝，实际上，我们可以由衷地认为，他是去好好睡了一觉。

皇帝逗留威尼斯期间始终保持着这样偷偷摸摸的行事风格。第二天早晨，执政官在弥撒之后出现在半完工的圣马可大教堂，公开接待了皇帝的随从人员。这些人正式出示了身为皇家代表的到任国书，彼得罗·奥尔塞奥洛二世以共和国的名义欢迎他们，并下令要周到地安排客人的膳宿。接着执政官悄悄来到执政官宫偏僻的东边塔楼，他秘密地将奥托三世和两名侍从安顿在那里。约翰告诉我们，尽管皇帝已经身在威尼斯，但执政官仍然与其他人公开用餐，因为"他害怕引起臣民的任何一点猜疑，所以不能同皇帝整天共处"。在没有其他问题的情况下这是个不错的借口，这也使得奥托三世只能乔装打扮成一个穷人，去游览他宣称感兴趣的教堂和纪念碑。

皇帝对威尼斯秘密访问期间，他和执政官无疑进行了多次磋商，尽管没有关于这些商谈内容的记录流传下来。他们还互换了礼物，其中有赠给皇帝的一张象牙宝座和相配的脚凳，作为回报，奥托三世免除了威尼斯一种和五十磅白银一同缴付的年贡，这是生效于奥托三世祖父奥托大帝的时代的义务，即每年上贡给他一件“帕留姆”（Pallium）披带或正式礼服。此外，为了更好地巩固他们彼此的友谊，皇帝第二次成为彼得罗执政官孩子的教父，这一次，奥托三世在圣水池前托着的是个新生的女婴。皇帝抵达威尼斯不足两天，就又像他来时那样悄悄离开了威尼斯，只有执事约翰和两名私人仆役跟随他离开，剩下的人则在次日正式启程返回。

回到拉文纳之后，奥托三世立即将他之前的行踪公之于众，同时执政官亦在威尼斯发布了内容相似的简要公开声明，显而易见，他这样的举动是事先安排妥当的。通过执事约翰的记录，我们了解到执政官的这份声明得到了威尼斯人的热烈好评。事实上我们依然难以理解威尼斯人对公开表演的深爱，这次偷偷摸摸的皇家访问无疑剥夺了他们见证一次豪华场面的机会。不过执政官的声明一点儿都没有提到关于他自己的内容，而是成功地将重点落在了共和国的声望上：一位来自西方神圣罗马帝国的皇帝平生首次离开他的国土，只是为了亲眼见识一下威尼斯，为了瞻仰它的圣地，欣赏它的美景，以及汲取威尼斯的经验与政治智慧，在这样的说辞下，我们可以推断威尼斯人得到的满足大大胜过了无法见识皇帝亲身访问的遗憾。

毫无疑问，威尼斯从此次访问中得到的好处要多过奥托三世所获得的。此时年轻的皇帝决心在罗马重起炉灶，于是他返回那里并准备围攻这座城市。奥托三世从德意志召集来后援军队，然而正当军队与他取得联系，而皇帝期盼已久的拜占庭新娘正从君士坦丁堡前来之际，奥托三世因为一场突如其来的高热而一病不起。从症状上看，皇帝很可能罹患天花，公元 1002 年 1 月 24 日，他死在了靠近奇维塔卡斯泰拉纳的帕特诺城堡，年仅二十二岁。出人意料的是——尽管时机也恰好满足条件——奥托三世并不愿同他父亲一样被安葬在罗马，而是希望能够在查理大帝过去的首都亚琛长眠。于是他的一群忠实拥护者们穿过充满敌意的罗马地区，将奥托三世的遗体送到那里。皇帝安息在大教堂的唱诗席，直到如今。

皇帝奥托三世的死并没有让彼得罗·奥尔塞奥洛二世与西方的罗马帝国保持密切友谊的政策产生偏离。皇帝去世一个月后，伦巴第人在伊夫雷亚侯爵阿杜安的领导下掀起叛乱，而且无视帝国对伦巴第宣称的所有权，自立为王。威尼斯执政官毫不犹豫地支持名正言顺的皇帝，奥托三世的第二个表兄弟，“巴伐利亚的圣人”亨利二世。因此，在这一年即将结束时，他得到了一份新的特许状，上面授予他的头衔是“威尼斯与达尔马提亚执政官”。同时，威尼斯在这之前从拜占庭得到的特权都得以保留。而对于执政官来说，他很幸运地有其他孩子可供一位皇帝担任教父，当亨利在公元1004年首次访问意大利时，执政官最小的儿子在维罗纳觐见了他。皇帝主持了接下来确认教父子关系的宗教仪式，并且让那个孩子冠上了自己的名字。于是威尼斯与帝国的关系看起来将继续顺风顺水地平稳发展下去。

原本众人猜测执政官会选择自己的长子而非幼子来接受这一象征意义重大的荣誉，但是长子乔瓦尼·奥尔塞奥洛是为拜占庭帝国准备的人选。彼得罗从不会让自己与奥托三世或亨利二世恢复友好关系的事实影响到他和拜占庭帝国巴西尔二世之间的友谊。他前往达尔马提亚远征之际，就事前知会了君士坦丁堡并得到了东罗马帝国皇帝的同意。彼得罗执政官小心翼翼地处理着拜占庭皇帝在达尔马提亚所拥有的权利，而后者也乐于让威尼斯负起监管这片他本人难以应付的地区的责任。当执政官领导第二次规模较小但更为英勇无畏的远征，解除了巴里的危机之后，从拜占庭方面看，这位执政官就有了更多的优点。巴里是亚平宁半岛最大和最重要的希腊人聚落，亦是俗称卡皮塔纳塔地区的首府，这一地区属于拜占庭帝国的南意大利行省，范围包括泰拉奇纳以南到亚得里亚海沿岸的泰尔莫利以西。公元 1002 年 4 月，这座城市被撒拉森人袭击，到了夏天，它已经陷入了被重重围困的境地。9 月 6 日，一支在奥尔塞奥洛二世亲自指挥下的威尼斯舰队突破封锁，为忍受着断粮之苦的城市送来了必需品。同时，经过港口外长达三天的战斗，侵略者在威尼斯人的攻势下溃不成军，纷纷四散逃窜。

虽然威尼斯希望确认撒拉森人在意大利不断扩张的势力，因此有显而易见的理由对巴里的形势进行武力干涉，但它的出兵仍是不请自来的主动行为。不过解除巴里之围这件事增加了拜占庭人对威尼斯的感激之情，奥尔塞奥洛二世意识到是时候巩固他所获得的有利条件了。于是执政官任命十九岁的儿子乔瓦尼与他共治，随后将乔瓦尼与他的弟弟奥托派往君士坦丁堡进行国事访问，在那儿执政官的长子被安排同两位共治皇帝的侄女玛利亚·阿吉拉公主结为夫妻。[1] 婚礼由君士坦丁堡大牧首主持，在皇家小教堂举行，在场的两位皇帝按照东罗马帝国的习俗，为新婚夫妇戴上了冠冕，并授予他们圣芭芭拉的遗物。接下来人们为这对新人举行了盛大的庆祝仪式，新婚夫妻随后迁入了一座任他们支配的宫殿，在这样的照顾下，当他们返回威尼斯的时候，乔瓦尼年轻的夫人已经怀有身孕。

彼得罗·奥尔塞奥洛二世如今已经处在他事业的巅峰。他的政治才干将威尼斯共和国的繁荣与声望都提升了一个台阶；他的勇气使他战胜了东边斯拉夫人海盗和南方撒拉森人这两个长期以来对威尼斯安全的威胁，并且让曾被这两者占据的达尔马提亚海岸得到了新的主人；从个人的层面，

1 “保加利亚人屠夫”巴西尔二世是拜占庭历史上最伟大的君主之一，在他统治期间，名义上他与另一位皇帝康斯坦丁八世共享皇位。不过康斯坦丁八世是个无足轻重的追求享乐者，他通常都处在幕后，几乎不插手政事，因此在这段历史上他几乎可以被忽略。

他用联姻和教父教子关系将自己的家族与东西方两个大帝国紧紧联系起来，同时他成功地让儿子与自己共治，这是过去六十年来的头一遭。不过随着他实力和名望的增长，君主制的诱惑开始萦绕着他。很多威尼斯人亦开始怀疑执政官是不是被成功冲昏了头脑，想要像几位前任那样，秘密筹划着在潟湖建立一个世袭的君主政权。

但很快，奥尔塞奥洛二世的世界突然崩塌。公元1005年的秋天，一颗燃烧的彗星出现在南方天空，并在那儿存在了整整三个月。所有人都觉得这是一个凶兆。第二年年初，饥荒给了威尼斯沉重一击。威尼斯的新食物供应来源达尔马提亚地区与意大利在大陆上的领土遭受了同样的灾荒，因此对缓解威尼斯的困境毫无帮助。饥荒所到之处瘟疫接踵而至，夺走了连同年轻的乔瓦尼·奥尔塞奥洛、他的希腊妻子与幼子在内好几百甚至更多人的性命。圣彼得·达米安对此丝毫不掩饰他的满意，他将年轻的执政官夫人之死归结于因为她拜占庭式奢侈享乐生活招致的神罚：

> 举例来说，执政官夫人骄奢淫逸的习惯包括她不屑于使用普通的水来清洁，而是强迫她的仆人们收集雨水供她沐浴。她同样不屑于用手指触碰食物，而是命令侍奉她的宦官将食物切成小块，这样她就可以用黄金做的两把叉子叉起食物送入口中。而她的房间内飘荡着各种香水浓重的气味，其令人作呕的程度无以言表，也令人无法想象。这个女人的虚荣令全知全能的上帝憎恶不已，对此他明白无误地降下惩罚。上帝将他神圣的公义之剑悬在她头上，于是她的全身开始腐烂，肢体纷纷萎缩。她的寝室内弥漫着令人难以忍受的恶臭，以至于没有一个女仆，甚至奴隶，可以禁得起这可怕的嗅觉攻击。只有一个女仆在芳香混合物的作用下尽职尽责地完成她的命令。然而即便是这个姑娘，也只能匆匆靠近女主人，然后迅速逃离。就这样，经历了缓慢的

衰弱与痛苦折磨后，她的朋友们因为她咽下最后一口气而高兴地如释重负。[1]

乔瓦尼和他的妻子在十六天之内相继撒手人寰，他们被安葬在圣匝加利亚教堂的一个单独墓穴内。彼得罗·奥尔塞奥洛二世心碎了，他对未来的企盼全部化为泡影。因此尽管还不到五十岁，这位执政官看上去却仿佛已了无生趣。或许他像他的父亲那样经历了一场宗教上的危机，但与老彼得罗不同，奥尔塞奥洛二世并未选择隐退到修道院内，而是任命他的第三个儿子奥托与他共同以执政官身份执政。奥尔塞奥洛二世还立下遗嘱，将自己的大笔财产留给教会与穷人，然后他退居到执政官宫的偏僻一隅，将自己与众人隔离开，哪怕是他的妻子亦不例外。在这之后不到两年，奥尔塞奥洛二世在公元 1008 年逝世。

小奥托·奥尔塞奥洛只不过是个十六岁的少年。奇怪的是，威尼斯人对他和他父亲一同执政毫无异议；而更加奇怪的是，威尼斯的居民们居然让这孩子继承了执政官的权力，成为威尼斯史上最年轻的执政官，就我们所知，这其中竟然连一个反对这位少年的声音都不曾出现过。不过在中世纪，男人和女人都比如今的人要早熟得多，一个十六岁的少年人对军队发号施令也不是全无先例，况且奥托·奥尔塞奥洛看上去要比他的实际年龄来得成熟。“他以天主教为信仰，冷静清廉，坚强正直，以虔诚的信仰闻

1　由于圣彼得·达米安没有直接提到玛利亚·阿吉拉的名字，也没有提到她的丈夫与儿子在同时因为同样原因死亡，一些专家认为他或许将她与另一位希腊籍执政官夫人，多梅尼科·赛尔沃的妻子狄奥多拉混淆了。但由于赛尔沃直到公元 1071 年才当选执政官，圣彼得·达米安在次年 2 月去世，这个说法恐怕难以成立。或许圣彼得·达米安不知道瘟疫，或许他刻意隐瞒了这一点，免得他的故事被毁于一旦。

名，以优雅的礼仪著称，他被授予大笔的财产，也是他父祖各种美德的最好继承者。”时隔三个世纪，安德烈亚·丹多洛如此描述他，哪怕这番话的历史真实性难以确认，但至少它证明了一个相对来说较为公平的观点。[1]奥托·奥尔塞奥洛继承了他父亲性格上的许多特点，其中就有他喜好奢华的品位和对权力的迷恋。这位新执政官对东西两大帝国的宫廷都十分熟悉，他在其中一处领取了坚信礼，又从另一方那儿得到了许多高级勋位；另外，奥托在父亲彼得罗去世后不久迎娶了马扎尔人的公主，即后来被封圣的匈牙利国王伊什特万之女，这场婚姻为他的地位亦添色不少。就像他的父亲一样，奥托很快将自己的形象塑造成一位伟大高贵的统治者，到此时为止，这个形象至少还在他臣民们传统的禁欲审美趣味接受范围之内。

但是对一个雄心勃勃的年轻人来说，权势外在的诱惑还远远不够。公元 1017 年，年迈的格拉多宗主教维塔莱·坎迪亚诺终于去世，每一个人都记得，他在这个职位上度过了长达半个多世纪的岁月。老宗主教死后，奥托将空缺的职位指派给了在此之前一直担任托尔切洛主教的兄长奥尔索。[2]奥尔索就任宗主教后，他原来的教区就被执政官转交给了另一位兄弟维塔莱。其实执政官本该清楚一个事实，新任宗主教还未满三十岁，而新的托尔切洛主教更要年轻十岁，于是不可避免地，过去针对奥尔塞奥洛家族的妒忌，以及对这个家族可能正在谋划建立世袭统治的恐惧再度滋生。虽然这些不满尚未达到引起一场叛乱的地步，在接下来的数年内一切似乎都十分顺利，但这并不意味着奥托自此便不再需要他臣民们的善意和支持。公元 1019 年，当一位巴伐利亚贵族，特雷芬的波珀被任命为阿奎莱亚宗主教时，形势第一次如山雨欲来。

---

1 执事约翰的编年体史书在这里中断了，没能给我们留下当时发生事件的详细连续记录。

2 在奥尔索的托尔切洛主教任期内，这个教区的教堂被建造起来。它如今仍然矗立在原地，大体上和当年奥尔索离开的时候一样。

波珀是一个世俗的、雄心勃勃的骑士阶级神职人员，这是中世纪的典型现象，历史再不能提供比这更完美的案例了。[1] 他甫一就职便正式宣示对格拉多的所有权，理由是它曾经属于阿奎莱亚宗主教势力范围的一部分。同时，波珀还公开指责在职的格拉多宗主教奥尔索是个骗子和篡位者。教宗对波珀的声明并不买账，但它在威尼斯反奥尔塞奥洛家族的派系那儿却大受欢迎，在此情况下，执政官兄弟在公元 1022 年到 1023 年逃离了威尼斯，在伊斯特里亚避难。但这之后就轮到波珀本人自不量力、弄巧成拙了。他在未经教宗批准的情况下长驱直入格拉多，开始有组织有计划地洗劫那里的教堂和修道院，并将搜刮来的财宝运往阿奎莱亚，这超过了格拉多与威尼斯人可以容忍的底线。这是对奥尔塞奥洛家族有利的反应，于是他们迅速卷土重来，以惊人的冷静有序驱逐了波珀和他的追随者，轻松重登过去的宝座，奥尔索仍是格拉多宗主教，而奥托稳坐执政官宫。

公元 1024 年，教宗约翰十九世在罗马召开的一场宗教会议上驳回了波珀所主张的格拉多所有权，重申格拉多作为一个与阿奎莱亚教区平等的独立教区的权利。此事或许可以看作奥尔塞奥洛家族已经战胜了过去的困难，并重新牢牢确立了他们在威尼斯的权势地位。如果执政官能表现出一点点对大众民意的敏感度，那么他们或许真能如此。但是奥托的野心一如既往地太过强盛，于是两年之后，一场关于教会职位的更大范围丑闻终于令事态到了严重关头。执政官的敌人们迅速且果断地采取了行动，这次执政官没有逃跑的机会，他被逮捕并刮去了胡须，最后被遣送到君士坦丁堡度过余生。

奥托的继任者是彼得罗·巴尔博拉诺，因为早期威尼斯命名法中的一

1　至少在西欧如此，而在东正教世界，这个传统一直延续到今日。

大特点，通常他以琴特拉尼科的名字为人所知。他就任时唯一可以夸口的荣耀，是在大约三十年前从君士坦丁堡偷出了圣撒巴斯的遗物，并将它们存放在圣安东尼诺教堂。[1]这位执政官花了四年时间试着令威尼斯再度凝聚为一个整体，但他的努力全都是徒劳。奥尔塞奥洛的执政官们过去将整个家族与欧洲世袭王朝建立起联系的政策如今起了作用。拜占庭皇帝在君士坦丁堡为他侄女的姐夫奥托提供了体面的避难所，并愤怒地撤销了在上世纪末授予老彼得罗执政官的威尼斯贸易特权，而西边的那一位皇帝也照着干了。同时，匈牙利国王伊什特万决心为被流放的女儿和女婿复仇，他袭击了达尔马提亚，还占据了多个沿海城市。[2]而此时威尼斯的局势仍然四分五裂，城市中残留的奥尔塞奥洛派系支持者仍然具有很大的力量，在新政府的问题成倍增加而对往日美好时光的怀念舆论不断增长之际，他们的势力更显强大。终于，琴特拉尼科的危机在公元1032年到来，当他被迫逊位时，托尔切洛主教维塔莱·奥尔塞奥洛匆匆动身前往君士坦丁堡，邀请他的兄弟奥托回乡复位。与此同时，奥尔塞奥洛兄弟中排行第三的格拉多宗主教奥尔索像维塔莱那样成功度过了危机的风暴，暂时将权力掌握在自己手里。

一场复辟看上去万事俱备了，但是当维塔莱主教抵达君士坦丁堡时，他的兄弟奥托已经病入膏肓，最后死在他返回威尼斯之前。而在此间的几个月内继续操纵着他的城市宗教和世俗两方面前途命运的奥尔索宗主教，

---

1 九百七十三年后的公元1965年，教宗保罗六世在东正教大牧首的要求下，将这批圣遗物物归原主。大牧首令人动容地描述了圣撒巴斯的僧侣们如何每晚都聚集在圣人空空荡荡的墓穴边的场景（来自《泰晤士报》1963年5月18日）。

2 这一仗很可能是由他的侄儿，即奥托那个居住在匈牙利、成功继承了伊什特万王位的儿子彼得煽动的。以当时的诡辩法则来说，彼得可以毫不费劲地宣称他的祖父是为了奥尔塞奥洛家族的利益，而非为了驱逐他们全家的不知感恩的威尼斯人才征服了达尔马提亚地区。

一收到奥托去世的噩耗，就选择了辞职。此外还有一位奥尔塞奥洛家族寂寂无名的旁系子弟多梅尼科·奥尔塞奥洛试图攫取执政官的宝座，但是被不费吹灰之力地镇压了。一位现代历史学家[1]将此人描述为一个“可悲的拙劣模仿者”，这位奥尔塞奥洛不过在威尼斯坚持了一昼夜，便逃到了拉文纳。

奥尔塞奥洛们的时代终究过去了，而且再不复返。

1 R. 切西，《威尼斯共和国史》。

6

诺曼人的威胁

（公元 1032—1095 年）

> 这些人十分勇敢，并且擅长海战。人烟稠密的威尼斯接受皇帝的命令，派遣他们出征。威尼斯，这片人烟浩穰的富庶土地，位于北方群星照耀下亚得里亚海最遥远的海湾。这个国家的城墙被海水包围，假如没有船只，它的人民便无法互相上门拜访。因为这些人居住在水上，所以没有一个国家的人在海上作战能比他们更勇猛，或是更擅长操纵船只来往于波涛之间。
>
> ——阿普利亚的威廉，一位当时的诺曼编年史家

多梅尼科·奥尔塞奥洛试图篡夺执政官权力的可耻行为不只给他自己带来了灾难性的后果，还祸及他的整个家族。即便是支持执政官奥托复辟的那些威尼斯人，也都对多梅尼科将他们城市的至高权力当作奥尔塞奥洛一族牟利特权的放肆行径感到震惊，并通过商议推举六年前曾经领导那场武装起义的富有丝绸商多梅尼科·弗拉班尼科为执政官，来明确地表达对多梅尼科·奥尔塞奥洛的反感。

弗拉班尼科著名的反世袭统治观点，加上随后而来的威尼斯历史格局，共同产生了一个被广泛接受的理论，新的执政官将其推到几乎等同于

修改后的共和国宪法的地位。在这个理论中，执政者任命父子共治以及指定类似实质继任者的行为是被禁止的，这也就意味着过去一段时间的专制暴政终究让位于一种基于民主主义精神的自由。

有一位学术权威[1]甚至进一步断言：威尼斯通过了一部新的特别法令，将整个奥尔塞奥洛家族流放并永远将其族人排除在公职之外——这实际上否认了奥尔索和维塔莱这两位主教至死都得以保留他们各自主教教区这一众所周知的史实。事实上，上述的改革更多来自人们态度的转变而非法律的变革。现存的立法已经为执政官的正常选举和大众议会获得足够权力提供了保障。现在所需的只是人们将它们落实的意愿。这种意愿正是多梅尼科·弗拉班尼科所拥有的，或者说某种程度上他将其内化为自身的个人魅力，来使得人民追随他。

在威尼斯共和国走向完结的七个半世纪中，固定的几个最主要家族的姓氏反复出现在执政官名单上。考虑到大多数时候威尼斯对寡头政治的公开承认，因而当人们不支持它的时候，情况无疑是令人惊讶的。但尽管如此，在这数个世纪内，我们发现同一个姓氏连续两次出现的情况仅仅只有两例，这两例执政官的传承发生在兄弟之间而非父子之间，并且都经过了正当的选举。

在奥尔塞奥洛失败之后，执政官联合执政的情况再也没有死灰复燃，甚至无人再企图尝试。多梅尼科·弗拉班尼科长达十一年的统治某种意义上成了威尼斯历史的一座里程碑。在此期间，威尼斯共和国难得地河清海晏，重获和平。市民们忘记了内讧，全身心投入他们最擅长做的两件事中去——赚钱，以及扩大美化他们的城市。然而这令人欣喜的状态被执政官

---

1 此人为安德烈亚·丹多洛编年史的安布罗希安手稿上的一位无名注释者。为公平起见，在此必须指出，安布罗希安手稿是出自十八世纪米兰安布罗希安图书馆的一位馆长的描述，其内容像杂草一般混乱无序。

的死亡强行中断。在接下来短暂的权力真空期中，那位坏不堪言的阿奎莱亚主教波珀发现了利用他由流氓暴徒组成的常规军二度突袭格拉多并使这座不幸城市屈服的机会，好借此夺走那笔二十年前不知怎的与他失之交臂的财富。幸运的是，主教在这之后不久便蒙主宠召，他的追随者们也在威尼斯新执政官多梅尼科·孔塔里尼率领的舰队兵临城下之际作鸟兽散。但是，尽管教宗在公元 1044 年正式谴责了阿奎莱亚主教的行为并确认了格拉多的各项豁免与权利，两个教区间的复杂竞争关系仍然是一个持续多年的问题。假如格拉多的元老没有在公元 1045 年老奥尔索去世之后明智地将他们的主要住宅置办在威尼斯，那么或许会产生比实际更多的问题。当这些人这么做之后，他们与格拉多之间的联系便愈发脆弱，当教宗在十五世纪正式意识到这种转变时，他除了改变这批相关的头衔外已经别无可为之处。[1]

除去解除格拉多之围，多梅尼科·孔塔里尼唯一一次对外的功绩是公元 1062 年的达尔马提亚远征。[2] 这个地区自四十年前匈牙利的伊什特万对其进行干涉以来，其状况在匈牙利人、克罗地亚人和拜占庭人之间尖锐冲突的压力下变得越来越混乱不堪。威尼斯人夺还札拉城的军事行动虽不能说给这一地区的混乱画下了句号，却无疑有效地提醒相关人等，威尼斯执政官并不会顶着达尔马提亚执政的附属头衔尸位素餐。在内政方面，在他二十八年的执政生涯中，孔塔里尼保持了由他的前任所开创的平静繁荣局面，并持续地将其大部分精力投入城市内纯威尼斯式宗教建筑的建设中去，他的这股热情之盛，几乎可以媲美对上帝荣光的赞颂。他认为被火

1 威尼斯第一座宗主教宫矗立于大运河之上，位于圣西尔维斯特罗教堂与里亚尔托桥之间。人们可以在卡尔帕乔《治愈着魔的人》中见到它，这幅画是作者描绘圣十字造成奇迹的一系列作品中的一幅，现收藏于威尼斯学院美术馆。

2 安德烈亚·丹多洛将这件事放在公元 1044 年，不过他的年表在这一段变得有些混乱。

焚毁后由老彼得罗·奥尔塞奥洛主持重建的大教堂已经不再与周围的环境相匹配，要求更新、更气势恢宏的设计。同时，在利多岛上，一座极其壮丽、主要由执政官捐资建立的本笃会修道院被奉献给所有航海者的主保圣人，米拉的圣尼古拉。

如今利多岛的圣尼科洛教堂是一座平淡乏味的十七世纪建筑，它靠近修道院入口的那两根华丽的威尼斯—拜占庭式柱头，差不多就是最初的建筑物留下的唯一痕迹了。与威尼斯另一座年代更久远、同样奉献给行乞者的圣尼科洛的教堂相比，这座教堂完全没有那种不可思议的美丽。[1] 然而在进入这座教堂的门廊内，有一块孔塔里尼的纪念石碑，上面记录了他取得的三次军事胜利：达尔马提亚远征，收复格拉多，以及最后在阿普利亚击败诺曼人。[2] 前两者被记录下来不足为奇，但第三项胜利着实令人摸不着头脑。诺曼人从未在阿普利亚被打败过，在他们十一世纪的记载中，那里是他们得到稳定连胜的战场之一。诺曼人唯一一次与威尼斯人遭遇交战是在亚得里亚海的南部海域，先是从如今属于阿尔巴尼亚的杜拉佐离开，然后到科孚海峡，直到孔塔里尼去世后十至十五年，这场战役才真正打响。对孔塔里尼的身后声名来说，威尼斯人在战争中的所作所为对其毫无妨害，但该战役最后也是最终的决定性战斗对威尼斯来说是一场灾难，战争的结果也直接导致了孔塔里尼后继者的倒台，尽管在此之前他曾是威尼斯历史上最受欢迎的执政官之一。

我们并不清楚多梅尼科·赛尔沃因为什么而受到欢迎，不过我们可以确信他受到的拥护是实实在在的，因为某些机缘，我们得到了一份他当选

1　近来这座建筑被大不列颠威尼斯濒危基金着手重建。

2　铭文原文如下：Domenico Contareno/ qui rebellam Dalmatiam compressa foedera domuit/ Gradum pulsu Aquileiense receipt/ Normannos in Apulia vicit.

的第一手记录，这份资料由一位名叫多梅尼科·蒂诺的人撰写，他是隶属于大天使圣米迦勒教堂的教区神父。这是现存最早关于类似当选仪式的目击描述，在过去多年的准专制统治之后，公众的意志再次完全发挥效用，这份资料的内容给予我们关于这个时刻的宝贵一瞥。[1]

资料记载的时间是公元1071年。由于圣马可大教堂充斥着孔塔里尼召集来的工匠，因此典礼在利多岛上新修建的圣尼科洛修道院教堂举行。因为当时圣马可大教堂尚不能使用，所以先前的执政官们通常是在卡斯特洛圣彼得大教堂被挑选出来的。但圣尼科洛教堂要比它大得多，它能更好容纳人员的优势战胜了进入教堂的诸多不便。当权者或许希望能通过选择一个相对较远的场所来削减参与的人数，但如果他们真这么想，就会大失所望了，因为蒂诺告诉我们："有数不清的人，差不多整个威尼斯的人"都在场，人们乘坐"武装船只"（armatis navibus）渡过潟湖，这暗示着一部分的共和国作战舰队都被征用来为这项盛事服务。

整个程序以一场"伴随着赞美诗和祷文"的大弥撒作为开端，神的启示为人们找到了执政官的适宜人选，"执政官必须是一个对他的国家有价值，同时能被他的人民所接受的人。这时一阵大声叫嚷响彻云霄，就像用同一个声音说话似的，所有在场的人反反复复地，一声高过一声地呐喊着'我们需要多梅尼科·赛尔沃！我们赞美他！'的语句"。民意所表达的信息再清晰不过，于是选举结束了。一群更杰出的市民随即将新当选的执政官抬到与肩同高，将他从欢呼的人群上方送到码头附近，同时合唱队唱起《垂怜经》和《感恩赞》，钟楼铜钟齐鸣，无数护航船只上的桨手们用船桨平坦的一面拍打海水，将这声音加入他们如雷般的喝彩中去。在回程的路

1　这份拉丁文文本全文可在加利基奥利，《威尼斯的古老记忆》，第6卷，第124—126页中找到。

上，从头到尾都是这样的景象。赛尔沃此刻光着脚，仅穿着简朴的替换衣服，被正式地引入圣马可大教堂，在教堂内林立的石匠脚手架与梯子中，赛尔沃匍匐在新铺设的大理石地面上，感恩他的当选，并在祭坛那里接见了他的政府人员。此时此刻，尽管蒂诺没有详细向我们描述这一场景，但新任执政官想必头一次穿上了执政官的长袍，并开始正式列队动身前往执政官宫，在那里赛尔沃将接受臣民们对他宣誓效忠，并分发传统的礼物作为回赠。

威尼斯第二十九任执政官的统治就这样开始了，不过蒂诺在他结束记录之际，留下了一个有趣的细节。“毫不迟疑地，”他写道，“新任执政官下令将执政官孔塔里尼去世后遭到破坏的门与桌椅复原并加以修缮。”有人或许会问：为何他要这么做？这样做有必要吗？执政官孔塔里尼的的确确是位受人欢迎的执政官，虽然并不像曾经的副手赛尔沃那样，以这样的速度、在这样热烈欢庆的气氛中当选，但在他去世后，并没有证据证明发生了公开骚乱。因此我们只能猜测，在过去的某些时期威尼斯人不明智地接受了来自罗马教宗国的野蛮传统，在这个传统中，当教宗去世时，拉特朗宫经常会被暴民搜掠一空。如果是这样的话，那么威尼斯人不需很久便会将这一习俗抛弃了，在接下来的几个世纪中，执政官宫在不止一次的危机中被人攻击，但这座建筑并未有因为其他原因而被理所当然地破门而入的记录。或许在十一世纪，关于执政官去世后执政官宫内物品所有权的法律地位并没有得到确认。不过这个问题会得到解决，任何人因为攫取或毁坏共和国财产的行为将被判有罪，并且得用他判罪后所剩无几的余生来悔过的时代很快就到来了。

多梅尼科·赛尔沃统治威尼斯的第一个十年相当平静。在就任后不久，他娶了现任拜占庭皇帝米海尔七世的姐妹，一位名叫狄奥多拉·杜卡斯的公主；不久之后，他又与西欧的神圣罗马帝国重修旧好，自奥尔塞奥洛家族之后，这段关系从未到达过这样的新高度，尽管之后当神圣罗马帝国皇帝亨利四世和教宗格列高利七世（他的名字希尔德布兰德更为人所知）之间的争斗到达顶峰时，威尼斯与皇帝之间的关系险些让赛尔沃本人遭到逐出教会的惩罚，整个威尼斯也差一点被停止圣权，禁止参加任何天主教宗教活动。在当下的这段时间，威尼斯是和平的，直到公元 1081 年，科穆宁王朝的阿莱克修斯一世登上拜占庭帝国皇位，呼吁威尼斯出兵援助他抵抗诺曼人的威胁，和平的局面才被打破。

诺曼人在南意大利和西西里岛的生涯是欧洲历史上最伟大的史诗之一。在阿莱克修斯一世向威尼斯求援的时代，阿普利亚依然有老人能够回忆起成股的、无拘无束的年轻冒险者，陆陆续续翻过阿尔卑斯山南下，用手中的剑开创基业，获取财富。仅仅花了略多过一代人的时间，诺曼人便差不多扫荡了加利格里阿诺河以南的亚平宁半岛地区。公元 1053 年，诺曼人击溃了教宗亲自领导下数量远胜于他们的部队，甚至还俘获了教宗，将他扣押了整整九个月。六年后，奥特维尔家族的罗伯特，或被称作罗伯特·吉斯卡尔（吉斯卡尔意为“狡诈的”），被教宗尼古拉二世授予了阿普利亚、卡拉布里亚和西西里的公爵领地。然而这其中最后一次的授地有些太过草率，诺曼人还未涉足西西里，它目前还在撒拉森人的控制之下。此时距离西西里首府巴勒莫向罗伯特的军队投降还需要十三年，而距离罗伯特的同胞们确实占据全岛还需要二十年。但即使在攻下西西里首府之前，罗伯特·吉斯卡尔所瞩目的也是远在他的公国之外的某些东西。他开始筹划一项即便在他非凡的生涯中也是最野心勃勃的任务：以君士坦丁堡作为他的最终目标，发起一场针对拜占庭帝国的联合袭击。南意大利统治区内部的问题令他把朝思暮想的计划付诸实施的时间往后拖延了几年，不过到了公元 1081 年春天，他用来侵入拜占庭帝国的舰队终于准备就绪，等待扬帆起航。他的第一个目标是杜拉佐，有着八百年历史的厄纳齐雅大道从那里一路向东穿过巴尔干半岛，直达帝国首都。

听到罗伯特踏上帝国领土的消息，拜占庭皇帝阿莱克修斯·科穆宁当即向威尼斯执政官紧急求援。这或许是没有必要的，诺曼人控制奥特朗托海峡对威尼斯来说意味的威胁，完全同帝国此刻感受到的一样严重。多梅尼科·赛尔沃自然没有犹豫，他下令舰队立刻备战，随后自任舰队统帅，率军起航投入战斗。即使是这样，他也只是将将及时赶到。尽管威尼斯人被暴风雨延误了行程，并因此丧失了几艘船，当诺曼人的船刚在杜拉佐附近的泊船处下锚时，威尼斯人的战斗用桨帆船依然快速朝他们冲去。

罗伯特·吉斯卡尔的士兵作战十分顽强，但他们对海战缺乏经验，大大拖累了诺曼人的战斗。威尼斯人采用了旧式的拜占庭战术，将载人的小艇在桁端吊起，小艇内的士兵就可以居高临下向下方的敌人射击；他们似乎也掌握了希腊火的秘密，因为一位诺曼人的编年史家杰弗里·马拉泰拉如此写道："他们从水下的管子里吹出那种叫作希腊火的火焰，这火焰无法被水扑灭，因此他们从波涛之下巧妙地点燃了我们的一艘船。"诺曼人对这种战术束手无策，最终他们只有一支伤痕累累、减员严重的舰队突出重围，回到港口。

然而诺曼人在战前已经登陆的部队依然毫发未损，在长达八个月的围攻后，他们迫使杜拉佐开城投降，在此期间，诺曼人还令一支由皇帝亲自率领的军队遭遇了惨败。阿莱克修斯一世为感谢威尼斯出兵救援赠送了丰厚的礼物，但他如果知道杜拉佐的陷落是因为一名居住于其中的威尼斯商人的背叛，或许就不会这么慷慨了。在这名商人的安排下，杜拉佐的城门被打开了，而作为诺曼人的回报，他得以迎娶罗伯特·吉斯卡尔的一个女儿为妻。

因此，威尼斯让诺曼远征军遭受的首次惨败，尽管当时看上去对他们造成了严重的损害，但很快诺曼人就恢复到好像只是受到一次暂时挫败的程度。杜拉佐陷落后，很多当地居民对拜占庭并没有特别的忠诚，于是罗伯特·吉斯卡尔前进的部队并未受到多少进一步的抵抗。几周之内伊利里亚屈服了，在这之后位于横穿巴尔干半岛中途的马其顿重镇卡斯托里亚也如法炮制。如果罗伯特能够保持这样的势头，下一个夏天他无疑将兵临君士坦丁堡城门之外，从那里到他最终的目标皇帝宝座，就仅剩一步之遥。然而对他来说不幸的是，在这紧要关头，教宗急命他立刻返回。

罗马帝国皇帝亨利四世占领罗马的故事开始于公元 1084 年的春天，同时，格列高利七世弃城而逃前往圣天使堡避难，以及他最后被罗伯特·吉斯卡尔解救的故事，在本书内没有更多的篇幅加以叙述。从罗伯特这“了不起的一年”中，我们得到的记录就已经足够了。当东边和西边的两位皇帝都在这名曾经身无分文的前盗匪面前吃了败仗，而中世纪最伟大的教宗在他的控制之下时，罗伯特只想一旦时机允许就返回巴尔干。我们了解到，他曾经以自己父亲的灵魂发誓，在他返回卡斯托里亚，在那儿重新加入他留给儿子博希蒙德的军队之前，不洗澡也不刮胡子。同时，偶尔送到意大利来给罗伯特的报告汇报了拜占庭人从陆上以及威尼斯人从海上的新反攻导致他的部队大批擅离职守脱逃的消息，更使他焦灼万分。

于是罗伯特在秋天返回，他发现当地的情况比他预计的更糟糕。一支威尼斯舰队重新夺回了杜拉佐与科孚，诺曼人占据的区域一度仅限于一到两个离岛和沿海短短一片条状地带。不过尽管已经是六十八岁的老人，罗伯特却没有表现出任何沮丧的迹象，相反，他立刻开始策划对科孚的新一轮进攻。遗憾的是糟糕的天气将他的船只耽搁到 11 月，等到诺曼人的舰队可以出航时，防御的那一方已经在岛屿东北角的卡西欧佩港外严阵以待。吉斯卡尔的舰队面对的敌人是一支希腊与威尼斯的联合舰队，它们让诺曼人舰队领教到与一年前毫无二致的惨败与损失。但罗伯特仍然不承认自己被击败，三天后他率海军再度出航，结果得到了更灾难性的结局。威尼斯人确信他们已经胜利，便派出他们最快的舰载艇，携带消息疾驰回里亚尔托。

在其漫长的生涯中，罗伯特·吉斯卡尔总是被人低估，如果他们侥幸从他那里存活，就会用剩下的人生来后悔这一点。对威尼斯人来说，派船报信是个无法容忍的错误，经过先前两次遭遇战，只有很少的诺曼人船只还能够扬帆出海，更别提冒险进行第三次战斗了，但罗伯特发现了威尼斯人报信的小艇消失在海平面上，意识到他的机会到来了。他召集起所有尚未沉没的船只，指挥这批残军败将向毫无戒备的敌人桨帆船群发动了最后孤注一掷的猛攻。威尼斯人完全没有预料到这次攻击，在诺曼人投入战斗之前他们甚至没时间组织防御阵型。更糟的是威尼斯比诺曼船只体积更大的战船刚刚清空了压舱物和军需品，使得船只变轻，过高地漂浮在海上，当战争白热化时，威尼斯人所有的士兵和水手都冲到甲板的同一边，许多船只就这样倾覆了。（至少拜占庭皇帝阿莱克修斯一世的女儿安娜·科穆宁娜在她记述其父亲统治时期的杰出历史著作中如此描述当时情况，[1] 但是她的记载与我们所知的威尼斯高超航海技术实在难以达成一致。）安娜估计威尼斯在这一战中的死者达到了一万三千人，此外她还提到了为数众多的俘虏，这批俘虏随后在逮捕他们的敌人手中受到暴力对待，安娜对此津津乐道的病态乐趣可以说是她性格中最不讨人喜欢的一点。最后，公主虚构了这场战役的第四步，宣称威尼斯人进行了复仇，不过这个故事很遗憾地被认为只是她的一厢情愿。无论是在威尼斯的记录中还是其他地方，都没有类似事件的痕迹，假设威尼斯舰队成功复仇雪耻，这一系列的战斗终

---

1 参见《阿莱克修斯传》第六卷。

结于共和国的胜利的话，那么执政官多梅尼科·赛尔沃就不会声誉扫地，并被免除执政官职务了。

赛尔沃执政官是否指挥了最后一场灾难性的战斗，这点还存有一定的疑问。如果他是当时的指挥官，那么他遭遇如此命运就算不得全然不恰当。但从其他方面来看，他的政策算不上失败。赛尔沃对拜占庭的求援痛快热烈的回应使威尼斯被皇帝阿莱克修斯一世感念一生，并很快将这种感激之情通过物质形式表达出来：他每年给威尼斯城内的所有教堂提供津贴，包括了赠予圣马可大教堂宝物库的特别礼品——“其中最令人满意的是，”吉本这样指出，“帝国向威尼斯的竞争对手阿马尔菲增收了税款”；以及授予威尼斯人在金角湾沿岸设立货仓和停泊地的权利。最后在公元1082年，拜占庭帝国扩大了威尼斯先前的贸易特权，直至威尼斯商人在全帝国范围都可以免缴所有税款和关税。最后这一项特许的重要性不可能更突出了，突然一下，威尼斯人发现极其广阔的区域在向他们招手致意，实际上，他们甚至可以将这些地区视为自己的所有物。就像伟大的法国拜占庭文化研究者夏尔·迪尔所说的：“皇帝猛地向威尼斯人打开了东方的大门。从那天起，威尼斯人开始了他们的国际贸易。”

但事实上，在短期内威尼斯承受的不只是战争的失败，还有羞辱。它失去了战士中的精英，全威尼斯战列舰队的船只中体型最大、装备火力最强的九艘桨帆船有两艘落入诺曼人之手，而剩下的七艘则被一个新兴国家用毫无海战经验，且船只在交战时几乎不能出航的舰队破坏，沉入海底。与此同时，诺曼人再一次控制了亚得里亚海的出入途径。威尼斯人此时不可能知道，之后的几个月内罗伯特·吉斯卡尔就会在凯法洛尼亚岛上死于伤寒，他同样被疾病困扰的部队则分崩离析。诺曼人的威胁至少暂时就这样消弭于无形，他们衰落得如此突然，正如他们毫无预兆地崛起。因此当下他们需要一只替罪羊，除了执政官本人以外，再没有更合适的人选了。

一切结束得非常快。赛尔沃似乎只为自己做了微不足道的辩护，或者说他根本就放弃了这么做。他被剥夺了执政官的权利，然后遣送到一间修道院，年底的时候，他的继任者便上任了。或许赛尔沃的精神已经崩溃了，并乐意离开，但对于一个十三年前以如此锦绣前程作为开端的时代来说，这是个伤感的结局。

历史学家安德烈亚·丹多洛指控新任执政官维塔莱·法列尔“使用各种许诺和贿赂来说服人们废除他的前任”。或许他真的这么做过，但是丹多洛撰写他的编年史时，距离当事人生活的年代已有二百五十年之久，因此他的著作非常粗略且不准确，如果只用它作为谴责法列尔的证据，实在是不太可行。一位英格兰的历史学家[1]简单写道：“他统治的十年并非多事之秋，一切顺利，百业兴旺。”这或许是个再合适不过的总结。

另一方面，至今依然矗立的圣马可大教堂在这期间举行了新教堂的祝圣仪式，这是威尼斯历史上的一个伟大时刻。从两个半世纪前圣马可遗体到达威尼斯开始，这是第三座坐落在这个位置上的建筑，孔塔里尼执政官开始着手建造它，而多梅尼科·赛尔沃更为热情地将工程继续下去，他甚至在执政官任上初期就不惜下令，每一个从东方返回的威尼斯商人都要将大理石或用于圣马可大教堂装饰的精致石刻作为他们货物的一部分带回威尼斯。赛尔沃还从拉文纳引进艺术家开始制作马赛克镶嵌，这些匠人的作品至今仍然是大教堂的最大骄傲之一。[2]我们在此只能希望，在公元1094年的夏天，赛尔沃能被允许离开他的修道院生活一到两天，去参加祝圣典礼。如果这件事可以办到的话，这位前执政官就能目睹属于威尼斯人的这

---

1 弗朗西斯·科特雷尔·霍奇森，《威尼斯早期历史》。

2 有一些至少制作于十一世纪的马赛克镶嵌画至今仍然存在，值得一提的是分列在引导游客进入教堂前厅的正中大门两侧壁龛内的圣徒镶嵌肖像画。

一奇迹，即便威尼斯人宣称他们是一个务实的民族，通常并不习惯于异想天开。

最初的圣马可大教堂在公元 976 年毁于大火，在这之后，就像传说中的那样，圣马可的遗体不知所踪。人们认为遗体并没有被大火吞噬，但找寻它的困难在于只有三个人知道它存放的确切位置，而他们在将秘密传达给别人之前就全都死去了。因此，在新教堂最终落成时，全城宣布斋戒三天，同时执政官、宗主教以及潟湖所有的主教与神职人员都一起祈祷珍贵的圣遗物能够重见天日。公元 1094 年 6 月 25 日正是斋戒的第三天，众人的祈祷得到了回应。大弥撒进行到一半，人们突然听到教堂的南部耳堂发出了砖石坍塌的声音，所有人的眼睛都转向发出声音的地方，发现那边的主承重柱中有一根的砖石脱落露出一个洞，一条人类的手臂正从那个洞里探出来。这条手臂立刻就被认出属于圣马可的遗体，于是圣遗物就在人们巨大的欢乐中从藏匿的地方被完好地移出，重新埋葬在教堂的地下墓穴。圣马可的遗体在那里一直存放到公元 1836 年，然后被转移到大祭坛下方直至今天。[1]

第三座也是最后一座圣马可大教堂的祝圣，无论是否伴随着这样一个神恩眷顾的信号，其重要性都超过了威尼斯这座城市或潟湖的范围。在西方世界的任何地方，拉文纳、亚琛甚至罗马，都没有一座如此豪华的纪念碑来敬献给上帝。威尼斯人的虔诚，其直观证据并不如他们的财富、商业帝国的规模和在欧洲其他地方还未曾出现的民族自豪感所表现出来的那么多（与他们的邻居们相比，威尼斯人并不会明显地表露更多或更少的虔诚感），这种自豪的感情驱使他们将私产愈来愈多地投入城市的荣耀与

1　在教堂南部耳堂尽头的墙上，两幅惹人喜爱的十三世纪晚期马赛克镶嵌画描绘了这一发现。就在其附近，教堂圣礼祭坛左边的柱子上有一块镶板标记了奇迹发生的准确位置。

辉煌中去。公元 1095 年夏，当皇帝亨利四世访问威尼斯时，他比数不胜数的王公同胞们更深地领会到了这一点。后者在第二年和接下来的一个世纪中，纷纷取道通过这座城市前往东方或返回。但在这股人潮得以开始涌动之前，就在皇帝到访的这几周内，维塔莱·法列尔死于瘟疫。他在圣诞节入葬圣马可大教堂，至今依然可以见到他的坟墓矗立在教堂外部门道的右边，并保留着威尼斯现存最古老的墓碑。法列尔死了，留待他的继任者在那个世纪中标志性的、充满挑战的关键岁月——第一次十字军东征期间——为共和国掌舵引航。

7

紧随十字军东征的脚步

（公元 1095—1130 年）

……就像在威尼斯，一到冬天军械库就煮沸黏稠的沥青，来涂抹需要修补的船只，因为现在不是他们能去航海的时候了——作为代替，他们有的为自己建造一艘新船，有的用麻屑填满出海多次的船只两侧的裂缝，有的在缝补前桅与主桅杆的帆；他们在船头船尾挥动锤子；他们有的搓缆绳，有的削船桨；用来改造船只和让一切温暖舒适的并非是火，而是神力煮沸的浓稠沥青，在河岸边溅得淋淋漓漓……

——但丁，《神曲·地狱篇》，第二十一章，第 7—18 节

（多萝西·L. 塞耶斯英译）

公元 1095 年 11 月 27 日星期二，当法列尔执政官弥留于病榻之上时，教宗乌尔班二世向西方基督教世界发出了进军东方，拯救圣地的号召。教宗的呼吁得到了热烈的响应并且广为传播，图卢兹伯爵雷蒙德以及他麾下许多贵族在 12 月 1 日宣称将加入十字军。从诺曼底到佛兰德，在丹麦、西班牙甚至苏格兰，王公贵族与普通农民有志一同，被动员起来响应教宗的号召。在意大利，大众对此的反应与其他人没有多大区别，博洛尼亚人

还收到了教宗的来信，教宗劝诫他们不要太过热情，并提醒未经神父的许可——在新婚的情况下，若没有妻子的许可——便不能擅自离开加入十字军。再往南走，罗伯特·吉斯卡尔的儿子，塔兰托亲王博希蒙德意识到这是他期盼已久的能够组织一小支嫡系部队的机会。正在迅速成为举足轻重的海上强国的比萨和热那亚也敏锐地嗅到它们在东方的新机遇，纷纷开始准备舰队。

但威尼斯却踟蹰不前。它的东方市场已经得到了保证，尤其是埃及，它成了威尼斯贸易的主要交换所，出产自南方海域和印度的香料被运输到这里，作为交换，埃及为欧洲的木材与金属提供了一个现货市场。威尼斯人冷静精明，从不感情用事，他们并不怎么看重这场拯救基督教世界的情感爆发，毕竟战争对贸易有害，而假如要保持通向中亚的商队路线畅通，获得阿拉伯人与塞尔柱突厥人的好感就至关重要，后者在过去的二十五年间已经占领了安纳托利亚的广大地区。新上任的执政官维塔莱·米希尔决定在共和国做下不可反悔的承诺前静观其变，好让他评定这项事业的规模与成功的前景。直到公元 1097 年，第一批十字军才行军通过安纳托利亚，而此时执政官甚至尚未认真开始着手准备；待到公元 1099 年夏末，法兰克人的军队攻入耶路撒冷，将城中所有穆斯林屠戮殆尽并将藏身在最重要的犹太教堂内的幸存犹太人付之一炬时，一支由两百艘船组成的威尼斯舰队终于列队驶出利多港。

舰队由执政官的儿子乔瓦尼·米希尔指挥，而保证远征军心灵平静的任务就交给了前执政官多梅尼科·孔塔里尼的儿子，卡斯特洛主教恩里克。[1] 舰队南下亚得里亚海，顺道拜访了达尔马提亚的诸多城镇，从那

1　这个教区的名字在不久前由奥利沃洛改为卡斯特洛。恩里克的头衔是我们首次接触到这个变化之后的新名称。

里补充人员与装备，他们在伯罗奔尼撒绕了一圈，在冬天到达罗得岛。有一份报告提到，在那里威尼斯人接到了拜占庭皇帝的紧急要求，勒令他们不要再进一步参与十字军的活动并返回家乡。阿莱克修斯一世惊骇于十字军军队的规模，当第一次向教宗呼吁时，皇帝预计只会有个别骑士或小股训练有素的雇佣兵参战，而这些人将服从于他的权威，听他号令而行。如今这些贪婪而毫无军纪约束的乌合之众中，一些人是宗教狂热者，另一些人就只是外出寻求可掠夺之物的冒险家，这样的军队蝗虫一般经过拜占庭的国土，撕裂了基督徒与那些拜占庭帝国如今赖以求存的异教徒之间脆弱的平衡。十字军并不仅限于攻击撒拉森人，同样在这年冬天，当博希蒙德正分秒必争地开创他在安条克的公国基业之际，一支比萨舰队封锁了帝国位于拉塔基亚的港口，并同时攻击了它的近陆地区。考虑到威尼斯与拜占庭历史悠久的友好关系以及威尼斯商人在帝国境内享受到的优待条款，阿莱克修斯一世不认为威尼斯人会犯下同样的恶行，但如今皇帝算是对十字军东征一事彻底不抱幻想了，假如这就是所谓的基督教同盟，那么他宁可孤军奋战。向威尼斯下令的同时，阿莱克修斯一世在拉塔基亚狠狠反击了海盗一般的比萨人，于是对方勉强撤走，一路航行至罗得岛。

就这样，威尼斯人有史以来第一次与比萨人面对面。后者尽管不久前刚铩羽而归，但仍处在暴躁好斗的情绪中；而前者目睹比萨实力增强，疑虑与日俱增，此刻就更没有让这个放肆的暴发户染指黎凡特丰厚收益的打算。接下来两者间爆发的战斗旷日持久，令双方都消耗巨大。最后威尼斯人获得了胜利，俘虏了比萨方面的二十艘船和四千人（在这之后不久，几乎所有俘虏都得到了释放），得以从被打败的竞争对手那里获取他们退出的整个东部地中海。然而就像所有在暂时的威迫下取得的胜利那样，罗得岛海岸附近遭遇战的胜果很快被遗忘，而它被证明只是威尼斯与它的商业竞争对手进行的第一轮较量。这些漫长的斗争不是以年，而是以世纪作为单位来计算的。[1]

现实比任何暗示的迹象都能更明确地体现威尼斯踏上十字军东征之路的态度，舰队出发之后过了六个月，威尼斯人依然没有为捍卫基督教世界做些什么，甚至都还没有到达圣地。就像它在历史上一贯的作风，威尼斯将自己的利益放在首位，时至今日，时节由冬到春，为了共和国更大的荣耀，威尼斯人仍然需要盘桓几周，来获取他们谋求的好处。就在舰队出发前不久，恩里克主教拜访了他父亲在利多建造的圣尼科洛教堂，并祈祷此行能让他从米拉带回圣尼古拉的遗体。如今圣尼古拉的主教辖区以及这位圣徒的埋葬地米拉城位于大陆上的吕基亚地区，正与罗得岛遥遥相对。米拉城几乎被塞尔柱土耳其人摧毁了，但是在圣人坟墓之上兴建的大教堂依然屹立不倒。威尼斯人登陆之后闯进教堂，很快发现了三副丝柏木的棺材。前两副棺材内装殓的是圣狄奥多尔和圣尼古拉的叔叔，但第三副属于圣尼古拉的棺材中却空无一物。威尼斯人决心找出圣人遗体的下落，他们审问了教堂执事，甚至对这些人动用了暴力，这些不幸的神职人员只能吞吞吐吐地表示圣尼古拉的遗体已经不为他们所有，数年前它就被一位巴里商人移往他处。但恩里克主教不相信这番说辞，他双膝跪下，大声祈祷藏匿圣遗体的神圣之处能够显现在他面前。果不其然，正当这批威尼斯人准备悻悻离去时，教堂一个偏僻的角落突然散发出一股香气，指引他们发现了另一个陵墓。传说中，坟墓里躺着圣尼古拉完全没有腐烂的躯体，他的手还紧紧握着从耶路撒冷带回的棕榈叶，树叶依然像刚采摘下来那样新鲜翠绿。完成使命的威尼斯人得意扬扬地将这三具遗体装载上船，随后他们

---

1 安德烈亚·维琴蒂诺曾为此战执笔作画，此画如今位于威尼斯执政官宫投票厅最北端的椭圆形天花板上。

终于扬帆驶向巴勒斯坦。

公元 1099 年 7 月，十字军的领导者们攻下耶路撒冷之后，将下洛林公爵戈弗雷推选为他们的国王。戈弗雷拒绝在耶稣基督曾经戴上荆棘冠的城市中头戴国王金冠，最后只接受了圣墓守护者这个头衔。随后在公元 1100 年 6 月，戈弗雷以这个身份接到了一支庞大的威尼斯舰队在雅法入港的报告。此时十字军东征的战斗还没结束，耶路撒冷王国的大部分还处在撒拉森人的控制下，而戈弗雷本人的海军力量十分薄弱，于是他急忙前往海滨，去欢迎新到来的同伴，但当他抵达雅法时，身体状况已经不容乐观。由于在前往雅法的路上戈弗雷曾经停下来参加他的封臣，撒拉森人在凯撒利亚的埃米尔为他举办的宴会，因此不可避免地出现了撒拉森人下毒谋害戈弗雷的流言。事实上戈弗雷更有可能是患上了伤寒，但无论如何，他无法在虚弱的状态下接待威尼斯的领袖们，不得不回到耶路撒冷，让自己的表亲格雷的沃伦伯爵作为自己的代表。

威尼斯人讨价还价的条件很难让人联想到东征十字军的无私热情。作为他们提供协助的酬劳，威尼斯人要求获得在法兰克国家的自由贸易权，在每一个基督教城镇内设立一间教堂和一个市场，以及得到将来他们攻下城市的三分之一，最后，以上缴年贡作为交换，威尼斯人要求取得整个的黎波里。即便以上的这些条件都被接受，他们也只保证会在圣地逗留两个月，从初次造访算起，直到 8 月 15 日。

这是典型的威尼斯式苛刻交易，而法兰克人接受交易的速度充分表现出他们对获得海上支持的渴求有多么强烈。双方同意接下来的第一个攻击目标是阿卡，接着是海法，尽管十字军计划如此，然而事与愿违，一股强烈的北风使得雅法附近的舰队滞留当地，直到戈弗雷的死讯传来都未能动身。于是问题应运而生，十字军的法兰克领袖们焦虑地聚集在耶路撒冷，为接下来的继承权和接任问题争辩不休；另一方面，距离威尼斯人安排好的归期只剩不到一个月的时间，对十字军领袖们来说，他们无法想象用极大代价争取到合作的威尼斯舰队到头来完全没有派上用场。经过进一步的讨论，人们终于取得一个折中方案：暂时搁置突袭阿卡的行动，当前的目标是距离更近且防卫较弱的海法。

尽管守卫海法的只是一小支埃及驻军，但主要的反抗力量来自城内占主导地位的犹太人口，他们牢牢记得一年前耶路撒冷同胞们的遭遇，因此痛下决心保卫自己的城市。然而威尼斯人的投石车和攻城器械对他们来说实在太难以招架，距戈弗雷去世不到一周的 7 月 25 日，海法城的犹太人不得不投降。他们先前的恐惧被证明是有道理的，大多数犹太人和穆斯林一道当场被杀，只有少数人得以逃生。

威尼斯人在这场大屠杀中扮演主要角色的可能性很小，他们是商人，而非嗜血的杀人犯。另一方面，法兰克人倒是在耶路撒冷和加利利有此前科，但事实上攻占海法的是一个军事同盟，鉴于米希尔、孔塔里尼和他们的随从在屠杀发生时都在场，威尼斯人也难辞其咎。在此我们并不知道威尼斯人是否意识到这点，在十分粗略的威尼斯记录中，并没有提及曾发生过此类暴行。此外在记录中也没有记载威尼斯人收到了一个月前承诺给予他们的报酬，尽管这可能是因为他们同意延迟获取酬劳，直到十字军的政治危机得以解决。攻陷海法之后，威尼斯人便着手返航，他们的船上装载了来自圣地的货物与战利品，除此之外，还有从米拉得到的圣遗体。舰队抵达威尼斯的那天正值圣尼古拉日，执政官、神职人员和普通市民将舰队成员看作英雄一般热烈欢迎他们归来，传说中的圣人遗体也被恭恭敬敬地重新埋葬在多梅尼科 · 孔塔里尼在利多建设的教堂里。

这样的仪式听上去是否有些空洞？事实上本应如此，那些不走运的米拉教堂执事没有撒谎，威尼斯人到达米拉的十三年前，一群阿普利亚商人就已将圣尼古拉的遗体运走，带着它胜利返回巴里。随后巴里立刻开始动工建造以圣人为名的大教堂，这座教堂如今是全意大利最杰出的罗马式教堂之一。鉴于这座宏伟教堂的地下墓穴早在公元 1089 年就接受了乌尔班教宗的祝圣，而从它动工之日起整个工程期间有无数的威尼斯水手目睹它日渐增高到城市天际线之上，很难相信执政官与他的顾问们会没有注意到巴里对真圣人遗体宣称的所有权。然而就我们所知，他们并没有表现出对舰队成员一丁点的不信任。因此，我们只能将整件事总结为一场声势浩大的自欺欺人，毕竟朝圣的运输量带来的经济利益着实不容小觑，平时头脑冷静的威尼斯人，在共和国的尊严、光荣和利益要求他们这么做的时候，他们便能够完美地颠倒黑白。因此在威尼斯人看来，圣尼古拉真正的遗体就躺在他位于利多的坟墓中，直到数个世纪后，这个宣称才被小心地撤除了。

维塔莱·米希尔于 1102 年去世后，登上执政官宝座的是位有些神秘的人物。[1] 除了知道他亦是法列尔家族的一员外，此人的出身与过去的经历我们一无所知，也不知道如何对这位奥尔德拉佛执政官拥有一个异于威尼斯，实际上也不同于整个意大利命名习惯的教名一事做出令人满意的解释。有人指出法列尔（Falier）只是更常用的法雷德罗（Faledro）的威尼斯式变体，这样一来的话，这位新执政官的全名就会形成回文的效果，也许正是因为如此，奥尔德拉佛的名字就可以被归结为只是他父母一时心血来潮想出的怪念头。但不管怎么说，这毋庸置疑是新执政官广为人知的名字，我们发现的一些当代与接近那个时代的文件中记载了这个名字，同

1　维塔莱·米希尔的陵墓如今已经不存在了。然而令人惊讶的是，他妻子的坟墓保留了下来。这位女士似乎是先于丈夫不久去世，她的坟墓位于圣马可大教堂的中庭，与正门另一边维塔莱·法列尔的墓相距不远。

时它的缩写形式帮助我们辨认出奥尔德拉佛执政官在黄金祭坛上穿着拜占庭式皇家长袍的形象。黄金祭坛是执政官彼得罗·奥尔塞奥洛在圣马可教堂内安置的黄金圣坛屏风，奥尔德拉佛于公元 1105 年对它进行了改建和装饰。

当黄金祭坛的整修工作还在进行时，威尼斯遭受了它历史上所遭遇的第一场严重洪涝灾害。它的发生要归于众多因素的结合：高涨的海潮，大量的降雨，上涨的河水，强且持续的东南风以及近年来才被人们了解的其他地球物理状况。这些问题单独发生得十分频繁，并没有引起人们特别关注，但当它们不约而同一起到来时，就会变成世界末日般的可怕情况，公元 1106 年，这样的事就灾难性地发生了。我们不必尽信那个时代的记载中随着洪涝产生的现象，例如人畜在不合时令的高热下倒地，从潟湖底部传来的不祥隆隆声，鱼群惊恐地从水中跃出，发亮的彗星划过天际，即便没有上述添枝加叶的描述，威尼斯大洪水本身就足够戏剧化了。这次的洪水卷走了一整个社区，曾经是所有潟湖聚落首府的马拉莫科老城，三百年前，它的防御工事英勇地抵挡住丕平的军队，保护了里亚尔托诸岛，如今却在洪水下荡然无存。它所矗立着的那块土地完全瓦解，直至十八世纪，被洪水吞没、散落在潟湖底部各处的房屋与教堂废墟还能在浅水中被辨认出来。老城的幸存居民带着他们抢救出来的财富逃往基奥贾，其中就有他们最为珍视的圣遗物，圣福图纳图斯的头颅。这之后不久，基奥贾的主教辖区便产生了变化，旧马拉莫科的居民直到很久以后才返回利多，在岛屿更西边防护较从前更完善的地点重建新城，即现在的马拉莫科。

尽管同样受灾严重，里亚尔托人却为自己逃过了最可怕的大洪水额手称庆，然而可怕的公元 1106 年才刚刚开始。数日之内，泽恩家族在圣使徒教区的房屋发生了火灾，在火势得到控制之前，大火蔓延并摧毁了六个教区的大部分；接着在 4 月 6 日圣洛伦佐教堂附近燃起的大火席卷了至少二十四座城内教堂。从至少有一场火灾的过火面积跨越了大运河的事实中，可以得到关于威尼斯城内火焰肆虐与风助火势的观点。[1] 我们必须记得，当时威尼斯很多小型教堂和几乎所有的私人住宅都是木质建筑，幸亏执政官宫与圣马可大教堂是由石块与大理石建筑而成，才使得它们在大火中幸免于难，只受到一点相对轻微的损伤。但自那之后，除了最穷困的地方，人们便不鼓励在建筑上使用木材了。重建在大火中倒塌的那些教堂时，人们使用的是被称为“altinelle”的小红砖以及来自伊斯特里亚的白色硬质石材，它们或许较为昂贵，但相对也更为耐用，而且从这时起，它们成为威尼斯建筑的基本建材。

上述三场灾害的后续影响很快接踵而至，并在接下来的一两年中令威尼斯人为其忙碌。因此直到 1109 年，执政官奥尔德拉佛才决定派出新一支前往圣地的远征军，并由他本人担任指挥。威尼斯人此举的动机再次显示出他们缺乏那种无私的理想主义。随着海外的十字军国家势力得以巩固，那里的基督教人口开始上升，市场亦有待开拓。不过威尼斯人过去在黎凡特贸易中近乎垄断的地位已经一去不复返了，尤其是比萨人似乎已经忘记了十年前在罗得岛做出的承诺，开始光明正大地着手将自己的势力插入东地中海，此外，新兴的另一个海上强国热那亚也不甘落后。如果威尼斯不想被完全挤出这块市场，它在这个区域的存在感就显得十分重要，因此它需要展示自己的力量。

公元 1110 年夏，一支由约一百艘船组成的威尼斯舰队离开潟湖，在 10 月份到达巴勒斯坦。这时机掐得十分巧妙，前布洛涅伯爵，从戈弗雷

---

1 不过，因为公元 1097 年人们在附近的市镇中央广场上开辟了新的市场，数年前兴建的里亚尔托圣贾科莫教堂在大火中幸免于难。这座美丽的小教堂或许正处在早先旧教堂的原址上，如今无论是教堂还是市场都还保留着当年的原貌。

手中接过耶路撒冷国王之位（与他的前任不同，这位伯爵并不因接受了皇家头衔而感到不安）的鲍德温一世正在围困赛达。除了一支强大的斯堪的纳维亚小分队从旁协助外，这位国王的战事进行得乏善可陈，威尼斯人的突然出现对他来说简直是场及时雨。赛达于 12 月 4 日投降，令人惊讶的是威尼斯在此没有得到任何土地或特权，取而代之的是，尽管并未参与六年前对城市的占领，它却得到了阿卡的一部分，并且可以在那里使用威尼斯的度量衡和设立一位治安官。

威尼斯心怀感激接受的这些优惠，某种程度上中和了在十字军东征前期付出更多的热那亚和比萨所受到的优待。威尼斯从远征中多有得益，而它在归程中拜访君士坦丁堡时斩获更多，威尼斯人从那里带回了另一件重要的中世纪圣遗物，即首位殉教者圣司提反伤痕累累的遗体。当此件圣遗物到达威尼斯时，执政官亲自肩负着它登上执政官的驳船，在这之后，数个意识到圣遗物在朝圣旅行上潜在价值的教堂互相竞争它的归属权，经过一番热烈争论，最后圣遗物被存放在圣乔治·马焦雷岛上的修道院教堂。从此之后直到共和国覆灭的七个世纪中，每当圣诞节，即圣司提反日的前夜，执政官都会亲自领导前往教堂参加晚祷的火炬游行。[1]

可是虽然有从东方带回的收获和更多的承诺，威尼斯仍然觉得没有为未来做好充分的准备。十余年间，它将三百余名士兵送往海洋，这对威尼斯来说是一项成就，但如果要充分发掘黎凡特的贸易新潜力，并且能够应付与比萨和热那亚的商业竞争，那么它还需要更多的战船与商人。威尼斯需要一个规模宏大、耗资甚巨的造船项目，于是执政官奥尔德拉佛便开始着手准备他惠泽威尼斯最为长远的贡献。到目前为止，威尼斯的造船匠散

1　如今在教堂的北耳堂，仍然能找到圣司提反的坟墓，它于公元 1581 年从唱诗席迁移到那儿。

布在潟湖的各个角落，即便不是全部，也有很大一部分人做着自己的一份小生意。但在执政官的支持下，造船业变成了一项国有工业。他选择了两个多沼泽的小岛作为造船业的中心，他们位于城市东部斯拉夫人堤岸的另一端，在威尼斯方言中被称为“Zemelle”，即“孪生的”。这个地方在之后的五十年发展出了一个巨大的建筑群，其中包括造船所、铸造厂、弹药库和供木匠、修帆工、索工和铁匠使用的工坊。但丁在他的《神曲・地狱篇》中用一个新的词汇来描述它，这个词从此进入了英语和其他语言，即是军械库（Arsenal）。[1]

当然，要让军械库能够以极高的效率进行大规模生产，还需要比较长的一段时间，直到它最终得以雇用多达一万六千名几乎全是技术专业人才的工人为止。在这样的规模下，全线投入生产的威尼斯军械库可以以数小时一艘的效率生产出装备齐全的战船。不到十年的工夫，它已经改造了整个共和国的造船业。当威尼斯面临紧急情况时，它再也不用像从前那样，只能依赖状态适合航海的现成船只。从这时起，它就可以事先计划，视情况需要和财政预算允许的范围着手进行长期的造船项目。更重要的是，军械库可以将设计标准化，并逐步建立起备用零件的库存，使得即便是完成船只的大整修，都能够比过去节省许多时间。在此情况下，威尼斯军械库的工匠们在设计上也做出了与造船技术同样的革新。军械库几乎在同时改进了船只的肋拱和铺板结构，这并不是巧合，通过这样的革新，船只就可以在预先搭建好的骨架结构上组装起来，而不是从龙骨到船舷上缘稳步地慢慢向上搭造。毋庸置疑，在十二世纪的开端，威尼斯就开始设计主要用于战争的船只，而其他的一些则用于贸易。

然而战船与贸易船之间的区别却并没有被刻意夸大。威尼斯势力崛起

1 这个单词来自阿拉伯语的“Dar Sina’a”，即“用于建造东西的建筑”。

的秘密之一即是它从未将防御和通商这两种需求彻底分离开来。无论在当时还是后来，威尼斯参与作战的船长们绝不会拒绝将贸易作为副业，在这样的倾向下，威尼斯的很多军事远征可以自负军费；与此同时，共和国的商船时刻准备着同海盗，偶尔还有竞争对手交战。封建欧洲的武装贵族对贸易嗤之以鼻，威尼斯人的体系对他们来说是不可想象的，然而威尼斯并没有一个单独的军事阶级，它的贵族就是商人，商人即是贵族，这两者的利益是一致的。相似的是，军械库生产的战船在设计上被赋予了尽可能多的仓储空间用来装载额外货物，而商人也准备了充足的防御物资。

不过即便是军械库，没有原材料也无法运作，而所有原材料中最重要的木材资源很快受到了严重的威胁。到目前为止，大部分的木材来自亚得里亚海对岸，达尔马提亚沿岸水域中树木茂密的岛屿为威尼斯提供了几乎源源不绝的木材供应。然而就像我们所知的，这块区域被与其相反的内陆国家匈牙利王国觊觎已久。数年之前，匈牙利国王卡尔曼吞并了克罗地亚王国，将势力扩展到沿海并占领了当地数个重要城市。威尼斯在当时正忙于东方的事业，因此不得不对这赤裸裸的侵略行径忍气吞声。如今它终于有能力好好地加以回敬了。在两个月前拜访了威尼斯的亨利五世和阿莱克修斯·科穆宁这两位皇帝的帮助下，被占领的城市很快被收复了，遗憾的是，征服者们打道回府后，匈牙利人又卷土重来。执政官奥尔德拉佛立即掉头继续作战，但他的战争没有持续太久。一到两周后，在公元 1118 年的夏天，他在札拉城墙下的一场战斗中被杀。[1]

执政官奥尔德拉佛·法列尔在他十六年的统治中，得到了人民深深

1　描绘这一事件的画作由安东尼奥·瓦西拉齐（绰号“外国人”）执笔，悬挂在执政官宫投票厅内。

的爱戴与尊敬。他是一个天生的领袖，他的属下像所有威尼斯人一样厌恶在陆上作战，当他们看见执政官倒下时，纷纷陷入恐慌并逃跑。匈牙利人穷追不舍，在威尼斯人逃跑时将他们砍倒，不久前满怀自信出战的那些人中，只有很小一部分带着噩耗回到威尼斯。

奥尔德拉佛的继任者多梅尼科·米希尔此刻身在札拉，但他无力阻止溃逃的人们。米希尔并不是个懦夫，事实上《阿尔蒂诺纪事》将他描述成一个能征善战的人，在未来的几年中他也用足够的证据证明了自己的勇猛。作为执政官维塔莱·米希尔的孙子和领导了公元1099年东征的乔瓦尼·米希尔的儿子，他成长为一个爱国主义者，而且坚持秉承服务公众的威尼斯传统。他作为执政官的第一个举动，是派遣一位大使与卡尔曼的儿子伊什特万二世议和。考虑到他处于劣势，米希尔与匈牙利人达成的条件优越得非同凡响。伊什特万二世同意停战五年，在此期间达尔马提亚海岸的大部分，包括城市以及至关重要的森林都得以掌握在威尼斯人的手里。

匈牙利人一方如此慷慨，或许要归功于公元1118年夏天从巴勒斯坦陆续传来的消息。鲍德温国王于4月2日去世，四个月之后的8月15日，轮到皇帝阿莱克修斯·科穆宁步其后尘。与此同时撒拉森人的势力在不断壮大，基督教在东方的未来此刻显得黯淡无光。即便是西欧，情势也不容乐观，帝国与教宗国之间长期的争端仍然没有得到解决的迹象，当教宗帕斯加尔二世在1月去世时，皇帝亨利五世对其选择格拉修二世作为继任者一事大感愤怒，于是他指定了一位立场相左的教宗入主拉特朗宫，将格拉修流放在外。这实在是个不愉快的先例，基督教国家已经没有时间内讧，位于地中海中心的两个最强大国家如今是时候平息纷争了，哪怕只是为了基督和他们共同的利益暂时偃旗息鼓。

这些论点，或许正是由执政官的使者提出，并被伊什特万国王所接受的。不过威尼斯是否真的相信它们就另当别论了。就像他们曾经表现出来的那样，威尼斯人具有许多优秀品质，但其中不包括参与十字军运动的热情。他们对十字军东征产生兴趣，只是因为它开辟出了新的商业机会，对他们来说贸易伙伴是基督徒或是穆斯林完全不重要，只要他们能够以适宜的价钱交货并及时付账就好。威尼斯人再度远征东方是在四年之后，至于他们如此行动的动机，退一步说，实在是相当复杂。

当然这并不是说十字军没有迫切需要威尼斯人的帮助，此时法兰克人在海外的十字军国家正面临着它们短暂历史上最为致命的危机，公元 1119 年 6 月，在被后世恰如其分地称为“染血之地”的战役中，十字军主要的王公之一，安条克公国的罗杰亲王被杀，他的军队也几乎全军覆没，自此之后，十字军在最需要人手的关头，不得不面临兵力严重短缺的问题。而更雪上加霜的是，一支由埃及法蒂玛王朝派出的舰队在沿岸近海无休无止地来回巡逻，使得十字军几乎不可能通过海路进行定期沟通。鲍德温二世得知染血之地战役的消息，第一反应便是向威尼斯寻求帮助，新当选的教宗加里都斯二世也表示支持，于是在这一年结束前，尽管并非一致通过，威尼斯召开的全体公民大会决定响应鲍德温国王的求助。

威尼斯人的决定还受到另一重考虑的影响。威尼斯与拜占庭的关系已经变坏了好几年。我们已经见证过这个过程是如何发生的，第一次十字军东征中，威尼斯人置阿莱克修斯一世对他们的返航要求于不顾；即便在此之前，威尼斯人在爱琴海和黑海港口的商业扩张也已经大大超出了皇帝在公元 1082 年授予执政官多梅尼科 · 赛尔沃特殊贸易优惠时的预期，而威尼斯商业不断扩展，直至帝国自身的贸易都受到被扼杀的威胁。因此，阿莱克修斯的儿子约翰二世于公元 1118 年登上皇位时，他做的第一件事就是收回给予威尼斯的这些优惠条件。新皇帝要让威尼斯人知道，他们依然被欢迎继续从事正常的商业活动，但从现在起，威尼斯商人只能和他们的竞争对手享受同样的待遇。

消息传到里亚尔托，威尼斯人由此而生的怒火并不是毫无道理的。在1082年条约可能延续的前提下，威尼斯人已经进行了可观的投资，热那亚和比萨已经值得他们重点关注，现在来自帝国的这新的一击更是令他们措手不及，威尼斯人无法毫不抗议地默默接受这一切。于是公元1122年8月8日，执政官载有七十一名战士的旗舰驶出潟湖，其他小一些的船只紧随其后，在旗舰的桅杆顶上，或许还飘扬着基督十字旗。然而这支舰队要针对的，或者说首先要交战的对象，同样是基督徒而非异教的敌人。

威尼斯舰队最初的目标就在不远处的科孚岛，这儿正是四十年前威尼斯在罗伯特·吉斯卡尔的手下遭受惨败屈辱的地方。长期以来，这个岛屿是拜占庭帝国的一个重要前哨站，由强大且心性坚定的驻军把守。威尼斯人围困该岛长达六个月，但徒劳无功，如果没有从巴勒斯坦特别派船送来消息，报告鲍德温国王被俘虏的祸事，他们或许还不会想起自己投身十字军事业的誓言，而继续在科孚岛待上更长的时间。如果东方的拉丁国家想要继续生存下去，就即刻需要威尼斯人进驻，于是米希尔执政官不情愿地下令起锚，不过即使这样，他仍没有感觉到实实在在的紧迫性。在这闲适的东行航程中，无论在哪儿发现希腊船舶，执政官都会停下来攻击对方。假如拜占庭史学家约翰·金纳莫斯所言可信，威尼斯的船队在公元1123年5月底于阿卡港口下锚之前，甚至北上进入爱琴海，突袭并抢掠了莱斯沃斯岛同希俄斯岛，此外还有罗得岛与塞浦路斯。

现在威尼斯终于要想法补偿先前的散漫了，他们得知那支埃及舰队放弃试图封锁雅法，再次转而南下，如今停泊在阿什凯隆，这座城市是除了提尔以外唯一一座仍掌握在穆斯林手中的沿海要塞。这就是执政官需要知道的所有东西了，他立即出动一支小型舰队进行追赶，引诱埃及人投入作战，而当战斗打响之际，威尼斯的大批舰队就紧跟着出现在海平线。这个作战计划实行得非常完美，埃及人一参战，就被重重包围，陷入了压倒性的人数劣势中。威尼斯人大获全胜，几乎没有一艘埃及船能逃脱被毁坏或被俘的命运，而执政官本人得到了驾驶旗舰撞沉法蒂玛海军司令旗舰的殊荣。这场胜利比米希尔所知的更具决定性。自从上世纪末以来，特别是西西里落入诺曼人之手后，穆斯林造船工匠长期苦于优质木材短缺，不得不依靠欧洲的木材进口。当出于战略原因，穆斯林的木材供应完全或大部分被切断时，[1]他们就再没有能力建造新的船只了，甚至不能将现有的船只保持在维修状况良好的状态。因此威尼斯人在亚实基伦附近取得的胜利，事实上标志着撒拉森人的海上霸权在东地中海的终结。

多梅尼科·米希尔胜利返回阿卡，在返程中作为意外收获，他还顺便俘获了十艘满载的埃及商船，不过在阿卡，他还需要经历一场艰难的谈判。法兰克人决心充分利用米希尔的舰队去攻占提尔或亚实基伦，当然能两者兼收就更好不过，然而此时处于优势地位的是确证了自身价值的执政官。谈判拖延了几个月之久，直到圣诞节还正在进行当中，而此时执政官正在伯利恒参加基督诞生庆典，又在耶路撒冷受到宗主教和被囚国王的其他代表的盛情款待。最后在公元 1124 年的最初几周，人们终于达成一致，签署了一份协议，这份协议的条款比公元 1110 年签署的合约对威尼斯人更有利，更何况因为戈弗雷伯爵去世，后者成了一纸空文。威尼斯人在耶路撒冷王国的每个城镇内都被授予一条拥有一座教堂、一间公共浴室和一间面包房的大街，并且得以免除所有的通行费与关税。他们使用威尼斯度量衡的权利得到了确认，这不仅适用于威尼斯商人内部的交易行为，也适用于他们同其他人进行贸易的情况。最后，假使威尼斯人帮助攻克提尔与亚实基伦，十字军一方许诺他们可以得到这两座城市的三分之一。

1　第一份类似的禁运令早在公元 960 年便由彼得罗·坎迪亚诺四世发出了。

既然执政官了解到他的立场所在，他再无分毫迟疑，在法兰克军队沿着海岸行军的同时，威尼斯人即刻起航，朝北驶向提尔。正如今天一般，当时的提尔位于短且窄的半岛末端，与大陆唯一的联系是一条亚历山大大帝在十五个世纪前开凿的人工地峡，差不多只比一条堤岸宽上一点。沿着地峡有一条水渠，它是城市的生命线，渠内流水供给城内所有的水井和储水池，使得水资源足够当地人使用。一言以蔽之，比它更值得围攻的地方在提尔屈指可数。米希尔执政官将他所有的船拖上岸，只留下一艘在朝向海洋的路径周边进行经常性巡逻，然后他在公元 1124 年 2 月 15 日阻断了水渠，开始围城战。

提尔人顶着投石车与投石机持续不断的狂轰滥炸，勇敢地保卫他们的城市。提尔城内的蓄水池在冬季降水后储满了水，食物储备也十分充足，还有海上的埃及军队与承诺从陆上出兵的大马士革埃米尔或许能够带来解除提尔之围的转机。然而一处援兵都没有到来，埃及海军还没有从近期的惨败中恢复元气，而没有埃及人的支援，埃米尔也不敢贸然进军。随着盛夏到来，口干舌燥的守军不得不缴械投降。根据提尔投降的各项条款，趁乱劫掠的情况没有发生，基督教军队在 7 月 7 日进驻城市，耶路撒冷国王的旗帜被高悬在主城门之上，的黎波里伯国和威尼斯的旗帜则位于其两侧的塔上。米希尔执政官得到了先前允诺分给威尼斯的三分之一座城市，那块区域随即被指派了一位威尼斯总督，使用起了威尼斯的法律，并修建了一所献给圣马可的宏伟教堂。

威尼斯海外帝国的时代就此开始了，它一直延续了七个世纪，长过欧洲任何其他国家海外帝国的历史，直到威尼斯共和国最终覆亡。不过执政官只在提尔逗留了必需的短短数日，为的是亲眼确认法兰克人遵守了此前达成的协议。他离开威尼斯已经有两年，尽管此次远征大获全胜，对他来说它也持续得够久了。现在只剩亚实基伦一个沿海城市还处在异教徒的控制下，而威尼斯协助十字军攻占它得到的回报是相当可观的。但等到真正攻下亚实基伦，已经是三十九年以后的事了。米希尔执政官对他取得的成就非常满意，于是和舰队一起打道回府，在回程中，他只是为了将匈牙利人驱逐出斯普利特，以及临时突袭几个恰巧经过的拜占庭岛屿时稍事停留。毋庸赘述，执政官还带回了更多的圣遗物，其中有从凯法洛尼亚岛得到的圣多纳图斯遗体，如今被安葬在穆拉诺岛上敬献给这位圣人的精致罗马式教堂内；在存放在圣马可大教堂侧翼圣伊西多尔小教堂墙上的那些圣遗物可能不太尽如人意的情况下，威尼斯人从希俄斯岛抢来了圣伊西多尔的遗体；最后，还有传说中那块耶稣基督曾站立其上为提尔的人们布道的花岗石板，如今它被放置在圣马可大教堂洗礼池的祭坛上，带给这个祭坛至高的荣誉。

因此，现在轮到多梅尼科·米希尔来接受他臣民们的狂喜了，在接下来的几年中，他在达尔马提亚与匈牙利人的交战和在凯法洛尼亚岛与拜占庭人的作战中取得了胜利，后者让皇帝约翰·科穆宁不得不恢复在他即位时撤销的所有威尼斯商业特权。于是执政官米希尔的声望得到了终身的保证，在之后的几个世纪中，它几乎成了传奇。他是所有执政官中唯一一位被三位不同画家作画纪念三次的执政官。这三幅画被悬挂在执政官宫的投票厅，这个大厅和邻近的大议会厅一道，被认为是威尼斯的名人纪念堂。[1]不过在描绘了三个不同事件的画作中，只有佩兰达执笔，表现执政官在亚实基伦战胜埃及舰队这幅的内容具有历史真实性，尽管它被认为其实是一位文艺复兴时期画家的作品。这幅画悬挂在大厅靠小广场一面的第三扇窗上方，稍远些的同一面墙上，挂着由瓦西拉齐着手描绘的情景，一本标

1 沿着后墙的凯旋门内，有六幅拉扎里尼关于执政官弗朗切斯科·莫罗西尼更伟大的功绩的小型画作，不过它们属于单一设计的组成部分。

准游览指南中描述道，“执政官向帆船下令，并亲自掌舵，将威尼斯舰队的船只拉上岸，以此来向同盟军表示不攻克提尔城威尼斯桨帆船绝不离开的决心”。[1] 当时的编年史学家并没有提及执政官的这一番姿态，因为无论这些船只将被闲置多长时间，人们将它们拖上海滩是一种常规做法，而且也没有理由猜测，米希尔执政官下令时脑中有除此之外的其他意图。第三幅与执政官多梅尼科·米希尔相关的画是椭圆形天花板上一幅班比尼的作品，描绘的是执政官拒绝了西西里国王的王冠，事实上他从未被授予过这个头衔。在米希尔执政官人生的最后五年中，他再也没有任何海外的冒险活动，而是明智地将精力集中在共和国的内部事务上，他在国内着手做的其他事情中，包括了让威尼斯成为除了被定期强制照亮的君士坦丁堡外，拥有初步街道照明形式的第一个欧洲城市。在米希尔执政官所在的时代，那些为纪念童贞女或牺牲圣徒，在运河的转角和重要的小径建立的典型的威尼斯小神龛（ancone）开始越来越多地出现。另外，在公元 1128 年，还是这位多梅尼科·米希尔执政官，布置了一批在夜幕降临时需要逐个被点亮的灯，维护这些灯的责任被移交给本地教区的神父，而共和国负责所有的花费。两年之后，执政达十一年的米希尔执政官辞去了执政官的职务，退隐到圣乔治·马焦雷岛上的一所修道院，过后不久便在那里去世，他留在当地的坟墓至今依然矗立。

1　作者为洛伦采蒂。

8

在两个帝国之间

（公元 1130—1172 年）

因此一些［国家］崛起成为帝国，而另一些衰落沉沦，这一切都要听从她的判断。而她却像隐匿在草丛中的蛇，不为人所见。

——但丁，《神曲·地狱篇》，第七章，第 82 节

三十三岁的彼得罗·波拉尼接替了岳父多梅尼科·米希尔留下的执政官职位。就在他走马上任的这几周内，另有两件人或地区的地位得到擢升的事发生，而且这两件事更为重要：第一件事是诺曼西西里从一个伯爵领地一跃成为一个王国，罗伯特·吉斯卡尔的外甥，奥特维尔家族的伯爵罗杰二世，成为西西里国王。在威尼斯人，准确地说是在大多数欧洲人眼中，这意味着罗杰达到了无可非议的成功。而数月之前，一场有争议的教宗选举使得两位互相竞争、各有其值得商榷理由的候选人争夺教宗的职位。其中一位是英诺森二世，由于他有克莱尔沃的圣伯纳德的热情支持，很快就得到大部分西方基督教世界的拥护；而另一位阿纳克莱图斯则以加冕国王为交换条件谋求罗杰的支持。在当时的情况下，很难期待英诺森的追随者们会承认这个新生的王国。再者，东方和西方的两大帝国仍然宣称西西里属于它们，两个帝国都不愿意看到西西里在奥特维尔政权的统

治下以令人不安的速度进一步崛起为富裕、繁荣和强大的国家。西西里岛位于地中海的正中心，它控制着东西南北的往来商路，并建立起一个供三块大陆所用的市场和集中地。而西西里曾经被拜占庭和伊斯兰政权统治的历史，使得在当地日子过得欣欣向荣的希腊与阿拉伯人口得以在一起和谐共存，这样多民族共处的情况赋予西西里港无与伦比的大都会气质。在过去的两年内，罗杰几乎将罗马以南的全部意大利半岛并入自己的版图，这个区域原先属于他软弱且无法生育（这一点对罗杰来说倒是很幸运）的表亲，而他最新一次出人意表的行动，使他得以与欧洲的王公领主平起平坐，但也因此埋下了一个不好的预兆。

面对西西里的崛起，威尼斯感到最为不安。西西里的海上力量已经开始与共和国相抗衡，随着位于巴勒莫、卡塔尼亚、墨西拿和锡拉库萨的市集越来越密集地涌现，里亚尔托的交易就开始被轻微但可察觉地削弱。更糟糕的是，威尼斯商人越来越频繁地受到西西里武装私掠船的攻击，到公元 1135 年，他们的损失已经高达四万塔伦特。因此在同一年，当威尼斯正在向位于西方的皇帝洛泰尔二世的宫廷寻求经济与海军援助时，从东方君士坦丁堡来的一个外交使节团向威尼斯提出了组织一次联合远征来对抗所谓的西西里王国的建议。波拉尼不但热情地一口答应，还对拜占庭方面的代表表示将以个人名义助其一臂之力。

远征军按时准备妥当，在第二年侵入南意大利。不过这与其说是海军远征，不如说是一场陆军军事行动，威尼斯并没有被邀请参与其中。而且除了几次战术性胜利之外，这次冒险没有给西西里的势力或声望造成任何长期影响。公元 1137 年 12 月，洛泰尔二世在他翻越阿尔卑斯山的归途中去世，而过了不到八周，敌对教宗阿纳克莱图斯也跟着一命呜呼。过了一年多，公元 1139 年 7 月，教宗英诺森二世在率领军队骑马南行途中遭到罗杰伏击成了俘虏，直到他不情愿地承认关押他的人是西西里的合法国王之后才被释放。

诺曼人的威胁如今前所未有地严重，不过当下这时节什么事都做不了。西边新当选而未加冕的皇帝，[1] 霍亨施陶芬家族的康拉德正忙于处理德意志内部的问题，而罗马教廷正在设法重新调整政策，接受那个善于滋事的新王国在它南部边界扎下根来的想法。在君士坦丁堡，皇帝约翰·科穆宁依然坚持他镇压“西西里叛贼”的决心，然而在公元 1143 年春，他在奇里乞亚打猎时意外被一支毒箭划伤，数日之后死于败血症。威尼斯同样无暇顾及西西里，执政官波拉尼正忙于处理离威尼斯更近的事务，公元 1141 年，小城法诺受到其专横邻居的攻打威胁，向威尼斯请求援助。威尼斯绝不会放过这样一个扩张权力的机会，于是便答应了。两地签订的协议是共和国与另一个意大利城市之间签署的第一份合约，它比其他任何事都要清楚地表明威尼斯如今在亚得里亚海沿岸居民中获得的地位。从此之后所有威尼斯人都可以在法诺享受与本地市民同样的优惠特权，并且威尼斯法官可以参与定夺两座城市内任意的诉讼案件。而就法诺的居民而言，他们不得不宣称自己只是服从于共和国的盟友，但仍和过去一样保留着对西方的神圣罗马帝国的忠诚。他们还被要求缴付年贡，以标准量具下的一千份用于圣马可大教堂照明的油和一百份供给执政官宫的油作为缴付方式。

两年后，轮到帕多瓦人来制造麻烦，他们在没有预先告知的情况下开始改变布伦塔河的河道，意图缩短从河上走水路到达潟湖出口的路程，不过帕多瓦人没有意识到威尼斯人对此已是心知肚明。即便是对地理系统最轻微的干涉，都要冒着打乱潟湖异常微妙的水陆平衡的危险，而这种平

---

1 在名义上，西方的这个帝国的统治者在没有经过罗马教宗加冕前还不能被称为皇帝。像这位康拉德，直到去世，他都未能成功加冕，因此他只能获得未加冕皇帝的头衔，即“罗马人民的国王”。

衡对威尼斯的存亡至关重要。面对圣伊拉里奥周边堆积起沙丘，以及现存威尼斯所仰赖的海峡被淤塞的前景，威尼斯人提出了强烈的抗议，而当抗议被傲慢地驳回时，他们立即拿起了武器。结局是必然的，帕多瓦人在武力上无法与他们的邻居相抗衡，在一场短促但惨烈的交锋后他们向威尼斯人投降，承诺不再继续这一工程并修复已经损坏的部分。然而更重要的是这个极其微不足道的小插曲值得在本书中一提的唯一原因：它是威尼斯历史上第一次完完全全在陆地上发动的战斗。威尼斯招募了雇佣兵来为它作战，这些人被当时的两位一流的雇佣兵首领领导，来自维罗纳的圭多·迪·蒙泰基奥[1]指挥骑兵队，而阿尔贝托·达·布拉加库尔塔负责步兵兵团。毋庸置疑，在威尼斯人中，缺乏对这类事务有经验的人，因为陆上战事对他们来说始终非常陌生。但是威尼斯人同样认为，最开始一点令人忧虑的萌芽之后会演变为令人困扰的局面——任何得胜而归的本地将领，可能会得到与共和国公民身份不相符的声望与欢迎，这甚至会对国家造成危险。在之后的几个世纪，当雇佣兵首领们在一个又一个城市攫取权力，最终统治了大部分的北部与中部意大利时，威尼斯人的忧虑就被证明并非是毫无道理的。

此时拜占庭皇帝约翰·科穆宁的皇位由他的儿子曼努埃尔接替，他还只是个二十几岁的年轻人，因为他肤色深浓的英俊长相出名，同时他一点儿也没有继承父亲的排外倾向。他早年与身处海外十字军国家的法兰克骑士们交往密切，而曼努埃尔对西欧制度的钦慕让他做出了将骑士比武活动引入君士坦丁堡，自己也参与其中的创举，这一点令他上了年纪的臣子们大为诟病。曼努埃尔一世更是一名知识分子兼学者，通过收到的报告，他

1　蒙泰基奥家族就是莎士比亚作品《罗密欧与朱丽叶》中蒙太古家族的原型。

对越来越异彩纷呈的巴勒莫宫廷印象深刻，幸亏有罗杰二世对艺术与科学的资助，使得西西里很快成为欧洲的文化交流中心，以及地中海地区三种最伟大的文明拉丁文明、希腊文明和阿拉伯文明中最杰出的思想家汇聚一堂并互相启迪的焦点。

曼努埃尔一世非常清楚诺曼人的西西里王国所造成的威胁。但是他也清楚地意识到，塞尔柱突厥人已经占据了三分之二个曾经作为拜占庭帝国主要征兵地的小亚细亚地区，如今拜占庭的西方边境也不断承受着压力，他的帝国不得不奋斗求存。他的父亲对西西里王国抱有顽固的敌意，这样做是对的吗？为何不更明智地去接触试试，然后与其合作呢？于是曼努埃尔一世继位后不久，就派遣一位大使前往巴勒莫，调查与西西里结盟的可能性，而且皇帝希望通过一位拜占庭公主与西西里国王之子的联姻来使这种同盟关系更加坚固。

如果拜占庭与西西里的谈判成功了，那么对威尼斯来说后果就会变得更加严重，因为这样一来，西西里的罗杰就能够有效控制奥特朗托海峡两岸。不过好在谈判破裂，曼努埃尔一世转而对付更为重要的一个问题——他自己的婚姻。皇帝的结婚对象是德意志康拉德三世妻子的姐妹，公元1146年初，这对新人举行了婚礼。婚礼之后仅仅过了三个月，在棕枝主日那天发生了一件影响整个文明世界的大事件，克莱尔沃的圣伯纳德发起了第二次十字军东征。

圣伯纳德对政治方面的涉猎几乎总是灾难性的，然而遗憾的是，终其一生他都对其难以抗拒。不过在那些造成灾难性后果的政治尝试中，没有一个比这场庞大远征的惨败来得更耻辱。远征军由康拉德三世和法王路易七世共同领导，其目的是从撒拉森人手中收复埃德萨城，同时巩固法兰克人在黎凡特的势力。在远征中，数以千计的人在抵达圣地之前就死去了，幸存者们在第一次也是唯一一次武装冲突之后纷纷逃跑。由于我们的资料中缺乏这一时期的威尼斯历史，因此很难完全确定威尼斯是否派出舰队参与了远征。尽管有一位编年史家大马里诺·萨努多在十四世纪早期提到共和国给予了“很大的帮助”，并由执政官的兄弟乔瓦尼·波拉尼担任援助军队的指挥，但他的报告没有在任何其他研究十字军东征的历史学家那里得到证实，因此几乎可以确定它是不可信的。但威尼斯人也没有享受多久的和平，公元 1148 年的头一周，他们收到了曼努埃尔一世的紧急呼吁，一支西西里舰队正朝帝国驶来，准备与他交战。

这支舰队的指挥官是安条克的乔治，一位以寒微之躯崛起为首位拥有诺曼西西里王朝最值得骄傲的头衔“埃米尔们的统帅”，同时又成为海军最高司令[1]与王国首席大臣的黎凡特希腊人。他首先取得科孚岛，西西里军队到来时，科孚岛没有抵抗便向他投降，并且愿意接受一千人的西西里驻军。在环绕伯罗奔尼撒半岛航行，同时在沿海战略要地投放下更多的武装小分队后，乔治再度北上远赴优卑亚岛，对其进行一番突袭和劫掠后扬长而去。西西里舰队还从作为拜占庭帝国丝绸制造中心的古城底比斯弄到了一大批赃物，其中不只是有一捆捆的锦缎与刺绣，还有多名技艺高超的犹太女工也被俘获，用来充实位于巴勒莫的王室丝绸工厂，同时她们还会成为后宫的女奴。最后，安条克的乔治抢劫了科林斯，据与他时代相近的尼基塔斯·霍尼亚提斯的描述，乔治的船只“现如今载满货物，在水里行驶得如此之慢，看上去更像是商船而非实际上的海盗船”。

尼基塔斯是对的，西西里舰队干的确实是海盗行径，却不仅限于此。西西里国王罗杰二世很清楚他和拜占庭皇帝之间的结盟尝试被证明是不可

1　海军司令（Admiral）这个词是由西西里的诺曼人从埃米尔（Emir）这个阿拉伯头衔演化而来的。

行的，他知道摆在曼努埃尔一世面前的只是时机问题，皇帝或许会同威尼斯和神圣罗马帝国联合起来，对他展开一场大规模进攻。如果罗杰二世先发制人的军事行动在曼努埃尔一世做好准备前对他造成了打击倒是不坏，然而这或许会加速攻击的到来，不过好在这至少保证罗杰在巴尔干半岛与科孚岛上拥有了他选定的几个战略要地，尤其后者是任何即将到来的入侵南意大利行动中最重要的桥头堡。

另一方面，从威尼斯人那儿永远吃不到免费的午餐，在得到他想要的东西之前，曼努埃尔一世不得不允准威尼斯进一步扩大在塞浦路斯、罗得岛以及首都君士坦丁堡的贸易优惠特权，来换取威尼斯共和国战舰舰队六个月的全力支持。同时皇帝拼命工作，为容纳多达两万或两万五千人的军队凑足五百艘桨帆船和一千艘运输船来使自己的海军准备就绪。

不过从一开始这支联合军队的运气就不怎么样。尽管约定在公元 1148 年 4 月会合，然而双方都被严重地耽搁了。希腊人是因为突然遭到了库曼人的入侵，库曼人是生活在俄罗斯南部的一支游牧民族部落，他们选择在这个时候长驱南下，跨过多瑙河进入帝国的领土；而威尼斯人则是因为执政官波拉尼不幸去世。这样一来，双方海军直到秋天才得以在亚得里亚海南部海域碰头，然后在次年春天由皇帝本人任总指挥的陆军加入作战之前，开始对科孚岛展开围攻。

接着曼努埃尔发现，即便是他御驾亲临，围城战的形势似乎也没有好转。罗杰二世在科孚岛的守军坚持抵抗，他们在岛上的大本营矗立在一座高耸的悬崖上俯瞰海面，并且安全地处于拜占庭攻城机抛射的高度之上。尼基塔斯描述希腊人看上去只是在朝天射击，而居高临下的西西里人却可以将箭矢和石块如同狂风暴雨般朝围攻者倾泻。（从他的描述中，人们怀疑尼基塔斯无法忍住对他们一年前如何不费吹灰之力取得该岛这件事添油加醋。）更不祥的是，希腊人与威尼斯人之间的关系似乎开始缓慢恶化了，这两者之间的矛盾达到高潮，是因为后者占领了附近的一个小岛，并且向停泊在近海的拜占庭船只开火。接着威尼斯人成功夺下了皇室的旗帜，并且上演了一出精心排演的哑剧，在剧中他们让一个埃塞俄比亚奴隶穿上皇室的礼服，来嘲笑皇帝黝黑的皮肤，还在甲板上组织起一场仿真加冕仪式，让他们的希腊盟友将这一切尽收眼底。

曼努埃尔一世永远也不会原谅威尼斯人这一次的侮辱。然而此刻他们依然是他必不可少的同盟军。于是凭着耐心、圆滑和盛名在外的魅力，皇帝设法修复了这种不稳定的和谐关系，接着他开始直接领导围城战的进行。

夏天快要结束的时候，科孚岛陷落了，由于尼基塔斯写到驻军指挥官随后开始为帝国服役，因而联合军队可能通过科孚岛驻军中的叛徒才取得了胜利。不过皇帝的喜悦因为听到安条克的乔治带领一支四十艘船组成的舰队穿过达达尼尔海峡，横渡马尔马拉海，兵临君士坦丁堡城墙之下的消息而大打折扣。虽然对方的登陆行动被幸运地阻止了，但西西里人并没有知难而退，他们顺道进入博斯普鲁斯海峡，抢劫了亚洲一侧沿岸的富人住宅，返回时还放肆地朝皇宫花园附赠了一两支箭。皇帝转而返回，也没能追上乔治胜利的尾巴，安条克的乔治在此时又收复了科孚岛。随后，由于罗杰二世的外交影响力远远超出了他自己的领土范围，并微妙地牵涉到巴尔干地区，乔治被紧急征召北上，去处理那里新发生的叛乱。

就这样，威尼斯和拜占庭帝国都对其期望甚高的讨伐西西里之战结束了，除了差不多在两年前获取的一个小岛外，它们什么也没得到。西西里人的要塞仍然围绕着希腊沿岸，而罗杰二世稳坐国王宝座，他在欧洲和地中海地区的权势达到了前所未有的顶峰。如果我们从历史的角度回头来看这场战争，可以发现其中最值得注意的方面恰恰就是最不令人愉快的那点，科孚岛附近水域发生的那场糟糕争端，在威尼斯共和国与拜占庭帝国两个所谓的盟友之间埋下了加深敌意的种子，而这颗种子生根发芽，最终在五十五年之后的第四次十字军东征中结出了恶果。

公元 1148 年春，当执政官波拉尼响应拜占庭的呼吁率舰队离开潟湖时，致命的疾病降临到他身上，舰队到达考尔莱时他再也无法前进，不得不返回威尼斯，几周后便因病去世。接下来，轮到多梅尼科·莫罗西尼统治威尼斯七年零七个月。超过两百年来，莫罗西尼家族一直在威尼斯事务中扮演着重要角色，并在之后的数个世纪中为共和国贡献了多梅尼科之外的三名执政官。多梅尼科的统治对他的子民来说，标志着一段幸福的时光。首先，公元 1149 年底，威尼斯与西西里人握手言和。在罗杰二世位于巴勒莫的宫廷，有一位为他服务了十五年的地理学家阿布·阿卜杜拉·穆罕默德·伊德里西，国王对伊德里西的工作亦产生了强烈的兴趣。从伊德里西的地图上看，亚得里亚海北部被明确地标示为“Culfus Venetiarum”，即属于威尼斯的水域。罗杰二世死后，他的儿子威廉一世于公元 1154 年正式承认，从拉古萨向西划出的界线以北，所有水域都属于威尼斯。此外，除去科孚岛的小插曲，威尼斯继续同拜占庭帝国维持着表面友好的关系，帝国新近给予威尼斯的贸易特许优惠开始为共和国带来可喜的回报。同时，康拉德三世的侄子施瓦本的腓特烈在公元 1152 年继位，毫无异议地重新确认了威尼斯先前拥有的种种贸易优待。从上述这些事实来看，在莫罗西尼的任期内，威尼斯再度兴起一股城市建设潮就不足为怪了。在这个时期竣工的工程中最为引人注目的是自奠基以来历往整整两百五十年终于宣告落成的圣马可大教堂钟楼。

而另一方面，意大利本土上空的阴云正迅速聚集。时年三十二岁，拥有棕红色头发与胡须的腓特烈很快得到了巴巴罗萨（Barbarossa，红胡子）

的雅号，并怀抱着一个压倒一切的目标登上了宝座。他坦率地对教宗说："我的愿望就是恢复罗马帝国昔日的伟业与荣光。"这个想法意味着他与拜占庭帝国和西西里王国之间再无妥协余地，尤其是在米兰领导下的北意大利城镇，它们从长期以来教宗与皇帝的争端导致的教宗更迭中培养出的自由精神是腓特烈一世决心彻底摧毁的。然而当皇帝在公元 1154 年 10 月为了神圣罗马皇帝加冕典礼取道进入意大利时，这种精神使他由衷地感到了惊讶。所有的城市和主要市镇都派出了使者前往隆卡利亚欢迎他，当然除了将帝国看作动摇米兰统治的一个可能性的那些势力，其他压倒性的大多数人无疑认为皇帝或许有助于他们破坏旧的封建束缚、选择共和自治政府的决心。因此腓特烈决定开始他打算继续的事业，目前的米兰对他来说太强大，但是米兰的小盟友托尔托纳则在英勇抵抗了两个月后被腓特烈摧毁到片瓦不存。

在树立了这样一个杀鸡儆猴的榜样之后，腓特烈于 1155 年春继续向南前往罗马的旅程。可想而知，鉴于他的傲慢和不愿妥协，腓特烈的旅程算不上完完全全地顺利。他和历史上唯一出身英格兰的新任教宗阿德里安四世首次会面的情况，因为教宗下马时腓特烈拒绝按传统礼节为他牵马坠镫而恶化。教宗为了报复，拒绝给予他和平之吻，为此在会谈开始前浪费了两天的时间。这种情况下腓特烈被劝说做出让步，但当一两天后罗马元老院的代表团前来向他致意，并要求通常在皇帝加冕仪式上由新任皇帝提供的金钱与保证时，腓特烈对此生硬的拒绝导致了更严重的结果。幸亏有教宗的巧妙安排，使腓特烈得以在无人察觉之下悄悄潜入罗马城，然后在 6 月 17 日清晨秘密举行了加冕典礼。然而数小时后罗马城内就掀起了反抗新皇帝的起义，到了晚上，总计有超过一千名的罗马起义者和皇家军人横尸街头或溺死在台伯河中。

尽管威尼斯也派遣代表到隆卡利亚出席欢迎皇帝的仪式，但它尽最大可能和接下来发生的事保持距离。作为一个已经脱离帝国掌控很久的独立城邦共和国，威尼斯无法对如今正在为它当年曾经做过的事努力奋斗的伦巴第城镇无动于衷，但从另一个方面来说，威尼斯所追求的政治与经济发展与它们处在不同的轨道，因此很难产生情感上的认同。与伦巴第诸城不同，威尼斯是当时的世界强国，因此奉行的是一种世界性政策，它需要日益微妙精巧的外交手段。而且在这种政策之下，威尼斯不单单与西方的神圣罗马帝国打交道，还要应付拜占庭帝国与诺曼西西里王国、教宗国与十字军国家，更不必说北非与中东的撒拉森人。在威尼斯现今所处的特殊历史时刻，它与曼努埃尔·科穆宁的关系正日渐紧张，而意大利市场在此时获利更为丰厚，因此威尼斯权衡利弊，选择不与红胡子腓特烈做超出必要的对抗。直到莫罗西尼执政官于公元 1156 年撒手人寰，威尼斯也没有做出任何表态。

莫罗西尼的继任者是维塔莱·米希尔二世，他尽了他最大的努力维持着与前任同样的中立路线，但不久后腓特烈对意大利的行动迫使他放弃了这一方针。公元 1158 年，红胡子腓特烈一世率领一支比四年前更强悍的军队跨过阿尔卑斯山，在隆卡利亚召开了第二次帝国会议。在那儿，他对伦巴第城市的怒火达到了新的高度，纵然仍有效忠于他的城市，但数周之内，北意大利许多地区都对他进行了公开反抗。同时，一股对神圣罗马帝国的强烈反感席卷了意大利半岛。对四面楚歌的伦巴第诸城来说，如今首要之事是需要一个反抗帝国的中心，它必须是一个足够强大的国家，那些奋斗者们为自由反抗统治强权，以共和主义反抗帝国主义，以意大利人身份反抗德意志，这个中心必须能够集中他们的渴望和理想。所幸它们如今有两个现成的大国可供选择：教宗国与西西里王国。

两年前的公元 1156 年，教宗阿德里安和西西里的威廉国王在贝内文托签署了一份协议。从那时起，无论是精诚合作或是分头行事，教宗国与西西里的外交官们都取得了丰硕成果，公元1159年8月，腓特烈一世最大的四个宿敌，米兰、克雷马、布雷西亚与皮亚琴察派出的代表在阿纳尼同教宗会晤，与会的还有西西里威廉国王的使节，他们宣誓达成一份初步的公约，它在此之后成为伟大的伦巴第城市同盟的核心。各城镇承诺在与神圣罗马帝国交涉前会首先取得教宗国的准许，而作为回报，教宗将在四十天的惯例通知时限之后对皇帝实施逐出教门的惩罚。

这是教宗阿德里安生前最后一项政治行动。他病魔缠身，于公元1159年9月1日死于心绞痛。教宗的死给予红胡子腓特烈一个播下更多不和种子的机会，皇帝准确地意识到，如果下一任教宗经由选举自主产生，那么他无疑会继续遵循前任的既定方针，于是腓特烈开始有意地在教廷内制造派系分裂。因此，当阿德里安前教宗对外政策的总设计师兼教宗秘书，枢机主教锡耶纳的罗兰在圣彼得大教堂成为教宗亚历山大三世时，他的同事，圣塞西利亚的奥克塔维安枢机主教突然夺过教宗的披风盖在自己身上。亚历山大的支持者们想把披风夺回来，但奥克塔维安早有防备，他在扭打的过程中将披风反过来穿在身上，随后冲向教宗宝座，然后坐在上面宣布自己是教宗维克托四世。这实在是非常不体面的表现，但是它奏效了，腓特烈在罗马的大使即刻承认维克托是合法的教宗。虽然除了腓特烈一世以外，西欧其余势力几乎都对亚历山大三世宣誓效忠，但是这一出风波的损害已经铸成，此后的十八年，因为教宗职位的争议造成的混乱，意大利政治局势变得更令人头疼。

面临着在两位互相竞争的教宗中选择一位承认的局面，威尼斯再也不能作壁上观。它对伦巴第事态的发展感到越来越不安，如果腓特烈继续维持他目前的态度，那么他对威尼斯的独立表现出的尊重，不会比他给予意大利其他城市的更多。因此，威尼斯亦宣布支持教宗亚历山大三世，这就暗示它也站在伦巴第的反抗者这一边。皇帝对此进行了报复，但是这些报复对威尼斯并不起作用。帕多瓦、维罗纳和费拉拉这三个威尼斯周边忠于皇帝腓特烈的城市被轻易说服去攻击它们骄横跋扈的邻居，但很快它们就同样轻易地被击退。或许这三个城市并非真心供皇帝驱使，我们发现在公元 1163 年，维罗纳和帕多瓦，此时还要加上一个维琴察，与威尼斯形成了一个联合体，承诺对红胡子的让步不会超过他们的祖先对查理大帝的屈从。紧接着，德意志出身的阿奎莱亚宗主教在腓特烈的煽动下对格拉多发动了攻击，可惜这一次比先前三座城市的联合进攻更加失败。一支威尼斯舰队迅速前往格拉多救援，扣押了包括宗主教本人在内的七百名俘虏，直到宗主教许下承诺，在每年大斋期前的星期三向威尼斯共和国赠送十二头猪作为贡品（每头代表他属下的一个教堂分会）供民众第二天在圣马可广场上追逐，他才得到释放。

对威尼斯来说，这两个插曲不过是些微不足道的小烦恼。它无疑是幸运的，尽管腓特烈想要让威尼斯屈服在他脚下，但此刻意大利半岛上还有另外三个目标吸引了皇帝的注意并令他挥师进击。第一个是安科纳，数年前曼努埃尔一世在那里建立了拜占庭的前哨基地，但在腓特烈的眼中它应当成为神圣罗马帝国不可或缺的一部分；第二个是诺曼西西里；最后一个是罗马，腓特烈一世下定决心要攻入这座城市，将教宗亚历山大三世赶下宝座，用一个帝国的傀儡取而代之。这个皇家傀儡之前的人选维克托四世无法在罗马立足，他跑到路加，靠不怎么成功的抢掠行为获得收入来勉强糊口，公元 1164 年，他悲惨地死在那里，当地政府甚至不同意他埋葬在城墙之内。

然而在本书中，我们没有必要在腓特烈一世对意大利野心勃勃的征战细节上纠缠太久。在这里我们只要知道他针对前两个目标的行动均告落空就已经足够。罗马作为腓特烈的第三个目标，和意大利北部的城市一样，是个拥有自己的公民政府的城市共同体，而自从腓特烈为了他多灾多难的加冕礼首次造访罗马以来，罗马人对他十分憎恶，于是当皇帝军队到来时，他们为将其逐出城市而英勇反抗。圣彼得大教堂周边被壕沟草草围绕，变成了一个要塞，罗马人在其中抵抗了八天，但是无济于事。皇帝的军队穿过巨大的青铜门长驱直入，在时人[1]的描述中，教堂正厅的大理石地面上满是尸体与垂死者，祭坛上溅满血迹。亚历山大三世不得不逃走藏匿起来，而维克托四世的后继者，敌对教宗帕斯卡尔于公元 1167 年 7 月 30 日在圣彼得大教堂内举行了弥撒。

已经戴上帝国皇冠的腓特烈如今又被授予了罗马贵族的黄金头冠，这是对罗马元老院刻意的羞辱，却是皇帝人生的巅峰。但是红胡子并不知道，仅仅四天之后，他的军队就会受到鼠疫的打击，致命的瘟疫使他不得不下令立即撤退，等到皇帝重新回到位于帕维亚的大本营，他已经损失了超过两千人，其中包括他的秘书，达赛尔大主教雷纳尔德，以及许多他最信任的助手与顾问。

这场瘟疫看上去就像是《旧约》中描述的恐怖天罚，而整个欧洲也确实将它看作腓特烈亵渎圣彼得大教堂以及放逐上帝在人间的代理人而招致的神罚。不过腓特烈遭受的惩罚还没有结束，等到了 12 月 1 日，当他仍然留在帕维亚照顾他筋疲力尽的军队时，不少于十五座的意大利重要城市组成了一个规模更为庞大的伦巴第城市同盟。这是意大利诸城对皇帝最高姿态的蔑视，它们将它展示出来，甚至觉得没必要等腓特烈离开意大利。

威尼斯是这个联盟的创始成员之一，虽然它无法提供陆上兵力，但它承诺它的海军会奔赴潟湖的任何地方，或者出现在任何适于航行的潟湖附属河流上。威尼斯更进一步同意与它的同盟者们共享任何可能从君士坦

1　此人是圣布莱斯的奥托。

丁堡或巴勒莫获得的资助，同时在对任何其他国家宣战或缔结和平之前先获得它们的准许。必须承认，威尼斯做出的这些保证并不那么严谨。保证中威尼斯舰队与保护同盟利益挂钩的活动范围半径非常有限，这是很重要的一点。如果有更严重的危机在其他地区发生，毫无疑问威尼斯会立即召回派遣到范围之外地区的舰队。然而很明显，哪怕不在商业政策上，至少威尼斯共和国在其外交政策上，正在越来越倾向于西方。通过它在公元1167年对伦巴第城市同盟的拥护，威尼斯在事实上将它自己与意大利在欧洲大陆上的地区事务联系起来，其紧密程度要超过自威尼斯建立以来五个世纪中的任何时刻。

与此同时，威尼斯与拜占庭之间的关系变得愈来愈坏。这是由很多原因造成的，双方都难辞其咎。君士坦丁堡的拉丁裔永久居民在此时已经不少于八万人，他们都享受着曼努埃尔一世和他的前任们在其势弱时被迫授予的优惠特权。这些人中威尼斯人的数目最为庞大，他们从拜占庭的政策中受益最多，当然十有八九也是最令人反感的。君士坦丁堡首席宫廷秘书尼基塔斯·霍尼亚提斯曾经抱怨他们的殖民地“因为它们的财富和繁荣而变得傲慢无比，同时蔑视帝国的权威”。在某种程度上他或许是对的，威尼斯人从来都不以举止谦逊著称，而且毫无疑问，他们给拜占庭的东道主们提供了足够的埋怨理由。但是科孚岛附近嘲弄曼努埃尔一世的威尼斯水手中并没有多少是商人，无论是居住在里亚尔托还是博斯普鲁斯海峡的威尼斯商人，都从未想过低估这位皇帝。威尼斯共和国已经不安地目睹它的几个主要商业竞争对手——热那亚、比萨和阿马尔菲——缓慢地在原本是威尼斯独享的方面站稳脚跟，威尼斯人亦意识到这个缓慢的过程是曼努埃尔一世与他的父亲为了削弱威尼斯的影响而有意采取的一部分政策。同时，他们还对达尔马提亚近来的发展忧虑不堪，自从公元1162年威尼斯与匈牙利的伊什特万三世开战以来，后者已经连着五年将除札拉以外的沿岸城市逐个攻克。接着在公元 1167 年，曼努埃尔一世加入战局，并取得了对伊什特万三世作战的决定性胜利，从而将伊什特万新获得的地区收入自己囊中。皇帝的这一举动可不讨威尼斯人的喜欢。在这之后不久，出于恢复过去拉文纳总督辖区的长远目标，皇帝打算在安科纳建立一个长期的拜占庭殖民地，他鲁莽地就此事寻求威尼斯人的支持，而后者出于自身的感情毫无意外地抛下了他。

就在威尼斯与拜占庭这种互相怀疑嫌恶的气氛中，在君士坦丁堡朝向金角湾以北的加拉塔区，热那亚人的定居点于公元 1171 年初遭到了袭击并被大规模破坏。我们不知道谁应当为此事负责，但对曼努埃尔一世来说，这恰恰就是他寻觅已久的机会。3 月 12 日，将一切完全归咎于威尼斯人的皇帝下令逮捕帝国领土内所有威尼斯共和国居民，他们的财产和船只被没收充公。少数威尼斯人将自己的命运交付给一位出生于威尼斯、在一艘拜占庭帝国军舰上服役的船长，成功逃出生天，但大多数人就没有那么幸运了。仅在首都君士坦丁堡就有一万人被逮捕，在所有的监狱人满为患之际，修道院和女修道院都被征用来容纳多余的人口。

消息传到里亚尔托，威尼斯方面的反应可想而知。威尼斯认为拜占庭方面给出的热那亚定居点遭威尼斯人袭击的罪名不过是托词，当热那亚人宣称威尼斯人与袭击无关之后，这一感觉得到了证实。而与此同时帝国方面展开的行动过程之顺畅、持续时间之长、范围之广，都无疑证明了它是经过事先精心策划的。两相对照之下，威尼斯人苦涩地想起仅仅两年之前，曼努埃尔一世为了杜绝他正考虑对威尼斯采取类似行动的谣言，亲自向执政官的使者给予了保障威尼斯人在帝国安全的特别保证，这个保证吸引了更多威尼斯资金进入东方，如今看来，它们不过是为皇帝正在享受的战利品添砖加瓦。

联系威尼斯与拜占庭最后的旧日纽带被忘却了，同时被忘却的还有不到四年前威尼斯对伦巴第城市同盟在磋商中做出的庄重承诺。威尼斯人已经投入了战争当中，经济是一个大问题，共和国政府一度出现超支现象，而威尼斯还要每年额外给予伦巴第城市同盟大笔的资助。等到清算已经产生的债务时，里亚尔托所有的财政收入已经被典押到了下一个十年。于是威尼斯下令发行一种强制性公债，每位公民按照他们的财产多寡来承担相应的义务认购份额，同时为了便于收缴款项，全城被划分为六块区域，即威尼斯如今仍然存在的六大行政区，它们是：卡斯特洛区、卡纳雷吉欧区、多尔索杜罗区、圣十字区、圣保罗区和圣马可区。威尼斯此时同样面临严重的人力短缺，尚未在曼努埃尔一世的监狱中辗转受苦的海外威尼斯居民纷纷被征召回国，即便没有强制要求，威尼斯仍然期待这些人可以团结在自己的旗帜下。

尽管有诸多困难，但幸亏执政官采取了严厉的措施去克服它们，仅仅过了三个月，米希尔执政官就得以筹集调配出一支超过一百二十艘船的舰队。这是一项了不起的成就，除了威尼斯没有其他任何一个国家能够做到。公元 1171 年 9 月，执政官率领他的舰队离开潟湖，与东罗马帝国交战。他在伊斯特里亚和达尔马提亚的不同地点多次停泊，捎上他能找到的威尼斯人，接着舰队绕过伯罗奔尼撒半岛抵达优卑亚岛。在那里，执政官发现曼努埃尔一世的使者正等候他的到来，两人在意图和解的氛围中进行商谈，大使向执政官保证，他们共同的主人拜占庭皇帝没有兴起战争的意图。只要执政官派遣一个和平使节团到君士坦丁堡，他就能发现所有的分歧都已经被令人满意地解决了，而且在条款上不会对威尼斯这一方有任何不利。

维塔莱·米希尔接受了他的提议，这是他一生中所犯下的最可怕的错误。他派出了使节团，之后对欧洲历史起到决定性作用的恩里克·丹多洛亦在其中。当这个使节团继续他们前往博斯普鲁斯的旅程，并且与拜占庭官员们在毫无成果的讨论中消磨了大半个冬天的时候，执政官带着舰队前往希俄斯岛静候下一步进展，就在那里，灾难降临了。瘟疫在拥挤不堪的船只之间爆发，又以可怕的速度四处传播。到初春的时候，已经有数千人死于疫病，剩下的幸存者十分虚弱，因为疾病士气低沉，人们长期缺乏活动，已经不适合投入战斗或者做其他任何事。正在此时，使节们从君士坦丁堡返回，他们受到拜占庭恶劣的对待，这次的出使任务可以说是彻头彻尾地失败了。很明显皇帝没有丝毫扭转态度的意思，他让使者与执政官交涉的唯一目的就是为他加强防卫、赢取时间。

由于米希尔执政官的轻信，他掉入了拜占庭人如此明显的陷阱，因此而来的耻辱成为最后一根稻草，加诸执政官已经遭受的种种不幸上。他再也不能有更进一步的行动了。他的这场远征损失惨重，还没能看到敌军，威尼斯青年一代的精英就已经尸横枕藉，或奄奄一息，[1] 剩下的舰队也处在哗变的边缘。执政官如今唯一可走的一条路，就只有全速返回威尼斯，然后面对他子民们的怒火。

执政官于公元 1172 年 5 月中旬回到威尼斯，接着他迅速在执政官宫内召开了大议会，向众人汇报所有发生的事，并且尽其所能地为自己的行为与决定辩护。他陈述的时候，身边是一片闭口不言的沉默，当他谈到自己遭受的种种不幸，并将它们加诸共和国头上时更是如此，同时，人们认为他不仅带回了失败，也把瘟疫带回了国内，而这最后一项不称

1　在这些人之中，朱斯蒂尼亚诺家族除了一位在利多的圣尼科洛修道院修行的年轻修士外，所有的男性成员都已经丧命。为了不使这个望族的血脉断绝，教宗特别批准这个修士暂时还俗。于是他离开修道院，与执政官的女儿结婚，传宗接代。当这个家族有了可以保证其延续的后嗣之后，这个人回到了修道院，而他的妻子在等到孩子们成人后，也成了修女。

职行为是无法被原谅的。议会对执政官群起而攻，而在执政官宫外，一群暴民正集结起来，要求他血债血偿，于是维塔莱·米希尔意识到他必须逃跑了。他从一个侧门悄悄地溜了出去，沿着斯拉夫人堤岸匆匆奔向圣匝加利亚修道院。

但他再也没能到达那里。修道院在码头之外一百码左右，位于一条名叫“拉斯小巷”的巷子里，离执政官宫旁边的麦秆桥还有好长一段距离。正当米希尔执政官要转过拐角的时候，他遭到一名从附近房屋的阴影里蹿出来的暴徒袭击，被当场捅死。

我们不能不对维塔莱·米希尔表示同情。他在任时，威尼斯前有狼后有虎，位于群雄环伺之中。在西、东两侧，一边是毫不妥协的红胡子腓特烈，另一边是难以捉摸的曼努埃尔·科穆宁；南、北两端，一头是与十二世纪最伟大的教宗们结盟的西西里王国，一头是团结一心的伦巴第城市同盟。要平安通过这样的欧洲政治险滩，维塔莱·米希尔要面对的情况比他所有的前任们经历过的都要更微妙和艰难。在他十六年执政期的前十五年，他做得相当出色，只是在最后一年，他面临危急时刻和完全不熟悉的情况，做出了错误的决定。即便是这样，他也不应为瘟疫负责，至少不应为他将瘟疫带回威尼斯负全责，因为如果再延误返回家乡的行程，舰队就一定会爆发叛乱了。

因此，如今威尼斯并没有维塔莱·米希尔的纪念物或许就不足为奇了，不过直到三十年前，那些知道整个故事来龙去脉的人，相对于其他威尼斯人，才开始更明确地对米希尔的死表示纪念。当年在谋杀发生后不久，刺杀者便被绳之以法，判处死刑，他藏身的那座房屋被官方下令夷为平地，之后也不允许任何石质建筑坐落在那个地点。直到第二次世界大战之后，这道法令还被遵守着，这就是为什么在此之前，位于麦秆桥另一端的斯拉夫人堤岸作为威尼斯在建筑意义上至关重要的场所之一，在所有披露出来的照片与绘画中会充斥着一组由木头和灰泥搭建的寒酸房子。到了1948年，当局终于被说服，将古老的传统置之一旁。即便如今，当我们抬头看丹尼利皇家精选酒店临街的建筑正面，其中的一些人或许还是会以稍微有些不同寻常且不那么愉快的方式，怀疑那个古老的诅咒是否仍在八个世纪前维塔莱·米希尔的丧命之地盘桓逗留。

9

和　解

（公元 1172—1187 年）

永远不要和宗教对抗……宗教观念在人类心智中占据的领域实在太大了。

——弗朗切斯科·圭恰迪尼

威尼斯人并没有立即再选举一位新执政官。他们需要时间思考，毫无疑问，如今局势已经极度危急，威尼斯人正处在同时与两个大帝国交战的状态，然而他们曾经出类拔萃的海军实力大减，已经远远不及六个月前声势之壮，而且为了防止瘟疫扩散，有许多船只在爱琴海上被蓄意付之一炬。由于被羁押在拜占庭的威尼斯人无一被释放，同时，威尼斯以及其他潟湖城市因为瘟疫肆虐产生的受害者人数还在持续增加，人力短缺就成了一个比以往任何时候都更严重的问题。国库空空荡荡，为了避免国家破产，威尼斯只能故技重施，像前一年那样发行强制性公债。[1]而最糟糕的是威尼斯人意志的消沉，维塔莱·米希尔是共和国历史上第八位死于暴力

1　这是世界上第一次发行类似性质的公债，此后它很快就成为威尼斯经济中长期存在的一个特色，由于其中包含有百分之四可转让的政府公债，因而在里亚尔托引起了持续不断的投机行为。

的执政官，但他是近两百年来的第一个。或许威尼斯人意识到他们突然受到了集体性歇斯底里压倒一切所带来的力量影响，并察觉到这场谋杀中他们所要担负的某种集体责任。无论如何，他们对此感到震惊与羞耻，并且觉得需要重新审视政府和他们自身。

从根本上说，究竟是哪里出错了？显而易见，导致远征失败和国家贫穷的主要责任得落在米希尔执政官身上，但是那些用来控制他行为的审查与平衡力量在哪里？过去由多梅尼科·弗拉班尼科执政官本人规定，在执政官职位之下，还有两位顾问，共同组成一个严密的权力结构。此外，执政官有义务在必要时“邀请”其他德高望重的公民提供额外建议。他还同样有权召集所有人举行公民大会（arengo）。但是弗拉班尼科已经去世一个半世纪之久，两位顾问的权威也丧失大半，城内的元老亦很少得到“邀请”，而随着城市人口的迅速增加，全民大会也不再是实际可行的措施。早期潟湖聚居地的居民因为人数较少，可以聚在一起召开全体公民议会，而如今要是仿效祖辈所为，显然与会人数就实在太多了，而且，即便将人们聚集起来召开会议，也没有行之有效的手段来控制如此庞大的人群。集聚起来的人群（Arenghi）现在更近于一群合法的暴民，近几年的例子已经充分说明，他们在参与国家重要的决定上并不可靠。只有在法律特许的情况下，如执政官选举或宣战时，他们才会被召集起来。因此，执政官的权力在事实上是不受约束的。所以重新定义威尼斯政府中的三个统治部分：执政官、顾问与民众，就成为当务之急。这件事的必要性直接导致了公元 1172 年至 1173 年，可以说是威尼斯历史上最重要的宪政改革的发生。

第一项改革是由四百八十名威尼斯杰出公民组成的代表大会。威尼斯全城六大行政区中，每个区各有两名代表负责这些公民的提名，这四百八十人在政府供职，为期仅限一年。自此之后，这个代表大会

（Comitia Majora）或者大议会（Maggior Consiglio）的组织承担起任命所有主要共和国官员的责任，其中包括六大行政区的十二名代表。在实际操作中，这样的安排就意味着在第一年之后，经过民主选举选出的各行政区代表和大议会就可以互相提名，从而形成一个将一般大众完全排除出组织管理的封闭圈子。全民大会没有被废除，但尽管它被强制保留下来，却被尽可能地剥夺了实权，它最小心守护的特权——选举执政官——就是一个很好的例证。以先前执政官赛尔沃的就任为例，威尼斯的人民在领袖的选择上扮演着十分重要的角色，他们这么做的权利是威尼斯宪法的基石。然而从现在起，执政官的选择被授权给大议会提名的十一位特别选举人，新执政官的名字也只会在一切尘埃落定之后作为既成事实告知聚集的人群。这一新程序的首次尝试导致了骚乱，直到众人商定出一个折中方案，反对的人群才被安抚住。在这个方案中，胜出的执政官候选人需要在圣马可大教堂正式在众人面前现身，同时伴随着例行公事的话语："假如他让你们满意，那么这就是你们的执政官。"于是人民的声音在理论上得到了保留，不过威尼斯人也知道，这不过是礼节罢了。

改革的下一步是将执政官的顾问人数由两名上升到六名。因为他们的职能主要是限制执政官权力，因此这些顾问会经常侍于执政官左右，或许还乐于享受他们否决执政官决定的权力。顾问和执政官共同组成了一个内部的委员会，这个委员会日后以执政团（Signoria）或评议会（consiglietto）的名字为人所知。作为外部的咨询机构，元老们（pregadi），或元老院依然存在着，它的影响力不断增长，尤其是在外交事务方面，元老们做出的一系列重要决定之后都得到了大议会的批准。

简而言之，这些措施削弱了威尼斯行政管理金字塔的顶峰和底座，加强了中间阶层的力量。其后威尼斯还需要进行几个步骤的改革，才能迈向在此后的数个世纪中它不断完善并将其改造为威尼斯独特体系的寡头政治。另一方面，这些措施对执政官权力的削减限制并未表现在执政官声望的损失上，相反，威尼斯政府进一步增强了执政官的高贵威严，以及执政官身边各项排场仪式的奢华气派程度。再往后，一当选举结束，新执政官就会坐在一把特别的圆形椅子上被抬着绕圣马可广场一周，这把椅子被称作“井口”（pozzetto），因为它的外表看上去同城中水井的井口十分相似。接着，当选的执政官向众人分发赠礼；另外，从此以后每当执政官离开执政官宫执行国务，他身边都跟随着一条由贵族、神职人员和市民组成的长长队列，前呼后拥，气派十足。

虽然如此，但无论是盛大的仪式场面，还是在随后的法律规定中价值在一百至五百杜卡特之间的赠礼，都不能够补偿威尼斯人在政治体制变革中被夺走的东西。

不过，尽管威尼斯人总体上对新的选举系统削减了他们古老的权利一事愤愤不平，但当十一名选举者决定让塞巴斯蒂亚诺·齐亚尼成为新一任执政官时，没有人认真地质疑他们的抉择是否明智。这位新执政官聪明过人，虽是古稀老人但仍然精力充沛，而且他还拥有丰富的执政经验和与其不相上下的庞大财富。鉴于威尼斯已经到达了破产的边缘，他新官上任第一件事就是着手恢复国家财政状况，同时在元老们的建议下，停止了新政府债券的所有偿付行为。这是个十分勇敢的决定，不过社会上因此而生的怨气要比想象中来得少。政府的债券持有人都是威尼斯公民，他们爱钱，但更爱威尼斯，而这种对他们爱国心的直接呼吁立刻得到了响应。

同时，威尼斯无论如何也不能继续与拜占庭帝国的战争了，它再度派出大使前往君士坦丁堡求和，并希望能释放所有仍身陷囹圄的威尼斯人。不过他们的努力还是落空了，曼努埃尔·科穆宁依然毫不妥协。鉴于此时威尼斯剩下的舰队正积极同红胡子腓特烈的军队围攻拜占庭所属的安科纳，皇帝这番态度倒不足为怪，然而他针对威尼斯人第二次主动求和表示出的拒绝日后被证明是个致命的错误，使得曼努埃尔一世的后继者因此饱尝苦果，悔恨不堪。同时，与拜占庭帝国周旋的失败使得威尼斯人转而投入了西西里王国威廉二世（好人威廉）的怀抱。公元 1175 年，双方签署了一份时限二十年的合约，从中取得的商业条款要远远优惠过威尼斯人之前曾享受到的。

就这样，在塞巴斯蒂亚诺·齐亚尼英明的领导下，威尼斯开始渐渐复苏。物质上的复原难免还需要一些时日，然而另一方面，人们重振精神的过程要迅速得多。公元 1177 年，一件大事令威尼斯吸引了全基督教世界的注意。教宗亚历山大三世与皇帝腓特烈一世握手言和，终结了长达十七年的教廷分裂，给意大利带来了和平。这件事发生的前一年，公元 1176 年 5 月 29 日，伦巴第城市同盟在莱尼亚诺让红胡子腓特烈遭受了他有生以来遭遇过的最大惨败。腓特烈失去了他大部分的军队，他自己仅以身免。不过这场大难使皇帝恢复了理智，经过四场漫长的意大利征伐战，腓特烈发现伦巴第诸城对他的反抗之心越来越坚决，而从伦巴第城市同盟成立以来，它们也有能力将信念付诸行动。而亚历山大三世已经几乎被所有地区承认为合法的教宗，哪怕是在腓特烈本人的帝国内也是如此。如果腓特烈继续固执己见，在已经耗费了他一生中最好时光的政策上不肯回头，那么他就会成为全欧洲的笑柄。

于是腓特烈派出的大使在阿纳尼与教宗会面，商讨和解的有关条件。本质上双方的要求都很简单，教宗对帝国的要求是承认亚历山大三世为合法教宗，偿还教会财产，并且同拜占庭、伦巴第城市同盟和西西里王国媾和；而帝国这边，则要求教宗承认腓特烈的妻子为皇后，其子亨利为罗马人民的国王，并且认可原本属于敌对教宗派系教区内名望卓著的数名高级教士。接下来的问题就是召开这场重要会议的地点，博洛尼亚曾经被列入备选方案，但是因为它隶属于伦巴第城市同盟，因此被腓特烈驳回。最后，在旷日持久的商议后，教宗与皇帝同意在威尼斯会面，不过前提条件是在教宗给予准许之前，腓特烈不得进入这座城市。

从政治层面上，没有比威尼斯更好的选择了。的确，威尼斯是伦巴第城市同盟的创始成员之一，但另一方面，近来它与拜占庭之间产生的麻烦令其无法在同盟事务中扮演一个活跃的参与者角色，而且在安科纳的城墙下，威尼斯曾一度与神圣罗马帝国并肩作战。同时，威尼斯保持独立的历史要长过任何一个北意大利城市，同时还是一座招待多方来宾不费吹灰之力的豪华大都会，所有可能与会的欧洲显贵，包括王公、主教、大使以及伦巴第诸城派出的代表，都会在这儿以他们所熟悉的方式得到招待，真正是宾至如归。

公元 1177 年 5 月 10 日，教宗偕同他的教廷成员抵达威尼斯。他受到了执政官以及阿奎莱亚同格拉多两位宗主教的欢迎，在圣马可大教堂举行弥撒之后，教宗被请上国宾级别的游艇，前往圣西尔维斯特罗的宗主教宫，在他逗留期间，这座宫殿任凭教宗使用。在与皇帝会谈之前，教宗还有很多工作要做，阿纳尼会谈期间，他无暇为西西里或伦巴第城市同盟说话，如果教宗允诺的和平之吻要达到他意图取得的重要性，这两方将会和帝国的全权代表签署协议。因此现在在宗主教宫的教堂内展开了第二轮磋商，同时依照之前的和解条件，皇帝仍然被禁止进入威尼斯领土范围，因此他在拉文纳将一切准备就绪。

伦巴第城市同盟的代表被证明是特别难缠的谈判者，与他们的谈话拖延了很久，占据了两个月来的大部分时间。不过无论如何，到了 7 月初，协议的达成近在眼前，而且为了加快沟通，教宗同意让腓特烈接近基奥贾，这样他可以每日实时跟进谈判进度。到目前为止，腓特烈一世的表现堪称典范，并且在这种只能令他感到耻辱非常的情况下展现出非同寻常的克制，但最终他开始显露不耐的迹象。在威尼斯与拜占庭帝国关系破裂以来的六年中，腓特烈的支持者在这座城市内大量增加，直至组成一支具有相当影响力的派系。这批人如今鼓动腓特烈立刻进入威尼斯，以此作为对教宗禁令的挑衅，从而迫使亚历山大三世与伦巴第城市同盟答应更有利的谈判条件。腓特烈显然动心了，但在得到齐亚尼执政官允许之前他拒绝动身。考虑到直接拒绝可能导致皇帝的拥护者们兴起暴动，齐亚尼执政官对是否答应此事犹豫不决，而来自同盟的代表惊怒交加，退居到特雷维索。在这一刻，过去多年来所有谨慎小心的外交斡旋，仿佛都将化作泡影。

拯救了事态的是西西里人。他们外交使团的领袖，萨莱诺的罗穆亚尔德大主教下令所有船只做好匆匆起航的准备，暗示一旦他和他的使节团决定离开，其主君威廉国王就会立刻对威尼斯的背信弃义采取报复。大主教的意思再明确不过，过去两年中，在巴勒莫、墨西拿和卡塔尼亚的威尼斯商人已经剧增到一个相当可观的数目。假如威廉要效仿公元 1171 年曼努埃尔一世之故智，那么没有什么可以阻止他的行动。于是齐亚尼再不踌躇，他发表了一份声明，确定只有在教宗正式批准之后，才会允许红胡子腓特烈进入威尼斯。

回过头来看，这场危机似乎给所有谈判者造成了一点有益的震动。悬而未决的谈判细节很快被敲定。公元 1177 年 7 月 23 日，和约正式完成。在教宗的要求下，一支威尼斯小型船队前往基奥贾，将腓特烈迎至利多，同时，四名枢机主教组成的代表团前往那里欢迎皇帝。皇帝在他们面前庄严宣誓放弃他培植的敌对教宗，并正式承认亚历山大三世为合法教宗。作为回报，主教们解除了对腓特烈长达十七年的逐出教会的惩罚决定。红胡子终于得以进入威尼斯。次日清晨，执政官带着一大批显赫的贵族和神职人员到达利多的圣尼科洛教堂，亲自陪同在教堂中过夜的皇帝登上为此事特别装饰一新的驳船，然后一同隆重地驶向莫洛。

同时威尼斯已经做好了最后的准备。威尼斯人对盛大场面和豪华排场的喜爱根深蒂固，这是威尼斯历史上最伟大的日子之一，于是他们决定要在这时恰如其分地表现。人们连续数日拥入城市，城内旌旗飘扬，窗户装饰得华丽醒目。在现存的几份见证者记录中，信息最丰富，描写也最为生动的是《从威尼斯里亚尔托带来的和平协定》，它的作者或许是一位德意志神父。我们并不知道他的名字，但是可以确定他当时找了个视角颇佳的位置，本人的地位也不低，这使得他能够记录下他的所见所闻：

> 拂晓时分，教宗的侍从匆匆前往圣马可大教堂，关闭了它宏伟正门正中心的那一扇。然后他们将许多木材运到那儿，又使用梯子和木板，搭建起一张巍峨华丽的宝座。他们还在码头两侧各竖起一根高度令人惊叹的松木柱子用来悬挂圣马可的旗帜，这些旗帜大到垂地，布满极致华丽的刺绣，这个码头被称为“大理石码头”，距离圣马可大教堂不过一箭之地。当天第一个小时之前［早晨六点］，教宗就在那儿抵达，登上威尼斯的土地。观弥撒之后，教宗随即登上宝座高处，等待皇帝到来。宗主教们、枢机主教们、大主教们还有数不清的主教与教宗共同出席，教宗座位的右手边是威尼斯宗主教，左手边则是阿奎莱亚宗主教。
>
> 就在此时，在米兰大主教和拉文纳大主教之间就谁应当优先入座爆发了一场争执，他们两个都抢着要坐在教宗右侧的第三号座位。教宗决定终止这场争端，他离开自己高贵的座位走下台阶，坐到人们之下，这样一来就没有人可以坐在他的右手边，也不存在第三号的地位了。差不多在第三个小时，执政官的驳船载着皇帝、执政官以及前一日教宗派出的枢机主教们抵达了威尼斯，皇帝由七名大主教和众多咏礼司铎引领，在庄严肃穆的队列中步向教宗宝座。当皇帝走到

宝座前，他丢弃身上穿着的红袍，俯伏在教宗面前，亲吻他的双足和膝盖。[1]教宗站起身来，将双手放在皇帝头顶，然后拥抱并亲吻了他，让他坐在自己的右手边，最后，教宗说道："教会之子啊，欢迎你。"接着他拉着皇帝的手，引他走进大教堂，此时铜钟齐鸣，人们唱起了《感恩赞》。等到典礼结束，教宗与皇帝一同离开了大教堂。教宗骑上他的马，皇帝为他牵马坠镫，然后一行人前往执政官宫，这一切都发生在周日，正是圣雅各日的前一天。

就在同一天，教宗赠给腓特烈许多盛有各色食品的金银罐子，还有一头肥胖的牛犊，伴随着赠礼教宗说："我们应当尽情欢乐，因为我的孩子曾经死去如今复生，曾经失去如今又重新寻回。"

对亚历山大三世来说，威尼斯的和平协议同时标志着他教宗任期的高潮与顶峰的到来。他忍受了长达十八年的教廷分裂与十年远离罗马的放逐生涯，腓特烈一世，这个神圣罗马帝国皇帝中最为可畏的人对他抱有深刻的敌意，一直等到年逾古稀，才终于得到了忍耐带来的回报。如今这回报可不仅限于腓特烈对他合法地位的承认，皇帝还必须认可教宗国对罗马的所有世俗权利，而他与伦巴第城市同盟达成的六年停战协议也只是腓特烈对同盟中个别城市的独立做出的初步承认。这是一位教宗对皇权取得的最重大的胜利，甚至比一个世纪前在卡诺莎取得的空洞胜利更为伟大，而这全都仰赖于亚历山大三世领导他的教会度过最艰难时期的耐心和智慧。

如今艰难时世告终，而教宗的美德仍在。无论是在他胜利的当天还是

---

1 在执政官宫大议会厅的西北角，有一幅出自祖卡里之手的壮观画作重现了这一场景。然而这是一幅十六世纪晚期的作品。

此后皇帝在威尼斯逗留的任何一段时间，教宗都没有对前宿敌表现出最轻微的得意与幸灾乐祸。有那么一两位后来的威尼斯史学者，像那位无可救药的浪漫主义者马蒂诺·达·卡纳莱那样，仍然对一个传说念念不忘，故事提到，皇帝朝教宗匍匐下拜时小声说“我不是对你行礼，而是对圣彼得”，于是教宗就把脚放在皇帝的脖子上，尖锐地回敬道：“你是在跪拜我，还有圣彼得。”不过这个故事从未出现在同时代的作者笔下，也和目前我们找到的所有第一手见证数据所记载的不同。皇帝本人的表现也无懈可击。在这场伟大和解的次日，他甚至表现得更为谦逊有礼，在教宗离开圣马可大教堂时，他再一次为其牵马坠镫，假如教宗没有加以婉拒，腓特烈一世甚至可能会一直牵着亚历山大三世的马走到教宗乘船启程的地方。人们不禁要怀疑，腓特烈是否会记起二十二年前，他在前往罗马加冕的路上，因为在苏特里拒绝为教宗阿德里安提供同样的礼遇而浪费的两天呢？

威尼斯在弥合两派纷争上起到的作用同样不可小觑，当然它从中得到的回报相对地也十分可观。财政方面，公元 1177 年值得纪念的夏季对威尼斯恢复繁荣做出了极大贡献，皇帝在城内作为贵客逗留了整整八周，直到 9 月 18 日才离开。教宗亚历山大三世则一直待到 10 月中旬，留在威尼斯长达五个多月。其间大多数时候，威尼斯从未如此人满为患，过去它的外籍流动人口主要为旅行者和商人，如今它接纳了数倍于正常流量的外来人口，它们都是欧洲最显赫的王公贵族和教士，并且都热衷于在随从人员的豪华程度上胜过他们的竞争对手。举个例子，科隆大主教携有一个不少于四百名秘书、神父和侍从的随从团；而阿奎莱亚宗主教夸口有三百名随从，和美因茨与马德堡大主教不相伯仲。安迪拉伯爵罗杰身为西西里国王的第二位使节，带来了三百三十人；因此奥地利公爵利奥波德那一百六十人的随员队列看上去就实在是寒酸得很不像样了。

政治层面上，威尼斯同样获得了利益。威尼斯人长期在教宗与皇帝之间保持中立而没有获得任何实质上的回报，这种情况是十分反常的，事实上这是因为他们与双方都达成了特殊的协议。从腓特烈那里，威尼斯人得到了自由通行的权利、安全通行的保证，以及在帝国全境免除通行费的待遇，作为对威尼斯人给予腓特烈的臣民相似的特权的回报，“到威尼斯为止，不能再向前一步”，这是帝国对威尼斯在亚得里亚海超然地位的承认。而在教宗这边，他以授予威尼斯大多数重要教堂赎罪券的方式来表达感谢。同时最重要的是，他为格拉多和阿奎莱亚之间旷日持久的纷争画上了句号，数个世纪以来，这两地为威尼斯的教会事务带来了无数纷争和痛苦。根据教宗最终裁决的条款，如今已经长居威尼斯的格拉多宗主教宣布放弃阿奎莱亚的波珀在一个半世纪前窃走的财富所有权，作为补偿，他得到了在潟湖周边以及伊斯特里亚和达尔马提亚的聚落中无可争议的绝对权力，因此可以想象，威尼斯接下来会对这些地方的附属城镇加强控制。

教宗身处威尼斯，还为一项威尼斯传统赋予了新的圣礼上的意义。这项传统即是每年在利多港之外的外海举办的耶稣升天节典礼，它始于公元 1000 年，长久以来，已经从一项祈愿活动变成了威尼斯与亚得里亚海象征性的结婚仪式。[1] 诚然在执政官宫大议会厅北墙的某扇门上方，悬挂着维琴蒂诺描绘的画作，画面上教宗正将那枚准备稍后掷入大海的金戒指交给齐亚尼执政官；但不得不遗憾地说，就像紧靠这幅画右面，画家丁托列托之子多梅尼科笔下虚构的萨尔沃雷海战一样，这幅画同样没有事实基础。向大海献上的金戒指原本只是起到安抚海洋的作用，随着时代变迁增添了婚姻的暗示，在如今这么做的时候就更是如此。但即便合理推测教宗

1　前文中已有详细描述。

出席了公元 1177 年 6 月 2 日的耶稣升天节典礼，我们也没有确切证据证明他积极参与其中，这与他的性格实在是大相径庭。

不过对威尼斯来说，它得到的一切中最好的还是在声望方面。在这个令人难忘的夏天，它是全欧洲关注的焦点，并且毫无疑问地是基督教世界的中心。威尼斯执政官接待了西方世界的两位领袖，即便他与他们的关系并非全然平等，但至少也达到了朋友或等同于王公的程度。帝国和教宗方面的谈判者们对威尼斯青眼有加，以教廷《总结报告》（*Relatio Synodi*）的说法，威尼斯"只臣服于上帝……这是一个市民能够在各个派别之间保持和平，并能确保消除不和与叛乱，或者任何蓄意谋划或非自愿之事的地方"。诚然，威尼斯对此只是刚刚才成功，不过通过这样的尝试，它树立起了作为一个大都会和欧洲强国的地位。

在圣马可大教堂中央门廊前的石板地面中，镶嵌着用来标记传说中腓特烈纡尊降贵向教宗俯首地点的菱形斑岩。今日这座教堂是圣马可广场和小广场上唯一一座还保留着当年事件发生时原貌的建筑。今天此地仍拥有与当时举行盛大典礼时非常相似的面貌，还要归功于执政官塞巴斯蒂亚诺·齐亚尼。他推倒旧的圣吉米尼亚诺教堂[1]，从圣匝加利亚修道院的修女们那里购买了位于修道院教堂和潟湖之间的果园（在本地语言中称为 brolo），然后填平巴塔里奥河，在上面以砖块砌出人字形图案，这条河原本从旧威尼斯行政官邸大楼后方流过，穿过大教堂前方，途经钟塔，然后到达靠近公共花园的铸币厂河，它被填平之后开辟出的空地就是日后为人所知的圣马可广场。执政官还命令所有围绕广场而建的房屋都需要用拱形

1 这座教堂重建的位置在圣马可广场的西端，直到公元 1807 年拿破仑下令将其拆除，为他在行政官邸大楼新侧翼修建的舞厅让路。

结构和石柱廊连接起来，于是从一开始，这个地方就很像公元 1496 年真蒂莱·贝利尼绘画中的模样。除去行政官邸大楼从南北两边延伸出的长长两翼外，如今圣马可广场的景象也与当时相似。[1]

齐亚尼执政官同样将自己的标记留在了执政官宫和广场上。当时的执政官宫其实是公元 976 年叛乱后重建的，并且在公元 1106 年的火灾后以修缮的名义进行了增建和装饰。我们从桑索维诺的叙述中得知，齐亚尼执政官将执政官宫“从每一个方向都进行了扩建”，尽管这证词十分粗略，我们仍然可以猜测建设工程遵照了过去的传统，扩建后的执政官宫看上去与如今仍矗立于大运河畔的一些拜占庭式建筑颇为相似，比如土耳其商馆，或者靠近里亚尔托桥的洛雷登宫与法尔塞蒂宫。

同时，码头边的小广场也像圣马可广场那样被清理扩大。或许是为皇帝亲临做出的一部分准备，曾经封锁临水路径近三百年的执政官彼得罗·特里布诺时期的旧墙被一扫而空。当年维塔莱·米希尔从他不走运的东方远征中带回三根古石柱，有一根不慎在靠岸卸货时越过船边掉落水中，现在还深陷在莫洛水底的淤泥里，剩下的两根石柱在过去的五年内一直躺在旧墙之侧。人们试了种种方法想把它们竖立起来，但均告失败，然而这时有一位年轻的威尼斯工程师向执政官毛遂自荐，他的真名叫尼科洛·斯塔拉托尼奥，但是通常被人叫作“巴拉蒂耶里”(Barattieri)，这个绰号在意大利语中通常指某人对玩牌出千的嗜好，从这位建筑师对执政官提出的报酬来看，这个名字倒也还算实至名归。至少我们知道尼科洛·斯塔拉托尼奥提出他可以让两根石柱进入正确的位置，作为回报，他要求获

1　贝利尼在其作品《圣马可广场上的真十字架巡游》中描绘了这幅景象，这幅画是贝利尼总计十幅的系列作品《真十字架的奇迹》之一。在画中，位于北方的旧行政官邸大楼刚开始建设不久，在贝利尼的时代还未向侧边延展。而新行政官邸大楼则要等到十六世纪末威尼斯人拆除了彼得罗·奥尔塞奥洛的医院后才在其旧址上建立起来。

得在这两根石柱之间开设公共赌桌的权利，齐亚尼执政官答应了他。这两根石柱竖立到如今它们矗立的位置后，圣马可之狮以及圣狄奥多尔同他龙形的鳄鱼被分别安放在石柱的顶端。当然，赌桌也随之设立起来，其后据说大议会为了削弱执政官对建筑师的让步所带来的意义，将该处指定为执行公开处决的地点。然而以我们所知那个时代的秉性，只怕这么做正好产生了反作用。而另一方面，巴拉蒂耶里并未完全抛弃他的建筑师生涯，数年之后，这位建筑师在浮舟上建起了第一座里亚尔托桥，使他的名字再度为人传扬。

除了政治家、外交官以及建设者的身份，塞巴斯蒂亚诺·齐亚尼还证明他是一位出类拔萃的宪政改革者。在此没有必要为他之后重组行政机器、建立新政府机关、编纂与阐释法律条文的诸多细节进行详细说明，因为更重要的是齐亚尼执政官埋藏在他全盘改革计划底下的哲学思想，它始终支持和强化着业已成为威尼斯政治思想体系中具有决定性影响的寡头政治的原则。在他退休前不久，齐亚尼执政官召集主要的治安官开会，命令他们中的每个人都要特别重视将拥有最高权力的职位交给那些有财有势的公民们，“以免在他们死后这些人心生不满，转而采取暴力行为”。这项建议在实际上比它听上去的要不那么保守，只有少部分高贵的威尼斯人不将高级公职看作一种不讨人喜欢的责任，看作对个人自由的严厉约束，而且远没有商业那么获利丰厚。然而就公民责任而言，如果没有强有力的理由，无论是在国内或是国外，威尼斯人都不得拒绝履行，从公元 1185 年起，任何类似的拒绝都会根据法律遭到重罚。

在仅有六年多的任期内，塞巴斯蒂亚诺·齐亚尼达到了很高的成就。但他当选为执政官时就已经是七十高龄，因此到了公元 1178 年，他决定退出公共生活，像他的许多位前任那样退隐到圣乔治·马焦雷岛的修道院内。不久他在那里去世，随后在圣乔治·马焦雷岛教堂的帕拉弟奥风格正门墙上，齐亚尼执政官在特里布诺·梅莫的对面受到人们的纪念。[1]在齐亚尼执政官的遗嘱内，他将几所位于默瑟里亚，坐落于圣朱利亚诺教堂和圣马可大教堂之间的房屋租金收入用于为共和国羁押的犯人提供食物，还把同一条街上更远处的其他财产赠给他的修道院，并且指示每周二都要为十二名城市贫民供应一份晚餐。作为对家庭的谦逊教育，每年的圣司提反日，齐亚尼家族需要在其陵墓不灭的长明灯前享用一顿由廉价鱼类、酒和没有油的扁豆组成的朴素饭食。

在齐亚尼执政官去世前不久，他对现存的执政官选举机制进行了进一步的改变。取代过去大议会直接提名十一名选举人的方式，如今的解决之道是，大议会此后仅选出选举人中的四人，然后这四人需要提名一个四十人的选举团队，随后这个团队中每个人可以获得至少三张选票，选出这四人之外的人选，并且在这些人选中，同一个家庭不得超过一人入选。这个选举程序看起来稍有些生硬笨拙，但与其日后的发展相比，它堪称简便。经过这样的程序，奥里奥·马斯特罗皮耶罗或称马利皮耶罗在公元1178年成为新任执政官。他是一位上了年纪的外交高手，在巴勒莫和君士坦丁堡工作期间起到了重要的作用，同时他曾经以组织者和捐助者的身份参与维塔莱·米希尔的第一次国债发行。新执政官过去丰富的外交经验在他任职期间对其大有帮助，因为在此时，东西方之间的局势又再度阴云密布。

公元1180年9月24日，沉疴已久的拜占庭皇帝曼努埃尔·科穆宁去世，此后五年，拜占庭帝国陷入了苦难和混乱的旋涡。曼努埃尔的合法继承人是他十二岁的儿子阿莱克修斯，其母安条克的玛丽取得摄政大权。安条克的玛丽是诺曼安条克亲王博希蒙德三世的姊妹，作为有史以来第一位

1 关于这座教堂正面外墙的雕刻与装饰，前文中已有提及。

统治君士坦丁堡的拉丁人，玛丽公然偏袒其法兰克同胞的行为损害了希腊人的利益，因此遭到臣民的厌恶。对玛丽的第一次叛乱宣告失败，但是公元 1182 年的第二次叛乱演变成了一场全面的大屠杀，几乎所有身在首都君士坦丁堡的西方人都在劫难逃，包括妇孺和医院内的病人。整个法兰克人居住区在大屠杀中遭到洗劫，相较之下，威尼斯人和热那亚人的居住地在十一年前所遭到的破坏和抢劫看上去几乎不值一提。同时，先皇曼努埃尔的堂兄弟安德洛尼卡·科穆宁进军首都并攫取了皇位，玛丽被绞杀，而被迫亲自签发处死母亲命令的幼帝不久后也被用弓弦绞死。年轻的阿莱克修斯·科穆宁留下一位十二岁的未婚妻阿格尼丝，她是法王路易七世的女儿，在拜占庭重受洗礼后更名为安娜。阿格尼丝在混乱爆发前的几个月到达了君士坦丁堡，但因为她实在太过年幼，所以并未举行婚礼，六十四岁的安德洛尼卡干脆利落地娶了她，而且根据当时不止一个可靠消息来源，他将这桩婚姻生米煮成了熟饭。接下来残酷可怕的三年在文明世界中是空前的，恐怕只有到法国大革命时期才能与之相比。最后到了公元 1185 年的 9 月，轮到安德洛尼卡被推翻，然后被暴民撕得四分五裂，死无全尸。

此前一年，一段时间以来传到里亚尔托的消息再明白不过地显示威尼斯和西西里王国之间短暂的蜜月期即将结束。国王威廉二世（好人威廉）和他的王后，狮心王理查之妹英格兰的乔安娜没有子女，而且很可能之后都不能再生育后嗣，因此在血统上最接近于西西里王位的就是威廉的姑母康斯坦丝，而她已经宣布与霍亨施陶芬的亨利，也就是腓特烈的儿子兼继承人订有婚约。对威尼斯以及所有它隶属于伦巴第城市同盟的姊妹城市来说，经由这桩联姻展现出来的前景是非常可怕的。这些城市之所以能够长期与帝国对它们宣称主权的行为进行抗争，很大程度上是因为腓特烈在意大利并没有一个长久的据点，而且按照封建法的规定，他也不能够让自己的德意志军队在阿尔卑斯山之南无限期地逗留。但因为这个婚约，从此以后皇帝就不再仅仅是名义上的君主，而是意大利半岛实实在在的最高统治者。

回过头看东方，在拜占庭的危机持续期间，威尼斯能做的事很少，但一旦安德洛尼卡不再碍事，温顺却无甚建树的伊萨克二世·安格洛斯坐上君士坦丁堡的皇位，威尼斯人在第一时间便行动了起来。双方的外交谈判开始于公元 1186 年，并在次年签署了和约，在和约中，皇帝承诺将对公元 1171 年的事件进行全盘补偿，而且帝国将承担起责任，保护威尼斯和它所有的领地不受任何来源的袭击；帝国还将负担让四十到一百艘桨帆船在威尼斯军械库进行装配的花销。居住于拜占庭帝国疆域内的威尼斯人，每四人中的三个有义务应征入伍，他们在威尼斯军官手下操纵这些船舶，而军官们又接受帝国海军司令的总指挥。由于每一条桨帆船需要多达一百四十名桨手，因此可以推测差不多有一万八千名正当参军年龄的威尼斯男子生活在拜占庭帝国的边防线。

拜占庭现任皇帝伊萨克·安格洛斯是个腐败无能的统治者，尼基塔斯·霍尼亚提斯称其卖官鬻爵就像在市场兜售蔬菜，但是为何他会选择将造船项目委托给一个帝国曾经在过去二十年中明白表露敌意的异邦，尤其是在君士坦丁堡拥有极其卓越的造船厂的情况下依然选择这么做，实在是个不容易回答的问题。威尼斯此番可谓一举两得，两全其美，它既回报了帝国的庇护承诺，同时又对拜占庭全部的海军力量实行了有效的扼制。十六年后，当东罗马帝国发现自己实际上已经无力抵抗威尼斯的入侵舰队时，它只能感叹这完全是咎由自取。

10

可耻的荣耀

（公元 1187—1205 年）

我们对那座大都会所知甚少

也不关心它那些明烛高照的教堂，

它那些身披白袍，性好男色的元老，

它在竞技场内你死我活的派系斗争，

以及它藏身在厅堂帘幕重重之后的宦官。

——罗伯特·格雷夫斯，《前线的铁骑兵》

威尼斯人与拜占庭于公元 1187 年签署的协定恰逢东方的一场大惨败。7 月 4 日的哈丁战役中，撒拉森人在萨拉丁的率领下彻底打垮了耶路撒冷国王吕西尼昂的居伊领导的部队；10 月 2 日，圣城陷于穆斯林之手。当消息传到罗马，年迈的教宗乌尔班三世在震惊中一命呜呼，接任的教宗格列高利八世立即向全基督教世界再度召集十字军。对威尼斯而言，这次十字军征召来得正是时候。为了收复先前再一次屈服于匈牙利国王巧言劝诱的札拉，它最近正开始一场周期性战役，然而这次匈牙利人的反应要比预期的来得强和迅速，幸亏有教宗要求所有基督教势力必须团结一致讨伐异教徒的严命，威尼斯可以借此大好机会撤军，以免颜面扫地。

无论如何，可以想象威尼斯会对教宗格列高利的呼吁产生怎样热烈的响应。哈丁战役惨败后，东方的十字军国家出现了普遍性的衰退与崩溃，威尼斯也从中损失不少。幸亏有西西里海军迅速的行动与萨拉丁对形势的误判，提尔仍然被基督徒掌握着；但是拥有威尼斯人聚居区和繁荣商业殖民地的阿卡，在撒拉森人到来时，当即选择同赛达、贝鲁特等沿海和内陆城市一起投降。马斯特罗皮耶罗执政官因此发行了强制性国家公债，它按照威尼斯最显赫家庭拥有的财富，小心地评估出将要征收的具体数额。公元 1189 年复活节，战舰舰队准备就绪，搭载着一支兵员来自意大利各地，还处在起步阶段的混编军队扬帆起航。

接下来的几个月中，这支军队被来自其他地区的人员不断扩充，他们中有英格兰人、法兰西人、丹麦人、佛兰德人，还有德意志人和西西里人。在领导十字军的四位欧洲君主中，有两位出师未捷身先死，其一是年轻的西西里国王好人威廉，他不幸病逝，享年三十六岁；其二是年迈的红胡子腓特烈，他在横渡安纳托利亚南部的卡利卡德努斯河时溺水身亡。不过剩下的两人到达了目的地，率领部下投入战斗，这两个君主一位是英格兰国王狮心王理查，他以勇气和骑士气概成为传奇，但本质上是个鲁莽、不负责任且不守信义的人；而另一位法兰西的腓力二世是个阴郁且完全没有魅力的男人，但相较于被证明是英格兰最糟糕王者之一的理查，他凭借着智慧和政治家的才干，跻身法兰西最贤明的君主之列。

第三次十字军东征可以说得上最好的一点是，它比第二次有了更为明显的进步。此次出征组织更有条理，也得到了更好的领导，而且在长达两年的围攻之后，十字军重新收回阿卡，取得了了不起的胜利。虽然十字军战士并不是总能达到萨拉丁为骑士精神设立的一流标准——举例来讲，狮心王理查在阿卡陷落后冷酷杀害近三千名撒拉森囚犯的行为，便是他名声上一个难以抹去的污点——但是总的来说他们作战勇敢，甚至偶尔还表现出大无畏的英雄气概。但最终十字军还是失败了，耶路撒冷仍处在穆斯林控制下，基督教的阿卡王国作为一个小国家又延续了一个世纪，直到海外十字军国家最后无法阻止的覆灭到来。

威尼斯在第三次十字军东征中扮演的角色，就像它在第二次东征中一般，始终是个谜团。在令人印象深刻的开端之后，威尼斯就渐渐淡出，置身局外。当时的编年史家很少提及威尼斯，或许是因为它的贡献仅限于运输士兵和装备，由此案例我们可以确信，威尼斯退出战斗前就已经收妥了运输服务的全部费用。做事无疑十分高明的威尼斯商人，在阿卡向十字军投降后数日内就返回城内，重新占据了他们的聚居区，然而威尼斯那支强大舰队的消息再也无人听闻。马斯特罗皮耶罗执政官响应了教宗的号召，在这之后他似乎觉得这其中便没有什么值得期望的东西了。无论如何，马斯特罗皮耶罗并不是一个热衷于海外冒险的人，他更倾向于将精力集中在国内司法系统的改革，建立一个在所有的司法诉讼程序中起到代表共和国利益作用的公诉人体系，并且创建针对外国人的特别法庭。同样是在他任内，我们第一次听说四十人议会（Quarantia）这个行政兼司法机构。四十人议会处在大议会和执政官的执政团之间，它设立的最初目的是作为一个咨询性质的议会，就像是一批较大规模的元老，然而随后元老们演变成为一个长期存在的委员会，从那时起又逐渐发展成一个永久的元老院，于是四十人议会就只拥有司法方面的功能。

所有这些改变都非常重要，奥里奥・马斯特罗皮耶罗在他十四年执政官生涯中留下的履历绝不是微不足道的。如果马斯特罗皮耶罗在某种程度上还是给人平淡庸碌的印象，这绝不是他的错，只是因为这位执政官不巧正处在两位共和国中世纪最伟大的执政官之间，又夹在威尼斯历史上最重大的两个历史篇章之间。塞巴斯蒂亚诺・齐亚尼与威尼斯和平条约的故事，我们在前文中已经叙述过，接下来我们就要转向一个更黑暗，同时也更可耻的胜利。带来这个胜利的残酷冒险被荒唐地称为第四次十字军东征，而始作俑者是威尼斯执政官——恩里克·丹多洛。

恩里克·丹多洛的前任去世后，没人知道他于公元1193年1月1日就任执政官时的准确年龄。传说他已经有八十五岁，而且双目完全失明，不过当我们了解到他的旺盛精力，以及十年之后在君士坦丁堡城墙上的英勇事迹后，这个说法似乎就不那么可信了。他就职时的年龄更有可能在七十五岁左右，这样一来，等到第四次十字军东征的时候，这位执政官还能以耄耋高龄之身活跃其中。作为一个具有献身精神，甚至近乎狂热的爱国主义者，恩里克·丹多洛将他一生大部分时光都用于为共和国服务的事业上。我们曾在公元1171年维塔莱·米希尔的东方远征中听说过他的名字，第二年他又作为执政官派出的大使之一，前往拜占庭觐见曼努埃尔·科穆宁，去完成那一项流产的和谈任务。[1]

那么他是从那时开始失明的吗？按照与这位执政官同姓的历史学家安德烈亚·丹多洛的说法，恩里克的傲慢与固执触怒了曼努埃尔一世，因此他遭到逮捕并失去了部分视力。[2]但另一方面，一位与恩里克同时代人的记录看上去似乎更为可靠，它是《阿尔蒂诺纪事》中的一份附录，其中写到，齐亚尼执政官“在见到他前任派出的三名大使安然无恙地返回之后”，才决定派出他自己的外交使节团前往君士坦丁堡。这一段文字加上我们所知的曼努埃尔一世的性格特点，以及当下缺乏可能导致威尼斯强烈抗议的其他资料等种种因素综合起来，我们可以得出明确的暗示：即便使人致盲是拜占庭公认且常规的刑罚，但是丹多洛失明这件事不应当归咎于皇帝

1　前文中已经提及丹多洛的这一次外交任务。

2　原文如此写道：“Cui Henricus Dandulus, pro salute patriae resistens, visu aliqualiter obtenebraus est.”大意是恩里克·丹多洛在为国效命时，在东方遭遇到失去一部分视力的不幸。

的不满。另一种说法[1]认为，丹多洛在君士坦丁堡卷入了一场斗殴，他的眼睛因此受伤。以《阿尔蒂诺纪事》中的证词来看，这个说法在表面上仍然不太可能成立，更何况当时丹多洛并不是个血气方刚的年轻小伙子，而是一位年逾不惑的成熟外交官。但三十年之后，这件事的事实再也不存在疑问了，与丹多洛十分熟稔的杰弗里·德·维尔阿杜安信誓旦旦道："尽管他［丹多洛］的眼睛看上去与常人无异，但自从因为头部受伤而失明之后，他连伸到面前的一只手都看不见。"[2]

但无论是他的年龄还是盲眼，都无法对恩里克·丹多洛的精力与能力产生任何影响。在当选执政官后的数周内，他便发起了新一次重夺札拉的战斗，此时比萨和布尔迪西对札拉伸出援手，威尼斯人为了捍卫他们在亚得里亚海的霸权，不得不投入长达数年的苦战。公元 1194 年圣诞节，神圣罗马帝国皇帝亨利六世在巴勒莫大教堂被授予西西里国王王冠之后，诺曼西西里王国在事实上走向了终结，而威尼斯面临的形势就更为严峻了。

威尼斯人比其他任何人都要害怕亨利获得西西里这件事变为现实。对亨利的了解也并不能使他们消除疑虑。红胡子的儿子继承了父亲对待仇敌的动力和强大的意志力，不过他对拜占庭帝国的敌意要胜于对北意大利诸城。亨利六世的目标很简单，就是摧毁拜占庭，在他的统治下重建旧罗马帝国，接着通过把一块庞大的地中海地区收入版图，来进一步扩充他的大帝国。这块土地包括了东方的圣地，皇帝准备用一场决定性的十字军东征来将它收入囊中。仅仅在数年之前，这样一个梦想看上去还只是幻想，甚至是荒诞不经的异想天开，但是拜占庭帝国的科穆宁王朝结束了，如今君临君士坦丁堡的安格洛斯皇族被证明无力组织一个有

---

1 朗西曼，《十字军东征史》，第三卷，第 114 页。

2 维尔阿杜安原话如下："Si avoit les iaulc en la teste biaus ei si n'en veoit gote, que perdue avoit la veüe par une plaie qu'il ot el chef."

力的政府。公元1195年，经过十年的动荡，皇帝伊萨克二世被废黜，他被兄弟阿莱克修斯刺瞎，沦为阶下囚。而阿莱克修斯，尽管他无法承担起任何形式的责任，这个软弱无能又反复无常的自大狂仍然以阿莱克修斯三世的称号登上了皇位。[1]同时，圣地仿佛也唾手可得，萨拉丁已经去世了，没有了他的领导力和统一的影响力，伊斯兰军队亦不再是过去那个可怕的敌手。

在亨利的计划中很显然并没有威尼斯这个海上独立共和国的位置，如果他能够成功达成第一个抱负，那么毫无疑问，威尼斯会成为他此举的受害者之一。对世界来说幸运的是亨利六世功败垂成，公元1197年，这位皇帝死于墨西拿，享年三十二岁，数月后他的妻子康斯坦丝也撒手人寰，他们留下的五岁儿子腓特烈由教宗英诺森三世代为照管。

此时的英诺森三世，在欧洲已经没有世俗的君王与他相争：东西方的两大帝国群龙无首，诺曼西西里王国一去不回，德意志卷入了皇位继承的内战之中，尽管比起德意志来说问题不那么尖锐，英格兰与法兰西亦忙于解决狮心王理查于公元1199年去世后留下的继承问题。教宗本人对拜占庭没有多少强烈的感情，但他同样热衷于发起一次十字军东征。这一次的困难在于找到一位适合的领导人，教宗并不为缺乏王者的人选感到困扰，过去的经验表明，王公贵族在这类情况下往往会激起国家之间的竞争以及没完没了的关于礼仪和优先次序的问题，由此带来的麻烦要远远多于这些人的价值。而大贵族之中，能够很好地符合教宗意图的寥寥无几，因此在英诺森三世收到香槟伯爵特奥巴尔多的信件之际，他

1 尼基塔斯·霍尼亚提斯对他有如此描述："不管呈交给他什么文件，皇帝都会立即签署；哪怕文件里面通篇充满冗长的废话，或是提出有如在地上行船或在海上耕种一般荒谬的要求，抑或是其内容像传说故事中所说的，阿托斯圣山堆在奥林匹斯山上那样匪夷所思，他都毫不关心。"

还在寻觅合适的候选人。

公元 1197 年 9 月的某日，十字军国家的实权统治者香槟的亨利正从位于阿卡的宫殿窗口检阅他的军队时，一个来自本地比萨殖民地的代表团走进屋来站在他背后。亨利转过身去欢迎他们，之后轻率地退后了几步，这一退后酿成了大祸，亨利的小侏儒斯卡利特扑上去抓住主人的衣服试图阻止，但一切都太晚了。这两人一同砰然坠地，摔断了一条腿的斯卡利特侥幸生还，但亨利却死了。

两年后，亨利的弟弟特奥巴尔多在他位于埃纳省的埃克里城堡举办了一场骑士比武锦标赛。这位伯爵只有二十二岁，由于当时尚且年轻，因此他没有跟随亨利前往圣地。但作为路易七世的孙子和腓力二世与狮心王理查的外甥，他的身体内流着十字军的热血。这个年轻人精力旺盛，雄心勃勃，并且具有真挚的宗教热情，在锦标赛举办期间，他和他的朋友们聆听了著名的传道者讷伊的富尔克的布道，富尔克云游整个法国，正在为前往东方的新远征寻求支持，不需多少劝说，这些年轻人与他一拍即合。一名信使被立即派去向教宗传达他们愿意领导十字军的意愿，其他的使者则匆匆动身前去拜访特奥巴尔多在法兰西、德意志和佛兰德的同侪们，去寻求这些贵族的参与。他们得到的响应是令人满意的，教宗英诺森的祈祷终于取得了强烈的反响。

接下来的一个重要问题即是十字军的后勤输送。狮心王理查在离开巴勒斯坦之前，曾经认为东方穆斯林最薄弱之处是埃及，未来的远征军需要首先将其作为目标。因此新组成的军队很明显要取道海路行军，同时他们需要大量船只，这些船只只能从一个地方得到供应，那就是威尼斯共和国。

公元 1201 年四旬斋的第一个星期，香槟元帅杰弗里·德·维尔阿杜安带领六名骑士到达威尼斯。在大议会召开的特别会议上他们提出请求，并在八天之后得到了回复。威尼斯愿为四千五百名骑士与他们的马匹、九千名随从和两万名步兵提供运输服务，并且为他们供应九个月的食物，所有这些共需要花费八万四千银马克。此外，以获得所征服土地的一半为条件，威尼斯还自费为十字军提供五十艘装备齐全的桨帆船。

对后世来说很幸运的是，杰弗里留下的丰富记录中不只有关于十字军的记载，还有这些在准备阶段的谈判内容。没有人有更好的条件和立场去做这些事，有人甚至认为在当时也没有几个人可以做得比他更好。他用来撰写作品的古法语（在此情况下应当是法兰西岛地区通用的奥依语）被一位世纪之交的英格兰史学家描述为“世界上最为出色的表达媒介之一”，而吉本更准确地将其描述为“他那个时代和国家中最天然的方言”；但是杰弗里的写作风格十分清晰且有节奏，而且在开篇的几页内，他就为我们提供了一份关于威尼斯民主制度运作的见证者记录。从记录看起来，丹多洛执政官在审议过程中，需要多次向四十人议会、大议会和元老院成员进行咨询，不过在如此重要的大事上，全民大会依然必不可少。“因此，”杰弗里写道，

> 他召集了至少一万人到圣马可大教堂，在这座奉献给圣马可的最为美丽的教堂内，人们聆听弥撒，并向上帝祈祷，请求他的指引。在弥撒之后，他传唤了使者们，恳求这些人去向人们要求他们所需的服务。香槟元帅杰弗里·德·维尔阿杜安经过众人同意，代表他的同伴发表讲话……接着执政官和在场的人举起他们的手，异口同声地高呼：“我们允许！我们允许！”这响声如此之大，人们脚下的土地似乎都在颤动。

次日双方订立了合约。在杰弗里的随手记录中，这份合约隐瞒了所有提及将埃及作为直接目标的地方。他对此没有任何解释，他和他的同僚们或许是担心普通民众并不欢迎这样的消息，因为对他们来说耶路撒冷是十字军东征唯一的合法目标，他们没有理由在其他地方浪费光阴。而事实证明杰弗里一行人的顾虑是有充分理由的。远征埃及就必然涉及要在充满敌意的海岸进行登陆作战，而与之截然相反的是，在基督徒控制的阿卡停泊就格外平静，人们投入战斗之前甚至还有机会稍事休整。在威尼斯人这一边，他们也很乐意在骑士们有所隐瞒的情况下进行合作，因为他们自己也有个不可言说之秘。就在谈判即将结束的时候，威尼斯的使节正在开罗与苏丹的总督商讨一份高盈利的商贸合约，而在与十字军领导人谈判后不久，大使们便向总督做出了威尼斯无意参与任何攻击埃及领土行为的绝对保证。[1] 尽管有上述诸多顾虑，但因为十字军所图更大，它们仍没有影响到东征的计划。十字军全数在威尼斯集合的日期定在圣约翰日，即公元 1202 年 6 月 24 日，在那时威尼斯的舰队就会准备就绪，静待大军登船。

恩里克·丹多洛采取何种方式设法让法兰克人的共同目标发生转移，我们如今已经不得而知。不过他和他的密探们应当为十字军的真正意图被泄露到西欧诸国负上一部分责任，在极短时间内，这些消息就变得无人不知，无人不晓。但假如丹多洛执政官希望公众对此的反应可以致使十字军的领导人改变主意，那就错了，真正推动变化的是这些人的追随者们。很

1　这项说法并未得到有力的证明。现在已经没有相关的协议文件存世，而且尽管有一些有力的证据，但是却存在着时间有误的问题。然而很多现代历史学家对此确信不疑，这种两面派的行为方式对当时的威尼斯人来说实在是他们的本色。更多的相关细节，可以参阅霍普夫，《希腊历史》，第一卷，第 118 页；以及霍奇森，《威尼斯早期历史》，第 428—434 页。

多人听说既定的目的地后，断然放弃了十字军东征，而更多人无论如何也要前往巴勒斯坦，于是转而前往马赛或阿普利亚的港口自行安排交通运输事宜。到了约定在威尼斯集合的那天，聚集在利多岛的军队还不到预计数目的三分之一。

对那些按计划抵达的人来说，这情况真是尴尬至极。于是威尼斯人开始发挥他们讨价还价的天赋，杰弗里写道，港口停泊着作为运输工具的舰队与武装桨帆船，它们是基督徒所能见到的最好和最豪华的船只，总共能运送三倍于目前已集结人数的军队，但凭他们大为缩减的人数，十字军无法向威尼斯人足额偿付事先承诺的钱款。前一年，在元帅杰弗里返回后不久，香槟的特奥巴尔多便猝然早逝，当取代他的蒙费拉侯爵博尼法斯姗姗来迟，他发现这次远征在出发前就已经面临着流产的威胁。这并不仅因为威尼斯人断然宣称在钱款到账之前片板不得出港，十字军等待出发的军队也遭到断绝补给的威胁。最糟的是所有的军队都被限制在利多岛上，严禁踏入城市一步。在这里必须强调，这样的措施并非有意冒犯，而是为了在此类情况下避免扰乱当地平静或为制止传染病而专门设计的正常预防措施。不过这几乎对整个氛围毫无改善，博尼法斯掏空了他自己的金库，很多骑士和贵族们如法炮制，同时军中每一个人都被强迫倾其所有，但即便加上大量的黄金和银餐盘，十字军筹集到的数目距离应付的数额仍然缺少三万四千马克。

为了让捐献的钱物不断到来，丹多洛吊着十字军让他们干着急。然后，当他确定从中再无可取之物，执政官便主动提出了一个建议，他指出，札拉这个城市近来落入匈牙利国王之手，假如在十字军东征启程前，法兰克人能帮助威尼斯夺回这座城市，那么他们的债务就可以延迟清算。这是个极具讽刺意味的提议，就在博尼法斯听闻这个提议时，他也收到了教宗不许接受它的禁令。但正如博尼法斯所知，十字军别无选择。

接着，尽管恩里克·丹多洛年事已高，他还是完美地主持了在圣马可大教堂的仪式。在包括所有重要的法兰克人在场的礼拜仪式开始前，他向臣民们发表了演说。在场的杰弗里·德·维尔阿杜安记述了执政官的演讲，演讲内容如下：

> “诸位阁下，你们正与世界上最杰出的国民成为盟友，一同去完成前无古人的最高事业。我年迈体衰，残躯虚弱，需要休息。但我知道没有人能比我，你们的统治者，更适合领导你们，管理你们。假如你们因此允许我加入十字军，承担起守护和指挥你们的任务，我将让我的儿子接替我保卫共和国的位置，我愿意与你们和朝圣者生死与共。”
>
> 人们听到他的话，同声高呼：“我们愿上帝让您做成这件事！加入我们吧！”……
>
> 于是丹多洛便从布道台上走下，登上祭坛，他在那儿双膝跪地，泪流满面，并且让人在他的大棉帽上刺绣了十字，来让所有人看到他的决心。

就这样，第四次十字军东征的军队于公元1202年11月8日从威尼斯启航。执政官本人的桨帆船领导着所有的四百八十艘船，“那艘船漆成朱红色，朱红的丝质天棚覆盖其上，铙钹喧响，还有四名喇叭手齐奏音乐”。[1]不过这些船既不驶向埃及，也不前往巴勒斯坦。仅仅一周之后，札拉陷落并被洗劫一空。在那之后，威尼斯人与法兰克人很快就战利品分配问题爆发出争执（这几乎是他们未来的预演），不过很快双方重新握手言

1　引自克拉里的罗伯特。

和，并在城市不同区域各自安营扎寨，度过冬天。同时，当札拉之战的消息传到教宗耳中，震怒的英诺森三世立即将全体远征军逐出教会，虽然在这之后不久他调整禁令惩罚的范围，将其局限在威尼斯人身上，但不得不说，这次十字军东征并没有一个好的开始。

接下来发生的事更是雪上加霜。新一年年初，德意志国王施瓦本的菲利普派遣使者，给博尼法斯送去了一封信。如今的菲利普已经不仅仅是红胡子腓特烈之子、五年前撒手人寰使得神圣罗马帝国皇位虚悬的亨利六世之弟，他现在还是被废黜的拜占庭皇帝伊萨克·安格洛斯的女婿，因此，当伊萨克的小儿子阿莱克修斯于公元 1201 年从囚禁他们父子的监狱中逃出时，菲利普的宫廷就成为他显而易见的庇护所。博尼法斯启程前往威尼斯之前不久，这位王子与他在菲利普的宫廷内会面，三人在那里草拟了如今菲利普在信件中正式提出的计划：如果十字军护送小阿莱克修斯前往君士坦丁堡取代他篡位的叔父，作为回报，阿莱克修斯将为他们接下来征服埃及的军事行动提供经济支持，并且王子会额外提供自己的一万名士兵，并负担五百名骑士在圣地的花费。此外，他还承诺会将君士坦丁堡的教堂交付于罗马管理。

对博尼法斯而言，这个计划有很多可取之处。除了长期来看对十字军有利的种种条件，以及还清拖欠的威尼斯巨债的可能性外，他同样看到了获取巨大私利的可能。所以何乐而不为呢？毕竟在过去的一百年中，众多十字军战士在跟随圣十字架东征时，同样让自己赚得盆满钵满。他将这个主意告知丹多洛执政官，后者对此并不那么意外且热情地采纳了它。丹多洛执政官没有因为教宗的惩罚而心生悔过之意，事实上这并不是威尼斯第一次违抗教宗的旨意，当然这也不可能是最后一次。丹多洛早年的军事与外交经历使得他对拜占庭殊少好感，现任皇帝即位以来，为威尼斯人延续其前任授予的商贸优惠制造了无法容忍的困难。如今同比萨和热那亚的商业竞争变得愈加激烈，假如威尼斯希望保持昔日在东方市场上的地位，就需要采取果断行动，而这也最终使得远征埃及的计划被推迟了。

十字军部队比预想中更好地准备接受计划的变更，少数人公开表示拒绝并自行前往巴勒斯坦，然而大多数人十分乐意参与到这样一个声称可以在重新统一基督教世界的同时强化并充实十字军东征事业的计划中去。从十一世纪东西教会大分裂，甚至更早之前开始，拜占庭就不为西欧所喜。过去的几次十字军东征，拜占庭人几乎没有做出任何贡献，在此期间，他们有好几次被公认违背了基督教教义。小阿莱克修斯请求十字军的积极协助，这是一个不容忽视的极好机会。最后，很多有着实利主义倾向的人和他们的领袖一样，也想为自己捞点好处。一般的法兰克人对拜占庭差不多一无所知，不过他们全都听着有关这个国家巨额财富的故事长大，同时对任何一支中世纪军队来说，无论旗帜上有没有基督的圣十字，一座惊人富有的城市对他们来说都只意味着一件事——抢掠。

小阿莱克修斯在 4 月底到达札拉，数日后舰队启航前往君士坦丁堡。途中他们在杜拉佐和科孚岛稍事停留，王子在这两个地方宣称自己是东罗马帝国合法的皇帝。公元 1203 年 6 月 24 日，十字军部队集结在威尼斯的整一周年后，舰队在君士坦丁堡下锚停泊。篡位者阿莱克修斯三世对十字军的到来十分警惕，但他没有认真准备首都的防卫。从他愚蠢的兄长将所有造船项目委托给威尼斯起，拜占庭的军械库已经闲置了十六年，而按照尼基塔斯·霍尼亚提斯的说法，阿莱克修斯三世身为前帝国秘书，在能够明知事态会如何发展的职位上放任他最重要的舰队司令，亦是他的连襟，廉价出卖剩下船只上的船锚、船帆与索具，令沦为无用巨物的船体朽烂在内港。他不知所措的臣民们聚集在城墙上，目睹庞大的舰队从下方经过，逆流而上到达博斯普鲁斯海峡入口。不过对十字军来说，同样有太多东西让他们看得目不暇接。杰弗里记述道：

你可以想象那些从未见过君士坦丁堡的人们怎样凝视那座城市。他们看见那些包围城市的高高堡垒与牢固塔楼，那些辉煌壮丽的宫殿与高耸的教堂。它们的数目实在太多，若不是亲眼所见，恐怕没人会相信这一番景象。君士坦丁堡的规模是其他城市难以比拟的，这些人之前从未想象过世上竟然会有如此富裕和强大的地方。值得注意的是没有一个人能勇敢到目睹此景而不战战兢兢，也再没有人对这上帝创世以来最大的伟业心生怀疑。

这些入侵者们没有特别急于开始围城战，他们首先在博斯普鲁斯海峡靠亚洲的那一侧海岸登陆，在靠近迦克墩的皇家夏宫，如今伊斯坦布尔于斯屈达尔区的地方补充储备，“这周边的土地十分肥沃优良，成捆成捆新收获的谷物立在田间，任何人只要有需要，都能任意取用”。十字军在那儿击退了一小支希腊骑兵敷衍了事的进攻，对方在第一次冲锋时就四散逃跑。随后他们又毫不讲礼仪地驱走了皇帝派来的一位密使。十字军放话给这位使者：如果他的主子愿意向侄儿交出皇位，他们会请求后者宽恕他并给予优厚待遇；如果阿莱克修斯三世拒绝如此，那么就不必再派遣使者，让他指望自己的防御足够坚固吧。

7 月 5 日，日出后不久的清晨，十字军穿过博斯普鲁斯海峡，在金角湾北侧的加拉塔登陆。加拉塔作为一个没有城墙保护的商业聚居区，它的大部分被外国人的商贸社区所占，唯一的主要防御工事是一座圆柱形的大石塔。然而这座高塔具有很重要的战略意义，因为塔内的巨大绞盘可以升起并落下用于事态紧急时封锁金角湾入口的锁链。[1] 为了保卫它，皇帝御驾亲征，身先士卒，在海岸部署了大量兵力。尽管考虑到自安格洛斯王朝

---

1 最初的加拉塔高塔已经在公元 1261 年拆除，如今矗立在当地的是十四世纪的重建建筑。

建立以来拜占庭人普遍的堕落消沉，这个假设还是个未知数，但或许他们在不同人的领导下会做得更好；因为所有人都知道阿莱克修斯三世是如何攫取皇位的，而这位皇帝的性格也不能够激发任何人对他的敬爱与忠诚之心。拜占庭人目睹一百余艘船只汹汹而来，以及在威尼斯人的高效率下人马武器以极快速度和精准性离船登岸的景象，这令他们惊恐不已。几乎是在第一波十字军压低他们的长矛准备攻击时，拜占庭军队就转身逃跑，在这仓皇逃窜的人群中，皇帝像他出征时那样，居然又是一马当先。

在加拉塔石塔内，守军作战则要比外面的同胞英勇不少。他们坚持了二十四个小时，但到了第二天早上，这些军人不得不投降。威尼斯水手松开了塔内的绞盘，于是那条横亘金角湾口、长逾五百码的粗大铁链在雷鸣般的声响中沉入水底。舰队蜂拥而入，将内港中少数还有航海能力的船只尽数摧毁，海战获得了完全的胜利。

不过君士坦丁堡并没有屈服。城市北部那些沿着金角湾海岸建筑的堡垒，虽然在强度与华丽程度上不能与面向陆地一侧、由皇帝狄奥多西二世在五世纪建立的巨大城墙相提并论，但是那里仍然有重兵把守。希腊人开始慢慢重拾此前缺失的勇气与决心，他们的城市九百年来从未陷于外来入侵者之手，或许直到现在，希腊人都不认为有侵略者可以做到这件事。而当希腊人最终充分意识到威胁时，他们准备抵抗。

十字军瞄准了拜占庭防御体系中最薄弱的环节进行攻击：布雷契耐皇宫的海旁区，它位于城市的西北端，处在狄奥多西城墙和金角湾海岸线组成的夹角中。7 月 17 日星期四早晨，十字军同时从海陆两线对其发动进攻，威尼斯的船只乘风破浪，因为甲板上装载着攻城用的沉重抛石机与重型投石车吃水很深，而包裹好的跳板与云梯则被索具悬吊在船桁之间。法兰克人的军队选择从陆上进攻，结果一开战就被打得落花流水。他们的对手是挥舞着战斧的英格兰人与丹麦人，近三个世纪以来，这些北欧人组成了拜占庭皇帝麾下声名赫赫的瓦兰吉卫队。在此情况下，全靠有威尼斯人，或者说很大程度上是靠着恩里克·丹多洛本人，才得以在当日奠定胜局。

恩里克·丹多洛的英勇事迹后来不仅被共和国内一些有所偏颇的歌功颂德者传颂，杰弗里·德·维尔阿杜安本人也提到：尽管威尼斯的攻城船只已经无比靠近近海，以至于在船头绳梯上就位的人们要用武器与敌人进行近身肉搏，威尼斯的水手们却仍不愿意让船只冲上海滩，来完成登陆的目的。

> 就在此时，威尼斯执政官恩里克·丹多洛，一位双目失明的老人，完成了一项极其大胆的壮举。丹多洛全副武装地站在他的桨帆船的船头，圣马可的旗帜在身后迎风招展。这位老人向他的部下们大声呼喊，告诉他们如果珍视自己的生命，就让船冲上海岸。水手们照办了，桨帆船到了岸上，丹多洛与他们一同跳下船，将先前在他身后的旗帜插到地上。其他威尼斯人见到圣马可的旗帜和执政官的桨帆船在他们之前登陆，都感到羞愧不已，于是纷纷跟着冲到岸上。

随着联合军队的攻势不断增强，战况很快变得明了，守城的那一方已经没有机会了。数小时前丹多洛告知他的法兰克盟友，君士坦丁堡城墙沿线已有不少于二十五座塔楼落入了威尼斯人的手中。他的部下从城墙的突破口拥入城内，纵火焚烧木质房屋，直至整个布雷契耐区化为火海。当晚皇帝阿莱克修斯三世秘密从城中出逃。他只带走了一位最得他欢心的女儿、一些妇女，以及价值一万镑的黄金与一袋珠宝，其他的妻子儿女则被留在城内听天由命。

此时，处在有史以来最严峻危机中的拜占庭帝国没有了皇帝。同时令人惊讶的是，为了填补这个空缺，一个草草召集起来的议会将前皇帝伊萨克·安格洛斯从牢内接出来，让他再一次登上了皇位。伊萨克的兄弟在篡位时想要防患于未然，于是挖出了他的眼睛，因此这位复位的皇帝瞎得更甚于威尼斯的执政官，而他亦被证明是一个无可救药的无能统治者。然而即便如此，他还是合法的拜占庭皇帝，而且拜占庭人相信，伊萨克的复辟无疑消去了十字军所有对拜占庭进行进一步干涉的理由。某种程度上确实如此，但是小阿莱克修斯对博尼法斯和丹多洛做出的许诺仍然是个问题。伊萨克不得不答允这些条件，同时同意让这个儿子和他一起成为共治皇帝。至此法兰克人和威尼斯人才一致正式承认了他，他们撤出城市，驻扎在金角湾的加拉塔一侧，等待着许诺中的报酬到来。

公元 1203 年 8 月 1 日，阿莱克修斯四世在他父亲身侧戴上了皇冠并将实权掌握在手中。他立即开始后悔春天在札拉草率做出的承诺。经过其叔叔肆无忌惮地挥霍，皇室的宝库已经空空如也。而他不得已推行的新税招致了臣民的憎恶，因为他们很清楚自己的钱财将会流入谁的口袋。当阿莱克修斯四世开始夺取并熔化教堂的金银器皿时，一直以来都是君士坦丁堡一支重要政治力量的神职人员对此愤慨不已；而当这些人听说皇帝要将他们变成罗马教宗的属下时，更是怒发冲冠。到了入冬时分，阿莱克修斯四世不受欢迎的程度节节上升，拜占庭人对法兰克人的仇恨也与日俱增，而后者不知餍足的贪婪更加剧了紧张的态势。某晚，一小群法兰克人在城市中游荡，偶然在神圣和平教堂后的撒拉森人聚居区发现一座小清真寺，于是他们抢劫了这座建筑并将它烧为白地。他们点起的火迅速扩散，在接下来的四十八小时内，君士坦丁堡就被其历史上最可怕的一场大火吞没了。

阿莱克修斯四世此时出征在外追捕他逃亡的叔叔，可惜这场短暂的军事行动并未获得成功。他返回首都，发现君士坦丁堡大部分地区都烧成了废墟，而他的臣民们正处在几乎要与城内的外国人开战的状态。形势已经到达了危险的临界点，但数日之后，当三名十字军军人和三个威尼斯人组成的代表团前来要求立即支付皇帝拖欠他们的金钱时，阿莱克修斯四世还是什么都做不了。据照例作为代表团一员的维尔阿杜安说，在前往和离开皇宫的路上，代表团一行人险些就要被拜占庭人以私刑杀死。“因此，”他写道，“战争开始了。作战双方从海上和陆上，尽其所能地伤害对手。”

极具讽刺效果的是，无论是十字军还是希腊人都并不想发动战争。君士坦丁堡的居民们脑中如今只有一个目的，他们要一劳永逸地摆脱这些摧毁了他们挚爱的城市顺便榨干他们血汗的野蛮暴徒。从法兰克人的角度，他们始终没有忘记背井离乡的原因，也愈来愈厌恶被迫陷于一群没落而毫无男子气概的人中间，而非与异教徒作战。即便希腊人全额支付了先前许诺的钱财，他们在物质上也毫无所获，这笔钱只能用来清偿他们拖欠威尼斯人的巨额债务。

简而言之，解决所有这些看似不可能圆满解决的事的钥匙就握在威尼斯，或者更准确地说，恩里克·丹多洛手中。他可以选择在任何时候命令威尼斯舰队启航，如果他这么做的话，十字军和拜占庭人都能如释重负，皆大欢喜。在此之前他拒绝舰队出港，是因为法兰克人直到获得阿莱克修斯和他父亲承诺回报的金钱之前，都无法偿还他们的债务；而事实上如今丹多洛对这笔债已经没有多大的兴趣了，对十字军东征的事业更是兴味索然。他正专心图谋更大的东西——颠覆拜占庭帝国，然后扶植一个威尼斯的傀儡坐上君士坦丁堡的皇帝宝座。

因此，当和平解决事端的前景变得黯淡，丹多洛换了一种口吻，向他的法兰克盟友们提出建议。他指出，伊萨克和阿莱克修斯父子已经没有任何值得期待之处，他们会毫不迟疑地背叛帮助他们得到共治皇位的昔日朋友。假如十字军想要拿到他们应得的东西，就不得不采取武力手段。他们有充分的道德理由这么做，言而无信的安格洛斯皇室不配要求得到他们的忠诚。一旦在城市中有一个他们自己的领袖成为皇帝，那么十字军就可以不费吹灰之力地付清欠账，同时得到更多钱财资助东征行动。这是他们的机会，机不可失，时不再来。

在君士坦丁堡，人们同样逐渐赞成让阿莱克修斯四世退位让贤。公元1204年1月25日，大批元老官员、神职人员和百姓聚集在圣索菲亚大教堂，宣称要废黜阿莱克修斯四世并且另立新君。经过连续三天毫无结果的拖延，他们终于商议决定让一位并不情愿的无名小卒，尼古拉斯·卡纳布斯成为皇帝人选。这是拜占庭的历史舞台上唯一一次人们将法律掌控在自己手中的表现。

不过此时还有一个人不可小觑。因为乌黑浓密且连在一起的杂乱眉毛而得到穆尔策弗卢斯（Murzuphlus，“眉毛杂乱者”）这个绰号的阿莱克修斯·杜卡斯来自一个已经产生过两位皇帝的贵族家庭。如今此人担任宫廷总管（protovestarius）的要职，这使得他可以不受限制地进入皇帝的房间。某日深夜，当阿莱克修斯四世熟睡时，穆尔策弗卢斯闯进房间叫醒他，告知他帝国的臣民们掀起叛乱，同时声称可以提供给皇帝唯一一个逃跑的机会。他用一件长袍裹着皇帝，带他从一扇侧门离开皇宫，前往正有一群密谋者等待着的地方。阿莱克修斯四世这位不幸的年轻人随即被锁上铁链关进一间地牢，在那里他两次从毒杀中侥幸生还，但最后还是死在弓弦之下。阿莱克修斯四世盲眼的父亲几乎在同时也去世了，在他以根深蒂固的天真来塑造人物的编年史中，维尔阿杜安将伊萨克二世的死归因于得知儿子的命运而导致的急病，不过若是没有人刻意引导，想必这场病也不能如此轻易地打倒他。[1]

---

1 一位十字军成员克拉里的罗伯特的说法或许更加接近真相，他写道：“他在他脖子上系了一条绳子，勒死了他，并也这样勒死了他的父亲伊萨克。”

此时那位被众人推举出来的尼古拉斯·卡纳布斯也如释重负地退至幕后，穆尔策弗卢斯所有的竞争对手都不复存在了，于是他在圣索菲亚大教堂加冕，成为阿莱克修斯五世。一旦大权在握，穆尔策弗卢斯立刻展现出帝国缺乏已久的领导力。自十字军到来之后第一次，君士坦丁堡的城墙和塔楼被好好部署了驻守人员，工匠们夜以继日挥汗如雨，将它们增高加固。对法兰克人而言，如今有一点十分明了，再也不会有谈判了，更不会有后续偿付的钱款，因为如今的皇帝不会承担起阿莱克修斯四世欠下的债务。因此唯一可走的路就是对这座城市采取一次竭尽全力的攻击，而且穆尔策弗卢斯身为篡位者的事实已经昭然若揭，他还是个谋杀犯，这就在道德上给了他们比反对阿莱克修斯四世更有力的立场，毕竟阿莱克修斯四世是一位合法的皇帝，还曾经与他们结为盟友。

这正是恩里克·丹多洛数月以来一直提及的事，从穆尔策弗卢斯发起政变的那一刻起，这位老执政官就被威尼斯人和法兰克人一致公认为远征的领导人。博尼法斯试图维持他的影响力，在帝国皇冠似乎唾手可得的情况下，这一点对他来说显得尤为重要。但是他与被废黜的皇帝阿莱克修斯四世的联系实在太过紧密，如今这位皇帝被迫下台，博尼法斯发现自己的名声和信誉在某种程度上亦受到了贬损。此外，他和热那亚暗通款曲的事实，丹多洛亦已知晓。

到了 3 月初，加拉塔的营地内开始了一系列的商讨会议。尽管穆尔策弗卢斯紧锣密鼓地进行着防务工作，但胜利似乎已经是威尼斯人与十字军的囊中之物。比起这件事，营地中的人们更关心的是征服君士坦丁堡之后未来对帝国的管理。在会议中，十字军和威尼斯方面同意双方各指派六名代表组成一个选举委员会来选择拜占庭的新皇。假如一切符合预期，那么这位拜占庭皇帝将是个法兰克人，而君士坦丁堡大牧首将会是一名威尼斯人，相反亦可。当选的皇帝能够获得君士坦丁堡以及帝国的四分之一，包括两座主要宫殿，即金角湾的布雷契耐宫和位于马尔马拉海的布科勒昂宫。帝国剩下的四分之三将被均匀瓜分，一半给予威尼斯，另一半则作为十字军骑士们的采邑。在威尼斯所得的份额中，丹多洛执政官特意巧妙地避免了向新皇帝顶礼膜拜的问题。经过如此讨论，所有将要掠夺到的东西都得到了妥善的分配，各份额也大致相当。最后众人承诺这一整年都不离开君士坦丁堡，至少会在此逗留到公元 1205 年 3 月。

对君士坦丁堡的进攻开始于 4 月 9 日星期五早晨，进攻者们针对的目标仍然是那片正对着金角湾、九个月前丹多洛执政官和他的下属们在那儿扬名立万的海墙，然而这一次他们失败了。新修筑的城墙和塔楼变得更高，使得威尼斯人无法从他们船只的桅杆顶端靠近，同时又为希腊的投石车提供了一个能居高临下、给进攻者造成极大伤害的平台。到了午后，攻城者们不得不让士兵、马匹和装备重新登船，撤回到安全的加拉塔。之后的两天，十字军与威尼斯人忙于弥补损失，修复破坏，然后在周一卷土重来。这次威尼斯人将船两两捆在一起，设法在攻击每一座塔楼时，投掷出重量是先前两倍的石块，很快当地再次吹起了强劲的北风，风推动船只超过桨手力所能及的界限，更进一步地接近城墙，同时让攻城者们能在桅杆和桅杆之间临时搭起的庇护所底下工作。不久塔楼中就有两座被打垮并被占领，与此同时十字军攻破了君士坦丁堡的一座城门，蜂拥而入。

穆尔策弗卢斯以坚定的决心和极大的勇气继续向守军下令，他策马飞奔过街道，尽最大努力将溃散的士兵重新召集起来。“但是，”尼基塔斯·霍尼亚提斯写道，

> 他们全部被绝望的旋涡席卷而去，根本无心去聆听他的命令或是规劝……见到自己所有的努力付诸东流，害怕像俎上鱼肉般被交给法兰克人的穆尔策弗卢斯选择抵抗到底。与他并肩作战的还有阿莱克修斯

三世之妻欧芙洛绪涅和她的女儿欧多克西亚。穆尔策弗卢斯是个贪恋美色之人，他热烈地爱慕着欧多克西亚，为此还以不合教规的借口与两任妻子断绝了关系。这三人逃出君士坦丁堡，与前皇帝阿莱克修斯三世一同在色雷斯避难。与此同时，穆尔策弗卢斯正式与欧多克西亚结婚，并开始为反攻积蓄力量。

君士坦丁堡的城墙一旦被攻破，随之而来的大屠杀简直骇人听闻，甚至连维尔阿杜安都对这可怕的景象感到恐惧。直到夜幕降临，征服者们才"厌倦了战斗和杀戮"休战收兵，撤到城内最大的一个广场上安营扎寨。维尔阿杜安记述道："当晚，一部分十字军害怕敌人反攻，于是在他们和希腊人之间的区域放了一把火……整个城市被猛烈的大火吞噬，烈火燃烧了整整一日一夜，直到第二天夜间才平息。这是法兰克人抵达君士坦丁堡以来的第三场大火，在其中烧毁的房屋比法兰西王国三个最大城市中的屋子加起来还要多。"火灾之后，少数还没有放下武器的守军也丧失了继续作战的意志，第二天早晨十字军士兵从梦中醒来，发现城内所有的抵抗都结束了。

然而对君士坦丁堡的居民来说，他们的悲剧才刚刚开始。十字军和威尼斯人的军队在世界上最富有的城市外等待如此之久不是没有理由的，如今城市已经落入他们手中，按照惯例，士兵们可以有三天时间以供劫掠。于是他们像蝗虫一样朝这座城市猛扑过去。自蛮族入侵以来，欧洲已有七个世纪未曾见到如此充满破坏和残忍兽行的狂欢，历史上再也没有如此多的美好之物和如此多的巧夺天工的艺术品在如此短的时间内被肆意破坏。那些目击者见此情景，无助害怕至极，简直无法相信这些自诩为基督徒的人类竟能犯下如此暴行。作为见证者的一员，尼基塔斯·霍尼亚提斯写道：

我提笔记录，语无伦次，不知所云，不懂该如何开头，继续记述，或是收尾。他们砸碎圣像，将神圣的殉教者遗骸掷入我都羞于启齿的地方，把面包同酒，那些救世主的身体和血撒得到处都是。这些敌基督的先锋攫取圣餐杯和圣餐盘，从上面抠下珠宝，将它们当作饮酒的器具……这伙人在大教堂［圣索菲亚大教堂］犯下的渎神行为，一想到就令人毛骨悚然。他们破坏了教堂的主祭台，将这件全世界钦羡的艺术珍品碎片瓜分殆尽……他们还将马和骡子带进教堂以便于更好地搬走圣物，搬走从宝座、讲道坛与大门上扯下的雕花金银，还有从任何地方搜罗到的家具。当这些牲畜脚底打滑摔倒在地面上的时候，他们就冲上前去用剑杀死它们，动物的血和臭气玷污了整个教堂。

一个下贱的妓女被这些军人送上大牧首的宝座来亵渎耶稣基督，她唱着下流的歌曲，在神圣之所放肆跳舞……他们对那些有德行的妇女、无辜的少女甚至将自己奉献给上帝的贞女都毫无怜悯之心……在大街小巷中，宅邸与教堂内，充斥着耳朵的只有哭喊与哀鸣。

而这些凶徒，他继续写道，居然在肩上佩戴着十字架。他们曾经对着这十字架宣誓，要不流血地经过基督徒的土地，只为对抗异教徒而拿起武器，并戒除肉体的欢愉直到完成神圣的事业。

这是君士坦丁堡最为黑暗的时刻，甚至可能比两个半世纪之后，它最终陷落在奥斯曼土耳其人手中时更为黑暗。但并不是所有的珍宝都被摧毁了，当法兰西人和佛兰德人自甘堕落，陷于大规模破坏的疯狂中难以自拔时，威尼斯人依然保持着头脑清醒。他们见到美好之物，尚能知其美丽之处。他们同样四处抢劫搜掠，不过并不肆意破坏，而是将所有可染指之物运回威尼斯。首先是四匹庞大的青铜马，它们从君士坦丁大帝时代起就俯瞰着君士坦丁堡的竞技场。到了威尼斯，这些青铜马在军械库存放了短暂的一段时间，如今被安放在圣马可大教堂正门上方。圣马可大教堂的北面和南面镶嵌着同时用船从君士坦丁堡运来的雕像和浮雕；其中在北耳堂悬挂着拜占庭皇帝们在出战前都会带上的胜利使者，贞女尼可波伊亚令人惊叹的肖像；而教堂的宝物库中存放着在其他地方难以找到的总量最为庞大的一批拜占庭艺术作品，这是威尼斯掠夺的又一座丰碑。

三天的恐怖时期过去后，城中秩序得以重建。就像之前安排好的那样，所有的战利品，或许还有先前没能成功昧下的部分被集中在三间教堂内仔细分配，其中四分之一给予日后的皇帝，剩下的由法兰克人和威尼斯人平分，分配结束之后，丹多洛总算收到了十字军先前拖欠的五万银马克。在所有手续都令人满意地告一段落后，双方开始致力于下一个任务，即选举新皇。

蒙费拉侯爵博尼法斯竭力试图挽回他失去的声望，强化参选皇帝的资格，他追查伊萨克·安格洛斯的遗孀玛格丽特皇后的下落，然后同她结婚，来增强候选的筹码。其实他没必要为此这般费心，恩里克·丹多洛断然拒绝了考虑将他任命为皇帝的提议，而幸亏威尼斯人施加了极大的压力，随和且易于控制的佛兰德兼埃诺伯爵鲍德温被选为皇帝。5 月 16 日，鲍德温在圣索菲亚大教堂加冕，不到一年时间，他已经是在此加冕的第三位皇帝。尽管新任命的君士坦丁堡大牧首，威尼斯人托马索·莫罗西尼[1]还未抵达，不能主持典礼，但在场众人都无法否认新皇的当选必须归功于威尼斯共和国。

作为回报，威尼斯得以将拜占庭帝国领土中最好的一部分占为己有。

1 尼基塔斯对其嗤之以鼻："他［莫罗西尼］胖得就像头被填满的猪，他穿的那件袍子太紧，仿佛被缝在身上一般。"身为一名修士，莫罗西尼在当选大牧首时却没有服从安排就任。于是他首先被任命为教堂执事，十四天后成为神父，又在成为神父的次日早晨成为主教。

按照它与十字军签订的条约内容，它可以获得帝国和君士坦丁堡的八分之三，加上在帝国全境豁免商税的特权，威尼斯的商业竞争对手热那亚和比萨则被严酷地排除在外。在君士坦丁堡城内，丹多洛索要了围绕着圣索菲亚大教堂和大牧首辖区、一直延伸到金角湾海岸的土地。至于他取得的其他地区，则会巩固共和国在地中海的优势地位。如今共和国获得了一条从潟湖到黑海连续不断的沿岸港口链，其中包括希腊大陆西海岸、爱奥尼亚群岛、伯罗奔尼撒半岛、优卑亚岛、纳克索斯岛和安德罗斯岛、加里波利半岛、色雷斯沿海地区、哈德良堡地区的内陆城市，以及最后，通过与博尼法斯的简短谈判，威尼斯得到了最为重要的克里特岛。

因此毫无疑问，比起法兰克人或佛兰德人，甚至那位无异于挂名皇帝的鲍德温一世，威尼斯人才是第四次十字军东征真正的赢家。而他们的胜利差不多可以完全归功于恩里克·丹多洛。从四年前法兰克使者来到里亚尔托，为了他们神圣的事业向威尼斯寻求帮助开始，丹多洛自始至终每一步都在为威尼斯谋求利益：他重新夺得了札拉；他保护埃及不受袭击，从而保证了威尼斯在穆斯林世界的商业利益；他巧妙地将法兰克人的矛头转向君士坦丁堡，却在表面上将做出决定的权利和责任交给对方。在君士坦丁堡，他的勇气极大地鼓舞了联军第一次的攻击；他的谋略扳倒了拜占庭的安格洛斯王朝，达成了对这座城市的第二次围攻与实际占领；他的外交手腕促成了一份对威尼斯极其有利的和约，让共和国从中得到了比想象更多的好处，由此奠定它商业帝国的基础。丹多洛执政官拒绝了拉丁帝国的皇冠，因为这会在威尼斯本土带来不可逾越的宪政问题，从而可能摧毁整个共和国；他同时也拒绝在选举皇帝的委员会效力。尽管如此，在他的支持下，人们在一座暂时划拨给他使用的旧皇宫内进行选举，而丹多洛知道自己对这场选举的影响将给予威尼斯选票上的大多数优势，从而可以保证他选择的候选人当选。最终，在鼓励法兰克人将拜占庭帝国封建化，从而令帝国处在分崩离析的非统一状态，使其无法强大到阻碍威尼斯的扩张的同时，丹多洛将威尼斯摒除在封建体制之外。威尼斯新得到的领地并不被当作帝国的采邑，而是作为共和国自己获得的战利品。对一位年近九十的盲人来说，这是极为了不起的成就。

但即便到这个时候，老丹多洛还是没有歇息。在首都之外，帝国希腊臣民的抵抗持续不断。穆尔策弗卢斯倒是没有进一步制造麻烦，他婚后不久便被满怀妒忌的丈人刺瞎，过了一两年，这位曾经的皇帝被法兰克人俘虏，他们将他带回君士坦丁堡，从市中心的一根高石柱上将他推落地面杀死。但是阿莱克修斯三世的另一个女婿在尼西亚建立了一个流亡帝国，两位科穆宁王朝的遗族在特拉布宗自立为王。另外，还有一名安格洛斯皇室的私生子在伊庇鲁斯宣布独裁自治。过去的十字军们疲于奔命，苦战不已，试图在各个方面立足，而最激烈的战役发生在威尼斯新占据的城市哈德良堡。公元 1205 年复活节后不久，皇帝鲍德温一世正是在这座城市落入保加利亚人之手的，而在他身边坚决作战的老执政官只能带着残兵回到君士坦丁堡。恩里克·丹多洛并没有在战斗中受伤，但在六周后溘然长逝。令人惊讶的是，他的遗体没有被送还威尼斯，而是埋葬在圣索菲亚大教堂南边通道的走廊，至今那里仍然可以看见这位老执政官的坟墓。

恩里克·丹多洛是威尼斯的功臣，但出人意料的是，威尼斯人从未给这位最伟大的执政官之一建立一座纪念碑。[1] 虽然丹多洛对母国贡献巨大，然而从更广阔的事件背景上看，他是一场灾难。尽管我们不能说是他给十字军东征带来了恶名，因为在过去的一个世纪中，十字军接连不断的侵掠已经形成了基督教世界历史上最黑暗的一页。但是第四次十字军东征——

1　不过他们将第四次十字军东征的主要情节用一系列的画作进行纪念，它们位于执政官宫大议会厅的南墙上。

假如这次远征真能冠上这个名号——在背信弃义、表里不一、残暴与贪婪这几个方面可谓超越了之前所有的十字军东征行动。十二世纪的君士坦丁堡，不仅曾是全世界最伟大和最富庶的大都会，还是受知性与艺术熏陶最深的城市。同时，它还是欧洲希腊与罗马古典文化遗产的重要宝库。经过这一次洗劫，西方文明承受的损失要更甚于五世纪时蛮族人洗劫罗马或先知的士兵在七世纪焚烧了亚历山大图书馆，或许这是它的历史上最惨痛的一次损失。

第四次十字军东征在政治方面造成的破坏同样难以估量。尽管拉丁帝国统治博斯普鲁斯海峡沿岸将近六十年，在此之后希腊人的拜占庭帝国又苟延残喘了两个多世纪，但是拜占庭帝国再也没有恢复元气。它过去的力量和丢失的大片领土都一去不复返。假如拜占庭帝国能够处在之后几个世纪都缺乏的稳固强大的领导之下，那么这个强大繁荣的国家或许还能及时阻止土耳其人的侵略。但实际上它面临经济瘫痪和领土的缩减，根本无力抵抗汹汹而至的奥斯曼土耳其。如此一来，东方基督教世界的命运就被决定了，而半个欧洲注定要被穆斯林统治差不多五个世纪，这一切都是由那些在圣十字旗下作战的人们一手造成的。在历史上，再也没有更讽刺的事实了。这些人被恩里克·丹多洛以威尼斯共和国的名义运送、鼓舞、煽动，并完全接受他的领导。正如威尼斯从这场悲剧中获得了巨大的利益，它和它杰出的老执政官也必须承担起这场肆虐世界的大浩劫的主要责任。

II

第二部分

帝国的扩张

繁荣的东方一度被她主宰，

西方亦接受她羽翼的庇护……

——华兹华斯，《为威尼斯共和国覆亡而作》

11

拉丁帝国

（公元 1205—1268 年）

……她女儿们的嫁妆
是从外国，那取之不竭的东方得到的战利品
宝石如同闪耀的豪雨，倾泻在她膝上；
她身披紫袍，举办盛宴高朋满座，
君王们济济一堂，感到赴此筵席增添了他们的高贵荣光
——拜伦，《恰尔德·哈洛尔德游记》，第四章，第二节

公元 1205 年 8 月 5 日，塞巴斯蒂亚诺·齐亚尼的儿子彼得罗被一致推选为新一任威尼斯执政官，摆在他面前的第一个问题是身份上的认知。随着时间推移，执政官的宝座逐渐与一长串响亮但大多空泛的头衔联系在一起，如今在它们中加入了一个恰如其分的称号：八分之三个罗马帝国的所有者。这样一来，执政官是否有可能将自己视为一位意大利王公，就像他的前任们事实上经常考虑的那样？或者他如今需要将自己的角色转变为一位本土的专制统治者？

所幸在每一个重要的历史转折点，领导威尼斯的都是一位深思熟虑、脚踏实地且头脑清醒的领袖，而非野心勃勃的冒险家。齐亚尼家族富可敌

国，有一则传言称这个家族的财富来自一位齐亚尼家族先祖从他在阿尔蒂诺的地下室中发现的一头金奶牛。同时，齐亚尼家族在城中备受敬重，彼得罗本人以虔诚和慷慨为众人所知。这位执政官年轻的时候曾经是一名水手，公元1177年，他指挥一支小型船队，护送红胡子腓特烈从拉文纳前往基奥贾。他同样随同第四次十字军东征的队伍到过札拉与君士坦丁堡，虽然他并未在那里逗留很久。自从恩里克·丹多洛出征之后，他的儿子雷尼耶·丹多洛就担任副执政官管理威尼斯事务。彼得罗当选时，正是服务于雷尼耶的六位顾问之一。《阿尔蒂诺纪事》对这段时期的记载出人意料地可靠，或许是君士坦丁堡的流血杀戮令彼得罗感到嫌恶，这本书令人赞许地引用了一句他最欣赏的格言："战争可有意即起，和平需孜孜以求，既得和平，万望珍重。"

但对于骤然获得了广大海外帝国的威尼斯共和国来说，和平似乎是种难以实现的福利，早在老丹多洛去世之前，拜占庭帝国被占领地区的臣民们就无意于不加抵抗地接受新的统治者。威尼斯或许足够富裕强大，但是它在当地的土生人口很少，并不足以平定、管理和保卫分配给它的所有土地。它不能向君士坦丁堡寻求帮助，鲍德温一世的兄弟，佛兰德的亨利继承了拉丁帝国的皇位，正焦头烂额地维持着自己统治范围内的秩序。因此在齐亚尼睿智的领导下，威尼斯人选择不立刻接管所有新获得的领地。它们大多数被委托给封臣进行管理，他们通常是威尼斯重要家族的小儿子，乐于在色雷斯、小亚细亚和爱琴海群岛上自命为统治者。只有少数战略要地，如克里特岛、杜拉佐、科孚岛和摩里亚地区的迈索尼、科罗尼两个港口，才由共和国政府直接管辖。

然而即便只是这几个关键的前哨站都很难控制。尤其是威尼斯近来的胜利激起了两个主要海上竞争对手热那亚与比萨强烈的嫉妒。这两者在君士坦丁堡都拥有贸易社区，第四次十字军东征时，它们的代表和希腊人一起被部署在城墙上。尽管如此，在城市陷落之后，它们都被排除在帝国的商业贸易之外。[1] 于是热那亚与比萨决心阻止威尼斯进一步巩固它在东地中海的地位。公元 1206 年，一个名叫恩里克·佩斯卡托雷的海盗自封马耳他伯爵，他武装登陆克里特岛，并帮助当地希腊人取得了几处沿海战略要地。威尼斯经过两次远征，花费了两年时间才将他驱逐出去。为确保类似灾难不再重演，一个名叫贾科莫·提埃波罗的人被指派为克里特总督，他在克里特岛的权限几乎可以与执政官在威尼斯的权力相提并论。不过与当选后终身任职的威尼斯执政官不同，这位克里特总督以及他的后继者们只有两年任期。同时，克里特岛被均分为六份，每一份都被相应地划拨给威尼斯六大行政区中的一个，次年，克里特成为共和国第一个海外殖民地。纵然当地希腊人此时仍没有顺服，但他们的土地已经被没收充公，成为威尼斯地主们的领地。克里特岛的希腊居民还痛恨那些大批拥来此处的贪婪的拉丁教士，这些教士不仅不满足于抢占当地所有的教会财产，还强行用令人讨厌的罗马天主教礼仪来代替传统的东正教礼拜仪式。因此纵贯十三世纪，克里特岛民的不断反抗就在意料之中了。

不过从长远来看，在君士坦丁堡出现的麻烦要远远比在克里特岛、科孚岛或其他地方的问题更让齐亚尼执政官忧心忡忡。君士坦丁堡落入十字军之手后，恩里克·丹多洛为准备有效管理威尼斯占领区而面临的首要任务之一，就是指派一位代官（podestà），在他去世之后，他留在君士坦丁堡的威尼斯同胞立即选出一个名叫马里诺·泽诺的人来接手这个职务。不过在威尼斯，这个职位一向被认为应当由中央政府来进行任命，因此选举消息传来时不免在威尼斯方面引起了一些忧虑，收到此事的后续报告后，

---

1 比萨在公元 1206 年得到威尼斯重新接纳，但针对热那亚船运的禁令一直延续到公元 1218 年希腊人和保加利亚人施加压力，要求终止威尼斯人和热那亚人之间的敌对关系为止。

它们更进一步滋长起来。泽诺将威尼斯执政官的新称呼，“八分之三个罗马帝国的所有者”，安在自己头上，他甚至开始仿效丹多洛之前的行为，穿着杂色的长筒袜和鲜红的半高筒靴，而过去这副打扮是皇帝的特权。这是否意味着威尼斯在拜占庭的成功将落到这些身在黎凡特的威尼斯籍领导人头上？而这些人是否正筹划着脱离他们的母城呢？于是威尼斯向泽诺传达了一条使人沮丧的消息，他的当选将作为特例被批准，但是之后每一位代官都必须由威尼斯派遣。

根据一个长期的威尼斯传统，就像君士坦丁大帝在九个世纪之前对罗马帝国所做的那样，齐亚尼执政官一度曾认真考虑过将共和国的首都迁移到君士坦丁堡的可能性。据说在议会讨论时这个提议曾被正式地提出过，它的支持者辩称威尼斯的利益焦点如今已经向东转移，而它对海外领地来说太过遥远，而且众所周知，威尼斯极易受到洪水和地震的威胁。[1] 但这个提议最终在一次被称作“神意表决”（Voto della Provvidenza）的投票之后被否决。不过只有一两位不甚可靠的编年史家提到这个故事，那个时代最为可信的原始资料对此只字未提，尽管可能有人一度提出过类似的主意，它也不可能获得长久的支持，更不必谈被人接受。这里只有一件事是确定的，如果威尼斯将其首府搬迁至博斯普鲁斯海峡沿岸，它就要付出牺牲自己的安全与身份认知的代价，共和国的存续时间也不会比那可悲的、威尼斯为其建立付出良多的拉丁帝国更长，甚至可能更短命。暂且不论其可能性，假设“神意表决”是真正发生过的史实，那么所有后世的威尼斯人都应有充分的理由来庆幸他们逃过一劫。

---

1 后一点或许是受到了公元 1223 年令人心有余悸的大地震影响，这场地震摧毁了圣乔治·马焦雷岛修道院的部分建筑，还使得潟湖中阿米亚那和康斯坦齐亚卡两个小岛完全沉没。

公元 1229 年初，彼得罗·齐亚尼因老病卸任，数周后安息在圣乔治·马焦雷岛他父亲的坟墓边。此时威尼斯的政治方向已经重新转回正轨，在关键的问题上，它做下了正确的决定：威尼斯将一如既往地在政治和商业两个方面尽可能开发海外领土，但它不会拿已得的利益去冒险，做出贪多嚼不烂的不智之举。

很少有威尼斯人能够有超越新任执政官贾科莫·提埃波罗从这项政策上展现出来的令人信服的智慧，更没有人会质疑威尼斯成为海洋帝国的前景。他担任第一任克里特总督时，受尽了不断反叛的希腊人带来的麻烦，更别提那些他曾经轻率地向其求助的威尼斯冒险者们。最终贾科莫·提埃波罗不得不改扮女装逃离克里特岛，以威尼斯代官的身份前往君士坦丁堡，然而在那里，他很快目睹了十字军的帝国是如何迅速地分崩离析的。公元 1219 年，他甚至同流亡在外的希腊皇帝在尼西亚单独签订了一份商贸协议，并称呼这位流亡者为“罗马人民的皇帝”。尽管贾科莫·提埃波罗走的这一步棋令他不为拉丁人所喜，但它却从政治上反映了威尼斯人的利益所在。

贾科莫·提埃波罗的执政官生涯开始得并不顺利。与提名获得一致通过并顺利当选的前任不同，他与另一位候选的竞争对手分别获得了选举委员会中各一半的票数，因此四十名选举者不得不通过抽签来做最后决定。有一种流传甚广的观点认为，正是为了避免这种情况再次发生，之后选举委员会的人数增加到了四十一人。而或许是为了表达对引入的这项新机制的不满，奄奄一息的老齐亚尼拒绝了新执政官的礼节性访问。[1] 或许这同

1 安德烈亚·丹多洛记录这件事时，还猜测这可能是因为提埃波罗的出身不明（propter genus suum）。这看上去非常奇怪，因为新任执政官的姓氏所代表的家族可以说是威尼斯最古老的几个家族之一，早在七世纪就已经赫赫有名，而且他的两位妻子（她们亦是姐妹）是西西里命途多舛的私生子国王莱切的坦克雷德的女儿。

样是一个显示出威尼斯人普遍不安的迹象，贾科莫·提埃波罗就任时有义务签署的承诺书（promissione）变得非常复杂详细，而且对执政官权力的限制要甚于之前的任何一位。

所谓的承诺书，本质上类似于一种加冕宣誓，长期以来，它是威尼斯执政官就职的一项传统特色。它在早期仅仅是仪式性的，通常由新执政官本人起草内容，在其中承诺公正勤勉地履行职责。然而随着时间流逝，承诺书的篇幅逐渐变长，内容也愈来愈详细确切，等到这份承诺书摆在贾科莫·提埃波罗面前时，它看上去几乎就是一份法律合同了。这份承诺书也被当作之后所有执政官参考的模板。其中规定，执政官需要宣誓放弃对所有国家收入的拥有权，除了每季度支付的薪水，以及他从达尔马提亚和伊斯特里亚城镇得到的那份贡物，还有出产于伦巴第与特雷维索的指定数量的苹果、樱桃与螃蟹。他要保证购买公债，要保守国家机密，并且在没有得到议会事先同意的情况下，不与教宗、皇帝以及任何其他王公私下联系，执政官与他们的来往信件也必须在第一时间公开。承诺书中确立了严厉的措施来抑制腐败，执政官只能收取规定数量的食物和酒，通常一次不超过一只动物或者十串飞禽，除此之外，不允许接受任何礼物。如果送礼者有求于执政官，那么即便礼物的标准合乎要求，执政官也不可以接受。请愿者可以赠送给执政官的，只有玫瑰水、玫瑰花瓣、鲜花、香草和香脂这类象征性的礼品。当然，执政官也不允许指名任何人成为共治执政官或是他的继任者。

回顾过去，我们可以发现贾科莫·提埃波罗的承诺书是几个世纪以来威尼斯执政官慢慢从独裁者降为挂名领袖这个漫长过程中意义重大的一步。这个过程至少在十一世纪多梅尼科·弗拉班尼科执政时就已开始，通过维塔莱·米希尔被刺之后产生的改革得以持续，但在此时它还没有结束。提埃波罗制定了进一步的控制措施，其中包括成立一个由五人组成的

“校正者”（Correctors）理事会，来起草每一份新承诺书；另有三人一组的审查官（Iquisitor）帮助处理这项任务，他们仔细审查前一任执政官的履历，告知校正者其中任何独裁的迹象或其他不良倾向，后者按照这些建议，对新的承诺书做出调整。就像往常一样，威尼斯要做到万无一失，容不得半点侥幸。

不过，虽然贾科莫·提埃波罗可能对威尼斯的海外帝国抱有讽刺性的情绪，他却很快发现自己在家门口面临着更严峻的问题。问题的根源是神圣罗马帝国的新皇帝，皇帝亨利六世之子霍亨施陶芬的腓特烈二世。这位不凡之人于公元 1220 年在罗马加冕，他也许是在查理大帝和拿破仑之间最为卓越的欧洲统治者。不过他也可能是最不讨教宗喜欢的人，在之后的三十年中，皇帝不断针对教宗国和重新组成伦巴第城市同盟的意大利城市，想要像他的祖父与父亲那样重新掌控它们。新的伦巴第城市同盟建立于公元 1198 年，这次威尼斯不在其中。二十一年前，红胡子选择在威尼斯向教宗表示屈服，它借此成功地表示了自己的中立性。这次和解会面树立了威尼斯的有利地位，它借亨利六世去世后神圣罗马帝国漫长的皇位空位期与近来全心关注的东方事务将这一地位进一步巩固。因此当西方局势再起波澜时，威尼斯决心维持现状，远远地置身事外。

腓特烈二世试图解除威尼斯这种事不关己的状态，并将它拉到自己这一边，于是在公元 1233 年初造访威尼斯。或许有人会希望知道皇帝对他所见所闻的反应，他的童年是在外祖父西西里国王罗杰二世统治的国际化大都会巴勒莫度过的，腓特烈在那里培养出旺盛的求知欲，他对五种欧洲语言及其文化了如指掌，更不用提他精通阿拉伯语，能亲自劝服耶路撒冷的埃米尔将这座最重要的圣地归还基督徒。以上种种，使得这位皇帝成为当时最具文化教养的人，他还因此赢得了一个称号“Stupor Mundi”，意为“世界的奇迹”。威尼斯如今取代巴勒莫，成为欧洲最重要的东西方文化、艺术和商业沟通桥梁，皇帝拜访这座城市，或许会觉得它的多种族、多语言氛围与巴勒莫极为相似，而正是这种环境，很大程度上参与塑造了他的人生。同时，腓特烈二世热爱华丽的物品和盛大的排场，举例来说，他出巡时习惯性随同的异国兽群总是让他的臣民们惊异不已，在此次造访中，皇帝的这个喜好在他所见过的最辉煌美丽的城市中得到了充分回应。

腓特烈二世短暂停留威尼斯期间，与提埃波罗执政官以及其他威尼斯要人进行了接触。这些接触促使腓特烈二世的宫廷中产生出十四行诗这一文学体裁，并让皇帝与当时最为重要的科学家和哲学家们相处融洽。腓特烈二世用他强大的人格竭尽全力去影响威尼斯人，同时为了实现自己的目的，他确认了威尼斯过去在帝国全部的贸易特权，还给予它在阿普利亚和西西里新的优惠政策。作为回报，皇帝得到了一小块真十字架上的碎片。或许他犯下了一个策略性的错误，在访问期间，腓特烈委托一名威尼斯金匠为他打造一顶新皇冠，这件事导致威尼斯当局激烈的反应，直到他们确定这是一次非官方的私人交易，那位工匠才得以继续他的工作。因此，无论双方表现得多么热诚，腓特烈仍不能得偿所愿，他满怀失望地离开了威尼斯，而威尼斯人仍然像过去那样，置身事外，保持警惕。

接下来的几年中，威尼斯与神圣罗马帝国的关系迅速地恶化了。尽管威尼斯宣称中立，但它也不希望看到一个强大的、可能还贪得无厌的腓特烈盘踞在共和国通向欧洲大陆的门户外。基于如此考量，威尼斯加入了至今仍然生效的第一次伦巴第城市同盟，而对伦巴第城市的同情之心令它不禁与它们建立起紧密的关系。不久前，威尼斯担当起新城市同盟的银行家这一角色，在战局吃紧时，又为皇帝的敌人们提供庇护所。与此同时，越来越多尊贵的威尼斯公民被伦巴第城市邀请担任代官。以现代人的思维来看，这些强大的城邦国家有意定期任命外国人来处理国家大事，这简直匪夷所思，但是这些城邦中大多数内部派系林立，各方图谋利益，满怀妒忌，野心勃勃，充斥着家族纷争，如此分裂的状况，使得他们不可能达成一致，让一位本地人成为领导者。威尼斯幸运地彻底摆脱了这种分崩离析的状况，在它的自治政府的历史上，从未试图让一位外国人以代官之名插手政事，这是值得骄傲的。

不过到此时为止，这套代官制度仍然发挥着作用。举例来说，帕多瓦和特雷维索在公元 1236 年都由威尼斯人就任代官，特雷维索延请的是执政官的儿子彼得罗，身份可谓最为显赫。而就在这一年，正是彼得罗领导他管辖的城市英勇抵抗腓特烈二世的围城部队。这支部队的领导者是腓特烈二世在北意大利最重要的副手，可怕的埃泽利诺·达·罗马诺，彼得罗在与他对抗的过程中积累了声望，当特雷维索被迫在公元 1237 年投降之后，他立即受到米兰的邀请，前往当地担任同样的职务。

目前为止，就威尼斯所关注的方面来说，代官制度的优势在于它可以借助这个制度谨慎地在欧洲大陆谋求利益，而不必从官方角度破坏共和国的中立性。然而随着时间流逝，它越来越难以坚持这种所谓的中立，更不用提在行动上遵循这一原则。威尼斯不仅与伦巴第城市的牵扯越来越深，帝国军队接连不断的胜利也使得它的忧虑与日俱增，尤其是公元 1237 年，帝国取得了科尔泰诺瓦战役的胜利，彼得罗·提埃波罗也在此战中成为俘虏，在帝国军队胜利游行时被放在队伍中的一头大象背上示众。而更为凶险的是埃泽利诺于次年率军抵达潟湖沿岸，摧毁了位于富西纳的圣伊拉里奥女修道院。最终，在教宗格列高利九世的鼓动下，威尼斯于公元 1239 年与两个最棘手的竞争对头，热那亚和比萨，结成了历史上最出人意料的同盟，威尼斯人与热那亚人甚至同意让对方国家的旗帜同本国旗帜一同飘扬在各自的桨帆船上。

不过这个协议正如预想中一样没有持续太久，除了对腓特烈钟爱的阿普利亚进行过一次短暂敷衍的远征，这个同盟只发动了一场重要的战役，即费拉拉城之战。埃泽利诺与他另一位皇帝派（吉伯林派）的同僚萨林圭拉·迪·托雷洛合作，意图将这座城市发展为威尼斯的商业竞争对手。数周后，执政官乘坐着他的国务驳船“黄金船”，率领一支威尼斯舰队沿波河而上，封锁了费拉拉，经过五个月的交战，萨林圭拉最终不得不寻求和谈。不管事实是否像人们普遍断言的那样，威尼斯人在谈判过程中逮捕了他，或者他确实是自愿向威尼斯人投降，总之威尼斯人将萨林圭拉带回了威尼斯。他舒适地度过了五年羁押生活，在死后享受了国葬待遇，并得到一座位于利多岛圣尼科洛教堂的华丽纪念碑。但萨林圭拉在费拉拉的追随者们就没有这般幸运，由阿佐七世侯爵领导的教宗派（归尔甫派）如今得以结束流放，这些人一返回城市，就采取了冷酷无情的报复行动。而同时，威尼斯索取的授权和特许权，以及阿佐七世轻易授予对方的权利，都远远超出了之前的要求。

公元 1241 年，腓特烈二世最大的敌人格列高利九世以百岁高龄去世。经过两年的空位期，接替他登上教宗之位的英诺森四世[1]继续坚持格列高利九世的政策，但至少就像威尼斯所担心的那样，反抗的热度逐渐消退，而它与皇帝在公元 1245 年签订的和平条约也不过是对现状的确认。从某种程度上说，这要归咎于达尔马提亚地区的麻烦死灰复燃，令威尼斯持续数年都忙于在其他地方处理问题。不过根本的原因更加简单，威尼斯已经意识到神圣罗马帝国终究不会对其主权造成直接的威胁。腓特烈二世从未让共和国对他宣誓效忠，在所有他与执政官的来往书信中，皇帝谨慎地避免将威尼斯人与“可信赖的臣民”（fideles）这个词联系起来，这个危险的情绪化词语伴随着对忠诚心傲慢放肆的揣测，曾经让伦巴第的市民们怒不

1 事实上格列高利教宗死后，接替他的是教宗塞莱斯廷四世，但他当选后仅过了十八天便去世，因此在这里可以忽略不计。

可遏。两汪将里亚尔托与欧洲大陆分开、幅员不过短短数英里的浅水，给予了威尼斯特殊的独立地位，威尼斯潟湖的浅水不但让共和国免于被征服、掠夺和破坏，而且更为不同寻常的是，它使得威尼斯不再被看作北意大利的城市，即便它是其中最为强大和富裕的一个。而威尼斯在黎凡特取得的海外帝国使它获得了更多的尊敬，它不再是一座城市，而是一个国家。

不过，威尼斯的帝国建立在商业贸易之上。威尼斯人应当了解到，或至少在潜意识中了解到，他们在贸易上取得的非凡成功并非源于其领土的扩展，相反，它应当归功于共和国本身的“小”。在此，环绕威尼斯的潟湖带来了另一项好处，它将威尼斯人限制在一个如此狭小的空间内，因而培养出他们团结协作的精神。这种精神不但表现在国家危难之际，从威尼斯人处理日常事务的角度更是可见一斑。威尼斯富商的上流社会中，每个人都知道其他人的情况，对彼此的熟悉导致了双方的互信，这种信任关系在其他城市通常都局限于家族圈子之内。因此，威尼斯人迅速高效的商业管理能力无与伦比。即便是一场需要大量前期投入、历时长达数年且风险颇高的商业冒险，在里亚尔托亦只需数小时就能够安排妥当。威尼斯的商业活动可以表现为两名商人间简单的合作伙伴关系，也可以是资助一支横穿亚洲的商队或大型舰队的大规模合作。这些商务活动可以在规定的时间段内运作，不过更常见的是只要完成特定商业活动就自动解散的特设（ad hoc）安排。但无论如何，威尼斯的商业行为都建立在信任的基础上，这一点神圣不可侵犯。

在威尼斯，有一类十分简便的短期合伙契约关系。它意味着在实际操作中，任何手头有点小钱以供投资的威尼斯人都可以入股商业活动。艺术家、寡妇、长者、病人……所有人都可以与那些活跃但相对贫穷的年轻商人组成所谓的“合作伙伴关系”（colleganza），这些人提供所需资金的三分之二，而与他们合作的商人负担剩下三分之一资金，并负责远航和其他所有的工作。商人们返回威尼斯后，必须在一个月内将完整账目交予合作伙伴过目，随后本次所得的收益由双方均分。共和国会向商人征收小额税款，不过比起拜占庭帝国向本国商人征收的惩罚性高额税款，以及大多数欧洲封建领主们制定的税额，早期威尼斯课税的额度几乎微不足道。于是在高额利润和强大激励的作用下，威尼斯的投资资金每年都节节攀升。

莎士比亚《威尼斯商人》中的基本情节，源于这类“合作伙伴关系”中一个假设的失败案例。十三世纪中期，威尼斯城内与邻近地区生活着超过三千名犹太人，这是一个可观的数字，这些犹太人很多居住在大陆上的梅斯特雷，其他的，尤其是与达尔马提亚地区有商业往来的犹太人则居住在史宾纳隆加岛上，由于这个岛屿成了犹太聚居地，因此被更名为朱代卡岛。除了经商，威尼斯的犹太人就像他们在欧洲其他地区的同胞一样从事金钱借贷和药剂师的职业，前一种高利贷性质的职业在共和国范围内是禁止威尼斯市民从事的。不过总的来说，除了对住处的选择有一定要求，在当时的威尼斯，包括他们的宗教活动在内，犹太人的日常活动并未受到任何法律限制，更不用说遭到迫害了。尽管在威尼斯历史的后期阶段，它对待犹太人并没有表现出比它的欧洲同侪们更开明的态度，但威尼斯固有的商业意识告诉它，对共和国的经济增长来说，犹太人的资金从一开始就具有巨大的价值。当然，像往常一样，这个直觉是对的。

威尼斯早期的历史告诉我们，执政官突然隐退，之后在数周至数月内去世的例子屡见不鲜。这当然不仅仅是依照执政官退休年纪而产生的传统，威尼斯人以长寿著称，时至今日，他们的平均寿命仍然高于意大利其他主要城市的居民。威尼斯人直到耄耋之年仍能保持无与伦比的活力，而恩里克·丹多洛执政官不过是他们这种引人注目能力的一个例子罢了。执政官走下宝座，死亡旋踵而至，由此人们不禁猜测，老执政官是否察觉到自己的生命正逐渐衰退至尽头，才做出了退位的决定。当执政官觉得自己仍有余力领导人民时，他便会继续履行职责，但当他不能胜任时，也绝不恋栈。

提埃波罗执政官也不例外，他退休后没有像诸位前任那样选择一间修道院隐居，而是在公元 1249 年春天迁入了位于圣阿戈斯蒂诺广场的私宅，在秋天到来前逝世于其中。提埃波罗对共和国可谓是鞠躬尽瘁。在黎凡特，他设法团结威尼斯处在分裂危险中的海外新帝国的几个主要部分。在西方，这位执政官服务于威尼斯正奋力抗争的姊妹城市以及它本身的利益，但不让共和国与这些城市太过亲近，或者使其陷入教宗派和皇帝派的争斗之中难以抽身，在之后的一个世纪中，这两派的斗争将继续造成意大利诸城邦之间的分裂。他与皇帝腓特烈二世不懈斗争，在这个过程中，他失去了两个儿子，提埃波罗认为，只要有利于国家，他就必须如此。与此同时，这位执政官在威尼斯继续着恩里克·丹多洛于五十年前开始的工作，公元 1242 年，他出台了著名的《法典》（*Statuto*），这是迄今为止出台的威尼斯民法汇编中最为详细和全面的一部。

提埃波罗在任期间，威尼斯另一个引人注目的表现则与两个托钵修会多明我会和方济会有关。公元 1221 年和公元 1226 年，圣多明我和圣方济在五年间相继去世，他们的辛劳随即获得了结果。公元 1230 年，两个修会的代表抵达威尼斯，提埃波罗执政官分别授予他们用来建造教堂的土地。分给多明我会的是圣玛利亚福尔莫萨教区北端一块广阔的沼泽地，而方济会得到的是横跨大运河、邻近执政官私宅的修道院废墟，这块土地在被授予修士们之前已经荒废了很久。到执政官去世时，这两处的营建工作进展顺利，而尽管这两座教堂——圣乔瓦尼保罗教堂与圣方济会荣耀圣母教堂直到十五世纪才全部竣工，至少前者建成的部分已经足以让老执政官选择它为长眠之地。[1]

之后，在一名上了年纪的虔信者马林·莫罗西尼的统治下，威尼斯渡过了四年平平无奇的日子。如果不是被莫名其妙地选为执政官，这位出身于威尼斯最古老和最杰出的家族之一的莫罗西尼先生，恐怕还混迹于他那些前途相对黯淡的同胞之中。直到公元 1253 年雷尼耶·泽诺当选，整个城市才重新焕发勃勃生气。雷尼耶·泽诺的人生波澜迭起，甚至可以说充满危险。札拉一地时不时发生叛乱，公元 1242 年，泽诺在镇压其中的一次叛乱时表现出极大的勇气。次年他在从里昂议会返回威尼斯的途中被萨伏伊伯爵俘虏，直到皇帝下令才获得释放，而一旦获得自由身，他又被传唤到皇帝的宫廷，腓特烈二世声称威尼斯制定了对他忘恩负义的政策，雷尼耶·泽诺不得不为此辩护。后来雷尼耶·泽诺相继在皮亚琴察和费尔莫担任代官，也正是在费尔莫代官任上，他获得了自己当选为威尼斯执政官的消息。所有这些逸事，和我们了解到的其他关于这位执政官的点滴，来自当时最有趣但不一定总是最可信的编年史家之一马蒂诺·达·卡纳莱，他对雷尼耶·泽诺的热情，与其说来自历史学家的职业本能，倒更像是广告代理人替他做的宣传，而就我们所知，事实也确实如此。这并不是说泽诺本人缺乏自我宣传的才能。马蒂诺用他充满魅力的古法语对纪念新执政官当选而举办的骑士比武锦标赛进行了令人屏息的绝妙描述。这场活动在圣马可广场，“这个世界上最美的地方”（la plus bele place qui soit en tot li monde）举行。

1 圣乔瓦尼保罗教堂的圣器收藏室中有一幅维琴蒂诺的作品，上面描绘的是提埃波罗执政官授予多明我会修士土地的场景。提埃波罗执政官的石棺如今仍在教堂西门左边外墙的拱廊内。

> 丝绸质地的顶棚遮蔽了在广场上竖起的看台，整个广场也以同样的方式被覆盖。许多时髦淑女和窈窕少女在看台就座，更多的女士们则出现在广场附近宫殿的窗口。尊敬的执政官阁下徒步从圣马可大教堂前来这里，威尼斯全部的贵族都跟随在他身边。人们蜂拥而至，挤得广场水泄不通……在他之后到来的是一群骑士，他们全副武装，在马上威风凛凛，气派十足。接着在女士们众目睽睽之下，骑士们的马上长矛比武就此开始。唉，先生们，要是你们身在现场，就能亲眼看见好多回漂亮的长枪冲刺了……

在他的编年史中，马蒂诺紧接着回到这场威尼斯盛会的主题，他回顾在这伟大的节日里，执政官令人眼花缭乱的礼拜队列，以孩子般的热情描述金线织物、丝绸旗帜和银喇叭，一个半世纪后，真蒂莱·贝利尼与卡尔帕乔仍然迫切地想用画笔捕捉这些场景。

不过雷尼耶·泽诺的人生可不仅仅是环绕广场游行那么简单。公元1256年，他向讨伐埃泽利诺·达·罗马诺的教宗主动伸出援手，自从腓特烈二世去世之后，埃泽利诺打着皇帝的旗号，公然将其作为实现他个人野心的幌子。作为北意大利最早的大领主（signori）之一，也是成功在当地维持二十年以上权势的第一人，埃泽利诺因为统治期间非人的残忍暴行得到了“食人魔”的名声，整个伦巴第、弗留利与边境地区都对他又惧又憎。幸亏威尼斯的孤立主义政策获得了成功，他在它的历史上只是个边缘性的角色，于是我们便不必去看那些被刺瞎的囚徒或是残废儿童的可怕故事，教宗曾经用它们来证明自己将埃泽利诺逐出教会的正当性，而只要看看马蒂诺如何记录埃泽利诺于1259年遭到追捕直至被杀后的情景，就可知道人们对其的态度：“教堂钟声响彻全威尼斯，好像人们正在过圣徒的节日似的。等到夜幕降临，神父们登上钟楼顶端，点亮蜡烛和火炬，让人看见和听见那些惊人的光亮和喧哗。”[1] 不过这只是典型的威尼斯态度，正如马蒂诺所指出的，这些庆祝活动固然有威尼斯人庆贺一个怪物消失，和平与安全重新在曾经饱受蹂躏、人心惶惶的地区建立起来的原因，但更多是因为从此之后威尼斯教堂依法征收它们在大陆产业的租金时，钱款再也不会被这位统治者截留。

不过随后威尼斯的注意力很快就从伦巴第转移到黎凡特。公元 1261 年 7 月 25 日，一位名叫阿莱克修斯·斯特拉特高普洛斯的希腊将军出人意料地发动突袭，在几乎没有遭到反抗的情况下夺回了君士坦丁堡。8 月 15 日，一直流亡并统治尼西亚的拜占庭皇族的第五位君主，帕里奥格洛斯王朝的皇帝米海尔八世重新入主这座城市。一个月后，他与妻子狄奥多拉在圣索菲亚大教堂以东正教信仰中更神圣的方式再次戴上皇冠。东方拉丁帝国的历史结束了，拜占庭帝国浴火重生。

历史上总共存在了五十六年的拉丁帝国不过是个糟糕的笑话。它的末代皇帝鲍德温二世被心怀仇恨的希腊人和保加利亚人建立起来的国家包围，身边的拉丁同胞也并不忠心耿耿，他主要依赖法兰西的圣人国王路易九世赠送礼物和向威尼斯银行家借贷维持帝国运作，后者甚至提出要这位皇帝的儿子作为担保。随着重要的贵族和教士们纷纷离开君士坦丁堡回到西方——后者还在离开时带走了城内教堂中剩下的财宝——这位被渐渐抛弃的皇帝甚至沦落到剥下皇宫屋顶上的铜换钱的地步，最后不得不将这座

---

1 原文如下：“Les cloches sonerent par tote Venise, ensi com il acostumes de soner as festes des Saints; et la nuit après, monterent li clers de sor li clochiers, et alumerent cierges et tortis par tos li clochers, et firent si grant luminaire et si grant siner des cloches, que ce fu grant mervoile de veoir et de oir.”

城市最珍贵的圣遗物，耶稣的荆棘冠，典押给威尼斯商人。[1] 他和他曾经坐在同一张宝座上的法兰克人前任带来的只有混乱、掠夺与破坏，征服君士坦丁堡只让他们陷于贫穷与苦难。从第四次十字军东征造成的可悲混乱和影响中真正得利的，只有威尼斯。

但当拉丁帝国覆灭时，威尼斯也承受了严重的损失。教宗对堪称第二罗马的君士坦丁堡再度从正统信仰下脱离的事实惊骇不已，路易九世也无疑为剩下的圣遗物脱离他的掌控而洒下了虔诚信徒的泪水。但对里亚尔托而言，这消息意味着政治和经济上的危机。威尼斯不仅占有着八分之三个君士坦丁堡，它还有遍布爱琴海、东地中海沿岸与黑海的殖民地与贸易港。迄今为止，这些地方享受着以金角湾作为基地的强大威尼斯舰队令人满意的保护，但如今这个重要的舰队停泊地将威尼斯人拒之门外。米海尔·帕里奥格洛斯对威尼斯只有难以化解的敌意。诚然他的帝国穷困潦倒，内帑空虚，几乎不能成为威尼斯的强劲对手，但他不是孤身奋战。在重夺君士坦丁堡胜利的几个月前，皇帝精明地与热那亚人结成了同盟，而近一个世纪以来，热那亚人和在黎凡特拥有霸权的威尼斯人一直进行着激烈的争夺。作为提供军事和财政援助的回报，皇帝向热那亚人许诺将给予他们税收和关税上的优惠，并且允许他们在包括君士坦丁堡在内的帝国主要港口拥有一块领地。简而言之，这些承诺都是以阿莱克修斯·科穆宁在公元 1082 年授予威尼斯的特权为模板提出的，而威尼斯的商贸伟业也正是建立在这些优惠上的。

威尼斯与热那亚的关系在大多数时候保持着紧张状态，而近几年，两

1　这件宝物后来被圣路易（法王路易九世）赎回，他将它从圣马可大教堂买回，带到巴黎，然后修建了圣礼拜堂以及全世界最华美的圣物箱来收藏它。在法国大革命期间，为安全起见，荆棘冠被交托给巴黎主教保管，如今人们寻得它的下落，令它重见天日。它现在可笑地装在法兰西第二帝国风格的装饰包裹中，存放在巴黎圣母院的宝物库内。

个共和国的关系进一步恶化。自公元1255年起，两国就处于公开的交战状态。两者在巴勒斯坦沿海进行了三次重要的海战，多亏有冲劲十足的年轻海军司令，前执政官之子洛伦佐·提埃波罗的英勇奋战，威尼斯人三次令对手尝到惨败的滋味。他们还将热那亚人逐出阿卡，俘虏了一支由二十五艘桨帆船组成的从热那亚前来支援的舰队。而这回热那亚人的勇气却表现得并不明显，马蒂诺描写了一位支持热那亚的法国人菲利普·德·蒙特福特从提尔带着一支骑兵队前来增援，却只见到海中满是挣扎的热那亚人。蒙特福特随即充满厌恶地离开，他挠着自己的脑袋抱怨道："他们［热那亚人］除了逛妓院一无所长，结果像以鱼为食的海鸟般一头扎进海中，然后淹死在那儿。"

德·蒙特福特的逻辑看上去同他拿来做比喻的鸟类学理论一样站不住脚，但是他的感情是很明确的。热那亚的骄傲被实实在在地打倒了，洛伦佐·提埃波罗凯旋之际，从位于阿卡的热那亚教堂圣撒巴教堂带走了三根矮石柱，其中一根是斑岩质地的圆柱，另两根则是有雕刻的方形白色大理石柱。它们被安放在圣马可大教堂西南角的小广场上，至今仍然矗立在那里。[1]不过如今风水轮流转，这次轮到威尼斯人在整个文明世界的注视下承受羞辱，这样的羞辱与它们的商业帝国所遭受的同步威胁一样让威尼斯人难以承受。

不过从结果来看，希腊人重夺君士坦丁堡带来的经济影响事实上并没有威尼斯人担心的那样可怕。攻占君士坦丁堡的军事行动简单顺利得出人

1　那根斑岩石柱之后成为所有威尼斯法律公之于众的平台，因此它也以"宣告石"（pietra del bando）的名称为众人所知。公元1902年，它保护了大教堂的一角不受逐渐倾倒的钟塔破坏（在这过程中钟塔本身也遭到了不小的损伤），起到了更重要的作用。开诚布公地说，在当时编年史家的著作中，没有特别提到过两根方形石柱。也有人猜测提埃波罗不是从圣撒巴教堂，而是从热那亚人在阿卡刚建成的一座名为蒙焦亚的军事堡垒中取得这些石柱的。（第三根形制相同的石柱矗立在帕帕多普利花园的角落。）

意料，米海尔·帕里奥格洛斯并未像他预想中那样仰赖热那亚人太多，由于斯特拉特高普洛斯进攻时威尼斯舰队恰巧离开了博斯普鲁斯海峡，皇帝甚至成功回避了直接引发威尼斯敌意的可能。而且，米海尔八世是个小心谨慎的人，他明白威尼斯的海军力量仍然胜过热那亚，而它将来还可能赢得更多比阿卡海战更具决定性的胜利，所以对皇帝来说，最明智的路线是挑动这两个共和国鹬蚌相争。因此皇帝允许威尼斯人继续保留他们在君士坦丁堡的殖民地，享受只比过去略少的商业特权。然而另一方面，威尼斯人不得不适应他们的新处境，他们在皇帝那儿的官方代表身份从代官被降格到市政官（bailo），而代官的头衔落到了当地的热那亚人领袖头上，每逢宗教节日，威尼斯市政官被邀请与皇帝同席的权利也一去不复返。威尼斯人所拥有的四分之一城市，其中一部分被重新分配为热那亚殖民地，随后热那亚殖民地飞速扩张，数年之后就包括了横跨金角湾的整个加拉塔区。而在首都之外，威尼斯人被迫坐视他们的竞争对手在原先威尼斯享受垄断地位的地区建立贸易点，自己却无力改变现状。热那亚人染指士麦那、希俄斯岛、莱斯沃斯岛，更令威尼斯人难堪的是，热那亚人在黑海沿岸设立了贸易点，从此以后就轮到他们在这些地方被排斥出局了。

威尼斯人的挫败感在了解到他们的海军力量仍处于优势地位时变得更加强烈。米海尔八世手下没有名副其实的舰队，假使威尼斯人决定为他们失去的权利抗争，皇帝也完全无力抗衡。但威尼斯需要顾及自己在君士坦丁堡的殖民地，米海尔八世娴熟地玩弄承诺，来换取威尼斯人为保全城内殖民地而做出的良好表现。很显然，这还称不上是真正外交上的友好邦交关系，情感在其中仍然起着很大的作用。另外，拉丁帝国的废帝鲍德温正忙于游说欧洲的王公贵族，他的复辟似乎看上去还有那么一点渺茫的希望。于是此刻威尼斯人只有接受无法回避的现状，然后在不利的情况下尽力而为，将损失减至最小。

另一方面，威尼斯对热那亚就没有这么多的顾虑了。它从未有如此充分的开战理由，于是威尼斯人卷土重来，气势汹汹地发起进攻。战火席卷整个东地中海，在爱琴海诸岛、优卑亚岛沿海和伯罗奔尼撒半岛，双方发生了数不胜数的小规模军事冲突。其中有一次，热那亚人愚蠢地阻截了一支驶往里亚尔托的商船队。这支船队是定期从黎凡特港口出发的大型护航队之一，供给欧洲来自东方的丝绸与香料。于是热那亚人丢盔弃甲落荒而逃，幸亏船队的威尼斯指挥官不想冒着损坏贵重货物的危险进行追击，他们的军队才没有被完全摧毁。但其他热那亚军队就没有如此好运了，尤其在西西西里特拉帕尼附近的一次遭遇战中，总计有超过一千一百名热那亚水手坠海淹死，而二十七艘桨帆船上的另外六百人则连人带船一同被威尼斯人俘获，带回潟湖。

与此同时在君士坦丁堡，新获得特权的热那亚人傲慢自大的举止使得他们比过去的威尼斯人更不受当地人欢迎。威尼斯连战连捷的消息传入拜占庭宫廷后，皇帝的支持态度也悄然开始转变。米海尔八世正在与伊庇鲁斯的独裁者以及东方剩下的拉丁小诸侯们作战，他们没人愿意将自己的领地归还给重建的帝国，这种态度得到了罗马教宗与腓特烈二世之子西西里的曼弗雷迪的支持。同时米海尔八世迫切需要金钱来重建他的首都与支离破碎的舰队，他的热那亚盟友非但没有为其提供资财，反而使皇帝的开销负担更加沉重，花费金钱带来的回报也是微乎其微。

公元 1264 年，希腊人的大使到达威尼斯。次年他们与共和国起草了一份协议，即便其中提供给威尼斯人的特权并不能完全弥补他们曾经失去的，但至少这是现状已经得到极大改善的表现。不过威尼斯人并不着急，拜占庭统治的东方仍然处在混乱之中，假如帝国的未来依然不明朗，他们就没有必要投身其中并做出承诺。直到公元 1268 年，威尼斯人才最终决定接受皇帝的邀约，但即便此时，他们也只同意维持不超过五年的停战期。不过在这段时间内，威尼斯人保证绝不进犯，并且愿意停止所有对帝国敌人的帮助，释放羁押于威尼斯在爱琴海地区的三个重要基地克里特岛、迈索尼与科罗尼港的希腊囚犯。皇帝投桃报李，保证尊重所有在帝国以及巴尔干半岛其他地区的威尼斯居民，以及允许威尼斯商人在他的帝国领土上自由居住，毫无阻碍地旅行和经商。皇帝提出的这些条件非常优厚，但是它们忽略了两点：其一是威尼斯人所占据的八分之三个帝国的份额，尽管它实际上逐渐更像是名义上的主权宣言而非实际的经济利益；其二则是威尼斯人过去曾经享受的专营权，皇帝允许热那亚人保留他们现有的权利。过去以牺牲一个共和国作为代价来完全偏向另一个的帝国旧有政策，其危险性已经确实地表现了出来，因此现在两个共和国得与对方自由竞争。这样一来，米海尔八世就可以从它们的竞争中获利，而不会让受惠于帝国政策较少的那一方转为敌人。

很少有短期停战能像这个一样产生长期的重要意义。一眨眼间，威尼斯就以极高的效率重建了它在黎凡特的商业主导地位以及大部分影响力，仅仅七年以前，它看上去就像要永远失去这一切。威尼斯能够恢复元气，某种程度上是因为幸运，它凭着好运取到了超出应得份额的收获，但更多的应当归功于执政官和顾问们敏锐的外交嗅觉。协议正式批准后过了几周，泽诺执政官离开了人世，他身后留下的是一个几乎忘记了新近承受的耻辱的民族，他重塑了它的自尊，让它怀着自信去面对未来。出于感激之情，以及遵循举办盛大奢华仪式的传统，威尼斯人给予他们的执政官一个只有威尼斯才能提供的华丽葬礼，这正呼应当年这位执政官以同样的豪华仪式来标志他任期的开始。泽诺被安葬在还未竣工的圣乔瓦尼保罗大教堂，如今在教堂的西南角还保存着他陵墓的一部分，那是一块坐在王座上的耶稣浮雕，在耶稣的左右手边，各有一名天使随侍在侧。

12

傲慢的代价

（公元 1268—1299 年）

……多么令人悲哀啊，他曾经在那些平原上被基督徒的勇气打败，在那里他的名号曾不断在战斗的呐喊中被提及，用来鼓舞士兵的斗志；还有那些白白流尽的鲜血，如此频繁地染红塞浦路斯海的波涛，他跟随着劝慰之子，满心羞愧与悔恨！

——约翰·罗斯金，《威尼斯的石头》，第三章题词，第 26 页

十三世纪的前七十年见证了威尼斯崛起成为世界大国的过程。在这段岁月中，威尼斯第一次从东方取得了巨额的财富，接着发展它们，巩固它们，失去它们，最后重新取回其中的大部分。更具有长远意义的是，它见证了东西方两个帝国的瓦解。尽管拜占庭帝国的帕里奥格洛斯王朝又继续存在了近两个世纪，但它始终只能是第四次十字军东征之前那个帝国破碎且步履维艰的投影。在西欧，情况也差不多，霍亨施陶芬皇朝的黄金时代随着腓特烈二世在公元 1250 年去世而终结。历史的舞台上，帝国逐渐隐向幕后，诸如英格兰、法兰西、西班牙（至少按中世纪的观念它还称不上一个帝国）这样的国家开始占据台前。

这七十年间，威尼斯大多数时候都处在战争中。它必须为新获得的领

士而战，保卫它们，与希腊人、热那亚人、比萨人和撒拉森人对抗，更不必说来自地中海各处的海盗。在札拉和君士坦丁堡的城墙下，在巴勒斯坦与本都的近海，在克里特岛、优卑亚岛以及伯罗奔尼撒半岛，越过第勒尼安海、亚得里亚海、爱琴海与黑海的汤汤波涛，威尼斯的桨帆船就像它的商人们一样，全速运转，穿梭来去。

在威尼斯本地，人们继续过着平静，或者说较为平静的生活。贸易的扩张带来更大的繁荣，马蒂诺·达·卡纳莱写道，商品从各地像涌出喷泉的水流一般源源不断地进入城市，威尼斯的城市规模不断增大，也变得愈来愈辉煌豪华。托钵修会的两间大教堂日渐升高，其他在一个又一个教区如雨后春笋般建起的教堂，尽管在规模上不及它们二者，但在华丽上则大大胜出。豪华的宅邸沿着威尼斯大运河两岸排列成行，它们中的一些，例如卡达莫斯托宅邸和土耳其商馆至今还矗立在当地，[1]这些建筑可爱的凉廊和拱形柱廊证明了所有威尼斯人在他们自己的城市里感到安全的自信，而在同一时期的欧洲其他地方，全副武装的城堡要优于宫殿还是一条金科玉律。公元1264年，小广场第一次铺上了石板，同年，一座新的里亚尔托桥在木桩上落成，它也正是如今被收藏在威尼斯学院美术馆的卡尔帕乔画作系列《真十字架的奇迹》中桥梁的原型。此外还有圣马可大教堂的外部装饰，这项工程在多梅尼科·赛尔沃的主持下开始试水，在十二世纪不时继续，最后以教堂正面与天井装饰上壮丽

1 这两座建筑不可避免地承受了许多风风雨雨。卡达莫斯托宅邸的部分拱形结构被砖头填补，并且往上加盖了两层；而商馆遭遇了大幅度的粗暴改建，以至于人们更愿意看到它在公元1860年以前的风貌。威尼斯另有两座独具特色的十三世纪建筑，是分别位于玛多内塔渡船码头两侧的多纳宫，以及距离圣西尔维斯特罗汽艇站不远的巴尔兹札宫。在大运河的另一边，彼此相邻的法尔塞蒂宫和洛雷登宫如今是市政府的办公场所。

的马赛克镶嵌画达到高潮。[1]

在宪政层面，贾科莫·提埃波罗编纂了共和国的法律条文汇编，他的“承诺书”进一步对执政官的权力进行了削减。不过当公元1268年夏天，人们着手选择泽诺执政官的继任者时，执政官的权力仍然被广泛认为超出控制，且有可能会对共和国形成威胁。新财富的涌入不可避免地使得一些过去默默无闻、微不足道的家族跻身权贵名流之列，它们和被称为“老房子”（case vecchie）的旧贵族阶级再一次产生争端，这样的争执与威尼斯早期出现的类似，不过共和国已经是今非昔比了。其中有一场争执发生在丹多洛家族和提埃波罗家族间，它在泽诺的任期内导致了一场发生在圣马可广场上的公开冲突，使得政府匆忙出台新法，禁止在建筑物外部悬挂或标示家族徽章和盾形纹章。威尼斯人没有忘记他们对一个家族，甚至是个别人掌握整个国家大权这件事产生的古老且几近病态的恐惧，他们注视着埃泽利诺·达·罗马诺以及他正崛起的同类，这些人的事业给北意大利城市带来了不幸。威尼斯人心怀恐惧地关注着这一切，但并不装模作样地表现出慌乱。也正是威尼斯人，早在阿克顿男爵之前六个多世纪，就充分地意识到绝对权力带来的影响。如今他们设计出来的执政官选举制度，可以算是一个文明国家有史以来制定出的最复杂的制度。在现代人看来这或许有些荒谬可笑，在某种程度上它确实如此，但如果为了保证国家最高机关即便直接或间接落入野心家和不法之徒的手中仍不至于倾覆，制定一些细则还是非常值得的。

1　对后者来说，所有的一切都可以在真蒂莱·贝利尼收藏于威尼斯学院美术馆的画作中清楚地一览无余。不过可惜的是，只有远处左手边的弦月窗保留了下来。在它上面描绘了人们转移圣马可遗体的景象，其中大教堂的画面是现存关于圣马可大教堂最早的模样。那时利西波斯雕刻的骏马刚竖立在教堂中央的拱门上不久。如今填充其他四个弦月窗的是平凡无奇的十七、十八世纪作品，相较之下不免逊色。

在选举当天，执政官执政团[1]中最年轻的成员要前往圣马可大教堂祈祷。他离开教堂之后，将遇上的第一名男孩带到执政官宫，所有年龄在三十岁以上的大议会成员将在那里举行全体会议。这名男孩要履行抽签人（ballotino）的职责，在抽签的时候从大瓮中取出纸条。在第一轮抽签中，大议会会得到三十个人选，然后通过第二轮抽签，将这三十人减少到九名。这九个人每人可以获得七张选票，从中投票选出四十人。然后，这四十人会再次通过抽签减少到十二人，这十二人的任务是投票选出二十五人，这一次他们每个人手里握有九张选票。接下来，被选出的二十五人又被削减为至少各握有七张选票的九个人，最后抽签人将从这批选票中抽出十一人的名字。这十一人每人会有至少九张选票，用来投票选出四十一位直接投票选举执政官的人选。[2]这四十一人首先要参加弥撒，然后单独宣誓他们将以上帝与共和国的名义诚实公正行事。随后他们被锁进执政官宫内一间秘密会议室，被一支由水兵组成的特别部队夜以继日地看守，这些人与外界所有的交流和接触都被切断，直到他们完成选举任务。

经过如此多的前期准备，执政官选举终于可以开始。每一位选举人将他决定的人选写在一张纸上，将它丢进瓮中，这些纸条随后被取出查阅，无论提名有多少，所有人选的名字都将列在一份名单上。跟着写有被提名人名字的纸条在另一个瓮中等待抽签，选出最后一名人选。假如相关候选人恰好在场，他就需要和与自己同姓的与会者一同回避，由剩下的人讨论他是否适任。然后，这个人被召回会场回答问题，或者就他

---

1 共和国的内部议会（见前文，第 9 章）。

2 英格兰国王詹姆斯一世驻威尼斯大使亨利・沃顿爵士之后坚决拥护一位本笃会修士发明出来的这一套非凡的手续，他声称："这富有神秘气息的架构中，具有修道院式的魅力。"

人提出的指控为自己辩护，跟着便是最后的投票。假如此人获得二十五张选票，他就被宣布为新一任执政官，反之人们将抽出第二个人，将之前的程序再重复一次。

在这样一个拐弯抹角的复杂系统下，看起来似乎没有人能够顺利当选。然而在公元 1268 年 7 月 23 日，仅仅在他的前任去世十六天后，洛伦佐・提埃波罗便被选为执政官。向来忍不住要对盛大庆典大书特书的马蒂诺・达・卡纳莱，津津有味地向我们描述圣马可大教堂钟声鸣响，人们成群结队地拥至教堂，围住他们的新执政官，“从他后背上撕扯下布片”。这种传统上允许市民去做的冒犯行为“是他［执政官］谦卑和宽厚的象征”。接着执政官赤足走到主祭坛前宣誓就职，并被授予圣马可的旗帜，然后他重新披上长袍，坐在被称为“井口”的宝座上[1]，人们抬着他仪式性地环绕圣马可广场，在新执政官进入执政官宫，向他的新臣民致辞之前，他所到之处，硬币向人群四处抛撒。同时，一个代表团匆匆启程前往圣阿戈斯蒂诺，去通知洛伦佐的妻子，即拉丁帝国皇帝约翰・德・布里耶纳的外甥女这个消息，然后护送她前往新的家园。

“彬彬有礼，温文儒雅，聪明睿智，勇敢且出类拔萃，”马蒂诺热情洋溢地描述洛伦佐・提埃波罗，“［这是］一个蜚声世界的名字。”除了他在尚未结束的对热那亚战争中的英勇表现，洛伦佐还在法诺担任了一段时间的代官，而且他足以为自己长期为共和国服务的记录而自豪。不过这份履历没能让洛伦佐・提埃波罗置身于数年前的圣马可广场聚众斗殴事件之外，他还因为此事不幸挂彩。当他成为执政官后首先采取的非正式行动之一，就是召来丹多洛家族的首领，与他们握手言和。然后庆典活动郑重开始，首先是威尼斯舰队驶过执政官宫以供检阅，在它的后面，跟着来自托

---

1 见前文（第 9 章）。

尔切洛、穆拉诺、布拉诺等其他潟湖地区有人聚居的岛屿的精心装饰的船只。接着，行会的队伍徒步朝这边走来。马蒂诺的记录实在太长，而且描述事无巨细，十分冗长乏味，但这是一份无与伦比的展现威尼斯这座城市的商业生活以及它所达到的繁荣程度的原始资料。游行队列最前端的是头戴花环的金属锻冶工匠，接着是皮匠，尽管7月底的威尼斯在时节上并不适宜，但他们都穿着自己最贵重的貂皮和松鼠皮斗篷；城市中所有的名裁缝穿着镶有朱红星星的白衣，在自己带来的乐队伴奏下精力充沛地放声高歌；织工与缝纫工，纺织品商与制凉鞋者，已经成为一个重要团体的玻璃吹制工，金线锦缎制作者，以及背着大灯笼的制梳匠，灯笼里装满鸟儿，当人们走过执政官宫的时候，它们就被全数放出来。但最具奇思妙想的还是理发师们，引导他们的是两位骑着马全副武装的骑士，还有四名“盛装做奇妙的打扮”[1]的女士。

> 两位骑士在执政官面前下马自报家门。“阁下，我们是两名云游骑士，我们环游全世界，希望能够找到一条好出路。历经千辛万苦，我们终于赢得四位窈窕淑女，假如您麾下有任何骑士想要冒着生命危险从我们这儿将她们夺走，我们会准备战斗到底。”执政官响应骑士们，欢迎他们的到来，并且宣称按上帝的意旨，骑士们可以与他们爱情的俘虏一同愉快生活，他们还将在执政官的宫廷内得到尊重和礼遇，谁也不能对此置喙。

洛伦佐·提埃波罗的执政官任期开始得顺风顺水，不过这位执政官从未真正实现他早先的承诺。从洛伦佐就任执政官开始，过去的好运似乎就

1　原文为“Aparilles mull estrangement”。

抛弃了他，在外交上他也一直没找到自己的节奏。公元 1268 年，威尼斯农业的收成惨不忍睹，几个月之内这座城市就遭遇了饥荒。纵观共和国的历史，农田的缺乏以及随之而来的对维生口粮的进口依赖，是威尼斯最大的弱点之一。而如今又有新的一个问题浮上水面，即威尼斯的邻邦对它的妒忌。威尼斯向帕多瓦、特雷维索和其他城镇寻求供给，结果一无所获；它试图提醒这些城市在埃泽利诺的恐怖统治期间曾经提供给它们的帮助，但对方仍断然拒绝。更有甚者，以往帕多瓦每年向威尼斯的教堂和修道院在大陆上的地产提供谷物作为年租，如今连这份收入也被中断了。无奈之下，威尼斯派船远赴重洋，前往西西里甚至俄罗斯购买粮食，才避免了灾难的发生。共和国暂时吃了苦头，但它的报复来得十分迅速和猛烈，所有经过威尼斯前往陆上目的地的货物，都以亚得里亚海是威尼斯自古以来承袭的一部分领地的名义被课以重税。官员们被指派到沿岸的各个港口，确保商品不会转而在那些地方卸货，同时，威尼斯还控制了波河及其支流的水上交通。这是个愚蠢的举措，其中暗含的所有权宣示行为引发了激烈的反应，包括且远远不限于先前和威尼斯产生龃龉的城市，它亦导致威尼斯和博洛尼亚长达三年的毫无成果的战争，它既没有增加威尼斯在北意大利的声望，也没有改善共和国的名声。

因此，洛伦佐・提埃波罗在公元 1275 年 8 月去世时，他头顶的光环毫无疑问地黯淡了不少。这位执政官被埋葬在圣乔瓦尼保罗教堂，紧挨着他的父亲。洛伦佐・提埃波罗生前并没能够意识到一件事：尽管威尼斯认为它是一个与众不同的高贵且享有特权的地方，无论在历史和传统上都与它的姊妹城市毫无相同之处；但是从意大利诸城的角度，它依然是它们中的一员。威尼斯或许因为它的好运、行事不择手段和无限的自信变得更富裕也更强大，但它绝不比其他城市更高一等，至少在陆上并非不可战胜。在红胡子腓特烈、亨利六世和腓特烈二世时不时袭击伦巴第，以及皇帝派与教宗派的战争依然处在白热化的时期，这些城市有着其他急需处理的事务，它们必须尽其所能寻找一条道路来安稳度过这两派造成的政治风暴。而此时的威尼斯则有潟湖保护，因而得以将注意力集中在无限诱人的东方。不过时移世易，当帝国的阴影逐渐淡去，北意大利城市中兴起了一种新的精神与力量。它们厌倦了流血，试图在威尼斯享受已久的繁荣中分得更大一杯羹，威尼斯将这种繁荣看作自己的特权与应得之物，这种傲慢如今开始被它的姊妹城市所厌恶。

提埃波罗死后，八十岁的雅各布·孔塔里尼当选为执政官，与前任相比，这位执政官阁下对时局的发展也没有敏感到哪里去。或许从威尼斯的情况看，这不足为奇，它对大陆的政策已经误入歧途的事实此时早就不言自明，在过去的五年中，除了它与博洛尼亚签订了不称心的协议，又在公元 1270 年和热那亚约定停战五年之外，共和国还不得不与至少另外六个城市签订和约，在每一份和约中，尽管没有疆域上的问题，但威尼斯仍然要在经济权利上勉强做出让步。公元 1274 年，教宗格列高利十世[1]在第二次里昂大公会议上承认米海尔·帕里奥格洛斯为皇帝，同时为了回报米海尔八世对教宗首要地位的承认与东西两大教派的分裂在表面上重新弥合，教宗抹去了拉丁人收复君士坦丁堡在宗教上的所有正当性。会议期间，教宗与五百名主教还抽时间听取了一个安科纳代表团对威尼斯人自负的抗议与慷慨激昂的抨击。[2]格列高利十世想采取息事宁人的态度，但只是白费力气。威尼斯人为己方争辩，坚持他们自古以来就是亚

1 格列高利十世在公元 1271 年当选教宗，在此之前，由于安茹的查理制造的阴谋，教宗之位空悬了三年之久。而如果举办教宗选举会议的维泰博官方没有采取极端措施，将枢机主教们聚集开会的会场屋顶掀掉，那么这段空位期延续的时间可能会更长。

2 见 S. 罗马宁（第二卷，307 页）。他的说法想必是基于马蒂诺·达·卡纳莱的观点，但我找遍了大会的会议记录，没有发现关于这样一次干涉的记录。

得里亚海的保卫者，幸亏有威尼斯孤军奋战，斯拉夫人、撒拉森人和诺曼人被相继打退，而事实上教宗亚历山大三世已经在公元 1177 年的耶稣升天节期间授予它统治整个海湾的权利，那枚成为惯例的金戒指也当着他的面被丢进滚滚波涛。

威尼斯人宣称的最后一点无疑是特别不可靠的，并没有证据可以证明教宗亚历山大三世做了类似的事情。[1] 至于之前的两点，安科纳人可以指出威尼斯人这么做根本上是出于自己的利益，同样他们也可以保卫属于自己的那一份。而且无论如何，威尼斯人没有理由封锁他们在自己赖以生存的母亲河中溯流而上或顺流入海的自由通行权。这场争吵逐步变得越来越激烈，直至双方势成水火，在公元 1277 年转为公开战争。第一批由二十六艘桨帆船组成的威尼斯舰队立即开赴安科纳，但就在它们刚刚安顿下来准备攻城时，一场反常的夏季风暴让舰队中的大部分船只猛撞在岩石上，而剩下的则被吹散，离开沿海地区好几里远。数日后，对第一支舰队遭遇到的灾难毫无察觉的第二支分遣队从威尼斯出发，径直扎进了安科纳人的包围圈，被一网打尽，做了俘虏。

威尼斯为它的傲慢付出了惨重的代价，但这还不是它所要付出的全部。新任德意志国王哈布斯堡的鲁道夫正试图逢迎教宗尼古拉三世，他准备将罗马涅地区当作一份礼物赠送给尼古拉三世，安科纳也正在这片领地的范围当中，因此威尼斯发现，如今它将教宗也牵扯进了纷争之中。同时，克里特岛和伊斯特里亚的一些反对派系发现威尼斯正陷入麻烦，于是它们一同举起反旗。这种种问题让雅各布·孔塔里尼不堪重负，于是在公元 1280 年 3 月选择退位，或者更准确地说，他得到一些养老金，然后被辞退了。我们知道，他的余生中每年都会得到数额为一千五百皮科利的年

1　见前文（第 9 章）。

金，鉴于他已经八十五岁且卧床不起，想必这笔钱也不会支付太久。[1]

孔塔里尼的继任者乔瓦尼·丹多洛可以说是个谜。除了他响亮的名号，所有资料中都没有他过去历史的记录，只是提到他当选执政官时在国外任职，而他与那位伟大的恩里克·丹多洛之间的关系亦是扑朔迷离。[2]这位执政官上任后，在一年内与安科纳成功言和。或许是为了尽快达成协议，丹多洛选择搁置威尼斯在亚得里亚海的权利这个基本问题，不过他也因此得以脱开手去处理伊斯特里亚的不满分子，这些人如今积极支持宣称对伊斯特里亚拥有管辖权的阿奎莱亚宗主教和戈里齐亚伯爵。威尼斯共和国的平叛战争再次开局不利，伯爵和宗主教组成联盟，成功让一大批德意志雇佣兵为其服务，这些雇佣兵轻松击败了被派去征服反叛城市的里雅斯特的威尼斯部队，的里雅斯特人随即接过了追击的任务，他们首先攻击了考尔莱，逮捕了当地代官并焚烧其官邸，然后一直挺进至马拉莫科，沿路留下满目疮痍。

自丕平后近五个世纪，还没有一支敌对的海军能如此接近威尼斯城。对此威尼斯人迅速坚定地做出了反应，他们将那支不走运的远征军指挥官马林·莫罗西尼投入监狱，“论罪判罚，以儆后人”。同时政府向社会宣布大规模征兵计划，往的里雅斯特派遣了一支比先前庞大得多的舰队。这次

1　如今已经无人知晓他确切的去世日期。他的坟墓也已经无迹可寻，由于它的坟墓上曾有“我们在修道院中的小兄弟”（in claustro fratrum minorum）这样的文字，因此安德烈亚·丹多洛推测这很可能指的是圣方济会荣耀圣母教堂。

2　一位富有学养的德国人以收藏于科雷尔博物馆的“谱系手稿”推断乔瓦尼事实上应该是恩里克的曾孙。西蒙斯菲尔德，《安德烈亚·丹多洛与他的历史作品》，慕尼黑，1876年。但安德烈亚本人却表示十一世纪的海员多梅尼科·丹多洛是他和恩里克两位执政官的祖先，却只字不提乔瓦尼和曾在公元 1329 年至 1339 年担任执政官的弗朗切斯科·丹多洛。

一切都进行得很顺利。的里雅斯特经过激烈的反抗后缴械投降，大多数邻近的城市也纷纷步其后尘，不过直到公元 1285 年，阿奎莱亚宗主教才被说服，与共和国签订了一份非正式协议，即便如此，他对伊斯特里亚的权利依然是个悬而未决的问题。因此，战争很快死灰复燃，接下来的二十年中，威尼斯在军事、政治和经济上都为其所苦。直至公元 1304 年，宗主教以每年获得四百五十马克的代价，将这一地区的所有权利移交给执政官，所有的问题才告一段落。

然而威尼斯还面临着其他问题。自公元 1266 年以来，囊括罗马以南几乎全部意大利地区的西西里王国处在路易九世的弟弟安茹的查理统治之下，他的首都并不在巴勒莫，而是坐落于那不勒斯。然而公元 1282 年，复活节星期一的晚祷即将开始之际，一名醉酒的法兰西军官在巴勒莫的圣神大教堂门外纠缠侵犯了一名西西里妇女，随后被妇女的丈夫袭击而死。这场谋杀很快成为骚乱的导火索，骚乱随即演变为一场大屠杀。到了次日早晨，约有两千名法兰西人在其中丧生。幸存者撤到仍受查理控制的大陆，西西里人随即将阿拉贡的彼得三世推上巴勒莫的王位。

西西里晚祷战争由此爆发，虽然威尼斯在前一年宣布拥护查理，但此刻它并没有参与其中的打算。明哲保身、尽可能远离意大利的剧变是共和国一直以来沿袭的政策，更何况它的海军正忙于伊斯特里亚的战事。因此，当查理的坚定拥护者，法籍教宗马丁四世于公元 1284 年发动十字军讨伐彼得三世时，威尼斯拒绝参与，并明确禁止身为神职人员领导者的格拉多宗主教与卡斯特洛区主教在讲坛布道时鼓吹此事。威尼斯这么做的结果是得到了教廷一纸禁止其所有宗教活动的禁令，这是共和国第一次接到如此神圣郑重的法令，尽管在之后的岁月中它还会收到类似的旨意，但此刻即便傲慢自负如它，也不敢不服从。

如今的人们很难想象当一座中世纪城市被禁止一切教会活动时，其氛围会多么沮丧消沉。教堂钟楼内所有的钟都沉寂无声，弥撒也不再举行，洗礼、婚礼、葬礼，所有生老病死的仪式，以及威尼斯人最喜爱的宗教游行一概被禁止。当年冬天，没有圣诞节与主显节的盛大庆典活动活跃气氛，威尼斯的冬天似乎漫长得永无止境。而到了第二年春天，仿佛像《旧约》中上帝震怒降下的天罚一般，威尼斯遭遇了一场地震以及随之而来的严重洪灾，洪水卷走了城市防波堤，摧毁了不计其数的房屋，一家家威尼斯人流离失所，饥肠辘辘。共和国采取的赈灾措施或许比其他任何欧洲城市可能采取的更迅速、更慷慨和更有效率，但是威尼斯已经无法对它的人民或其他人掩饰，它的好运突然而且悲哀地衰减了。

然而令人惊讶的是，就在这个威尼斯历史上的阴郁时刻，教宗的禁令也还在生效的时期，威尼斯持续时间最长、最具有国际影响力的制度之一，金杜卡特，在公元 1284 年首次面世。杜卡特这个名字并不新鲜，西西里国王罗杰二世首开先河使用杜卡特这个名称，用来指代他在公元 1140 年铸造的一种银币，而到了公元 1202 年，银杜卡特也出现在威尼斯的市面上，用来支付为第四次十字军东征建造船只的工人所需的报酬。但是乔瓦尼·丹多洛的金杜卡特设想中的标准与前两者截然不同。丹多洛在法令中规定“它［金杜卡特］必须拥有最高的纯度，就像佛罗伦萨的弗罗林金币，而且只能**比它更好**”，而铸造出的金币也确实如此，在没有其他维持方式的情况下，从此时起直到共和国覆灭的五百一十三年间，杜卡特金币的质量、名声和价值一直在世界市场上无与伦比。[1]

1　杜卡特这一货币后来演变成一种广为人知的金币（zecchino 或 sequin）。这个词一开始只表示它是新从造币厂（zecca）铸造出来的产品。这种货币还有一个纪实性的有趣之处，钱币上历代执政官跪在圣马可面前的形象使得我们可以追溯几个世纪以来威尼斯执政官礼服的变迁，特别是被称作“corno”的执政官帽的形态变革历程。

乔瓦尼·丹多洛统治了威尼斯九年。他死于公元1289年11月2日，身后留下黄金的丰碑——幸运的是，它可谓后无来者。不过尽管他的杜卡特金币闪耀夺目，其光芒仍不能蒙蔽威尼斯人的眼睛，让他们忘了过去二十年中几乎无事称心如意的现实。在军事方面，伴随着船只与人命的惨痛损失，威尼斯人在陆地和海上都遭到失败；即便到了敌人长驱直入抵达潟湖边界的时候，他们也只能眼睁睁看着无能为力。许多依靠他们进行贸易的邻居，都或多或少地表现出不友好的态度。威尼斯主要的殖民地克里特岛也再一次掀起叛乱。与此同时，威尼斯人的生活因为教宗的禁令、地震的恐怖与洪水带来的痛苦而变得冷淡乏味，更别提在精神信仰上出现的危机了。尽管教宗马丁四世的继任者在公元1285年收回了禁令，自然灾害造成的破坏也大多被修复，但对威尼斯人来说，他们仍然看不到未来的日子将显著好转的迹象。与此同时，威尼斯与伊斯特里亚的战争仍然在远方硝烟滚滚。

威尼斯全国上下正经历着这段艰难时期，因此人们寻找替罪羊的行为就变得非常自然。威尼斯人将一切都归咎于新兴的商业贵族阶级，认为这些从占领君士坦丁堡的军事行动中骤然获得财富权势的家族正利用他们将共和国推向寡头政治的轨道，它们削减了执政官的权力，还剥夺了一般大众在政治上的话语权。这些新贵中最显著的代表就是丹多洛家族，迄今为止它为威尼斯贡献了两位执政官，第一位要为如今新秩序的出现负责任，而第二位则被认为是集所有最令人厌恶的东西于一身的鲜活例子，也正是他将威尼斯带入更深重的苦难。

这样的观点毫无逻辑，也不公平，但它被广为接受，并激起了城内大规模的示威游行。人们因至今为止他们在事实上和法律权力上蒙受的损失心怀怨愤，为失去他们传统上由政府保障的基本权利怒火满腔，于是他们团结起来，尽全力传达出自己的声音。市民们群集于圣马可广场，要求将执政官宝座交给合适的人选，这个人应当是他所在家族的主要成员，而这个家族要比其他任何威尼斯家族都支持共和国真诚且民主的古老制度。他们选择的人，就是执政官洛伦佐·提埃波罗的儿子贾科莫·提埃波罗。[1]

从很多方面来看，这位能以自己长达二十余年的辉煌军功记录而自豪的贾科莫·提埃波罗二世或许会成为一名杰出的执政官，但是他有两个压倒性的缺点。第一点听起来颇有点自相矛盾，贾科莫·提埃波罗是大众意志的附庸，假如他此刻能够成功就任执政官，即便是通过正当的选举程序，人们也会将此归结为他们的游行示威达到了既定的目标，从而进一步增强他们对政治影响力的索求。对谨慎的威尼斯议会成员们来说，这既意味着给暴民统治提供方便，同时威尼斯选举系统中那些被刻意设计的复杂程序都将被回避开，这是非常危险的。幸而贾科莫·提埃波罗要获得候选人身份，眼下还存在着另一个阻碍，这一点即便是他的拥护者也很难提出异议。贾科莫·提埃波罗的祖父和父亲都曾就任威尼斯执政官，于是威尼斯对世袭君主制古已有之的恐惧又再度复苏。他所在的提埃波罗家族确实可敬又显赫，是威尼斯的老牌贵族之一，但如今这样的背景优势反而增加了潜在的风险。仅仅六十年，就有三位来自提埃波罗家族的执政官，这实在是太多了，而贾科莫本人似乎也同意这一点。为了不再引起更多争议，他选择隐退到他位于大陆上的别墅内，而不久之后，经过既定的选举程序，三十八岁的彼得罗·格拉代尼戈当选为新一任执政官。

就像丹多洛家族一样，这位新执政官的家族属于商人阶级的新贵，从他带有轻蔑意味的绰号“彼拉佐”（Pierazzo）来看，人们对其并不信任，

1 他很可能是洛伦佐的侄儿，而不是儿子，家谱对此的记载混乱不清。

而这位执政官随后的行为也充分表明他们的观点是对的。但自从他们自己选择的候选人抽身离去后，威尼斯人没有可以提出的后备人选，他们确定无疑地注意到，前往科佩尔迎接担任当地代官的格拉代尼戈的威尼斯官方代表中，就有提埃波罗家族的成员。于是最终格拉代尼戈当选的消息传来时，人们冷漠以对，很不情愿地接受了新的统治者。

执政官的更迭没有直接改善威尼斯的运气。放眼海外，黎凡特的形势尤其危急，埃及的马穆鲁克苏丹阿尔–阿什拉夫·卡里勒集结部队，准备对最后幸存的十字军国家发动总攻。公元 1289 年，距格拉代尼戈就任仅过了数月，的黎波里伯国陷落，如今仅剩下阿卡和它下属的几个沿海城镇。一个世纪以来，阿卡是东方法兰克十字军国家的首都，也是被驱逐的耶路撒冷国王、加利利亲王、安条克亲王和其他身份稍逊一筹的君主的避难所。根据一位德意志编年史家[1]的记载，在城中可以看到这些人依然头戴金冠，在有天棚遮蔽的街道上散步。威尼斯、比萨、阿马尔菲，以及新近才被驱逐的热那亚，各占有阿卡的四分之一，不过实际上威尼斯的殖民地要比其他人的来得更大。如今，阿卡已经是威尼斯与中亚以及更远的地区进行贸易时一个重要的转运点。[2]

公元 1291 年 5 月 18 日星期五，马穆鲁克军队开始猛攻阿卡，几乎杀死了当地所有的居民，这对威尼斯的打击要远远比长期以来它的商业竞争对手们带来的更为沉重。阿卡陷落后，更小一些的基督教城镇再无坚持下去的希望，亦纷纷步其后尘。随着十字军海外东方政权的覆灭，威尼斯

1 赫尔曼·科尔内。见埃克哈特，《中世纪历史文集》，第二卷，第 942 页，莱比锡，1723 年。

2 我们可以从位于莫里广场的马斯泰利宫找到一些关于当时中亚贸易的愉快提示。进入建筑我们就能看到黎凡特商人马斯泰利三兄弟雕刻于十三世纪晚期的雕像，而在这座房子面向运河，正对着菜园圣母教堂的那一侧，有一块迷人的负重骆驼石质浮雕。

不但一下子失去了宝贵的市场，同时还丢失了它的商队深入东方的转运口岸。诚然，后一项不幸并不是永久性的，即便无视教宗正积极准备发动一场新十字军东征的行动，以及他对胆敢与异教徒有所牵扯的基督教国家的严厉谴责，威尼斯几乎在第一时间就和苏丹进行了商谈，而苏丹在不久之后亦给予它非常优惠的贸易条件。然而，在接下来的一段时间，威尼斯的中亚贸易线仍会受到严重的威胁。东边情况如此，于是威尼斯只能将宝全压在途经黑海沿岸港口与克里米亚的北部商路上，这就意味着它又要直面老对头热那亚共和国，与其短兵相接。

直到十三世纪中期，普遍的政治动荡使环黑海沿岸成了一个在商业上基本无利可图的区域，西方商人们通常选择在君士坦丁堡卸货销售。但自公元1242年起，蒙古人成功统一了该地区以西的欧亚大草原，通商的可能性又再度增加。当年米海尔·帕里奥格洛斯重夺君士坦丁堡后，曾经给予热那亚人在黑海地区的专属贸易权，尽管仅仅过了七年，皇帝就允许威尼斯人回归竞争，但热那亚人凭借着他们位于博斯普鲁斯海峡且不断扩张的加拉塔殖民地，依然在当地占据着主导地位。在其影响力作用下，黑海的特拉布宗取代埃及以及十字军国家的最后残余正在当地迅速冰消瓦解的黎凡特，成为印度香料商队的中转站。与此同时，如今被称为费奥多西亚的卡法城不但控制着克里米亚当地的谷物、盐和鱼类出产，还销售从俄罗斯北方运来的皮毛与奴隶。简而言之，威尼斯人发现他们正面对着一个可怕的敌人。于是它选择与热那亚达成一种不稳定的休战状态，两国的停战协议签订于公元1270年，之后又续签了两次，直到公元1291年阿卡陷落时才告期满。这回再也没有拖延的余地了，热那亚决心保护它的支配权，而威尼斯同样痛下决心，要从对方手中抢夺这一权力。

不过双方都不急于宣战。经过持续三年的备战，威尼斯与比萨结成了同盟，制定了一个全员登记制度，被登记在册的市民体格健全，年龄在十七到七十岁，而且被通知要为即时征兵做好准备。此外，威尼斯还号召城市中最富裕的家族提供金钱资助，为一到两艘，有时甚至是三艘用于战斗的桨帆船配备人手与武器装备。[1]终于，威尼斯舰队在公元 1294 年 10 月 7 日起航出战，它与热那亚舰队的首次交战地点，是在地中海东北角临近伊斯肯德伦湾的海上。这场战斗的结果对威尼斯来说是一场灾难。热那亚人眼见他们寡不敌众，便采取了一个古怪的策略，将所有船只拴在一起，形成一个巨大的海上漂浮平台。这样的举动导致热那亚舰队几乎失去了所有的机动性，但从战略角度上看，热那亚人减少了他们的船只暴露在敌人攻击范围底下的区域，同时他们的水兵们可以从一艘船毫无阻碍地跑到另一艘船，将兵力集中到战斗最为激烈的地方，这就弥补了缺乏机动的不足。反观威尼斯舰队，司令马可・巴塞焦犯下了轻敌的严重错误，他对火船战术嗤之以鼻，决定采取直接进攻的方式。但热那亚船结成的方阵牢不可破，在交战中，威尼斯失去了六十八艘桨帆船中的二十五艘以及许多最优秀的士兵，巴塞焦本人也以身殉职。

热那亚迅速乘胜追击，它的海军直扑克里特岛，焚烧并洗劫了当地首府干尼亚。接着，热那亚海军在公元 1295 年巧妙地引开了威尼斯每年度定期商船队的护卫，在阿卡陷落和热那亚人通过加拉塔有效封锁了博斯普鲁斯海峡之后，这支船队只能在小亚细亚南部海岸局促的小港口内装载货物，当它被热那亚舰队袭击，几乎完全遭到破坏时，这支商船队正在前往迈索尼港的半路上。次年从君士坦丁堡传来了更重大的消息，城内的威尼斯与热那亚殖民地再一次爆发了冲突，在此过程中有不少威尼斯人被屠杀。包括君士坦丁堡的威尼斯市政官在内的逃脱了屠杀的幸

1 能负担得起装备三艘桨帆船费用的只有少数几个豪富家族，他们是奎里尼家族、孔塔里尼家族、莫罗西尼家族和丹多洛家族。

存者，则被米海尔八世之子，皇帝安德洛尼卡二世就地逮捕，身陷囹圄。这位安德洛尼卡二世显然继承了乃父之风，倾向于和胜利者站在同一阵营。

这最后的暴行刺激了威尼斯，令它从死气沉沉的状态中迅速恢复过来。一支由四十艘船组成的舰队迅速准备停当，被派往战场，它的指挥者是罗热里奥·莫罗西尼，他有个绰号叫“Malabranca”，意为“残酷之爪”。罗热里奥率军疾驰过达达尼尔海峡，烧毁所有视线内的希腊与热那亚船只，然后袭击并劫掠了加拉塔。接着他掉头转向金角湾，在布雷契耐皇宫的城墙下摧毁了一艘闲置在岸边的御用桨帆船。直到安德洛尼卡二世支付了一大笔赔偿金，他才带着大量热那亚俘虏胜利返回潟湖。与此同时，另一支在乔瓦尼·索伦佐指挥下的威尼斯舰队突破了热那亚在博斯普鲁斯海峡的封锁成功进入黑海，它占据了卡法，并且利用这座城市来抵挡鞑靼人猛烈的攻势，直至冬天到来，他们不得不撤离该地。

战争此后又延续了三年多，这期间从西西里到塞浦路斯，两国海军在整个地中海中心地区不断爆发遭遇战，公元 1298 年，热那亚人在靠近库尔佐拉岛的达尔马提亚沿海又获得了辉煌的胜利。在战斗中他们再次处于兵力上的劣势，但热那亚人占据风向优势，并且有当时最杰出的海军将领兰巴·多里亚的指挥，于是威尼斯船被包围起来紧紧挤在一起，当其中一艘船着火时，火势就很快扩散开来。来自基奥贾的威尼斯水兵们战斗尤其英勇，然而战斗结束后，九十五艘威尼斯船中有六十五艘沉没或被俘获，死伤人数高达九千人，另有五千名俘虏被带往热那亚。这批俘虏中至少有一人再也没能抵达那里，与那位身为历史学家的执政官同名的威尼斯海军司令安德烈亚·丹多洛，据说他一头撞上船桅，自杀身亡。而另一位更幸运也更为明智的囚徒在热那亚的监狱中靠向狱友口述他东方之旅的见闻经历消磨时间，这些被记录下来的故事，就是日后闻名于世的《马可·波罗行记》。

尽管有着非同寻常的经历，或许还是有史以来最具影响力的游记的作者，马可·波罗却出身于一个在当时非常典型的威尼斯商人贵族家庭。他的父亲尼科洛·波罗与其他两位兄弟是生意上的伙伴，这三兄弟至少有一人居住在君士坦丁堡，比如最年长的马尔科，不过他们全都会定期前往克里米亚，甚至更远的地方。因此我们知道大约在公元1260年，尼科洛和弟弟马费奥远赴东方到达布哈拉。在那里他们碰巧遇上了蒙古统治者忽必烈汗的使者，使者说服他们一同前往忽必烈宫廷的所在地，即如今的北京。

与他曾经坐在蒙古汗位上的前任们不同，忽必烈有着一个明显更为开放的头脑和心胸，同时他还拥有无限的求知欲。他对波罗兄弟讲述的欧洲风物，尤其是基督教信仰印象深刻。于是他决定将他们作为特使送返西方觐见教宗克雷芒四世，并要求教宗派遣一批受过教育的人来教导他的子民基督教教义和人文科学。波罗兄弟启程返回，当他们到达阿卡时，得知克雷芒四世已经去世，而新任教宗还未被选出，因此，兄弟俩决定回到威尼斯。

假设他们没有这么做，假设教宗当时仍在人世，假设波罗兄弟按照原计划再度踏上东方之旅，那就再也不会有我们现在所知的马可·波罗了。不过等到公元1270年老尼科洛回到睽违十年的家中时，他的妻子已经过世，儿子也已长大成人。第二年，在经历了教宗国历史上最长的空位期之后，波罗兄弟最终得以觐见他们的私人老友新教宗格列高利十世，完成了大汗的使命。当他们再度启程前往远东时，年轻的马可·波罗亦与父亲和叔叔同行。

这家人一路经过波斯、奥克夏纳、帕米尔高原、喀什噶尔与戈壁荒漠。在马可·波罗之前，西方人从未接触过有关这些地方的描述，直到十九世纪中期，西方都没有类似的作品问世。波罗一家的旅途漫长又艰难，整整花费了他们四年的时间，最终这几位威尼斯人抵达了忽必烈位于上都的夏宫，二十一岁的马可在皇帝那里立刻获得了巨大的成功。忽必烈沉迷于聆听年轻的威尼斯人讲述他的冒险经历以及旅途中的奇妙见闻，并一度让他进入帝国的官僚体系。在很短的时间内，马可·波罗就成了大汗最信任的官员之一，他长途跋涉，足迹遍布整个元帝国，他接受大汗的指派去管理偏远的行省与城市，还前往南印度甚至更远的地方执行任务。

马可的父亲和叔叔是否和他一起执行这些任务我们不得而知，不过可以确定的是，忽必烈觉得波罗一家三人都十分有趣且得用，以至于过了很多年他都不舍得放他们走。直到公元 1292 年，一位蒙古公主准备与波斯汗王结婚，波罗一家作为她的护卫，终于被允许离开。

时隔二十五年，波罗一家再度回到威尼斯的大宅，这三人不被亲友承认的情节，以及接着他们突然掀开身上破破烂烂的东方长袍，撕开衬里，让祖母绿、红宝石和珍珠源源不断地散落在地板上的戏剧化场景，都成了马可·波罗传奇故事的一部分。尽管马可·波罗的故事受到种种质疑，他还被指称在叙述中夸大其词，在叙述中总是使用百万这个单位，因此得到了一个并不完全出于善意的绰号“百万”。但不管如何，马可·波罗在热那亚监狱内向狱友口述，让对方记录成文的这本书不仅仅像他人曾经猜测的那样，只是一本夸大离奇的故事集。书中很多描述都非常准确，其中有一些在几个世纪之后，经由学者在中国档案馆内的研究得到了证实。马可·波罗不但在忽必烈辉煌的北京宫廷内享有发言权，甚至将这种权力扩散到大汗的整个帝国。他在极北的地区坐着驯鹿与狗拉雪橇，又南下去到锡兰、缅甸、暹罗、爪哇、苏门答腊和日本，在他所处的时代之前，这些地方西方人闻所未闻，据说他甚至还到过位于阿比尼西亚、马达加斯加和桑给巴尔岛的基督教国家。

马可·波罗去世于公元1324年，他被埋葬在圣洛伦佐教堂，遗憾的是盛放遗体的石棺在公元1592年教堂重建时遗失了，不过马可·波罗的遗嘱还完好地保存在圣马可图书馆。波罗家的老宅位于圣金口若望教堂后方一个偏僻角落，如今还存有少许遗迹，其中包括一座极其华美的拜占庭式拱门，马可·波罗曾经无数次从它下面通过。这个遗址现在仍然以中世纪最伟大和最著名的“百万”旅行家命名，被人们称作“百万的第二座庭院”（Corte Seconda del Milion）。

库尔佐拉岛战役后，威尼斯和热那亚之间的战争终于到了最后阶段。这个阶段没有发生更多大规模的交战，一支热那亚突击小队成功袭击了马拉莫科，随即威尼斯人多梅尼科·斯基亚沃采取了报复行动，此前一两年，这个人在袭击卡法的战斗中脱颖而出，他带着三艘桨帆船冲入热那亚的内港，并且在撤退前就地铸造了一些威尼斯钱币以作为最后的侮辱手段。不过此时双方都希望能够达成彼此间的和平，到了这最后关头，威尼斯人无法否认他们表现很糟、处于下风的事实。他们在地中海以及更远地区的声望受到严重打击，而他们的自信也被粗暴地动摇。热那亚虽然取得了辉煌胜利，但他们亦吃了不少苦头，尽管它的声望达到了有史以来的最高峰，然而就总体的损失而言，它并没有比威尼斯好到哪里去，可以利用的资源更是无法估量的少。相较之下，威尼斯人或许疲惫不堪，但他们还在筹备另一支规模高达一百艘船的舰队，并招募多支加泰罗尼亚雇佣兵队伍来填补军队中弩手的空缺。

热那亚与威尼斯之间的和平协议，最终在刚执掌米兰大权、愿意为这两方做调停人的马泰奥·维斯康蒂协商下，于公元1299年5月正式签署。威尼斯和热那亚双方都表现得令人敬重，彼此之间完全看不出胜利者和被征服者的迹象。不过它们所签协议中的条款很不寻常，它指出了当时流行观念中对合法海战与海盗劫掠界定的局限性。于是仅有这两个共和国做出互不侵犯的保证并不足够，每一个威尼斯船长都有责任单独宣誓他不会攻击任何热那亚船只，反之亦然。然而假如当拜占庭帝国受到威尼斯攻击时，热那亚人被特别允许参与到防御战中去。而当热那亚与比萨之间发生任何战争时，除热那亚本土以外，威尼斯将被科西嘉岛、撒丁岛，以及位于奇维塔韦基亚和尼斯之间的利古里亚沿海地区拒之门外。同样，如果战事发生在亚得里亚海，热那亚人就必须回避进入除威尼斯之外当地的所有港口。这份协议不但在两个主要的国家之间生效，还适用于站在威尼斯一方的帕多瓦和维罗纳，以及支持热那亚的阿斯蒂与托尔托纳。

协议涉及希腊帝国的部分则清晰地显示出威尼斯与皇帝安德洛尼卡·帕里奥格洛斯之间的争端仍然没有得到解决。在皇帝接受条件讲和前，威尼斯又花费了三年时间，对君士坦丁堡进行了一次惩罚性的远征，并且在布雷契耐宫的城墙下将希腊囚犯拉上甲板鞭打示众。从那时起，威尼斯从组织上发生了根本性的变化。

13

得意扬扬的寡头们

（公元 1297—1310 年）

威尼斯有如一个幅员广阔、距离遥远的帝国的情妇，如果通过民主政治机构来管理，就无法控制它。和英国贵族一样，威尼斯贵族把圣马可之城献给了某些家族，在这些家族之中，统治艺术世代传承，而且可以在不改变既定原则和政治精神的情况下更换人选。这就是寡头政体赢得尊重和信任的原因所在，他们对善良与智慧有着清晰的认知；他们心怀抱负，在一切情况下都极力彰显祖国的安全和伟大。这也是威尼斯最终在十四和十五世纪时，得以拥有世界上最好的政府之一，并能够以最高效率为使徒圣马可的城市服务的原因所在。

——夏尔·迪尔，《威尼斯：贵族共和国》

自封为“米兰提督”的马泰奥·维斯康蒂只是十三世纪中期以来试图攫取北意大利城市管辖权的诸多独裁者之一，虽然他是其中最具权势的。斯卡里杰利家族已经在维罗纳站稳了脚跟，埃斯特家族掌握了摩德纳与费拉拉，而在曼图亚，贡扎加家族正蓄势待发。尽管在严格的古典主义观念中这些统治者或许全都是暴君，但通常他们的统治还不算暴虐到叫人难以忍受。这些人至多不过是不受子民的欢迎，而对于他们的臣民们来说，生活要比在这群主君的父辈及祖父辈治下平和安全得多。

然而威尼斯人对他们厌恶非常。我们一次又一次地发现，共和国正不断加强自己的防御，以免遭遇到北意大利城邦在这些独裁者手下受到的控制。执政官的“承诺书”和为了防止裙带关系而愈发严厉的政治措施，雷尼耶·泽诺对公开展示家族徽号与盾形纹章的禁令，噩梦般冗长的执政官选举过程，以及拒绝让第三位提埃波罗家族成员成为执政官的决定，以上种种在世纪之交都成为威尼斯式独裁恐惧症的表现。实际上，威尼斯人的反应过分夸大了危险的部分，可以说有些杞人忧天。欧洲大陆上那些出众的独裁者们牢牢扎根在与威尼斯截然不同的传统之中，他们是西欧高度发达的封建体系的产物，也是市民自治与之对抗的反作用力的结果。他们还是夹在帝国与教宗国、皇帝派与教宗派的长期较量中饱受折磨的意大利诸城滋生出的产物，也是在刺激和扰乱意大利城邦崛起的争执与竞争之中产生的结果。

而威尼斯则与拜占庭一脉相承。至少在第四次十字军东征之前，封建制度在拜占庭帝国的土地上闻所未闻。从查理大帝与尼基弗鲁斯一世签订协议以来，西方的帝国就没有对威尼斯真正宣誓过任何形式的所有权，如今威尼斯也不属于皇帝派与教宗派任何一边。在北意大利主要的城邦中，威尼斯可以说是唯一没有被征服甚至是被入侵过的。威尼斯其他的姊妹城市，假如暂时不用忐忑不安地彼此提防，就不得不绷紧一根弦，关注北方阿尔卑斯山那一端的帝国，或是南方端坐在罗马城内的教宗，而威尼斯却将意大利抛在脑后，转而将眼光投向东方，投向造就了共和国的早期阶段并为它带来似锦前程的世界。因此，威尼斯在政治上的演变采取了一条与它的姊妹城市截然不同的轨迹。北意大利的城邦选择走公共政府的道路，一旦行不通，它们就会一百八十度大转弯，走向独裁统治的道路。与其形成鲜明对比的是，威尼斯一心一意，坚定地追求着可以长久存在的寡头政治，而当它最终达到这个目标时，这个体系在总体上明智且妥善地统治了威尼斯近五百年，直到共和国走向终结。

长期以来，在威尼斯政治金字塔的塔尖上，执政官可行使的权利一直在减少。这个过程在公元 1032 年开始于多梅尼科・弗拉班尼科之手，他制止了执政官提名他的同僚与继任者的行为，让执政官被元老和顾问们包围起来。接着，公元 1172 年的维塔莱・米希尔被刺事件后，威尼斯建立起大议会制度。随后不断出现的执政官承诺书向我们证明了威尼斯政治演变的过程尚未结束。[1] 在同样的政治金字塔底部，我们也可以见到威尼斯普通大众的影响力几乎荡然无存。在最近的公元 1289 年，人们试图重新要求政治权利的行动显然也失败了。因此，威尼斯政治组织架构的实质基础如今就变成了大议会，获得大议会中的一个席位通常是威尼斯人谋取政治力量的第一步。当然，对于那些没有财富优势与家族纽带提携的人来说，大议会议员的资格并不容易得到。自大议会开始采用自选举制度以来，就在几年之内，它不可避免地愈来愈向一个封闭社会发展。举一个例子，公元 1293 年，大议会的成员包括了十位福斯卡里家族成员、十一位莫罗西尼家族成员，以及不少于十八位来自孔塔里尼家族的议员。不过在理论上，或者在某种程度的实际操作上，进入大议会的大门此时还未向公众关闭。但如今，彼得罗・格拉代尼戈在十三世纪的最后几年，将这扇大门永远合上了。

早在公元 1286 年乔瓦尼・丹多洛执政的时代，就已有人提议大议会

1　这其中尤其具有启发意义的是雅各布・孔塔里尼在公元 1275 年签署的承诺书。这位八十高龄的执政官还特别需要进行宣誓，不会在未得到议会允许的情况下迎娶外国国籍的妻子，他和他的儿子们也不会在共和国范围之外买地置产，或是夺取政府公债的份额。假设如果他和他的家族成员在威尼斯新的殖民地上拥有领地，那么他们必须在雅各布就任执政官后的一年内全数将其放弃。而雅各布・孔塔里尼的儿子们更是被明令禁止接受除了大使和船长以外的任何国家公职。

议员的适任资格应当被限制在那些父辈或者更远的亲代祖先曾经担任议员一职的人当中。当时这个提议被包括丹多洛执政官在内的大多数人否决，彼得罗·格拉代尼戈执政官在十年后旧事重提，也没能够取得太大的进展。不过这位四十五岁的年轻执政官以他旺盛的精力和坚定的意志著称，公元 1297 年 2 月的最后一天，[1] 一部新法被提出并获得认可，其中最重要的条款规定，四十人议会的成员必须[2] 逐个以所有在过去四年中曾经在大议会拥有席位的成员的名义进行投票。同时这部法律还裁定，只有获得十二张或以上选票者才能成为议会议员，任期直至公元 1298 年的米迦勒节（这一天通常被当作进行新一届选举的日子）。到了那一天，这个制度又被拖延了一年之久，终于在公元 1299 年进行补充修订后，成为威尼斯的制定法。

此时对那些被新法条款排除在外的人来说，还有一个漏洞可以加以利用。相关条款规定，三位任期仅为一年的选举人将负有把之前未获得候选资格的人选提请执政官及其顾问们批准通过，让他们也一同参选的任务。理论上，这条规定可以被认为重新朝公众打开了选举的大门，但事实上，有观点认为这不过是狡猾虚伪的执政官故意用来欺骗反对派的行为。他借着保留否决所有新出现人选的权力，为自己抢夺力量，在接下来的几年中，执政官通过选举者们清楚地表明态度，在条款的实际操作中，只有那些曾经任职于议会，或者亲代祖先曾经有过类似经历的人，才能从中受惠。

上述的这些举措无助于缩小议会的规模，与此相反，越来越多的威尼斯人急忙着手证明他们自己的选举资格。多年以来，符合大议会议员

1　实际应为公元 1296 年。按照现代历法，3 月是当时新一年的开始。
2　见前文（第 10 章）。

候选资格的人数从最初的四百八十人不断下降，但如今候选人数不但没有继续减少，反而迅速上升。公元 1296 年，这个数目仅仅只有二百一十人，但到了公元 1311 年，拥有选举资格的人数就激增到一千零十七人，到了公元 1340 年，又增长为一千二百一十二人。当然，不是所有人都会同时出现在一个场合，威尼斯很小，而它的海外利益是巨大的，很大一部分威尼斯市民中的俊杰栋梁总是在外进行外交活动或者经商。尽管如此，到公元 1301 年，现有的议院[1]规模就显得太小而不得不另择新址，新议院的位置或许就在这幢建筑东翼的中段。[2]因此，在那些该当为此负责的人们眼里，从设定限制条件来净化共和国政体的方面，新法并没有发挥出多大的作用，而一个非狭义的寡头政治却因此突然成形了。尽管如此，我们无法否认此后在威尼斯的历史上，“serrata”这一特点得到了传承，字面意义上，这个词的含义是封锁与关闭。威尼斯大议会一举在共和国社会中建立了一个封闭的等级，这个阶级内部的精英们曾经在公元 1293 年至 1297 年这四年间成为大议会的成员，同时这些人的出身以及履历也使他们得到了议员的头衔。为了防止虚报，这个特权阶级的门槛升得一高再高。公元 1315 年，威尼斯编撰了一份所有有参选资格市民的名单。从名单中，我们可以清楚地看到它将那些非婚生子和母亲出身卑微的人排除在外。这份名单的出现，意味着威尼斯朝着贵族间婚姻与子嗣的登记制度迈出了一步，此后形成的贵族名册，就是威尼斯共和国著名的“金书”

---

1 这个议院很有可能占据了塞巴斯蒂亚诺·齐亚尼所建的老执政官宫底层的大部分空间。根据一份日期为公元 1255 年的现存文件，人们被禁止在附近的天井内闲逛，且所有在议院窗外喧哗或嬉戏的人将受到丢入水中的惩罚。

2 它面对着狭窄的宫殿河那端的监狱，如今这两者之间连接着大名鼎鼎的叹息桥。叹息桥的出现，标志着执政官宫建筑从拜占庭式向哥特式转变的开端。这次增建的部分没有维持很久，差不多四十年后，当执政官宫迎来新一次扩建时，它的很大一部分都在工程中消失了。执政官宫这一部分建筑现存的唯一痕迹就是位于建筑东南角两侧的花格窗。

（Libro d’Oro）。

在此有一个问题，是什么令大多数的威尼斯人失去了跻身上流贵族社会的资格呢？他们中很多人可能同样富有、聪明，有着良好的教养，却被共和国最高贵的那一批人拒之门外。于是可以理解，在这个制度最初实行的时候，人们的愤慨有多么强烈，但是等到经过了差不多一代人，威尼斯市民有了足够的时间来适应新的统治制度与管理体系，至少大多数人心中的怨气就要比预想中来得少了。此外，威尼斯的社会中还存在着第二种社会秩序，它随着时间推移逐渐发展成形，因而无法确定它究竟存在了多久——这就是威尼斯的市民阶级（cittadini）。比起他们显贵的统治者同胞，这个阶级的威尼斯人显得较为卑微，不过他们与普通民众相比，依然拥有些许可供自傲的优越性，它类似于圣保罗一出生就获得的罗马帝国公民身份所带来的骄傲。后来威尼斯市民阶级的地位又明显提高了一些，这个阶级的人拥有了一种准男爵的身份，差不多近似于罗马帝国的骑士阶级。不过在最高的“Serrata”出现之前，他们就已主张要得到社会的敬重。公元 1268 年威尼斯国务大臣（Grand Chancellor）一职的设立就是上述要求的一个明证，这个职位明确规定只能由出身市民阶级的威尼斯公民担任，就像它高尚的职位名称所暗示的那样，国务大臣不仅仅是执政官公署内的实质性领导者，他还负责领导共和国所有的行政部门。国务大臣可以穿着紫色的衣物，他的地位甚至在元老院的议员之上，仅居于执政官、执政官内部顾问和圣马可大教堂的教会官员之后。除了公民选举权之外，国务大臣可以享受所有贵族阶级的特权，一旦一位威尼斯市民获得这个职位，他将在这个位置上工作终身，身后葬礼哀荣亦可以与执政官的相媲美。

在威尼斯的政府中，其他一些影响力较小但依然重要的岗位同时面向贵族和市民阶级开放，这是典型的威尼斯式政治智慧，随着时间流逝，市民阶级会逐渐成为寡头政治体系的坚实壁垒，而不是变成游离在外的危险因素，尤其是在如今公民权已经不容易取得的情况下更是如此。假如外国人想要获得威尼斯的公民权，最基本的要求是在威尼斯或者它管辖的领地上居住满二十五年；而能让持有者在共和国国境之外也享受全面保护的额外公民权利就更加难以获得了。诚然，一些幸运儿可以被直接授予公民身份和权利，例如拥有稀有技能的工匠，或者那些为共和国做出杰出贡献的人士。不过出于同样的理由，市民阶级一直梦想着得到共和国的特别优待，像那些靠政策网开一面得到公民身份的外乡人一样，向上跻身贵族阶级。

当然，尽管现状如此，彼得罗·格拉代尼戈执政官这惊人的一步也激起不少反对的声音。甚至有一些因新法被剥夺了选举权的威尼斯人选择反叛，就像公元 1300 年初，一个叫马林·博科尼奥的人所做的那样。他策划刺杀执政官，并颠覆他的政府。博科尼奥正是最为痛恨威尼斯新统治方法的那群人之一，他们富裕、雄心勃勃，有能力一呼百应，取得可观的公众支持，但如今他们发现自己已经被永远排除在共和国的政治文明之外。虽然动机十分充分，但遗憾的是马林·博科尼奥并不是个天才的阴谋策划者，而威尼斯的秘密警察则是一个不容小觑的组织，很快他和他的十名同谋者就被逮捕，吊死在小广场的两根石柱之间，[1] 他试图捍卫他与市民同胞们权利的尝试以惨败收场，然而这不是最后一次在威尼斯发生的类似行为。

公元 1308 年 1 月 31 日，埃斯特家族的阿佐八世侯爵死于费拉拉。两百年来，埃斯特家族一直是北意大利最具权势的豪门贵胄之一，帕多瓦、

1 （见第 9 章）根据最可信的资料（罗马宁援引卡雷西尼，第三卷，第 6 页），他们被“可耻地”（turpissime）吊死了，霍雷肖·布朗将其解释为这些人是头朝下被吊死的。

维罗纳、曼图亚和摩德纳都曾在不同时期被纳入这个家族的势力范围之下。费拉拉曾经在十三世纪早期与教宗派联手，抵挡皇帝派的将军萨林圭拉·迪·托雷洛。公元1240年，威尼斯人攻陷费拉拉，囚禁萨林圭拉之后，埃斯特家族就成了掌握当地政府大权的不二人选。纵然直至此时，他们仿佛仍以威尼斯属地总督的身份进行统治，但这个家族仍然是忠实的教宗派拥护者，并给了之后的教宗们抱怨威尼斯的理由。

阿佐八世的死造成了一个问题。他身后没有留下合法的子嗣，只有两个兄弟，但侯爵有一个私生子福斯科，福斯科的儿子福尔科被阿佐八世指定为继承人。这自然是最容易招致麻烦的安排，侯爵两个怒火中烧的兄弟无视了他的遗嘱，而福斯科为了保卫儿子的继承权，转而向威尼斯求助。威尼斯派出了部队，于是教宗克雷芒五世在他位于阿维尼翁[1]的新教廷决定，要不惜一切代价阻止威尼斯接管费拉拉。克雷芒五世重新主张教宗国对费拉拉休眠已久的宗主权，并且做出了有利于两兄弟的裁决。面对急剧升级的事态，福斯科胆怯了，他在费拉拉的地位一直不够强，而且他完全没有与教宗对抗的准备。于是他只是让威尼斯民兵们长期安顿在泰达尔多城堡内，然后逃窜到威尼斯，同时将他儿子主张的所有权利都割让给了共和国。

于是教宗军进驻费拉拉城，教宗特使佩拉格吕埃枢机主教遣使会见威尼斯执政官，要求他立即撤回军队。威尼斯人的立场非常坚定，他们既不寻求亦不希望发生意外的军事冲突，但仍然据守着泰达尔多城堡。城堡居高临下的险要地理位置可以俯瞰整个城市以及波河上所有的重要桥梁，给威尼斯人带来重要的战略优势，而无论对他们的威胁来自何方，威尼斯人都没有向其让步的打算。于是教宗特使做出妥协，以承认费拉拉为教宗封

1 教廷在公元1307年转移到阿维尼翁，此后在那里存留了七十年。

地，并且支付两万杜卡特年金的条件，允许威尼斯将这座城市收入囊中。但威尼斯人依然拒绝屈从，他们声称费拉拉的所有权利已经被埃斯特家族自愿转让给威尼斯，于是在这个问题上已经没有什么商量的余地了。

佩拉格吕埃并不同意威尼斯人的说辞。公元 1308 年 10 月 25 日，他给威尼斯人十天的投降期限，假如他们坚持己见负隅顽抗，威尼斯共和国，威尼斯执政官，所有的执政官顾问、军官，以及一切藐视教宗命令、为反抗罗马教廷出谋划策或提供帮助的人将被逐出教会，并受到禁止所有宗教活动的惩处。同时，主教还威胁，如果威尼斯人拒绝投降，共和国所有在费拉拉的货物与产业都将被没收充公，所有的商业合约均宣告无效，所有的贸易活动与交通往来一概停止。此外，威尼斯以及所属船只在波河沿岸对教宗军的运输工具造成极大破坏的基奥贾将遭遇封锁，先前教宗授予共和国的所有特权也一并撤销。

这是二十五年以来威尼斯第二次面对教会的禁令。公元 1284 年的禁令主要局限在宗教信仰方面的制裁，然而这一次威胁到的是威尼斯整体的政治经济生活。在事件的早期阶段，威尼斯政府将费拉拉问题全权授予大议会的一个特别委员会处理。这个委员会最初仅有二十名成员，随着事态恶化，委员会人数上升至四十五人。然而如今，面对当下教廷带来的危机，即便是这四十五人看上去也不足以应付了。于是议会全员出动，数百人济济一堂，在讨论过程中，他们处理费拉拉危机的观点出现了尖锐的分歧。大多数在雅各布·奎里尼领导下的老牌贵族敦促共和国让步，他们指出，政府同个人一样，始终要对上帝保持敬畏，并且尊重基督在地上的代理人。此外，他们认为威尼斯无论在财政上还是物质上都还没有从长期的战争中完全恢复元气，目前不是兴起另一场战争的时候，更何况它可能会造成比过去任何一次战争都更具灾难性的后果。

正如我们意料的，格拉代尼戈执政官对此持相反意见。他认为目前讨论的议题并不是宗教问题，而是政治问题，在政治的层面上，一个人无论身份贵贱，他的首要职责都是为国家服务，每一个人都有责任增加国家的领地，增强它的权威，为其增光添彩。巨大的机遇千载难逢，可遇而不可求，明智的政治家必须学会发现并抓住它们。目前的情况就是这样的一个机遇，威尼斯可以借此在波河流域站稳脚跟取得主导地位，并且能够保障这一地区运输路线的安全。威尼斯对费拉拉的权利无可置疑，而远在阿尔卑斯山那一端的教宗克雷芒五世只是受到了误导。假如将威尼斯真正的立场与真实的情况解释给他听，很难想象他还会继续选择用这样一种方式来对付威尼斯的人民。威尼斯人一直都是教会忠实的子民，而他们也热切希望能一如既往地这么做。[1]

这场辩论冗长又火药味十足，而且它已经不仅仅局限在议会之内。在威尼斯主要的两大派系之间积聚的陈年恩怨又爆发出来，它们一方是以奎里尼家族和提埃波罗家族为首的旧贵族、民粹主义者以及倾向于教宗的教宗派人士，另一边则是执政官与丹多洛家族代表的寡头统治集团成员兼领土扩张政策的忠实拥护者。威尼斯再一次频频发生争吵、斗殴乃至骚乱，市民们上街都得携带武器。到最后执政官一方占了上风，政府宣称费拉拉是威尼斯共和国的财产并且将继续如此，一位威尼斯籍的代官被指派到城内，费拉拉人也得到了威尼斯公民能够享有的全部权利。

教廷威胁的后果并没有立刻到来。冬天已经降临，与阿维尼翁的联系十分不便。于是公元 1309 年早春，威尼斯决定派遣一个代表团前去觐见教宗，“谦卑但有礼有节”地向他阐述威尼斯的立场。可惜的是这个决

1 罗马宁关于这些演说的摘要来自圣马可图书馆中马可·巴尔巴洛撰写的编年史。不过按照巴巴拉在十六世纪中期所写的，巴尔巴洛更倾向于以修昔底德的撰史原则来工作，他并没有如实记录当时人们所说的所有内容，而是记录下了适用于其论据的言辞。

定下得太晚了，就在大使们出发的第二日，3 月 27 日濯足星期四，教宗下达了将威尼斯逐出教会的命令。这项惩罚的条款要比所有人预想中都来得可怕。除了事先声明过的惩罚措施以外，所有执政官的臣民都被免除了对他的效忠誓言，他们还被禁止提供证词或设立遗嘱，无论在此世或者来生，任何人都可以剥夺这些人的自由，或者奴役他们而不受到任何惩罚。最后，所有神职人员都被要求在一个月限期期满后离开威尼斯共和国的领土，考虑到威尼斯在最后时刻改变心意的情况，神职人员规定离开的时限被确定在限期期满之后的十天内。

在此不得不称赞格拉代尼戈执政官与他周围人的勇气，直到此时，威尼斯仍然毫不退缩。威尼斯得直面经济和商业的毁灭性打击，而同样在预料之中，当一个月期限结束，教宗可怕的惩罚正式生效之际，威尼斯的敌人和竞争对手们便开始对它进行打击。在欧洲各个角落以及亚洲大片区域内，威尼斯的货物被查封，产业被没收充公，船只受到袭击和抢掠。万幸在公元 1297 年，同样出于对教宗命令的藐视，威尼斯人与埃及的马穆鲁克苏丹签订了商贸协议，阿卡陷落后，马穆鲁克苏丹控制了整个巴勒斯坦沿海地区，因此如今威尼斯商人还可以从里亚尔托出发航向该处经商，这是他们唯一一个还能保证自己受到欢迎的方向，而这条威尼斯的生命线，教宗无法切断，鞭长莫及。

在一个月前，当教宗诏书送达执政官手上时，费拉拉的威尼斯代官就受命在泰达尔多城堡周围挖掘壕沟，布置防御措施。到了 7 月，教宗的枢机特使宣布讨伐威尼斯的神圣战争已经准备就绪。佛罗伦萨、路加、安科纳和许多位于托斯卡纳、伦巴第和罗马涅地区的城镇受嫉妒、贪婪等情绪驱使，或者比较公平地说，出于宗教虔诚与顺服教宗之情，迅速云集在教宗的旗帜下迫近费拉拉。接着，攻城战开始了。

从一开始战局就对威尼斯相当不利。驻守的威尼斯军队作战勇猛，但瘟疫几乎在同时爆发，夺走了督政官以及许多士兵的生命，而病死者的数目还在持续增加。援兵匆匆而至，马可·奎里尼·德拉·卡·格兰德和乔瓦尼·索伦佐率军冲断了教宗军在波河河面拉起的铁链，成功进入被围困的城堡。但是敌人实在太过强大，而瘟疫又逐渐变得更致命、更具传染性，因此当 8 月 28 日城堡遭到猛烈突袭时，还活着的守军已经无力抵抗。只有奎里尼在内的一两人成功逃脱，其余的威尼斯人不是被刺瞎就是被杀，更有遭遇凄惨者经受了上述的双重折磨。

这是又一场失败，又一次羞辱。但即便到了这般地步，威尼斯人依然没有立即屈服。双方都不那么投入地继续着战争。教宗这一边遇上了他所支持的埃斯特兄弟之一，弗朗切斯科·德·埃斯特造成的麻烦；而威尼斯正忙于处理国内的一个新危机——这一点我们稍后便可以读到。此时威尼斯仍然没有接受教训，在它了解到它所有的繁荣都是建立在贸易而非领土扩张这一简单事实之前，它还需要付出更为高昂的代价。威尼斯的力量依靠的是这座城市在世界上独一无二、安全且难以进犯的环海环境。假如它要到大陆上去冒险碰运气，就是否认了自己得天独厚的优势，这必将导致它自身的毁灭。

它最后终究意识到了这一点。

14

议会与密谋

（公元 1310 年）

公元 1310 年这时候，
当樱桃又在枝头熟透，
老贝亚蒙特走过那座桥，
他们就把十人议会来创造。

——威尼斯老民谣，来自《辉煌壮丽的威尼斯城》，
摘自格雷菲乌斯，《意大利古代文选》，第五卷

到了公元 1310 年的春天，彼得罗·格拉代尼戈执政官成了威尼斯最不受欢迎的人。大多数人都还对公民选举权被剥夺一事耿耿于怀，而执政官所有的子民都认为他应当为教宗的禁令负责。禁令不但影响了共和国所有男女老幼的生活，还造成了贸易的中断。尤其是威尼斯的商人群体，面对着现世经济崩溃与来世灵魂被诅咒的双方面不幸，他们毫不掩饰对始作俑者的厌恶之情。

对所有人来说，当前一年 8 月的最后几天在费拉拉发生的事传回潟湖时，他们遭到了更具毁灭性的打击。此前执政官的豪赌似乎还有那么一点儿成功的机会，即便威尼斯在物质的角度上成了输家，但是拥有费

拉拉及对波河的掌握仍然有利于共和国面对多边封锁的现状，至少它手头有可以昭示自己立场的东西，而威尼斯的声望仍然可以保持高涨。但如今即便是这点可能性也付诸东流了。战争仍在继续，禁令仍在生效，但是威尼斯已经没有任何胜利的希望，它所有的牺牲都是徒劳。从这时起，格拉代尼戈执政官的反对者们更加直言不讳，他们的声音也更响亮了。在议会内外，他们再三强调执政官是如何背叛了共和国，雅各布·奎里尼和他的追随者们是如何不断反对执政官的政策，因为这些政策所到之处留下的只有灾难和耻辱，以及假如当年贾科莫·提埃波罗顺应人民的意愿成为执政官，威尼斯就不会陷入如此困境——与教宗交战，商业帝国土崩瓦解，从全国公民的佼佼者中选出的贤明顾问与专家制定出了愚蠢到无与伦比的政策，将普通人的基本权利尽数剥夺。对那些一直享受着公众支持的老牌贵族们来说，事实再一次证明了他们的远见卓识、清醒头脑与正确性，而执政官的政治生涯就和他的人望一道跌入了潟湖的最深处。

但格拉代尼戈仍然是大权在握的执政官。尽管游行示威和街头斗殴比从前发生得更频繁，但它们都被执政官的“秘密警察”（或称区内领袖，Capi di Contrada）[1]和臭名昭著的“暗夜之主”（Signori di Notte）冷酷无情地镇压了下去。至于格拉代尼戈本人，他对公众的感情毫不在意，仍然表现得和过去一样傲慢。因此人们的愤怒不断增长，在这种普遍的风气下，民愤很快就接近了爆发点。最终的导火索就其本身来说相对无足轻重，执政官提名韦利亚伯爵多伊莫为六名执政官顾问之一，这个提议遭到了雅各布·奎里尼的强烈反对。他指出，法律明文规定达尔马提亚地区的伯爵除

---

1 此时在威尼斯共有三十个区（contrade）或教区，差不多每个大区（sestiere）可以分配到五个小区。

了元老院和大议会的职务外不得担任威尼斯的任何公职。鉴于共和国成文法律的规定，雅各布的辩驳无可置疑，但尽管如此，这份任命还是确定了下来。

对提埃波罗家族、奎里尼家族以及他们的追随者来说，这是压垮骆驼的最后一根稻草。在圣马可广场与城市其他各处爆发了战斗，一位提埃波罗家族的成员卷入其中，被一名丹多洛家族的成员重创。内战似乎已经迫在眉睫，政府颁布了紧急法令，禁止市民携带武器。这是一个明智的措施，但遗憾的是法令造成的反效果违背了它设定的初衷。过了一两晚，彼得罗·奎里尼·德拉·卡·格兰德在街上被一名隶属于“暗夜之主”的秘密警察叫住，命令他服从搜查，但他将警察狠狠踢得四脚朝天来作为回应。警察的同僚急忙前来支援，在几分钟内，整个街区就陷入武装斗殴之中。彼得罗被逮捕定罪，受到惩罚，但事情并没有结束。他的兄弟马可对执政官心怀怨愤，后者曾在他逃出费拉拉时公开指责他的怯懦。于是马可和他的朋友们召开了一次秘密会议，就像马可所预料的那样，他们很容易地就接受了他的观点，认为再也不能容许彼得罗·格拉代尼戈继续执政。但他们选择领导这场密谋的首选人士乍一看则叫人吃惊，他们建议彼得罗·奎里尼召回他自愿被放逐到欧洲大陆的女婿，贝亚蒙特·提埃波罗。

尽管如今被责难为威尼斯历史上最邪恶的反派，贝亚蒙特·提埃波罗受到这不见得完全公平的指责，仍然奇妙地保持着一个神秘的形象。他的曾祖父是布里耶纳的博希蒙德，一位波斯尼亚拉什卡地区小规模十字军国家的君主，从他的名字中，衍生出了贝亚蒙特这个有些古怪的教名。贝亚蒙特·提埃波罗的祖父是当年的洛伦佐·提埃波罗执政官，父亲则是二十年前拒绝与格拉代尼戈争夺执政官位置而背井离乡的贾科莫·提埃波罗。然而关于他本人，除了能从晚于他生活年代两个世纪、由马可·巴尔巴洛撰写的一份古怪的记录中了解一二，我们实在所知甚少。报告大致讲述了贝亚蒙特曾在公元 1300 年在伯罗奔尼撒的双子港迈索尼与科罗尼被指控受贿，到了公元 1302 年，尽管他还没有将涉案钱款全数还清，他还是被指名担任诺那的代官，以及成为共和国最高审判机关四十人议会的成员，但是之前的指控仍令他耿耿于怀，于是贝亚蒙特退隐到潟湖另一头的马罗科，在自己的别墅中度日，不接受这些任命。仅就这些来看，这算不上多么卓越的履历，但是人们觉得他的经历当不止于此，在贝亚蒙特的性格中应当有一些特质，或者他有一些如今已经散佚的功绩，使得在威尼斯人眼里他是个家喻户晓、广受欢迎，或许还有几分浪漫色彩的角色。威尼斯人称他为“Il gran cavaliere”（伟大的骑士），而当马可・奎里尼和他的同谋者们计划推翻执政官时，他们显然认为获得此人的支持是他们的计划必不可少的一环。

只有一个人在这场密谋会议上对这个主意提出异议，那就是老雅各布・奎里尼。他花费了自己政治生命中的大部分时间与格拉代尼戈做斗争，他在很多方面赞成与会者，但是拒绝支持违宪的暴力行动。然而不久后，老雅各布因公务离开威尼斯前往君士坦丁堡，于是在几周内，他都将安全地置身事外。同时贝亚蒙特抵达了威尼斯，并且全心全意地投入了这项事业。毫无疑问，他是个政治投机者，他或许并不仅仅将这场密谋看作颠覆格拉代尼戈政权的手段，更是将它当作改变整个威尼斯政体的机遇，他将通过它来让自己和整个提埃波罗家族以欧洲大陆的模式君临威尼斯。

叛乱的日期定在 6 月 15 日星期一，圣维托日。反叛者们被分为三队，其中两队分别在贝亚蒙特・提埃波罗和马可・奎里尼的带领下，将在行动前一晚聚集到奎里尼家族在圣波罗的宅邸，等到第二天晨曦微露时，他们就从那里出发，跨过里亚尔托桥，分头前往圣马可广场和执政官宫。同时第三队在大陆上一个名叫佩拉加的小镇集合，于最后时刻在巴多尔罗·巴多尔[1]领导下渡过潟湖，等政府的军队忙于同前两支反叛队伍交战时，猛攻他们的后方，形成前后夹击之势。

这算不上是个特别有创造力的计划，但它具有了所有出其不意的要素来保证行动的成功。然而不幸的是，贝亚蒙特和他的朋友们就像先前的马林·博科尼奥一样低估了执政官。这群密谋者中，有一个名叫马可·多纳托的人突然抽身退出行动，我们永远无法知道他是否被政府收买，但事实已经足够说明一切。无论如何，在人们开始行动的前几天，格拉代尼戈执政官就从多纳托那里得知了全盘计划。于是执政官就有了充分的时间来召集他最为信任的军官，包括托尔切洛、基奥贾和穆拉诺岛的代官，让他们召集尽可能多的武装人员来到威尼斯。就在圣维托日前夜，这些人连同一些贵族、四十人议会的首脑们、大法官、秘密警察以及习惯上担任执政官私人保镖的军械库工人们秘密聚集在执政官宫内。同时执政官的盟友丹多洛家族亦在圣马可广场上倾巢出动。

那一夜，威尼斯刮起了一场这个时节常有的夏季暴风雨，狂风掀起潟湖波浪，使得叛乱者的第三支队伍无法按原计划到达城市。假如他们能够成功传达给贝亚蒙特关于他们现状的只言片语，他或许会推迟所有的行动。然而在对盟友的困境和执政官的准备毫不知情的情况下，贝亚蒙特决定不顾瓢泼大雨，一切按原计划进行。马可·奎里尼和他的儿子贝内代托随即作为第一批小分队的头领出发，他们策马飞奔[2]过威尼斯狭窄的小巷，

1　巴多尔家族原来的姓氏是帕契帕索，它是威尼斯最古老的家族之一。在九世纪到十世纪之间，这个家族拥有创纪录的七名执政官（见第2章）。

2　在这个大多数运河桥梁的桥拱还不够高到令船只顺利从下面通过的时期，马匹在威尼斯十分常见。甚至在一些人口稠密的街巷，马还引起了一些交通问题。从公元1291年起，骑马者从默瑟里亚到圣马可广场时，需要在圣萨尔瓦托雷下马。同时马匹不允许进入圣马可广场，它们被自己的主人拴在位于如今钟塔附近的一片接骨木林中。

叫喊着："为了自由！杀死格拉代尼戈执政官！"当然，他们的叫喊声很快就被风雨的呼啸给吞没了。当这些人从北面跨过如今的戴桥准备进入圣马可广场时，他们在半道上遭遇了全副武装、严阵以待的丹多洛家族。由于猝不及防和压倒性的人数劣势，反叛者们一败涂地，包括奎里尼父子二人在内的许多人被杀死，剩下的人逃进附近的圣路加教堂广场。他们在那里徒劳地尝试重整旗鼓，但很快又被慈善学校团体和少数画家行会的成员打败，更耻辱地作鸟兽散。

此时贝亚蒙特正带着部队骑马沿着默瑟里亚这条路行进，就在这时，他突然在圣朱利亚诺教堂边的一棵巨大古树底下停住脚步。如今我们并不知道他此举有何用意，或许他希望在最后冲入圣马可广场前将队伍聚拢，或者更有可能的是奎里尼的一名手下返回，警告他前方危险。不过如今警告已经没有必要，整个大区都已经陷入骚乱。显然当地居民没有如叛乱分子预想的那样和他们团结一致，居民们没有朝他们欢呼，取而代之的是从紧紧关闭的房屋窗户内传出的辱骂与诅咒。最终贝亚蒙特到达圣马可广场的入口，即现在钟塔的位置，这时一位老妇打翻了一只沉重的石臼，它从人们头顶上方的窗户掉了出来。石臼没有击中贝亚蒙特，但是他的旗手却被砸中头部当场死亡，那面仅以自由一词装饰的旗帜，也在倾盆暴雨中落到未铺石板的泥泞路面上。这一景象终于令贝亚蒙特的精神崩溃了，他和他的追随者们全身湿透，沾满泥污，从里亚尔托桥落荒而逃，等过了河，他们便将这座桥摧毁了。

然而叛乱还未结束，尽管巴多尔罗·巴多尔等人在大陆上迅速被围捕，然后被押解回威尼斯斩首，贝亚蒙特仍得以固守自己居住的街区，不久之后，奎里尼的残党也加入进来。这个区域被街垒保护得固若金汤，居住在大运河另一侧的居民们亦不同于在圣马可的那些人，他们对旧贵族忠心耿耿。因而虽然执政官取得了胜利，他也不敢冒着兴起内战的风险对此处直接发动攻击。于是执政官提出了优厚的讲和条件，贝亚蒙特在一开始表现出傲慢的不妥协姿态之后，终于让步，开始了为期四年的流放旅程，不过，流放的目的地是达尔马提亚，那个他最不愿意逗留的地方。

平心而论，贝亚蒙特·提埃波罗的叛乱听上去荒谬又可笑。确实，就像他本人争辩的那样，所有的事都在同他作对：恶劣天气拖延了行军，阻止他的盟友前来增援，使得士气消沉；多纳托背叛了他的信任；无论出于什么原因，在圣朱利亚诺教堂停下脚步使他失去宝贵的时间，不然他或许就可以及时到达圣马可广场拯救奎里尼父子的性命……不过再多的辩护也无法改变或者掩饰他惨败的事实，而这件事的整个过程带给他的影响，就和那持久的骂名一样，要比一个小笑柄多得多。

不过在威尼斯，一件如今看上去微不足道的小事都会被严肃对待。假使格拉代尼戈没有收到预警，那么即便没有巴多尔罗·巴多尔的支持，预谋推翻他的计划也很有可能成功。不论成败，这场阴谋都是一次可怕的尝试，更别提它还牵扯了威尼斯三个最高贵的古老家族。在成功将这场叛乱的星星之火扑灭在最初阶段后，威尼斯政府决心在火苗留下的灰堆上狠狠踩几脚，以免它死灰复燃。考虑到贝亚蒙特追随者们的力量，政府明智地决定不让他成为一个殉道的烈士，于是他被从轻发落，安全地流亡海外，而政府中人随即开始系统性地破坏贝亚蒙特的名誉和声望。就在贝亚蒙特启程后的一两天内，他位于圣阿戈斯蒂诺，即威尼斯方言称为圣斯汀的宅邸被完全推倒，在原址上立起了一根所谓的“耻辱柱”，上面刻着铭文：

> 这片土地是贝亚蒙特的财产。如今由于他可耻的背叛行为，政府

在这儿竖起石柱，将这些文字永远公之于众，以儆效尤。[1]

奎里尼家族的宅邸也遭受了悲惨的命运。不过这座屋子是马可、彼得罗同他们的第三个兄弟乔瓦尼的共有财产，而乔瓦尼与阴谋全无瓜葛。因此，政府一开始提议拆除房子的三分之二，但如何划分房子是个难题，于是他们最终决定补偿乔瓦尼应得的份额，然后将整座屋子改作屠宰场。接着一份政府法令规定，在本次反叛事件中蒙羞的两个世家，必须移除或者抹去现存的所有家徽与盾形纹章，不过法令同时允许它们用新的纹章来替换。这条规定毫无特例可开，哪怕是悬挂在大议会厅堂内两位提埃波罗执政官的肖像，画下的徽章都被更换了，他们位于圣乔瓦尼保罗教堂的坟墓上面的家徽也不能幸免。

由于某些原因，巴多尔家族没有遭到相似的惩罚。当奎里尼和提埃波罗两个家族为他们的背叛付出代价时，另有一些人因此而受到奖赏。第一个向执政官报告不利于他的阴谋的马可·多纳托被授予爵位，他和他的后代都可以享有大议会的入会资格。[2]或许这只是给予声称拯救了国家的人恰如其分的奖励，而另一位这件事的受益者则更欢欣鼓舞地接受了天降的好处。由于叛乱在圣维托日发生，圣维托教堂获得并得以展示贝亚蒙特宅邸的石雕门侧柱，以及一些从那座房屋墙上剥下的浮雕装饰，[3]而且法律

---

1 Di Bajamonte fo questo tereno
E mo per lo so iniquo tradimento
S'e posto in chomun per l'altrui spavento
E per mostrar a tutti sempre seno

2 在威尼斯方言中，他们的姓氏被简化为多纳，我们可以在大运河两岸和其他地方找到至少十二座以这个简化形式命名的宫殿。

3 教堂拆毁于公元 1813 年，但是这座建筑的一些装饰构件（包括一些圆盘形花瓣纹饰和一座十字架）如今仍然保留在圣公会乔治教堂附近近代所建的还愿礼拜堂墙上。

规定之后每一个圣维托日，执政官都要参与为感恩弥撒准备的神圣游行仪式，并前往教堂拜访，随后举办官方酒宴。同时，在当初奎里尼家族剩下的追随者们溃不成军的圣路加教堂广场上竖立起一根宏伟的旗杆，供慈善学校和画家行会的旗帜高高飘扬。[1]

最后，轮到这一出大戏中唯一的女主人公出场了。当朱斯蒂娜·罗西（或露西娅·罗西，这没有定论），那位用石臼砸破了贝亚蒙特旗手脑袋的老妇人被问及需要共和国为她做些什么来表达感激之情时，她只要求了两件事：一是她和居住在眼下这座房屋内的继承者们每逢重要节日，可以在那扇具有决定意义的窗外悬挂威尼斯的旗帜；第二则是她的房东，即圣马可教堂的教会官员再也不能提高租金。这两个要求都得到了满足，如今每年的 6 月 15 日，人们或许无法在那扇窗户外找到威尼斯的旗帜，房屋所在的地区作为城市商业黄金地段之一，年租金亦不再限于十五杜卡特，但只要朝房屋的外墙上方看一眼，就知道这位老人并没有被遗忘。[2]

然而公元 1310 年圣维托日的反叛留在威尼斯历史上最深亦是持续时间最长的烙印并非一面旗帜、一席酒宴，甚至也不是一根耻辱柱，而是一项制度，它伴随着共和国度过之后的岁月，直到它走向终结。十人议会，如今提起这个名字，依然能使人满怀敬畏，不寒而栗。它建立于公元 1310 年 7 月 10 日，大议会颁布了相关的法令，将它确立为一种国家安全

1 今天我们仍然可以在其底座上见到写着两个机构的纹章和日期（MCCCX）。

2 如今矗立在这个位置上的建筑（默瑟里亚通向圣马可广场途中位于钟楼下方的位置）悬挂着一块设立于公元 1841 年的牌匾，上面鲜明地陈述了所有的事。在它下方的石板路上，有一块白色的大理石板，标注出那个石臼落下砸中不幸的掌旗手的位置。这起事件中的一面旗帜如今收藏于科雷尔博物馆。我没能研究出这座房子的租金恒定不变的状态保持了多久，不过当年那位女士的一位后人尼科洛·罗西在一个半世纪后的公元 1468 年上诉抗议租金增长并且胜诉。

委员会性质的临时组织，在处理当下国家持续的动荡状态上有广泛的应急权限。而十人议会的建立，以及在它存在的头三周之内发布的诸多法令，已经再明确不过地证明了叛乱发生之后的那段时间，城市中的气氛紧张到了何种程度。7 月 12 日，大议会的成员参与会议时，被允许携带武器；7 月 19 日，十人议会决定议院的大门在会议进行期间必须保持敞开，一百名武装人员负责巡逻潟湖与众多运河，一支由六大区首脑选出的两百人组成的特别部队负责保卫广场，另有三十人守卫执政官宫；此外，城市的每个分区都指派了十个人，用来保证入夜后没有人可以从一个区前往另一个区。与此同时，威尼斯各区需拥有一千五百人长期备战，只要听到圣马可大教堂钟塔上响起警钟，他们中的一半就必须立刻奔赴圣马可广场，剩下的将原地待命准备应付当地可能发生的任何暴乱。

人们最初建立十人议会时，预计它存在的时间大约是两个半月，到 9 月 29 日的米迦勒节为止。不过它的寿命被人为地延长了，起初只是再延长两个月，但随后对其权限的补充使得十人议会的存在时间越来越长，最终到了公元 1334 年，它成为一个常设机构。纵然十人议会整体上有着巨大的权力，它仍然服从于典型的威尼斯式制衡，议会中任何一个成员都无法独自将这些权利收为己用。十人议会的成员名单分别由大议会和执政团草拟，再经过大议会选举产生正式成员，当选的成员任期只有一年，期满之后需要再过一年才可以谋求再次当选，而十人议会成员在任期间，任何被认为是滥用职权的行为都会被仔细审查。同一家族的两名成员绝不会同时在十人议会中任职，此外，十人议会也不允许仅有一个领导人。通常来说，一个月内会有三个领导人（他们被称为“Capi dei Dieci”）同时在任，在此期间他们与世隔绝，以免接触到贿赂或是毫无根据的谣言影响。最后亦是最为重要的一点，同时也可能是最容易被人遗忘的一点，这十个人本身没有任何权力，他们只是与执政官和他的六位顾问合作办事，将统治层的有效人数上升到十七。十人议会的组织中常常还会有一名大法官或者国家公诉人在场，他本身没有选票，但时刻准备好为议会成员提供法律层面的咨询服务。十人议会在每个周末召开，而且它的成员经常工作过度，然而我们要知道这些工作都是无偿劳动，这十个人一旦有以权谋私或贪污腐败的行为，就会被判处死刑。

威尼斯的故事还在继续，我们可以谈谈更多关于这非同寻常的组织与它的工作的事情。在它形成的早期阶段，十人议会很多最有意思的特征都还没有完全形成，不过从外部看，它主要服务于两个重要的目的，这两个目的也正解释了为什么十人议会会发展得如此迅速，以及变得必不可少。第一个目的是收集情报，通过遍布欧洲甚至更远地方的间谍与密探，十人议会结成了一张庞大的情报网络。在此不必理会那些民间故事，威尼斯在事实上从未成为一个现代意义上的警察国家，不过它的情报安全机构确实无与伦比。在不到一年的时间内，一名身在帕多瓦的密探就报告贝亚蒙特违背了流亡达尔马提亚的条件，与包括一名神父在内的两名奎里尼家族成员出现在伦巴第，准备策划一场新的叛乱。尽管贝亚蒙特再也没有返回过威尼斯，但这一事实很大程度上是基于共和国能够对他进行持续的监视，并且行动始终抢先一步。但即便是处在情报网中的这十个人，也没有办法阻止贝亚蒙特策划阴谋，除非在公元 1329 年他们之中有谁秘密地采取了行动，以至于在这之后，我们再也没有听到贝亚蒙特的任何消息。

十人议会在它诞生的最初几年内，对共和国的另一个贡献更为重要。费拉拉的危机已经显示出共和国政治体制中一个严重的缺陷，这个政府缺乏通过各种手段迅速决断国家大事并以同样的速度进行处理和调度的能力。就在威尼斯人为避免权力集中而焦虑不已的时候，他们也不得不承受政府行政效率低下带来的损失。威尼斯所有的重要议题都要经过大议会批准，而自从议会“关闭”的那十年起，大议会的成员一直在稳定增长，如今已近一千人。如此庞大的一个群体就必须委派代表，而大议会指派规模较小的委员会，让其中所谓的“贤者”（savii）们来处理具体问题的行为也十分普遍。一部分“贤者”是有明确职责的政府常务官员，他们和现在的部长们差不多，但权力相对较小。诚然，在这个世纪中叶，执政官以及他的六名顾问已经组成了一个羽翼丰满的内阁，但也正是在此时，威尼斯决策上的重大问题会被交还到议会的全体大会进行讨论，在费拉拉问题上反抗教宗的威胁就是一个很好的例子。这就导致了非常危险的情况，大议会在处理这样的问题时，其流程显然更为烦琐累赘。

随着十人议会的出现，所有这一切都得到了改变。它时常发挥执政官和顾问们之间联系桥梁的作用，而它颁布的法令与大议会颁布的具有同等效力。于是政府终于有可能采取迅速果断的行动，当然，威尼斯共和国需要精简行政机器的需求是否真的如此强烈还有待商榷，十人议会，或者说不久之前才建立起来的与其肖似的东西事实上都还只是提埃波罗一族的叛乱阴谋造成的直接结果。贝亚蒙特的目标完全失败了，但从他和他的阴谋中产生出来的东西要远远多过威尼斯所承认的，也多过他自己所知的。

15

大陆上的领地

（公元 1311—1342 年）

为什么执政官送给我这么多铅？让他拿去盖圣马可大教堂钟楼的屋顶吧！

——马斯蒂诺·德拉·斯卡拉收到执政官用铅封的信件时这样说，《巴尔巴洛编年史》

公元 1311 年 8 月 13 日，彼得罗·格拉代尼戈去世，全威尼斯都如释重负。他是一位强势的执政官，但在大多数子民的眼中太过强势，且并不明智。这位执政官固执己见，只有当考虑如何以最佳方式将自己的意愿强加给别人时，才会留心别人的意见。他死后，留给威尼斯共和国的是比他就任时更糟的一副烂摊子：威尼斯被提埃波罗的阴谋及其后果所动摇，它的贸易减少到如同涓涓细流，教宗的禁令仍在生效。因此，因为教会的禁令与害怕人们心怀敌意的示威游行，这位执政官的遗体在没有举办任何仪式的情况下离开威尼斯前往穆拉诺岛，埋葬在圣齐普里亚诺修道院一个没有标记的墓穴内。从他的事迹来看，格拉代尼戈身后这般冷清，其实也不足为奇。

因此，人们希望继任执政官尽可能不与格拉代尼戈相似的心情就可以理解了。执政官的选举者们一开始矫枉过正，选择了年迈的元老院成员斯特凡诺·朱斯蒂尼安，但他并没有接受这份重托，反而躲进了修道院。于是更年长的马里诺·佐尔齐成为二号人选，当时他只是背着一袋准备分发给附近监狱内囚犯的面包从执政官宫窗下经过，恰巧就入了选举者们法眼。一位十五世纪的历史学家小马里诺·萨努多如此解释佐尔齐的当选：“他有着圣人的美名。因为他是个善良又虔诚的天主教徒，而且还十分富有。”在格拉代尼戈之后，这正是所有威尼斯人希望的执政官形象，一个无害的挂名领袖，有着不特别引人注目但可敬的外交背景，他还应当拥有足够的钱财，以及足够的慷慨去分发它们。数年前，马里诺·佐尔齐还建立了一家孤儿院并提供巨额捐助。对任何一位新当选的执政官来说，设法撤销教廷的禁令是首要的目标，因此他因孤儿院得到的虔诚名声就成为达成撤销禁令目的的一个加分项。

不过佐尔齐并没有活到这个目标达成的那一天。他死于公元 1312 年 7 月，统治威尼斯的时间还不到一年。于是选举者们再次聚集起来，这一回所有可以看到街道的窗户都有针对性地关了起来，经过选举流程，乔瓦尼·索伦佐这位十五年前在对热那亚的战争中征服了卡法的英雄成为新执政官。[1]就像我们所见到的那样，乔瓦尼·索伦佐获得过如此耀眼的成就，他还曾经在费拉拉扬名立万，随后成为圣马可大教堂的首席总务官(Procurator)。或许有人会问，既然他有如此才干，为什么会在一年前屈居毫无建树的佐尔齐之下？这或许是因为他的女儿嫁给了马可·奎里尼的一个儿子，提埃波罗一族的密谋破产后，索伦佐的女儿也跟着丈夫一同被流放。同时索伦佐已经七十二岁，人们认为他的全盛期可能已经过去。然

1　索伦佐在公元 1296 年征服卡法的事迹已经成了传奇（同时他还缴获了一些满载的热那亚商船，将其作为战利品带回威尼斯）。之后朱利奥·达尔·莫罗在执政官宫投票厅的天花板上留下了纪念此事的画作。

而出乎意料的是，索伦佐统治了威尼斯十六年，在此期间，共和国慢慢恢复旧日的繁荣。复苏开始于公元 1313 年 3 月，历经千辛万苦，教宗克雷芒终于被说服取消了禁令。威尼斯为此付出了高昂的代价，九万佛罗伦萨弗罗林金币的巨款掏空了国库，教宗坚持使用这种货币作为支付手段，这让威尼斯人更加不快。虽然如此，威尼斯通过在国民收入的各个方面增收百分之三的强制借款收集到了资金，并威胁在威尼斯的佛罗伦萨银行，如果它们不以合理的汇率兑换出所需货币，就立即将它们驱逐出去。威尼斯政府履行了自己的义务，教宗便下令威尼斯人可以重新在费拉拉自由通行，并且不受阻碍地进行合法商业活动。

毫无疑问，威尼斯投降了。不过在教宗面前表示屈服，在某种程度上要比向一个世俗统治者屈膝带来的耻辱感少得多，大多数威尼斯人认为，为了恢复正常的经济生活以及建基其上的一切，这是很划算的代价。六个月之后，在提埃波罗叛乱使得共和国秩序混乱之际，浑水摸鱼发动叛乱的札拉不得不在威尼斯面前再度顺服。于是威尼斯重归和平，贸易往来重新开启，接下来的几年，它与拜占庭帝国、西西里、米兰、博洛尼亚、布雷西亚与科莫、突尼斯、特拉布宗与波斯缔结了新的协议。所有这些幸事都和破坏同时发生，公元 1291 年，热那亚人贝内代托·匝加利亚击溃了多年来尽忠职守封锁直布罗陀海峡、阻止地中海的船只通行的摩洛哥舰队。自此之后海峡门户大开，而热那亚恰巧因为与位于博斯普鲁斯海峡的佩拉（加拉塔）殖民地激烈的长期冲突而进入了相对衰弱的阶段，威尼斯便趁机掌握了大部分与英格兰和佛兰德之间最有价值的贸易。

在一位明智、稳健且广受敬重的执政官领导下，威尼斯再度士气高涨。在共和国内，新的产业应运而生：一位德意志工匠被带到穆拉诺岛教授玻璃镜的制作工艺；还有一群来自路加的丝工，为逃离正在撕裂当地社会的派系纷争来到威尼斯，在靠近圣巴托洛缪教堂的毕萨街落脚。由于德意志商人大批进入威尼斯，公元 1318 年，一幢建筑被专门用来接待他们，这就是威尼斯的第一座德意志商馆。[1] 街道和教堂广场的石质路面铺设工程飞快地进行着，其范围包括了从圣马可广场至卡斯特洛圣彼得教堂的大道。可以想象，当圣安东尼修道院的猪在城内再也无法用鼻子自由地翻拱泥土，它们会多么惊慌失措。此外，威尼斯城内新挖了五十口水井，人们还建造大型储水箱来获得更多的储水空间，另一位心灵手巧的德意志人为共和国引进了风车，同时威尼斯还拥有了第一套市政消防系统。

差不多也是在这个时期，由于造船业的重大进步，军械库响应需求扩大了规模。航海罗盘仪大约出现在公元 1275 年，它的面世使得人们可以绘制比以往更加精确的航海图。数年之后，另一项革新——船舵——出现了，在此之前，操纵较大船舶惯用的方式是通过摆动安装在船尾一侧的一支桨调整方向，这个方法操作起来极其不便，而且对船只的大小有着严格的限制，随着大型船舶出现，很快这一操纵方式便力有不逮。反观船尾舵技术，只要增加船舵柄的长度，理论上它可以允许船只的杠杆达到无限的自由度，而且只要有需要，它甚至还可以加装上滑轮系统。这项技术带来的直接后果就是更大型船只的出现，同时，通过这项技术，船只可以同时在冬天与夏天出海，航海首次成为一种全年性的职业，航海技术随即产生了惊人的进步。

或许开启对英格兰和佛兰德地区的贸易是导致公元 1320 年前后威尼斯引进革命性的船舶设计的最重要原因。在此之前，商船上从未使用过船桨，它们通常被用于战船，来保证战斗中船只至关重要的高速和高机动性。然而随着公元 1300 年之后突如其来的商业扩张，船只设计就出现了

1 原本的德意志商馆在公元 1505 年毁于火灾，现在位于里亚尔托桥畔、作为中央邮政局的建筑落成于三年后的公元 1508 年。它的正面由焦尔焦内负责装饰，侧面则是由提香负责，据说现在建筑上还有他们当年作品的一鳞半爪，但我并未找到它们。

新的注意要项。如今的商人同样需要能够高速移动的商船，而且由于需要运输更多的贵重货物，他们需要增强船舶的防护能力。于是商用桨帆船应运而生，它比用于战斗的桨帆船更长更宽，运载能力更强，即便是在其早期发展阶段，也可载重一百五十吨，此外商用桨帆船航行所需的船员数额十分庞大，需要有两百名桨手推动其前进。顺带一提，这些船员都是自由人，因此要维持如此的船员规模，可谓所费不赀。[1] 不过这笔开销带来的影响很快就被桨帆船在每次航行中节省的时间和不受海盗袭扰的便利抵消，很少有海盗船可以赶上商用桨帆船的速度，即便他们发动突然袭击，船上的两百名船员也能够立即拿起武器抵抗。同时，由于商用桨帆船的高机动性，船只在一些礁石密布的海岸遭遇船难的风险也降低到几乎可以忽略不计了。

不过至少在威尼斯城内的居民看来，索伦佐执政官治下最大的幸事是和平重新降临。经过了二十年的动荡，威尼斯人渴望一个恢复的机会，他们不仅希望在物质上弥补过去巨大的损失，还希望可以脱离存在于他们日常生活方方面面的动乱，在精神和宗教上得到平静。怒火需要时间熄灭，憎恨需要抛诸脑后，思想和各类观点着眼的地方需要从政治局势转移到意大利和海外，索伦佐给予他的子民的就是这样一个喘息的空间。在他十六年的任期中，对此最显著的证明是一件令人们兴奋的事，公元 1316 年 9 月 12 日星期天的晨祷时分，西西里国王赠给威尼斯的一对狮子在执政官宫内生下了三只幼崽。据说当时“差不多所有威尼斯的居民以及其他地方来的人”拥向狮笼，人群规模比三个半月之前优先目睹同样有趣的怀孕母狮的那一批观众更大。执政官认为这是件国家大事，便让公证人将其依法

1　这些桨帆船上的水手身份自由（他们被称为 voluntarie），薪酬丰厚，而且可以携带免税货物上船。威尼斯在桨帆船上使用奴隶和囚犯的做法兴起于十六世纪中期。

记录在一份宣誓书上。

不过当我们回头追溯这段历史，在这个时期发生的另一件事显得更为意义重大。公元 1321 年，但丁·阿利吉耶里以拉文纳特使的身份造访威尼斯。但在当时，这事没有引起威尼斯多大兴趣，诗人的访问在狮子掀起的狂热下黯然失色。而尽管令人恼火，我们也不得不承认，威尼斯国家档案中公元 1321 年的那卷已经遗失，而现存的记录与早期的史料则毫无帮助。我们所知的只有诗人此行的目的，他关注的依然是波河沿岸通航权的老问题，然而得到的响应却不令人满意。而当他准备返回时，威尼斯拒绝颁发最便捷路线上的通行证，于是但丁不得不穿过疟疾肆虐的沼泽地，最后染上高热去世。

但丁自承并不讨威尼斯人喜欢。而尽管索伦佐执政官或许有对外来者太过冷漠之嫌，他却被威尼斯的人民由衷爱戴。或许正是因为他如此受到人民欢迎，导致大议会为索伦佐的继任者增设了规定，让他们的排场更气派堂皇，举例来说，执政官的薪水和随员都得到了增加，工匠们得到委托，为执政官制作用于节庆场合的豪华珠宝和更为富丽堂皇的国务礼舟“布钦托罗”（Bucintoro），或者叫“黄金船”。不过另一方面，执政官的实权一如既往地被严格限制，在此有一个颇具代表性的例子：当索伦佐执政官守寡的女儿结束流放，于公元 1314 年返回威尼斯时，她立刻就被幽禁在卡斯特洛区偏远一隅的童贞圣母玛利亚女修道院。按照传统，执政官可以每年正式造访修道院一次探望女儿，但他始终不能说服十人议会放她自由。公元 1328 年的最后一天，当索伦佐执政官以年近九十的高龄去世时，她仍然是囚徒之身。执政官的遗体身束长剑，穿着正式的执政官金鞋，在旧宫殿南侧的暗夜之主大厅供人瞻仰，从那里的窗户望出去就可以看到莫洛。接着死者从这间大厅被送到圣马可大教堂，他的遗孀在那儿等候着丈夫的到来。葬礼弥撒后，索伦佐被安葬在洗礼堂中一具朴素的石棺内，石棺上刻有他家族的盾形纹章，但没有死者的姓名或者任何铭文，如今我们参观教堂时还依然可以看到它。

威尼斯人的记性总是很好，整整经过十五年的和平与繁荣才使他们忘记了教宗禁令带来的苦难岁月。在索伦佐之后，他们很快选择弗朗切斯科·丹多洛为第五十任执政官，正是由于他当年在阿维尼翁耐心又富于技巧的据理力争，才终于令教宗态度软化，取消了对威尼斯的惩罚。罗斯金如此描写丹多洛的所作所为："他按照惯例藏身于教宗的桌下，当教宗坐下来就餐时，他从那里出来抱住对方的脚。丹多洛声泪俱下的恳求终于令他如愿以偿，教宗撤销了那可怕的惩罚。"一些刻薄的历史学家对弗朗切斯科·丹多洛的绰号"Cane"（狗）进行揣测，认为这个称呼源于他在教宗面前戴着项圈和锁链以示谦卑的行为。事实上，在弗朗切斯科之前，他的父亲也曾经使用过这个绰号。而就在弗朗切斯科就任执政前不久，它又被威尼斯共和国最危险的一位敌人满怀自豪地安在了自己头上。

尽管维罗纳领主康·格朗德·德拉·斯卡拉年仅三十七岁，却已将超过一半的人生用在开疆拓土上。如今除了故乡维罗纳之外，他还控制了维琴察、费尔特雷和贝卢诺，成为亚平宁半岛上数个咽喉要隘的主人。自从公元 1328 年 9 月，康·格朗德征服帕多瓦后，威尼斯新任执政官发现他正直接面对着经济封锁的威胁，仰赖贸易的共和国比其他任何意大利城邦都更容易受到这一威胁的伤害。公元 1329 年 7 月，维罗纳军队占领特雷维索，威尼斯的处境更岌岌可危。但在进入特雷维索后三天，康·格朗德因为一场突如其来的高热丧命，威尼斯便因此获得了喘息之机。然而这段时间非常短暂，康·格朗德遗留的事业由他的两个侄子继承，其中一位阿尔贝托是个喜爱寻欢作乐的庸才，但另一位马斯蒂诺则像他的叔叔一样意志坚定、野心勃勃。很快马斯蒂诺就开始着手做他想做的，威尼斯货物被课以出入境税，所有从大陆运往威尼斯的出产都必须缴纳高昂的通行税，不管它们是否来自大陆上威尼斯的产业。至于波河沿岸的海关所做的事，威尼斯人再清楚不过，因为他们也曾经如法炮制。于是威尼斯人以牙还牙，他们对所有经过威尼斯运往马斯蒂诺治下城市的商品征收了抑制性的高额税费，不过他们知道，这是一场不对等的战争。帕多瓦、特雷维索和其他城市可能只是失去来自东方的奢侈品，这并不会造成实质性的伤害，但另一方面威尼斯却依赖大陆供给主要的日常必需品。虽然在公元1268年的危机中，威尼斯设法找到了可替代的物资供应源，但如今它的人口已经是当年的两倍，因此这一回，共和国恐怕不会再有过去的好运了。

假如要避免即将到来的灾难，就必须动用武力。但即便到了如此关头，大议会中仍然有不少反对的声音，其中就包括执政官本人。反对者指出，马斯蒂诺的军事实力足以保证他战无不胜，如果双方开战，维罗纳的胜利就意味着威尼斯共和国的终结；而威尼斯本身并没有陆军，一旦开战就只有求助于雇佣兵，并且承担起所有招募雇佣兵带来的花销与风险。此外，费拉拉事件殷鉴不远，共和国插手大陆政治往往会招致灾难性的后果。所有的论据听上去都不无道理，但同样与主题毫不相关，当下的事实是威尼斯毫无选择，要么战斗，要么灭亡。

不过如今威尼斯还剩下一个有利因素。斯卡拉家族扩张的速度引起了其他地区的警惕，即便在进军过程中不断与潜在盟友进行外交谈判意图修好，马斯蒂诺仍然不断树敌。他在公元1332年攻占了布雷西亚，又从罗西家族手中抢走了帕尔马，从佛罗伦萨人那儿得到了路加。而他遭遇的失败所招致的仇恨不亚于他获得的胜利所得到的，举例来说，马斯蒂诺曾经试图从贡扎加家族手下强夺曼图亚，还毒杀米兰的阿佐·维斯康蒂未遂。于是一个反对马斯蒂诺的联盟终于成形。经过一场匆忙组织的人口普查，威尼斯确认国内有四万零一百名年龄在二十至六十岁之间身体健全的男性，[1] 按照惯例，他们被分成十二人一队，每一队中抽签选出一人，或者根据后来的需要再选出第二或第三人征召入伍，剩下的人则分担出征者所需的花费。不过我们已经知道这一次情况不同，许多人等不及抽签或要求发饷就志愿从军。与此同时，其他来自意大利、法兰西、德意志和勃艮第的分遣队也纷纷出发，所有的士兵都不是只拿钱办事的雇佣兵。这些人最后聚集在拉文纳，总数超过三万，他们的总指挥是当时成就最高的将军，彼得罗·德·罗西。彼得罗是曾经统治帕尔马的罗西家族最小的子孙，他的家族被马斯蒂诺逐出了故乡，国仇家恨在身，人们毫不怀疑他会将自己所有的精力与才干投入手头的任务中去。

公元 1336 年 10 月 10 日，彼得罗在圣马可大教堂接受了丹多洛执政官授予的圣马可旗帜，此时教堂内外聚集起来的人们齐声欢呼，呼声直入云霄。一两天后，彼得罗和他率领的军队跨过布伦塔河进入帕多瓦地区，到了 11 月 22 日的圣塞西莉亚日，彼得罗攻下了当地保卫一座大盐厂的堡垒。马斯蒂诺原本希望通过盐厂的出产来打破威尼斯在盐业上的垄断地位。接着，反马斯蒂诺联军迫近特雷维索，这些胜利说服了一批犹豫不决的人成为盟友，其中就有米兰的阿佐·维斯康蒂、曼图亚的路易吉·贡扎加，还有奥比佐·德·埃斯特。在费拉拉事件之后，奥比佐的家族于公元 1317 年重新掌握了这座城市的大权。公元 1337 年，这些反对维罗纳势力的同盟者在威尼斯签署了新的协议，正式建立了一个联盟。签订协议的成员宣誓“打倒并毁灭斯卡拉家族的两兄弟阿尔贝托与马斯蒂诺”，联盟所需费用的三分之一由威尼斯负担，在可以取回路加的前提下，佛罗伦萨亦愿意承担三分之一，剩下的费用则由其他伦巴第城市分担。

---

1 这是一组非常重要的数据。通过它我们可以大致估计出，当时威尼斯共和国的总人口数应该不低于二十万人。

马斯蒂诺被他的敌人重重包围，一夜之间，他发现自己不得不同时面对来自好几条战线的攻击，于是不得不选择求和。马斯蒂诺选择马尔西利奥·迪·卡拉拉作为他的个人特使前往威尼斯，这是个非同寻常的选择，马尔西利奥曾经是帕多瓦的统治者，直到数年前马斯蒂诺夺走了他的故乡。尽管此后他仍被允许统治帕多瓦，但实际上不过是斯卡拉家族的傀儡。而马尔西利奥有一个名叫乌贝蒂诺的表兄弟，他的妻子被阿尔贝托·德拉·斯卡拉引诱，甚至有可能是被强奸，这桩家族丑闻更是对形势火上浇油。马尔西利奥的愤怒不断增长，如今得到出使威尼斯的机会，他终于看见了复仇的曙光。有个故事写道，某晚马尔西利奥与威尼斯执政官共进晚餐时，他将自己的餐巾掉在地板上，接着执政官和他一同从椅子上弯下身去捡它，对话就这样开始了。

“如果将帕多瓦交给您，我能得到什么？”马尔西利奥悄声问。

“这座城市的统治权。”执政官回答。

这就够了。他们随即达成了约定。[1]

此时马斯蒂诺正在帕多瓦严防死守，抵御联盟的攻击。然而很快，阿佐·维斯康蒂在布雷西亚的牵制攻击让他离开了这座城市。8 月 3 日，帕多瓦的城门终于向彼得罗·德·罗西敞开。阿尔贝托·德拉·斯卡拉在宫殿内像以往一样寻欢作乐，他随后被俘虏，押往威尼斯囚禁。他的兄弟顽抗的时间更长，但于事无补，他的帝国在身边土崩瓦解，马斯蒂诺·德拉·斯卡拉最终选择投降。

和平协议在公元 1339 年（按照威尼斯的日期算法，应该仍是 1338

1　尽管相信故事所说，弗朗切斯科·丹多洛在桌下，而不是“台面上”达成了两项最为重大的外交胜利，是件有趣愉快的事，但平心而论，我们必须承认当时最可靠的材料所描述的内容，洛伦佐·德·莫纳奇斯记录，这两人在宫殿的走廊上漫步时进行了私密会谈。

年[1]）1 月 24 日签署。协议的条款非常宽厚，其中最令人惊讶的是，尽管路加周边的土地与城堡都被归还给佛罗伦萨，斯卡拉家族却得以继续拥有这座城市。帕尔马的罗西家族也得到了适当的赔偿。从威尼斯至帕多瓦，卡拉拉家族在共和国隐晦的宗主权管治重新获得了权力。还有特雷维索地区，虽然它朝西方的一半土地同样被交给卡拉拉家族管理，但正对威尼斯北方，包括科内利亚诺、卡斯泰弗兰科、萨奇莱、奥德尔佐与特雷维索本身的那部分，则由特雷维索当地政府直接管辖。

这是威尼斯史上首次成功兼并欧洲大陆上如此重要的广大区域。它带来的直接好处再明显不过，共和国谷物和肉类的供应从此得到了保障，遭到封锁的危险也消弭于无形；而更重要的收获源于它打败了斯卡拉家族，消灭了攸关共和国生死存亡的威胁，对威尼斯的民族精神产生了深刻的影响。为了庆祝协议签订，圣瓦伦丁节当天在圣马可广场上举办了一场盛大的骑士比武锦标赛。威尼斯的重要盟友，如卡拉拉家族、贡扎加家族和埃斯特家族，都置身威尼斯贵族之列。

威尼斯成为一个大陆政权后，随之而来的劣势则表现得不那么明显。它主要面临的问题是边境线的安全，新近结束的战争巩固了米兰的维斯康蒂家族的地位，它如今的权势已经胜过当初的斯卡拉家族。维斯康蒂家族固然相距威尼斯本土甚远，而且卡拉拉家族治下的帕多瓦在某些情况下还可作为缓冲，但由于任何针对卡拉拉家族领土的攻击行为都可以被看作针对威尼斯本土的攻击，共和国和米兰实质上仍然互相接壤。威尼斯同样还面临着东北方边界上的难题，它相信一有机会，那儿的阿奎莱亚宗主教和他的邻居戈里齐亚伯爵就会兴风作浪，制造麻烦。

然而目前看来，这些问题似乎都还很遥远。当下威尼斯人正将他们的

1　见第 13 章。

精力与热情投入新行政管理责任赋予他们的挑战中去。威尼斯人过去管理海外帝国的经验中，适用于治理特雷维索及其邻近城镇的先例很少，显然威尼斯不能像对待希腊诸岛那样，将这些地方看作它的封建附庸。同样，把特雷维索地区归入迈索尼、科罗尼、阿卡和尼格罗蓬特一类带给共和国荣耀的贸易港亦不太适合。于是新的组织架构被设计出来，威尼斯解决特雷维索管理问题的手段实质上是在本国运作良好的那个体系的缩小版，而用于特雷维索的管理机构经过些微调整，将应用到大多数威尼斯在大陆的新领地上。这个新的组织机构顶端是一位代官，在更小的城镇中他通常被称作“统治者”（capitano）或者“管理者”（provveditore），此人在当地管理结构中的地位基本等同于执政官在威尼斯的地位，其选举方式亦同样烦琐。代官人选可能出自威尼斯贵族，也可能考虑当地的公民。在表面上，代官的生活排场豪华，但实际上却没有多少实权。就像威尼斯执政官事实上是十人议会的仆从，代官也有他真正的主人，“总管”（Rector）就是这位隐身于阴影之中的官员，他通常是威尼斯人，直接对元老院和十人议会负责，并与他们保持着密切的联系。这名官员掌控当地的警察力量，从军事和民事两个角度对所在城市或市镇政府负有最终责任。不过当地的日常立法，例如地方税收、情报通信、公民福利以及其他方面的工作则归属于市政议会的职责范围之内，这样的职权划分和威尼斯大议会的功能保持了一致。在特雷维索，市政议会的成员有三百人，占受过教育的男性人口很大比例，因此这不但是一个有效率的机构，而且在一定范围内还相当民主，尤其是在兼顾安全的情况下，威尼斯的政策一向允许属下的城市拥有尽可能多的自由与独立。人们在威尼斯统治下的生活必然与斯卡拉或者维斯康蒂这样的贵族独裁者统治之下过的日子不同。

差不多就在弗朗切斯科·丹多洛去世前一年，圣方济会荣耀圣母教堂在公元 1338 年 10 月的最后一天宣告竣工。这座教堂花了一个世纪的时间才正式落成，但随后人们又立即决定推倒这座刚完成的教堂，在原址上建造更大而且朝向相反的新教堂。拆除与建造教堂的工程齐头并进，又缓慢延续了一个世纪的时间，这就令执政官安葬在其中的愿望施行起来分外复杂。在向教堂捐出他的大部分财富之后，这个难题得到了解决，弗朗切斯科·丹多洛的石棺被安置在教士礼拜堂内，罗斯金曾因为它长期缺失而喟叹不已，[1] 而如今这具石棺已经被修复。石棺上方的绘画是保罗·韦内齐亚诺的作品，描绘了圣方济和圣伊丽莎白向圣母介绍执政官与执政官夫人的场景，这或许是威尼斯最古老的执政官写生肖像。

丹多洛执政官去世后，巴托洛梅奥·格拉代尼戈在 11 月 7 日当选为执政官。他与彼得罗·格拉代尼戈执政官的关系并不明确，不过选择格拉代尼戈家族的成员担任执政官是威尼斯人开始遗忘三四十年前旧事的一个明示。新执政官并没有步可怕的彼得罗·格拉代尼戈的后尘，且不论其他，显然这位七十六岁老人的当选不过是权宜之计。威尼斯人眼中能力与人望兼备的执政官首选是另一位丹多洛家族成员，安德烈亚。不过安德烈亚此时不过三十出头，亦不愿意接受执政官职务。威尼斯人在传统上亦不乐意让连续两位执政官都出自同一家族，哪怕他们只是血缘上的远房亲戚。人们觉得让这位供职于圣马可教堂的年高德劭的官员暂时接手这个岗位，既能打破丹多洛家族就任执政官的连续性，同时也给了年轻的安德烈亚变得成熟的时间，实在是一举多得的妙事。

巴托洛梅奥·格拉代尼戈也正是这么做的。他仅统治威尼斯三年，不过其间并不总是一帆风顺。首先人们目睹了威尼斯饱受水浸之苦的漫长历史中最可怕的一次大洪水，这场灾难降临在公元 1340 年 2 月 15 日，只有

---

1 《威尼斯的石头》，第三卷，第 ii 页，第 58—60 节。

圣马可大教堂、圣尼科洛教堂和圣乔治教堂幸免于难。[1] 两个月后，英格兰国王爱德华三世派遣的一位使节抵达威尼斯，他告知共和国政府，鉴于那位自封的法兰西国王腓力拒绝用一场战斗，或是通过勇敢面对“绝不会伤害真正王者”的饥饿狮子这一方式来解决盎格鲁—法兰西之间的纷争，战争已经不可避免。英王在一年期限内向威尼斯索要四十艘以上的桨帆船，作为回报，爱德华三世愿意满足执政官提出的任何价码，并且授予所有在英格兰土地上的威尼斯人等同于本国子民的权利。国王还建议执政官将两个儿子送往英格兰，他保证他们在那里会得到与身份相符的尊荣，包括获得骑士的身份。执政官回复使节，由于一支由二百三十艘船组成的土耳其舰队正对东地中海造成威胁，威尼斯无法分出多余的船只来打击一个西欧的基督教国家，尽管如此，执政官仍然满怀感激地接受了英王给予的种种优待特权，至于爱德华三世对其子的邀请，格拉代尼戈执政官表示“不胜衷心感谢”，不过他的儿子们最终也没有启程。

这是典型的威尼斯式回应，不过土耳其的威胁确有其事。如今整个小亚细亚都沦陷于奥斯曼土耳其之手，苏丹奥尔罕建都于距离君士坦丁堡仅有六十里之遥的布尔萨城，而曾经煊赫一时的拜占庭帝国自第四次十字军东征之后就再也没能完全恢复元气，它在外受到基督徒与穆斯林邻居两面夹击，国内又因为激烈的教派冲突与内战而四分五裂。拜占庭的国库如今空虚不堪，当公元 1343 年，帝国帕里奥格洛斯王朝的皇帝约翰五世不得不将皇宫中所有的金银，甚至是帝国皇冠上的珠宝[2] 典押给威尼斯商人时，

---

1 当三位圣人穿过潟湖去拯救威尼斯时，为他们开船的渔夫从圣马可那里得到了一枚戒指，圣马可同时嘱咐他将戒指交给执政官，渔夫照办了。在威尼斯学院美术馆的六号厅内，悬挂着帕里斯·博尔多内描绘后一件事的画作。

2 公元 1547 年，在约翰·坎塔库泽努斯（约翰六世）的加冕典礼上，眼尖的旁观者们发现，皇帝冠冕上的珠宝全是玻璃的。

所有人都不以为怪。如果此时能够牵制住土耳其人，对威尼斯，以及在较小程度上对热那亚而言，都可以说是卸下了肩上的一副重担，由于这样一种连带责任，两国之间保持良好关系就变得更加重要，但鉴于威尼斯与热那亚之间持续的激烈竞争，要达成这个目标并不容易。

不过当下暂时和平，威尼斯正享受着商业繁荣的浪潮，这或许是其历史上最好的一个阶段。同时正如过去每一个政治与经济条件成熟的时期，威尼斯人开始扩建并美化他们的城市。在圣方济教堂附近，出现了威尼斯第一所孤儿院；巨大的国有粮仓在莫洛拔地而起，其具体位置就在如今行政官邸大楼后方的公共花园；在城市的最北端，人们建起了一座大教堂与塞尔维修道院。[1] 在这些变化中，最重要的还是执政官宫的重建，工程开始于公元 1341 年 1 月，从此这座建筑的南边和西边呈现出如今为我们所知的外貌。

从五个世纪前执政官阿涅洛·帕契帕索的时代起，威尼斯政府与管理部门的中枢就占据了这座宫殿，或者其中的一部分。执政官宫几经沧桑变迁，在公元 1341 年的工程开始之前，威尼斯政府使用的是塞巴斯蒂亚诺·齐亚尼留下的建筑，人们在它的东侧增修了面向宫殿河对岸监狱的新议会厅，这部分建筑与监狱在世纪初被著名的叹息桥连接了起来。[2] 不过很快新建的议会大厅也不够使用，政府指派一个三人委员会讨论是否应该

---

1 这些建筑已经全都不存在了。当年的慈悲孤儿院——它因创办人方济会修士阿西西的皮耶拉佐的习惯得名，皮耶拉佐在走街串巷，一间房子一间房子地请求布施时，往往高喊“慈悲！慈悲！”——它所在的地方在十六世纪初变成了如今的慈恩孤儿院。两百年后，在安东尼奥·维瓦尔第的指挥下，孤儿院的女孩们组建了威尼斯技艺最高超的管弦乐团。而谷仓建筑则保留到了公元 1808 年，直到它被拿破仑下令推倒，好让变成他皇家宫殿的行政大楼得到更多光亮。塞尔维教堂同样在十九世纪初遭到被拆除的命运。它的砖石部件被出售，罗斯金在公元 1852 年说，它“被各分其类，一块石头一块石头地卖掉了”。

2 见第 13 章。

进一步进行扩建，或者在其他地方重新兴建一座执政官宫的问题，委员会明智地推荐了后一个方案，并决定新的议会大厅应当拥有这座新建筑一楼南部的主要空间。

虽然不管从何种标准看，执政官宫都别具一格，但有特别重要的一点，使其截然不同于意大利大陆城市中其他相似的权力中心。那些大陆上的宫殿是它们建造的那个暴力时代昏暗又令人生畏的反射，当马基雅维利指出佛罗伦萨的领主宫是用来保护市政当局的建筑时，他的观点是正确的。数个世纪之后，当约翰·阿丁顿·西蒙兹谈起费拉拉，他说："那是埃斯特家族的大本营，城市被壕沟围绕，安装上吊桥与吊闸，这些设施在水面上投下浓重的阴影，它们不但保护着地堡，还威吓着公共广场与民居。"与此相反的是，威尼斯的执政官宫不需要任何防护，也无意令人望而生畏。以今天的眼光看，当年威尼斯人建造执政官宫的本意应当是庆贺，这座建筑是优雅、轻盈与美丽色彩融合的产物，令人眼花缭乱，它的建造者以此来表达对政治局面安定和平的感恩之情，这是他们的邻居们难以享受到的。

执政官宫的重建工程由天才的建筑师彼得罗·巴塞焦主持，于公元1341年的第一天开始，此后陆陆续续进行了八十二年。工程的第一阶段只限于新议会大厅的修建，范围包括了建筑南翼的大部分，以至于远到面向小广场第七根石柱的部分，到了公元1365年7月，这部分大致上宣告完成。这时瓜里恩托接受委托，在东面的墙上完成了他著名的壁画《圣母在天堂的加冕》。[1] 随后就像它的铭文所写的，莫洛的中央阳台修建完毕，但即便到了公元1404年，宫殿的内部装饰仍未完成，因此根据记载，大

1 大火之后，这幅画被丁托列托绘制的版本所取代。瓜里恩托壁画剩下的部分被保存在执政官宫另一间房间内。

议会的成员们直到公元 1423 年才得以第一次坐进新议会大厅。也就在那一年，人们决定将面对小广场的那面建筑延伸至今日的范围，因此到了公元 1425 年左右，这座建筑才首次尽显其宏伟气象。正巧，这时我们所熟知的文艺复兴及时到来了，若是它再晚半个世纪，关于执政官宫绝妙的决定就再也不会被采纳，取而代之的会是当时流行的古典主义品位，而人们就将失去世界上最重要的世俗哥特式建筑范例。[1]

1 公元 1577 年，当帕拉弟奥建议推倒整座装饰受损的建筑物，代之以他设计的文艺复兴风格建筑时，这座宫殿再一次更幸运地逃脱了这一劫。

16

安德烈亚·丹多洛与马林·法列尔

（公元 1342—1355 年）

在这个时候，
有哪一位王公贵族会殚精竭虑，筹谋给予他的人民自由？
或者冒着生命危险，去解放他的臣仆？

——拜伦，《马林·法列尔》

富有、高贵且广受欢迎，安德烈亚·丹多洛是他所在时代最为出色的威尼斯人。公元 1333 年，他以一介少年之身，被任命为的里雅斯特的代官。三年后，在对抗斯卡拉家族的战争中，安德烈亚担任战地军需官（provveditore in campo）的职务，负责军需供应与财政。之后安德烈亚成为帕多瓦大学一名杰出的法律教授，他还是首位在那里获得博士头衔的威尼斯人。终其一生，安德烈亚·丹多洛都以学者的身份自居，尽管他不到五十岁就撒手人寰，但身后留下了威尼斯的古老法律汇编，以及共和国过去与东方各国和意大利诸邦签订的所有协议总集《白皮法典》（*Liber Albus*）和《白色法典》（*Liber Blancus*）。此外，安德烈亚还用拉丁文撰写了两部独立的史书，一部是威尼斯从建立到他所在时代的历史，另一部则讲述了整个世界从创世到公元 1280 年的历史。公元 1342 年 12 月 28

日，巴托洛梅奥·格拉代尼戈去世，他安息于圣马可大教堂中庭北端一隅的石棺（它至今仍在那里）内。在这之后，安德烈亚俨然已是继任的不二人选。虽然不到四十岁的年纪对执政官这一职位来说是破例的年轻，不过他其他方面的优秀资质抵消了年龄带来的不利。安德烈亚·丹多洛的当选仿佛意味着长久、幸福且和平的治世，就目前来看，他理应获得如此锦绣前程。

不过遗憾的是，这样美好的前景并没有变为现实。安德烈亚的执政之路有个一帆风顺的开端，教宗已经筹划了一段时间的联盟在此时终于成形。这个联盟将发动新一次的十字军东征，携手抵抗不断进逼的土耳其人。联盟的成员包括拜占庭帝国、塞浦路斯王国、罗得岛的医院骑士团、教宗国和威尼斯，值得一提的是，威尼斯凭借一支由十五艘桨帆船组成的舰队，已经占据了安纳托利亚沿海的数个战略要地，其中就包括士麦那城。此后的五十年间，士麦那城被牢牢地掌握在基督徒的手里，但教宗组织的联盟却很快就分崩离析，以一份颇具威尼斯风格的商业合约告终。作为威尼斯为基督教世界守卫地中海的回报，教宗授予威尼斯共和国之后三年在国内征收教会什一税的权力。

在此值得特别注意的是，有一个国家没有加入这个联盟。热那亚在法律层面上已经同威尼斯和平共处了四十年之久，但是两个共和国之间激烈的商业竞争却愈演愈烈，它们的关系亦日趋紧张。过去它们产生分歧的关键区域是克里米亚，其中最重要的是位于卡法与索尔得亚（今苏达克）的港口。往返于欧亚的定期商队来到这些地方，带来从俄罗斯北部获得的毛皮与奴隶、从中亚取得的大捆丝绸，还有来自印度与更东方地区的香料。在这些海港内售出商品可以得到最高的利润，自然也会经历最激烈的竞争，人们肆无忌惮地使用最卑劣的交易手段，爆发争执亦是见怪不怪。直到公元1344年，当附近的鞑靼部落对威尼斯人和热那亚人同时发动攻击时，上述的情形才有所改善。当时的热那亚执政官正是威尔第歌剧中的英雄西莫内·波卡涅拉，他派遣一位特使前往威尼斯，提议结成包括抵制鞑靼商品等内容的同盟。不过在鞑靼人的敌意不那么强烈的时候，他们是最有利可图的商业伙伴之一，于是这份结盟协议在签署生效之前就注定了被废弃的命运。热那亚人差不多立即就将同盟协议抛诸脑后，而威尼斯人的信用也好不到哪里去。他们一度对热那亚人在特拉布宗的行为提出抗议，然而尽管加上城内热那亚商人非法阻止威尼斯商人强化自己地盘防卫这一有力砝码，威尼斯人仍然只得到热那亚人傲慢的回复，大意为特拉布宗是热那亚人独占的区域，在城内以及其他身处黑海沿岸各地的威尼斯人，只有蒙热那亚施恩，经过严格审查，才能获得逗留许可。这是对威尼斯人的严重侮辱，不啻对威尼斯在该地区的法律与商业地位进行公开挑衅。于是两国战争显然不可避免。然而发生了一场可怕的灾难，在它面前，别说是蓄势待发的战争不得不推迟，就连威尼斯未来的商业发展都只能屈居于次要的地位。

公元 1348 年最初的几周，威尼斯与热那亚的商人将一些价值还有待评估的货物从克里米亚带回本国。这些货物夹带着历史上最致命的四足动物——将黑死病带入欧洲的老鼠。到了 3 月末，整个威尼斯都被瘟疫笼罩，之后随着入夏气温逐渐升高，估计的死者数目也跟着激增至每天六百人。执政官指派了一个三人委员会调查疾病的传播情况，最后他们发现自己对此已经无能为力。威尼斯人安排了特别的驳船将尸体运到潟湖边缘的岛屿，同时规定岛上的死者必须被掩埋在至少五英尺厚的土层之下。但很快这样的措施就已跟不上疾病蔓延的速度，尽管这些船每日都在运河上巡航，可怜的船夫们“死尸！死尸！”的呼喊已经家喻户晓，但仍有许多居民横尸在宅邸中无人收殓。此时威尼斯差不多已经没有医生，在瘟疫开始的几周内，他们或是病死，或是逃散。[1]在城市中，半是希望通过慈悲的举动来平息上帝的怒火，半是缺乏足够的看守，债户和恶棍们纷纷获释出狱，然而即便如此，依然没有任何事物可以阻止瘟疫发展的过程。等到黑死病终于平息下来，它已经令五十个威尼斯贵族家庭断绝血脉，而共和国在这场浩劫中失去了五分之三的人口。

与威尼斯相比，这时候的热那亚情况要稍好一些。可以想象，经过黑死病这可怕的一劫，它与威尼斯之间的商业竞争至少暂时被遗忘了，而早前为了对抗劫掠成性的鞑靼人而产生的结盟提议又出现了短暂的复兴。不过公元 1350 年，热那亚人在明显未受到挑衅的情况下查封了多艘停泊在卡法的威尼斯船只，丹多洛执政官派遣了一名特使前往热那亚进行抗议并要求赔偿，但他收到的是热那亚人一如既往的断然拒绝，于是长久以来一直威胁着人们的战争终于爆发了。战争开始后，威尼斯首先取得胜利。在马可·鲁齐尼的指挥下，威尼斯舰队在尼格罗蓬特港摧毁和俘获了十到十四艘热那亚船。[2]不过热那亚人的报复也来得很快，四艘热那亚船逃离战场驶向希俄斯岛，热那亚人不久前才从拜占庭帝国手中得到这座岛屿，在那儿他们幸运地发现了九艘待命的桨帆船，于是菲利波·多里亚指挥十三条船于 11 月赶回尼格罗蓬特，占领并洗劫了该城，将二十三名威尼斯商人抓为俘虏。

最重要的殖民地之一落入他人之手令威尼斯蒙受了巨大损失，不过因

1 “一位名叫罗马的弗朗切斯科的卫生官员在威尼斯逗留了七年。当他卸任退休时，得到了一笔每年二十五金杜卡特的年金，用来表彰他在黑死病时期勇敢地留在威尼斯……当人们问他为何不逃跑时，弗朗切斯科骄傲地说：‘我宁可在此地死，也不愿在别处生。’”这段话来自 P. S. 齐格勒，《黑死病》，引自 S. 德·伊尔赛，《中世纪编年史》，第九卷，第 171 页。

2 港口所在的岛屿即是今天的优卑亚岛，当时整座岛屿都属于威尼斯的领地。因此我们可以设想热那亚的指挥官还没有意识到战斗爆发就猝不及防地被击败了。

此遭到的羞辱比损失更甚。当地的市政官遭到弹劾，但很快被无罪释放，远在克里特岛寻找增援的马可·鲁齐尼变成了替罪羊，他被指控在回程中不必要地拖延，随后被剥夺了指挥权。虽然双方这一回合的交手已经告一段落，但战争尚未结束，更激烈的战斗即将到来，不幸中的万幸是，威尼斯还有一位潜在的盟友。阿拉贡国王彼得渴望削弱热那亚在地中海的影响力，如果威尼斯愿意支付三分之二的维护费用，他愿意向共和国提供十八艘全副武装的军舰。君士坦丁堡方面的态度也与阿拉贡王国一致，只要在其多灾多难的财政状况允许范围之内，约翰六世很乐意在迫使热那亚人屈膝的事业中插上一脚。热那亚人不但以邻近君士坦丁堡的加拉塔殖民地为据点，在那儿每年获得七倍于君士坦丁堡所得的关税收入，还持续不断地侵扰抢掠它的首都。此外，这些热那亚人似乎认为，只要他们想，随时都可以伸手染指希俄斯或是米蒂利尼等拜占庭岛屿。但另一方面，皇帝也并不希望前脚逐走热那亚人，后脚就见到威尼斯人全盘取代前者。他欣然提供了十二艘人员与武器齐备的桨帆船，但威尼斯需要再次为此支付三分之二的相关费用，同时还需满足皇帝的一个条件：如果威尼斯取得胜利，加拉塔地区需被夷为平地，被窃取的海岛和皇帝在七年前典当出去的皇冠珠宝都必须交还。

同这两方达成协议之前的外交谈判以及随之而来的战争准备持续了很长时间，威尼斯与阿拉贡的条约签署于公元 1351 年 7 月，联合舰队便在那时集结于马尔马拉海。当时的季节无法让人们做出任何具有决定性的军事行动，但是交战双方都将希望寄托在一位能力非凡的海军将领身上，威尼斯这边的指挥者是尼科洛·皮萨尼，而热那亚一方的将军帕加尼诺·多里亚出身于卓越的多里亚家族，五个多世纪以来，这个家族的名号在热那亚的历史上熠熠生辉。公元 1352 年 2 月 13 日，威尼斯与热那亚双方舰队在博斯普鲁斯海峡入口狭路相逢，战斗便在加拉塔城墙下打响了。

帕加尼诺保卫着己方据点的水域，占据了地利优势，他整编队伍，让自己的船停下靠拢，使得攻击者不得不冒险压缩自己的阵线才得以接近。尼科洛·皮萨尼当即识破了这个陷阱，海面风高浪急且白日短暂，这时选择发动进攻是愚蠢的，但是阿拉贡的指挥官拒绝听从威尼斯一方的建议，在皮萨尼阻止他之前就斩断缆绳全速冲向热那亚舰队，威尼斯人别无选择，只得跟随其后。

接下来的激战很快成为威尼斯和热那亚之间的较量，拜占庭人还未与敌人交手就立即退出了战斗，而阿拉贡海军在一开始不明智的大胆冲锋之后，在战场上也没有坚持太久。于是此刻海面上只剩下两个最令人生畏的海上强国在一决雌雄，而它们也确实这么做了。战斗野蛮血腥，双方都寸步不让。随后，战船间燃起了大火，火势借着狂风蔓延，遍及热那亚和威尼斯舰队。但双方依然没有偃旗息鼓，两军直到夜里，仍借着船上火光继续作战。最后处在下风逆流的威尼斯人不得不撤退，他们失去了大部分的桨帆船和差不多一千五百名最优秀的将士，这在任何时候都是一个骇人听闻的数字，尤其四年前共和国刚经历过黑死病造成的人口骤减，如此损失就更具灾难性。然而破晓时分天光大亮，热那亚人发现他们自己亦损失惨重，帕加尼诺甚至要对身在加拉塔的同胞们隐瞒真相，以免激起大众的恐慌。从表面上看，他确实获得了胜利，不过这场胜利所付出的代价要比吃一场败仗更多，因此他无力追逐撤退的威尼斯人。当胜利的消息传回热那亚，当地自然也不会为此举办任何的庆祝活动。正如当时的编年史家乔治·斯泰拉所评论的："关于这场胜利，我既没有见到一年一度的纪念活动，也没有发现执政官按惯例去教堂感恩，因为有那么多勇敢的热那亚人投入那场战斗为国捐躯，所以那一天的胜利最好被所有人遗忘。"

尽管在博斯普鲁斯海峡的战斗中蒙受了损失，热那亚人在加拉塔的地位经此一役仍然稳如泰山。反观拜占庭帝国坎塔库泽努斯王朝的皇帝约翰六世，他感到自己的处境愈发朝不保夕。如今皇帝不仅因为国内的财政问题而焦虑不已，包围帝国的敌人们也正愈来愈严重地威胁着他的皇位。约翰六世得位不正，他并非合法的拜占庭皇位继承人，五年前，他推翻了皇位的合法主人，十六岁的帕里奥格洛斯王朝的约翰五世的政权才得以戴上皇冠。然而比起将约翰五世废黜，坎塔库泽努斯选择将女儿嫁给这个少年，让他成为一个被剥夺所有实权的挂名共治皇帝，而自己独揽大权。时间流逝，随着约翰五世逐渐长大，他对自己处于劣势地位的不满与日俱增，很快，反对这位岳父的势力就自然而然地以约翰五世为中心聚集起来。在这样的形势下，拜占庭帝国在公元 1352 年走到了内战的边缘。因此尽管坎塔库泽努斯厌恶热那亚人，但此时渴求盟友的他再也没有政治上的资本去对抗他们，更别提与其抗衡的经济实力了。于是约翰六世在 5 月与热那亚签署了一份协议，允许其扩张加拉塔殖民地的边界，同时热那亚人有权排斥所有意图染指亚速海地区商业贸易的外来者，哪怕是皇帝的希腊子民亦不例外。这位皇帝达成这样一份合约的心情，我们可想而知。

对威尼斯来说，这份合约是个更进一步的打击。早前它从约翰六世的对手，约翰五世·帕里奥格洛斯手中得到了泰内多斯岛（今博兹贾）的战略要地，作为借贷保证，威尼斯向约翰五世支付了两万杜卡特，鉴于年轻皇帝的处境，这笔钱款很可能一去不复返。与此同时，威尼斯意识到继续与热那亚人在拜占庭或黑海海域作战已经不能获得好处。于是它进一步资助阿拉贡人，希望他们的继续支持能在西地中海发挥比在黎凡特更大的效力。而尼科洛·皮萨尼从博斯普鲁斯海峡战役的官方质询中全身而退，扬帆前往新的活动舞台。

多年来，撒丁岛都是热那亚与阿拉贡发生争端的起因，当皮萨尼到达那里时，他发现阿尔盖罗港已被西班牙人封锁，准备应付热那亚补给船队的攻击，而此刻这支舰队已经出现在海平线上。皮萨尼的到来恰巧正是时候，于是西班牙的海军司令欣然请他执掌指挥大权，而预计此处兵力薄弱的热那亚人则沮丧地发现一支庞大可怕的舰队正严阵以待。当热那亚舰队靠近时，对方舰队的船桅上突然升起了圣马可的旗帜，于是他们由惊转惧，陷入恐慌。尽管如此，热那亚人仍然抵抗得十分勇猛，特别是在战斗后期，交战前皮萨尼将差不多十艘桨帆船拴在一起，当战斗后期开始使用抓钩时，双方就由船对船的海战变成了肉搏战。最后热那亚一方在机动性和人数上都败下阵来，四十一艘热那亚船被俘虏，只有包括旗舰在内的十九条船，载着兵败蒙羞的司令官安东尼奥·格里马尔迪狼狈返乡。

这一战发生在公元 1353 年 8 月 29 日，被称作拉洛耶拉战役，威尼斯狠狠回敬了十八个月前博斯普鲁斯海峡遭遇的惨败。当战报传回热那亚，人们不禁泄气又绝望，整个城市陷入哀痛，人们纷纷为一度辉煌显赫，如今注定要蒙受耻辱并受到奴役的共和国哭泣。起初，无论从热那亚还是威尼斯方面的编年史书中读到这样的描写，我们都难免觉得人们的反应听上去有些过火。毕竟在这之前已经有过失败的战役，像所有其他的国家那样，热那亚曾忍受失败的痛苦，而威尼斯刚刚才证明了一个国家从惨败中恢复的速度有多么快。但经过反复思考，我们开始理解这不仅仅是一次战事的逆转，热那亚人对此战带来的可能后果也心知肚明。如今他们的敌人们控制了整个地中海，不仅切断了热那亚与黎凡特和克里米亚这两个财源之间的联系，还扼住了至关重要的粮食供应线。过去百年来城市的扩张造成了逐渐攀升的日常消耗，而热那亚掌握的肥沃田地只有山脉和海洋之间狭窄的农业带，因此这座城市就像威尼斯一样，长期依赖海外或伦巴第地区的粮食进口。然而伦巴第地区已经将热那亚人拒之门外有一段时间了，所有的山间隘口都被另一个图谋热那亚领土的对手封锁，这个人就是乔瓦尼·维斯康蒂，米兰大主教兼领主。

因此，热那亚在公元 1353 年暮夏有足够的理由哀悼自身，它处在令人绝望的境地，正急切地寻找一剂拯救这个国家于水火的良药。终于在9月到来之前，热那亚找到了脱困之道，此时威胁着它的敌人共有三个：威尼斯、米兰和饥荒，它选择最易克服的一个作为一切的突破口。它主动向米兰大主教投诚，作为维斯康蒂大主教对热那亚提供帮助以及支持其继续战争的回报。不过热那亚的效忠附带了两个条件，首先它原有的法律依然有效，其次热那亚船的旗帜仍需保留代表热那亚守护者圣乔治的红十字，并且安置在维斯康蒂家族毒蛇家徽的上方。

可想而知，热那亚人使出的这招让威尼斯人既愤怒不已又心惊肉跳。他们彻底了结对手的满足感在最后一刻被夺走，更糟的是，米兰这股难以安抚的强大势力通过控制热那亚进一步扩大了它的影响。虽然由卡拉拉家族统治的帕多瓦作为威尼斯的附庸将共和国与米兰的领地分隔开来，但自从威尼斯成为一个陆上政权，它与维斯康蒂家族很快就将不可避免地产生冲突。而假使威尼斯与米兰发生冲突，即便热那亚的形势仍然十分严峻，但冲突起因也应当是伦巴第城镇。因此威尼斯召集对米兰的威胁心有戚戚焉的陆上国家，匆忙组建起一个联盟，其成员包括蒙费拉、费拉拉、维罗纳、帕多瓦、曼图亚和法恩扎，甚至连不久后将成为神圣罗马帝国皇帝的波希米亚国王查理四世也被威尼斯说服，担任这个联盟的挂名首领。所有这些事都在极短时间内得以完成，根据洛伦佐·德·莫纳奇斯所撰写的编年史记载，“其间付出了惊人的代价”。不过维斯康蒂家族同样可以采取收买的手段，很快联盟的成员又因此分道扬镳，它们甚至还未携起手来对任何一位敌人进行打击，而查理四世坐收十万威尼斯杜卡特，赚得盆满钵满。

不过米兰大主教乔瓦尼·维斯康蒂并不急于开战，相反，他派遣了一位和平使者前往威尼斯，这位使者是自但丁之后，作为最伟大的诗人兼外交家而广受时人赞誉的弗朗切斯科·彼特拉克。差不多三年前，彼特拉克曾以一位人文主义者和私人朋友的身份给丹多洛执政官写过信，恳求他为了意大利的团结统一与热那亚握手言和；如今他将城市的福祉加入原先的呼吁中，尽其雄辩之能事来劝说威尼斯向他的主君伸出友谊之手，并接受他预备提供的优厚条件。不过就像之后彼特拉克本人坦承的那样，他这趟和平之旅全然无用：

> 我的无数言辞都像被掷入风中；奔赴威尼斯前我有多么满怀希望，踏上归途时我就有多么悲伤、惊惧、羞愧满腔……没有只言片语，无论是我的，或者甚至是西塞罗的，能够被那些固执塞聪之人听闻，他们顽固强硬的心灵也不因辞令而敞开半分。[1]

事实上，彼特拉克的游说对威尼斯人造成的触动，并不比三十三年前但丁来访所造成的更多。现在他们已经从热那亚—维斯康蒂同盟带来的最初的震惊中回过神来，随着大陆直接攻击威尼斯这一威胁的明显消退，威尼斯人又重拾自信与勇气。假如米兰大主教真心希望求和，那么他很有可能还未做好战争准备，而至少在海上，威尼斯人从未像现在这样强大，不管他们的敌人是不是维斯康蒂，威尼斯人决心继续拉洛耶拉之战的胜利，只要条件允许，就要再次给他们的对手很可能是决定性的打击。因此他们对执政官接见室内的使者华丽优美的言辞不感兴趣，而是将注意力集中在威尼斯的军械库。

正当此时，热那亚已经准备继续交战。在公元 1354 年初的几周内，它派出了一支轻装突袭舰队前往亚得里亚海，袭击了达尔马提亚沿海的莱

1　见《给家人的信件》，第十八卷，第十六篇（公元 1354 年 5 月 28 日）。

西纳岛以及库尔佐拉岛，[1] 并在逃走前大肆破坏。消息传来，威尼斯人立即派出小分队守护位于阿普利亚和科孚岛之间的奥特朗托海峡，同时尼科洛·皮萨尼率领十四艘重型桨帆船出发追击偷袭者。追捕热那亚人未果，皮萨尼便调转航线驶向撒丁岛，阿拉贡人还在那儿围攻阿尔盖罗港。这是一个致命的错误，重新得到剩余热那亚战船指挥权的帕加尼诺·多里亚找到了机会，在他的对手安然向西时，他奔赴亚得里亚海口，设法溜过了威尼斯人新建立的防线。随后他没有执着于沿海岛屿，而是径直冲向海湾，攻占了伊斯特里亚沿海距威尼斯本城不过六十余英里的帕伦佐。

在此危急关头，威尼斯人仍然保持着冷静的头脑。他们任命了一名海军总司令，只要被认为有助于保卫城市，他手中的特别权限就允许其采取任何措施。总司令下有十二位贵族，每位贵族可以率领三百人。紧跟着到来的是全国总动员，政府向国民征收特别税，还有一些地位显赫的公民自掏腰包，另行武装了一批桨帆船。最后，大量树桩和铁链被铺设在圣尼科洛和圣安德烈亚之间的水中，它们横贯整个利多港，用来阻止敌人进犯。

或许是威尼斯的这些举措，尤其是最后一项，阻止了帕加尼诺进一步靠近，但从帕加尼诺·多里亚的行动看，他似乎从没打算真的攻打威尼斯，而更像是通过这一行动宣告世界：不像在陆地上，热那亚还没有在海上被打垮，而且它绝不害怕任何敌人，无论是威尼斯还是其他对手。如果多里亚的意图当真如此，那么他已经将其清楚地表达了出来。随后多里亚返回亚得里亚海，一进入外海海域，他就直奔爱琴海。此刻威尼斯人没有任何追击或阻拦的举动，不过此时皮萨尼正从撒丁岛返回，他猜测帕加尼诺·多里亚迟早会停泊在希俄斯岛的热那亚殖民地进行补给，便率军前往同一个方向。数周后，正如皮萨尼所预料的，他找到了目标，但是多里亚

---

1 今赫瓦尔岛和科尔丘拉岛。

正在等待从热那亚本土前来的十二艘桨帆船，而且在准备就绪之前，这名热那亚将军并没有在港口露面的打算。这时已是10月入冬时分，威尼斯人守株待兔已经没有任何意义，于是皮萨尼满怀沮丧、闷闷不乐地撤入伯罗奔尼撒半岛西南角的伦戈港冬季营地，遥望正对面的萨皮恩察岛。

多里亚决定不在希俄斯岛过冬。到了月底，他乘坐抵达的桨帆船返回热那亚，但这时风向不顺，热那亚人便不得不寻找避风港。正巧一两英里之外就是等待天气好转的威尼斯舰队停泊的地方，大半是出于好奇，多里亚的侄子乔瓦尼当机立断，乘坐一条轻便的战船前去侦查威尼斯人的位置。等他返回时，乔瓦尼向叔叔报告他们的敌人全无防备，只要动手便能让其束手就擒，于是帕加尼诺毫不犹豫地采取了行动。11月4日，热那亚人的桨帆船驶入伦戈港，杀了威尼斯人一个措手不及，大多数威尼斯水手在袭击到来时还在岸上，恰好留在甲板上的人也无法组织起像样的抵抗。“你可以想象，”洛伦佐对此感叹，“这场面就像一方是全副武装的男人，而另一边是手无缚鸡之力的女子。”舰队中五十六条威尼斯船，包括三十三艘桨帆船全部被俘获，大部分水手逃到了迈索尼港，剩下的则沦为囚徒，这期间共有四百五十人丧生，据猜测他们中很大一部分人被冷酷地杀害了。

皮萨尼是侥幸逃生的一员。这场惨败不完全是他的错，在这之前他已经任命手下一名叫作尼科洛·奎里尼的军官率领二十艘桨帆船守卫海港入口，而正是奎里尼的玩忽职守，或者照一些人的说法，因为他的背叛，才导致了这场灾难。但无论如何大错已经铸成，而且它造成的损失无疑胜过当年在博斯普鲁斯海峡的战斗，更甚于历史上共和国经历的任何一场败仗。当皮萨尼和奎里尼返回威尼斯，他们二人都受到严厉责问，并被处以支付高额罚金和剥夺一切权力的惩罚。然而我们应当看到，奎里尼仅仅被剥夺了六年的权力，而不走运的皮萨尼则遭到终身不得在陆上或海上行使指挥权的处罚。

彼特拉克在他写给热那亚副主教的信中，认为死亡对安德烈亚·丹多洛是一种慈悲，“这不但令他免于目睹国家遭受痛苦的景象，也将他从我即将写给他的言辞更激烈的信件中解脱出来”。事实上，丹多洛执政官死于公元 1354 年 9 月 7 日，伦戈港惨败前的两个月，他被安葬在圣马可大教堂洗礼堂一具华丽的哥特式石棺内，他是最后一位选择这座教堂作为长眠之地的威尼斯统治者。[1] 安德烈亚·丹多洛在四十七岁的壮年猝然而逝，可谓是个双重的悲剧：欧洲损失了一位卓越的人文主义者和十四世纪著名的文人兼学者；在威尼斯，被选为丹多洛继任者的老人在此后的一年辱没了执政官这个职位，也将他自己送上了断头台。

马林·法列尔来自威尼斯最古老的贵族家族之一，在他之前，这个家族已经拥有了两名执政官。尽管已是七十六岁高龄，马林·法列尔仍然作为威尼斯在阿维尼翁教廷的大使，扮演着积极的角色。直到通知他当选执政官的信使到来之前，人们都将他在阿维尼翁的职位看作这位老人为国家鞠躬尽瘁的顶点。早在公元 1312 年，他就作为选举人之一参与选举索伦佐为执政官，之后从公元 1315 年到 1327 年，法列尔曾多次担任十人议会的成员，并且在驱逐贝亚蒙特·提埃波罗的过程中发挥了重要作用。据说在这件事上，他甚至可能参与了对贝亚蒙特等人的最终清算。马林·法列尔曾指挥过一支黑海上的舰队，在一些特别任务中担任“贤人”的角色，还担任过基奥贾、帕多瓦和特雷维索的代官。就在他当选的两年前，当匈牙利人再一次对达尔马提亚地区宣示所有权并请求查理四世裁夺时，法

1　罗斯金如此描述他位于圣伊西多尔礼拜堂北面耳堂的坟墓：“这是威尼斯纪念性雕塑中最佳的现存范例。”丹多洛一直负责圣伊西多尔礼拜堂和洗礼堂的马赛克画，人们也可以从祭坛上方看到他自己的马赛克肖像画。

列尔作为共和国的发言人，在其面前为祖国的利益进行辩护。在最后这一项任务中，查理四世为了回报他的辛苦付出授予法列尔爵位，并给予他统治阿尔卑斯山麓瓦尔马伦诺地区的权力。然而，尽管法列尔的履历十分辉煌，这位老人在其职业生涯中却以其急躁的脾气和容易得罪人的性格闻名。举例来说，公元 1339 年，马林·法列尔在特雷维索担任代官的职务，因为当地主教参加宗教游行迟到，法列尔在大庭广众之下打了主教一个耳光。虽然他如今年逾古稀，但随后发生的一系列事件证明，年龄的增长无助于让这位新执政官变得稳健温和。

好事的编年史家们津津有味地描述法列尔抵达威尼斯时发生的凶兆。当时是 10 月的第一个星期，据说整座城市十分反常地被浓雾笼罩，以至于在法列尔归国的最后一段旅程中前往基奥贾迎接执政官的“黄金船”完全无法靠近莫洛。于是法列尔和他的随从只好搭乘一种在贡多拉发明前广为威尼斯人所用的平底小船“piatte”，即便如此，一行人还是迷失在浓雾中，错过了位于麦秆桥附近的官方码头，最后只得在小广场上岸。于是第一次前往执政官宫的马林·法列尔执政官穿过两根石柱往宫殿走去，他经过的地方正是威尼斯惯于处决男性罪犯的不洁之地。

顺带一提，马林·法列尔签署的宣誓书又为执政官的权力增添了新的限制，而他就任后不满一个月，来自伯罗奔尼撒半岛的报告就为他统治的开端投下了更深的阴影。但即便是伦戈港的惨败也不能阻止威尼斯人享受他们的宗教节日，公元 1355 年初，四旬斋前的最后一个周四，我们可以发现他们照常庆祝了“肥胖星期四”(Giovedi Grasso)。人们在这一天环绕圣马可广场和小广场追逐群猪，以此纪念两个世纪前俘获阿奎莱亚的德意志宗主教这一历史事件。[1] 另外，市民在这天还会为一些威尼斯

1　见第 8 章。

独有的杂技鼓掌喝彩，其中一种表演俗称“赫拉克勒斯的功绩”（Forze di Ercole），一群男人踩着彼此的肩膀往上攀爬，用人体组成一座高耸的金字塔；另一种杂技叫作“土耳其人的飞翔”（Volo del Turci），表演者拉着一根绷紧的绳索，从钟塔的顶端以令人头晕目眩的速度下降到广场上，看起来惊心动魄。

在公开庆祝活动结束之后，执政官在执政官宫内按惯例举办了宴会。照人们广为流传的说法，就在此时此地产生了麻烦。宾客中有个醉酒的年轻人对执政官夫人的一名侍女不轨，于是执政官命令将此人赶出宫殿，在被驱逐之前，这个青年设法溜进了议会厅，然后在执政官的宝座上写了首打油诗：

> 马林·法列尔娶了个漂亮老婆，
> 他拥有她却由别人跟她风流快活。[1]

可以想象，这有损执政官尊严的侮辱对法列尔造成了何种影响。而当四十人议会前来劝谏时，法列尔的怒火更加一发不可收拾。四十人议会的成员们认为，与其遂执政官的意严惩那个年轻人，不如看在他年少无知和过去品行良好的分上网开一面，令其上缴罚金，抵消冒犯执政官的罪过即可。然而马林·法列尔是个坏脾气的老头，有着长者对年轻一代的鲁莽无礼常见的不宽容，而他的承诺书条款令他愈发心怀不满。数周过去，法列尔的这种情绪逐渐转变为对统治阶级的顽固仇视。他认为统治层对执政官

---

1 “马林·法列尔有个漂亮太太，他得看紧她免得她与其他男人快活。”这个版本的顺口溜引自马里诺·萨努多的著作《威尼斯执政官的生活》。萨努多在事件发生的一个多世纪之后着手撰写这部分内容，因此文本的真实性有待怀疑。尽管如此，这份资料还是令后世很多编年史家和史学家认为那些年轻人注意的目标是执政官夫人。不过虽然这位夫人是法列尔的第二任妻子，年纪亦比丈夫小很多，但当时她已经差不多有四十来岁，同时也没有任何证据可以证明那些学者们的猜想。

的权威缺乏尊重，并保护他们自己不受正当法律程序的影响，出于这种仇恨，法列尔下决心要设法让这些犯下冒犯君主罪行（lèse-majesté）的人们付出代价，假如法律无力对付他们，他就自己付诸行动。

与此同时发生的另外一些事让法列尔更坚定了自己的决心。一名海军军官以及另一名绰号为“吉赛罗”（Gisello）的斯特凡诺·吉亚扎的军械库主管分别提出投诉，这两名具有人望的可敬市民在公开场合被一群年轻贵族侮辱，并且受到身体上的暴力伤害。这时执政官恐怕已经忘了他当年对待特雷维索主教的粗暴行为，当他满怀同情地指出即便是他自己也很难让这群人受到惩罚时，吉赛罗咕哝道：“危险的野兽就该被牢牢拴紧，要是不能控制住他们，那就得消灭他们。”

这一刻法列尔意识到他得到了一位强有力的盟友。军械库工人是一群训练有素且值得信赖的手工业者，他们接受的是半军事化的组织管理，同时有着对执政官个人效忠的传统，他们通常会在各种典礼场合担任执政官的保镖。于是一场密谋就此成形：4 月 15 日夜里，被人蓄意挑起的骚乱将遍及全城，同时一队热那亚战舰正在逼近的流言亦会不胫而走，这将使威尼斯的贵族和平民不分贵贱，全都聚集在圣马可广场上，执政官家族的一名成员贝尔图乔·法列尔将会带领一群武装人员在那里等待着，以保护执政官为借口，屠杀他们见到的所有年轻贵族，这些为法列尔家族所用的打手们很有可能就是军械库的工人。随即马林·法列尔将宣称成为威尼斯领主，在人们的鼓掌欢呼中接受这个头衔。

纵观历史，贵族反对他本身所处的阶级转而投入群众运动之中的例子数不胜数，但很少有人在年近八十的时候还这么做。同样，也很少有人处在法列尔如今至少在理论上尊贵超然的地位，还会掉转头反对整个统治阶层。因此在这次事件中，野心与个人利益等反叛常见的动机就可以被排除在外。驱使法列尔的理由很简单，不过是仇恨和膨胀的复仇欲望，而因为他的高龄，后者被扭曲为一种压倒性的执迷不悟。或许吉赛罗和他的同谋们正是看到了这一点，于是进一步影响老人，将这位执政官当作他们达到政治目的的工具；如果这个猜测是正确的话，那么马林·法列尔就不再是叛乱阴谋的煽动者，而更像是个无意识的受害者。不过尽管如此，我们还是很难对他表示同情：一个身处最高职位的人，利用手中职权进行破坏，并且使用武力和最大限度的暴力与流血来对付将他推上权力宝座的政府和特定的社会阶层，实在叫人难以苟同。所幸法列尔没有成功，老天保佑威尼斯，法列尔执政官一手造成了他自己的垮台与毁灭，这是他唯一成功的事。

十四世纪的威尼斯亲眼见证了两次颠覆共和国政府的阴谋，无一例外，它们的失败源于参与者不能守口如瓶。继贝亚蒙特和奎里尼的反叛后，旧事再度重演，一名来自贝加莫的皮货商贝尔特拉梅被一位富裕的客户警告在4月15日当天远离街道。这位客户早前对阴谋一无所知，他曾找到执政官传达警告，但后者的反应引起了他的怀疑，于是此人决定向与他更意气相投的人吐露这一秘密。一个名叫马可·尼格罗的人做出了相似的报告，卡斯特洛区靠近军械库的海员聚集区是叛乱的主要中心。而且人们有充分理由相信，包括执政官在内涉事的其他人也并不如预想中那样谨慎，在事发前至少两到三刻钟，十人议会就已经掌握了有关情报。于是十人议会以惯有的可怕速度运作起来，十位成员首先在圣萨尔瓦托雷修道院秘密开会审查所有证据，并确认执政官本人是否确实牵涉其中；而当他们确认了一切属实之后，就迅速在执政官宫召开了更大规模的议会会议，与会者包括顾问委员会成员、大法官、四十人议会成员、秘密警察以及治安官（Cinque della Pace）。[1] 值得注意的是，出身法列尔家族的两名官员也出

1　组成执政官的内部议会形成了一个大致的均势：六名顾问、三位公诉人、四十人的审判委员会、警察机关的首脑、威尼斯城六大区的领导人以及五名治安法官（太平绅士）。

席了会议，其中一位担任大法官，另一位则是十人议会的成员。

预备发生政变当日，城内实行了严格的安全措施，每一个教区和大区的管理者都被要求让最值得信赖的一批人武装起来，前往圣马可广场就位，于是总计有六千到八千名民兵被调动起来，准备应付任何可能发生的问题。一支由一百人组成的骑兵队随时待命，一旦城内任何地方出现紧急状况，他们将迅速前往支持。与此同时，大搜捕开始了，对反叛者的裁决也很快下达：贝尔图乔·法列尔幸运地只被处以终身监禁，但另外十名叛乱头目则被排成一排，绞死在可以俯视广场的执政官宫窗外。[1] 具有讽刺意味的是，接替巴塞焦成为新执政官宫主建筑师的菲利波·卡伦达里奥也在死刑犯之中，遭到逮捕的当天，他还在建筑南端主持工作。

接下来就是决定执政官命运的时候，十人议会认为他们无法独自肩负这一责任，于是申请执行名叫“zonta”[2] 的程序，通过这道手续，十人议会可以扩大其组织规模，额外增加专门用来处理重大紧急事件的人手。于是又有二十位贵族依照程序加入，他们的裁决在预料之中。法列尔执政官接受了全部指控，并对所作所为供认不讳，他在服罪的同时，宣称自己已经准备好面对应受的极刑。4 月 17 日，政府下达了对执政官的判决。次日早晨，在祈祷的第三个小时（约上午 9 时），人们把这位老人从他的私人寓所带到议会大厅，那儿有一道大理石台阶，往下可以抵达通向执政官宫

1 尼科洛·特雷维桑当时是十人议会的一员，他留下了关于这些事件的许多记录。他写明这些人是在“红色的大理石柱子”之间被吊死的，因此包括罗马宁在内的不少历史学家认为这两根柱子就是执政官宫面向小广场一侧第二扇窗户下的那对。但正如我们所知，执政官宫西侧这一面在法列尔生活的时代还没有建造。如果这对石柱确实是讨论中的那两根，那么它们原本应当属于塞巴斯蒂亚诺·齐亚尼的拜占庭式老执政官宫。

2 这是威尼斯方言中的一个单词，意思相当于意大利标准语中的“增加，补充部分”(aggiunta)。

内院的长廊。[1]马林·法列尔身上属于执政官的标记被剥去，他头顶的执政官尖角帽也换成了一顶普通的圆帽。接着法列尔发表了简短的演说，他承认审判的正当性，并祈求共和国原谅他的背叛。最后他将头颅搁上断头台，刽子手一下斩断了老人的脖颈。[2]

行刑过程中，执政官宫的大门保持着关闭状态，然后它被打开，好让尸体展示在人们面前。次日，一艘普普通通的小船载着马林·法列尔的遗体前往位于圣马可大教堂和圣乔瓦尼保罗大教堂之间的圣母平安堂小礼拜室，法列尔家族的家族墓室就在那里，遗体被埋进一个坟墓，上面没有任何标记。[3]法列尔所有的财产都被宣告充公，除了法列尔赴刑前特别遗赠给妻子的两千杜卡特，以便在有需要的时候，作为他无视流言蜚语依然相信她的象征。那些为揭发阴谋提供了消息的人得到了丰厚的回报，卡斯特洛区的马可·尼格罗得到了每年一百杜卡特金币的终身奖励，还有随时携带武器自卫的特权，后者无疑是有必要的；皮货商人贝尔特拉梅获得不低于一千杜卡特的赏金，但是他愚蠢地向政府提出额外要求，希望拿到法列尔在圣使徒教堂的财产以及一个大议会的世袭席位。当这些要求被拒绝后，皮货商对政府口出恶言，于是他被投进监狱，在那里被一名同伙杀死。

在十人议会的记录本上，马林·法列尔的名字没有被列入死刑犯

---

1 如今的“巨人阶梯”（Scala dei Giganti）此时还不存在。人们处决法列尔的楼梯可能位于天井南侧议会大厅的墙外。

2 英国华莱士典藏馆收藏了德拉克洛瓦一幅描绘这个场景的杰作。虽然这幅画有一定的浪漫主义化，但它要比拜伦的戏剧《马林·法列尔》在情节上准确得多，也更具戏剧冲突。

3 法列尔的坟墓在十九世纪中期被打开，死者的头骨摆放在身体骨架的两膝之间。法列尔的骨头已经分散四处了，他的石棺被用作储水池好几年，如今令人惊讶地出现在威尼斯国家历史博物馆（原土耳其商馆）的柱廊之下。

的名单，在那儿只留下了一块空白，旁边用简单的文字注释为“non scribatur”——让它保持空白吧。然而十年后，当所有的震惊和羞耻都时过境迁，当年十人议会成员的继任者们对此就不那么敏感了。公元1366年3月16日，他们下令将马林·法列尔的肖像从刚刚绘制完毕、环绕着议会大厅的执政官肖像中移走，并画上一块黑色帷幕填补空缺的位置，幕布上明确且毫不妥协地写着这样的文字，好让所有见到它的人知晓：“此处所在之人为马林·法列尔，他因其罪行而被斩首。”[1]

1 原文为：“Hic est locus, arini Faledri decapitate pro criminibus.”我们如今在议会大厅内所见法列尔肖像，和其他执政官的画像一样，是在公元1574年的大火后重新绘制的。

17

殖民地的失与得

（公元 1355—1376 年）

那天是 6 月 4 日，时间或许是六点钟，我站在窗边眺望大海……当一艘被他们叫作桨帆船的长长大船驶进被鲜绿枝叶簇拥的海港，它的船桨深入海水，船帆鼓满海风。这艘船前进的速度如此之快，以至于我们望向船上的那些水手和一群欢笑着的年轻人时，他们欢乐的面孔在眼前一闪而逝，这些人戴着绿叶的冠冕，将手中的旗帜举过头顶挥舞，以此来向他们的故乡致意。这座城市已经取得胜利，但还不知道它的儿女们正得胜归来。这时城中最高塔楼上的瞭望哨发现了这群归客，于是市民们怀着兴奋和好奇的心情，自发拥向海岸。当船靠岸时我们可以见到敌人的旗帜被拖曳在船尾，这景象深深留在我们的脑海中，毫无疑问地彰显出这艘船带回了胜利……接着他听见洛伦佐执政官与民众一起感恩，全城举办盛大的庆典，以此来赞美上帝，我相信，尤其是在圣马可大教堂举办的典礼，简直美轮美奂，举世无双。

——彼特拉克于公元 1364 年 8 月 10 日给博洛尼亚的彼得的书信，《书信集》

乔瓦尼·格拉代尼戈有个绰号叫“Nasone”，意为“大鼻子”，“毫无疑问，此人拥有一些古怪的特征”，一位世纪之交的历史学家即刻做出了草率的猜测。格拉代尼戈于公元 1355 年 4 月 21 日当选为执政官，此时距离他前任被处决仅仅过了三天。从过去的历史来看，这段空位期短得异乎寻常，或许是前一个星期内老法列尔掀起的叛乱令人们觉得重建威尼斯共和国的最高权威已是当务之急，刻不容缓。通过新执政官的就任，威尼斯共和国再一次证明了它的政治体制有足够的灵活性与稳定性，即便是面对最严重的国内危机，它也可以从容应付，假如是其他欧洲国家遭遇同样的事，它们或许要数个月甚至数年才能恢复，然而当新任执政官乔瓦尼·格拉代尼戈沿着执政官宫内那道已被擦洗干净的阶梯拾级而上时，不久前马林·法列尔的阴谋叛乱就只不过是一段痛苦的回忆了。

新执政官时年七十岁，而且爱好和平。威尼斯与热那亚的战争令两个国家都付出了沉重代价，贸易也因此瘫痪，特别是伦戈港战役后，威尼斯面临着人力和船只短缺的窘境。此时在意大利大陆，米兰大主教去世后，维斯康蒂家族在米兰的统治权被他的三个侄子瓜分。当维斯康蒂三兄弟代表热那亚向威尼斯提出优厚的和平条件时，共和国欣然接受。公元 1355 年 6 月 1 日，两国正式签署了和约，双方承诺不会侵入对方本土的水域，并且在三年内不接近亚速海的争议地区，此外两国还同意了其他次要的条件。为了表示诚意，威尼斯和热那亚同时在第三方城市各存放了十万弗罗林金币，作为防止任意一方违背承诺的保证金。

可以理解的是，认为自己在战斗中占据了上风的热那亚人对形成这份合约基础的严格互惠主义十分不满。但作为维斯康蒂家族的臣子，他们别无选择。虽然最后依照米兰人的指示乖乖就范，热那亚却丝毫不掩饰其不情愿的态度，此事更坚定了它摆脱米兰束缚的决心。次年热那亚人将这个想法付诸行动，并且如愿以偿。相对来说，威尼斯人比热那亚人更幸运，不仅因为和平协议的内容比他们曾经设想的那些更有利，而且在热那亚共和国这一竞争对手正全心全力争取独立的时候，威尼斯人得以从战争中抽身，重建他们的舰队和贸易网络。此时威尼斯军械库工人的不满被遗忘了。他们夜以继日地超负荷工作，好让桨帆船、西班牙大帆船、轻式帆船和双桅帆船源源不断地成型，进入下水滑道。同时，威尼斯的外交使节们前往北非的巴巴里地区与欧亚的鞑靼地方，以及埃及与佛兰德地区，与那里的人们恢复旧有的协议，并且巩固新建立的。

假如威尼斯仍然像十几年前那样保持着纯粹海上强国的定位，那么乔瓦尼·格拉代尼戈短暂的统治时期将会非常令人愉快，但如今它在大陆上有了一块领地，兼并得来的新的疆土给了威尼斯新的弱点。在过去，无论匈牙利王国何时老调重弹，提及它对达尔马提亚地区的所有权，开战后威尼斯人只要越过海洋就能直捣对方大本营。而如今一切都不同了，通过公元 1356 年匈牙利国王拉约什一世（大王）对弗留利的侵略，威尼斯人第一次充分认识到这种变化所意味着的重要性。

这次匈牙利人宣称拥有主权的已经不限于任何个别岛屿或城镇，拉约什所求的很简单，所有亚得里亚海东岸的威尼斯领地都将归匈牙利所有。三年前他初次尝试这样做，但被巧妙的外交手段绊住了脚，如今拉约什一世再也按捺不住，他以一个显而易见的虚伪借口为幌子，放弃攻打过去与威尼斯存在争议的地区，径直率领主力部队袭击威尼斯本土。萨奇莱与科内利亚诺很快被攻克，特雷维索被匈牙利人重重围困，更糟糕的是帕多瓦领主弗朗切斯科·达·卡拉拉的态度暧昧不明，如果帕多瓦背叛了它的盟友，那么敌人将长驱直入，陈兵于里亚尔托门前。

正在这危急关头，乔瓦尼·格拉代尼戈于公元 1356 年 8 月去世，安葬在圣方济会荣耀圣母教堂的教士礼拜堂内。而他的继任者乔瓦尼·多尔芬当选时，正困于特雷维索重围之中难以就任，不过某日多尔芬凭借着他的勇气、狡猾与好运，趁夜设法逃出了匈牙利人的包围圈。一回到威尼斯就任，多尔芬的第一项举动就是确认帕多瓦的立场。果不其然，匈牙利人近来的胜利壮大了卡拉拉家族的胆量，于是它公开宣称支持拉约什大王。威尼斯的经济制裁随即降临，同时共和国进行了一次惩罚性的远征，摧毁了帕多瓦周边的乡村，然而这些措施并没有多少实际的用处，此时塞拉瓦莱和阿索洛投降，切内达主教举起叛旗反抗威尼斯的统治，而在被围困的特雷维索，一个要将这座城市拱手交给敌人的阴谋正在产生，直到它发生作用前的数小时才被人发觉。

教宗为此出面调停争取到了五个月停战期，但没有得到任何成果。公元 1357 年复活节，战端再起，匈牙利人继续节节进逼。少数几个城镇成功抵挡了匈牙利军队的进攻，其中最著名的是卡斯泰弗兰科和奥德尔佐，而虽然它的主教放弃了教民逃亡到威尼斯，使得特雷维索的陷落似乎已经迫在眉睫，但它仍在苦苦坚持。即便如此，匈牙利人没过多久就已实际控制了潟湖沿岸，并且在那儿强征所有能找到的船只，显然要用它们组成一支侵略威尼斯城的舰队。威尼斯方面随即下令潟湖全面禁航。同时，防御围栏的建筑工作开始了，人们将木桩打入淤泥，围绕城市筑起了防御屏障。

乔瓦尼·多尔芬是个勇敢的人，但同样是一位现实主义者。他明白只凭一些防御措施绝不可能击退匈牙利人，而共和国在大陆上的领土被匈牙利全部侵吞亦只是时间问题，一旦陆上通路被截断，威尼斯本城被攻陷也就不可避免了。此外，共和国的国库如今正被危险地慢慢掏空，从东方运来的商品还能被运入城市，但由于敌人已经占据了大陆，因此这些商品失去了分销的渠道。如今局势已经非常明朗，执政官必须与拉约什一世求和，同样明确的是，威尼斯人与匈牙利人达成的条件将比两年前他们从热那亚人手中接受的要更让人不快。

威尼斯特使与匈牙利国王接触时，发现拉约什一世比他们之前所担心的更加棘手。他在弗留利和威尼托的胜利令他展开对达尔马提亚地区的新攻势，特劳、斯帕拉托纷纷陷落，经过大大小小多次抵抗后，最近札拉也落入匈牙利军队的掌心。拉约什的要求很简单也很彻底，威尼斯执政官必须永久放弃达尔马提亚公爵的头衔，而共和国必须无条件交出达尔马提亚地区东至伊斯特里亚、南到杜拉佐的所有领地。作为回报，威尼斯被允许拥有伊斯特里亚，拉约什一世也将从意大利北部退兵。同时国王还含糊地承诺保护威尼斯海运及对抗海盗，但鉴于匈牙利是一个陆地国家，它这番保证实在是不清不楚。

大议会任命的作战指导专门委员会如今随着战事发展，已从原有的二十五名成员增加到五十五人，听闻匈牙利人的要求，他们怒火中烧。达尔马提亚地区的松林及其内陆地区是威尼斯舰队所需木材的主要来源，而当地的海上人口占据了威尼斯海员中的大部分。更不用说威尼斯共和国的执政官不久前还宣称统治着“八分之三个罗马帝国”，他怎能就此放弃三个半世纪前在那个辉煌灿烂的耶稣升天节名正言顺获得的执政官头衔？

反对接受求和条件的论据十分有力，但反驳它们的理由更为强大。如今特雷维索处在战败的边缘，而这些意大利大陆上仍然效忠威尼斯的地区要比达尔马提亚更重要，无论如何，共和国在事实上已几乎失去达尔马提亚了，这些地区却是威尼斯安身立命的最后堡垒。于是威尼斯接受了拉约什一世的条件，公元 1358 年 2 月 18 日，双方在札拉签署了和平协议。

威尼斯人在这件事上受到的精神羞辱要远甚于物质损失，但他们也要为这一局面负上少许责任。威尼斯人对达尔马提亚的占有权始终有着一种古怪的、对他们来说很不寻常的模糊性，威尼斯人从未在此处找到合适的统治方式。早在他们统治达尔马提亚之初，威尼斯就允许当地人与拜占庭帝国藕断丝连，保持着对帝国象征性的忠诚，而由于臣民们总是喜爱遥不可见的领主多过近在眼前的地方政府，威尼斯人在这一地区沿海的活动常常或多或少地引起当地人不满。诚然，威尼斯人倾向于将政府日常工作交付给当地传统的统治者，比如亲王或伯爵等贵族，以及主教或修道院院长等神职人员，但随着时间流逝，政府的重要职位不是逐渐被威尼斯人占据，就是被威尼斯的代理人取得。最糟糕的是，威尼斯人坚持所有的达尔马提亚港口必须无偿为威尼斯航运服务，以及所有驶向亚得里亚海港口的达尔马提亚船只必须将货物优先供应给威尼斯。虽然后者并非总是强制性的措施，但达尔马提亚的商业贸易却不得不忍受这种压榨，因此当地人对威尼斯人的不满不断增加，沿海城镇的居民也就很容易接受匈牙利人的颠覆活动。

以牺牲达尔马提亚为代价，威尼斯保住了它在意大利大陆上的领地。通过这次事件，它意识到自己的子民是多么容易受到外来攻击，以及它潜在和目前的敌人是谁。举例来说，弗朗切斯科·达·卡拉拉，尽管在不久后的夏天与威尼斯单独签署了和平协议，又从执政官那儿得到了超规格的市民待遇，但他仍不餍足。弗朗切斯科在年底雇用了两千名德意志雇佣兵，尽管他保证这些人将用来对付米兰的维斯康蒂家族而非威尼斯，但威尼斯人因此对未来忧心忡忡也情有可原。为了巩固和确定自己的地位，威尼斯人甚至派大使觐见查理四世，以求帝国承认威尼斯对大陆上领地的所有权。但是皇帝表现出一如既往的冷漠无情，威尼斯这一次的主动行为只换来三名特使中的两名在归途中被奥地利的鲁道夫公爵逮捕的结果。公爵此举只是为了报复威尼斯人，他们先前与匈牙利人作战时破坏了他的一座城堡，两位不走运的使节因此经历了两年的牢狱生活。

剩下的一位使节洛伦佐·切尔西比他的同僚们幸运一点，当时他决定继续在皇帝位于雷根斯堡的宫廷逗留一段时间，假如他没有这么做而是选择与同伴同行，那么当多尔芬于公元 1361 年 7 月 12 日去世时，他仍然和另两名使节困在奥地利人的监狱中日趋衰弱，自然也不会当选为第五十六任威尼斯执政官了。

尽管听上去有点刻薄，但我们得说，除了他获得执政官之位的方式外，乔瓦尼·多尔芬的执政官生涯实在没有可称道之处。当他从被围困的特雷维索成功出逃之后，一切似乎都开始与他作对。外敌入侵时，他无力主持大局，只能让共和国在他的领导下逐步对外国势力屈膝，并且通过屈辱的高昂代价来拯救它于危难之中。在这之后，他的外交政策似乎也不甚成功。当然，假如当时在位的是另一位能够鼓舞人心的领导人，他能否有更大作为还有待讨论，很可能也未必会做到更好。多尔芬的执政成果不尽如人意，其中不走运的成分要多过他的无能。正因为多尔芬不怎么走运也不怎么成功的统治，虽然圣乔瓦尼保罗教堂东北角的半圆形小礼拜堂内仍存放着他精雕细刻的石棺，如今的威尼斯人却已经没有什么怀念他的理由了。

洛伦佐·切尔西得以荣升执政官，不仅是因为他成功逃出了奥地利公爵的手掌心，还因为在此之后连续交上的两次好运。在返回威尼斯的途中，切尔西被任命为“海湾队长”，换句话说，就是威尼斯在亚得里亚海本土舰队的指挥官。不久后他就奉命出发执行任务，而就在执政官选举即将开始时，切尔西出色地取得了一场胜利，俘虏了大群热那亚海盗。消息传回威尼斯，在城中掀起了欢庆的浪潮，这也是威尼斯人第一次用如此长时间来庆祝一场胜利，这无疑为洛伦佐·切尔西的选情增加了足够的有利砝码。即便之后这份战报被证明没有多少事实根据，他的臣民们也没有后悔的借口了。

在已经过去的四次选举中，这是第三次在候选人缺席的情况下选出新任执政官，这充分显示出威尼斯的贵族们花在海外的时间有多么可观。洛伦佐·切尔西于 8 月 21 日正式进入威尼斯，他是个骄傲且唯我独尊的人，这或许是为了弥补他相对来历不明的家庭背景。同时，切尔西还热爱盛大的、富有仪式性的东西，如果它们出现在其他地方，或许会显得太过分。我们听说切尔西在自己的执政官帽上缀了一枚十字架，这样他的老父亲就会对他表现出足够的尊敬；他还拥有庞大的动物与鸟类标本收藏，并且蓄养着城中最为优良的一群马。

简而言之，洛伦佐·切尔西正是威尼斯人需要的那一类执政官。对威尼斯人来说，巡游、宗教游行队伍和奢华的展览就像是一针强心剂。切尔西的统治时期恰逢一段短暂的平静时光，于是他充分地满足了他的子民们。在对待来访的外国王公方面，切尔西同样是一位令人印象深刻的慷慨东道主。公元 1361 年 9 月，威尼斯那两位不幸的大使在奥地利被关押了两年后，奥地利的鲁道夫亲自将他们送回威尼斯，以示其真挚的诚意，同时打算借此机会与共和国握手言和。执政官亲自出面在黄金船上迎接公爵，之后又骑马护送鲁道夫游览城市，向他展示教堂、宫殿、令威尼斯蜚声世界的圣遗物与无价之宝，以及威尼斯军械库——我们可以确信，执政官是不会忘记这最后一项的。而塞浦路斯国王，吕西尼昂王朝的彼得获得的待遇就更为豪华，他曾于公元 1362 年和公元 1364 年，在其欧洲之旅的开头和结尾两次造访威尼斯。他被安排居住在科纳家族名下一座恢宏的十二世纪拜占庭式宫殿，其高贵豪华足以与彼得的身份相称。这座宫殿位于大运河畔，至今在它上层门廊的檐口上还悬挂着塞浦路斯和吕西尼昂家族的王室纹章。[1]

1　因为科纳家族的这个分支在皮斯科皮亚（如今的埃皮斯科皮）拥有庞大的糖料种植园，所以这个家族的姓氏也被称为科纳-皮斯科皮亚，根据威尼斯的传统，这个姓氏也被用在他们所有的宫殿上。不过这个家族更广为人知的姓氏应当是洛雷登，它一直绵延传递到十八世纪。这个家族拥有的最古老宫殿之一仍然和它同时代的邻居法尔塞蒂宫并肩矗立在威尼斯，组成了现代的市政厅。它们距离里亚尔托桥只有几百码，位于里亚尔托桥通往圣马可大教堂的方向。

在威尼斯的诸多嘉宾中，最为尊贵的一位还要数彼特拉克。他为了逃离肆虐帕多瓦的瘟疫，于公元1362年来到威尼斯。他的政治与外交生涯已经宣告终结，为了回报彼特拉克将他的图书馆赠给共和国的行为，威尼斯将一间坐落在斯拉夫人堤岸的精致宅邸提供给这位文化名人居住。彼特拉克和他的女儿一家在这座房子里生活了五年，直到遇上一次他本可以无视的轻微侮辱，彼特拉克离开威尼斯，再度选择浪迹天涯。[1]至于彼特拉克图书馆的下落，多年来始终困扰着学者们。圣马可大教堂的楼上有一间屋子被专门腾出来存放这批书籍，但是它们却从未被运到那里去。关于图书馆消失的原因，人们猜测或许是因为彼特拉克曾被四名威尼斯年轻人侮辱为目不识丁的白痴，他一怒之下决定将书籍存放在其他地方；或者应当将此事归咎于威尼斯的当权者，他们不能意识到彼特拉克这份礼物的重要性，以至于让珍贵的藏书在某些被人遗忘的储藏室中慢慢腐朽，化为尘土。

由于威尼斯当时正享有学术和人文主义中心的盛名，对彼特拉克图书馆命运的第二种猜测看上去似乎不太可能发生。不过威尼斯政府或许得承认，当时他们正面临比处理藏书更紧迫的问题。彼特拉克造访威尼斯的时候，共和国恰巧面临着严重的殖民地危机。克里特岛是威尼斯共和国在爱琴海地区最大也是最重要的殖民地，不过一个如此规模的岛屿往往会制造出麻烦，在威尼斯对克里特岛长达一百六十年的统治中，克里特人从未真正臣服于他们的外国领主。而随着时间流逝，很多当地的古老威尼斯家族也心生不满，假使他们留在威尼斯，这些家族的成员会自动取得大议会的议员资格，然而事实上在克里特岛，他们却被排除在权力之外，因为当地

---

1 根据长期的历史传统和留在原地的一份铭文，我们得以知道彼特拉克在威尼斯的住宅是斯拉夫人堤岸上距离圣墓桥不远的地方，正是过去的双塔宫。而双塔的其中一个基座，如今仍可以在附近的执政官巷清晰地见到。

所有可以掌权的职位都被共和国指派的官员占据了，这尤其令这些家族愤恨不已。最后，所有的不满累积到了爆发点，引爆的导火索与四个世纪之后英属北美殖民地揭竿而起的原因很相似，均源于单方面的关税征收。威尼斯方面再三保证从税款中获得的利润将用于本地港口设施的维修与更新，这将为殖民地带来长远的利益，但是克里特人并不吃这一套。他们指出威尼斯推行这个决定时并没有事先征询当地人的意见，事实确实如此，因为威尼斯大议会讨论这一政策的时候，克里特人无法参与其中，甚至不能出席在会场内。于是克里特人声称除非破天荒地允许一个由二十名贤人组成的代表团前往威尼斯诉说当地人的不平，否则拒绝支付相关税款。此时威尼斯议会犯下了致命的错误，它的成员厉声反驳克里特人的请愿，称他们从未觉得这个殖民地居然能有二十个贤人，在这个关头，这番言辞侮辱造成的结果可想而知，克里特人降下了圣马可的旗帜，升起克里特岛守护圣人圣提多的旗帜取而代之，威尼斯籍总督列奥纳多·丹多洛被当地人废黜，险些丧命，很快，整座岛屿都竖起了叛旗。

即便此时，共和国方面仍然低估了这次危机的严重性。它派遣了两批官方调查团前往克里特岛主要城市干地亚，向反叛者们解释他们犯下了怎样的错误。直到第二批盛气凌人到难以容忍的使者在暴民的攻击下仓皇逃回桨帆船上，大议会才如梦初醒。威尼斯急忙修书教宗和皇帝，又联系匈牙利、那不勒斯和热那亚方面，请求他们不要给予反叛者任何支持，同时杰出的雇佣兵头领，维罗纳人卢基诺·达·韦尔梅，立刻组织起可以出海的一千名骑兵和三千名步兵，他们登上三十三条桨帆船，驶向克里特。

即便以当时的标准来看，这也算不上是一支庞大的军队，不过镇压克里特岛的叛乱足够了。反叛者们缺乏纪律性，这是他们致命的弱点。这些人中大部分是监狱中冷酷无情的罪犯，重获自由之后，他们以无偿从军的承诺作为回报，但很快这群犯人就故态复萌，开始无差别地烧杀抢掠。而克里特当地古老的威尼斯殖民家族也对更多岛上希腊人日渐强烈的政治抱负感到震惊和恐惧。事态正迅速变化着，原本的起义或许将导致公开的派系冲突，其间克里特岛上的拉丁人可能会被放逐，甚至遭到屠杀，权衡之下，这些家族选择向威尼斯投降。达·韦尔梅和他的将士们凯旋，接下来就是彼特拉克事无巨细描述的欢庆场面，而他当时正是坐在执政官的右手边，目睹了这令人屏息的一幕。

> 在场的人群规模难以估计，简直教人不敢置信……执政官本人被一群最显赫的贵族簇拥着，现身于圣马可大教堂入口上方的凉廊，在大教堂的入口处矗立着四匹镀金青铜马，铸造它们的无名古雕塑家手艺精湛，仿佛为雕塑注入生机，人们看着这些马，似乎可以听到它们扬蹄嘶鸣。凉廊被奢华多彩的天棚覆盖，好让观礼众人免受热气与午后阳光刺眼之苦……下方的广场上人山人海，几无立锥之地，而那些教堂、塔楼、屋顶、门廊和窗户，全都塞满了挤挤挨挨的旁观者……
>
> 右方有一座木质的观礼台，四百位名门淑女盛装就座，她们都是高贵美丽的花朵……我自然不能忘了提来自英格兰的一批贵族，他们是国王的亲属，正因为自己新近取得的胜利喜气洋洋。[1]

不过事实证明威尼斯人高兴得太早了，尽管那些具有威尼斯血统的克里特人选择投降，主谋被斩首而剩下的人亦受到处罚，岛上的希腊人却还持续着反抗威尼斯的游击战，直到公元 1366 年。就在此时，洛伦佐·切尔西去世了，他的死亡被一层迷雾笼罩着，从十人议会于公元 1365 年 7

---

1 我们大致可以推定《加来协议》签署于公元 1360 年 10 月，它将阿基坦和法兰西北部的大部分地区划给英格兰，结束了百年战争的第一阶段。

月 30 日签发的命令中，我们发现它下令销毁所有针对切尔西前执政官的检举信，并且要求继任的执政官发表公开声明，表示所有检举都已经过充分调查，全是无稽之谈。这份命令被一丝不苟地执行了，所以当年安在切尔西头上的罪名究竟是什么，我们如今不得而知，不过一些编年史学家暗示切尔西事实上并不如十人议会想象的那样无辜，他去世得正是时候，否则这位执政官可能就会遭到传讯和审问。而出面指控他的几乎就是当年一手导致马林·法列尔垮台的那群人。事实或许如此，但这个猜测仍然没有实证支持。切尔西身后哀荣备至，长眠在现已经拆毁的圣玛利亚·塞莱斯特教堂，还被公开证明无罪，因而我们很难对他的清白提出质疑。

洛伦佐·切尔西死后进行的执政官选举，其人选提名并非毫无争议。有人提名曾被奥地利公爵囚禁的大使之一马可·科纳，但亦有人对他的候选人资格提出严正反对。科纳已年过八十，老迈不堪；他一贫如洗，无法应付这个职位的开销与维持执政官的体面；他与外国势力过从甚密，因此对共和国的忠诚有待怀疑；最后，反对者指出科纳的妻子来自庶民阶层，一旦他成为执政官，执政官夫人身后那个人口众多的家族就必然会插手国家大事。针对质疑，科纳慷慨激昂地为自己辩护。他指出，虽然自己白发苍苍，但这是为共和国鞠躬尽瘁的标志，而且他将一如既往，继续为祖国服务；他的贫穷是一种光荣而非耻辱，是诚实和廉正的证明；他与外国王公们的友谊完全是多年外交生涯自然造成的结果，而他本人处事公平的名声对威尼斯来说非常有利。最后，科纳提到，很多威尼斯贵族都和身份低微的女性结婚，这些女性和她们家族的忠诚，以及对威尼斯的爱众所周知，不逊于任何人。这番话达到了科纳所希望的效果，公元 1365 年 7 月 21 日，他成功当选执政官。

马可·科纳的执政时期短暂却平和繁荣。对外，最后一批叛乱克里特人掀起的骚动逐渐平息；威尼斯也顶住了萨伏伊伯爵为了让共和国加入抵抗土耳其人的新一次的十字军东征而施加的压力，只派遣了两艘桨帆船表示友好和诚意。另一方面，威尼斯与亚历山大港穆斯林的贸易得到了恢复，甚至教宗都被说服，不太情愿地给予它祝福。在国内，新执政官宫的装饰工程继续进行着，在南面外墙上最好的雕刻慢慢出现，议会大厅东面墙上瓜里恩托伟大的天国题材壁画正逐渐成型，还有环绕房间雕带的历代前执政官画像，而科纳本人的画像被巧妙地安排在了执政官宝座的正上方。

然而遗憾的是，十四世纪注定是动荡不安的一百年，而马可·科纳已经垂垂老矣，这就意味着可供共和国喘息的幸福时光和执政官的生命都不可能持续太久。事实也确实如此。公元 1368 年 1 月 13 日，威尼斯再一次失去了它名义上的最高元首。科纳得到了国葬的礼遇，安息于圣乔瓦尼保罗教堂[1]，就在他的葬礼后数月，战争又再度降临威尼斯。

战争的到来不是新执政官安德烈亚·孔塔里尼的错。他与前任一样爱好和平，甚至更淡泊名利。事实上他在被选中之前已经隐退到自己位于帕多瓦附近的宅邸之中，当十二位身份最尊贵的同胞前来拜访并通知他当选的消息，准备护送他返回威尼斯时，孔塔里尼断然拒绝了任命。直到使者们威胁他，如不就范便要受到惩处，他所有的财产也要被没收充公，孔塔里尼才同意低调赴任。如果这位新执政官未卜先知，预料到前方等待着的无数磨难，他启程的时候或许会更不情愿，在接下来的十四年中，安德烈亚·孔塔里尼将会无数次想起他半途夭折的退休生活，对那段美好的日子眼热不已又满心渴望。

1　人们仍然可以在圣坛附近见到科纳的石棺，但是它在十九世纪时，因为遭到粗暴的对待而损坏。当时文德拉明的豪华陵墓正从圣塞尔维教堂转移到此处，因此它被移动和切削，来为移入的陵墓腾出位置。

新执政官任内爆发的第一件麻烦事是在的里雅斯特发生的暴乱。需要承认的是，这场骚动无论是在兵力还是在资源上都没有给共和国带来太严重的负担，在过去几年内，威尼斯并未对这座城市抱太多关注。与札拉相比，的里雅斯特规模较小，地理位置的战略重要性也不如前者以及更远处的沿岸城市，然而威尼斯失去达尔马提亚后，的里雅斯特的重要性得以上升，同时也更容易受到匈牙利国王、奥地利公爵及阿奎莱亚宗主教等危险邻居们施加的政治压力。我们并不知道这些恶邻是否参与了煽动叛乱，不过当的里雅斯特人被一支威尼斯舰队围困，向奥地利公爵求援时，后者迅速地派出了军队。奥地利人行动迅速，但威尼斯人手脚更快，他们加强了封锁，又在公元 1369 年夏急急组织起一支雇佣军与威尼斯本地士兵混杂的军队，击溃了奥地利人。的里雅斯特在围城战中又坚持了几个月，不过奥地利人撤军之后，它的投降就只是时间问题了。11 月 28 日，这座城市终于放弃抵抗，向威尼斯屈服。

与此同时，弗朗切斯科·达·卡拉拉的行为证实了威尼斯早前所有的怀疑。他在布伦塔河沿岸建起一座又一座城堡，打算在这些地方建立自己的盐厂。此举必然打破威尼斯在这一地区的盐业垄断，共和国对海盐生产的垄断史几乎可以追溯到其建国之初，直至今日，盐业利润依然差不多占据了威尼斯全年总收入的百分之十，因此它对卡拉拉的行为提出严词抗议。[1] 卡拉拉随即向老盟友匈牙利国王求助，令他失望的是，拉约什一世不愿为他撑腰，只愿居中调停。然而即便威尼斯与帕多瓦弥漫火药味的磋商一度到了在议会厅内拔剑相向的地步，双方之间都没有达成任何成果。事已至此，鉴于盐业垄断是共和国经济的基石，威尼斯绝不会向帕多

1 我们了解到，在公元 1454 年，它就取得了十六万五千杜卡特的收入，所占威尼斯全年总收入的比例仍然是比较高的。

瓦让步，它随即向帕多瓦宣战，并雇用当时另一位出众的雇佣兵首领雷尼耶·代·瓜斯基来指挥陆上军队。

现在轮到帕多瓦面对威尼斯的围城攻势了，威尼斯派出的一小支军队在同一时间开始着手系统性地破坏卡拉拉家族新建的堡垒，破坏他们名下的田地。也就在此时，一个植根于威尼斯城中的阴谋被揭发出来。卡拉拉曾设法收买了两位元老院的成员，同他们密谋暗杀政府中的主要政敌。然而预先安排的杀手愚蠢地将计划在两名默瑟里亚的妓女面前和盘托出，热爱国家的妓女们向政府举报了这桩阴谋，杀手随即落网。他们被绑在马尾上，从里亚尔托一直拖到广场上，接着在两根石柱之间被五马分尸。那些背叛国家的贵族中有一人被斩首，另一人被判处十年监禁，同时被处以其他惩罚措施。参与阴谋者受到了残酷的惩罚，但即便如此也没能消除威尼斯大众的恐惧，新的谣言在城市中不胫而走：弗朗切斯科·达·卡拉拉在水井里下了毒，或是他正准备火烧军械库。出于为了维护法律与秩序的权威和其他理由，十人议会授予了委员会（Collegio）特别权力，来命令特别巡逻队走遍大街小巷和运河河道，搜索所有进入威尼斯的陌生人，将那些可疑的或被检举的人抓起来拷问。这些措施迎合了大众的感情，在普通威尼斯人眼中，弗朗切斯科·达·卡拉拉差不多已经成了敌基督。

对帕多瓦的战争持续了近四年，结束于公元 1373 年秋。威尼斯军队在一开始占了上风。紧接着由拉约什的侄子，特兰西瓦尼亚的伊什特万率领匈牙利军队前来支援卡拉拉麾下规模已相当可观的德意志雇佣兵团后，战事开始摇摆不定。威尼斯在皮亚韦河上的纳尔维萨遭遇惨败，从代·瓜斯基那儿得到最高指挥权的塔代奥·朱斯蒂尼安被俘。在帕多瓦的圣安东尼大教堂，帕多瓦人将俘获的圣马可旗当作战利品高悬示众。接着威尼斯又在福萨诺瓦吃了第二次败仗，但在这之后，正当匈牙利人围攻一座名不见经传且无关紧要的堡垒时，威尼斯人突然发动了攻击。匈牙利人的反攻被坚守战线不后退的威尼斯长枪兵粉碎，特兰西瓦尼亚的伊什特万也成了阶下囚。

伊什特万被带回威尼斯，就在人们欢庆胜利的同时，他在执政官宫得到了体面的接待。威尼斯人有充分的理由这么做。匈牙利国王为了让侄子重获自由立即选择退出战争，失去了同盟的卡拉拉因此被迫投降。和约条件对帕多瓦一方格外苛刻：卡拉拉必须拆毁所有的堡垒，还要付给威尼斯不低于二十五万杜卡特的赔偿。另外，威尼斯占据了费尔特雷，作为卡拉拉日后维持良好表现的抵押品。威尼斯做出的让步只有一条，弗朗切斯科不必亲自前往威尼斯请求执政官宽恕，而是可以让儿子代劳。公元 1373 年秋天，在集体出席的元老院成员面前举行了一场典礼，彼特拉克作为类似场合不可或缺之人陪伴帕多瓦的求和者一同出席，正是在这场典礼上，他一如既往地用拉丁文发表了一场赞美和平的宏论。

但即便到了此时，威尼斯也还没有取得绝对的和平。卡拉拉的另一位旧日盟友奥地利公爵还在持续不断地制造着麻烦，之后的三年间，特雷维索附近地区的农田和山顶城镇，就像之前的半个世纪一样，不幸再次被断断续续且大多数没有结果的战争摧残得分崩离析。顺便值得一提的是，威尼斯人在这些战争中引入了一些小型火炮，这是这种武器首次在意大利出现。到了公元 1376 年末，公爵终于退兵，但此刻威尼斯又面临着新的紧迫问题，它与长久以来苦战不休且如今变得更加棘手的竞争对头的战争终于进行到了最后阶段。

18

与热那亚的战争

（公元 1372—1381 年）

“诸位威尼斯的阁下，以上帝的名义，除非我们将笼头套上矗立在福音使徒圣马可宫殿前那些野马的头，否则你们将永远不能从帕多瓦的领主那里得到和平，也不能与我们热那亚共和国化干戈为玉帛。”

——海军司令彼得罗·多里亚

（引自基纳佐，《威尼斯与热那亚的决胜之战》，1378 年）

公元 1369 年 1 月 17 日，塞浦路斯与耶路撒冷国王吕西尼昂王朝的彼得一世在位于法马古斯塔的宫殿内遭到刺杀，他十四岁的儿子彼得二世继承了王位，鉴于新王年幼，以及他作为摄政王的叔父拖延了时间，彼得二世没有立即举行加冕典礼，直到公元 1372 年 1 月才正式接受了塞浦路斯王国的王冠，同年 10 月加冕为耶路撒冷国王。

此时耶路撒冷王国只剩下一个名号，耶路撒冷城落入异教徒之手已有近两个世纪，[1] 因此彼得二世的第二次加冕无法前往圣城，而是在法马古

1　这近两百年的时间是从萨拉丁在哈丁之战后征服耶路撒冷开始算起的。之后在公元 1229 年，腓特烈二世曾经通过谈判重新占有圣地，但仅维持了十年。

斯塔的圣尼古拉教堂举行的。在前往教堂观礼的途中，威尼斯和热那亚两国代表因为优先权的问题爆发了争执。人们设法使两方暂时握手言和，但到了典礼之后的宴席上，威尼斯和热那亚的代表团开始互相朝对方投掷面包，在这之后两拨人大打出手，与有严格法律约束的威尼斯人不同，很多在场的热那亚人在斗篷下携带长剑。因此，尽管在这种情况下很难相信威尼斯人与冒犯行为全然无缘，但因为手无寸铁，他们在塞浦路斯岛上要比对手更受欢迎，塞浦路斯当局亦毫不迟疑地将错推到热那亚人身上。一些热那亚人被逮捕，或者被捉住丢出窗外，同时一群法马古斯塔的暴民袭击了热那亚人在当地的居住区，抢掠仓库之后将它们全部烧毁。

热那亚得知消息之后的反应在预料之中。遭受如此奇耻大辱，热那亚共和国一定要对塞浦路斯人还以颜色。此外，如果不立即采取强硬措施，塞浦路斯就有全面处于威尼斯影响下的危险，对于任何一位具有爱国心的热那亚人来说，这是个可怕到不敢想象的可能。于是热那亚对塞浦路斯两场惩罚性的讨伐接踵而至。公元 1373 年 10 月 6 日，法马古斯塔向一支热那亚舰队投降，数日后，整座岛屿在热那亚人面前屈服了。年轻的国王保住了他的王位，但代价是支付超过两百万弗罗林金币的罚金，以及四万弗罗林的年金；彼得二世的叔父、两位表亲和六十名塞浦路斯贵族作为人质被带往热那亚，法马古斯塔也被热那亚收入囊中。

我们可以想象威尼斯人就像前一年热那亚人经历过的那样，在塞浦路斯的动乱中遭遇了财产损失。尽管塞浦路斯的新主人没有驱逐他们的竞争对手，并且以极不寻常的礼貌甚至是同情的态度接受了威尼斯人要求赔偿的正式抗议和请愿，但两国境遇在塞浦路斯这个东地中海关键区域的骤然逆转却不可避免地导致了战争的继续。战争的发生被推迟了五年多，这并不是因为双方倾向于保持和平，而是由于威尼斯和热那亚双双不甚体面地被深深卷入了君士坦丁堡的一场突发事件。

帕里奥格洛斯王朝的拜占庭皇帝约翰五世如今已成功摆脱了岳父坎塔库泽努斯的控制，后者在公元1355年放弃了改朝换代的希望，退居到阿索斯山一间修道院的房间里，靠撰史消磨余生。但在其他方面，约翰五世的麻烦不减反增，奥斯曼土耳其已经攻占了哈德良堡和色雷斯的大部分，其军队差不多已经兵临君士坦丁堡城下；拜占庭帝国国库空空如也，皇帝肩头的债务负担亦更加沉重。公元1369年，急需军事与经济支持的皇帝前往西方求援，为了得到教宗乌尔班五世提供舰船、骑兵和弓手的承诺，约翰五世不得不承认罗马教宗至高无上的地位。然而尽管皇帝付出了代价，教宗也没有对约翰五世的求助袖手旁观，但反观欧洲其他的统治者，他们并不对皇帝表示同情。公元1370年，当约翰五世抵达威尼斯时，他甚至不得不忍受最严重的羞辱——堂堂一国之君被关进了收押债务人的监狱。约翰五世离开前，曾任命长子安德洛尼卡为摄政，此时安德洛尼卡似乎相当满意父亲身陷囹圄的现状，反而是皇帝的次子曼努埃尔将自己拥有的珠宝送往威尼斯，将父亲保释出来。

即便王子献出了自己的珠宝，皇帝还有很多没偿付的债务，而且在约翰五世返回被围困的君士坦丁堡之后几年内，帝国的负债又增加了不少。于是威尼斯人决定再次对皇帝采取强硬措施。释放约翰五世后，先前威尼斯人对皇帝承诺的五年休战期到了尽头，更重要的是，热那亚人占据了塞浦路斯，威尼斯人在东地中海寻找可以替代塞浦路斯的商业基地一事就成为重中之重。因此，一位威尼斯大使于公元1375年启程前往君士坦丁堡，皇帝选择一如既往地闪烁其词、搪塞推托，于是紧接着在公元1376年3月，海军司令马可·朱斯蒂尼安率领着一支全副武装的舰队，对皇帝下达了最后通牒：如果约翰希望在接下来的五年中继续与威尼斯和平相处，他必须立刻偿付拖欠的债务，以及交出抵押给威尼斯的泰内多斯岛。作为上述最后一项要求的保证金，威尼斯会一次性支付给皇帝大笔钱财，但如果约翰五世拒绝威尼斯人开出的条件，他就要小心自己的皇位了。

对任何一个在该地区有贸易利益的国家来说，泰内多斯岛的战略重要性不言而喻。它位于达达尼尔海峡的门户，在维吉尔[1]的笔下，当木马被送进特洛伊城的时候，希腊人就藏身于此，观望并等待出战时机。这座岛屿扼住了海峡和位于上方的马尔马拉海的入口，其效用就相当于博斯普鲁斯海峡入口处的加拉塔。如果泰内多斯岛也落入热那亚人之手，威尼斯在黑海地区以及与拜占庭帝国的贸易活动就会被扼制。公元 1352 年，威尼斯为了防止同样的灾难[2]曾一度占据过该岛，如今热那亚气焰嚣张，又有塞浦路斯在手，威尼斯就必须确保能在达达尼尔海峡自由通航，与二十四年前相比，这一需求现在显得更为重要。

威尼斯舰队出现在金角湾入口的景象足以让约翰五世屈服。他偿还了欠债，也愿意遵从威尼斯提出的条件出让泰内多斯岛。皇帝只要求一个附加条件：帝国的旗帜要和圣马可的旗帜一起飘扬在岛上，当地神职人员也要继续向拜占庭大牧首效忠。约翰五世明白，他的投降会激起热那亚人的怒火，并且毫不怀疑他们复仇的规模。

约翰五世的长子安德洛尼卡在父亲落难威尼斯时就已经表现出他不值得信任的品性。公元 1373 年，这位王子更是变本加厉，他与奥斯曼土耳其穆拉德苏丹的儿子联手密谋对抗他们的父亲。这个阴谋败露后，穆拉德刺瞎了儿子的眼睛，稍后又将他处死，然后这位苏丹转而要求约翰五世也如法炮制，不过皇帝的性格要比苏丹柔和一些，他没有让安德洛尼卡完全失明，只是将他囚禁了起来。虽然解决了儿子造成的麻烦，但约翰五世的皇位依然不稳固，低迷的人望成了他要对付的新问题。宗教对拜占庭子

---

1 《埃涅阿斯纪》，第二卷，第 21 行及其后。

2 见第 16 章。

民的意义要远远大过帝国的存亡，因此他们不能原谅皇帝顺服于罗马教宗的行为。而热那亚人因他将泰内多斯岛割让给威尼斯而采取的行动，更证明了约翰五世在君士坦丁堡的弱势地位和他本人的无力。于是人们废黜了他，将安德洛尼卡放出监狱即位，就这样父子之间的立场逆转了，如今轮到约翰变成了阶下囚。

新皇即位后做的第一件事就是把泰内多斯岛的所有权转让给热那亚，后者立刻就派遣使者上岛，以热那亚共和国的名义宣示主权。不过使者没能成功，威尼斯人还没来得及取得岛屿的所有权，当地总督仍然忠于约翰五世，拒绝承认安德洛尼卡的权威。总督或许是收到了前皇与威尼斯缔约的一些官方暗示，因此不久后当马可・朱斯蒂尼安带着他的舰队抵达时，威尼斯人受到了正式的欢迎，岛民也很乐意，甚至是热情地将自己交付于朱斯蒂尼安之手。然而就在同时，热那亚人在君士坦丁堡向安德洛尼卡抱怨他们被拒绝，又以放弃支持来恐吓这位新皇，要求他逮捕威尼斯商业组织的领导人，包括威尼斯驻君士坦丁堡市政官。

在这种情况下，战争的爆发显然无法再拖延了。公元 1377 年全年，威尼斯、热那亚与君士坦丁堡之间的外交活动日渐充斥被拒绝的抗议、被驳回的请求，以及彻头彻尾的威胁。热那亚提醒威尼斯它将无法承担帝国境内威尼斯人员财产遭到袭击的责任，而威尼斯则回敬对方除非合法的皇帝复辟，否则两国无法讨论彼此在这一地区的政治分歧。最后威尼斯命令第二位海军司令彼得罗・莫切尼戈前往君士坦丁堡，向皇帝要求立即释放市政官及其他被羁押的威尼斯人，假如任务失败，必要时莫切尼戈可以在奥斯曼苏丹的帮助下强逼安德洛尼卡退位。

不过莫切尼戈没能到达他的目的地，他离开潟湖后不久，威尼斯收到消息，热那亚派遣了一支桨帆船舰队出海，目的是与一支拜占庭小舰队联手袭击泰内多斯岛。于是信使追上将军，告知他命令已经改变，他和他的舰队需要转向地中海，战争开始了。

热那亚人和拜占庭人确实尝试过武力征服泰内多斯岛，但未能成功。早期的历史很少提及这次尝试，由于它并不重要，因此被忽略亦情有可原。此刻事态焦点再一次的突然转变，使地中海的这段历史在写作者和读者面前同样显得扑朔迷离。泰内多斯岛以及包括它在内的达达尼尔海峡出入通道、马尔马拉海、君士坦丁堡及整个黑海贸易，又再度退居到历史舞台的幕后。威尼斯与热那亚最后一轮的较量，准确地说，是这两国在意大利版图内最后的争斗就要开始了，战火遍及第勒尼安海和亚得里亚海，而最为激烈的战事则发生在威尼斯潟湖中。

双方挑选盟友都十分慎重。热那亚一如既往依靠弗朗切斯科·达·卡拉拉和另一位乐于制造麻烦的威尼斯老对头，匈牙利国王；威尼斯则得到了塞浦路斯国王彼得二世的支持。彼得二世没有忘记热那亚人不久前如何在他的岛上横行无忌、肆意掠夺，因此他很高兴有机会亲眼看到昔日的征服者被打倒。彼得对威尼斯的支持不过是杯水车薪，然而塞浦路斯的站队导致了一个重要的后果，因为彼得二世的支持，威尼斯得以与他未来的岳父，米兰的贝尔纳博·维斯康蒂结成同盟。公元 1377 年 11 月，威尼斯与米兰签署了一份为期四年的合约，约定开战后所有从海上得到的战利品将归威尼斯所有，而陆上的斩获归米兰，假如胜利女神垂青他们，那么战败后的热那亚也一样属于后者。同时在执政官宫内，共和国备战的各个步骤有条不紊地进行着。政府组建起由“贤者”组成的特别委员会来加快决策，筹集资金；人们做出种种安排，招募预备在大陆上作战的雇佣兵首领和雇佣兵，加固特雷维索地区战略要地的防御，名为“duodene”的体制也开始运作起来。在前文中已经提到过，这是一种可敬的典型威尼斯体系，全国的壮丁分为十二人一组，从中每组抽签选出一人或数人参军，组内剩下的人共同分担他们所需的费用。这一次，每个十二人小组中至少有三人将做好立刻出发投入战斗的准备。最后，在公元1378年4月22日，当年伦戈港惨败后被剥夺指挥权的尼科洛·皮萨尼的侄子维托·皮萨尼从孔塔里尼执政官手中接过了圣马可的旗帜，执政官嘱咐他，一定要带领共和国走向胜利。

维托·皮萨尼或许不是威尼斯最杰出的将领，但他向祖国证明了自己是一个了不起的人，是一位被麾下全体将士爱戴的出色领袖。他接受任命后不到六周，皮萨尼家族就重拾了往日的赫赫声名。5月30日，威尼斯与热那亚的舰队在安济奥狭路相逢。当天海上风暴肆虐，波涛汹涌，战斗在瓢泼大雨中打响了。由于海上狂风大作，因此船与船几乎不可能短兵相接，有四艘皮萨尼的桨帆船甚至无法追击敌人。尽管环境如此恶劣，威尼斯人还是凭借更高一筹的航海技术获得了胜利，到了晚上，共有五艘热那亚桨帆船被俘，六艘撞上了岩石。包括热那亚的指挥官在内的俘虏们被带回里亚尔托，得到了威尼斯贵族妇女良好的照料。反观热那亚人民的反应就不那么友善了，邻近热那亚的一位男爵在威尼斯挑唆下趁舰队出战之际入侵热那亚沿海大肆劫掠，比起战败的消息，这更令他们惊怒交加。于是人们攻击了热那亚执政官的宫殿，废黜了现任执政官，以新人取而代之。

假如皮萨尼手下有更大规模的舰队，天气条件也更理想，他或许可以直奔热那亚本土，迅速结束战争。而事实上他的舰队转而前往黎凡特，顺便为贝尔纳博的三十八个子女之一，瓦伦蒂娜·维斯康蒂，前往塞浦路斯完婚的旅途进行一次计划外的保驾护航，此后经过一次对热那亚船只积极但徒劳无功的追击，皮萨尼掉头返回亚得里亚海，占领了卡塔罗和塞贝尼科两座城市。[1] 这时皮萨尼返回威尼斯的请求被共和国政府驳回，于是他

1 今科托尔和希贝尼克。

最终决定将舰队停泊在波拉过冬。

威尼斯当局拒绝皮萨尼归国是一个严重的决策错误，皮萨尼舰队的军官与水手们已经在海上漂泊了六个月，接下来又面临着可能要继续与亲友断绝一年联系的状况。士兵们认为，过去的几个月内他们努力作战，取得了多次令人瞩目的胜利，理应得到更好的待遇，他们的船只亦需要修缮。在此情况下，这支舰队在外度过一个寒冷、潮湿、疾病横行的冬天就更令人难以忍受且全无必要。到了春天，皮萨尼舰队回乡的请求再一次被驳回，滞留波拉的水兵们愤愤不平，士气消沉，更糟的是，当他们在公元1379年5月7日早晨醒来时，发现一支拥有二十五艘桨帆船的热那亚舰队正停泊在海港入口。

一开始皮萨尼拒绝作战，他比任何人都清楚舰队官兵与船只的状况。目前敌众我寡，而且倘若皮萨尼舰队战败，威尼斯将难以自保。此刻皮萨尼的同僚卡洛·泽诺正率另一支舰队从东边前来波拉，预计很快就会抵达，一旦泽诺的舰队出现，两支威尼斯舰队就可以夹击热那亚人，因此皮萨尼认为现在最好还是选择留在港内，以免遭殃。他毫无疑问是正确的，但他的决定被下属们推翻了，舰队官兵厌倦在港内按兵不动的日子，吵闹着要求出战，甚至嘲笑他们的司令官，指责他怯懦。维托·皮萨尼绝不是懦夫，然而在这样一个紧要关头，他似乎没有足够的道德勇气来站稳自己的立场，最终他同意攻击热那亚舰队，于是威尼斯船驶出港口，径直逼近敌军旗舰。

一切结束得非常快，而战斗的结局看来比皮萨尼选择怯战不出更具灾难性。皮萨尼本人战斗得非常英勇，人们认为他亲手杀死了热那亚的指挥官卢西亚诺·多里亚，但他手下的一些军官反应迟缓、优柔寡断，以至于整支威尼斯舰队中只有六艘桨帆船冲出重围，逃脱了被俘或被摧毁的命运，勉强慢慢支撑到帕伦佐港的安全地带。皮萨尼被召回威尼斯后，遭到指控的罪名不是怯战，而是没能及时发现敌人接近港口，失察渎职。因为这项指控，皮萨尼被剥夺指挥权，处以六个月监禁和五年之内禁止担任共和国公职的处罚。

很难相信，处在灾难边缘的威尼斯，尤其是在国内两位出众的将领之一卡洛·泽诺远在东方归期不定，不可能及时响应祖国召唤的情况下，居然刻意剥夺了另一位将军为国效命的机会。悲哀又讽刺的是，威尼斯做出这一决定的理由是，它觉得皮萨尼如今已经没用了，除了留在帕伦佐的六艘破船，共和国当下没有多余的舰船供其指挥。虽然要等到泽诺带着舰队回国，威尼斯才能拥有可信赖的自我防御，但幸运的是它拥有几周的余裕，热那亚人失去了他们的海军司令，继任者接受任命后还需要时间赴任与接管指挥权，在此之前，热那亚很难组织针对威尼斯的攻击。

就在这几周的喘息时间内，威尼斯人夜以继日地工作，加固城市的防御。这是一项几乎动员了所有威尼斯居民的庞大工程，人们不分男女贵贱一起为国效力，许多富人捐出全部财产供国家使用，其他人则自掏腰包武装舰船，或是承担花费巨大的建筑工程。因为弗朗切斯科·达·卡拉拉的存在，他们的工作进行得并不轻松。尽管威尼斯刚令梅斯特雷成功脱离了他的控制，但卡拉拉得到了拉约什一世送来支援的五千名匈牙利士兵，此刻他们就在潟湖岸边虎视眈眈。然而即便卡拉拉如今也只是次要的危险，他可以在大陆上作威作福，靠着在当时的意大利属于稀罕物的火炮恐吓当地居民，但他在海上虚弱无力，对威尼斯本土无法造成实质威胁。而热那亚海军就截然不同，一支热那亚舰队已经侵入了威尼斯人的视野，它停泊在利多港外，距离威尼斯比过去任何一支对共和国抱有敌意的舰队都近，仿佛在嘲笑威尼斯人无力抵抗，只能坐以待毙。

但即便威尼斯无法击溃热那亚人，它至少可以确保敌人进犯过程中每一步都艰难无比。列奥纳多·丹多洛被史无前例地任命为“利多港将军”，着手用结实的围墙和三重壕沟加固圣尼科洛修道院的防御，此外威尼斯人还将三条以铁链锁在一起的沉重废船挡住潟湖的入口。当时的潟湖就像今日一般密布排成蜿蜒长列的木桩，它们被用来指示湖中的浅滩与河道，为了迷惑热那亚侵略者，威尼斯人将它们全部拔除。同时，岸上军队的指挥权被交给了雇佣军首领贾科莫·德·卡瓦利，他带着四千骑兵、两千步兵与一大批弓手出现在人们面前，他们大量驻扎在利多沿岸和大陆上仍在威尼斯手中的邻近地区，同时武装船只日夜不停地在潟湖巡逻，阻断卡拉拉和热那亚人之间的联系。在城中，政府下令一个由两名顾问、一名四十人议会的首脑和四位“贤人”组成的委员会必须在执政官宫二十四小时待命，其组成人员每周可以与相似配置的同僚们轮换一次。这个委员会还有聆听警钟的职责，示警的钟位于利多岛的圣尼科洛教堂，一旦有紧急情况便会敲响，紧接着圣马可大教堂的钟楼就会接过敲钟示警的任务，然后威尼斯城内其他教堂一个接一个，将钟声扩散开去，每个教区的武装小分队随即前往圣马可广场集合。

这些安排制定得正是时候，8 月 6 日，在新任海军司令彼得罗·多里亚的指挥下，一支拥有四十七艘桨帆船的热那亚舰队出现在基奥贾的海面。

基奥贾镇坐落于威尼斯潟湖最南端的一个小岛上，即便以本地人的标准来看，这个地区都格外无足轻重，甚至从地理上都不能完全确定它是在陆上还是属于水上。基奥贾海陆分割线的轮廓，即便在情况最佳的时候都模糊不清，由于布伦塔河和阿迪杰河的河口位于此处，夹带着泥沙的河水注入一二英里开外的海域，使得海陆边界更难以确定。五百年过去，一代又一代的工兵和航海工程师在这里建筑了无数大坝、防波堤、堤道和运河，四处改造，移山填海。于是十四世纪晚期威尼斯与热那亚穿过恶臭难当的沼泽对垒时的基奥贾风貌，如今已经不可考证了。

鉴于以上种种原因，暂且不论那些从精确地形角度出发而表现出的“学术创新”，基奥贾之战的许多细节仍然处在迷雾之中。不过这场战役的大致脉络却已足够清晰。多里亚的舰队从北方驶来，一路焚烧了格拉多、考尔莱与佩莱斯特里纳，多里亚还对马拉莫科发动了稍显散漫的攻击，不过由于遭遇到的抵抗猛烈得超出他预计，热那亚人没有坚持攻城，毕竟这些地方没有一个比得上他最终的目标。多里亚已经锁定了利多海岸线与意大利大陆相接处的基奥贾，他与卡拉拉密会，向他借调了两万四千名意大利人与匈牙利人，从布伦塔河河谷挥师向下直奔基奥贾。倘若他们成功，将为热那亚提供一条无价的补给线，同时在热那亚对威尼斯进行海上封锁之际，在大陆上扼住威尼斯共和国的咽喉。

此时在代官彼得罗·埃莫领导下，基奥贾共有守军三千人。在正常情况下，这些士兵应付任何可能出现的意外事件都绰绰有余，但这次面临着如此规模的水陆夹击，守军显然无力抵抗。埃莫向威尼斯求援，丹多洛闻讯立即派出五十艘吃水较浅船只前去支援，但它们来得太迟，所谓的援兵没有起到任何作用。8 月 16 日，经过一场英勇却徒劳的保卫战，在威尼斯与热那亚双方都付出了大量伤亡代价之后，基奥贾陷落。自丕平的时代以来，首次有一座在潟湖中防守严密的城市落入敌手，顺带一提，这座城市还控制着一条直通威尼斯的深水河道。

当热那亚、匈牙利，以及基奥贾新统治者弗朗切斯科·达·卡拉拉的旗帜飘扬在基奥贾上空时，威尼斯警钟长鸣，执政官与元老院的成员立即召开了紧急会议。泽诺和他的舰队依然杳无音讯，若是没有他们，威尼斯人没有希望在接下来的鏖战中战胜侵略者。威尼斯一开始求和的决定也因卡拉拉拒绝给威尼斯大使颁发安全通行证而宣告流产，于是如今共和国面临着一个前所未有的绝望境地，它无法获得和平，同样也无力继续战争，当下唯一能做的，就只有指望城市的防御设施足够坚固，能拖延敌人到泽诺归国之时。为了将所有可调度的兵力集中在利多岛的圣尼科洛教堂周围，以及寓意更为不祥的圣乔治·马焦雷岛上，马拉莫科被放弃了。所有地方长官主动放弃薪酬，而由于食物短缺更加严重以及物价飙升，富人们被命令为穷人免费提供饭食。最后，政府顺从了人民的迫切要求，将维托·皮萨尼从狱中释放。

最后这一项是个顺应民声才勉强下达的决定。政府与民众已经达成了共识，值此国家危难关头，需要一位握有最高指挥权的军事领袖，但尽管皮萨尼已经获释，元老院却选择塔代奥·朱斯蒂尼安作为这个职位的人选。可以理解，元老院成员并不愿意让数周之前才被他们公开贬黜的人官复原职，即便这时皮萨尼宽宏大量的声明已经表现出他并未因之前的遭遇对祖国心怀怨恨，并且决心以生命来保卫共和国，元老院仍试图只让他担任朱斯蒂尼安的副手。不过威尼斯的人们，特别是曾经在皮萨尼麾下服役、崇敬这位将军的水手们对此表示抗议，他们称皮萨尼为“他们的人”，不愿服从除他之外的任何一位军事领袖。政府此刻再也不敢承受人民起义的风险，于是元老院再一次让步了。

他们这么做是明智的。皮萨尼复职后，一夜之间威尼斯的气氛为之一新，绝望和失败主义的阴云荡然无存，人们心中重新涌上斗志，增添了新的活力与决心。威尼斯为战争发行的强制性公债征收到超过六百万里拉的巨款，更不用提全城男女主动捐出的金银珠宝。军械库工人日夜赶工，造出四十艘崭新的桨帆船；一道沿着利多建筑起来、在两端配有塔楼的新城墙仅在两周内就宣告完工；数排栅栏横跨大运河西端，用来保护全副武装甚至安装了火炮的船只。而另一排新竖立起的围栏从利多的圣尼科洛教堂出发，从圣塞尔沃洛岛和朱代卡岛后方横跨潟湖直抵大陆沿岸。所有这一切，甚至比这更多的事，很大程度上都归功于维托·皮萨尼，这位能鼓舞人心的领袖富有感染人心的热情，因此人们敬爱他也就不足为奇了。

不过皮萨尼同样是幸运的，如果彼得罗·多里亚在打下基奥贾之后采纳了卡拉拉的建议立刻攻击威尼斯，那么无论是他或是其他任何人，都不一定能力挽狂澜，拯救这座城市。幸运的是彼得罗坚持他最初的作战计划，选择对威尼斯施以封锁，用饥饿来迫使它屈服。然而在这点上他失败了，就在多里亚放任手下士兵的士气逐渐耗尽的同时，威尼斯得到了宝贵的恢复时间。许多热那亚士兵渴望攫取威尼斯传说中的财富，因而对指挥官过度的小心谨慎感到失望，并且为自己不得不坐视威尼斯建起使人望而生畏的防御设施、让整座城市日益坚固而感到愤怒。除水手们的情绪外，热那亚方面更多使人忧虑的迹象正浮出水面。夏末的某一天，乔瓦尼·巴尔巴里戈带着一小队船只突袭了守卫一座陆上堡垒的三艘热那亚船，并烧毁了它们，同时贾科莫·德·卡瓦利正沿着利多向南慢慢挺进，收复了马拉莫科。仿佛奇迹一般，威尼斯人开始转守为攻。

收复马拉莫科起到的实际作用并没有它表现出来的那样重要。寒冬将至，对多里亚而言，这就不可避免地意味着他要将船队撤回基奥贾。而另一方面，由于皮萨尼曾有过相似的经历，他充分了解在冬季这痛苦的几个月中让一支背井离乡的舰队有条不紊运作的困难，于是他的反攻进入了一个新的阶段。设立封锁线的热那亚人将要被威尼斯人以其人之道还治其人之身。基奥贾是一座被陆地包围，只能依靠三条浅水河道的城市，这三条河道中，主要的那一条通向佩莱斯特里纳，稍往南方一些的两条河道通向布罗多洛港和潟湖。在必要的时候，这三条河道将被沉入填满石块的大型废船，威尼斯巡逻队就可以封锁另两个朝向北方的潟湖出口，马拉莫科与利多港。

公元 1379 年 12 月 21 日，就在这个冬至夜，拖曳着废船的远征队出发了。八十余岁的执政官安德烈亚·孔塔里尼和皮萨尼一起登上了领航舰，在黎明时分到达基奥贾的入口处。当地哨兵发现威尼斯船只迅速发出警报，随即双方都投入了战斗，尤其在热那亚人进行重点防御的布罗多洛港附近，战况更是激烈。尽管如此，威尼斯人带来的废船还是按计划沉入了指定地点，几个小时后，基奥贾的水道被阻断，它成了一座关押热那亚人和他们的舰队的牢笼。

不过威尼斯人的工作还没有完成，这次行动的成功还要依靠他们持续不断保持警觉。布罗多洛港内有一处比较薄弱的障碍，威尼斯人必须时时保护它不被热那亚人移走，潟湖北方的入口也需要他们留心看守。同时，威尼斯的船只和必需品仍然十分短缺，威尼斯巡逻队还不适应在冬季风暴肆虐的外海执行任务，这不但困难而且危险。没人知道他们还能在如此孤立无援的情况下坚持多长时间，不过威尼斯人幸运地不必经受这一考验，公元 1380 年 1 月 1 日，他们翘首以待的泽诺舰队终于出现在人们的视线中。

泽诺结束了与皮萨尼和执政官的紧急作战会议后，立即率领十八艘船奔向威尼斯封锁线最薄弱亦是最重要的一环布罗多洛港。尽管他抵达时遭遇到突如其来的暴风雨，两度挣扎在船毁人亡的边缘，但一两天后，泽诺成功夺回港口附近一座名为隆多塔的要塞，为威尼斯的盟友费拉拉公爵打开了从阿迪杰河下游运送援军和物资的通道。1 月 6 日，一门威尼斯火炮摧毁了布罗多洛港的钟楼，热那亚指挥官彼得罗·多里亚也被钟楼落下的残骸砸死，这对威尼斯人来说是个更值得欢欣鼓舞的消息。[1] 热那亚人不得不从剩下的军官中选出接替多里亚的人选，新指挥官纳波莱奥尼·格里马尔迪不顾一切地想从利多的索托马里纳开辟一条新水路，但皮萨尼在 2 月中旬攻下了布罗多洛港，威尼斯收复利多全线，他的计划也就化作了泡影。

1　这些早期的火炮十分笨重，难以操作，以至于被它吓坏的威尼斯水手们不敢在一天中使用它超过一次。但很快这些火炮就证明了它们作为武器的价值，它们在近距离开火时，发射出的石弹可以达到两百磅的重量。

威尼斯人对热那亚人的围攻持续了整个冬季，又一直延续到新一年的春天。他们在 4 月遭受了一次严重的挫折，威尼斯遭受的饥荒与困守基奥贾的热那亚人正在承受的别无二致，于是朱斯蒂尼安率十二艘船前往西西里收集粮食，却被一支由马可・马鲁佛指挥的热那亚舰队俘虏。这支舰队随后开始在皮萨尼与泽诺不间断地巡防潟湖入口时对他们进行骚扰。接着威尼斯招募的雇佣兵（其中包括一大批特别难缠的英格兰人）发动哗变，直到威尼斯人做出支付额外奖赏和双倍酬劳的保证，才控制住惹麻烦的军人。不过皮萨尼和泽诺都奇迹般地免于和马鲁佛在海上激战，否则他们定会落败。同时，两位将军也成功地阻止马鲁佛与潟湖内的同胞接触，基奥贾的热那亚人也不能在他们眼皮底下逃出去与援军会合。最终马鲁佛放弃了，调头撤回达尔马提亚，被围困在潟湖内饿得奄奄一息的四千名热那亚人眼见获救无望，终于选择在 6 月 24 日无条件投降。

威尼斯一片欢腾。这不仅仅是一场胜利，更是一次救赎。威尼斯居民几乎全员出动，他们搭乘各种各样的船只，浩浩荡荡地跟随执政官的黄金船出海，隆重迎接与舰队在包围战中同甘共苦了六个月的老执政官。胜利游行队伍带着一长串损毁的桨帆船回到莫洛，[1] 这十七艘船都来自彼得罗・多里亚的舰队，舰队中那些可怜的热那亚水手们也被一并带回。就像之前威尼斯人承诺的那样，雇佣兵们拿到了全额报酬，其中有位可能没有参与雇佣兵哗变的英格兰人威廉・戈尔德额外得到了五百杜卡特，作为对其非凡勇气的赞赏。

不过此时战争尚未结束，马可・马鲁佛仍盘踞在亚得里亚海。皮萨

1 这一景象被反映在委罗内塞最后一批画作的其中一幅内，它位于执政官宫大议会厅的西墙。

尼决心不让他逃遁，于是经过数周直到现代都被认为既不合理又徒劳无益的搜索与多次海战，皮萨尼最终在阿普利亚沿海追上了十二艘热那亚桨帆船，并同它们交战。热那亚船最后逃之夭夭，但此前皮萨尼就受了致命重伤，回到曼弗雷多尼亚后于 8 月 13 日去世。他的纪念碑过去矗立在军械库，如今人们可以在圣乔瓦尼保罗大教堂东南边的半圆形后殿看到它。在教堂中无数的墓葬雕塑中，皮萨尼纪念碑并不显眼，很多旅游手册甚至完全将它遗忘。但所有安息于这座壮丽建筑中的人，没有一位能得到比维托·皮萨尼更多的爱戴和拥护，也没有人更有资格获得祖国同胞们长久的感激之情。也许皮萨尼以一人之力拯救了威尼斯的说法听上去略显夸大，但事实上如果没有他，威尼斯也将不复存在。

皮萨尼死后，卡洛·泽诺掌握了军队的最高指挥权，他活跃在从伯罗奔尼撒沿海到热那亚本土水域的广大舞台上，继续对热那亚作战，不过可惜没有取得更多决定性胜利。与此同时在威尼托，卡拉拉和他的朋友们还在对威尼斯施压。虽然长期以来，威尼斯人认为共和国在大陆上的领地带来的麻烦要远远多过它们的价值，但即便如此，他们也不打算将其拱手让给讨厌的卡拉拉。于是威尼斯人选择将土地送给奥地利公爵来解决目前的问题，条件是公爵必须立即以共和国的名义率军占领这些地方。公爵自然求之不得，面对奥地利军队压倒性的优势兵力，卡拉拉只能选择撤退。

此时战争的热度才慢慢消退。公元 1381 年，两个精疲力竭的共和国欣然接受了萨伏伊伯爵阿马德乌斯六世的调停。随后除了威尼斯与热那亚两国代表外，所有参与战争的国家与城邦，其中包括匈牙利、帕多瓦、阿奎莱亚，甚至安科纳和佛罗伦萨，都派代表出席了在都灵举办的和平会谈。作为战胜方，威尼斯要求拥有提交和平协议初步提案的权利，但最终通过的条款却不是一位胜利者所期望的。威尼斯从卡拉拉手上夺回了对其安全至关重要的潟湖周边据点，但确认放弃了达尔马提亚与泰内多斯岛的所有权。后者作为本次战争的直接起因被交给阿马德乌斯六世，任凭他以认为合适的方式处置。

至少从短期来看，威尼斯和热那亚都没有真正赢得战争。真正意义上的赢家是两个隐匿在幕后的局外人，匈牙利国王与奥地利公爵。纵然基奥贾之战鼓舞人心，荡气回肠，但它仍然是为避免灾难的消极目标服务的。经过所有的破坏与流血后，威尼斯和热那亚这两个战争主角通过《都灵协议》，在政治上又回到了原点，协议规定，两个共和国可以在地中海和黎凡特一同继续他们的贸易活动。

然而随着时间流逝，威尼斯从长远意义上取得的胜利成果慢慢显露出来，而且它所获得的要比之前所知的更多。威尼斯在经济和物质上的复苏速度再一次令它的朋友和敌人感到震惊，反观热那亚，这个国家正逐渐走向衰落。热那亚的政府体系开始分崩离析，被派系斗争撕扯得四分五裂，它在五年之内废黜了十名执政官，而且很快沦为法兰西的属地，接受对方的管辖长达一个半世纪。直到公元 1528 年，在安德烈亚·多里亚的努力下，热那亚才终于重获独立，然而那时整个世界已经发生变化，它再也无法对威尼斯造成威胁了。

19

帝国成形

（公元 1381—1405 年）

即便是公爵，为了那些前来威尼斯与我们通商的异乡人，也不能推翻法律的规定。

假如他推翻法律，威尼斯法律的公正性就会遭到别人的怀疑。

而这座城市的繁荣富足，正是建立在与海外万邦的贸易之上。

——莎士比亚，《威尼斯商人》

公元 1381 年 9 月 4 日，就在《都灵协议》签署生效的前一个月，威尼斯全城的教堂都举行了感恩活动，以此来庆祝这座城市从致命的危险中解脱出来，又战胜了一个强大残忍的宿敌。这是在战争期间威尼斯人决心要见到的，最后他们也终于如愿以偿。基奥贾的重建工程也摆上了台面。不过在永远结束威尼斯与热那亚之间充满竞争和战争的时代之前，还有一件事要做。威尼斯必须像它之前允诺过的那样，给予那些在国家需要的时刻或慷慨解囊，或英勇奋战，或两者兼备，做出了卓越贡献的市民们应得的奖励。威尼斯给予这些人的，是许多意大利王公贵族求而不得的珍贵奖品——共和国贵族阶层的一席之地。即便如此，普通市民仍然不能理所当然地获得加入这个尊贵又限制严格的团体的机会，每个候选人都要经历一次不记名投票选举。尽管在颁发奖励的情况下，这一程序很大程度上被认为只是例行走过场的手续，但选举确实进行了一整个白天和大半夜的时间。从资料中我们很遗憾地读到，一位名叫列奥纳多·德尔·阿涅洛的粮食零售商曾在一个月内出资供养了一百五十名雇佣兵，因此他对选举结果十分自信，但事与愿违，他最后郁郁而终。

我们并不知道还有多少贵族候选人和这位粮商一样失望而归，9 月 5 日早晨，共有三十位新贵族手持点燃的蜡烛，带着亲友列队前往圣马可大教堂参加一场特别弥撒，接着他们又抵达执政官宫，正式与执政官和执政官内部执政团的成员们见面。典礼之后，威尼斯举办了一场平底船比赛，又在圣马可广场上召开了常规庆祝活动。威尼斯市民们对活动乐在其中，不过最令他们感到欢欣鼓舞的，是那些接受奖赏成为贵族的人曾经和他们一样，是商人或艺术家。从这点看，或许威尼斯的贵族阶层并不完全是个封闭的圈子。

尽管在基奥贾战役中度过了一段艰苦岁月，至少在我们所搜集到的资料中，当三十位新贵族向老执政官安德烈亚·孔塔里尼致敬时，他的身体仍然相当健康。老人又度过了一个冬天，在公元 1382 年 6 月 6 日去世。孔塔里尼的遗体出人意料地被埋葬在圣斯特凡诺修道院。他的石棺外表简朴，但如今这位执政官安息之处的周边环境却很恶劣。[1] 有人认为，像孔塔里尼这样为国鞠躬尽瘁的执政官，值得更好的、接近于他的继任者米凯莱·莫罗西尼所享受的安葬之所。莫罗西尼接任执政官后仅仅四个半月就因瘟疫去世，他的坟墓位于圣乔瓦尼保罗大教堂唱诗班圣坛的右墙，罗斯

1　这座修道院在十六世纪得到重建，如今财政部将其接收后，周围的空气质量仍然没有得到改善。

金将其描述为“威尼斯在哥特时期的最高丰碑”。[1]

假如给予他足够的时间来证明自己的能力，富裕且情操高尚的莫罗西尼或许会成为一位优秀的执政官。莫罗西尼本人没有过失，但他不仅受害于十四世纪后半叶威尼斯不断爆发的黑死病，而且还被一种从当时一直持续到今日的误解损坏名声。基奥贾危机期间，有传言指称他在威尼斯的未来看似最无望时大力投资不动产。他这么做的动机很明确，为了稳定地产价值及维持大众的信心，当被问到为何要采取如此冒进的行为时，莫罗西尼回答：“如果这片土地将要遭受灾难，那么我也不愿独善其身，享受荣华富贵。”不幸的是，在萨努多《威尼斯执政官的生活》一书最广为人知的版本中，莫罗西尼说的这句话被误引为“我只愿独善其身”，这位执政官因此遭到毁谤。如果这句话的第二个版本是真的，那么我们就要对莫罗西尼在道德和智力层面能否具有统治威尼斯的能力抱有极大的怀疑，这样的人能获选执政官亦会变得匪夷所思，尤其一些原始资料坚持认为，在选举中，莫罗西尼的竞争对手是从热那亚战争中幸存下来的英雄卡洛·泽诺。

最后这一项猜测包含的暗示导致现代历史学家陷入迷思。一些人倾向于猜测泽诺在战争结束后不久，因为一次微不足道的决定变更而失去了荣升执政官的机会。而另一种解释听上去更合乎情理，当时泽诺还不满五十岁，对执政官这个职位来说他还是一个相对年轻且活跃的人，如果现在就让他在执政官宫中与世隔绝，将大部分的时间消磨在国家礼仪性事务上，他的精力与才干就显得无用武之地了。比起担任执政官，泽诺可以在其他方面为共和国发挥更大的作用，而在接下来的三十六年中，

1　罗斯金还补充道，这座陵墓“不但为我们提供了在纯哥特式风格和最终的文艺复兴式华丽堕落之间的一种中间风格样板，而且这种中间风格让我们体验到一种介于早期基督教的平静与文艺复兴时期毫无信仰的夸耀奢华之间的情绪”。

他也确实是这么做的。

米凯莱·莫罗西尼已经去世，而泽诺又退出了执政官的角逐，选举者们的橄榄枝就落在了一个名叫安东尼奥·维尼耶的人身上。在当选为第六十任威尼斯执政官之前，维尼耶正在克里特担任“地方首长”（capitano）一职，他的家族是威尼斯最古老的家族之一，在克里特岛定居已经有相当一段时间。任命决定公布后，一个摄政议会代替暂时缺席的执政官主持政府事务，直到三个月后的公元 1383 年 1 月 13 日，维尼耶在十二位前往克里特迎接他的贵族陪伴下，正式回到里亚尔托。[1]

在众人口中，维尼耶是一位严厉又禁欲的人，而且具有高度的正义感。当他的儿子因为一些愚蠢的恶作剧[2]被判处两个月监禁，又在判决下达后身患重病时，执政官也拒绝将他提前释放。尽管这个年轻人因此丧命，维尼耶却获得了他的子民与后世史学家一致的敬佩。然而在其他方面，他似乎并未在国内事务上投入太多时间。当然，作为威尼斯执政官，他也不必真那么做。与热那亚不同，威尼斯已经从它历史上最为残酷绝望的六年战争中挣脱出来，在此期间它的政治体系十分稳固，毫不动摇。纵观意大利，没有一个城邦敢夸口能维持，或接近威尼斯共和国拥有的这种稳定。共和国可以自行运作，处理内部事务，它所有的问题都来自国外，

1 现在收藏于科雷尔博物馆的一尊大理石执政官小型跪像，据说酷肖安东尼奥·维尼耶。据说它出自雅各贝洛·达莱·马塞涅之手，马塞涅几乎是与维尼耶同时代的人，他负责制作了圣马可大教堂圣障两边超凡绝伦的雕塑。（这间博物馆还收藏了维尼耶和他的继任者米凯莱·斯泰诺的肖像，但鉴于画家拉扎罗·巴斯蒂亚尼的声名直到公元 1449 年才首次被人听闻，而他又在公元 1512 年去世，所以我们可以认为这肖像很可能并不是在维尼耶生前完成的。）

2 根据霍雷肖·布朗的描述，这个年轻人“在一些显贵家的前门上拴了一束含义粗野无礼的古怪珊瑚符咒”。

现在安东尼奥·维尼耶与他的顾问们正集中心力对付的，是如何巩固威尼斯在欧洲乃至世界的地位。

首先，威尼斯共和国需要重建它的商业帝国。失去达尔马提亚是对共和国的一个打击，但至少目前为止它别无选择，只能接受现实。达尔马提亚地区从来都不是威尼斯的重要贸易伙伴，它最重要的价值就是以木头和石材为代表的原材料基地，以及凭借着沿岸诸多意大利在亚得里亚海所缺乏的天然良港，成为共和国对更远地区采取行动时的海上基地。虽然这个地区已经不受威尼斯掌控，但在更远的南方，伯罗奔尼撒半岛上的科罗尼与迈索尼两港仍然在威尼斯手中，而自从公元 1363 年的叛乱失败后，克里特岛亦正经历着难得的平静时期与相对的繁荣。更何况，如今热那亚再也无法与威尼斯竞争，因此共和国在黎凡特、黑海以及更东方延续旧有商业联系并建立新商路的事业就再无受阻之忧。威尼斯共和国在它的船只经常造访的所有重要港口都设置了常驻代理，由于威尼斯人极其重视货物周转时间，于是他们在这些港口建立货仓，累积预备供给下一批抵达船只的货物。同时，威尼斯人将刚交付的商品囤积在货仓内，唯恐过快出售会压低价格。以下是一位威尼斯在暹罗的常驻代理人在十四世纪的最后十年中所说的话：

> 共和国没有停下商业扩张的脚步。它在意大利本土占有领地的愿望业已破灭，又宿命般地失去了达尔马提亚，于是共和国就更渴望在地中海东部扩张它的帝国。公元 1386 年，威尼斯取得了科孚岛，它精明地利用了名义上拥有该岛的那不勒斯王国遭遇内部困难的机会，暗示当地居民他们需要某些大国来保护他们对抗潜在的侵略者。而科孚岛居民尽管知道在所谓潜在侵略者的名单上，第一位就是威尼斯共和国，但他们别无选择，只得接受它的“保护”。而事后威尼斯偿付

> 给那不勒斯的款项只不过是徒具形式。同样，在政治投机主义、精明的商业头脑、狡猾灵活的外交手腕以及偶尔少许敲诈勒索的手段共同作用下，在本世纪末，威尼斯又得到了南达尔马提亚地区的斯库台和杜拉佐、摩里亚的纳夫普利翁与阿尔戈斯，以及基克拉泽斯群岛与多德卡尼斯群岛的大部分岛屿。

威尼斯共和国开始这令人瞩目的扩张计划，其原因并不限于商业需要。除去其他当务之急，威尼斯始终怀着不断滋长的忧虑，注意着土耳其人稳步朝西方入侵的脚步。十四世纪最后的二十年，土耳其人的入侵过程变得更像是其对手们接连不断的溃败。塞尔雷沦陷于公元 1383 年，接着索菲亚、尼什、萨洛尼卡在极短时间内陆续陷落。最后在公元 1389 年，奥斯曼军队在科索沃的世纪之战中击溃了塞尔维亚，粉碎了巴尔干地区斯拉夫人最后的独立希望。此后，保加利亚仅仅苟延残喘了四年，拜占庭帝国眼看也时日无多。除了爱琴海上的少数岛屿外，东罗马帝国已经基本等同于它的首都君士坦丁堡，拜占庭皇帝的统治仰赖于土耳其人的容忍，他亦意识到保住自己皇位的唯一机会就是听凭苏丹意愿的摆布。公元 1391 年，帕里奥格洛斯王朝虚弱的老皇帝约翰五世因老迈和放荡的生活去世，[1]他的儿子曼努埃尔二世是个优秀且有才干的人，如果在更好的环境下，他或许可以重拾少许帝国的昔日辉煌，但是现在他无力阻挡奥斯曼土耳其的威胁。在他父亲去世前，曼努埃尔二世曾被迫以封臣和人质的身份在苏丹宫廷内生活，以保证约翰五世的行为顺从于土耳其，他有时甚至站在土耳其一方，镇压自己的希腊同胞。即便成为统治君士坦丁堡的皇帝，他屈辱

1 吉本写道："爱，或者更准确地说，欲望，是他生命中唯一的激情。在城中少女们和他妻妾的怀抱中，这个土耳其人的奴隶忘记了罗马人的皇帝所受到的屈辱。"

的地位也没有得到多少改善。

在这样的情况下，能期望的似乎只有匈牙利国王西吉斯蒙德在公元1396年的呼吁，他希望欧洲基督教国家能够与他联手出击，对抗土耳其的威胁。威尼斯共和国在这件事上与匈牙利捐弃前嫌，至少做出了将自己的黑海舰队提供给匈牙利国王使用的回应。但不幸的是，只有很少的几个欧洲国家响应了号召。整片欧洲大陆仅仅召集到六万名士兵，虽然其中包括了法兰西骑士的精锐，但也正是这批人的过分自信和缺乏纪律，使得他们要为之后灾难性的惨败负上最大的责任。开战前，这群骑士夸下海口，宣称哪怕天堂坍塌，他们也能用自己的枪尖将其支撑起来，然而这些人却无法在战场上抵挡奥斯曼土耳其苏丹巴耶济德一世。这位苏丹再次不负他“雷霆”（Yilderim）的绰号，他迅速迎击基督徒军队，当他们抵达多瑙河畔的尼科波利斯时，巴耶济德已经在那里做好了开战的准备。这场战斗开始于公元1396年9月28日，它持续时间短暂且十分血腥，而战后的余波更加惨烈，共有一万名法兰西囚犯在苏丹面前被斩首。包括西吉斯蒙德在内的侥幸逃生者，在威尼斯船上以牙还牙，也做了同样的事。一名德意志目击者曾经被土耳其人俘虏，但因为年幼而免于被处决，他提到当这些船只穿过达达尼尔海峡时，他与另外三百名幸存的俘虏被拖到堤岸上，被迫去嘲弄那位战败的国王。[1]

尽管尼科波利斯战役在它的历史上十分重要，威尼斯在这个令人厌恶的故事中扮演的角色却并无多少英雄气概。此战过后，大多数西欧国家不再关心土耳其人对东方的威胁，直到一个世纪后他们更直接地感受到这种威胁带来的切肤之痛为止。奇妙的是，垂死的拜占庭帝国在这之后又持续了五十七年。不过如今它更像是一面作为缓冲的盾牌而非抵抗土耳其人的

---

1 约翰·希尔特贝格，《哈克卢伊特协会》，第58卷，1879年。

靠山。曼努埃尔二世被迫在首都内兴建一座清真寺以及组建一个采用伊斯兰法的法庭，西欧各基督教国家的王公贵族对此无动于衷，只有威尼斯意识到这其中的危险。然而威尼斯既无法在物质上领导十字军东征，在精神上也没有足够的虔诚去做这件事，哪怕它遭到土耳其人的攻击，威尼斯所能做的也只有保护自己的利益。而当它保护自身利益时，需要防备的对象同样还有欧洲诸国。

同样，尽管有时略显不择手段，那些使威尼斯领土范围扩展到了地中海东部的政治手腕也决定了它在意大利本土同样获得成功的政策。尽管在公元 1380 年，威尼斯的老对头弗朗切斯科·达·卡拉拉预期的胜利因为热那亚的溃败以及特雷维索向奥地利大公利奥波德投降而无法实现，但是他仍然同之前一般凶狠好战。卡拉拉没有见到威尼斯像他所期望的那样被击败，但他注意到共和国产生了动摇与恐惧，并且一度卑躬屈膝。同时，卡拉拉意识到自己可以轻松征服威尼斯在大陆上的领地，而且他比加入热那亚战争之前更加强大。显然，他越早卷土重来开启战端，形势对他越有利，于是公元 1382 年，卡拉拉对特雷维索发动了袭击。

这次作战的结果甚至比卡拉拉预想中的还要成功。当威尼斯人将特雷维索交给利奥波德公爵时，他已经做好了接收它的准备，但是公爵并不打算为了保卫它而给自己增添麻烦与开销，于是他将特雷维索、贝卢诺、切内达、费尔特雷，以及穿越多洛米蒂山脉进入提洛邦的商道中最重要的一条卖给了卡拉拉。上述所有这些城市与商道的控制权总价为十万杜卡特，然而对实质上再次控制了威尼斯在大陆上领地的卡拉拉来说，其价值无法估量。

此时威尼斯无力承担招募雇佣军的费用，因此它并没有可以称得上是陆军的武装力量。而另一方面，它知道卡拉拉没有舰队，他能求助的热那亚在目前的情况下也没法拥有一支舰队。威尼斯的猜测完全正确，与其穿过潟湖冒险进军，卡拉拉选择将注意力转向西方，在那儿曾显赫一时的斯卡拉家族的末裔，安东尼奥·德拉·斯卡拉，仍然对维罗纳和维琴察拥有微弱的控制力。不过在卡拉拉眼中，它们就像是两枚可供采撷的成熟李子般唾手可得。因此，尽管形势严峻，威尼斯却并没有急于对卡拉拉以牙还牙，而是选择等待和观望。

一个覆盖整个威尼托地区、势力范围直抵威尼斯家门口的帕多瓦帝国正在崛起，维尼耶执政官与他的顾问们并没有平静地坐视这一前景变成现实。他们预见到了一些东西：尽管卡拉拉在他们这儿轻松地打了胜仗，但这将使他直面吉安·加莱亚佐·维斯康蒂。这位米兰的新主人前不久刚推翻了他的叔叔老贝尔纳博·维斯康蒂，并且很可能亲手毒杀了他。米兰大教堂奠基动工，即是吉安·加莱亚佐政变成功后不久做出的感恩表示。即便是在他非凡的家族中，吉安·加莱亚佐也是最危险的一个，他诡计多端，善于伪饰，野心勃勃，而且有着难以满足的权欲。与这样一个人交锋，意味着迟早与他为敌，而与吉安·加莱亚佐·维斯康蒂为敌，就意味着失败。因此威尼斯只需静待时机，它没有必要拿起武器对抗卡拉拉，帕多瓦的统治者迟早会走向自我毁灭。

当然，卡拉拉不是个没有预先知会米兰方面就贸然进军攻打安东尼奥·德拉·斯卡拉的蠢材。公元 1387 年 4 月 19 日，卡拉拉与吉安·加莱亚佐达成协议，约定在彻底驱逐斯卡拉家族势力后，分享位于他们二人势力范围之间的土地，两座被征服的城市维罗纳与维琴察，前者被分配给米兰，后者则归帕多瓦所有。一开始所有的事都按照计划进行着，维罗纳象征性地抵抗了一番，随即宣布投降，安东尼奥逃往威尼斯，接着又前往佛罗伦萨和罗马，不久后服毒自杀。不过维斯康蒂家族选择在家族纹章中放上毒蛇图案不是没有原因的，取得斯卡拉家族的领土后，吉安·加莱亚佐无视协议条款，将维琴察也收入囊中。

直到此时弗朗切斯科·达·卡拉拉才意识到威尼斯一直以来洞若观火的东西，他被米兰人有意欺骗了，然而这时的卡拉拉老迈无力，只得压下他的傲慢，向威尼斯执政官维尼耶求助。卡拉拉指出，吉安·加莱亚佐·维斯康蒂造成的危险比他过去针对共和国制造的要大得多，而威尼斯唯一得救的希望，就是支持一个独立的帕多瓦，让它作为威尼斯和米兰之间的缓冲国。然而维斯康蒂再次先发制人，他提前一步派大使前往里亚尔托，声称只要威尼斯承认他在帕多瓦的权利，米兰愿意将特雷维索、切内达以及潟湖沿岸的一些战略要地归还给威尼斯。

执政官难以做出抉择。诚然，卡拉拉的说辞以他自身的利益为出发点，但不可否认他的论据非常有力。不到一年时间，吉安·加莱亚佐已经证明了他是个多么危险的邻居，执政官没有理由相信，有朝一日米兰对付威尼斯时，他会对共和国表现出比对待维罗纳和帕多瓦更多的关照与仁慈。然而哪怕刚结束的战争在其他方面没有建树，它仍然强化了威尼斯人必须让他们的城市坚不可摧的信念。他们需要控制特雷维索以及各个山口，否则共和国与欧洲中部的贸易就会被削弱。最后，威尼斯人明白，尽管帕多瓦可能是个有用的缓冲国，但是在威尼斯人憎恨不已，决心除之而后快的弗朗切斯科·达·卡拉拉统治下，它永远不可能发挥这样的功效。于是公元 1388 年 5 月 29 日，威尼斯正式接受了米兰人的提议。

即便到了这个时候，卡拉拉还是没有完全放弃希望。出于人之常情，他意识到促使威尼斯做出如此决定的原因主要是威尼斯人对他的憎恨，于是卡拉拉选择退位扶持他的儿子弗朗切斯科，为了将他们父子区分开来，儿子也被称作诺维罗。不过这样还是无济于事，一支维斯康蒂手下的军队正朝帕多瓦进军，而一支威尼斯小型舰队在同时沿着布伦塔河逆流而上，弗朗切斯科·诺维罗随即投降。卡拉拉父子被分别拘禁在蒙扎和阿斯蒂，处理完宿敌后，威尼斯开始专心提防它致命的新邻居。

威尼斯对吉安·加莱亚佐·维斯康蒂的政策很简单，它决定尽快将他除去。显然，单凭共和国无法成功，不过在如万花筒般变化无穷的北意大利政局中，有一个模式反复重现，只要个别城邦的规模变得太庞大，势力变得太强，就会导致周边姊妹城邦的联合讨伐，直至它被毁灭。威尼斯寄希望于这个模式。吉安·加莱亚佐如今已是欧洲最具权势的统治者，远远强过英格兰的理查二世或精神状况不稳定的法兰西国王查理六世，不过他仍不餍足。夺取帕多瓦后不到一年，吉安·加莱亚佐又将矛头对准了佛罗伦萨和博洛尼亚。

然而他高估了自己。弗朗切斯科·诺维罗带着全家从阿斯蒂逃了出来，在此期间他大力罗致维斯康蒂的反对者，并且成为业已成形的反米兰联盟的主要缔造者。这个联盟除了诺维罗本人外，还有佛罗伦萨、博洛尼亚、曼图亚的弗朗切斯科·贡扎加、安东尼奥·德拉·斯卡拉被放逐的儿子维罗纳的康·弗朗切斯科，以及巴伐利亚公爵罗伯特。现在这个联盟最需要的就是得到威尼斯的支持，这次威尼斯毫不犹豫地同意了。就在两年前，威尼斯共和国还是吉安·加莱亚佐的盟友与卡拉拉家族不可和解的仇敌，不过对意大利城邦来说，忠诚是它们难以消受的奢侈品。威尼斯的外交政策靠的是挑动一个敌人对抗另一个，以此来维持一种权力的平衡，基于这个方针，它丝毫不觉难堪地轻松转换阵营，加入了反米兰联盟。同时，威尼斯一边小心谨慎地避免开战，一边同意弗朗切斯科·诺维罗和年轻的康·弗朗切斯科·德拉·斯卡拉将它重新获得的特雷维索地区作为收复帕多瓦的跳板。

公元 1390 年的春天炎热又干燥，6 月 18 日夜里，弗朗切斯科·诺维罗率领一小支部队，沿布伦塔河干涸的河床悄悄进入帕多瓦城中心。帕多瓦仅有的防御设施只是一道很快便被突破的木栅栏，至于两年来因为仓促迎来米兰统治者而后悔不迭的帕多瓦市民，则张开双臂热烈欢迎世袭领主返回城市。诺维罗的胜利解救了佛罗伦萨，他的行动无疑严重阻碍了吉安·加莱亚佐进军的步伐，他不得不从托斯卡纳抽调相当一部分兵力前往维罗纳，去阻止当地人效仿帕多瓦谋求独立的起义，尽管在这种情况下维罗纳的起义没有成功，但这股风潮却传播到了更远的地方。正在为佛罗伦萨效命的卓越雇佣兵首领，英格兰人约翰·霍克伍德爵士也令吉安·加莱亚佐焦头烂额，烦恼倍增，霍克伍德将他追到阿达河畔，如果不是因为这位雇佣兵首领的法国合作者让·德·阿马尼亚克糟糕的指挥水平，吉安·加莱亚佐就要蒙受惨重损失了。简而言之，弗朗切斯科·诺维罗收复了帕多瓦，将一场有潜在危险的军事危机变成了一个僵局，因此当公元 1392 年几位交战的主角在热那亚握手言和的时候，所有相关势力都松了一口气。在签署和平协议前，年轻的卡拉拉谨慎地事先取得了威尼斯的首肯，之后他又亲自向执政官表达敬意，感谢威尼斯对他的支持，作为回报，威尼斯共和国将这位年轻的帕多瓦统治者纳入了本国的贵族之列。

由于未曾在战争中做出活跃表现，威尼斯并没有成为协议的签约国之一。尽管如此，它还是获得了所有希望得到的东西。它不仅使用精明狡猾的外交手段收复了特雷维索，兵不血刃地遏制了米兰在帕多瓦不断增长的势力，还将对威尼斯抱有好感，甚至是顺从于共和国的弗朗切斯科·诺维罗扶上帕多瓦统治者的宝座，取代了他那令人厌恶的父亲。不过威尼斯没有自欺欺人，和平并不只意味着喘息的空间，或许吉安·加莱亚佐·维斯康蒂所有的期望都落了空，但他也没有失去任何东西。维斯康蒂正在招兵买马筹备新一轮的进攻，三年后，他果然卷土重来。

一开始吉安·加莱亚佐的敌人们似乎可以牵制住他。当米兰军队于公元 1395 年朝曼图亚挺进时，威尼斯、佛罗伦萨、博洛尼亚，加上在帕多瓦积极提供帮助的卡拉拉，挺身而出为他们的邻居撑腰，于是这次的战争无果而终，双方也很快宣布停战，在一段短暂而不安定的和平中进入了十五世纪。然而这样的平静在公元 1402 年初被打破，就在如其所愿前往罗马加冕的路上，新任神圣罗马帝国皇帝普法尔茨的鲁珀特被说服在伦巴第停留，镇压他危险又野心勃勃的臣属。然而他的行动以惨败收场。鲁珀特缺乏兵力和钱财，对吉安·加莱亚佐的力量一无所知，也不了解意大利的形势，到了 4 月，在打了些无足轻重的小仗之后，鲁珀特饱尝羞辱，身心俱疲，被迫返回德意志。

击败西方最伟大的统治者，对维斯康蒂来说不啻于一针强心剂。他率军闯入博洛尼亚，又倾全军之力攻打佛罗伦萨。随着比萨、锡耶纳和路加落入他控制之下，佛罗伦萨似乎已经没有保全的希望。一旦佛罗伦萨沦陷，托斯卡纳就会像伦巴第、翁布里亚和罗马涅一样成为米兰的附庸，这样一来，威尼斯又能坚持多久？吉安·加莱亚佐·维斯康蒂只有五十岁，如今他前所未有地强大，军队装备也最为精良，还拥有充盈的国库和经验丰富、士气高涨的士兵。他倾注了所有政治抱负的北意大利王国，版图从热那亚一直延伸到亚得里亚海，似乎终将进入他掌握之中。

然而毫无预兆地，吉安·加莱亚佐·维斯康蒂在公元 1402 年 8 月 13 日染上高热，三周后便与世长辞。对威尼斯人来说，维斯康蒂的死就像是一个奇迹，而当他拥有的广大领地被交给膝下的三个儿子，而最大的那个也只有十三岁时，情况更是如此。维斯康蒂的遗孀代替年幼的儿子们摄政，但是她完全没有能力控制任何一个孩子或那些贪婪的将军与雇佣兵首领。这些人在为维斯康蒂奋战多年之后，如今找到了为自己谋取土地的机会，于是到了年末，六个月前还是欧洲最强大国家的米兰公国开始分崩离析。

此时吉安·加莱亚佐从前的敌人们也开始行动起来，弗朗切斯科·诺维罗·卡拉拉首当其冲，率军前往维琴察。鉴于米兰正面临着内部危机，卡拉拉以为他的行动不会受到太多阻碍。然而他没有把维琴察当地居民考虑在内，当地人刚逃离了一个政治投机者的掌控，前车之鉴不远，他们并不想成为另一个投机分子的牺牲品。然而维琴察人无法自力更生，因此，他们毫不犹豫地投奔了威尼斯。就在向米兰公爵夫人派遣使者的同时，另一位维琴察的使者正前往里亚尔托，恳求威尼斯人帮助他们对抗卡拉拉，作为回报，威尼斯将得到维罗纳和维琴察。

吉安·加莱亚佐既然已经去世，威尼斯就再没有和弗朗切斯科·诺维罗维持盟友关系的必要了。事实上，威尼斯人本能地意识到，除非摧毁他的统治，否则他们不会拥有长久的和平。假如卡拉拉不再成为阻碍，那么威尼斯人可以立即收回帕多瓦，再加上维琴察使者献上两座城市的许诺，这就意味着威尼斯共和国可以掌握意大利东北部通向它脆弱向陆一侧的三座关键城市。于是威尼斯人立刻派一名传令官前往维琴察城下，要求弗朗切斯科·诺维罗撤军。然而这位迄今为止一直对共和国言听计从的年轻盟友破天荒地违抗了威尼斯的意志。“让我们用这个传令官做一头圣马可的狮子吧”，据称诺维罗这样说道，他下令撕裂威尼斯传令官的鼻子，并且割掉他的耳朵。

诺维罗的这一行为残忍又鲁莽。如果当时他圆滑老练地选择撤退，不给威尼斯开战的理由，那么或许还能够拯救他的统治。但现在他亲手破坏了一切，最后毁灭了他自己。从维琴察返回后，诺维罗不得不困守在帕多瓦城中。平心而论，诺维罗抵抗威尼斯攻击的行为非常英勇，但他亦不止一次拒绝了对方提出的合理停战条件。最后，城内出现了饥荒，同时在十四世纪末十五世纪初持续蹂躏欧洲、给各国蒙上阴影的瘟疫再次爆发，在这双重打击下诺维罗不得不投降。公元 1404 年 11 月 17 日，帕多瓦被攻陷，弗朗斯西科·诺维罗披枷戴锁，和儿子雅各布一起被押解到威尼斯。大众对他的抵触情绪非常强烈，而一则卡拉拉阴谋在威尼斯的水井中投毒的谣言更加重了这种感情，于是为了卡拉拉父子的安全着想，他们一开始被安置在圣乔治·马焦雷岛上，数日之后才被转移到执政官宫顶楼专为身份尊贵的囚徒而设的囚室之中。

不过，随后又有关于卡拉拉最近动向的新消息。卡拉拉预谋在井中下毒一事纯属子虚乌有，但他正心怀鬼胎，筹划一个从内部颠覆共和国的巨大阴谋。随着这个阴谋暴露出越来越多的衍生细节，一些威尼斯贵族也被卷入其中。十人议会的成员与专门被征召来处理这件事的另外六名官员坐在一起，夜以继日地从百余名嫌疑人身上打开调查和讯问的突破口，不少人甚至受到刑讯折磨。受到调查的人越多，十人议会和相关官员们得到的证据就越多，而这些颠覆威尼斯共和国的证据无一例外地指向卡拉拉父子，于是他们被判处死刑。传说卡拉拉父子被吊死在一个位于执政官宫屋顶的铁笼之中，但这个故事并无根据，[1] 他们于公元 1405 年 1 月 17 日在狱中被绞死。弗朗切斯科·诺维罗死前以一只木凳作为武器勇敢地保护自己，但终究无济于事。

威尼斯艰难地度过了十四世纪，这或许是它历史上最为艰难的一百年。这个世纪开始于两次叛乱，马林·博科尼奥发动了第一次，贝亚蒙特·提埃波罗则是另一次更严重叛乱的始作俑者。到了十四世纪中期，威尼斯又经历了第三次叛乱，老马林·法列尔令执政官的职位和共和国蒙

1　罗马宁（第四卷，第 39 页）称，关于这项惩罚，他只找到一个实际执行的例子。十六世纪时，有一名犯下大罪（enormi delitti）的神父被挂在圣马可大教堂的钟楼外面，但即便是这个例子中的神父，最后也设法脱身了。事实上这很有可能是人们混淆了威尼斯方言中的笼子（cheba，意大利标准语为 gabbia）一词，这个词同样可以指代执政官宫内的小牢房。

羞，他自己也为此付出了生命的代价。不久之后，围绕着洛伦佐·切尔西的行为而产生的怀疑更进一步破坏了执政官的声誉。在外部，克里特岛、的里雅斯特以及其他受威尼斯管辖的土地上，起义之火几近燎原之势。威尼斯在十四世纪失去了达尔马提亚，又与热那亚断断续续地进行了长达五十年灾难性的角力。而意大利本土上与共和国领地相邻的那些领主们，无论是德拉·斯卡拉家族、维斯康蒂家族还是卡拉拉家族，都不给威尼斯任何喘息之机。而自从公元1348年起，黑死病每隔数年就要卷土重来带走一大批人的生命，这是威尼斯永远不会忘记的惨痛经历。

尽管如此，威尼斯在这段艰难岁月中同样取得了不少成果。首先它在大陆上彻底站稳了脚跟。卡拉拉家族覆灭后，威尼斯获得了东起塔利亚门托河，西至加尔达湖，南到阿迪杰河，北抵巴萨诺山间的广大土地。此后威尼斯共和国的这片大陆领土还将扩大范围，除去十六世纪早期的一段时间外，直到共和国覆灭为止，它始终没有完全消亡。

时至公元1400年，威尼斯人或许会产生他们是一个欧洲国家的错觉。他们了解到用一条漫长且时常不够明确的陆上边境来抵御掠夺成性的邻居们需要付出怎样的代价，他们也充分了解到招募雇佣兵并让这些军人作战所需的花费。另一方面，走上大陆舞台为威尼斯带来了显而易见的收获和声誉，在此影响下，它也得以参与意大利乃至整个欧洲大陆的事务，在这些地方的贸易地位也大大加强。此外，与所有敌手相比，威尼斯在新近发生的灾难中再一次被确认的优势大大支撑了民众的自信心，目前世上所有的城市中，只有他们的威尼斯无法被攻破。

然而，尽管向世界展示了它陆上大国的形象，威尼斯仍然是一个属于海洋的国家。十四世纪末，共和国宣称它拥有三千三百艘船以及三万六千名水手，凭借着海洋和这支强大的水上力量，威尼斯被保护得固若金汤，同时还获得了无穷财富。其他任何一座意大利的主要城市都无法宣称它能在近一千年的时间中保持不受侵犯的状态，也没有任何城市敢夸口拥有如此财富和如此强大的恢复能力，正因为具有如此惊人的恢复力，哪怕对外战争耗尽国库，经济在表面上也处于瘫痪的状态，威尼斯也能够十分迅速和完全地恢复，令它的敌人们望尘莫及。这简直就像是威尼斯共和国反复表演的一场魔术把戏，不过若是没有它独特的地理位置，这种奇迹是不可能上演的。威尼斯比任何一个竞争对手都要靠近东方市场，自从欧洲开始养成对东方奢侈品的消费嗜好，它对东方货物的需求就不断增加。不仅如此，从共和国兴起之初，海洋就施与威尼斯恩惠，它对这个国度来说几乎就是家园的代名词，直到威尼斯成为其他竞争者可以偶尔挑战却不能长久并驾齐驱的海上霸主后仍然如此。总的来说，威尼斯始终拥有比任何国家都更优秀和工作速度更快的造船专家、辨位更精确的领航员，以及经验更丰富、更足智多谋的水手。

而更重要的是，威尼斯有着比他国更成功的商人群体，这一点在热那亚衰退后表现得更为突出。到了十四世纪末，几乎没有一种主要商品，不大量依赖威尼斯船只进行运输。哈尔茨山的木材与波希米亚矿井中产出的金属被运往东方与南方，而印度及东方的香料则输送到西方和北方，在后面这条商路上，近来还开始运输来自小亚细亚与黎凡特的棉花，以及愈来愈多在整个欧洲都供不应求的糖。首批作为商品的糖可以追溯到十一世纪的叙利亚，不过如今威尼斯商人将甘蔗引入克里特岛种植并取得了巨大的成功。在塞浦路斯，有一个名叫费代里科·科纳的商人在岛上建立了大规模的种植园，通过高效的运作经营，他的家族在几年之内就成了威尼斯首富。[1] 同时，这两个岛屿和摩里亚的一部分，还是一种名为马姆齐的烈性甜酒的主要生产地。大部分马姆齐甜酒从马尔维萨（今莫奈姆瓦夏）的港

1　见第 17 章。

口被运送出去，英格兰人以及他们的北欧邻居酷爱畅饮这种烈酒，因此从十四世纪三十年代起，一种定期且获利极其丰厚的交易模式被发展起来：威尼斯商用桨帆船将马姆齐酒运抵英格兰港口，然后用甜酒来交换当地的羊毛。接着威尼斯船只前往佛兰德卖掉羊毛，买回成捆上好的佛兰德布匹或是已经制成的羊毛斗篷与长袍，这些货物将在整个欧洲甚至黎凡特卖出高价。由于这种三角贸易的利润太过丰厚，以至于它在公元 1349 年被国有化，从此以国家垄断的形式进行运作。

反观其他一些贸易模式，随着十四世纪慢慢过去，渐渐变得不那么兴旺。尤其从十四世纪六十年代开始，因为在黑海北方与东方由蒙古人统辖的钦察汗国爆发内战，商队路线不再安全，于是威尼斯与俄国的定期贸易开始走向衰落，直至三十年后伏尔加河沿岸作为重要补给站的城市被帖木儿摧毁，这类贸易才彻底断绝。因此在南方市场上，贵重皮毛顿时变得更加稀罕，相应价格也更为高昂。不过与俄国的奴隶贸易却没有因为战争而衰退。虽然教宗三令五申要求禁止奴隶贸易，共和国内部也偶尔发布过相关的初步法令，最早可上溯到九世纪奥尔索・帕契帕索执政官出台的法律。然而尽管如此，威尼斯的奴隶贸易从未停止发展。有一小部分来自东非、西非和撒哈拉的黑人被从事黄金与象牙贸易的阿拉伯商人带往圣乔治・马焦雷岛和里亚尔托的奴隶市场，但绝大多数奴隶来自格鲁吉亚、亚美尼亚和切尔克西亚等高加索地区的基督徒，他们被鞑靼人虏获，在黑海的各个港口进行交易。这些基督徒奴隶大部分被贩卖到埃及、北非和奥斯曼土耳其宫廷，成为家奴、护卫和后宫姬妾，其中有些人爬到了手握实权的位置，比如埃及的马穆鲁克奴隶军，从十三世纪直到拿破仑征伐埃及，他们的地位一直都至高无上。还有苏丹宫廷中的宦官与奥斯曼土耳其禁卫军，他们都有着相当的实力。同时，北意大利和托斯卡纳的意大利富裕家庭也会购买一些奴隶以供使用，除去这些，剩下的奴隶将面临最悲惨的命运，他们被送往克里特岛和塞浦路斯岛上的庞大农庄，在繁重劳动中了却余生，费代里科·科纳的食糖种植园就完全建立在奴隶经济的基础之上。

无须多言，威尼斯从所有这些商品的交易中捞足了油水。不过它不仅是其中一种商品重要的中间商，还是主要的消费者，这种商品就是粮食。过去惨痛的经历教会威尼斯，只依赖单一地区供应某种关系重大的必需品是非常危险的。干旱和过量的雨水会毁了一整年的收成，而当地的叛乱与内政剧变亦会阻碍运货，更何况即便风调雨顺，粮食产地的政治情况也十分稳定，运粮的船只也常常有可能遭遇海盗。因此威尼斯煞费苦心地将粮食供应的来源分散开来，从威尼斯传统的“粮仓”西西里与阿普利亚出发，在亚得里亚海溯流而上的粮船中，如今还加入了来自安纳托利亚甚至黑海的同伴。

与粮食的情况相反，威尼斯盛产一种天然商品，它不但自己受用，还常常能将盈余产品出口到国外。从共和国成立之初，它就小心翼翼地保护着自己在波河河谷与三角洲地区设立盐场的垄断权力，并且不惜在必要时刻为其动用武力。随着时间流逝，欧洲对盐的需求持续增长，威尼斯盐厂的生产不能满足其需求，便开始从达尔马提亚、塞浦路斯和其他地方运送更多的食盐。不过自此之后，威尼斯国内的食盐生产源就以一种迷信的崇拜态度被保护起来，其程度远远超出了这个生产源头的固有价值。

威尼斯拥有如此非凡的经济恢复力同样还有其他的原因。首先，它受到人们信任。如今威尼斯已经建立起一个联系起半个世界的贸易网络，并且因为公平交易的名声而著称，这使得威尼斯的商业活动在受到干扰而中断后可以轻易地恢复。其次，威尼斯的恢复力还源于威尼斯人特殊的性格，他们坚韧不拔，工作勤奋，意志坚定，对财富有着根深蒂固的尊敬，同时又有着无限的野心去追求它。最后一点，威尼斯有着严明的规章纪律，它脱胎于长期的经验，由国家出面强制执行。

对共和国政府来说，只要牵涉到贸易的部分，绝容不得半点轻忽。进入十五世纪，国家开始越来越多地掌控威尼斯的经济生活，个人企业大行其道的时代几乎完全过去了。所有的商用桨帆船都由军械库负责制造，并且属于国有资产。共和国政府在最有利可图的几条商路与几种商品上保持着垄断地位，即便是私人船只，也必须遵守元老院设立的严格规定。这样做的好处显而易见，在这样统一的规划下，人们相信所有指定船队中的船只面对恶劣天气的表现都会十分相似，如果走运的话，它们还能聚拢在一起不致分散，而船队的航行速度以及随后船只的到达日期都可以被更精确地估算出来。假如发生紧急事件，在威尼斯的各个常驻代理处和海外哨所中都准备着标准化的零部件，可以在很短时间内将商船改装为作战用的武装船只。到了十四世纪末，威尼斯在一年内通常有六支这样的主要贸易船队，以每队五百艘船，有时甚至更大的规模，出海前往不同目的地。每一支船队都有固定的航行日期，沿着几个月前就决定好的特定路线前进。它们绝大多数都是国有船队，其指挥权以拍卖的形式被租让给航行期间出价最高者，虽然拍卖通常只对贵族开放，但所有参与航行的商人和军官，无论是出租人或是所有人，都要发誓接受元老院制定的规章约束，并且宣誓“维护圣马可的荣耀”。

公有制的增加一如既往地导致了税收的上升。就在一百年前，威尼斯还名列欧洲税收额度最低的国家之一，但如今再也不是这样。不但军械库的花费开始飙升，还需要养活其中多达一万六千名的工人，共和国远播海外的控制力还催生出大批国家公务人员、律师、司法人员和会计，更别提那群目光锐利、以在琐碎细节上也能保持高度精确性而闻名的收税员，所有这些工作人员都需要威尼斯共和国提供薪水。威尼斯仍然鼓励小商人从事贸易活动，如果他们无力购买一条船，或是没有多余的船只以供出海，只要这些商贩是威尼斯人，他们就可以以一个固定且合理的价格在国有船队中申请安置货物的空间。然而马可·波罗一家那样的老式大商人冒险家却没有了用武之地。共和国从来没有如此富庶，威尼斯城也变得更加美丽，但这个国家早期的浪漫精神大多已经烟消云散。

到了此时，威尼斯发现它不得不首次采取一些影响深远的措施来对付国内的犹太人。当然，共和国采取这些措施绝不是想要进行任何形式的种族或宗教迫害，受到损害的犹太人也并不如此认为。事实上，是一个如今在犹太人（当然，在公共银行和典当铺缺位的情况下，也没有其他的借鉴来源）的基础上发展起来的复杂经济体系，严重脱离了国家的控制。公元1374年，威尼斯鼓励梅斯特雷的犹太人前来定居。严格意义上这段居留期的时间是五年，但它很容易地就被延长了，于是二十年后，绝大多数威尼斯人都或多或少地负债在身，完全没有债务的寥寥无几。政府经过数次立法控制这类情况的尝试失败后，终于在公元1395年将所有犹太人逐出城市，只允许他们在逗留时间不得超过十五日的前提下返回。而在城中的犹太人还需佩戴醒目的标记，开始时他们要在胸前戴上一个黄色的圆圈，后来是头戴黄色小帽，再之后则演变为指定颜色的高帽。威尼斯的犹太人不允许拥有不动产，也不许开办学校，只有那些从医的犹太人仍被鼓励继续旧业。

然而一段时间过去，犹太人又渐渐地回到威尼斯，他们的居留条件也再次变得宽松。接下来直到共和国灭亡的三个世纪中，威尼斯犹太人的命运时有起伏，但他们的数量始终维持在一个可观的水平，他们产生的影响亦是如此，如果没有犹太人，威尼斯在经济和文化上都会贫乏不少。

在工业方面，国家干预之手依然无处不在。威尼斯最重要的工业部门都被严密地保护起来，政府还禁止出口特定的几种原材料，技术高超的工匠被严禁离开城市，同时，将制造过程的核心机密泄漏在外是一种会被处以死刑的犯罪行为。不过另一方面，对待像德意志的制镜人与路加的丝绸工[1]一类的国外手工工匠，威尼斯敞开大门欢迎他们前来定居，甚至还免除这类人居留威尼斯头两年的税款作为招揽条件。官方管控的行业标准与工作条件[2]被强制在各个行会实施，行会精心设计的章程也需要经过政府监督员的批准和认可。然而，在这样广受限制的情况下，威尼斯的同业工会组织还是享有很大的自主权，随着时间流逝，它们能够证明对自己的成员和国家都具有持续增长的价值。与其他意大利城市的同类组织（比如佛罗伦萨的艺术行会）不同，威尼斯的行会从未成为，或试图成为共和国内部的一支政治力量，行会的大多数成员在“议会关闭”的时代就被剥夺了参政的公民权，而那些显贵，他们所拥有的权力在其他地方可能会招致反对，但在威尼斯的特殊情况下，这些人并非封建贵族，而正是行会成员本身。另一方面，行会为大批热心公益且诚实富裕的商人提供了一种惠泽社区又能保持他们自身骄傲与自尊的方式，它们同样组成了一个非常有效的社会保障体系的基础，当行会成员年老或患病时，可以得到行会的照顾，一旦他们去世，遗孀和子女也会受到照料。当行会变得富有之后，它们的仁心善行就不再局限于行会成员圈子内，威尼斯现存的四十余所学校建筑中，很多都由同业公会建造，来证明它们自己的财富与地位。[3]

不过威尼斯的慈善机构并不为行会所垄断。在十四世纪末，威尼斯差不多有十二个或者更多后来建立的慈善机构，由富裕市民私人出资建立。毋庸置疑，有些时候出资者是基于沽名钓誉的出发点，但更常见的动机则

---

1 见第 15 章。

2 关于后者的立法，尤其是与儿童相关的部分，要比十九世纪前通行于英格兰的任何相关法律都更加先进。

3 像加尔默罗圣母圣衣教堂学校、圣乔治信众会会堂学校、圣乔瓦尼福音大学校，以及圣罗科学校都是其中的佼佼者，还有一些学校建筑被改作他用，如圣马可学校（如今是国民医院），以及圣母慈善学校（如今的威尼斯学院美术馆）。

是真挚纯粹的慈善之心。举例来说，我们知道老佐尔齐执政官运营着一家孤儿院，以及为穷苦妇女、弃儿、从良妓女和其他各种需要帮助的人谋福利的一些类似机构，此外还有免费的医院，其中至少有一家是由医院的首席医师资助的。

威尼斯的公共健康则很早就被纳入了国家责任的范畴。对威尼斯共和国来说，即便不是全世界，欧洲最早建立国家公共卫生设施的荣誉也非其莫属。早在公元 1335 年，共和国政府就给十二名外科医生发放专职薪水，要求他们和其他持有执照的执业医师有义务参加每年开设，内容包括实际解剖尸体的解剖学课程。在国立医学院于公元 1368 年成立之后，政府同样要求这些医生每个月聚会，彼此交换新病例和新疗法的笔记。而且在那时，任何一位在意大利其他地方脱颖而出的医师，都会收到威尼斯的定居邀请，伴随邀请而来的，是这些人难以拒绝的强大经济诱惑。另一方面，在法律领域，威尼斯共和国却成为一个人才输出地，威尼斯的法律人才在意大利半岛各处都拥有权威地位。在威尼斯之外的城邦，人们渴求威尼斯人去担任统治者，特别是神父与代官一类的职位，这使得威尼斯政府不得不在公元 1306 年通过一部法令，严禁市民在未经元老院特别批准的情况下接受这些以及类似职位的任命。

因此，到了公元 1400 年，威尼斯成为全欧洲最受尊敬和羡慕的城市也就不足为奇了。它有惊人的财富、令人倾倒的美丽、健全的政府，它因不偏不倚地保护贫富贵贱、本地人和外国人的司法系统，以及无论是在理论上还是大多数实际情况中，所有生活在圣马可旗帜下的人们在法律面前一律平等的情况而闻名于世。因此外国人成群结队，纷至沓来。他们中有商人，有前往圣地的朝圣者，还有越来越多不太虔诚亦不完全出于商业的目的，而是被好奇心和冒险的渴望驱使来到威尼斯的旅行者。由于外来人口实在太多，以至于在当时人的描述中，威尼斯人粗糙的方言口音已经被淹没在圣马可广场上每日都能听到的南腔北调之中。在这里，外国人不用担心会像在地中海的其他港口城市一样遭到欺骗，威尼斯共和国拥有许多经过特别训练的官员，这些人唯一的职责就是照顾前来威尼斯的外乡人，他们为外国人寻找住处，确认这些异乡人得到了他们需要的所有帮助，喝的酒里没有被掺水，也没有被漫天要价。同时，访问威尼斯的外国人知道，只要沿着堤岸步行，就一定能找到一条能带他们继续下一阶段旅行的船。无论如何，哪怕不凑巧一时没有这样的船，威尼斯难道不就是一个引人入胜的目的地吗？

最后，鉴于以上种种，怪不得威尼斯市民会认为自己要优于其他人，并且为这座给予他们生命的城市和这座城市赢得的帝国感到自豪。他们中大多数人在共和国政府中没有，或者只有很少的发言权，然而如果将威尼斯人的命运与大陆居民的相比，后者在这一点，或是其他方面，实际上也并不见得更好。而且威尼斯人明智地意识到，与其任由一位野心勃勃、动辄独断专行的领主统治，接受一个治理有方却不能使他们拥有政治影响力的政府统治相对来说更好。他们也许时不时因为政府通过所颁布的琐碎规章的限制，试图从各个方面干涉自己的日常生活而感到恼火，但假如这是居住在文明世界中最富有、最安全、最有秩序也是最美丽城市中的代价，那么威尼斯人愿意做出一些牺牲。在过去的一个世纪中，威尼斯人辛勤地工作，拼命地战斗，承受了不少苦难，最终他们击溃了敌人，怀着自信和希望展望即将到来的新世纪。

III

第三部分

欧 洲 强 国

因此，如果威尼斯得以不受外界动乱的影响，其首要原因就是它本身的形势。因为被剥夺了权利，所以它的子民甚少有非分之想（当然这或许可以归结于它的好运）。其次，它精妙的司法体系使得人们无意越雷池一步，不过这只能归功于威尼斯共和国政府的审慎，我们越是靠近观察，就越觉得这一点伟大。假设真有命运这种东西，它所产生的效果和造成它的因素一样是不稳定的，其他任何一个共和国，都不能像威尼斯那样保持长久的和平与安宁，不受他人侵扰，因此，应该另有原因造成了威尼斯独特的情况，而不能仅仅将其归结于侥幸。就像我们所看到的一样，既然威尼斯在众共和国中最为平静，那么它亦当是最为平等的一个国家。这个国家只有一种制度，就像我们提到的那样，它的元老院像是一块滚动不停的石头，在它不断循环运作的时候，就不会变得派系林立，四分五裂，也不会产生勃勃野心。它更不会像罗马元老院那样，让帝国鹰旗下的军队像老鹰张开爪攫取猎物般抓捕人民。马基雅维利并不愿正视这个共和国的优秀之处，他的读者们很容易就能从其著作中知道，这位学者没有好好研究威尼斯的制度，如果他这样做了，就不会将威尼斯的谨慎归为侥幸，他就将修改自己的杰作，使其达到尽善尽美。毕竟，如果其著作涉及内政方面的问题，除了威尼斯，全世界都没有类似的模式。

——詹姆斯·哈林顿，《大洋国》，1656 年

20

帝国的成长

（公元 1405—1413 年）

你居住海口，是万民的商埠，你的交易通到许多的海岛……

你的境界在海中，造你的人使你全然美丽……

一切泛海的船只，和水手，都在你中间经营交易的事。

——《圣经·以西结书》，第 27 章

那些自封的历史写作者，常被各式各样的危险因素困扰，其中隐患最大的即是所谓令历史事件自成体系、秩序井然的诱惑。哪怕写作者并非故意，甚至只是下意识地将历史事件更简明利落地整理进一个预设好的时间表中，而最令他们感到后悔的是，通常要把这些时间安排得非常井井有条是很勉强的。举例来说，威尼斯共和国差不多与十五世纪吻合的黄金时代，人们可以轻易地将其开端确定在公元 1400 年 12 月 1 日，执政官米凯莱·斯泰诺当选之时，就像一位习惯于用四舍五入的方式把研究时代的日期确定在最近的一到两千年的古生物学家，这么做毫无困难。但必须尽量让人知道的事实是，在公元 1400 年，威尼斯执政官和元老院成员身处已延续数年的不稳定和平时期，正怀着与日俱增的忧虑，密切关注米兰的统治者吉安·加莱亚佐·维斯康蒂，后者此时正在开疆拓土，将自己的势力不断在伦巴第、罗马涅、翁布里亚和托斯卡纳扩展。当然，在这个时候，很少有威尼斯人敢谈及所谓的黄金时代，对他们中的大多数人来说，威尼斯共和国的灭亡反倒是更可能实现的未来。

但两年之后，正值壮年的吉安·加莱亚佐因为一场突如其来的热病猝死，只留下妻子和乳臭未干的三个儿子；到了公元 1405 年 1 月，威尼斯其他的眼中钉肉中刺也被一一拔除，帕多瓦的卡拉拉家族，尽管不似吉安·加莱亚佐的死亡那样具有偶然性，也退出了历史舞台。此时，所有的危险终于都远离了威尼斯，它可以稳坐钓鱼台，仔细审视面前的新情况，从里亚尔托展望出去的景象也比过去更有前途。此时，新的纪元终于可以开始了。

有一件事可以确定，威尼斯如今已经是一个国家，而不仅仅只是一个能与米兰、佛罗伦萨或维罗纳相提并论的北意大利城邦。威尼斯人早已抛弃了这种错觉，哪怕它曾经影响和塑造了他们一部分的思维方式。在威尼斯共和国长达千年的历史中，这座城市最好的一点是拥有两到三英里宽的浅水海域，将其与大陆分离，这不但保护了威尼斯城免受侵略，也使得它从意大利的政治生活中抽离出来。长久以来，教权与皇权、归尔甫派和吉伯林派、一个城镇对另一个城镇连绵不断的战争折磨着整个亚平宁半岛，而威尼斯人却可以独善其身，不受半岛内部残杀的战火侵害、封建主义的役使及其带来的无休止的领土争端。于是除开偶然的几次危机，威尼斯人心无旁骛，一心向东。他们的目的地是拜占庭帝国以及富庶的黎凡特地区与东方市场，那里正是他们的力量和繁荣之所在。君士坦丁堡在第四次十字军东征期间落入拉丁人手中之后，威尼斯人获得了一个遍及东地中海，直至黑海和更远地区的庞大商业帝国，这也就使得他们与不那么走运的意大利邻居们更加疏离，只有热那亚和比萨两座城市一度在商业层面与威尼斯针锋相对，激烈竞争。不过比萨很快走向衰落，而经过长达半个世纪的战争之后，热那亚在公元 1380 年遭到决定性的重创，从此一蹶不振。此后，随着卡拉拉家族的覆灭，威尼斯真正成为意大利东北部广大土地上的霸主，它的领地包括帕多瓦、维琴察和维罗纳三城，以及往西远至加尔达湖畔的大片土地。威尼斯终于可以将自己视为与英格兰、法兰西和奥地利平等的国家，成为一个欧洲强国。

在威尼斯的声望与日俱增的同时，它的地位也变得愈加显赫。到了公元 1400 年，尽管拜占庭帝国还能继续苟延残喘半个世纪，但此时的君士坦丁堡只是昔日繁华大都会的一个贫穷且衰竭的影子，与此相反，威尼斯被公认为当时世界上最美丽耀眼的城市。很少有欧洲的广场可以拥有圣马可广场与小广场那样的砌砖地面，而这两个广场成为招待来自三个大陆旅行者们的客厅。自接受祝圣仪式以来，圣马可大教堂几乎不间断的装饰工程已经进行了三个世纪，正到了进行最后修饰的阶段。这座由大理石尖塔和浮雕花饰组成的“哥特式建筑的皇冠”，四百五十五年之后令罗斯金沉迷不已。[1] 广场上的钟塔宣告落成之际（尽管它的顶端在十六世纪经历过重建），在莫洛，兴修中的执政官宫雄伟的正南面就只差中间那座覆盖着顶棚的阳台，而这个阳台要到公元 1404 年才修建完成。新修建的执政官宫建筑沿着广场向北直到第七根石柱，更远处是塞巴斯蒂亚诺·齐亚尼修建的拜占庭式旧执政官宫最后一部分侧翼建筑，它一直延伸到圣马可大教堂的角落，直到公元 1423 年才被拆除，其后沿着整个广场的外部，新的工程继续进行。

正如我们今日所知，执政官宫无疑是世界上世俗哥特式建筑的最高杰

---

1 “直到最后，那些如浪的圆拱，它们的波峰冲进大理石的泡沫中，将闪耀着光芒的，如花冠般团团簇拥的雕塑向蓝天投去。那景象仿佛是利多岸边的碎浪在落回海洋之前就被冻结，而海洋的精灵们在上面嵌入珊瑚和紫水晶。”——罗斯金，《威尼斯的石头》，第二卷，第四章。

作，而它推动了全威尼斯新一轮的哥特式宅邸建造热潮与设计灵感也毫不令人意外。这些宅邸大多建造于前一个世纪，其中一些一直保存到今天，譬如大运河上的萨格雷多宫，以及位于圣天使拉斐尔的阿瑞安宫。后者嵌有金银的花饰窗格富有东方的繁复风情，令人叹为观止，它也因此成为这类建筑中最为出类拔萃的。在接下来的七十年中，这股势头有增无减，导致了哥特式建筑的繁荣期，落成于公元 1425 年至 1430 年，外观奢华引人注目的黄金宫正是这段时期光荣传统的缩影，也正因为黄金宫，威尼斯的宫殿建筑广受喜爱，且被人铭记。

威尼斯的教堂也同样如此。两个知名的大托钵修会，方济会修建的荣耀圣母教堂和多明我会的圣乔瓦尼保罗教堂，经历了一个半世纪的修建工程后仍未完工，不过如今工匠们再一次加快了工程进度。与此同时，又有更多的哥特式建筑动土开工，这些建筑在规模上比两座教堂略小，但更加华美绚丽。菜园圣母教堂兴建于十四世纪中期，同期修建的还有圣司提反教堂和加尔默罗圣母圣衣教堂，尽管它们现存的建筑物外立面都经过后来修饰。接下来的五十年中，特别值得注意的教堂建筑是圣格列高利教堂和现今是威尼斯学院美术馆一部分的慈悲圣母教堂。在这之后，安东尼奥·甘贝罗和隆巴尔多家族的建筑师们开始设计建造教堂与宫殿，伴随着他们的脚步，文艺复兴终于姗姗来迟。

不过此时威尼斯所有的光彩都还没有达到它在下一个世纪的辉煌。很多精巧夺目、令游客瞠目结舌的建筑，此刻都还只是一大块空地，如果上面真有什么东西，也不过是菜园、船库，或是渔民搭建的小屋。即便在那些最繁荣兴旺的地区，大部分的街巷和广场地面都只是被踏平的泥地，在潮湿的冬天这些区域就变成泥泞的沼泽，而在夏天，人们往往要朝上面洒水使其湿润，以防尘土飞扬。圣安东尼奥修道院的猪仍然可以在城市四处翻拱泥土，只有在公元 1409 年一年，它们的这项自由才被剥夺了。对普通威尼斯人来说，乘坐马匹仍然是他们陆上出行的主要交通方式，马的数量轻轻松松就超过了贡多拉的数目，而执政官米凯莱·斯泰诺马厩中的骏马被认为是全欧洲最好的。

如果其他较为贫困的国家羡慕威尼斯的财富和它辉煌壮美的建筑，他们同样会对威尼斯共和国的政府体系赞叹不已，尽管有时可能有些不太情愿，但它们仍然对共和国政府表现出了相当多的敬意。在威尼斯之外，整个意大利都处在一个屈服于专制统治的时期，只有它仍是一个强大且高度有序的共和国，拥有一部可以轻松经受任何来自国内或国外政治风波冲击的宪法。诚然，共和国的公民们在过去的一百年中被剥夺了实际的参政权利，作为这种权利最后的残余，所谓的公民大会也在这个世纪过去大约四分之一的时候被废除，但是行政部门的职位仍然对所有人开放。城市以为商业和手工业提供了自豪和满足的源泉而著称，同时还给予从业者丰厚的物质奖励。除了它的效率之外，很少有市民真正质疑统治机构是否将他们的最高利益放在心上。

威尼斯的政府不断提供充分证据证明：任何个人或团体试图在宪法框架之外攫取权利或人望的行为，都会被立即镇压。教会被严格限制在它的一亩三分地内，仅能履行精神引导的职责，不许对国家事务进行一丁点干涉，主教人选由元老院选拔，选举出的结果亦只需经过罗马教廷批准。从根本上说，上述这些制度中存在的政治权力受到一个以权力制衡为目的而精心设计的体系管控，因此滥用权力不但困难重重，而且通常是一项不可能完成的任务。威尼斯整个寡头政治金字塔的基础与所有职权的源泉是大议会，不过自从它的成员增至约一千五百人（之后其成员人数甚至超过两千人），大议会的日常全体会议往往就忙于履行众多的选举职责。至于日常立法工作，就被交给“Pregadi”，也就是如今更为人所知的元老院处理，它名义上有超过一百二十余名成员，不过这个数字因为达官贵人挂职加入而增长了不少。另一边，差不多与元老院处在同一等级的机构还有十人议会，由于执政官与他的顾问团也常出席其会议，所以实质上这个组织的人数是十七人。十人议会组建于公元1310年，目的在于“保护共和国子民的自由与和平，使他们不受个人权势滥用的侵害”。除去这个机构日后得到的糟糕名声（尽管不全是它所应得的），十人议会仍然像威尼斯共和国其他的政府机构一样接受宪法的管辖，每六个月，它的成员经由大议会选举产生，它的三个主要领导人每个月固定轮换，而在这三人任职十人议会的首脑期间，他们的活动范围被局限在执政官宫内，与外界完全隔绝。

在这些机构之上，威尼斯政府层级结构的下一层是被称为“筹备委员会”的组织，它相当于现代的内阁，由六位“大贤人”（Savii Grandi）、三位“大陆本土大臣”（Savii da Terra Firma）、三位“海事大臣”（Savii agli Ordini/ da Mar），以及主管战争、海运和经济的部长组成，其中六位“大贤人”以一周为单位，轮换担任这个组织的主席职位。这个组织是政府的执行部门，国家事务通过它被引上正轨，而大多数的立法法案也经由它提出。因此委员会当周的主席实际上就相当于威尼斯共和国的总理。

最后，威尼斯的执政官领导着上述所有机构。他作为共和国的化身至高无上，但是在实权上受到六个被称为“小型评议会”（Minor Consiglio）或者“内部执政团”的顾问限制。没有这六个人的监督、批准和支持执政官的权威，执政官将无法执政，寸步难行；当执政官的位置空缺时，大多数的顾问们可以代行其职能。不过执政官与这些顾问，甚至事实上同其他所有在共和国身居要职的人都不一样，他要在这个职位上工作终身。通常执政官的人选会在其长期且杰出的职业生涯中担任一些较为次要的政府职务，积累公共生活各个方面的深厚知识和经验。当他的职业生涯达到顶点时，才获选成为共和国的执政官。威尼斯执政官或许只是国家名义上的领导者——纵然他拥有不亚于国内任何人的权力——但哪怕他每次出现在公共场合都没有盛大华丽的排场与几乎全套的拜占庭式礼仪，他仍然是一位受到国内外广泛敬仰和遵从的领袖。

与同侪相比，米凯莱·斯泰诺在各方面都配得上执政官这个职位。即便那个荒谬的古老故事确有其事，即便真是因为他下流的侮辱刺激了马林·法列尔在五十余年前策划了那场灾难性的政变阴谋，他将自己成年后的生活用于忠心为国服务的行为也足够弥补任何年少轻狂的行为。公元 1379 年，斯泰诺曾服役于维托·皮萨尼领导的舰队，在波拉英勇奋战。两年后他又在基奥贾脱颖而出，随即担任代官的职位。他返回威尼斯后，被任命为圣马可大教堂的总务官，在这个职位上他造就了一幅壮丽的图景。圣马可大教堂邀请到达莱·马塞涅兄弟制作划分开大教堂圣坛与教堂中殿的雕塑。不久之前，斯泰诺还主持了促成反吉安·加莱亚佐·维斯康蒂同盟的谈判。

公元 1406 年 1 月 4 日，这样一个人物在顾问团陪同下于圣马可广场上竖立起的华盖下宣誓就职，同时正式将帕多瓦城纳入共和国的版图。由于在此之前已经用类似的方式接收了维琴察与维罗纳，斯泰诺对此类仪式已是驾轻就熟。在这次仪式上，十六位当地身份最显赫的市民身着深红色长袍，在他们身着绿衣的家族成员和一支乐队组成的队列护送下，代表帕多瓦城向威尼斯交出主权。斯泰诺首先被赠予这座城市的旗帜，接着是令牌，然后是城门钥匙以及最后的印鉴。典礼之后，威尼斯举办了盛大的宴会，以及城内所有贵族在“大批淑女面前”举办的骑士比武锦标赛等众多欢庆活动。帕多瓦的使者们在夜幕降临时返回，随行携带鲜红丝绸制作的威尼斯旗帜，旗上用金线刺绣了圣马可的有翼狮子。

但简而言之，这场典礼的主题是庆贺而非臣服。以上三座纳入威尼斯管辖范围的城市，以不同的方式自愿将自己交付给威尼斯，尽管执政官在他的接收演讲中偶尔透露出施恩的暗示，但据说他仍以《以赛亚书》中的句子“在黑暗中行走的百姓，看见了大光”来欢迎维罗纳人。从威尼斯经过当地人同意做出对他们未来政府与管理机构的安排来看，共和国尽其所能，一如既往地希望维持当地的原有制度。当然，威尼斯将税收、维护法令和征收军费等权力通过分别对元老院和十人议会负责的军队和总督握在手中。不过值得重视的一点是，帕多瓦、维罗纳和维琴察各自的总督（或被称为Rector）都必须宣誓尊重古老的市民宪法。在维琴察，这名官员甚至需要服从于经由选举选出的十八名当地市民组成的委员会，假使任何维琴察的传统法律受到侵害，这个委员会有权谴责威尼斯派遣来的治理官员。在维罗纳，原有的市政机构在斯卡拉家族的漫长统治期间大多崩溃，于是它借威尼斯的模式重新设立了一个每年选举五十名议会成员组成的大议会，外加一个十二人的执行机构。威尼斯人和维罗纳人共同设立了一个非凡的教育体系，为当地学生提供免费的初等教育。对成人学生，则有教授传授基督教圣典、民法、人文学科与医药等课程，所需费用均由市政基金支付，并不向个人征税，并且还约定在冬季举办公众讨论会，令市民畅所欲言。此外，维罗纳城的医生们被要求在疫病流行期间甚至是平时留在城中，提醒每一位病人注意自己的精神和身体状况。至少在第二次探访病人的时候，医生就需要做到这些。设计这一措施的初衷，是为了在不过度惊吓病人的情况下减少无遗嘱死亡的人数，过去医生的警告对病人来说无异于死亡判决，但如今不过是一种常规的提醒罢了。

威尼斯人对教育和医药特有的兴趣也同样反映在共和国对帕多瓦的态度上。帕多瓦大学是意大利仅次于博洛尼亚大学的古老学府，它得到了每年四千杜卡特的拨款和一大笔税收收入。由于帕多瓦比维罗纳和维琴察更为富裕，它被要求支付总督的一半薪水。同时，威尼斯正式决定不征收新税，以此来保护帕多瓦的酿酒与织布产业。公元 1408 年，帕多瓦城主广场上看上去像是一家俱乐部的建筑收到命令："任何怀有善意的威尼斯人和帕多瓦人都可以在这里会面并一同交谈，以此增进彼此之间的互爱互信。"十二年后，帕多瓦的"大众宫"毁于火灾，一大部分的城市档案被悲惨地烧毁了。于是威尼斯共和国政府独立出资，为帕多瓦修建了更大更恢宏的新宫殿。[1]

然而在所有表示友谊的行动背后，威尼斯人始终保持着警惕。他们对弗朗切斯科·诺维罗·卡拉拉逃往马尔凯的两个幼子十分警惕，威尼斯人很了解卡拉拉家族，毫不怀疑他们正在谋划如何夺回权力。威尼斯人试图将卡拉拉一族驱逐的行动失败了，于是就像对待斯卡拉家族的两个幸存子孙那样，他们悬赏通缉卡拉拉家族剩下的成员。随后在帕多瓦，威尼斯人开始有意识地抹去标志着卡拉拉统治的所有物质印记。这个家族为人所知的朋友和远亲都被放逐出城，而十人议会中的一位首脑人士特别前往帕多瓦，去检查任意书籍或文书中是否含有卡拉拉家族意图不轨的重要或相关证据。他一无所获，不过许多存疑的文件被带回威尼斯小心封存以备日后查询，在这点上威尼斯共和国从不掉以轻心。

威尼斯的公元 1406 年，以庆祝帕多瓦加入共和国为起始，以更多的庆祝活动做结尾。12 月 19 日，一个名叫安吉洛·科雷尔的威尼斯人在罗马被选为教宗，称格列高利十二世。他已年近八十高龄，极其消瘦，以至

---

1 这座建筑已经不复存在。在此我们不能将其与那座华丽宏伟、已经存在了大半个世纪的法理宫混淆。

于当时的人描述他“只有一个灵魂包裹在皮肤和骨头之中”。不过这个灵魂仍然闪烁着深厚真诚的虔诚之光，格列高利十二世在这种虔诚的驱动下决心将余生投入一个至高的抱负中去，那就是弥合西方基督教派的大分裂。

教会如今已经分裂长达三十年。公元1377年，教宗格列高利十一世重新将教廷从阿维尼翁搬回罗马，但第二年他就去世了，而接下来的选举极尽动荡纷乱之能事。罗马人很清楚，一旦那些法国枢机主教和他们的支持者得偿所愿，他们就会和成功当选的新任教宗一同返回阿维尼翁，这一去教廷可能就再也不会回到罗马。于是罗马人民下定决心要阻止这可能令他们的城市一蹶不振的灾难，他们占据了城市内的街道，甚至侵入枢机主教们选举教宗的秘密会议。枢机主教团的成员担心他们自己的性命，于是选举出一位意大利籍教宗乌尔班六世，这位教宗公开表态，愿意留在罗马，但不幸的是，仅仅在他加冕数周后，乌尔班六世就同时与法国和意大利双方的枢机主教为敌，无奈之下，主教们宣布他们之前是在强迫之下进行选举的，故而选举结果无效，随即他们推选出了一位对立教宗克雷芒七世来代替乌尔班六世。乌尔班六世固守在罗马拒绝让步，于是争端僵持难解，双方也在必要时各自选举出了新的教宗。直到乌尔班六世的第三位继承者格列高利十二世坐上圣彼得大教堂的宝座时，双方的矛盾依然十分尖锐。

当格列高利十二世给克雷芒七世的继承者，身处马赛的对立教宗本笃十三世致信时，他刚就任教宗还未满一个星期。格列高利十二世写道：“让我们都站起身来，一起致力于团结统一的愿望。”格列高利十二世表示：假如没有桨帆船送他前往指定的会面地点，那么即使搭乘渔民的小船也可以；假如没有马匹供他乘坐，那么他步行也可以到达目的地；假如本笃十三世愿意退位，那么他也很乐意做同样的事，那样的话双方的枢机主教们就可以在一起进行一次单独的、无争议的选举。这很公平且颇具诚意，本笃十三世无法提出反对意见，便接受了格列高利十二世的提议，并且建议在萨沃纳召开会议。但此时困难开始浮出水面。萨沃纳当时位于法兰西的领地，处在本笃十三世的势力范围下，从罗马到萨沃纳的旅途漫长且耗资巨大，对格列高利十二世这样的耄耋老人来说明显危险重重。而那不勒斯国王杜拉佐的拉迪斯劳出于自身的原因希望教会的分裂继续下去，于是他试图攻占罗马，以武力强行阻止教宗离开。尽管拉迪斯劳的行动最后失败了，却也使得格列高利十二世相信，一旦他不在罗马，这座神圣之城就不再安全。最终一连串的公务加重了老教宗的压力，而在他渐渐衰弱，变得老迈不堪的时候，格列高利十二世也愈来愈难以抵挡来自自己家族中的压力。特别是老教宗的两个侄子正在教宗金库中掘地三尺搜刮财富来满足自己穷奢极欲的喜好，因此他们决心要尽可能阻止叔父采取任何可能加速他退位的行动。

由于以上种种原因，萨沃纳会议最终没能召开。公元 1407 年 8 月，格列高利十二世终于动身前往北方，但直到会议预定召开的 11 月 1 日，他还未走出锡耶纳。次年 4 月，当老教宗抵达路加时，他早先的担忧变为了事实，拉迪斯劳在这时进军攻打罗马。此时的罗马群龙无首，穷困潦倒，被剥夺了最后所剩无几的士气，于是它几乎没做抵抗便选择投降。这是有史以来最坏的状况，两位互相对立的教宗都被迫流亡在外，彼此指责对方言而无信，而随着僵局的持续，双方和解的机会也迅速地消失了。[1]事到如今，显然来自分裂的教会任何一边的领导人都已经不值得期待，于

1 作为同时代生活的人，列奥纳多·布鲁尼写道："假如他们中一方前进，一方就退却，一方表现得像陆上可怕的野兽，另一方就是海中令人不安的生灵。因此，这些上了年纪的神父们尽管已经是风烛残年，权势甚微，却依然对基督教世界的和平和救赎产生了威胁。"

是公元 1409 年 3 月 25 日，共有五百余人参加了在比萨召开的宗教会议。到了 6 月 5 日，会议宣布与格列高利十二世和本笃十三世断绝关系，将他们视为抗命不遵的异端分裂者。全世界的基督徒都不必再服从这两位教宗，并且要庆祝共同的宗教节日。随即这个会议将米兰枢机主教选为新教宗，早年曾是克里特岛一名乞讨孤儿的彼得·菲拉格斯，即位后被称为教宗亚历山大五世。

也许有人会认为，这正是两位对立教宗光荣退休走到幕后的时候。但他们谁也没有这么做。这一点比萨的宗教会议要负起最大的责任，它不是由两位教宗中的任何一人主持召开，也没有在开会前邀请他们出席，并且当教宗们拒绝赴会时立刻就宣判他们抗命不遵，以上种种都暗示着这个宗教会议已经凌驾于教宗权威之上，这样的行为准则既不受到期待，也不可能获得赞许。哪怕这个宗教会议能多使用一点外交手段，能对两位行事方式不同但都诚实正直、不愿在如此残局中恋栈不去的老人家多一点圆滑的态度和理解，或许欧洲天主教会的分裂就能顺势弥合。然而在现实情况下，两个教宗只能宣布这个宗教会议不合宗教法规的既定程序，并选择反抗和斗争。

格列高利十二世首先采取行动，也因此受到比任何人都强烈的谴责。老教宗将整个教宗国的领地以两万五千弗罗林的价格出售给拉迪斯劳，表面上看这可谓是对教宗身负的神圣职责最严重的背叛，然而如果从历史学的角度来看，格列高利十二世的行为就变得更容易理解，看上去也不那么惊世骇俗了。这笔交易涉及的土地实际上大部分已经处在拉迪斯劳的掌握之中，格列高利十二世如今身处窘境，既无手段也无金钱来收复失地，通过这种可以算是承认了既成事实的行为，老教宗不但得到了可以供他继续斗争的重要资金，还获得了与金钱同样重要的一位意大利盟友。格列高利十二世对拉迪斯劳可谓是非常了解，那不勒斯国王正全面向外扩张，看上去他并不会长久地占有教宗交出的土地，说实话，这很大程度上是因为佛罗伦萨和锡耶纳的行动，它们在年底之前就败给了那不勒斯的军队。

这时在里亚尔托，人们欢庆格列高利十二世当选教宗的欢乐很快就转变成尴尬。直到比萨宗教会议之前，威尼斯共和国自然全力支持老教宗，但如今它发现自己陷入了一个困境。公元 1409 年 8 月，英格兰、法兰西和勃艮第的使者们齐聚威尼斯，来寻求威尼斯人对教宗亚历山大五世的承认。几乎同时，执政官收到了格列高利十二世的请求，老教宗需要前往弗留利的齐维达莱尔的安全通行证，他打算借道威尼斯，在那里落脚。这个问题在元老院内一连讨论了很多天，持相反意见的双方都大动肝火。格列高利十二世的朋友和支持者反复强调，老教宗作为威尼斯的儿子，对共和国有着一如既往的忠诚；然而另一方以同样激烈的态度申明，出生于克里特岛的教宗亚历山大五世也属于威尼斯市民。最后斯泰诺执政官起身发言，他宣布，为了基督教世界的统一与和平，比萨宗教会议和它合法选举出的教宗应当得到普遍的承认和支持。最后，在六十九票对四十八票的局面下，执政官获得了优势。格列高利十二世在前往齐维达莱尔的途中先后在基奥贾和托尔切洛受到热烈的欢迎，但他出生的那座城市的大门却对这位老人紧紧关闭，而且再也没有打开。

这对威尼斯来说是一个重大的决定：教宗个人必须遵从宗教会议。这个决定的建立正如先例，是符合威尼斯自身的集体主义哲学的，并且在共和国之后与教廷打交道时被遵循下去。对格列高利十二世来说，尽管从他或许曾寄予厚望的威尼斯拒绝提供支持的反应中受到很深伤害，但这并不意味着失败。老教宗依然拥有自己的信念，而随着他的年岁逐渐增长，它们就变得愈来愈顽固。同时，格列高利十二世仍可以夸耀自己身边还有几位实力强大的支持者，其中包括公元 1400 年当选为德意志国王的普法尔茨的鲁珀特[1]，以及里米尼领主卡洛·马拉泰斯塔。而本笃十三世这一方的势力也在逆境中蓬勃发展。于是不久后局势已经明了无比，比萨宗教会议唯一真正达成的结果，只是将承担基督教世界责任的两位教宗变成了三个。然而枢机主教们依然执迷不悟，毫无悔意，当三位教宗中唯一经不住压力的亚历山大五世在公元1410年猝然去世时，主教们已经没有时间去选举接替者了。

于是某个叫巴尔达萨雷·科萨的人成为教宗群体中新的一员，号称约翰二十三世[2]，在当时，他被普遍认为是毒杀了前任教宗的凶手，然而事实是否如此至今还是个谜。不过，这位约翰二十三世早年毫无疑问曾当过海盗，更重要的是他如今仍然是。约翰二十三世能力过人、精力旺盛且全然不择手段。他能够无视社会阶层的限制飞快发迹，是因为此人是一位策划阴谋和敲诈勒索的天才，自约翰继位后，他很快令教廷从道德和精神上都堕落到自十世纪“淫妇政治”时代之后从未听闻过的恶劣境地。当时的编年史家尼恩的狄奥多里克震惊地记录下那时流行在博洛尼亚的传言，科萨曾在博洛尼亚担任教廷下派的总督，在他当选为教宗的第一年，就纵情声色，染指了不下两百名已婚妇人、寡妇与处女，更不必说被他侵犯过的数量惊人的修女。在接下来的三年中，很遗憾没有

1　自从腓特烈二世于公元1250年去世，神圣罗马帝国就令人伤感地走上了衰落。如今的帝国只是一个由许多君主国和城市组成的松散联盟。这些国家和城市接受它们其中一位统治者名义上的领导，这位统治者则拥有“罗马人民的国王”头衔和通常由教宗经过加冕典礼授予的皇帝头衔。但从公元1250年到马克西米利安去世的公元1519年，这期间的十八个王者中只有五个在罗马接受了加冕，他们中的最后一位是在公元1452年加冕的腓特烈三世。马克西米利安从未接受过加冕，但他在公元1508年自封为皇帝。查理五世则是在博洛尼亚而非罗马加冕的，这亦是神圣罗马帝国历史上的最后一次加冕。

2　这位约翰二十三世当选时的情况和随后被废黜的结局，使得他不在合乎教会法令的正统教宗名单之中。正因为如此，安杰洛·龙卡利在公元1958年当选教宗时，可以完全合法地（尽管略出人意料）使用约翰二十三世这个名字。

更多关于约翰二十三世此类记录的记载，不过这个数目的平均水平应当仍然居高不下。于是公元 1415 年 5 月 29 日，另一场在康斯坦茨召开的宗教会议废黜了约翰二十三世，这次会议吸取了比萨宗教会议的前车之鉴，逼迫约翰二十三世批准了对自己的惩处决定。正如吉本所总结的：“那些最为可耻的指控被禁止披露，这位上帝的代理人只被指控犯有海盗罪行、谋杀、强奸、鸡奸和乱伦。在签署了对自己的惩处命令之后，这位前教宗被关进监狱，他将在那里为盲目信任那些来自阿尔卑斯山那一边的自由城市的属下这件事赎罪。”

在这之后的 7 月初，格列高利十二世终于被说服，选择有尊严地退位，并且得到他将身处教廷的第二等级，获得仅次于新任教宗地位的承诺。鉴于格列高利十二世已经年近九十的事实，这项他或许不能够享受太久的优待被很容易地授予这位老人，事实亦是如此，两年之后格列高利十二世就去世了。接着对立教宗本笃十三世也被废黜。1417 年，教会选出合法的新教宗马丁五世，欧洲天主教会的分裂终于走到了尽头。

首位威尼斯教宗的执政期不快、悲惨且有时饱受屈辱。假如格列高利十二世更年轻，力量更强，或许就不会被贪婪而毫无廉耻的家族妨碍，被他们出于私利操纵于股掌之中，他弥合教会分裂的目标或许也就可以实现。而事实上，这位老教宗以完全的失败结束了人生。不过直到去世，格列高利十二世都保持着自己的尊严，他最显著的可耻举动也被证明只是战术策略。随着他退位的条件被公之于众，人们发现即便到了被废黜和遣散的时候，老人都没有丧失他的名誉。

从所有天主教会分裂导致的剧变与阴谋中，威尼斯尽可能地保持住了它超脱中立的立场，只有在被迫接受某个决定的时候，它才会选择某一方，支持最有可能结束纷争的阵营。因此威尼斯对康斯坦茨宗教会议的决定表现出充分的支持，并且派出四位高级别大使前去祝贺教宗马丁五世就任。毕竟，对贸易立国的威尼斯来说，无论教宗是不是威尼斯人，他的身份都不是它最关心的。而且在教会危机最甚的那几年内，一个更迫切的要求吸引了威尼斯的注意力，作为西欧帝位选举之战的直接结果，威尼斯要重新收回达尔马提亚沿海。

威尼斯被迫割让达尔马提亚众城给匈牙利，至今已经过去了近半个世纪，不过失去土地的共和国依然对此耿耿于怀。因此公元 1403 年，当那不勒斯的拉迪斯劳自称匈牙利国王之后，他很快就以十万弗罗林的价格向威尼斯兜售达尔马提亚，威尼斯欣然接受。公元 1409 年 6 月 9 日，仅在比萨宗教会议宣布废黜格列高利十二世后四天，达尔马提亚完成了从匈牙利移交到威尼斯的手续。然而此时还有两个问题：首先，尽管达尔马提亚地区的一些城镇已经有匈牙利军队长期驻扎，它们中的一部分在感情上仍倾向于相距更远的匈牙利君主，而非频繁对当地加以干涉的威尼斯；其次，在拉迪斯劳自封匈牙利国王之后，匈牙利的王座又很快回到了它的合法主人西吉斯蒙德国王的手中，他视达尔马提亚为国土不可分割的一部分和匈牙利唯一的出海口。因此，在煽动卡拉拉家族与德拉·斯卡拉家族最后几位可悲的后裔在帕多瓦和维罗纳叛乱失败后，西吉斯蒙德在次年派遣两万人的军队，在当时最杰出的年轻雇佣兵首领佛罗伦萨人菲利波·德里·斯科拉里的指挥下进驻弗留利，斯科拉里还有个更广为人知的名字，“皮波·斯帕诺”。

与此同时，威尼斯正在尽最大努力避免开战。它向西吉斯蒙德派遣了两名最富经验的大使，乔瓦尼·巴尔巴里戈和托马索·莫切尼戈，这两人在西吉斯蒙德面前力争达尔马提亚应当继续处在威尼斯控制之下，因为威尼斯有能力独自保护亚得里亚海沿岸免受海盗骚扰。他们的说法不无道理。当用这个理由交涉失败后，大使们又建议，威尼斯在拥有达尔马提亚的同时，可以将它看作一个匈牙利采邑来进行管理，每年象征性支付一匹白马和一匹金线织的布作为年贡。他们甚至代表共和国向刚被选为神圣罗马皇帝的西吉斯蒙德提议，威尼斯可以为他的加冕提供一支前往罗马的桨帆船船队，不过西吉斯蒙德置若罔闻。两位大使难过地返回潟湖，与此同时，皮波·斯帕诺挥师出击。费尔特雷和贝卢诺很快投降，年轻的布鲁诺罗·德拉·斯卡拉以帝国代理的共治头衔被扶上位，统治这两座城市。

威尼斯匆匆组织起自己的军队，其中大部分士兵都是从其大陆领地上被征召入伍的，并一如既往地由卡洛·马拉泰斯塔和潘多尔福·马拉泰斯塔兄弟先后担任指挥。公元 1411 年，威尼斯军队成功阻止了匈牙利人进军的步伐。然而次年皮波率领更大规模的援兵卷土重来，到了 6 月，他甚至带着一小支匈牙利军队成功登上了利多岛，并在撤退之前摧毁了圣尼科洛教堂周边的地区。但就在两个月之后，皮波在弗留利的莫塔遭遇了潘多尔福·马拉泰斯塔和尼科洛·巴尔巴里戈的联军。这支联军搭乘三艘桨帆船和不少于七十艘较小规模的船只逆利文扎河而上与皮波交战，在它的两位指挥将领手下，皮波遭遇了耻辱的惨败。

这几场遭遇战看上去使得双方都陷入了僵局。皮波或许已经成功占领了大部分威尼斯的陆上领土，但他很清楚自己完全不必对围攻威尼斯城抱有期望。而威尼斯这一方则再一次通过更多实证确认了早先就明白的事：对它来说，伦巴第平原太过广大，以至于很难控制。威尼斯的敌人们可以轻易从那里撤离，但无法被彻底驱逐出去。随着时间流逝，双方付出的代价都在不断上升，直到已经将百分之十的全体市民财产税用来抵消大陆领地收入损失的威尼斯共和国向西吉斯蒙德重新派遣了一位大使，请求达成一份合约为止。这次，未加冕的皇帝欣然同意听取威尼斯人的提议。由于西吉斯蒙德依然坚持他在达尔马提亚地区的权利，威尼斯与其之间尚且还不能达成长久的和平。公元 1413 年，双方达成了一份为期五年的停战协议。停战协议的达成很大程度上源于威尼斯一方的主要谈判人员托马索·莫切尼戈，在这之后直到第二年的 1 月，他都和帝国的皇帝与朝臣们留在洛迪，而就在这时，一则消息使得莫切尼戈立即选择返回威尼斯：他获选为第六十二任威尼斯执政官。

21

有先见之明的执政官

（公元 1413—1423 年）

人之将死，其言必真。

——马修·阿诺德

米凯莱·斯泰诺死于公元 1413 年圣诞节次日，[1] 身后留下一个从面积上看更强更伟大的国家，如果不论因为与匈牙利战争而导致的贫困，这个国家的内在要比斯泰诺接掌它的时候更加繁荣。然而就在三年前，他有意引发了一场对执政官在国内的地位有着深远影响的宪政危机。这场危机的细节涉及斯泰诺对一份使大议会的某个决定无效化的提案的支持，我们没有必要在这上面浪费太多时间，不过这直接导致执政官受到停职和被弹劾的威胁。斯泰诺本人的个性骄傲且固执，他拒绝让步，并大力挑衅他的反对者们，令他们做出最糟的事。如果当时后者没有失去气势不知所措，那么斯泰诺的人生很可能会结束在流放途中，甚至会像马林·法列尔那样丧命于断头台上。对他和威尼斯来说都很幸运的是，理智占据了上风，那

1　他被安葬在圣玛丽娜教堂，而不是罗斯金坚称的圣塞尔维教堂，帕多瓦的城钥匙悬挂在他的陵墓前方。公元 1820 年教堂被拆除时，斯泰诺的雕像被移到圣乔瓦尼保罗教堂内，放置在另一具石棺上。

些打算控告他的人得到了体面的安抚，于是整件事就此作罢。在斯泰诺的执政期结束前，政府通过了一部对执政官权力进行更严格限制的法令，其中包括允许三位身为国家法律官员的大法官（Avogadori di Comun）中的任意两人在确信执政官的言语或行为令宪法陷入危机时对他进行审讯的措施。同时在下一任执政官的承诺书，这份充满了诸多特别责任和禁忌、每位执政官在就任时必须签署的可畏清单上，一些存留至今、具有现实意义的政治权利被移除，比如执政官任意召开全民大会的权利。未来类似的全威尼斯市民集会只能经由元老院和大议会批准，提前同意其召开目的后才能够举行。

作为一位热爱祖国并且将毕生精力服务于国家的七十岁老人，新任执政官并不会对执政官权力的削弱感到不快。我们第一次听说托马索·莫切尼戈是在公元 1379 年，那时他被交付了一份无法推卸的任务——将威尼斯在波拉的舰队被热那亚人摧毁的消息带回威尼斯。随后他成为威尼斯在黑海的舰队司令，公元 1396 年，他在黑海成功救起西吉斯蒙德国王率领的基督徒残军，他们主要来自法兰西和匈牙利，因为尼科波利斯之战惨败于奥斯曼土耳其苏丹巴耶济德一世手下而狼狈撤退。自此之后，莫切尼戈的活动主要被局限在外交领域，而就在他将成为执政官时，莫切尼戈发现自己正面临土耳其人不断增长的势力，对此威尼斯再不能只做个看客。于是有史以来第一次，威尼斯选择主动介入外部局势。

值得注意的是，在很多方面，冲突并没有在更早之前到来。在过去的半个世纪中，奥斯曼土耳其军队横行于大半个巴尔干半岛，到了公元 1410 年，拜占庭史学家米海尔·杜卡斯推测，比起安纳托利亚，欧洲将会有更多的土耳其军队长期驻扎，这或许是有道理的。大多数，至少是位于欧洲大陆中部和东部的基督教国家，已经感受到了土耳其人的冷酷无情。然而威尼斯仍更倾向于贸易而非征战，因此迄今为止，它一直设法同土耳其人保持着友好的关系，在最近的公元1413年，当威尼斯特使弗朗切斯科·福斯卡里和新苏丹穆罕默德一世谈判时，这种友谊通过一份协议再次得到了确认。

与大多数十四和十五世纪的奥斯曼土耳其统治者相比，穆罕默德一世是位爱好和平的君主。他和身处君士坦丁堡的拜占庭帝国皇帝曼努埃尔·帕里奥格洛斯保持着亲切友好的关系，与威尼斯也没有发生任何冲突。然而在公元1416年春天，一支奥斯曼土耳其舰队出航讨伐长期以来划地自治、在爱琴海侵扰土耳其航运的基督徒纳克索斯公爵，但在途中却突然转而追逐一些正在返回特拉布宗的威尼斯商人，将他们一直驱赶到尼格罗蓬特（如今的优卑亚岛），然后袭击了城镇。幸运的是附近正巧有一队威尼斯战舰，一开始舰队的指挥官彼得罗·罗·洛雷登试图与对方在土耳其人位于加利波利的营地谈判，但很快事态的发展就超出了预期。没过多久，两支舰队在谈判开始的同时爆发了战斗。洛雷登在随后发送给执政官及其顾问的急件中将战况描述得淋漓尽致。这封信件落款地点在泰内多斯岛，时间是公元1416年6月2日。

> 作为指挥官，我向第一艘桨帆船发动猛攻，那艘船在作战像龙那样勇猛的土耳其人精准高超的操作下进行了顽强的抵抗。在上帝保佑下我攻克了它，将船上大多数土耳其人砍成碎片。不过夺下这艘船后，我为了保全它付出了很大代价，因为其他土耳其船迅速逼近左舷船尾，船上的人朝这边万箭齐发。我实实在在地感受到了这波攻势，一支箭击中了我的左脸，就在眼睛下方穿透了我的面颊与鼻子，而另一支箭贯穿了我的左手。这些仅仅是较为严重的伤势，我的身上和右手也负了伤，不过程度相对较轻。面对强敌我没有后退，或者说只要我一息尚存，不但绝不撤退，还要更勇敢地作战。最终我打退了袭击

者，成功夺取对方的第一艘桨帆船，并让我的旗帜在船上升起……接着我猛地转向，撞上一艘大帆船，将上面的许多船员砍成碎片，然后派遣我的一些士兵上船，升起旗帜……因为土耳其人的舰船由他们中的海员精英操纵，舰队英勇地坚持抵抗，不过我们受到上帝的恩典和我们的福音圣人圣马可保佑，最终还是将他们打得四处逃散，很多土耳其人可耻地跳进了海中……这场战斗从清晨持续到两点钟之后，我们俘虏了六艘土耳其人的桨帆船和他们的船员，还有九艘大帆船。船上所有的土耳其人都被杀死，其中包括舰队司令以及他所有的侄子们，还有很多优秀的军官……

战斗结束后，我们航行到加利波利的城墙下，用炮弹轰击它，让城里的人出来作战，不过没有得到响应。于是我们离开了，让那些土耳其人有时间恢复精神，包扎伤口……登上被俘虏的船，我们发现了热那亚人、加泰罗尼亚人、西西里人、普罗旺斯人和克里特人，我下令将那些没有死在战斗中的人全部砍成碎片或吊死……所有领航员和经验丰富的海员也是如此……这样土耳其人目前就没有类似的人才可供使用。他们中有一个名叫乔治奥·卡莱基的人，他是个背叛诸位的逆贼，于是尽管此人已经遍体鳞伤，我还是下令将他在我自己的桨帆船尾部大卸八块，以此来警示所有为异教徒效劳的没骨气的基督徒。如今我们可以说，土耳其人在这一地区的势力已经被完全摧毁，而且这情况会持续很长的一段时间。我这儿还有一千一百名俘虏……

这只是一场孤立的胜利，也没有迹象证明战斗之后洛雷登以如此冷漠的口吻描述的屠杀在威尼斯国内或其他地方引起过任何负面评论。威尼斯与奥斯曼土耳其的和平协议与友谊一如既往，并在次年再次得到确认。当时穆罕默德一世派往威尼斯的使者受到了隆重的礼遇，共和国热情款待了他和他的全体随从，并负担了使团所有的花销。当土耳其人离开时，他们带着荣誉和丰厚的礼物满载而归。

暂且不论洛雷登信中的豪言壮语，威尼斯人十分清楚他们仅仅是赢得了一点喘息之机，奥斯曼土耳其帝国所致力推行的扩张政策瞄准的不仅仅是君士坦丁堡，还有整个地中海东部与中部，甚至更广大的地区。但同时他们也满足于避开了直接的危险，再一次令里海变成可供贸易的安全区域。其他欧洲人则秉承着一个令他们高枕无忧的信念：威尼斯人总能设法保住自己的地盘，因此土耳其人不足为惧。

而另一方面，威尼斯也必须保住自己的那份地盘。在罗马人民的国王[1]，匈牙利的西吉斯蒙德看来，威尼斯的地盘并不包括达尔马提亚。公元1418年，通过托马索·莫切尼戈交涉达成的五年停战期接近尾声，双方仍然未能就这个问题达成一致。西吉斯蒙德仍然拒绝考虑由威尼斯占有争议领土但将其看作匈牙利采邑的建议，而威尼斯这边也继续坚持它对达尔马提亚沿海在历史上的所有权，表示如果没有这个区域，它就无法维持亚得里亚海海域的安全。于是双方继续战争的结局看上去已经不可避免。尽管威尼斯共和国尽力备战，为此与米兰的菲利波·玛利亚·维斯康蒂及继承了兄弟拉迪斯劳那不勒斯王位的乔安娜二世分别达成了互相协助的协议，然而公元1418年夏，当西吉斯蒙德派遣军队侵入弗留利的消息传来时，在里亚尔托仍然能看到许多忧心忡忡的面孔。

弗留利位于威尼斯东北边境，是个困扰了共和国几个世纪的大问题。历任阿奎莱亚宗主教给威尼斯带来的麻烦，其历史差不多和威尼斯的历史一样长。公元1077年，当皇帝亨利四世将整个地区划为宗主教区的

1　见第16章。

世俗领地之后，这个地方潜在的问题就变得更加尖锐。从那时起，弗留利事实上成了一个独立公国，变得更像是一块属于德意志而非意大利的土地，而在常年不断的麻烦制造者，历代戈里齐亚伯爵的支持和煽动下，宗主教们试图利用他们的财势来使威尼斯共和国蒙受损失，而且或多或少达到了目的。而且弗留利与它的东边邻居匈牙利王国保持着惯常的良好关系，尤其一直以来都支持匈牙利对达尔马提亚地区拥有所有权。因此出生于德意志的现任阿奎莱亚宗主教热情欢迎侵略军并为他们打头阵就不足为奇了。

幸运的是，威尼斯也有一位出生于当地的指挥官。特里斯塔诺·萨沃尔尼安是弗留利一个最古老也最显赫家族的后裔，他的父亲被匈牙利籍宗主教的党羽谋杀，他自己又被逐出领地乌迪内城。因此萨沃尔尼安不但同样是主场作战，他的势力膨胀亦有限度，故而威尼斯可以放心给予他高度的自主权。不久后萨沃尔尼安就发动了偷袭，宗主教不得不奋战求生，萨奇莱、费尔特雷和贝卢诺这三座威尼斯在公元 1411 年丢失的城市很快陆续被收复。公元 1420 年，威尼斯军队围困乌迪内，宗主教藏身于城墙后，被迫不顾一切地向西吉斯蒙德乞求支持。

但这时西吉斯蒙德另有当务之急。前一年他从兄弟那儿继承了波希米亚的王位，但因为在康斯坦茨宗教会议上烧死了宗教改革者扬·胡斯，被卷入因此爆发的宗教战争之中。同时，土耳其人正不断对他的东部国境施加压力，所以西吉斯蒙德对宗主教爱莫能助。于是乌迪内的大门向着官复原职的萨沃尔尼安重新打开了，宗主教则逃往戈里齐亚。见到继续抵抗也是徒劳，其他城镇亦纷纷投降。接着，根据之后签订的和约条款，除阿奎莱亚之外，全弗留利地区以及圣维托和圣达尼埃莱都被割让给威尼斯，戈里齐亚伯爵同样承认威尼斯共和国为主君。这样一来，威尼斯在意大利陆上的领地一举增加了一倍，而且也首次将阿尔卑斯山这一天然屏障明确界定为自己的东北边境线。

此时彼得罗·洛雷登已是负责亚得里亚海安全的海湾司令。他在公元1420年5月离开潟湖，去巩固威尼斯对达尔马提亚沿海城市和岛屿的控制。此时西吉斯蒙德仍然深陷胡斯战争的泥沼，无法派遣增援部队前往达尔马提亚，只有在当地唯一拥有大量匈牙利驻军的城市特劳（今天的特罗吉尔）英勇抵抗了一到两周，剩下的城市均望风而降，臣服于威尼斯，而洛雷登一路耀武扬威，直至抵达科林斯才调头回国，向共和国政府报告整个达尔马提亚地区再一次毫无争议地重归威尼斯控制。

毫无疑问，在十五世纪最初的一段时间，命运女神是向威尼斯微笑的，然而享受这份幸运的却并不仅仅是威尼斯。威尼斯在西边的邻居，米兰的菲利波·玛利亚·维斯康蒂，这时同样开始飞黄腾达。

菲利波是吉安·加莱亚佐·维斯康蒂的次子。他的兄长乔瓦尼·玛利亚·维斯康蒂是一个虐待狂，此人最喜爱的消遣方式就是让豢养的一群恶犬追猎无辜臣民，随后他在公元1412年被人刺杀。在此之前，尽管并不迷人，菲利波却是个有意思的人物。他个子矮小，皮肤黝黑，而且十分肥胖，出于强烈的自卑感，菲利波相当畏惧在公共场合露面，由于上述原因造成的生理性怯弱，他甚至为自己特别建造了一间可以躲避雷暴的隔音室。此外在掌权后，菲利波毫不意外地养成了一种对刺杀的病态恐惧，他每晚都在警卫守护下到不同的卧室睡觉，有时甚至一夜要踏足两到三个卧室，而这些警卫也受到不间断的监视。菲利波·玛利亚·维斯康蒂或许同样残忍，当他的第一位妻子，滕达的贝亚特丽斯，与她的男侍者通奸遭到拷打随后又被处决时，他没有发表任何异议。不过通常来说，菲利波对外表现得温和、亲切又虔诚，而且深爱情妇阿格尼丝·德尔·马伊内，直到去世，菲利波都对她忠贞不贰。

我们几乎没必要提菲利波从未上阵作战这件事。他将战争留给了专业人士，而且多数情况下都获得了成功，而菲利波自己则留在宫殿内，闭门潜心研究他最为擅长的两个领域：外交与阴谋。菲利波一步一步，耐心地将吉安·加莱亚佐死后被其手下贪婪的将领们攫取的土地收回手中，随着公元 1421 年 11 月他的军队再度征服热那亚，这个收复失地的过程终于画上句号。不过菲利波·玛利亚·维斯康蒂不是个从此躺在功劳簿上高枕无忧的人。他很清楚在意大利，尤其是北意大利，差不多每一座城市都有悠久的独立传统，这个区域也没有可以用来作为边界的天然屏障，因此在此地建立的城邦帝国不能保持稳定，不是四处扩张，就是被迫收缩。如今菲利波在米兰的一份基业已经重新整合完毕，他开始放眼四望，寻找可供攫取的新领土。

在众多城市中，佛罗伦萨首先意识到维斯康蒂家族势力死灰复燃带来的威胁。显然佛罗伦萨人对此做出的判断也非常合情理，如果需要阻止菲利波·玛利亚，就必须迅速组织起一个反对他的联盟。而同样显而易见的是，这个联盟必须包括威尼斯。不过公元 1422 年 5 月，当佛罗伦萨人派遣使者，将组建联盟的提议传达给威尼斯执政官时，莫切尼戈却没有立即接受。他指出威尼斯共和国已在三个月前同米兰签署了一份双边安全公约，以此确保今后与匈牙利再生事端时能得到军事支持。威尼斯倾向于同米兰这样咄咄逼人的盟友签订防卫协议，因为它的繁荣建立在商业而非战争之上，威尼斯人与米兰人也没有龃龉。不过尽管如此，莫切尼戈表示他会将这一问题提交元老院商议，佛罗伦萨的贵客们也会在适当时候得到反馈。

虽然开局不利，佛罗伦萨人却并不因受拒而惊讶。但他们也绝不就此放弃，公元 1423 年 3 月，佛罗伦萨人带着新提议再次来到威尼斯：佛罗伦萨共和国愿意出面与匈牙利国王斡旋，希望以此能让国王与威尼斯达成一致意见。这样一来，威尼斯人后顾无忧，就可以安然撤销与维斯康蒂签署的协议，自由加入对两个共和国都有利的同盟。然而执政官再次做出了消极的回应，他回复佛罗伦萨人：威尼斯非常感谢佛罗伦萨周到的建议，但先前已有过类似失败的调停工作，西吉斯蒙德国王对所有理智的论证置若罔闻。因此威尼斯别无选择，只能继续目前与米兰保持友谊的既定政策。

佛罗伦萨大使第二次失望而归，不过这次却给了他们对未来的新希望。元老院的意见泾渭分明地分为两派，莫切尼戈执政官顶着强烈的反对声，勉强让别人接受了他的观点。反对他的意见来自另一个精力旺盛且直言不讳的派系，其领袖是相较执政官更年轻的圣马可大教堂总务官弗朗切斯科·福斯卡里，他热情地支持佛罗伦萨的盟友。而且这儿另有一项让他们倍感鼓舞的事实：执政官已经八十岁，显然是风烛残年，时日无多了。

托马索·莫切尼戈在辩论接近尾声时对元老院做的长篇演讲反复出现在几乎所有的早期历史中，然而这篇演讲充斥着与时代不合的错误，只可能是伪作。不过在那之后过了一两天，执政官在弥留之际对顾问团的成员另做了一场演讲。可以想见这次演讲的时间要短得多。就我们的判断，它是真实可信的，因此值得在此引述一些细节，这不仅是因为老执政官在这次演讲中提及了所有关于对外政策和继任者的重要话题，他还对之前九年在其统治下共和国的经济与商业情况进行了总结。

> 在这段时间内我们已经减少了由对帕多瓦、维罗纳和维琴察战争而引起的国家外债，债务的规模从一千万杜卡特减少到六百万……如今我们的国外贸易已经达到又一个千万，其中所得的利润不会少于两百万杜卡特。现在威尼斯拥有三千艘较小型的运输船，可以容纳

一万七千名海员，还有三百艘更大型的船只，可以搭乘八千人。此外，我们在海上还有四十五艘桨帆船，船员总计一万一千人，还雇用了三千名造船木工和三千名捻缝工。威尼斯市民中有多达三千人的丝工和一万六千名粗布织工，我们的房产地租收入总计已达七百零五万杜卡特……

假如你们继续这个明智的方针，那么国家的繁荣将会更上一层楼，基督教世界的所有黄金也将归你们所有。但是请你们远离火灾，克制住自己不要掠夺属于他人的东西，以及避免挑起不义之战，上帝不会支持犯下这些错误的统治者。与土耳其的战争将使你们的勇气和航海技术声名远扬，你们拥有六位海军司令，以及足够装备到一百艘桨帆船上的能干的指挥官与训练有素的水手；你们有大批使节和行政人员，以及专精各类学科的博士，尤其是那些能够提供法律咨询与司法审判援助的法律专业人才，外国人求贤若渴，趋之若鹜。至于矿井，每年的出产相当于一百万的金杜卡特和二十万的银杜卡特……

因此，为了避免城市衰落，必须谨慎小心。选择我的继任者时当慎之又慎，你们的决定可以导致很好的结果，亦可能会招致极大的灾难。梅瑟·马里诺·卡拉韦洛是个不错的人，此外 **M. M.** 弗朗切斯科·本博、贾科莫·特雷维桑、安东尼奥·孔塔里尼、福斯坦·米希尔和阿尔班·巴多尔也很好。然而很多人都倾向于选择梅瑟·弗朗切斯科·福斯卡里，他们并不知道他是个狂妄自大的吹牛者，为人无趣又轻浮，他插手所有事，但是取得的成就却很少。假如他成为执政官，你们会发现自己将频繁处于战事之中，福斯卡里本人拥有的一万杜卡特财富将削弱为一千杜卡特，他拥有的两座宅邸将片瓦不存。而你们，你们将把自己的金银白白虚掷，你们的荣誉和名望也将被无谓地消耗殆尽。如今以你们为主君的地方，日后你们会在那儿变成昔日手下官兵的奴隶。

以任何一种标准来衡量，这个奄奄一息的人都做出了一番了不起的演说：首先，只有一个真正的威尼斯人能够做出这一番议论。其次，莫切尼戈去世后不到十年，事实证明了一切。莫切尼戈仿佛并不仅仅基于他的智慧和经验说出这番话，还因为他有着预言家一般的先见之明。

22

卡尔马尼奥拉

（公元 1423—1432 年）

> 雇佣军和外国同盟的援军都是无用且危险的，假如任何君主将他的国家建基在雇佣兵的武力上，那么他将永远不能令国家稳固或安全……这一点不需过多强调，因为如今意大利的没落就是它多年以来将信任错付给雇佣军造成的恶果——他们令它陷入被奴役的境地，饱尝屈辱。
>
> ——马基雅维利，《君主论》，第十二章

莫切尼戈在圣乔瓦尼保罗教堂下葬后不到两周，[1] 老人曾经通过令人印象深刻的演说提出警告并极力反对的弗朗切斯科·福斯卡里就成为执政官，即便是托马索·莫切尼戈的臣民对老执政官不容置疑的尊重和敬仰也没能阻止这件事发生。有人猜测造成这一结果的原因或许是这样的：投票开始之前，最有可能当选新执政官的是彼得罗·洛雷登，七年前加利波利

1　他的陵墓是一个奇妙的混合体，既有威尼斯和佛罗伦萨的特色，又有哥特式和文艺复兴的风格。十九世纪的批评家赛尔瓦蒂科将其描述为“丰富，但不甚美观”（ricco, ma non bel’），而罗斯金则认为它“是展现一位国王之死的高贵意象”，这么说虽然不太准确，但无疑更公平。

大海战的英雄。于是四十一位选举者当中，弗朗切斯科·福斯卡里的支持者们决定狡猾地在前期投票中将选票投给没人希望他当选的候选人，以此迫使剩下的选举者将选票投给福斯卡里，然后他们再突然转变立场，出其不意地站到早前投票对象的对立面，最终使福斯卡里以高票获选。这推测不无道理，因为很难有更令人满意的解释来说明福斯卡里最终在第九次和第十次投票中得票数从十七票猛增二十六票的事实。假如这样的指控是真实的，那么它只能说明任何选举体制，哪怕是威尼斯人为选举统治者而设计得复杂到教人头昏脑涨的体制，都无法完全避免卑鄙的诡计。[1]然而尽管其运作手段有一定争议，人们仍然认为整个执政官选举制度运转良好。公元 1423 年 4 月 16 日早晨，新执政官和他的妻子从他们的私宅被迎接到执政官宫，前来迎接的欢庆游行队伍如此豪华，即便在热爱此道的威尼斯，对奢侈的标准都因此全然一新。

不过福斯卡里的就职仪式是因为其他原因才受人瞩目的，这个原因比展示华丽的衣饰远远重要得多。事实上这是威尼斯历史上首次不经过大众正式认可这道手续的就职仪式，哪怕是相对平淡无奇的例行介绍“如果你们愿意，这就是你们的执政官”，在这个厚颜无耻的寡头政治体系内都不再有一席之地。就职典礼上华丽辉煌的游行队伍或许是刻意的行为，作为统治者惯用的“面包与马戏”手段，将大众的注意力引开，让他们忽视自己原有公民权利的最后残余已经被无声无息地抹除，如果这是真的话，那么这个计划无疑是成功了。福斯卡里坐在他的肩舆上绕广场而行，按照规定允许的方式和数量将赠予众人的钱财慷慨地向欢庆人群抛撒，在此没有任何对他的当选表示抗议的记录。差不多十年前，托马索·莫切尼戈的承诺书对苟延残喘多时的公民大会制度造成了致命的一击，任何成年市民的

1　这个体制在第 12 章有详细描述。

公众集会都必须通过共和国政府的准许。而如今弗朗切斯科·福斯卡里的就职典礼在实际上宣判了公民大会制度的死亡。

然而，就在全体大众的政治权利被削减到不存在的时候，就像我们所见的那样，执政官个人的权力却有了微小的增长。于是这就产生出一个问题，为何在这种情况下，托马索·莫切尼戈临死前最后的劝诫中会宣称威尼斯未来的繁荣或没落取决于他的继任者的选择？诚然，弗朗切斯科·福斯卡里是一个强势善辩且固执己见的人，强硬的性格加上所处的高贵职位或许会为他带来比宪法所赋予的更大影响力。但这不是全部的答案，更合理的解释是，濒死的老执政官知道即将到来的新选举的结果将是社会上大众普遍情绪的一个表征，而福斯卡里的当选反映出一种新的帝国主义的精神，它偏离了更为和平的商业主义精神，而后者才是真正造就威尼斯共和国伟大的所在。

老执政官的推测是否正确另当别论。或许威尼斯与佛罗伦萨正在筹划当中的遭到莫切尼戈竭力反对的联盟是必要的防御措施，因为威尼斯如果不摧毁某些对象，就会被某些力量摧毁。但反对意见认为，这样一个联盟将导致危险，它促使菲利波·玛利亚·维斯康蒂与西吉斯蒙德组成一个类似的联盟，使威尼斯共和国面临在两条战线上腹背受敌的危险，而在国际局势因此变得更敏感的同时，威尼斯相对的国际地位并没有得到显著的增强。因此，除了新执政官为人所知的同情倾向鼓励佛罗伦萨人再次示好外，元老院的大部分成员仍坚定反对威尼斯牵涉其中。同时米兰军队开始挺进罗马涅，公元 1424 年 2 月他们攻占了伊莫拉，五个月之后又在札哥纳拉重创了一支逾万人的佛罗伦萨军队，并俘虏了对方的将军，里米尼领主卡洛·马拉泰斯塔。此时威尼斯人仍然拒绝改变想法。随着佛罗伦萨连战连败，更多的大使前来威尼斯交涉，收获的也只有更多的拒绝，不过每一次米兰获得新的胜利，都令威尼斯人的孤立主义论据更站不住脚，尤其当佛罗伦萨大使因为自身的挫败感而非政府指示而突然爆发，将言语转化为威胁的时候更是如此：

> 威尼斯的诸位阁下！当我们拒绝援助热那亚时，热那亚人就奉菲利波为主；至于我们，假如我们在需要的时候得不到来自诸位的帮助，那么佛罗伦萨人也将视米兰的统治者为王！

终于，元老院被打动了，尽管此时他们仍然避免直接与米兰公开决裂。维斯康蒂加紧对威尼斯做出一切可能的保证，更别提他靠着拖延战术争取到了多少时间。而当时最负盛名的雇佣兵首领弗朗切斯科·布索内（由于他在皮埃蒙特的出生地，也被叫作卡尔马尼奥拉）要求紧急谒见威尼斯执政官的行为，也并不是一时兴起的突然之举。

布索内，或者卡尔马尼奥拉，是个贫穷自耕农的儿子，有些当权人士不甚恭敬地将他描述成一个猪倌。他差不多将全部的职业生涯用来为维斯康蒂服务，在这段时间内，这位雇佣兵首领的勇气、足智多谋和军事技能使他获得了在意大利，或许甚至在欧洲无与伦比的声望。正是他谋划了一系列的战役，使菲利波·玛利亚·维斯康蒂得以重新收回他父亲吉安·加莱亚佐的公国领地，此后再进一步进行扩张。卡尔马尼奥拉率领米兰军队获得了一个又一个胜利，因此他也赢得了了不起的丰功伟绩，以比较保守的说法来说，他取得了菲利波的信任。菲利波亦给予卡尔马尼奥拉慷慨的奖赏，其中包括一座华丽的广场（卡尔马尼奥拉得到它之后立即扩大了它的范围）、差不多四万金弗罗林的年收入并减免一切赋税，以及一个头衔，卡尔马尼奥拉还在公元 1417 年与菲利波的表姐妹安东尼娅·维斯康蒂结为夫妇。

不过菲利波·玛利亚·维斯康蒂永远不可能完全信任某个人，对人推心置腹不是他的本性。他也没有忘记自己的将军是个彻头彻尾的雇佣兵首领，“雇佣兵首领”这个词从来都不代表着忠诚。这类人甚至不会假装忠诚，他们的武力永远交付给出价最高的买家，只要金主能付钱，他们就会为其所用。雇用雇佣兵的代价很高，雇佣兵们常常会采取延长战争的方式来增加价码，而他们的薪水也随之达到最高值。战场上的胜利对雇佣兵首领的名望和声誉至关重要，但出于他们本身的利益，胜利不能表现得太过压倒性，而应当为之后的战役留有余地。一旦取得优势，雇佣兵们很少会将其坚持到底。而假如双方军队的指挥官都是雇佣兵首领，战争就会更像是一场充满无穷技巧和小花招的游戏，实际伤亡也会尽可能降到最低，双方的雇佣兵甚至会尽量避免造成身体上的不适——这样的情况实际上屡见不鲜。上述这些都得到了马基雅维利这位权威的确认，他用了《君主论》中整整一个章节来专门进行激烈谴责，还指出雇佣兵们从来不夜袭城市，也不会在冬天发动战争。不过在这里马基雅维利忘了补充一点，一个雇佣兵首领的冬天通常开始于 8 月。

菲利波·玛利亚对这些事心知肚明，他同样清楚，一旦没有了可获得报酬的工作，支付给一个雇佣兵首领的薪水就会变成所谓的保护费，其性质几近于为了避免雇佣兵首领效忠他方而交出的勒索赎金。菲利波·玛利亚无疑是出于这样的考虑，同时加上对卡尔马尼奥拉效劳的感谢，将其擢升到仅次于自己的地位。假如他能将卡尔马尼奥拉将军与米兰结合得足够紧密，那么此人就不可能变节并转而效忠其他的国家。

然而这一政策还是失败了。历史学家至今仍对导致这个结果的原因争论不休。或许一切的祸端是以公元 1422 年 10 月卡尔马尼奥拉被任命为热那亚总督导致的间接结果开始的。热那亚总督是一个责任重大、有利可图且颇具战略意义的职位，但是它同样带来两个危险的后果：首先，当米兰军队朝着佛罗伦萨缓慢而稳步地进军的时候，这个职位使得卡尔马尼奥拉不能获得军队的指挥权，令菲利波·玛利亚不得不另外寻找包括年轻的弗朗切斯科·斯福尔扎在内的出价更便宜的将领，对卡尔马尼奥拉来说，这就意味着他和他麾下出色的雇佣兵就不再不可替代；其次，就任热那亚总督令卡尔马尼奥拉远离了米兰，他的敌人和竞争对手们就可以毫无阻碍地在公爵宫廷内钩心斗角，对他落井下石。因此，公元1424年夏天，卡尔马尼奥拉开始猜测自己是否在不知不觉间已经被主君束之高阁。到了秋天，这个雇佣兵首领突然在没有任何解释的情况下离开了总督的岗位，他认为这么做是对的。而等到卡尔马尼奥拉急匆匆到达米兰，要求菲利波·玛利亚·维斯康蒂立即接见他时，这个要求被拒绝了。这时他真正地警惕起来，并为自己的人身安全感到恐惧（这或许确实有充分的理由），于是卡尔马尼奥拉离开米兰在皮埃蒙特度过冬天，思考他的新处境。公元1425年初，他终于下定决心，在2月23日抵达了威尼斯。

他到达得正是时候。这位当时最负盛名的将军出现在威尼斯，确认了威尼斯人对维斯康蒂野心最大的担忧，同时卡尔马尼奥拉又带来米兰方面的内幕消息，他透露出维斯康蒂的弱点和最脆弱之处，使威尼斯人恢复信心。最后，卡尔马尼奥拉表示愿意领导威尼斯的陆上军队对抗昔日恩主，这给元老院的成员们留下了深刻的印象。一周之后，雇佣兵首领的提议在原则上获得了通过，接着卡尔马尼奥拉体面地退到特雷维索，在那里等待威尼斯与佛罗伦萨结盟的谈判，顺便还从菲利波·玛利亚精心策划的一次毒杀（这个计划还被完完整整地记录了下来）中生还。即便在此时距离所有的外交和军事准备完成还有一年，公元1426年2月，被耽误许久的佛罗伦萨—威尼斯反米兰同盟还是终于建立起来，而卡尔马尼奥拉也被任命为威尼斯共和国陆上军队的总指挥官，月薪高达一千金杜卡特，接着他在圣马可大教堂的庄严典礼上从执政官手中接受了圣马可之旗，然后奔赴战场。

这是威尼斯有史以来发起的最具雄心的陆上战争。这场战争的目的完全是为了突破它原来陆上帝国的边界，令其向更远的、先前未曾达到过的地方拓展。不过正因为卡尔马尼奥拉，威尼斯没能达成这个目标。就在掌握指挥权的那一刻起，卡尔马尼奥拉意识到过去的活力已经离他远去了。他的第一个目标是布雷西亚，众所周知那里的人们对他们的米兰领主没有多少爱戴之情，因此布雷西亚的下城区在卡尔马尼奥拉到来前就放弃抵抗，这并不令人意外。城内守军撤退到城堡内，威尼斯军队自然采取了围城攻势，不过就在开始行动之前，卡尔马尼奥拉抱怨他发起了高烧，然后在威尼斯不情愿的允准下撤出战场，到阿巴诺温泉疗养。卡尔马尼奥拉在5月回到威尼斯，因为温泉的疗效和被允许成为威尼斯贵族的消息而身心强健，它们让他“激发出更大的热情”。然而这种热情事实上还是没有到来，卡尔马尼奥拉以可敬的坦率向元老院告知他在阿巴诺逗留期间曾与维斯康蒂的特使接触，他提议可以为双方居中调停，而且还额外说明自己如今仍与这些特使每日联系。令人惊讶的是，元老院没有责令他立刻断绝这种联系，他们只是建议他谨慎行事。于是卡尔马尼奥拉重返布雷西亚，但因为健康原因再次于10月离开，直到11月20日布雷西亚城堡内的守军投降，他依然只身在外。

这时热心推动和议的不再是卡尔马尼奥拉，而是教宗。在他的作用下双方开始和谈，并于12月30日在圣乔治·马焦雷岛上签署了协议。根据协议条款，菲利波·玛利亚·维斯康蒂不得不割让布雷西亚城和其中的居民，同时还很不情愿地交出了卡尔马尼奥拉在匆忙离开时丢下的妻小。作为回报他获得了喘息之机，鉴于协议中没有任何暗示它长久有效的字据，所以双方都意识到它们之间的纷争远没有彻底了结。米兰公爵依然致力于扩张自己的势力，威尼斯与佛罗伦萨仍然觉得受到威胁。因此仅在两个月之后，战争又重新爆发。

假如威尼斯人曾将卡尔马尼奥拉暮气沉沉的表现部分归结为他的家眷还留在米兰这件事，并认为如果令他不再为家庭忧虑，那么这位雇佣兵首领很快就会恢复过去的热情与锐气继续投入战争的话，虽然这听上去可能性很高，但最终他们的希望还是破灭了。公元1427年3月2日，卡尔马尼奥拉又一次离开战场疗养，一两天后，菲利波·玛利亚·维斯康蒂就水陆并进，让一支陆上军队和自己的河中舰队一同攻击了威尼斯在战略上十分重要的贸易基地，位于波河河岸临近克雷莫纳的卡萨尔马焦雷。使者奔赴阿巴诺，敦促卡尔马尼奥拉立即带兵解围，但是全然无用。卡尔马尼奥拉此时距离被围困的城镇仅有六十里之遥，一开始他拒绝出发直到4月来临，此后又编出一堆没完没了的理由来解释为何不与敌人正面遭遇，甚至都不考虑让这些理由听上去更可信。开始他争辩马匹没有得到足够的饲料，接着又要更多的钱财，纵然他已经有差不多一万六千匹马和六千名步兵听候调遣，却依然宣称军队人手不足。最后，卡萨尔马焦雷陷落，然而元老院依然对此不置一词，任由卡尔马尼奥拉以极慢的步调我行我素。当他最终开始前进时，卡尔马尼奥拉几乎立即就掉进了敌人的伏击圈，而假如他有一丁点远见，都可以轻松避免这样的情况。尽管随后卡尔马尼奥拉在夏天收复了卡萨尔马焦雷，但比起他本人主动的意愿，这个战果应当更多地归因于萨伏伊公爵方面突然爆发战事，迫使菲利波·玛利亚·维斯康蒂撤回了这一地区大部分的军队。9月初，卡尔马尼奥拉又一次以为了布雷西亚人安全的名义离开战场，开始商讨越冬地的有关事宜。

在一整个季度最重要的战事过后，人们发现卡尔马尼奥拉的军事行动不多，所获甚少，于是在这种情况下，威尼斯人开始私下抱怨他们的雇佣兵首领，并扪心自问为何他们要徒劳无益地支付给卡尔马尼奥拉如此丰厚的薪水，却看不到此人真心的支持。也正是在这个时候，这些包含着愈来愈多不满的言辞传到卡尔马尼奥拉耳中，引起了他的忧虑。不管怎么说，这至少促使他寄了一封满是不平的谏言书给福斯卡里执政官。后者在回信中向其保证，他仍然享有共和国的绝对信任。执政官还私下对特使安德烈亚·莫罗西尼耳提面命，向这位威尼斯人面见卡尔马尼奥拉的政府代表（provvtditori）强调严禁让雇佣兵首领知晓他们批评卡尔马尼奥拉战场表现的重要性。“即便他们的话是对的”，就像他指出的那样，卡尔马尼奥拉仍然将“我们国家的安全握在股掌之中”。这或许是如今威尼斯对自己身处的窘境再清楚不过的表示，它被迫向一个可以说全然无用，并有很大可能叛变通敌的将军支付巨额金钱，这个人还时常处于焦虑之中，一旦威尼斯与其反目，他就会带着手下大批军队投靠敌人。

不过如果说威尼斯元老院此刻正焦头烂额，那么卡尔马尼奥拉亦是如此。毫无疑问，卡尔马尼奥拉从自己的消息来源那儿了解到威尼斯的公共舆论，他也很清楚威尼斯人所有的保证都局限在他金主们的容忍范围之内。换句话说，他像威尼斯人一样期待取得一场胜利。于是卡尔马尼奥拉突然摆脱了过去的懒散，不再讨论越冬地点，径直向敌人的领地进军。他与卡洛·马拉泰斯塔率领的米兰军队在奥廖河畔临近马卡洛（此地更广为人知的名字是马克洛迪奥）的一座小镇相遇，并在公元 1427 年 10 月 11 日彻底击溃了对方。包括马拉泰斯塔在内的八千名米兰人被俘，威尼斯军还缴获了大量的物资装备。

这是本场战争中一场了不起的胜利，战报传回威尼斯，众人也欣喜若狂。卡尔马尼奥拉人望飙升，执政官寄给他一封满是溢美之词的感谢状，为了表示感激之情，共和国还授予他一座位于圣欧达奇，原本是马拉泰斯塔私产的宅邸，[1] 另外还有一块位于布雷西亚的封地，每年有五百杜卡特的收入。不过很快威尼斯就有理由来后悔自己这番慷慨的冲动了。首先有消息称卡尔马尼奥拉释放了所有的俘虏，他们都曾是菲利波·玛利亚·维斯康蒂军队中的精英；随后他又拒绝乘胜追击，迅速进军作为通向米兰的门户此刻却几乎毫无防御的克雷莫纳，代之以在附近地区打响几场漫不经心的小规模冲突。卡尔马尼奥拉似乎满足于自己目前取得的成果，随后便无视威尼斯的抗议，选择撤军过冬。

与此同时，教宗的使者再次造访威尼斯，意图进行新一轮的和平谈判。通过这一轮谈判得到的和平要比前一次更长久。不过教宗的使者们给自己制造了一个艰巨的任务，因为威尼斯宣称，如果不能将贝加莫以及邻近地区永久割让给它，它绝不同意任何事。同时，共和国还坚持卡尔马尼奥拉不得再与米兰公爵有任何物质或者道义上的瓜葛，而公爵必须交出所有仍在卡尔马尼奥拉控制下的米兰封地上的封建权力。在费拉拉的讨论持续了整个冬天，米兰方面的特使不情愿地同意了威尼斯的第一个要求，但是拒绝在第二点上让步，但由于其主君米兰公爵需要一个喘息的时机来重整军队并弥补物质上的损失，他们最终勉强妥协。公元 1428 年 4 月 19 日，双方达成了和平协议。威尼斯倚仗协议的条款，将自己的领地向西延伸至阿达河上游，这是它达到的最远的永久边界，[2] 在此后威尼斯仍作为一个独立国度存在的历史中，这条边界线几乎没有发生什么改变。

和平差不多持续了两年，这很可能比当初签署和平协议的任何一方所期待的都来得久。在此期间，相同模式的外交交涉不断重演，菲利波·玛利亚试图赢回卡尔马尼奥拉这位昔日盟友，而威尼斯则苦苦维持它对雇佣

1 十九世纪时，这座宫殿被烧毁。它的位置在如今普留利–博恩宫前方的开阔地带，即圣欧达奇教堂广场的西面。

2 随后威尼斯暂时吞并了更多更远的地区，但这只持续了很短的一段时间。

兵首领日渐薄弱的掌控力，至于卡尔马尼奥拉本人则坐山观虎斗，在这三方中，他目前是最为成功的。卡尔马尼奥拉在公元1429年辞职，这令他可以与威尼斯元老院商谈新的雇佣合同，以得到比过去更优厚的待遇。这些条件包括在接下来的两年内，无论卡尔马尼奥拉是否出战，都将得到一千杜卡特的月薪，并且他可以得到另一块极有价值的大陆封地，每年能从中获得六千杜卡特的收入。此外，他还获得了对自己军队的最高管辖权，除非军队所在的城市中有一位常驻的威尼斯统治者，否则他可以全权处理所有的刑事和民事事务。然而即便如此，他仍然差不多每天都和菲利波・玛利亚联系，尽管他定期向威尼斯报告他和米兰的通信，却对元老院不断要求他与米兰断绝关系的指令置若罔闻。

到了这一步，卡尔马尼奥拉野心的发展方向对所有人来说都已经昭然若揭，他决心要得到的是一张君主宝座，建立一个属于他自己的王朝。公元1430年8月，元老院承诺，如果卡尔马尼奥拉攻下米兰，就将米兰公国作为他的报酬，这也进一步表现出威尼斯决定不惜一切代价来迎合卡尔马尼奥拉的心意。当然在整件事中，威尼斯是否信守承诺还有待讨论，因为假如卡尔马尼奥拉得到米兰，他很可能会变成一个比菲利波・玛利亚更危险的邻居；不过威尼斯人清楚地知道这值得冒险，至少这样他们只需留心一个潜在的敌人。

当战争于公元1431年初继续的时候，威尼斯无人认真考虑过一点：不管有没有承诺，卡尔马尼奥拉心中只有他自己的利益。只有在符合其利益时，卡尔马尼奥拉才会回应雇主的讯息，否则就将它们撇到一边。所有的这一切都再清楚不过，以威尼斯人那闻名欧洲的唯利是图的敏锐眼光来看，这种态度甚至是值得赞许的，但这依然不能解释卡尔马尼奥拉的行为。特别是他显而易见的失败更令威尼斯人困惑不已。这些失败应当归咎于卡尔马尼奥拉的无能吗？如果是这样的话，那么又该如何解释其在马克洛迪奥表现出的出色智略呢？抑或是卡尔马尼奥拉冷漠的态度之过？还是说他真的存在着健康问题，就像他不断造访各类温泉所表现出的那样？或者，人们最恶意的揣测是真的，卡尔马尼奥拉确实与维斯康蒂有密谋之实？但如果事实如同最后这个猜想，为何卡尔马尼奥拉又要事无巨细地不断向元老院汇报与米兰人的接触呢？为何他一丝不苟地精确记录下来的汇报内容，会比一个威尼斯密探向十人议会提供的还要多呢？

但战场上的失败同样是事实，而且造成这些结果，卡尔马尼奥拉很大程度上难辞其咎。因为他没能及时出现，使得威尼斯军队失去了一个兵不血刃攻克洛迪的机会；在松奇诺，卡尔马尼奥拉将自己送进了包围圈；6月26日，他命令威尼斯在波河的舰队逆流而上与米兰人交战，结果惨败而归。这支舰队的长官尼科洛·特雷维桑向卡尔马尼奥拉求援，但后者顶着来自执政官正式任命的政府方面代表保罗·科雷尔的强大压力，无视特雷维桑的请求。事实上他的军队就驻扎在战场数百码之外的地方，却拒绝出兵，坐视威尼斯舰队失败。

这一次因为科雷尔的上诉，卡尔马尼奥拉被要求返回威尼斯为自己辩护。威尼斯元老院再一次软弱地接受了卡尔马尼奥拉对相关事件的说辞，甚至判处特雷维桑监禁，后者拒绝服罪，于是遭到了放逐。尽管如此，元老院的耐心终究在逐步耗尽，一到两周之后，当元老院成员收到卡尔马尼奥拉的消息，称准备在8月底结束这一年的战事时，他们派了两名特使奉命前往雇佣兵首领的营地，要求他对贻误的时间做出交代，对长期的懈怠表现给出一个能够令他们信服的理由，同时敦促卡尔马尼奥拉继续对松奇诺与克雷莫纳施加压力，如果可能的话，设法在阿达河另一边站稳脚跟。接着威尼斯政府更是在9月初下达了前所未有的直接命令：卡尔马尼奥拉不允许在冬季撤军，战争必须继续下去。

于是战事毫无效率地持续了又一个月，到了10月的第一周，卡尔马尼奥拉撤回了他的先头部队，这无异于是对元老院命令的公然藐视。他本人留在距离克雷莫纳城外三里远的地方，他属下有一名军官来自克雷莫纳最古老高贵的卡瓦尔卡博家族（数年前此人在一场政治骚乱中被放逐），此人对圣路加的一座郊外城堡发动了夜袭，并且攻克了它。在此情况下，哪怕主力部队提供一点点及时的援助，卡尔马尼奥拉都能在清晨时分攻下克雷莫纳城，但是他来得太晚了。这次他贻误战机的行为被认为是有意为之。

当第一封关于这次事件的战报送抵威尼斯时，人们误以为它传达的是克雷莫纳已被攻陷的消息，然而当威尼斯人知道真相后，这个错觉只带给他们更多的愤怒和失望。事到如今，元老院终于通过了一项特别决议，来彻底调查卡尔马尼奥拉的行为，以此来“让我们能更好地了解我们要怎样处理我们自己的事务，并且让我们摆脱这长久的焦虑与巨大的花费”。威尼斯政府没有对卡尔马尼奥拉采取直接行动，为了行事更有效率，准备控告这位雇佣兵首领的是最为严重的背叛罪行。要确凿证明这条罪名，将比证明简单的疏忽或渎职罪困难得多。但是为卡尔马尼奥拉准备的绞索已经就位，只待他入套。公元1432年初，战争重新开始，威尼斯很快接连丢失了四座小城镇，其中一座显然是在卡尔马尼奥拉授意下被放弃的，于是这根绳索开始收紧了。

3月27日，十人议会审议完针对卡尔马尼奥拉的诸多证据，决定采取直接果断的措施。首先，十人议会的成员需要经过处理极端紧要事件时常用的手续“zonta”来增补额外成员；接下来，他们宣布，正在商议的内容如果被泄露，相关人士将被处以死刑；最后，到了29日，十人议会派出秘书长携召唤卡尔马尼奥拉立即以最快速度返回威尼斯的命令，在布雷西亚与他见面。

从这时开始，十人议会的行动就被一个首要的考虑因素所主宰：不能放卡尔马尼奥拉逃跑到米兰或是其他地方。在他安然抵达威尼斯之前，要避免一切可能引起他怀疑的事。于是他们召回卡尔马尼奥拉的表面理由是请他回威尼斯商讨接下来战役的总体战略。秘书的简报中还制定了不少可能的细节，比如他增加了曼图亚侯爵将前来威尼斯参与议事的消息。同时所有从布雷西亚到威尼斯途中的威尼斯地方长官及官员们都接到指示，嘱咐他们在旅途的每一阶段派兵护送卡尔马尼奥拉，要根据他的地位和功绩殷勤以礼相待。然而一旦卡尔马尼奥拉表现出拒绝前进的迹象，他们就要立刻将他逮捕关押，等待进一步的命令。

事实上这些预备全无必要。卡尔马尼奥拉一答应返回威尼斯，就没有任何疑虑地启程动身。他于 4 月 7 日抵达威尼斯，人们在执政官宫欢迎他，并礼貌地要求他等待，直到福斯卡里执政官准备好接见。过了一会，一位“贤人”列奥纳多·莫切尼戈前来，为耽搁时间向雇佣兵首领道歉，并称执政官身体不适，会议推迟到次日早晨召开。于是卡尔马尼奥拉起身准备离开，然而当他将脚踏上通向斯拉夫人堤岸的那道阶梯时，一位贵族出现在他面前，示意他走左边一道打开的门——那道门正通向监狱。

“那条路可不对。”卡尔马尼奥拉出声反对。

“抱歉，大人。正是这条路。”对方回答。

在这时，也就是在此时，这位雇佣兵首领意识到他已落入的陷阱的本质。“唉，天哪！”他咕哝着走过去，门在他身后关上了。

两天后审判开始了。卡尔马尼奥拉受到一位被国家档案描述为“帕多瓦拷问大师”的人的审讯，然后毫不意外地当即招供了。他的妻子、秘书和仆人们都遭到了讯问（对他们的审问比对雇佣兵首领人道得多），更不必说一位据报频繁出现在卡尔马尼奥拉宅邸的被称为“美人儿”（la Bella）的神秘女郎。卡尔马尼奥拉所有从布雷西亚带回的信件和文书都被上交接受详细检查。遗憾的是相关的很多官方资料与雇佣兵首领本人的供述状都已经遗失了，不过法庭似乎得到了足够的证据来支持他们控诉卡尔马尼奥拉的罪行。5 月 5 日，经过十天圣周与复活节的暂停审判后，法官以二十六票赞成、一票反对的结果判处卡尔马尼奥拉通敌罪。罪名既定，该对卡尔马尼奥拉处以何种刑罚，法官中出现了明显的分歧。执政官与三位顾问收到了八人的赞成终身监禁裁决，然而另外十九人则选择判处卡尔马尼奥拉死刑。当天晚上，卡尔马尼奥拉被堵住嘴，身着鲜红色天鹅绒，被反绑双手带往威尼斯习惯处决犯人的地方，广场上的那两根石柱之间。刽子手砍了三下才将他身首分离，然后尸体在二十四名手执火炬的人护送下被运往威尼斯圣弗朗切斯科·德拉·维尼亚教堂埋葬。而就在下葬的工作开始时，卡尔马尼奥拉的告解神父赶来，称死者临终的愿望是被安葬在圣方济会荣耀圣母教堂，于是尸体又被立刻转移了。[1] 卡尔马尼奥拉的财产被没收充公，他的遗孀得到一万杜卡特，两个儿子各得到五千杜卡特，母子三人的居住条件也得到了满足。在这一案的情况下，考虑到这家人大部分财产的来源，威尼斯对卡尔马尼奥拉的孤儿寡妇的待遇可以说非常慷慨宽大，如果他们在意大利的其他城市，这或许是不可想象的。

在此详细叙述卡尔马尼奥拉的故事是值得的，这不仅仅是因为它记录下威尼斯将其陆上帝国扩张至最西方的有效边界过程中无法否认的费解表现，它还是十五世纪早期雇佣兵首领的势力以及他们随之而来的行为最生

---

1 之后它还是被送往米兰。卡尔马尼奥拉在那儿为他自己和家人定制了一座位于圣弗朗切斯科·格兰德教堂的大理石坟墓。当这座坟墓在十八世纪末被拆除时，卡尔马尼奥拉的遗骸据说被送回了圣方济荣耀圣母教堂，它存放在一具木质棺材中，棺材的位置在通向回廊的南侧走廊大门上方。但当棺材在公元 1874 年被打开检查内容时，遗骸的脊椎没有被砍过的痕迹，因此棺内的骨骸就不太可能属于卡尔马尼奥拉，他最终的安息之地也就成了一个谜。

动的例证。卡尔马尼奥拉本身的代表意义要远比其最终结局重要，毕竟按照当时的标准来看，他的下场完全是咎由自取。四百年后，人们开始流行将卡尔马尼奥拉包装为一个威尼斯阴谋下的无辜受害者，但即便我们拒绝接受当年威尼斯政府的通敌指控，认为它无法被证实，卡尔马尼奥拉也称不上是个殉道的烈士。他为维斯康蒂效劳时，确实受过两次重伤，直到死都没有完全康复；而猜测卡尔马尼奥拉时常抱怨，并且导致他频繁造访矿物温泉疗养地的糟糕健康状况完全是假的也毫无道理。同样，我们可以为卡尔马尼奥拉辩护，毕竟菲利波·玛利亚庞大且高度具有组织纪律性的部队和他属下有能力的将领们，是比卡尔马尼奥拉投靠威尼斯之前所挑战过的任何一个小王公及其杂牌军都更可怕的对手。但是上述这些片面的解释并不是借口，如果卡尔马尼奥拉真的病到无法投身战斗，他就不应当收取威尼斯的钱财，并且一次比一次更过分地与威尼斯讨价还价，以对方若不满足条件他就回到老盟友处效力的暗示来进行威胁。而假如他作为军事领袖的才干确实匹配不上过去的声名，那么他对战事的漠不关心和消极怠战是无论如何都不能被原谅的。

在威尼斯方面，它满足了它的雇佣兵首领一个又一个要求，又用它所知的方法尝试了一次又一次，试图刺激卡尔马尼奥拉在战场上有所作为，不太可能在最后突然反其道而行之。况且战争尚未结束，米兰的军队前所未有地强大，如果威尼斯想要成功保护它新得到的土地，它就不得不再雇用一个雇佣兵首领，而威尼斯共和国很清楚，只要露出一点犹豫不决或弱点，就会促使这些雇佣兵像他们的前辈那样从它这里攫取利益。保持一个坚定的立场非常重要，威尼斯从中学到了这一课，因而此后不久加入共和国这一方的两位雇佣兵首领对威尼斯忠心耿耿，做出了卓越的贡献，而他们中的一位更是出类拔萃，名留青史。

23

大陆动荡

（公元 1432—1455 年）

无数例子已证明，人间之事正如海水受风鼓动，往往受到变化和波折的制约，以及我们的统治者们，被一些徒劳无用之物的诱惑所驱使，或者因执迷于眼前的欢愉和利益而采取鲁莽的措施，对他们本人，甚至他们的子民来说有多么危险。这些王公贵族从不让自己有闲暇去思考命运的无常，但正是因为他们不运用这种令他们去做有益之事的权力，他们的不当行为和野心才成为不安与混乱的祸端。

——圭恰迪尼，《意大利史》

（1763 年 A. A. 戈达德英译）

暂且不论卡尔马尼奥拉的诸多缺陷，在战争开始的最初六年，威尼斯的陆上帝国得到了显而易见的扩张。但随着战事又继续了差不多二十五年，间或伴随着可怕的暴行，威尼斯人不得不在长远利益面前稍做让步。公元 1435 年 8 月，威尼斯和皇帝西吉斯蒙德达成了一份协议（西吉斯蒙德四年前取道米兰前往罗马完成了他的加冕仪式，但当他经过时，菲利波·玛利亚颇具个人特色地拒绝出面接待皇帝，令西吉斯蒙德颇为恼火），正式将威尼斯的西方边界确立在阿达河。从这一刻起，威尼斯不再谋求新的领土，而是专注于保护它已有的资产，并且遏制米兰的势力。在后一项任务上，威尼斯甚至没有真正担当起主角的责任，事实上它一开始就是以佛罗伦萨不甚热心的支持者身份介入战争之中的。而比起威尼斯，佛罗伦萨更容易受到米兰军队的攻击，也更有可能被其吞并。因此在战争期间，威尼斯要比它不走运的盟友更倾向于准备求和，或者甚至只是暂时停战。

公元 1433 年早春，威尼斯先与米兰在费拉拉握手言和，不过这场和平一开始就因维斯康蒂方面的不守信用而蒙上了一层阴影。一般来说，双方缔结和平友好关系伴随着交换囚犯这一项内容，羁押在米兰的威尼斯人中，有一个名叫乔治奥・科纳，他曾经是政府的代表，在卡尔马尼奥拉被召回威尼斯之后接过了军队的指挥权，然后在一场小规模冲突中被俘。当米兰人的俘虏被放回之后，威尼斯人却发现科纳并不在其中，当他们特别向米兰方面提出释放他时，得到的回复是科纳已经死在狱中。然而返回的威尼斯俘虏确认了这是个谎言，科纳遭到了米兰人可怕的刑讯拷问，后者希望从他那里知道威尼斯方面对卡尔马尼奥拉与米兰之间的联系了解有多深，以及谁是控告卡尔马尼奥拉的人。科纳直到六年后的公元 1439 年才得以返回故乡，当时他已经未老先衰，身心俱残，在讲述完他之前的遭遇后，科纳就去世了。

在这段并不稳定的和平时期，威尼斯发现自己正面临着各式各样不同的问题。公元 1431 年，一个新的宗教会议在巴塞尔召开，目的是为了确认进一步的教会改革措施，尤其是针对教会上层的变革。就像之前的比萨宗教会议与康斯坦茨宗教会议一样，巴塞尔宗教会议亦是由一群独立于教宗国之外的枢机主教们召开的。因而在此情况下，格列高利十二世的侄子，又一位威尼斯教宗尤金四世以疑虑重重的眼光来看待这次会议并尽其所能地试图解散它的行为就在意料之中了。但是教宗的努力失败了，公元 1434 年，尽管教宗始终不出席会议，巴塞尔会议仍然取得了相当大的权威和声望。这年夏天，对十四年前失去弗留利依然耿耿于怀的阿奎莱亚宗主教突然出现在巴塞尔，并在会议上指控威尼斯非法夺取了属于他的教会财产，要求共和国将其返还。

就这桩事件本身而言，它并没有引发多少后续影响。威尼斯收到了教会的禁令，但由于这份命令从未得到过教宗的批准（而且不到两年后，教宗就将它废除了），于是它的条款就从未被严格实施过，而且宗主教的言行举止和倔强棘手的态度在与会众人身上起到了反效果。不过，威尼斯由此新学到了宝贵的一课。它意识到仅仅是保留所得到的领地并不足够，如果它想要避免对付轻则耗钱费时，重则将它卷入不必要的新战争的外来主权宣言，或者对威尼斯的土地所有权的反诉，只要有可能，它就得保留新获取土地的合法契约。幸运的是，如今西吉斯蒙德已经是一位经过加冕受膏、得到了全部皇权的皇帝，公元 1435 年的和平协议之后，神圣罗马帝国与威尼斯共和国之间的关系再一次进入佳境。威尼斯政府致信给威尼斯驻帝国大使马可·丹多洛，指示他向帝国谋求一个不只包括弗留利，也包括威尼斯近来与米兰作战过程中获得的所有土地的正式授地册封仪式。

西吉斯蒙德如今仍因为菲利波·玛利亚的怠慢而恼火，于是很乐意答应威尼斯的请求。公元 1437 年 8 月 16 日，仪式在布拉格举行。皇帝被他的朝臣们簇拥着，坐在一张为了这次典礼专门在老城广场上竖立起来、有华盖遮蔽的宝座上。在广场另一头，伴随着响应的信号，马可·丹多洛身着富丽耀眼的金线织物，代表威尼斯共和国出场。他受到了两百名帝国贵族的欢迎，他们护送着他，在这盛大的游行队列中一路来到皇帝宝座之前。丹多洛跪在皇帝脚下，西吉斯蒙德伸手扶起他，询问他前来觐见所为何事。丹多洛答复皇帝，威尼斯共和国需要他正式册封它在大陆上持有的土地，并且将自己收到的命令呈给皇帝。这一群人随即隆重地前往教堂举行大弥撒，之后官员宣读了帝国文书，丹多洛以执政官和威尼斯所有的执

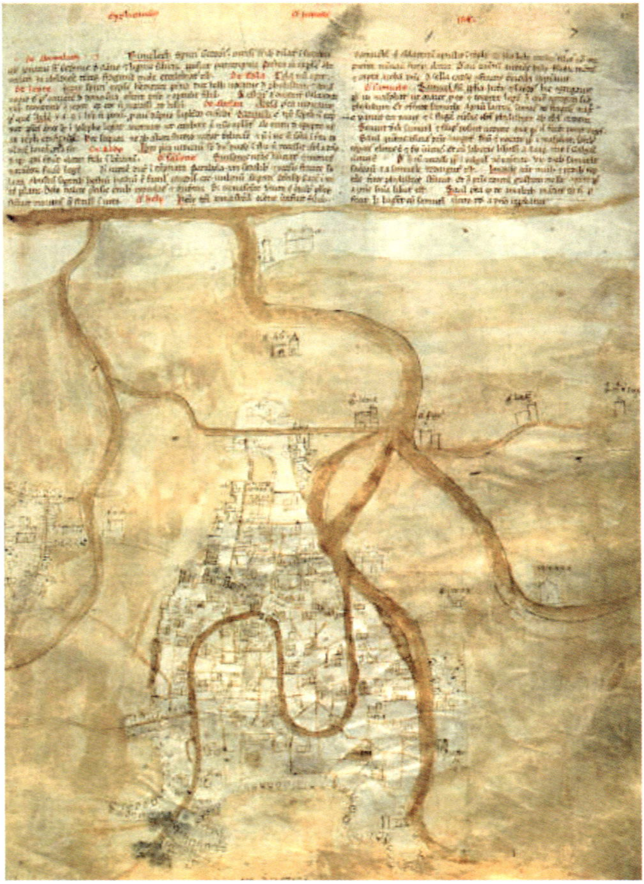

现存最早的威尼斯地图之一，来自收藏于圣马可图书馆的一份十二世纪手稿。

小广场石柱顶端的圣马可之狮。这只加上了翅膀的狮子如今已经无法追溯其来源，或许它来自公元四世纪的波斯或中国。

托尔切洛的圣母升天大教堂的教堂半圆形后殿。此处的福音使徒马赛克画，其历史可以上溯至公元 1100 年，而圣母的马赛克像则出现在差不多一个世纪之后。

来自托尔切洛，一片镶嵌在教堂围屏上的十一世纪早期拜占庭式镶嵌版。

圣马可大教堂青铜门上的装饰细节。

十一世纪晚期位于穆拉诺的圣玛利亚圣多纳托大教堂。

建于十二至十三世纪的圣阿波罗尼亚修道院回廊。这是威尼斯唯一一座罗马风格的回廊式修道院。

一位拜占庭皇帝（约十世纪）的大理石圆形浮雕，位于威尼斯坎皮耶罗–安加拉地区。

马可·波罗故居的一座拱门，修建于十一至十二世纪。

真蒂莱·贝利尼，《真十字架在圣马可广场的游行队列》，现存于威尼斯学院美术馆。

摩尔人广场上一座十三世纪的黎凡特商人雕像。

铸造于公元 1284 年的第一枚杜卡特金币，上面刻有执政官乔瓦尼·丹多洛的名字，并且铸造出了他跪在圣马可面前的形象。

建于十二至十三世纪的卡达莫斯托宅邸，顶上两层为后世增建。在十六至十八世纪，这座建筑曾是威尼斯最著名的旅馆——白狮酒店。

公元 1400 年的威尼斯。这幅画来自一份手稿，手稿中记载了波罗家年长的成员离开威尼斯的时间。

圣马可大教堂。

描绘了圣马可的遗体被运入大教堂的马赛克画。这幅十三世纪的作品位于圣马可大教堂外墙最左边的弦月窗，是最早为人所知的能代表圣马可大教堂的符号，此时青铜马也已经安放在了适当的位置。

圣马可大教堂内一幅十三世纪的马赛克画：盗窃圣马可的遗体。

圣马可大教堂南耳堂，这个画面描绘了执政官、宗主教、神职人员以及威尼斯百姓正在祈祷能找到使徒的遗骸，令其重见天日。

人们的祈祷得到了回应。该幅马赛克画制作于十三世纪晚期。

圣马可大教堂洗礼堂。这幅创作于十四世纪中期的莎乐美马赛克画是表现当时威尼斯时尚的无价例证。

圣马可大教堂南墙。“圣马可大教堂的正面已经成为人们奉献展示各式各样珍品的圣殿，而不是对一些固有建筑法则或宗教情感有组织的表达。”——罗斯金

建于十四世纪的执政官宫南侧外观。

维托·皮萨尼像。来自他位于圣乔瓦尼保罗大教堂的纪念碑细部。

执政官安东尼奥·维尼耶（公元 1382—1400 年）像，作者雅各贝洛·达莱·马塞涅，现藏于威尼斯科雷尔博物馆。

执政官安德烈亚·丹多洛墓，位于圣马可大教堂洗礼堂内。“这是威尼斯纪念雕像中最出众的范例。”——罗斯金

执政官米凯莱·莫罗西尼墓，位于圣乔瓦尼保罗大教堂。

第四次十字军东征。本图来自杰弗里·德·维尔阿杜安的原始手稿。

执政官安德烈亚·孔塔里尼（公元 1368—1382）。

执政官安德烈亚·丹多洛（公元 1343—1354）。

“纸门”上执政官弗朗西斯科·福斯卡里和圣马可之狮的雕像。

巴托罗缪·科莱奥尼像，作者韦罗基奥。

加塔梅拉塔像，作者多纳泰罗。

弗朗西斯科·斯福尔扎像，作者吉安·克里斯托弗罗·罗马诺。

穆罕默德二世像，绘者真蒂莱·贝利尼。

庇护二世来到安科纳准备十字军东征，绘者平图里乔。

公元 1500 年的里亚尔托，绘者卡尔巴乔。

执政官列奥纳多·洛雷登像，绘者乔瓦尼·贝利尼。

卡特琳娜·科尔纳罗与她的侍女们，绘者真蒂莱·贝利尼。

勒班陀之战。

公元 1574 年，法王亨利三世造访威尼斯。

执政官阿尔维斯·莫切尼戈一世像，绘者丁托列托。

苏莱曼大帝。

教皇尤利乌斯二世像，
绘者拉斐尔。

教皇利奥十世像，绘者
拉斐尔。

亨利·沃顿爵士。

保罗·萨尔皮。

十八世纪的执政官宫天井。

十八世纪的威尼斯军械库。

“黄金船”。

《化装舞会》，绘者彼得罗·隆吉。

《执政官宫内的委员会厅》，绘者马龙布拉。

《威尼斯小广场》，绘者卡纳莱托。现藏于罗马国家博物馆。

《圣马可湾》，绘者卡纳莱托。

公元 1797 年，圣马可大教堂的青铜马被法国人移走。

政者的名义，为那些被提到的地区宣誓效忠。西吉斯蒙德以赞扬威尼斯与其统治者们的演讲作为回应。在演讲中，皇帝还对菲利波·玛利亚·维斯康蒂下达严令，命令他在两个月内现身，对他的斑斑劣迹负责。

根据公元1437年7月20日颁布的文书内容，威尼斯执政官被任命为特雷维索、费尔特雷、贝卢诺、切内达、帕多瓦、布雷西亚、贝加莫、卡萨尔马焦雷、松奇诺和圣乔瓦尼因克罗切的公爵，此外还拥有克雷莫纳地区的所有城堡与要塞，以及阿达河以东的伦巴第地区。作为回报，执政官承诺他的每一位继任者都将在当选之后立即对皇帝宣誓效忠，同时他还进一步承诺每年圣诞节将贡献给皇帝价值不少于一千杜卡特的金线织物。

出人意料的是，福斯卡里的继任者们并没有继续对皇帝宣誓效忠，每年的奉献亦很快被遗忘。其中原因并不明确，不过威尼斯与意大利其他的城市不同，它从来都不是正在迅速衰落的欧洲封建体系的一部分，而上述威尼斯需要对皇帝履行的义务，意味着这个有着长久以来的独立传统和近期征服大陆的功绩的国家向皇帝臣服，这在根本上违背了威尼斯共和国称号的应有之义。不过从短期看，皇帝授地的行为强化了威尼斯在大陆上的合法地位，并且给了它继续对抗米兰公爵的坚实基础。

威尼斯与米兰战争此后的蜕变与机遇，在此就不再向读者赘述。公元1436年，热那亚起兵反抗菲利波·玛利亚，并加入了威尼斯—佛罗伦萨的同盟，在这之后，这场战争就变成了进攻与反进攻，以及城堡与城镇被夺取和丢失的老生常谈，而双方的军官尽管从中获利颇丰，却仍然瞻前顾后，彼此周旋。只有偶尔一两次的军事行动才使这幅景象焕发生气。其中最为引人注目的是公元1438年秋天，一支米兰军队在尼科洛·皮齐尼诺率领下对布雷西亚发动的攻击。在这次战斗中，威尼斯人发现他们的新雇佣兵首领精力充沛、头脑睿智，而且最重要的是他对威尼斯忠心耿耿，重新树立起了雇佣兵首领这一类人的信誉。此人名叫埃拉斯莫·达·纳尔尼，是一个面包师的儿子，他的绰号加塔梅拉塔在历史上更为人所知。

布雷西亚坚定地拥护威尼斯的统治，并且下决心奋力反抗保卫城镇，不过皮齐尼诺的突然入侵不仅仅是对这座城市造成了严重的威胁，同样还令驻扎在此处的加塔梅拉塔军队陷入险境。在冬季，布雷西亚与威尼斯之间唯一开放的通信和补给通道位于加尔达湖南岸，而如今这条路已经被米兰人重兵把守。面对布雷西亚被围攻的现状，加塔梅拉塔无法冒险选择阵地战，他失去的兵卒越多，威尼斯就越危险。于是加塔梅拉塔选择退到维罗纳，置身于敌军和威尼托之间，他很清楚这是当下唯一可以做的事了。

如果想知道一条山间激流急速下降撞击到平地上会产生什么结果，那么加尔达湖就是一个极好的范例。加尔达湖的北端是一片狭长的柄状地带，两侧都与陡峭的高山接壤，一路行去，崇山峻岭突然消失，接着视野豁然开朗，出现湖面。加尔达湖南端是宽广且平坦的伦巴第平原地区，现在已经被米兰军队封锁。而一支由三千匹马和两千名步兵组成的军队取道加尔达湖北方，这个决定在盛夏想来就已令人生畏，在9月底付诸行动则会相当可怕。而当山间落满厚厚白雪，河流在秋天的第一场雨之后暴涨，这时通过这条路就要冒极大的风险。但尽管如此，加塔梅拉塔军架起桥梁，设法修复了被水冲垮的道路，还击退了维斯康蒂的同盟特伦托主教派来的军队。经过一周迫不得已的行军，加塔梅拉塔和他疲惫不堪的属下从瓦尔卡普里诺出现，来到维罗纳以北数里远的加尔达湖东部平原上。

这是一项了不起的成就，也是一次战略大撤退。与此同时，布雷西亚正处在米兰人的攻势之下，一位本地编年史家描述了城内的神父、修士、女人甚至小孩都被动员起来保卫城墙，尽管布雷西亚人英勇奋战，这座城市在皮齐尼诺带来的八十门炮的炮火下还是遭到了可怕的破坏。假如没有援兵，它看上去支持不了多久，但是该如何搬来救兵呢？米兰人占据了加尔达湖南岸的问题再一次被摆上台面，而且如今冬季已经真正开始，从湖泊源头绕路行军已经不可能，更何况援兵还要携带被围困的城市所需的笨重补给与必需品。不过湖泊东岸现在还掌握在威尼斯人手里，假如增援部队可以秘密地渡过加尔达湖，他们就有很大机会达到目的，因为米兰人任何阻挡他们的重要行动都将使原本重兵把守的陆上通道变得几乎无人防守。不过眼下还有一个几乎无法克服的困难：加尔达湖上可供调用的船只数量远远无法满足如此大规模行动的需要。

威尼斯对此采取的解决方式，即便是勇敢的加塔梅拉塔也会感到胆怯。实施这项任务，差不多要将一整支船队拖过隆冬高山的冰天雪地，将它们送到湖上。共有二十五艘三桅帆船和六艘桨帆船沿阿迪杰河逆流而上到达罗韦雷托，然后它们从那儿被拉上碾子，由两千头公牛沿着一条人工开凿的小道拖至山上的一个小湖泊，如今名为洛皮奥湖的圣安德烈亚湖。等到渡过这个湖泊，人们将船继续向海拔更高处拖拽，翻过巴尔多山后再从山体的侧面慢慢进行更加危险的下行操作，到达加尔达湖源头的小镇托尔博莱。为了完成这项壮举，从罗韦雷托到加尔达湖短短数里的路程花费了一行人十四天的时间，并花费了共和国一万五千杜卡特的巨款。在这过程中，威尼斯人没有损失一艘船，公元 1439 年 2 月底，所有的三十一艘船已经在托尔博莱的港口就位，满载士兵，装配停当。

然而此刻威尼斯人依然无法行动。在他们启航之前，米兰人的舰队就已经到达，威尼斯指挥官彼得罗·齐诺发现，他们已经被围堵在托尔博莱。除了将木桩打入淤泥草草搭就的一道栅栏外，威尼斯的船只在敌人面前毫无保护措施。在这场军事行动中，威尼斯已经通过运输船只的壮举展示了它能够做到什么，但是现在它很可能要出师未捷身先死了。

威尼斯的工程师们的超人壮举，是通过他们知识的完美发挥完成的。

就在这些人通过白雪皑皑的群山走下船时，他们在威尼斯的同胞正在享受着一段欢乐时光。自两个半世纪前教宗亚历山大三世和皇帝红胡子腓特烈在威尼斯会面言和以来，共和国再未有过如此盛大规模的欢宴和庆祝活动。这一次他们欢迎的是另一位皇家贵客，拜占庭帝国帕里奥格洛斯王朝的皇帝约翰八世。

约翰八世无疑是个悲剧人物。他的帝国被土耳其人重重包围，如今已经缩小到与首都君士坦丁堡差不多的规模。他相信拜占庭在劫难逃，即使有侥幸幸免的可能，那也需要一个奇迹来拯救它，而只有当整个基督教欧洲团结一心、毫不藏私地发动远征来救援，这个奇迹才会出现。当下唯有罗马教宗有能力号召这样的行动，于是约翰八世动身前往西欧，为争取教宗尤金四世的支持不顾一切地做最后一搏。他已经做好了准备，如果有必要，他和他的臣民们将尽其所能，做出信仰上的最大牺牲，承认罗马教宗为至尊。鉴于如今西欧教会仍处在宗教会议盛行的气氛中，显然不召开一次全体宗教会议，要决定这样的大事是不可想象的。此时的教宗尤金四世认为巴塞尔宗教会议的动作已经超出了它的权限范围，而且对他多有不敬，于是他抓住机会将其解散，然后在费拉拉召开了新的大会，并邀请皇帝出席。公元 1438 年 2 月 8 日，皇帝同他的兄弟摩里亚领主德米特里、君士坦丁堡牧首以及包括了六百五十余名东正教神职人员的庞大随从队伍，在前往费拉拉的路上登陆利多。

描述这些人抵达景象的个中翘楚，当属拜占庭历史学家乔治·法兰茨，虽然并非亲眼见证，但他声称德米特里是为他的描写提供了相关信息的权威。2 月 9 日清晨，福斯卡里执政官前来迎接皇帝并致以问候，在法兰茨满溢喜悦的描述中，执政官对皇帝表现出了全方位的尊重，他深深鞠躬，并且在约翰八世坐在他面前时脱下帽子光着头，也不就座。直到两人讨论入城仪式的细节时，执政官先与皇帝隔开一段距离，然后才坐在一张特别为他准备、在皇帝左手边略低一级的椅子上。谈话结束后，福斯卡里便返回准备正式的欢迎仪式。

这是拜占庭皇帝第一次造访威尼斯，因此威尼斯人不惜一切麻烦和花费来使这场盛事尽善尽美。执政官，以及总是跟随在执政官身侧的顾问们在正午乘坐黄金船从莫洛出发迎接皇帝，黄金船两侧奢侈地悬挂着鲜红的锦缎，圣马可的黄金狮子在船尾闪闪发光，船上桨手们的外套也点缀着金线。当这艘华丽的船前进的时候，一些较小的船只簇拥着它，锦旗在它们的桅杆顶端迎风招展，乐手们在它们的甲板上演奏乐曲。当皇家旗舰靠近时，执政官登上黄金船的甲板，再次朝皇帝深深鞠躬。接着两艘大船一同返回莫洛，当地所有居民都在岸上等着欢迎尊贵的客人，欢呼声久久回响。从莫洛开始，游行的队伍沿着蜿蜒的大运河行进，更多的欢迎群众带着旗帜和喇叭守候在里亚尔托桥下，最后一行人在日落时抵达费拉拉侯爵的宏伟宫殿，[1] 拜占庭帝国的客人逗留威尼斯期间，这座宫殿将供他们使用。皇帝在威尼斯停留了三个星期，他在那里致信全欧洲的统治者，呼吁他们参加，或是派出代表参加即将开始的宗教会议，然后约翰八世月底启程，前往费拉拉。

同时，在被围困的布雷西亚，寒冬使得当地居民处在饥荒的边缘。春天的到来减少了寒冷的威胁，但在其他方面毫无助益。接着夏天到来，情况变得更加绝望。身在城中的克里斯托弗罗·达·索尔多生动地描述了他亲眼所见的围城景象，如今读来依然引人入胜，他写道："如今看来，仿

1　这座十三世纪的宫殿有一个更为人所知的名字，土耳其商馆。它在十九世纪六十年代进行了大规模重修，展现出惊人的庄严面貌。这座宫殿如今仍然矗立在大运河的上游河段，正对着圣马库拉汽艇码头。此外，虽然有些不太相称，但它如今是威尼斯的国家历史博物馆。

佛所有的人都渴求一死。有些时候，人们连一口面包都分不到，他们在大街小巷游荡，因为饥饿昏倒在地。但即便如此，他们宁可忍受这些苦难，也不会抱怨，认为将城市拱手送给米兰公爵会更好。”夏季既到，炎热随之而来，瘟疫也就不可避免地爆发了。到了 8 月，城中每天都因此产生四十五到五十名死者。

假如要拯救这座城市，威尼斯就需要比目前拥有的更多的军队，因此它向另一位比加塔梅拉塔更了不起的雇佣兵首领伸出了橄榄枝。这个人就是弗朗切斯科·斯福尔扎，自他十五年前第一次为菲利波·玛利亚·维斯康蒂效力开始，这位雇佣兵首领已经度过了一段波澜壮阔的职业生涯。弗朗切斯科·斯福尔扎曾经为皇帝披挂上阵，曾经为路加投身战场，还曾经为佛罗伦萨的战事效命，当然最重要的是，他是为了自己而战斗。为了赢回这位昔日盟友的支持，菲利波·玛利亚甚至提出将自己的女儿比安卡嫁给斯福尔扎，不过随后他又犹豫不决，闪烁其词，因此尽管斯福尔扎仍然宣称和这位全意大利最大的女继承人比安卡·维斯康蒂维持婚约关系，但似乎也没有太多理由来迎合他未来的岳父。斯福尔扎很清楚，对付菲利波·玛利亚，最有效的手段是威吓。于是他在公元 1439 年 6 月投向了威尼斯、佛罗伦萨和热那亚的联盟，斯福尔扎明白，只要他可以攻下米兰，他就会立即被威尼斯承认为米兰公爵的继承人，同样他也可以对克雷莫纳和曼图亚宣示所有权。因此他没有片刻耽搁，直奔战场而去。

以最小损失抵达布雷西亚的重点又一次落在行军通过山间道路上。然而这一次，斯福尔扎和加塔梅拉塔的去路在距离加尔达湖源头几里外的里瓦，被皮齐尼诺出资兴建的滕诺城堡阻断。激战就此爆发，多亏布雷西亚人从他们被围困的城市中冲出来与援兵会合的举动起到了作用，他们在战斗中突然出现在城堡上方的峭壁上，往下推落大块的岩石，米兰人腹背受敌，不得不败退。得胜的威尼斯人擒获了很多俘虏，其中甚至有一些位高权重的人物，皮齐尼诺本人则撤入城堡，如果当时的记录可信的话，当晚他将自己装进一个麻袋，由别人搬运出城，顺利逃之夭夭。成功出逃的皮齐尼诺经过整夜策马飞奔，得以重新将剩余的部下召回麾下，一周后他们对维罗纳发动了突袭，在当地守军明白过来发生了什么事之前，大部分城市就落入了皮齐尼诺的手中。

这对布雷西亚人来说是个坏消息，他们只能眼睁睁从被毁坏的城墙上看着来为他们解围的军队在城门口调转马头去对付攻打维罗纳的米兰人。但无论是斯福尔扎还是加塔梅拉塔都别无选择，在这两座城市中，维罗纳无疑比布雷西亚更具战略意义。11 月 9 日，两位雇佣兵首领带着他们的属下进入了维罗纳唯一还处于威尼斯人控制之下的角落，他们在次日清晨发动了攻击。经过激烈的战斗，米兰人溃不成军，而就在他们败逃的途中，横跨阿迪杰河的桥梁突然垮塌，许多人在河中溺死。皮齐尼诺本人不得不返回战事仍断断续续进行着的布雷西亚，在此期间，布雷西亚人终于得到了期盼已久的补给物资，不过他们的严酷考验还未结束，直到公元 1440 年 7 月，米兰人在斯福尔扎手中再一次遭遇惨败，布雷西亚之围才终于画上了句号。

就在同一年，加塔梅拉塔突发中风，不得不结束了雇佣兵的职业生涯。他隐退到帕多瓦，于公元 1443 年去世，对他心怀感激的威尼斯共和国委托雕塑家多纳泰罗在帕多瓦城中为他制作了一尊堪称杰作的骑马雕像，如今这座雕像依然矗立在圣安东尼奥广场。这样一来，斯福尔扎就成了威尼斯军队唯一的指挥官，不过此刻战争的焦点已经转向托斯卡纳，我们亦不必对其加以太多关注了。公元 1441 年夏末，交战双方都做好了缔结和平的准备，不过虽然斯福尔扎担当了主要调停人的职责，他却明智地强调，在双方签订任何条约之前，他必须得到作为比安卡·维斯康蒂嫁妆的克雷莫纳和蓬特雷莫利，以此庆贺他与她在很早之前就定下的婚姻。11

月 20 日，双方最终在卡夫里亚纳宣布停战，这场和平带来了两个重要的结果，一是双方的边界划定回到了八年前在费拉拉议定的位置，二是米兰承认热那亚可以继续保持独立。

只有拉文纳是个重要的例外，它曾长期是威尼斯的一个非正式附庸城市，直到公元 1441 年 2 月才通过一份继承契约被正式移交给威尼斯共和国，在此之前持续长达十四年的战争期间，威尼斯并没有从这座城市得到多少实际利益。无论如何，所有人都热烈欢迎和平的到来。加塔梅拉塔已经病入膏肓，无法参与之后的庆祝活动，但他将自己位于圣波罗[1]的住宅交给斯福尔扎和他的新娘，好让他们在自己的宅邸准备妥当之前有房屋使用。斯福尔扎宅邸于公元 1439 年成为这位雇佣兵首领的产业，它位于如今的卡福斯卡里，正在大运河的第一个急转弯处。这对夫妇在威尼斯受到了隆重的国礼迎接，他们在向导的带领下游览全城，并且获得了丰厚的礼物，其中赠给比安卡的珠宝首饰就价值一千杜卡特。

当然，我们可以大胆推测，威尼斯事实上只是在庆祝战争被短暂地打断，没人会乐观地误以为他们已经一劳永逸地得到了和平。菲利波·玛利亚·维斯康蒂仍然盘踞在米兰的权势之网中央，不断筹划阴谋；斯福尔扎年富力强，他还只有四十岁，正处在精力与野心的最高峰；佛罗伦萨的柯西莫·德·美第奇仍感受到米兰的威胁，而此时他也对威尼斯在伦巴第扩张的势力感到忧虑。还有意大利或大或小的各股势力——热那亚、曼图亚、博洛尼亚、里米尼、神圣罗马帝国、教宗国、那不勒斯王国、阿拉贡和安茹的王室，数不胜数——它们被旷日持久且混乱不堪的斗争导致的连

1 这座宅邸位于圣波罗广场，毗邻教堂，在加塔梅拉塔得到它之前，它曾经是贾科莫·达·卡拉拉和贾科莫·达·韦尔梅的产业。

锁反应席卷，各自为政，针锋相对，互不能容，在这样的情况下，如何能期待长久的和平呢？或许有少数势力曾希望取得长期的和平，但它们中绝不会有雇佣兵首领们的身影，尽管他们中只有少数几位的事迹见诸本书，但已经足够记录这个半岛上的起起伏伏，而且只要有适合的时机，这些雇佣兵首领甚至比他们的金主们更能引发一场新的战争。

事实上在这个时期，或许全意大利半岛唯一真心希望和平的大国就只有威尼斯。如今它的陆上帝国已经向西拓展了差不多两百英里，这个规模已经能够保证共和国的国土安全，而且威尼斯也无意于继续开疆拓土。它几乎不需要远在米兰的密探报告，就知道米兰公爵年事已高，病痛缠身，而且日益反复无常，在所有觊觎公爵宝座的人中，弗朗切斯科·斯福尔扎不但是最有可能继位的人选，也无疑是对威尼斯最友好的人选。因此，在卡夫里亚纳言和之后不到一年，当菲利波·玛利亚再一次针对他的女婿，并且试图在教宗的帮助下剥夺他事先授予斯福尔扎的土地时，威尼斯承诺将支持斯福尔扎，很快它再次投入战争。公元 1446 年 9 月，威尼斯军队在卡萨尔马焦雷附近重创米兰军队，接着横渡阿达河，在冬天迫近之前兵临米兰城下。

此时菲利波·玛利亚急忙向教宗，阿拉贡、那不勒斯和西西里的国王阿方索五世，以及法兰西国王求助。他甚至把主意打到老对手柯西莫·德·美第奇身上，利用他如今对威尼斯出了名的忌惮（尽管这很大程度上并不能被证明是真的）挑拨离间，但最后得到的只是美第奇愿意代表他同斯福尔扎斡旋的提议。最后菲利波·玛利亚走投无路，只能任凭女婿处置，同时他答应正式将斯福尔扎指定为自己的继承人，并且将其任命为米兰军队的总指挥官。这正是斯福尔扎求之不得的，不过此刻他正忙于自己在罗马涅地区的事务，于是对柯西莫的催促置之不理，迟迟不愿动身。斯福尔扎很清楚，威尼斯人即便有心，也无力攻克米兰，而且他心中无疑也盘算着，只要他等待的时间够长，他心烦意乱的岳父就会给予他更多。于是直到公元 1447 年盛夏，斯福尔扎才动身前往米兰。

不过他拖延得太久了。8 月 13 日，当他还在途中时，菲利波·玛利亚在忍受了持续一周的病痛后去世。假使斯福尔扎当时在场，他就可以顺势攫取继承权，以既成事实来面对诸多公爵之位的竞争者，但现在他并不在米兰，于是一切都陷入了混乱。当选但未加冕的皇帝，奥地利的腓特烈三世，宣称米兰是一个被他人所占据的帝国采邑，而阿拉贡的阿方索泰然自若地强调菲利波·玛利亚在弥留之际将自己指名为继承人，并且设法将麾下一支部队带进城堡，并在其中的一座塔楼上升起自己的旗帜。同时，在不远处的阿斯蒂，一支法国军队正准备以奥尔良的查理的名义夺取米兰公爵的位置，奥尔良的查理是菲利波·玛利亚·维斯康蒂的外甥，其母亲是菲利波·玛利亚同父异母的姊妹瓦伦蒂娜·维斯康蒂，因此他被认为是无可置疑的合法继承人。

在一片混乱之中，米兰居民们将规则抓在了自己的手心里。他们将阿拉贡人从城堡中驱逐出去，而城堡作为过时的专制象征被夷为平地。接着一个由二十四人组成的“自由保卫者和军官”委员会宣布了新秩序，为了纪念他们热爱的圣人圣安博，他们将新建立的国家夸张地命名为“圣安博的黄金共和国”。这是人民独立走出的勇敢一步，假如米兰人能够让公国内的其他城镇和米兰站到一起，加上威尼斯准备给予的支持，那么他们很可能就能成功地达到目标。但是这些城镇却无论如何也不能联合一致。亚历山德里亚、诺瓦拉和科莫投入了圣安博的旗帜之下，然而其他城镇，比如洛迪和皮亚琴察见到这期盼已久的可以摆脱米兰人统治的机会，就主动投奔了威尼斯。

要挑起两个共和国之间的纷争，再没有比这更有效的手段了。米兰要求威尼斯立即归还洛迪和皮亚琴察，但威尼斯回复说这两个城镇有权选择投奔它们中意的一方，而且拒绝这两个城市的请求就相当于将它们投入斯福尔扎的怀抱，这必然是米兰人也不愿见到的。论战还在进行期间，斯福尔扎就夺取了皮亚琴察和帕维亚，这消息就给威尼斯人之前的论据额外增添了分量。接下来的两年发生的事可谓当时意大利政局的典型说明。我们看到斯福尔扎先是为米兰效力与威尼斯对抗，取得了一系列令人瞩目的胜利，随后他又转换阵营，将两个共和国玩弄在股掌之中。不过对威尼斯来说，如今米兰的同盟者已经是一个负担而非资产，米兰的圣安博共和国已经处在崩溃的边缘，斯福尔扎也很清楚这一点。公元 1449 年秋天，他对米兰发起进攻，到了冬天的时候，这座城市陷入饥荒，不得不向斯福尔扎投降。公元 1450 年 3 月 25 日，斯福尔扎得意扬扬地进入城市，他的士兵们则向人群分发免费的面包。第二天在大教堂广场上，斯福尔扎宣布自己是维斯康蒂合法且真正的继承人，同时就任米兰公爵。

从弗朗切斯科・斯福尔扎和他的新娘在威尼斯接受一个城市为凯旋英雄准备的所有典礼与盛况到如今，已经过去了九年。然而在过去的三年中，斯福尔扎却是威尼斯最棘手的敌人。威尼斯在公元 1447 年没收了他豪华的宅邸（五年后这座房子被执政官福斯卡里买下，此后他为了在原址上建造一座更为奢华的房屋而将其拆毁），而且在变化的外交政策和战场上，都努力挫败对方的野心。但是它的努力失败了，斯福尔扎不但灵活运用手头的资源打得一手好牌，还得到了柯西莫・德・美第奇的经济支持，后者害怕威尼斯的统治坐大，认为米兰是维持当下权力平衡的一个希望，因此伸出了援手。在这样的情况下，威尼斯只能接受无法逃避的现实，派遣大使去恭贺新公爵继位，并祝他身体安康。在那之后不久，于公元 1452 年再次兴起的战争使得威尼斯和它的新盟友那不勒斯国王将各自领土上所有的佛罗伦萨商人全部驱逐出境，但威尼斯的注意力并不在战争上。斯福尔扎的忏悔神父西莫内·达·卡梅里奥曾经是帕多瓦的一位圣奥古斯丁会修道院的院长，他在机缘巧合之下成为威尼斯的臣民，在与其秘密进行过几次巧妙的谈判后，威尼斯与米兰之间最突出的几个领土问题得到了解决。米兰不但承认威尼斯对布雷西亚和贝加莫的权利，而且还额外附赠了克雷马。公元 1454 年 4 月，双方在洛迪签署了和平协议，之后在 8 月，威尼斯、佛罗伦萨和米兰之间又达成了一个长达二十五年的防卫同盟。这三个国家的代表随即向南出发，他们首先到达那不勒斯，设法取得了阿方索国王不甚热心的效忠表示；接着又去罗马，取得了教宗尼古拉五世对这个同盟的祝福。三个签约国签署同盟文书时，都捎带上了它们较次要的附庸，这就使得公元 1455 年的时候，作为这个联盟最终版本的神圣同盟几乎囊括了意大利半岛上的所有国家，[1] 只有里米尼和热那亚不在其中，后者因为正与那不勒斯国王在科西嘉岛的问题上产生纠纷，因此它的加入被那不勒斯国王否决。

考虑到意大利政治和外交局面的混乱实质、无数方面的利益冲突、领主们的贪婪、雇佣兵首领们的野心、国与国之间缺乏正确界定的边境线，以及外国（尤其是法兰西）出于自身扩张需求而对意大利事务逐渐加强的干预倾向，在接下来的几年中，这个同盟的信条很难被毫不动摇地贯彻始终。而同盟的成员也确实没有那么做，意大利的王公贵族们还没有达到能够让自己的私欲服从于众人福祉的阶段。但这个同盟并没有被遗忘，尽管

1 不过弗朗切斯科·斯福尔扎仍然继续给威尼斯制造麻烦。公元 1461 年，他拿自己位于圣波罗的宅邸交换了一块位于圣萨穆埃莱的宅基。塞浦路斯女王的父亲安德烈亚·科纳原本正准备开始在这块地皮上兴建一座宏伟的宫殿，现在斯福尔扎得到它，打算为自己所用。但在这之后不久，威尼斯和米兰之间的关系急剧恶化，以至于这块土地被威尼斯没收充公。在这块土地上进行的建筑工程自然也停止了，整座建筑只完成了一个角落，现在人们可以在一座原本十分平凡的房屋上看到这一角，这间屋子毗邻大运河，被称作卡德尔杜卡宅邸。

它是个难以达成的理想，却无处不在，直到这个世纪接近终结。而且尽管这个同盟不能完全避免战争，它仍然设法消除了国家间的一些摩擦。在洛迪和平协议达成到法国人入侵的四十年间，意大利的土地上只发生了六场小规模的战斗，而在此期间有三十年的时间，意大利半岛实际上处在和平的状态，在这段时间内，没有一座主要城市遭到军队的劫掠。

最后，威尼斯终于可以将它的注意力从大陆上收回来。它迫切需要这么做，就在洛迪和平协议达成的前一年，有一件堪称历史里程碑的事发生了，它将恐惧打入所有基督教国家的心中，可以说成为中世纪结束的标志。公元 1453 年 5 月 29 日星期二，土耳其苏丹穆罕默德二世的军队攻陷了君士坦丁堡。

24

君士坦丁堡陷落

（公元 1453 年）

如今蜘蛛织就皇帝宫殿的帘幕；

夜枭啼鸣，在阿弗拉西亚布的塔楼上下令换岗。

——据说穆罕默德二世进入君士坦丁堡后援引的十三世纪波斯诗人萨迪的诗句

在所有君士坦丁堡具有的重大历史意义中，它的陷落是最不令人意外的。从拜占庭帝国的角度来看，约翰八世对意大利的访问是个彻头彻尾的失败。公元 1439 年，费拉拉会议的代表们集体转移到了佛罗伦萨，佛罗伦萨会议设法掩盖了东西方两大基督教会之间有限但深不可测的教义差距，[1] 但当皇帝返回君士坦丁堡，宣布他费尽心力达成了教会的合二为一时，神职人员和民众拒绝接受这个结果。而皇帝也没能成功地劝说西方的统治者们出兵拯救拜占庭帝国。教宗尤金顺应皇帝的请求号召发起十字军

1 君士坦丁堡大牧首约瑟夫同意了拉丁人的宗教信条，承认他们圣灵发自圣子的信条和东正教圣灵发自圣父通过圣子的信条是一样的，在这之后，他就突然染病而亡。一个有些刻薄的学者因而评论：除了混淆一些介词之外，他又做了什么好事呢？（见史蒂芬·朗西曼爵士，《君士坦丁堡的陷落》，第 17—18 页。）

东征，但结果只组建起来一支大多由匈牙利人组成的微不足道的小型军队，将将走到黑海沿海的瓦尔纳，这支军队就分崩离析了。

公元1448年，约翰八世去世，将皇位留给他在世的兄弟中最年长的康斯坦丁。三年之后，穆罕默德二世以十九岁之龄坐上奥斯曼土耳其苏丹之位。公元1452年8月，穆罕默德二世完成了如梅利堡垒这座庞大要塞的建设，它位于如今伊斯坦布尔东北方一到两英里，依旧巍然矗立在博斯普鲁斯海峡最狭窄处。至此，穆罕默德二世的意图和他让拜占庭臣服的决心已经表露无遗，差不多就在城堡完工之前，他下令要求所有来往于博斯普鲁斯海峡的船只，无论悬挂何种旗帜，都必须接受检查。11月的时候，两艘威尼斯船成功穿过土耳其人的枪林弹雨，带着着火的船身逃脱了，但是第三艘威尼斯船在效仿它们时被炮弹直接击中而沉没。船长和水手们被带到苏丹面前，在苏丹的命令下，所有水手都当即被砍下了脑袋，而船长安东尼奥·里佐的遭遇更为凄惨，他被处以穿刺的刑罚，尸体还被曝于路边以儆效尤。

土耳其人的暴行在威尼斯引起了恐慌。比起作战，威尼斯向来更倾向于同他们做生意，自从土耳其人控制了东地中海和黑海的大部分地区以来，与他们贸易对维持共和国的繁荣至关重要。无论如何，土耳其人攻陷君士坦丁堡是迟早不可避免的事，从威尼斯人的商业眼光来看，这结果或许更令他们满意。因此，威尼斯毫不犹豫地同穆罕默德续订了之前与他父亲订下的友好关系和商贸协议。但另一方面，威尼斯同样不能忽视它在君士坦丁堡城内的商业社区，就在前一年，皇帝康斯坦丁还确认了它们的商业优惠特权，而威尼斯对穆罕默德更长远的计划并不抱有乐观的幻想。一旦拜占庭帝国覆亡，就没有任何事物可以阻挡穆罕默德二世将注意力转向对付克里特岛以及威尼斯在希腊陆上本土和爱琴海的其他殖民地。就在博斯普鲁斯海峡的意外事件发生前三个月，一个提议放弃拜占庭人，让他们听天由命的提案在元老院以七十四票对七票的绝对多数而宣告无效，而苏丹残忍屠杀合法通航途中的威尼斯公民的暴行则必然刺激威尼斯人设法报复。

但是该如何报复？威尼斯共和国所有的军事力量都被牵制在伦巴第，此时弗朗切斯科·斯福尔扎对威尼斯安全的危险要更直接且迫在眉睫。而经过三十年在意大利大陆上的征战，威尼斯的国库已经大大空虚，人力也显得捉襟见肘。威尼斯无力再发起新一场战争来对抗一个身在相反方向数百里外所向披靡的敌人。因此，即使它采取了相对来说不那么大胆无畏的保守政策，也至少是无可厚非的。威尼斯仍然继续给皇帝康斯坦丁十一世制作数量有限的硝石和护胸甲，后者则以信用状的方式支付货款，同时，威尼斯还允许皇帝在克里特岛招募志愿兵。最后，威尼斯还命令自己的海军司令尽可能为帝国的基督徒臣民提供帮助和保护。然而，威尼斯人绝不会采取任何无缘无故的攻击性行为来得罪土耳其人。

公元 1452 年 12 月初，一位威尼斯海军指挥官，海湾副司令加布里埃莱·特雷维桑，和五艘桨帆船一起抵达了君士坦丁堡。年轻的船医尼科洛·巴尔巴洛就在其中的一艘船上，他在日记中记录了之后到来的攻城战，这是我们目前拥有的最为详细且精确的报告资料。差不多与特雷维桑同时到达的还有前基辅大主教，如今是罗马枢机的伊西多尔，他奉教宗之命前来为东西方两大教会的融合举行宗教仪式。12 月 14 日，就在受到几乎所有拜占庭神职人员和城内居民抵制的仪式结束后的第二天，在一艘威尼斯船上，作为威尼斯在君士坦丁堡长期贸易殖民地领导人的威尼斯市政官以及所有城内威尼斯商界的首脑人物参加了一场会议，伊西多尔主教以个人身份在会上向聚集的军官们呼吁，恳求他们不要放弃面前这座城市。然而特雷维桑的答复是，他必须遵守政府的命令，在另一艘来自特拉布宗的桨帆船抵达的十天之内离开。这位指挥官乘船离开这座城市已成定局，但他很乐意带任何想要离开君士坦丁堡的商人以及任何准备转运的商品一起走。市政官和商人们回到岸上，又秘密举行了第二次会议。这些人决心无论如何都要留在这座城市并为其奋战，于是他们以二十一票赞成、一票反对的结果决定，要用武力扣下威尼斯的舰船，做成这件事后，这些人用最快的方式送信回威尼斯，解释他们这么做的动机。

没有资料记载元老院对此做何反应，但他们在公元 1453 年 2 月收到了威尼斯驻君士坦丁堡市政官吉罗拉莫·米诺托的又一封来信，信中详细报告了土耳其人备战的速度和规模，同时恳求他们尽最大可能火速派遣援兵。这显然起到了作用，2 月 19 日，“鉴于君士坦丁堡正面临的致命威胁”，元老院成员通过投票，派出了一支由十五艘桨帆船组成的舰队，这些船一经整修完毕便立刻起航，同行的还有各搭载四百人的两艘运输船。而这场远征的资金来源于威尼斯政府向所有在黎凡特有利益关系的商人特别征收的税款。同时，更多措辞愈发急切的信件被送到教宗、阿方索国王、神圣罗马皇帝和匈牙利国王手里，书信指出，假如他们不立刻加入战场，助威尼斯一臂之力，君士坦丁堡将必然陷落。

不过威尼斯同样耽搁了很久。当舰队终于在 5 月的第二个星期起航时，君士坦丁堡已经被围困了一个月，而金角湾的八艘威尼斯商船（五艘属于特雷维桑，三艘来自克里特）被匆匆改装成战船，准备在最后一场战斗中发挥作用。

围攻君士坦丁堡的战事持续了整个 4 月，皇帝的七千士兵在长达十四里的城墙上抵抗城下苏丹超过八万人的军队，此外，横亘在君士坦丁堡和它的毁灭之间的三重防御工事正被土耳其人的大炮冷酷无情地不断轰击。在当月 22 日星期天，穆罕默德二世效仿十四年前威尼斯人在加尔达湖的故智，获得了比当年那次行军更大的成功，他将七十艘船从博斯普鲁斯海峡拖过佩拉山，到达山那一边的金角湾。数日后，一个威尼斯人试图摧毁这些船只，但很大程度上由于热那亚人的嫉妒之心，这次行动以灾难性的失败告终。于是如今消耗敌人从而保全这座城市的渺茫希望就落在了人们盼望已久的威尼斯舰队上。

然而即便是这点渺茫的希望仍然存在着问题。虽然米诺托向皇帝承诺威尼斯会派出一支舰队，但正如我们所知的那样，至今他的请求还没有得到元老院有利的回复，因而米诺托也没有足够的底气来保证承诺会变成现实。而且即便他意识到这一点，他也不知道后续一连串的拖延阻碍了舰队及时出发。不过尽管如此，大批海军正奔赴君士坦丁堡这件事仍有很大可能实现，或许再过不久，它就会变成现实。5 月 3 日午夜，一艘威尼斯双桅帆船升起土耳其旗帜，船上的十二名水手志愿打扮成土耳其人模样，驾驶船只溜出金角湾，穿过马尔马拉海到达地中海，希望能与前来救援的舰队取得联系，促使它尽快到达君士坦丁堡。

二十天后的 5 月 23 日，这艘船回来了。在午后斜阳下，它没法再在马尔马拉海的土耳其船眼皮底下蒙混过关，随即便有几艘船对它穷追不舍。然而凭借着极高的速度和机动性，威尼斯船逃脱了被俘获的命运，等到夜幕降临，它趁着横贯金角湾的铁索降低的时机回到城内。但是它带回的消息却没能鼓舞守城者们。这艘船在爱琴海上搜寻了三个星期都没有找到威尼斯舰队的影子，船员们四处寻访，也没有得到任何船队被派遣出航的消息。当这次任务眼看就要无功而返时，有一个水手提议前往威尼斯，他认为经过这么长的时间，君士坦丁堡眼看已经不可能继续掌握在基督徒手中了，即便现在它仍未陷落，这座城市的覆亡也是不可避免的，返回报告任务失败，得到的也只会是死亡或牢狱之灾。但是他的同伴们不肯听从他的建议，他们被皇帝授予任务，那么不论君士坦丁堡如今掌握在希腊人手里或者已经沦陷在土耳其铁蹄之下，不管他们自己是生是死，都必须履行职责，完成使命。于是这些人选择带着坏消息返回君士坦丁堡。他们一回到城市，就被带到皇帝面前，皇帝首先感谢了这些人的勇气和忠诚，接着，他难以抑制心中情感，整个人垮了下来，泪流满面。如今只有耶稣基督和圣母可以拯救这座城市了，皇帝如此喃喃自语。

一周之后，一切都结束了。5 月 29 日清晨，土耳其人越过君士坦丁堡破损不堪的城墙，拜占庭帝国就此覆灭。这个帝国面对着比它装备精良得多的强大敌人持续不断的炮击，英勇抵抗到了最后一刻，在最后被征服之前，整整坚持了五十三天。即便如今败局已定，这个帝国还是没有投降，皇帝康斯坦丁见大势已去，便亲自投入了肉搏战最激烈的地区，像他所希望的那样为国捐躯。过了一段时间人们才发现皇帝的无头尸体，死者的脚上仍然穿着系带凉鞋，鞋子是代表皇室的紫色，印着拜占庭帝国的黄金鹰徽。

就在拜占庭陷落的同时，威尼斯前去救援的舰队到底发生了什么，导致它们迟迟不能出现？这个问题的答案可以从元老院的记录中找到。我们从中发现，贾科莫·洛雷登将军直到 5 月 7 日才收到出航命令，而记录又补充，由于次日发生了一些小插曲，使得他至少到 5 月 9 日前都无法动身。他被指示在科孚岛稍事停留，捎带上在那儿的另一艘桨帆船，接着在前往位于达达尼尔海峡入口处的忒内多斯岛之前到尼格罗蓬特（优卑亚岛）装载物资。他将在那里见到由阿尔维塞·隆哥率领的另一艘威尼斯桨帆船，隆哥在三周前离开威尼斯，为的是搜集土耳其人的部署情报，等这两方会师之后，他们再一起率领船队驶向君士坦丁堡。[1]

在这样的安排下，洛雷登不能按时抵达也就在情理之中了。在这个季

1 在这一点上，我有些偏离了朗西曼爵士在《君士坦丁堡的陷落》（第 81 页与第 113 页）中的记录，在他的记录中，隆哥指挥的舰队差不多在 4 月底出航，这与元老院的记录很难对上号（见蒂里耶著作“Régestes”，第三卷，第 184—186 页）。

节从北方吹来的烈风中，一支大型舰队要从达达尼尔海峡和马尔马拉海取道而上并不是件可以很快完成的轻松任务。而更不可思议的是，从君士坦丁堡逃出的威尼斯水手们没能联系上隆哥，或许是水手们返回的时候他还没有抵达泰内多斯岛。无论如何，在没有掌握确切路线信息或航程日期的情况下，要追踪海上的船只，直到二十世纪前都只是件碰运气的事。

但为什么威尼斯舰队会耽搁那么久？这是个更难回答的问题。就像史蒂芬·朗西曼爵士曾指出的那样，这无疑是因为威尼斯，或者任何来自西方世界的人，“无一能理解苏丹坚忍固执的性格及其战争武器的极高质量”。当然另一方面，至少对威尼斯人来说，他们绝不认为君士坦丁堡固若金汤，无法攻破，二百五十年前，老丹多洛执政官和第四次东征的十字军就证明了这一点。而且更重要的是，洛雷登的旗舰搭载了前去觐见苏丹的大使巴托洛梅奥·马尔切洛，鉴于他们到达君士坦丁堡时战事可能已经结束，因此马尔切洛本人和他所得到的指示都是为了这一情况而准备的。而对大使和洛雷登将军，威尼斯的指示特别要求他们一切以小心为上，在航程中，洛雷登除非自卫，否则不得与任何土耳其船只交战；而一旦到达君士坦丁堡，由于没有从威尼斯方面获得听从皇帝指挥的命令，对将军来说他就不会得到投入战斗的直接指令，反而将君士坦丁堡的威尼斯商人们有序地护送回国的任务给予了他更大的压力。马尔切洛的任务则是向苏丹强调共和国所希望的只有和平，即便它派遣舰队来到君士坦丁堡，也是为了保证商人们的安全和威尼斯的利益。

现在我们可以得出结论：尽管他们自己都未必完全承认，威尼斯人确实遵循着一种从容不迫的政策。威尼斯人希望全世界都认为他们为拯救东方基督教世界派出了一支庞大的救援舰队并且已尽人事，虽然结果不成功，但还是鼓舞了欧洲的统治者们效仿，但实际上他们意不在此。作为彻头彻尾的现实主义者，威尼斯人很清楚拜占庭帝国注定覆灭，而且他们也不愿意与接收它的奥斯曼土耳其为敌，这是毫无必要的。从与穆罕默德二世的友谊中，威尼斯人看到的不仅仅是延续他们在东方利润丰厚的贸易活动的最佳途径，而且很大可能也是保留他们在希腊和爱琴海现存殖民地的唯一机会。而威尼斯人另一个对远征君士坦丁堡缺乏热情的表现是他们拒绝用公款资助这次航行，甚至在所有大宗捐款付清之前不允许船队起航。这样的态度显然与十字军东征的热情或者真正觉得事态紧急的感情搭不上边。如果说威尼斯没有及时向君士坦丁堡派出援军，这只是因为它并不真心希望这么做。

不过那些身在君士坦丁堡城内的威尼斯人和热那亚人，尽管他们彼此憎恶，互不信任，但还是在整场战争中并肩奋战。正是一个名叫乔瓦尼·朱斯蒂尼亚尼·隆哥的热那亚雇佣兵在全长四里的陆上城墙上指挥作战，用他本人的个人魅力和领导力一次又一次地让守军重整旗鼓，直到最后一战时胸口的致命伤将其打垮。随后朱斯蒂尼亚尼不顾皇帝多次恳求，坚持留在战场上，直到最后一刻都没有转移到安全的地方，让自己先前的赫赫声名削弱半分。而当城破之时，却是威尼斯人承受了比他们的竞争对手更多的苦难。除了驻守在南端城墙的两个小队，威尼斯军队的大部分都在市政官吉罗拉莫·米诺托的指挥下集结在布雷契耐宫周围，这儿正是北段城墙蜿蜒下行转向金角湾的地方，土耳其人也正是从这里打开了第一个主要突破口攻入城市。很多威尼斯人在战斗中身亡，剩下的俘虏中最重要的九人当即被斩首，其中就包括米诺托和他的儿子。

至于威尼斯桨帆船上的水手，他们的遭遇则要好一些。多亏了土耳其水手的贪婪，在劫掠开始的时候，他们唯恐攻入君士坦丁堡的士兵们抢走了最好的战利品，于是丢下了把守金角湾入口的职责，威尼斯船因此得以穿过隆隆炮火，搭载上游出海湾投奔它们的难民，然后乘着强劲的北风鼓足风帆迅速驶入马尔马拉海安然逃脱。一些希腊和热那亚的船只也如法炮制。然而有少数手无寸铁的商船和两三艘热那亚船一起停泊在金角湾略远的地方，在事情发生的时候来不及跟着之前的船只逃出，于是连人带船一同被土耳其人俘获。

君士坦丁堡城破之后整整三日比二百五十年前拉丁人的所作所为更肆无忌惮的烧杀淫掠记录，就不在本书讨论范围之内了。这座城市被攻陷的消息对整个西欧产生了直接的影响，事件发生后一个月的 6 月 29 日，里亚尔托得到君士坦丁堡陷落的消息后引起的后续影响尤甚于其他地方。当目击者们回到威尼斯讲述他们的故事时，威尼斯人或许第一次彻底地意识到当下发生之事的严重性。这严重性不仅仅是指东方基督教世界的首都沦陷，君士坦丁堡陷落或许会带来情感上的冲击，但拜占庭帝国从很早之前就已经不具有政治上的重要意义了。同时这件事的严重性也并不只在于威尼斯失去了一个宝贵的贸易点，在战斗中或战后估计有五百五十名威尼斯人和克里特人被杀，威尼斯还蒙受了高达三十万杜卡特的经济损失。然而第三个关于君士坦丁堡陷落影响的考虑要比前两个更为深远和令人忧虑，获得胜利的苏丹从此之后可以任意选择他想征服的下一个对象，一切都只能寄希望于他的仁慈。

7 月 5 日，威尼斯向洛雷登和马尔切洛大使发出了进一步的命令。对前者的命令是让他采取所有认为有必要的手段来保护尼格罗蓬特的安全，特别要保证任何从这里前往君士坦丁堡的商品都必须改道送往伯罗奔尼撒半岛的迈索尼等候进一步通知。马尔切洛收到的命令则是让他向穆罕默德二世强调威尼斯共和国仍坚持尊重与他父亲签订且经过他本人确认的和平条约，同时指出土耳其人扣押的所有威尼斯船只都是商用船而非战船，要求他们将这些船原样奉还。假如穆罕默德同意继续过去的协议，马尔切洛就可以进一步试探威尼斯是否被允许保留君士坦丁堡城内的商业殖民地，并且拥有与在希腊人治下同样的权利和优惠，继而迫切要求苏丹释放仍然在押的威尼斯人。但如果形势相反，苏丹拒绝和议或者意图强加新条件，大使就需要将这些情况反馈给元老院。此外，马尔切洛有权花费高达一千两百杜卡特的金钱，用于为穆罕默德或是他手下任意一位可以促成谈判进展的廷臣购买礼物。与此同时，威尼斯所有的沿海城市与岛屿，例如克里特的干地亚、位于帕特雷湾的勒班陀、埃伊纳岛，以及不久前才被置于威尼斯保护之下的斯基罗斯、斯科派洛斯与斯基亚索斯诸岛，都被命令加强本地的防御。而在威尼斯本土，军械库正紧锣密鼓地建造着十九艘桨帆船，但是这个数目对新的危险来说实在是太微不足道了，因此人们又投票决定额外拨款再建造五十艘新船。

很快，马尔切洛就像之后很多位大使一样，发现穆罕默德是个极难对付的谈判者。经过大半年的谈判，直到次年春天双方才达成了共识。被扣留的船只和囚犯都被交还给威尼斯，苏丹也允许威尼斯人在市政官的管理下，像过去那样继续保留君士坦丁堡城内的殖民地，但是他们不能再享有领土和商业上的各种优惠，这些特权与优待正是威尼斯人过去在君士坦丁堡的权势和繁荣的基础。从这时起，拉丁人在东方的势力就迅速地衰弱了。

此时还有最后一个问题：如果威尼斯人需要对君士坦丁堡的陷落负起责任，那么他们应当负担的程度有多深？暂且不论当时的作者对威尼斯的一些指控，很显然威尼斯不能说对君士坦丁堡城破负有直接责任。威尼斯的行动或许是缓慢的，但是其他的几方势力也并没有更迅速地采取行动。举例来说，教宗尼古拉四世曾决定从教廷公帑中拨款资助五艘威尼斯桨帆船，但他直到 6 月 5 日才向威尼斯元老院透露了他的意图，此时距离君士坦丁堡落入土耳其人之手已经有一周时间。威尼斯也许在救援濒死的拜占庭帝国的过程中漫不经心，但是其他基督教国家对此甚至都没有动一根手指头。实际上威尼斯是在孤军奋战，它已经做到了所有能做的一切，即便它的舰队及时抵达，也只不过是让君士坦丁堡多支撑一到两周，反而延长了它垂死挣扎的痛苦。而即便这个假设成真，能否成功实施仍是个问题，因为游弋在马尔马拉海的土耳其舰队会不惜一切代价阻止威尼斯舰队到达被围困的城市。此外，与元老院的拖延表现相反，在君士坦丁堡奋战到底的那些威尼斯人与克里特人，他们的英勇值得大书特书一笔。这些人大多数都死在君士坦丁堡破损不堪的城墙上，其中至少有六十八位贵族，他们很多人都拥有着威尼斯历史上最古老和最显赫的姓氏。我们不妨来看一看这份死者名单，这其中有六个人来自孔塔里尼家族，三个姓巴尔比，两个巴尔巴洛，两个莫罗西尼家族的成员，两个莫塞尼戈，还有五个特雷维桑。[1]

但如果从更广阔的历史角度看，威尼斯并非无辜。在穆罕默德二世给予其致死的最后一击前，拜占庭帝国在两个半世纪中已经逐渐走向衰亡。这个帝国真正遭受到致命打击，实际上并不是在公元 1435 年，而是在公元 1205 年，第四次十字军东征的拉丁军队攻入君士坦丁堡一路大肆劫掠，并且为惨淡存续的法兰克僭主统治铺平了道路之时。拜占庭帝国虽然从这次惨剧中重整旗鼓，但是再也没有恢复元气，威尼斯人必须对此负起主要责任。他们的船只，他们主动的倡议，领导和推动造成了日后的恶果，他们也正是第四次十字军东征最大的赢家，从拜占庭帝国得到了最多的战利品，因此，在君士坦丁堡最终的劫难到来之时，他们难辞其咎。

1　作为他们中的一员，尼科洛·巴尔巴洛给出了一份完整的名单，见《日志》，第 16—18 页。

25

福斯卡里父子

（公元 1453—1457 年）

这是执政官的戒指，

那是执政官的冠冕。

因此亚得里亚海转而与他人缔结姻缘。

——拜伦，《福斯卡里父子》

公元 1453 年，就在苏丹穆罕默德二世的军队攻陷君士坦丁堡的时候，弗朗切斯科·福斯卡里已经在执政官的宝座上坐了三十年，这样长的执政时间令他的前辈们都望尘莫及。而就像当年老执政官托马索·莫切尼戈在弥留之际预言的那样，这三十年间威尼斯开疆拓土，战事频繁。通过战争，共和国的边界已经穿过了北意大利一半的领土，但也正因为战争，共和国的国库逐渐空虚，国内物价飞涨，一些银行倒闭，许多豪华的商业房屋濒临坍圮，福斯卡里的岳父安德烈亚·普留利身负两万四千杜卡特巨债，正是在此时宣布破产的人之一。

在这样的情况下，执政官在公共和私人领域都没有削减开支控制消费的行动。公元 1438 年，福斯卡里执政官款待拜占庭皇帝的排场连向来见惯奢华场面的威尼斯人都惊诧不已。三年之后，福斯卡里执政官为唯一还在世的儿子雅各布迎娶卢克雷齐娅·孔塔里尼，婚礼上的庆祝活动更加奢侈无度。雅各布·福斯卡里是近来城内青年贵族集团“裤子俱乐部”的领导人之一，这个组织的名字来源于成员们所穿着的花色多样、鲜艳夺目的紧身裤，它的章程中有一条特别用于庆祝成员的婚礼的规定。据描述，在这条规定下，新娘的兄弟和同伴们披着镶有银边的鲜红天鹅绒斗篷，在六个穿着统一制服的男仆和各式随从与武装士兵陪伴下乘上披着相似鞍辔装饰的马匹，这些人从圣萨穆埃莱出发，在一座由船只组成的桥上越过大运河，共有二百五十余骑列队前往孔塔里尼家族在圣巴尔纳巴的宅邸。婚礼弥撒之后是一场盛大的宴会，宴罢新人在一百五十名侍女和一群乐手的簇拥下登上黄金船，隆重前往弗朗切斯科·福斯卡里的宅邸正式拜访。当一行人回到圣巴尔纳巴时正赶上舞会开场，于是众人欢度良辰直至深夜。即便是这样一系列的盛大活动都仅仅是个开始，为了婚礼而设立的公共假期持续了数日之久，这段时间被留给接连不断的舞会、化装舞会、赛舟会与在广场举行的马上枪术比武锦标赛，所有的这些欢乐景象都给来访的外国游人留下了难以磨灭的印象。

通过这些事，福斯卡里执政官保住了他在大众心目中的声望。他一如既往地反映着威尼斯子民的普遍情绪，人们从来没想过要将共和国的经济困境归咎于执政官，至多只是批评一下福斯卡里对铺张排场的嗜好。不过没有人能在毫不树敌的情况下在威尼斯执政三十年，而就在弗朗切斯科·福斯卡里刚刚跨过七十岁的门槛时，他的敌人们出来指控他的种种罪名，将他打入万劫不复之地。

无论他们是否确实曾经做了这样的事，福斯卡里的拥护者们在当年选举中舞弊的指控却还没有被人彻底忘记，尤其是当初在最后一场投票中出乎意料败在福斯卡里手下的彼得罗·洛雷登的家族。不过从威尼斯曲折繁复的选举程序来看，其中有些因素是无法要求福斯卡里负责的。同时，因为之后的一两次意外，这其中包括一份不愉快的婚约，它的突然作废严重恶化了两家原本打算缓和的关系，使形势雪上加霜，以至于到了雅各布结婚时，福斯卡里与洛雷登家族之间的关系几乎势成水火。因此我们可以假设，公元 1445 年初，当债台高筑的雅各布被指控利用自己的影响力收受贿赂，来分配有利可图的公共职位时，这条消息显然正中洛雷登家族下怀。不过除去彼得罗·洛雷登的近亲弗朗切斯科恰在此时担任十人议会的三首脑之一这点，至少在雅各布的职业生涯上，并没有证据证明他遭受到不公正的司法待遇，事实上我们也很难想象，在此案的审理过程中会发生这样的事。

十人议会首先召集了由十人组成的补充组织，再遵循惯例加上执政官顾问与三位大法官，组成了一个二十九人的委员会。（至于福斯卡里执政官本人，由于情况特殊，他被要求不得参与会议。）委员会原本要求立即逮捕雅各布，但雅各布已逃出城，于是只得在调查对象缺席的情况下展开审查。通过审讯雅各布的仆人们，一些包含有如山铁证的文件被曝光，洛雷登随即提议调查团的人数应当加倍，而证人必须被严刑拷问，以此希望能够找到更多起诉的证据，不过人们否决了他的提议。最后雅各布·福斯卡里被判终身流放，流放地在伯罗奔尼撒半岛上的迈索尼殖民地。他的仆从与其他被牵连其中的人得到了相对较轻的处罚。然而无论是调查当时或者之后，都没有人认为执政官参与到了儿子的不当行为之中，甚至不认为他觉察到了雅各布的犯罪行为。

我们必须承认，这样的判决并不过分严苛。至少以当时的标准来看，小福斯卡里算是罪有应得。两个月后，雅各布·福斯卡里仍然没有到迈索尼总督处报到，这导致他的资产被没收充公，但即便是这样的处置方式，也与那个时代的环境相符合。两年后，由于雅各布身患重病，通过他父亲令人动容的恳求，十人议会宽仁为怀，将他赦免。公元 1447 年秋，威尼斯政府宣称“我们的统治者值此多事之秋，因此需要考虑他在为共和国鞠躬尽瘁的同时不受担忧焦虑折磨的需要；现在他的儿子卧病在床，身心俱损，出于政府的一般人道主义，和我们的执政官的功绩”，雅各布·福斯卡里被允许返回威尼斯。

这样看来，老弗朗切斯科·福斯卡里似乎可以在平静中度过余生，而如果公元1450年11月5日一位名叫埃尔莫劳·多纳的议会要人没有在离开执政官宫返家途中遭到刺客袭击，两天后伤重而死，他本可以如愿以偿。事发后连续几个星期内，许多嫌疑人被逮捕、审讯，又被释放，但没有人怀疑雅各布·福斯卡里。直到1月，有人将一封告密信悄悄塞进了检举口[1]，指控雅各布是杀人凶手。这一次雅各布·福斯卡里被逮捕，送上了法庭。

事实上，指向雅各布的证据并不充分。由于在前一次对他的审判中，死者曾担任十人议会的三名首脑之一，因此复仇才作为一个可能的作案动机被摆上台面。此外，一些微不足道的事实，例如雅各布的一个家仆曾在夜间可疑地游荡于执政官宫门外，都被当作指控的证据。陪伴在兄弟床前两天两夜直到体力不支的安德烈亚·多纳证实，埃尔莫劳宽恕了不知名的袭击者，他也没有留下任何可能指证雅各布有罪的言辞。而被控告的雅各布本人尽管遭到严刑拷问，也不低头服罪承认自己参与了这件谋杀案。但尽管如此，他仍然被判有罪并处终身流放，这一次，小福斯卡里服刑的目的地是克里特岛。

诚然，在第二次审判中，十人议会采取的行动令人迷惑不解，不过要将其归结于洛雷登家族或是其他什么人的阴谋，依然是不现实的。首

1 从字面意义上看，这个箱子被称作“狮口”(bocche di leone)，它会被放在城市的各个角落，以便人们将写好的检举信和控诉信投递进去。这些信件和纸条会交给十人议会，不过假如它们没有签名或是没有经过彻底调查就做出指控，他们一定会选择视而不见。

先，这时议会中没有洛雷登家族的成员，只有一人进入了通常为处理这类事务召集起来的临时团体。其次，尽管从现有的证据来看此次定罪并不公正，但下达的判决已经要轻于法律规定的谋杀罪量刑。而且有人总结雅各布·福斯卡里的所作所为，认为到目前为止，他是一个积习难改的麻烦制造者，十人议会后悔他们之前的网开一面，因此抓住了新的机会，一劳永逸地解决了这个常年令共和国困窘不已的大麻烦。

然而事情不会结束得如此顺利。公元 1456 年夏，十人议会得到消息，雅各布·福斯卡里正与穆罕默德二世秘密联络，试图说服苏丹派遣一艘土耳其船来到克里特岛，帮助他逃离流放生涯。当地总督对此严词谴责，并否决了“考虑到他［雅各布］的愚蠢和受惩处地点的偏远”而请求宽恕雅各布·福斯卡里的提案。7 月 21 日，雅各布被带回威尼斯，在议会成员面前受审。这一次没有严刑拷问的必要了，雅各布毫不犹豫地承认对他的指控都是真实的。这次十人议会的三名首脑中又一次出现了一名洛雷登家族成员的身影，或许更值得注意的是，正是此人提议判处雅各布死刑，并在众所周知的两根广场石柱之间公开行刑，不过他的提议只获得了七票赞成。包括另一名洛伦佐·洛雷登在内的绝大多数审判者选择将雅各布送回克里特，并在那里接受为期一年的监禁。同时雅各布被严正警告不允许再与外国势力暗通款曲，否则他将付出生命的代价。

在等待出发之际，面色苍白、显然身患疾病的雅各布得到允许，可以让他的家人来探望。他的一名亲属乔治奥·多尔芬作为这场最后会面的见证人，在一份现存于圣马可图书馆的手稿中讲述了年轻的福斯卡里如何声泪俱下，恳求他的父亲动用自己的影响力让他回到故乡和家人身边，而执政官又是如何严厉地规劝他“遵从共和国的命令，别再索求更多”。等到他的儿子被带回牢房，这位老人才情绪失控，呼喊着“多可悲啊！”，抽泣着倒回他的座椅里。这父子二人此后再也没有见面，雅各布回到克里特岛的六个月后，他去世的消息传到了威尼斯。

弗朗切斯科·福斯卡里爱他的儿子胜过世上所有的东西，因而无法承受这最后的一次打击。从那时起他开始走向衰弱，对政府公务兴趣索然，甚至拒绝按照宪法的要求参加元老院和议会的会议。这样的情况持续了六个多月，但人们还对执政官抱有希望，等待他至少恢复到能够履行更重要的国家职责的程度。但到了公元 1457 年 10 月，议会认为他们不能再继续等待了。于是内部执政团和三位十人议会的首脑组成了一个拜访执政官的代表团，他们委婉并尊敬地将福斯卡里“当作一个优秀的统治者和真正的国父”，请求他辞职逊位。

先前福斯卡里曾两度下决心辞职，但他的想法被否决了。然而这次他却拒绝退位。或许他仍然对十人议会处置他儿子的方式心怀愤懑，认为他们应当对雅各布的死负责；或许他是因为议会不够圆滑的手段发怒，它选择了上一任十人议会首脑之一，在维持雅各布·福斯卡里流放判决上起到了重要作用的雅各布·洛雷登作为说客。（不过他不太可能和那位提议处决小福斯卡里失败的洛雷登是同一个人。）也有可能仅仅是因为老福斯卡里的年纪（他如今已经八十四岁），加上他承受的苦难，使这位老人变得暴躁易怒。不过无论如何，从他的答复中可以看出，福斯卡里并非年老昏聩。他冷静地指出十人议会从宪法角度上无权要求他辞职。法律明确规定，执政官辞职这样的大事需要经过大议会多数决定通过，并且得到内部执政团的六位顾问支持，福斯卡里宣称，假如他是在适当的场合收到这一要求的，那么自然会进行适当的考虑。但现在，他还是要留在这个位置上。

福斯卡里的话在理论上是完全正确的，但是十人议会的决定不容否决。或许是出于骄傲和其他种种原因，他们没有将这个问题转交给大议会定夺，相反，十人议会进一步公然违反宪法，给福斯卡里下达了最后通牒。福斯卡里可以选择辞职并在一周之内搬出执政官宫，在此情况下他可以保留所有的执政官荣誉，还将得到一千五百杜卡特的年金；但如果他拒绝接受这些条件，他就会被强迫退位，所有的财产也会被充公。于是老福斯卡里再也无力抵抗，象征职权的戒指从他手指上褪下，然后按照礼仪规定被破坏；执政官的尖角帽也从福斯卡里的头上摘了下来。当这个代表团准备离开时，老福斯卡里注意到其中一人对他投来同情和关心的一瞥，他随即认出那人是他一位老朋友的儿子，于是老人对他喃喃道："告诉你父亲，我欢迎他来拜访，我们可以坐同一艘船外出，去探访那些修道院。"先前目睹父子生离死别的乔治奥·多尔芬，再次作为见证者为我们描述了这一幕。

不过次日老人离开执政官宫时，看上去恢复了一点过去的精气神。他的兄弟马可建议他走一道直通向侧门的隐蔽小楼梯，迎接他的船正等待在那里，但是弗朗切斯科拒绝了这个提议。"不，"他说，"我要从当年进入这座宫殿履职的那道楼梯走下去。"他确实这么做了。随后老人搭上船，来到大运河的第一个弯曲处，他建造的华美宅邸坐落在那里，时至今日还以他的姓命名。

一周之后，福斯卡里的继任者帕斯夸里·马利皮耶罗在圣马可大教堂参加万圣节弥撒时，得到了老福斯卡里去世的消息。多尔芬描写在场的顾问们互相交换着眼神，"他们很清楚正是自己缩短了前执政官的寿命"，而且他们确信老人是因为伤痛心碎而死。于是我们或许能用人们的负罪感来解释之后享受国葬的老福斯卡里获得的极大哀荣。对此福斯卡里的遗孀激烈地抗议，她宣称福斯卡里是共和国最杰出和最忠诚的公仆，如今共和国想要弥补自己对待他的错误行为，一切都太迟了。然而她的抗议并没有得到他人的重视。11 月 3 日星期二，福斯卡里的遗体被郑重停放在执政官宫底层回廊内的暗夜之主厅内，他身穿全套执政官盛装，披着镶金边的长袍，手握长矛与剑，执政官尖角帽再一次回到了头上。随后按照传统，福斯卡里的遗体在一顶金伞的护送下，从那里被军械库的工人们抬着穿过默瑟里亚，跨过里亚尔托木桥，抵达圣方济会荣耀圣母教堂。新任执政官马利皮耶罗穿着普通议员的服饰，担任福斯卡里的护柩人之一，这其中的意味显而易见、不言自明：弗朗切斯科·福斯卡里是以执政官的身份去世的。

我们可以从福斯卡里的陵墓上见到这个故事，它位于教堂主祭坛右边墙上地位显要的一隅。它值得我们对其进行详细考察。首先，它的风格正处在哥特向文艺复兴过渡的有趣阶段；其次，虽然这座陵墓引发了罗斯金最过瘾的一次抨击，[1] 但关于福斯卡里，威尼斯还有另一座更有价值的纪念丰碑。它位于执政官宫西侧正面，俯瞰着小广场，从执政官宫南部的第七根石柱开始，一直延伸到圣马可大教堂的那个角落为止。罗斯金将它赞美为通向宫内中庭的新入口，这就是为我们所知的纸门。

无论福斯卡里在荣耀圣母教堂的陵墓有何种缺陷，纸门仍是一件杰作。它是威尼斯哥特式风格晚期的辉煌最为生动的表现，同时也抓住了正在逝去的中世纪的最后一缕余晖。由于这段时期几乎和弗朗切斯科·福斯

---

1 进行仔细观察的时候，最好手边有一本《威尼斯的石头》第三卷，打开这本书的第二章第七十一节，上面写道：“我们将发现完美的文艺复兴风格至少应当纯净清淡，对缺陷十分敏感。不过这座纪念碑表现出对一种风格阻碍另一种风格初步发展的拒绝，以及从襁褓到寿衣之间所牵涉的所有人生哲理。”罗斯金以这样的描述风格继续了三页，而福斯卡里的雕像中能够取悦他的东西甚至更少：“那是一张又大又粗野的乡下人面孔，上面有着可以从最糟糕的天主教神父脸上见到的麻木与耽于享乐的狡猾神色。这张脸一半仿佛是钢铁，而另一半则是陶土……”不过罗斯金谴责的更多是雕塑的制作者而非它塑造的人物。

卡里的执政时期吻合，因此在这座高达一层楼的惊人门廊中，跪在圣马可的有翼狮子面前的真人大小雕像应当是福斯卡里本人的形象。[1] 频繁的战争、空虚的国库和个人生活的悲剧为福斯卡里执政生涯的最后几年蒙上阴霾，他的任期最终以一场羞辱作结，然而所有的这些都已经被遗忘了。人们记住的只有功绩：威尼斯的敌人们被打倒，共和国的边界被扩展，桨帆船和商人们纵横半个世界，还有那些华丽绚烂的排场、夺目的色彩和游行。也正是在这个时期，整座执政官宫被粉红和白色的大理石菱形花纹装饰起来，这是建筑装饰史上最具创意的理念之一。当瓜里恩托在大会议厅的墙上完成他的巨幅作品《天堂》（很可惜这幅画作如今已经被毁坏了）时，正值君士坦丁堡陷落前夕，早在这时，就有很多难民从正在崩溃的帝国逃到威尼斯定居。难民们将威尼斯看作西方最拜占庭化的城市，并为它带来了他们的藏书、艺术作品以及新鲜的学术血液。这些移民中最典型的一个案例是枢机主教贝萨里翁，他曾经作为尼西亚的东正教大主教陪同皇帝前往费拉拉和佛罗伦萨的宗教会议，尔后留在意大利，成为罗马教廷的教会亲王和他那个时代最伟大的神职人员。他将自己庞大的藏书捐赠给威尼斯，这些书籍成了后来圣马可图书馆的核心。在这种情况下，威尼斯将一座以圣比亚焦为名的老教堂移交给希腊移民使用（虽然到了十六世纪移民们就搬去了新建的希腊圣乔治堂），获得了在文明世界无与伦比的宗教宽容美誉。

不过在此也必须承认，在其他方面，威尼斯远远落后了。它没有可以与但丁、彼特拉克或薄伽丘媲美的作家，也没有列奥纳多·布鲁尼、莱

1 它的原物已经在公元 1797 年毁于法军之手，如今留存下来的是十九世纪晚期的绝妙复制品。不过幸运的是，由巴托洛梅奥·博恩制作的福斯卡里雕像原件得以保留下来，人们如今可以在宫内的雕塑博物馆见到它。最近整座纸门已经由大不列颠威尼斯濒危基金会清洁并重修，在此我们要感谢塞恩斯伯里夫妇的慷慨捐赠。

昂·巴蒂斯塔·阿尔伯蒂和皮科·德拉·米兰多拉那个水准的人文学者。哪怕是在它曾一度领先的绘画、雕塑和最为出众的世俗哥特式建筑等艺术领域，威尼斯在十五世纪前半叶的出产对那些受着马萨乔、布鲁内莱斯基、吉贝尔蒂和多纳泰罗等人作品的熏陶成长起来并精于此道的佛罗伦萨人来说，已经显得太老套了。在托斯卡纳的大城市，文艺复兴已经接近鼎盛，而在威尼斯，文艺复兴才刚刚开始，一些迹象表明它正处在试探阶段，而且并不是完全成功的。

这种不寻常的迟滞是由几个原因造成的。威尼斯人是实干家而非思想者，他们是卓越的经验主义者，不相信抽象的理论。威尼斯人的才能本质上是看得见摸得着，甚至是可以耳闻的，它们更像是一种感觉而非才智。而艺术家、手工匠人和商人很少会成为伟大的诗人与哲学家。到了十五世纪末，威尼斯人在一种新的绘画艺术上崭露头角，然而纵观整个威尼斯的历史，他们始终更善于制作书本而非撰写它们。

同样，从威尼斯最早的起源开始，它就和拜占庭文明保持着一种比它与意大利大陆之间更紧密的关系，于是虽然人文思想在伦巴第和托斯卡纳产生了剧烈的影响，但在威尼斯，新一波拜占庭的影响一开始会产生比它更和谐的共鸣。但是拜占庭已经逐渐衰亡，因此很快就将轮到文艺复兴的种子在威尼斯各处扎根发芽，产生出与其不相上下的丰硕成果。

26

奥斯曼土耳其的威胁

（公元 1457—1481 年）

他们喊着“去！”，然而却没有引起他人的注意，如果喊的是“过来！”，说不定会得到更亲切的回应……

我们无意战斗。我们应当仿效摩西，当以色列人与亚玛力人作战时，他在山上祈祷。不管是在山顶还是在船首，我们都应当向主耶稣基督祈求，请他保佑我们的将士旗开得胜……

我们为上帝服务而离开了自己的教区和罗马教廷，将我们头发花白的虚弱身体交付给他的仁慈。他不会忘记我们。如果上帝没有让我们安全返回，那么他就会将我们迎入天堂，保佑他在罗马的圣座和他的新娘——教会——安然无恙。

——公元 1463 年，教宗庇护二世致枢机主教们

公元 1457 年 10 月 30 日夜里，帕斯夸里·马利皮耶罗首次穿戴上执政官的盛装，在环绕广场的游行中接受臣民的欢呼，他成了这个欧洲最辉煌国度名义上的最高统治者。这个时期，整座城市恢宏壮丽，贸易正重新繁荣起来，而细心记录的国库账目看上去也比过去那些年更健康。威尼斯政通人和，安定的局势并未因为福斯卡里父子的不幸遭到严重动摇，一如

既往地令文明世界的其他国度欣羡不已。正值此时，威尼斯共和国是一个具有广袤大陆领地的帝国，它的边界西至米兰，北抵阿尔卑斯山。东地中海的局势较为晦暗不明，但还未到必须立刻引起警惕的地步。四年半之前，君士坦丁堡沦陷于土耳其人之手，但在其覆亡前，威尼斯共和国就已经和苏丹达成了协议，协议的条件仍然非常友好。威尼斯商人自由贸易的权利得到了保障，他们只需缴纳百分之二的赋税；土耳其亦欢迎威尼斯的领事官员在奥斯曼帝国的土地上居住。简而言之，目前没有任何原因，能使威尼斯如今在地中海东部的商业活动不及它们在拜占庭帕里奥格洛斯王朝统治末期繁荣。

假如穆罕默德二世可以满足于现状，停止军事侵略并且致力于巩固他伟大的征服成果，那么这种乐观的看法还不算所托非人。但是年仅二十五岁的苏丹并不餍足，他怀着传教士式的猛烈激情，深信自己身负神圣的指引，要将先知的言语传播到整个欧洲和更远的地方。同时，苏丹在潜意识里觉得，假如他放弃这令人难以抗拒、已经带给他如此大回报的军事推进行动，将会带来致命的后果。[1] 受到奥斯曼土耳其直接威胁的基督教小国统治者们纷纷臣服，提出向土耳其支付年贡，并且尊奉苏丹为他们的主君，但是这些提议都被否决了，穆罕默德二世只对直接统治感兴趣。到了公元 1462 年，马利皮耶罗短暂且不值得注意的执政期终结之际，[2] 尽管匈牙利的军事天才，杰出的武士匈雅提・亚诺什保住了重要的桥头堡贝尔格莱德，使它在之后五十年内继续掌握在基督徒手中，但年轻的苏丹在这一年已经消灭了独立的塞尔维亚最后的遗迹，掌握了

1 在这种情况下穆罕默德二世是对的。从之后奥斯曼土耳其的历史来看，正是在此时，土耳其的扩张停滞下来，帝国也开始衰落。

2 人们可以在圣乔瓦尼保罗教堂的圣物收藏室之外，看到他由彼得罗・隆巴尔多设计的陵墓。

爱琴海北部主要的岛屿。接着他挥师南进，首先驱逐了佛罗伦萨籍的雅典公爵，随后又击败了拜占庭帝国末代皇帝在伯罗奔尼撒半岛自封为领主的两个软弱兄弟，托马斯和德米特里·帕里奥格洛斯。两年后苏丹成为波斯尼亚的主宰，而威尼斯在达尔马提亚沿海的城市开始感到自己处在逐渐迫近的严重威胁之下。

不过并非只有这些城市寄希望于里亚尔托，等待威尼斯的拯救。忧虑紧张的情绪笼罩着整个西欧，作为基督教世界最强大的海上国度，加之其独特的地理位置，威尼斯不可避免地成为土耳其进攻到来时最前端防线的一部分，同时显而易见地成为各国求助的对象。这些国家确实别无选择，热那亚在穆罕默德二世手下丢失了它在加拉塔的殖民地，此后又失去了黑海（如今苏丹将其变成了奥斯曼土耳其帝国的内湖）沿岸的贸易港口，已经放弃继续与土耳其人抗争。匈牙利在匈雅提去世后群龙无首，人心涣散，虚弱无力。至于神圣罗马帝国，它失去领土的速度就如同东边与其相抗的奥斯曼帝国攫取新领地的速度一样快。

在某种程度上，威尼斯刻意将自己塑造成一个在土耳其侵略狂潮下保护弱小的形象，而且它发现这是一个相当成功的策略。这个策略使得它早在公元 1356 年便将科孚岛和平地收入囊中，在公元 1388 年得到纳夫普利翁和阿尔戈斯，公元 1423 年，共和国又从主动提出请求的当地领主手中接管了萨洛尼卡。尽管最后的这次吞并某种程度上并不令人愉快——当地在两年后爆发了断断续续的战争，一直持续到公元 1430 年这一地区在苏丹军队铁蹄下沦陷为止——但威尼斯仍然可以指出爱琴海地区还有许多主动寻求其庇护的殖民地，并且它们每一个都能为共和国提供丰厚的利益。然而，随着土耳其变得越来越强大，越来越具威胁性，威尼斯亦开始收缩气焰，打起退堂鼓。在弗朗切斯科·福斯卡里执政的最后几年，威尼斯两度拒绝涉入任何进一步的战争，而帕斯夸里·马利皮耶罗也延续了他前任的方针政策。[1]公元1459年9月，教宗庇护二世在曼图亚召开了一场基督教国家参与的大会，目的是组织一次全欧洲的十字军东征。威尼斯认为有必要让与会的国家想起他们六年前在君士坦丁堡被围攻期间不光彩的表现，因此这一次它宣称，除非所有的基督教国家统治者有志一同地准备参加这次十字军东征，并且根据各自的实力全心全意积极投入这项神圣事业之中，威尼斯才愿意参与。鉴于与会各国的代表们再一次明显表现出对东征缺乏热情和兴趣，这个条件显然是不可能达到的。教宗失望地离开了曼图亚，但是他从来都没有打消自己的十字军东征梦。公元1462年，教宗对属下的一些枢机描述了他经历过的无眠之夜，他因为自己的无力而愤懑不堪，又因为自己的无所作为而感到羞耻。第二年庇护二世宣布了他的新计划，他不顾自己身体的虚弱，[2]在勃艮第公爵的陪同下亲自领导军队发动远征，为此，威尼斯需要提供一支舰队。

当教宗邀请威尼斯加入他的新同盟的消息传到威尼斯政府要员们手中时，马利皮耶罗执政官已经去世了。接任者是克里斯托弗罗·莫洛，他是个比前任强有力得多的人物。莫洛已经上了年纪，但是他对十字军东征的热情跟他的年龄一样大，或许在庇护二世本人，以及莫洛流水一般源源不断寄送给教宗，鼓励他采取行动的信件中，这位新执政官就已经鲜明地表露了他的同情态度。而莫洛的这些情绪如今也被他的大多数同胞共享。奥斯曼土耳其

---

1 不过他的温和倾向不能阻止十人议会在公元1456年通过一项刺杀苏丹的提案，杀手是一名从迈索尼来的犹太人，威尼斯许诺事成之后将立即支付高额报酬。还有一点同样重要，当军械库的大门在公元1460年落成时，上面的有翼圣马可雄狮爪子抓着的是一本合拢的书，因为原本书上惯有的铭文“主赐予你和平”被认为并不适合这一场合和时间。

2 他几乎已经无法行走，这种腿脚不便的情况通常是由痛风所引起，不过事实上这是公元1435年，庇护二世在执行一项外交任务的同时，从邓巴前往怀特柯克的童贞圣母圣地朝圣，赤脚在冬天深深的雪堆里跋涉导致冻伤的结果。

在过去十年进犯的速度之快、程度之深使得威尼斯的民意发生了剧烈的转变。大议会已经通过了一项决议，要与匈牙利结成反土耳其的同盟，如今它又对教宗的计划送出了热情洋溢的祝福。受到很大鼓舞的庇护二世再次致信莫洛执政官，建议他可以以个人身份加入十字军东征，同他和勃艮第公爵一同领导军队。“在这次事件中，”教宗写道，“不仅仅是希腊，亚洲和整个东方都遭受着恐惧的折磨……我们虽然只是三个老人，但上帝会因这样的组合感到欣喜。我们的三位一体会得到天国之上神圣的三位一体的帮助，让我们将敌人践踏在脚下。”议会以一千六百零七票赞成，十一票反对，十六票弃权的结果同意执政官加入十字军，而当数日后莫洛想改变主意时，他给自己找借口开脱的尝试被议会恼怒地驳回了，就像一位态度生硬的议员所说：“对我们来说，国家的尊严与福祉要比您个人的更重要。”

不过来自威尼斯的支持是庇护二世收到的最后一则好消息。根据约定，远征军将于公元 1464 年夏从安科纳出发。但就在这年年初，米兰公爵吞并热那亚的行为严重扰乱了意大利的势力平衡，令整个亚平宁半岛处在忧虑不安的情绪下，因此可以确定，意大利大陆上不会再有国家为十字军东征分拨兵力。复活节时勃艮第公爵传来消息，最早到下一年他都无法离开。同时在罗马，教廷财力捉襟见肘，远征准备工作难以开始。据勃艮第特使回报，教廷的备战布置之糟糕为他们前所未见，而且只有两艘桨帆船准备妥当可以用于远征。尽管教宗对东征十分狂热，但是缺乏组织能力，他期待着大批全副武装、经验丰富的雇佣兵、骑士和步兵从欧洲各地源源不断地拥来，并且做好自掏腰包为十字军远征服务六个月甚至更长时间的准备。而事实上教宗发现，尽管他找来了许多可以被称作十字军的人，但是他们零零散散地进入城市，一贫如洗，无拘无束，全然是群无组织无纪律的乌合之众；这批人要求得到免费武装，要求饮食供养，还不打算在远征中为交通花一文钱。他们返回故乡（这是最好的结局），或者不走运地因为饥饿或瘟疫死在路上，而在罗马与安科纳，这些人成了城市的累赘。

更雪上加霜的是，教宗的健康状况很快恶化了。然而老人的决心仍然十分坚定。在意识到自己时日无多之后，庇护二世决定再不继续耽搁。6月18日，他带着圣彼得大教堂的十字架出发了。老教宗首先在台伯河，随后又在乘坐轿子穿越亚平宁半岛的过程中与一群群组织零散、神色沮丧的十字军战士擦身而过，这些十字军战士抵达安科纳时，发现没有任何交通工具可以供他们搭乘，于是只能伤心地返回故里。这样的景象令庇护二世难以承受，同行的教宗御医目睹了他的悲痛，只得请老人将轿子的帘幕放下，以免刮来的风损害他的健康。当教宗一行人最终抵达目的地后，除了老教宗本人外，所有人都明白庇护二世的十字军东征永远不可能实现了。两艘教廷准备的桨帆船已经停泊在港口，但是威尼斯许诺的船只却不见踪影，少数有经济支持的骑士们无事可做，滞留在城内观望事态发展，而其他绝大多数人放弃了东征的希望，纷纷打道回府。

最终，由二十四艘船组成的威尼斯舰队在8月12日出现在人们面前。教宗此时住在靠近圣西里亚克教堂山上的本地主教宅邸中，他让人们把自己搬到窗边，这样他就可以看到威尼斯的船只驶入海港。这时的庇护二世发着高烧，正迅速地衰弱下去。第二天，当克里斯托弗罗·莫洛前来问候时，他被告知教宗陛下已经病入膏肓，无法接待客人。莫洛对此的第一反应是教宗不想遵守他以个人身份领导十字军的承诺，于是他跟着装起病来逃避责任。不过很快，莫洛的医生从教宗的病榻边返回，告诉执政官，庇护二世不但真的身患重病，而且已经处在弥留之际。次日一个枢机主教代表团来到船上，通知威尼斯执政官教宗去世的消息。两天后，执政官带着舰队返回威尼斯，这次十字军东征终于胎死腹中。

不过无妨，在锡耶纳的皮科洛米尼图书馆的墙上，平图里乔描绘的画作中，庇护二世身在十字军东征的起点安科纳，城市的图景在他身后徐徐展开，位于山顶的教堂犹如冠冕，基督徒的舰队在港口集结，而莫洛执政官跪在他脚下。当然，这幅杰作是扭曲历史事实的产物。现代历史学家罗伯托·切西将这场远征评论为“皮科洛米尼一次可悲的蹩脚模仿秀”。庇护二世去世得正是时候，否则前往东方的远征一旦开始，无论他是否参与其中，十字军都会被土耳其人毫不留情地击溃，这只会为基督的事业的声誉带来损害，甚至令其彻底声名扫地。威尼斯人非常清楚这一点，那庞大却毫无结果的会议、无休止的拖延、虔诚的渴望和表达出的意愿无法支持任何有效的备战活动，还有他们不得不忍受的来自教宗特使贝萨里翁枢机的冗长说教，所有这一切对阻止土耳其人的进犯毫无用处。如果有什么能阻止征服者穆罕默德二世的铁蹄，那就只有一场倾尽全力、脚踏实地的世俗战争。

然而遗憾的是，威尼斯与它的同盟匈牙利在公元 1462 年土耳其无故占据阿尔戈斯后发动的战争结果并不理想。在科林斯有着一道跨越地峡的巨大防御工事，这道墙长六里，高十二英尺，有着双重壕沟和一百三十六座塔楼。秋天的时候，驻扎此处的威尼斯海军总司令阿尔维塞·洛雷登雇用了三万人的军队驻守此地，但几个月后，土耳其人像折断一根火柴那样轻松地将他们击溃了。之后的数年中没有发生实际上的灾难，阿尔维塞·洛雷登的几位后继者——奥尔萨托·朱斯蒂尼安、贾科莫·洛雷登和维托·卡佩洛，还有陆军指挥官里米尼的西吉斯蒙多·马拉泰斯塔——偶尔会通过一到两场小规模的战斗征服几座岛屿，或是攻克一些沿海或山间的要塞，然而除了马尔维萨（莫奈姆瓦夏）在其领主托马斯·帕里奥格洛斯逃跑后将自己置于威尼斯的保护之下，并随后成为共和国重要的海军基地外，这些人没有取得其他能长久维持的战果。这几年内发生的事可谓是一段充满了盟友间糟糕的合作与指挥官钩心斗角、彼此妒忌的不光彩故事，在此期间军队中指令不行，将官坐失战机，彼此误解责备、互相攻讦。他们甚至连一次达成和平的笨拙尝试最终都没能实现，这很大程度上要归结于身在君士坦丁堡的佛罗伦萨与热那亚密探的阴谋诡计，他们热切希望自己的老对手继续内耗，白白浪费资源却徒劳无获。然而也正在此时，有一个人鹤立鸡群，脱颖而出，他既不是匈牙利人，也不是威尼斯人，二十五年来，这位阿尔巴尼亚首领斯坎德培英勇作战，从苏丹的魔掌下保卫他荒凉而多山的家乡，因此他被教宗授予了“基督的捍卫者”这个称号。直到他于公元 1467 年去世，斯坎德培都坚持作战抵抗土耳其军队，并且连战连捷。他死后，位于阿尔巴尼亚克鲁亚的要塞留给了威尼斯。

斯坎德培去世后，抵抗土耳其人的事业前景愈发黯淡。此时万幸穆罕默德二世将他的注意力转向了东方，给了威尼斯暂时的喘息之机，但在公元 1469 年夏，君士坦丁堡和其他地方的威尼斯密探将令人不安的报告送到了里亚尔托。苏丹显然已经无法忍耐当下贫乏无趣、断断续续且并无决定性意义的小规模冲突，决心像灭亡拜占庭帝国一样一举消灭威尼斯的帝国，为了达到这个目标，他筹划了一个规模庞大的联合行动，其中就包括派出自他即位以来花了十八年逐步组建起来的舰队，以及一支以苏丹为指挥官、拥有超过八万兵力的军队。如今这支舰队已经集结在加利波利，将从那里启航向西穿越爱琴海；而陆上军队则聚集在哈德良堡，准备穿过色雷斯南下进入马其顿和塞萨利，这两股力量将在这次行动的第一个主要目标会师，这个地方就是威尼斯的殖民地尼格罗蓬特。

这样看来，似乎这拖延了六年的致命危机终于到来了。这几年来，威尼斯的船只、人力、财力与士气都消耗甚多，却没有得到任何成果。共和国如今疲惫不堪，也不再抱有任何幻想了。如今土耳其人的威胁显然已不只是针对它，而是针对整个基督教世界，但其他基督教国家对此仍然毫无所觉，它们满足于让威尼斯替它们浴血奋战，并且对它的能力表现出充分的信心。威尼斯可没有它们这样的自信，但即便如此，它也必须进行战斗。于是满心厌倦的威尼斯共和国不得不提起劲儿来，准备面对即将到来的猛烈攻击。威尼斯政府当即宣布发行数额高达二十万杜卡特的新强制性公债，然后用这笔钱在不到一个月的时间内武装了二十九艘桨帆船以及大批小型船只。超过一千名劳动力投入了军械库的新扩建工程，将其规模扩大了将近一倍。同时威尼斯在大陆领地上的城市被要求奉献出更多的钱财和物资：帕多瓦提供了三千杜卡特和五千蒲式耳的面饼，维罗纳提供两千杜卡特与五千蒲式耳物资，布雷西亚则献上四千杜卡特，提供总量达到八千蒲式耳的物资。威尼斯的大使们匆匆奔赴罗马，向继承庇护二世宝座的威尼斯籍教宗彼得罗·巴尔博，即保罗二世求助。大使们在教宗座前为威尼斯辩护，称威尼斯已经做了所有它能做的，为战争付出的人员、船只和金钱已经榨干了共和国的血。但是这远远不够，整个基督教世界需要起来给予威尼斯强力且迅速的支持。为此，教宗宣布所有起兵抗击土耳其人或是为抵抗土耳其人提供资助长达四个月者都可以获得大赦。然而保罗二世所能做的也仅限于此，欧洲诸国连手指都不愿动一动，威尼斯和它的帝国陷入了孤立无援的境地。

> ……一开始我估计那得有三百艘船，现在我认为应当有四百艘，海面桅杆林立，看上去就像是一座森林。这听起来简直令人难以置信，而它看上去也确实是一幅惊人的景象……他们划桨的景象十分壮观，划桨的速度也很快，是的，在只使用船桨的情况下他们的船不及我们的，但是在船帆的辅助下，以及从船只的其他方面看，他们的情况更优越，而且我相信，对方拥有更多的水手。对方船只差不多以五十艘为一小队，既有前锋也有后卫，而且每艘桨帆船都有随行的帆桨并用小艇。我敢发誓从第一艘船到最后一艘，那支舰队的长度应有

六里。为了与这样强大的军队对抗，我认为我们至少需要一百艘极好的桨帆船，而即便是这样，我也不能保证战斗的结果……

现在我们的执政者们应当展示出他们的魄力了。请将其他的事放在一边，将所有能搜集到的船、士兵、物资与钱立刻送来，否则尼格罗蓬特就要陷入极端危险的境地了。而假如它陷落，我们的东方帝国全境，包括邻近的伊斯特里亚，都会跟着落入土耳其人之手。因为到了下一年，土耳其人就会变得更强大，并且会在今年的胜利基础上变得更加大胆激进。

这段摘录来自一封原文更长的信件，它由一位威尼斯桨帆船指挥官杰罗尼莫·隆哥在公元 1470 年 6 月中旬写成，从科孚岛寄给他的兄弟。[1] 虽然根据隆哥的描述，威尼斯舰队在实力上大大落后于土耳其舰队，在 7 月中旬威尼斯海军总司令尼科洛·卡纳尔手下总共只能调动五十三艘桨帆船和十八艘较小的船只以及紧急从其他地方抽调来的几艘船，但此时威尼斯共和国无疑已经做了所有能做的事。卡纳尔从克里特岛出发，在斯基亚索斯岛附近停泊，这个位置距离尼格罗蓬特所在的岛屿与大陆形成的狭长海峡北端不到十里。

尼格罗蓬特是威尼斯给优卑亚岛上原名为卡尔基斯（如今名为哈尔基斯）的希腊古城取的名字，然而这个名字渐渐用来指代整座岛屿，在当时，它是威尼斯在爱琴海最大且最重要的殖民地。尼格罗蓬特在第四次十字军东征之后的瓜分战果过程中落入威尼斯之手，公元 1261 年，随着希腊皇帝重新回到君士坦丁堡，它成为拉丁礼宗主教的东方牧座所在。之后不久，由于它的战略位置和土地面积，尼格罗蓬特成为爱琴海群岛上所有

1　全文可见于马利皮耶罗，《威尼斯纪事》，第 49—52 页。

威尼斯殖民地的行政与司法中心、在这个地区享有巨大权力的总督的办公场所所在地，以及威尼斯爱琴海舰队的主要基地。

尼格罗蓬特在地理上是一个奇妙的地方，虽然它毫无疑问是一个岛屿，但这个地方却从来没有被真正视为一个小岛。只要略看一看地图，就可以发现大海正在被此处狭窄海峡的两岸慢慢侵蚀，而岛屿探出的两个岬角最终在中间相遇。尽管在整条海峡中，尼格罗蓬特的海岸与大陆之间的平均距离差不多是十英里，然而在尼格罗蓬特城所在的位置，岛屿与大陆之间的距离就骤减至不到五十码。或许正是这奇妙的地势，使得这个地方要承受十分有力，偶尔还非常密集的猛烈潮水冲刷，潮水来势汹汹，速度极快，一天至少七次，从不同方向涌来。夹在尼格罗蓬特和大陆之间的尤里普斯海峡，自公元 441 年起，在它的最狭窄处就有一座桥横跨两岸，或许之后的威尼斯人正是以它来命名他们的殖民地的。[1] 威尼斯人建造了一座带塔楼的小要塞来加强这座桥的防御，它坐落在水流中间一块露出水面的岩石上，这样一来，海峡就可以有效抵御除了狂乱的激流之外从它这里通过的任何事物。而尼格罗蓬特城本身则被重兵把守，由令人望而生畏的高墙保护着，城内物资储备充足，已经准备好面对一场持久的攻城战。

6 月 14 日，土耳其舰队前锋进入了尤里普斯海峡南端，并且派遣一小支部队登上岛屿，驻扎在城外。差不多同时，伴随着他有史以来最谨慎周密的计划，苏丹率领着他的陆上部队抵达正对尼格罗蓬特的大陆海岸。接着，穆罕默德二世无视了现有的桥梁，命令他的建筑师们在其北方稍远一点的地方建造一座新的浮桥。六天后，浮桥完成，穆罕默德二世派遣一

---

1 这里甚至有一个古老的历史传说，亚里士多德“因为无法解开尤里普斯（Euripos）之谜，一怒之下选择投海”（来自伊恩・莫里斯，《威尼斯帝国》，第 57 页）。事实上他确实死在卡尔基斯，不过死因是一种消化道疾病而非在智力上受到挫折。

半的军队前往对岸开始攻城，剩下的一半则用于保护他的后方并且确保物资供应线的畅通。

尼格罗蓬特的威尼斯守军在当地居民的大力帮助下顽强地保卫城市长达三周，顶住了至少五次大型的攻击。但是穆罕默德二世搬来了与当年轰塌君士坦丁堡军事防御相同的火炮，它们冷酷无情地日夜轰击同一段城墙，到了 7 月初，显然在城墙上出现一个大缺口已经为时不远。关于尼格罗蓬特现状的消息设法传到了尼科洛·卡纳尔处，然而尼科洛是个谨慎的人，尽管威尼斯尽全力为他提供了一支舰队，但他依然停留在海峡北端不肯移动半步，即便到了此时，他看上去仍不愿采取行动。不过卡纳尔手下的军官们最终说服了他，他最终下令进入海峡，朝着土耳其人的桥梁和被围困的城市推进。

此时刮起了顺风，潮汐的流向对尼科洛也有利。当船只开始加速，正如匈雅提在贝尔格莱德对土耳其军队所做的那样，威尼斯舰队看上去没有任何无法摧毁土耳其浮桥并切断其交通线的理由，而这样的操作也看不出有其他的目的所在。但是在最后时刻，卡纳尔还是失去了勇气。在等待他拯救的全城人目光下，他不顾手下的规劝，下令舰队调转方向，离开海峡撤离到安全地方。

这样一来，尼科洛·卡纳尔就亲手决定了尼格罗蓬特的命运。他的行为对守城者来说是一个再明显不过的信号，他们被威尼斯来的援军抛弃了。城内的军民继续抵抗，但是他们的斗志已经被绝望消磨去许多。第二天是 7 月 12 日，苏丹的军队攻入了破损的城墙。即便如此，尼格罗蓬特的抵抗也还没有完全结束，街道被酒桶和树干堵住，土耳其人不但要面对从屋顶冰雹般砸向他们的瓦片，还有从头顶窗口倒出的大量生石灰和沸水。于是土耳其人采取了残忍的报复行为，城内居民不分男女老幼均被虐杀，到了夜里，整座尼格罗蓬特城只有少数人还活着。尼格罗蓬特总督保罗·恩里佐藏身于一座塔楼内，他提出的投降条件是土耳其人不砍他的头，穆罕默德二世履行诺言，以腰斩的方式处死了他。

尼格罗蓬特沦陷的消息正如预期的一样在威尼斯造成了恐慌。随着这座城市的沦陷，在长达一百二十里的岛屿沿线上，城堡接二连三地被攻克。从此这个爱琴海上最大、水域最为广阔的港口拒绝让威尼斯船只进入，而且它也成为土耳其人攻击临近其他较小殖民地的跳板。定期来往于希腊本土和达达尼尔海峡的商人们未来只能取道伯罗奔尼撒半岛西南角，那里的科罗尼和迈索尼是仅有的两座可供他们装卸货物的港口。而爱琴海群岛中那些岛屿殖民地的地方政府被一举废除，它们是唯一可以对当地争吵不休的本土统治者进行一定控制的权力机关。但尼格罗蓬特的沦陷所造成的最严重影响体现在整个东部地中海的情绪与士气上。如果这颗威尼斯海洋帝国皇冠上最耀眼的明珠都可以在一个月内被土耳其轻松残忍地攫取，那么剩下的地方还有什么全身而退的希望呢？

威尼斯元老院对此召开了紧急会议；在里亚尔托，商人们颤抖着计算损失；在莫洛沿岸，人群等待着任何一艘能带回尼格罗蓬特死难者或者幸存者消息的船只抵达。整座城市笼罩在哀悼的气氛中，威尼斯组建了一个调查法庭来弹劾尼科洛·卡纳尔，同时新的海军总司令彼得罗·莫切尼戈奉命接替卡纳尔，将他戴上镣铐，押解回威尼斯受审。我们从资料中知道，卡纳尔当即接受了一切。“我在这儿就是为了服从一切你们准备对我做的事。”他这样喃喃自语。10 月 19 日，在他的儿子与秘书的陪同下，尼科洛·卡纳尔到达了威尼斯，当即锒铛入狱。在随后举行的审判中，针对他的六个罪名都被判成立，其中就包括在土耳其人最初的攻势中保卫尼格罗蓬特不力；当他的舰队以十五海里每小时的速度进入海峡时，在本可以摧毁土耳其浮桥的情况下选择撤退；以及当敌人的舰队洗劫城市后离开之际不动一刀一枪，作壁上观。很多人因为比这轻的罪名被判处死刑，但令人惊奇的是，尼科洛·卡纳尔受到的唯一处罚是被流放到距离威尼斯只有三十英里的波尔托格鲁阿罗，同时他还被处以五百杜卡特的罚金，就任海军总司令时期的薪水和支用开销也都全部被没收。

显而易见，元老院通过这一裁决时，加入了不少法外容情的考虑。卡纳尔在之前已经为国家服务了三十年，他绝大多数时候都活跃在外交而非军事领域，作为一位具有高度教养的博士和议员，尼科洛·卡纳尔在他人看来是一个实干家。因此如果要追究尼格罗蓬特陷落的罪责，那么指派他担任他并不能胜任的工作的首要人物至少应当承担一部分责任。不管如何，不必遭到叛国罪的指控（他很有可能获得这样的罪名），对卡纳尔来说无疑是件幸运的事。假如他被指控叛国，他就要面对四十人议会和十人议会，我们也可以确定，他最后得到的惩罚也会与史实截然不同。事实上这之后不久，十人议会的成员就将他们对判决结果的不满记录在案。当回复为尼科洛·卡纳尔求情的教宗时，他们在书信中认为卡纳尔一案“并不是根据正义和公理，而是本着同情与宽大为怀的心理，考虑到这一点，或许可以认为他［卡纳尔］是无罪的；但是他的错误所带来的不幸不只降临在威尼斯，还降临在整个基督教世界的头上，因此当下的这个判决已是过分宽大，他应当对此心满意足”。

不过尼科洛·卡纳尔对他在流放地的生活并不满意。时至今日，波尔托格鲁阿罗仍然是一个阴郁惨淡且平平无奇的小镇，在十五世纪，这个地方或许只不过是通向的里雅斯特的道路边上一小群不起眼的房子。卡纳尔被自己深爱的城市驱逐，含羞忍辱独居在此，如果没有这次充满讽刺意味的命运转折，他或许仍然可以跻身威尼斯最尊贵、最受人敬重的市民之列，在威尼斯度过余生。这样看来，卡纳尔大概会常常希望当初那些曾与自己共事的议员们对他少施与一些仁慈。然而他期盼已久的死亡在十三年后才姗姗来迟，公元 1483 年 5 月，尼科洛·卡纳尔终于得以安息。

克里斯托弗罗·莫洛执政官于公元 1471 年 11 月 9 日去世，被安葬在他主持修建的圣约伯教堂圣坛内一块精美的墓石下。[1] 他九年的执政生涯并不是一段愉快的时光，从一开始，奥斯曼土耳其的威胁带来的阴影就高悬在他们头上，好像一片雷雨云。莫洛执政官承担了教宗庇护二世不幸的十字军东征带来的一部分耻辱，但随后尼格罗蓬特的灾难则让他遭受了更多。从个人的角度，莫洛从未受到大众的欢迎，他身材矮小，其貌不扬，面容因为明显的斜视而变形；在性格上，莫洛有着虚伪和睚眦必报的坏名声，而尽管他有不少捐助教会的善行，却仍被认为是个贪财好利的人。而且克里斯托弗罗·莫洛执政官是威尼斯史上首位在承诺书中摒弃了传统上惯于指代这个国家的"威尼斯共和国"，以所谓的"自治政体"（Dominium）或"领主统治"（Signoria）代之的人，尽管这一决定并非莫洛的责任，却无疑是他的不幸。虽然远在莫洛出生之前，威尼斯最后一点真正意义上的民主政府残余就已经消失，但国家的名称是在此时按照现实情况发生了变化，威尼斯民众不会对此视若无睹。

莫洛的继任者尼科洛·特隆与他的前任产生了鲜明的对比。他身材高大，面容粗鄙，并且口吃，通过在罗得岛经商获得了巨额的财富。特隆蓄着一把在当时的威尼斯并不流行的长须，以此来纪念他在尼格罗蓬特罹难的爱子。不过新任执政官个人的哀悼表现并没有令那些奢侈的用来庆贺他就职的传统娱乐活动停止，当然，这些活动并不能粉饰太平，也不能掩盖威尼斯再度处于破产边缘的事实。近来，为了抗击土耳其人的进犯，威

1　教堂圣物室的大门上方悬挂着他的一幅肖像画，作者与他是同时代的人，是贝利尼的一位忠实信徒。

尼斯每年都要花费一百二十五万杜卡特的巨款。政府颁布了一道法令，要求所有包括执政官在内收入较高的国家官员都必须接受大幅度减薪，在海军中服务的官员减薪二分之一，在陆上工作的官员收入则降为原先的三分之一，这些人对此毫无怨言，充分体现出了威尼斯臣民们的忠诚与爱国热情。至于那些不受雇于政府机构的威尼斯人，他们需要缴纳的财产税比以往又增加了百分之二十。

多亏有上述政策，威尼斯才得以继续战争。失去尼格罗蓬特，至少使得一些欧洲统治者们暂时从麻木不仁的状态中醒来，其中为首的是新任教宗西克斯图斯四世，他和那不勒斯国王斐迪南共同派遣了一队桨帆船，去援助莫切尼戈的舰队。公元 1472 年夏，麾下共有八十五艘船（其中包括三艘由罗得岛医院骑士团派出的船）的莫切尼戈对土耳其领海发动了狂风暴雨般的攻势，他指挥军队洗劫了安塔利亚、士麦那、哈利卡那索斯和其他几个位于小亚细亚沿海的港口。斐迪南手下的一名军官甚至成功纵火焚烧了穆罕默德二世在加利波利的海军军械库，尽管之后他为此付出了生命的代价。

虽然所有人都知道这些小规模胜利对战争的走向并不能起到重大作用，但是胜利的战报对尼格罗蓬特的灾难之后威尼斯人饱受创伤的精神状态无疑是一剂强心针。至于威尼斯从中更有利可图，也更具有战略重要性的，是两年后共和国军队在安东尼奥·洛雷登率领下，赢得了阿尔巴尼亚重要城市斯库台[1]保卫战的胜利，由于威尼斯人英勇奋战，土耳其人最终被迫放弃围城撤出该地区。事实上当土耳其军队这么做的时候，斯库台的居民们也已是强弩之末，就在敌军消失在山间的那一刻，差不多全城的人都冲出城门，奔向布纳河饮水解渴。

1　不必说，在此请不要将这座城市与更有名的在君士坦丁堡附近横跨博斯普鲁斯海峡的斯库台混淆。克里米亚战争时期，佛罗伦斯·南丁格尔曾在后一座城市中护理伤患。

尽管战争尚未结束，威尼斯这一方却赢得了一个缓和局面的宝贵机会，就在这年 11 月，威尼斯、佛罗伦萨和米兰三方政府在一份联合声明中重新确认了二十年前达成的三方同盟，同时保证在接下来的二十五年内维持这一同盟并保卫意大利诸城邦国不受一切外来攻击的侵害，此外，这三个国家还求得了那不勒斯国王与教宗的支持。

特隆执政官死于公元 1473 年，而就在圣马可大教堂为庆祝斯库台大捷举办感恩弥撒后不到十四天，他的继任者尼科洛·马尔切洛也跟着去世了。[1] 事有凑巧，马尔切洛去世时，彼得罗·莫切尼戈正结束了为期四年的海军总司令生涯（在威尼斯海军史上，他创下了不间断指挥时间的最长纪录）返回威尼斯。考虑到他的赫赫战功，莫切尼戈毫不意外地坐上了虚悬的执政官宝座。

随着对土战争暂停，以及威尼斯在对塞浦路斯政策上接连取得的胜利（这很大程度上要归功于它的新任执政官[2]），如今在彼得罗·莫切尼戈治下的共和国，情况明显比过去的那一段时间要好得多。但且不管四年前政府采取的紧急措施，威尼斯的国家资金仍然处在一个令人不安的低水平。不过就在莫切尼戈就任后不久，国库因为一份意料之外的遗赠重新充盈起来，这笔财产来自威尼斯最后也是最声名显赫的雇佣兵首领，巴托洛梅奥·科莱奥尼。

科莱奥尼同样被认为是最伟大的一位雇佣兵首领，当然，这个结论存

---

1 有一道奇怪的威尼斯法律规定，执政官陵墓的豪华程度必须与墓主的历史地位成反比，为了和这道法律保持一致，特隆和马尔切洛的坟墓非常豪华。特隆之墓位于圣方济会荣耀圣母教堂祭坛的左侧，洛伦采蒂将其描述为“威尼斯最精妙的文艺复兴风格雕塑作品”。马尔切洛的陵墓则在圣乔瓦尼保罗教堂的北墙，洛伦采蒂大师对其的评价是“隆巴尔多的艺术作品中最完美亦最和谐的一件”。

2 见第 27 章。

在着一定的争议。他在伦巴第时，曾效力于卡尔马尼奥拉与加塔梅拉塔的军队，但他比卡尔马尼奥拉更有能力且更忠心耿耿，较之加塔梅拉塔则更为剽悍狡猾。他唯一的不幸是比上述这些著名雇佣兵首领晚出生了一代，因此没有多少机会让他扬名立万，成为军事领袖。科莱奥尼转战南北，足迹遍布意大利半岛，但是他参与的战争中具有深远影响且能够引起专家之外普通人广泛兴趣的则寥寥无几。因此，假如他后来没有担任威尼斯陆军指挥官长达二十五年，那么终其一生，科莱奥尼在历史上就不过是个次要角色，更无可能在公元 1475 年 10 月撒手人寰后，遗赠给威尼斯共和国不少于二十一万六千杜卡特的金银，以及价值大约相当于金银两倍的土地和其他各类财产。科莱奥尼慷慨地送出如此巨额财富的同时，提出一个交换条件，威尼斯要在圣马可广场上竖立一座他的骑马雕像作为纪念。

这不得不说是个大问题。对威尼斯人来说，在圣马可广场上立像简直是不可想象的，这样的特权，甚至连威尼斯的守护圣人，福音使徒圣马可都未曾享受过。诚然科莱奥尼曾经为威尼斯鞠躬尽瘁，忠诚可鉴，但正如所有的职业雇佣兵首领那样，他也曾效命于其他主君，甚至有几次站在与威尼斯为敌的立场上。更何况科莱奥尼出生于贝加莫，甚至都不能算威尼斯本地人。但另一方面，威尼斯人在此时无法拒绝这样一笔意外之财，于是他们最终想出的解决之道，可谓是彻头彻尾的威尼斯处事方式。因为不可能在圣马可广场上为科莱奥尼竖立雕像，人们选择让它矗立在圣乔瓦尼保罗广场上，位于圣马可学校的正前方。没人真心认为这样荒谬的诡辩花招能够令科莱奥尼的灵魂满意，尽管五百年后的人们观看这座雕像，认为它是韦罗基奥最引以为豪且最精良的骑马雕塑作品，我们也很难相信当年威尼斯人的这位施主会从心底里原谅他们的作为。

科莱奥尼捐赠遗产后过了九个月，威尼斯人在公元 1475 年 1 月初，通过苏丹继母这一看似不太可能存在的渠道获得了进行和平谈判的提议。他们花了两天两夜中的大部分时间来进行讨论，大多数人认为穆罕默德二世在东方的主要竞争对手与敌人，土库曼统治者乌尊哈桑准备在任何可能的时候对苏丹发动大规模攻击的事已是众所周知；而波兰人和匈牙利人不久前刚组成了一个应对土耳其人进犯的同盟，也很可能会采取相似的行动；甚至教宗也在此时筹划着一场涉及全意大利的远征，因此他们反对和谈提案。然而莫切尼戈执政官对此有着更清晰的认识，他壮年的大部分时间都在与土耳其人作战，通过第一手经验，他可以对土耳其人的实力、士气、火力以及几乎无穷无尽的人力物力资源侃侃而谈。威尼斯已经持续与土耳其作战十三年，这期间它几乎是孤军奋战。它为此付出了巨额代价，失去了数不清的船只、大多数最优秀善战的水手和极有价值的海外产业。如今国库空虚，甚至没有现钱来支付薪水，而水手们已经不止一次站上执政官宫的台阶示威，要求支付拖欠他们的薪水。在这种情况下，拒绝去听土耳其方面提出的和谈条件是愚蠢的。

于是理性的声音以极微弱的优势取胜，特使们按期前往君士坦丁堡，但是 10 月谈判破裂，战端很快重启，而就在此时莫切尼戈的继任者安德烈亚・文德拉明染上瘟疫，仅执政两年半就随其前任长眠在圣塞尔维教堂。[1]（莫切尼戈本人死于公元 1476 年 2 月，我们姑且刻薄地猜测，他只怕是难以消受美人恩，被蓄养为小妾的十个美丽土耳其女奴耗得油尽灯

1 当圣塞尔维教堂在十九世纪初被废止时，他的遗体和华丽出众的纪念碑都被移动到圣乔瓦尼保罗教堂祭坛的左边。罗斯金写道：“他死了，身后为威尼斯留下陆上和海上遭遇的耻辱，升上满目疮痍的弗留利地区晴空的狼烟，以及这个国度从未有过的华丽靡费的陵墓。”罗斯金对这座陵墓不齿的程度，只有当他评论雕塑家安东尼奥・里佐时可以相提并论，里佐只完成了这座陵墓可以从下方见到的部分，罗斯金指出，他的轻蔑更适用于里佐之后受到的耻辱之事（见第 27 章）。

枯。[1]）战争重新开始后，利姆诺斯岛和位于克鲁亚的阿尔巴尼亚要塞很快落入土耳其人之手，接着土耳其军队再一次包围了斯库台。更令人忧虑的是，数队不属于正规军的土耳其骑兵在弗留利地区活动猖獗，活动范围远到利文扎河畔，他们破坏当地乡村，在所到之处烧杀抢掠，他们离威尼斯如此之近，以至于在圣马可大教堂的钟楼顶上，可以清晰地望见受害村庄燃起的熊熊烈火。

不过此时事态又有一项新变化，虽然它与土耳其无关，但同样对意大利的未来关系重大。公元 1478 年复活节，在佛罗伦萨大教堂内，洛伦佐・德・美第奇和他的兄弟朱利亚诺遭到刺杀。朱利亚诺当场死亡，奇迹般侥幸逃生的洛伦佐事后采取了迅速且血腥的复仇行动。他非常清楚这场刺杀是由他的敌人帕齐家族、比萨大主教和教宗西克斯图斯的侄儿们共同策划的，他也同样知晓教宗亦秘密支持这个阴谋。因此他不但把刺客全部公开处决，还将大主教吊死在宫殿的窗外，教宗的一个侄儿，十八岁的枢机主教拉法埃莱・里亚里奥也被投入监狱。教宗在盛怒之下将洛伦佐逐出教会，并且禁止了全佛罗伦萨的宗教活动。威尼斯和米兰对佛罗伦萨表示支持，而那不勒斯的斐迪南则站到教宗一边，数周之内，亚平宁半岛再度陷入战争。

从历史的角度看，这样同室操戈、两败俱伤的战争在意大利历史上已经多到叫人觉得压抑，而这场持续不到两年的战争后续的影响，也并不比绝大多数它的同类更重要。然而对所有相关方面来说，无论是欧洲人还是土耳其人都从中明白了一点，在接下来的几年中，意大利诸城邦不可能再联合出征，来阻止奥斯曼土耳其的入侵了。不过从另一条战线来看，种种

---

1 彼得罗・隆巴尔多将他的形象留在圣乔瓦尼保罗教堂西边内墙上。莫切尼戈的雕塑全副武装，看上去果断又好战，他笔直地站在自己的石棺上，姿态更适合出现在凯旋门上而非纪念他的陵墓上。这应该是文艺复兴时期墓葬雕刻中最不具有宗教信仰气息的典范。

迹象表明近期也不会再有新一轮的攻击了。随着克鲁亚沦陷敌手，斯库台在劫难逃，弗留利在两年之内被摧毁了两次，公元 1478 年 5 月，前一位莫切尼戈执政官的兄弟，乔瓦尼·莫切尼戈从文德拉明执政官手中接过了执政官的权柄。此时的威尼斯看不到任何前途，只能目睹自己的状况慢慢恶化，于是它决心不再继续与土耳其交战。威尼斯最终与穆罕默德二世在公元 1479 年 1 月 24 日签订和平协议，其条款比起它三年前拒绝的那一份要苛刻得多，[1] 不过此时威尼斯已经别无选择。它被迫放弃了对尼格罗蓬特和利姆诺斯岛以及大多数希腊本土产业的所有权，此外，它还失去了除杜拉佐周边地区外差不多整个阿尔巴尼亚，不过即便是杜拉佐，威尼斯也只多控制了它几年。令人惊讶的是，纳克索斯岛上的威尼斯公爵们被继续允许在基克拉迪群岛独立存在。同时威尼斯被获准重新在君士坦丁堡指派一位市政官，来对其同胞行使传统的管辖权，但是这项特权和威尼斯人在土耳其海域进行贸易的权利一样，需要以每年支付一万杜卡特的代价来换取。

所有这些条款都让威尼斯蒙受耻辱，更雪上加霜的是它还要承受其他意大利与欧洲邻居们的轻蔑和怒火。这些国家无力或者不愿付出一定努力来抵抗土耳其的事实并不能减少它们对威尼斯怒气冲天的抗议，在抗议的内容中，这些国家直呼威尼斯人为叛徒。而最令威尼斯恼怒不已的，是这年稍晚时候土耳其人的表现。他们占领了包括伊萨卡岛、凯法洛尼亚岛、赞特岛和莱夫卡斯岛在内的爱奥尼亚群岛，又在公元 1480 年初登陆阿普利亚，攫取奥特朗托并野蛮残忍地对待当地居民，在接下来的十三个月中将这座城市变成一座繁盛的基督徒奴隶市场，威尼斯目睹这一切发生，但

1 在这段时期，热那亚人也被驱逐出克里米亚地区的卡法，黑海北部沿岸的最后一个欧洲贸易点也消失在历史之中。

它却无能为力。而在奥特朗托的悲剧中，威尼斯甚至被指控与土耳其人沆瀣一气，作为对那不勒斯国王斐迪南（他的国土范围包括整个南意大利）近来与它交战的残忍报复。此外，还有一些更荒诞的揣测。诚然，如果威尼斯不与土耳其缔结和平协议，土耳其人或许不会采取这些军事行动，但同样不能否认的是，威尼斯是在得不到西方世界任何支持的情况下，不得已才与敌人媾和。在这次事件中，土耳其人的登陆在威尼斯引起的恐慌与在那不勒斯别无二致，并且它也有充分的理由做出如此反应。但是威尼斯共和国方面对此采取任何主动干涉都无济于事，它们只会重启战端，这是威尼斯再也无法承受的。

出于同样的理由，公元 1480 年初夏穆罕默德二世对罗得岛发动第一次全面进攻时，威尼斯亦只能袖手旁观。这座岛上的要塞在过去的一百七十年中一直由圣约翰医院骑士团驻守。幸运的是，骑士团的骑士们有能力在没有外援的情况下保卫自己。他们的防御工事承受住了每一次攻击，直到最后冬天来临，围城的敌人撤退。土耳其人或许准备在次年卷土重来，不过穆罕默德二世在公元 1481 年 5 月 3 日去世，同时在君士坦丁堡发生的危机使得土耳其军队失去了攻击的势头。新苏丹巴耶济德二世有一个不同的优先事项实施方案，于是土耳其从奥特朗托撤军，罗得岛也继续维持了四十年的和平。

当然，威尼斯也从巴耶济德二世继位这件事上获得了相当多的好处。它用礼节允许的范围内最快的速度恭贺新苏丹即位，接着便暗示巴耶济德二世是否愿意承认公元 1479 年的协议。至少以他父亲作为标准，巴耶济德二世是个脾气相对温和的人，他不但令威尼斯如愿，而且还做出了许多对它有利的改变。他取消了威尼斯对土耳其的年贡，降低了关税，威尼斯人甚至发现他们在南亚得里亚海的地位再一次得到了加强，尤其是他们成功从土耳其人手中租下了赞特岛，拥有这座岛屿对巩固科孚岛的防御有着很大的积极作用。

这样看来，威尼斯似乎突然不再是土耳其人的主要敌人，而变成了奥斯曼土耳其庇护下的臣属。威尼斯乐于接受这样的改变，或者说，除了克里斯托弗罗·莫洛执政的短暂时期外，它从未希望成为基督徒反击土耳其的先锋。能结束战争回到和平的商业生活，威尼斯对此欣慰不已，而且它也丝毫不掩饰这一点。

27

费拉拉之战与塞浦路斯女王

（公元 1481—1488 年）

> 可以确定的是，你们威尼斯人不满足于拥有全意大利最出众的国度，反而扰乱其他国家和平的行为，简直是大错特错。如果你们知道自己被所有人憎恨，一定会惊恐得头发倒竖……你们会相信，现在结成联盟的意大利各国真的彼此都是至交好友吗？当然不是，它是因为有需求才进行合作的，正是这些国家对你们和你们手握力量的恐惧，才令它们走到一起……你们要孤身与全世界作战，你们的敌人不仅仅在意大利，还在阿尔卑斯山的那一头。要知道你们的敌人枕戈待旦从不松懈，所以看在上帝的分上接受忠告吧，你们会需要它的……
>
> ——公元 1467 年，米兰公爵加莱亚佐·斯福尔扎
> 致威尼斯共和国国务秘书乔瓦尼·贡内拉

上述极不符合外交礼仪的措辞来自米兰公爵，弗朗切斯科的儿子与继承者加莱亚佐·斯福尔扎于公元 1467 年写给威尼斯国务秘书的信件，科莱奥尼一次相对次要的军事行动导致斯福尔扎写下了它。或许这封信夸大了其他意大利国家的和平意图，并且低估了另一种比恐惧更值得谴责，但同样非常容易理解的情绪产生的影响。这种情绪即是嫉妒，它影响了这些

国家反威尼斯政策的形成。它们嫉妒威尼斯的美丽与辉煌，它易守难攻的环海地理位置，以及明显比它们更优越的稳定政治体制，即便经历了最严重的经济萧条和军事力量衰退，这个体制都能保证威尼斯具有意大利其他国家望尘莫及的应变力和恢复力。不过尽管如此，小斯福尔扎依然道出了一个事实，威尼斯正在被人憎恨，而当它与土耳其言和，并且坐视阿普利亚被异教徒攻击洗劫后，针对它的恨意更是与日俱增。威尼斯的敌人们完全不会设身处地思考它的处境，而威尼斯也不打算解释，依然秉承着高傲的态度和优越感继续它一贯的政策。威尼斯的反对者们长久以来早已领教过它的这种处事方式，但它们也绝不会因此理解它，与它和解。

即便如此，公元 1480 年至 1490 年这十年内，威尼斯所有的经济与国际声誉可以说被摧毁殆尽，在这样的情况下，人们或许会推测威尼斯会让自己处在一段和平谨慎的外交时期，以此来修复这一切，但乔瓦尼·莫切尼戈与他的顾问们则不这么认为。人人都说这位执政官是一个温和谦逊的人，但在科雷尔博物馆收藏的肖像中，莫切尼戈执政官的嘴唇线条却显示出他严厉且意志坚定的个性，公元 1481 年秋，威尼斯对它的朋友和近邻费拉拉采取了军事行动，这幅画所透露出的信息或许可以解释这场战争一部分的原因。

多年以来，这两座城市曾保持着极好的关系，就在不久前的公元 1476 年，威尼斯还介入费拉拉事务，帮助费拉拉公爵埃尔科莱·埃斯特阻止他侄儿篡夺公爵之位的阴谋。但现在埃尔科莱很有可能受到岳父那不勒斯国王斐迪南的煽动，开始采取刻意挑衅威尼斯的政策。首先他开始在波河河口兴修盐田，公然挑战威尼斯极力维护了七八个世纪的盐业垄断地位。接着他又挑起了几个界定模糊的边界问题，而无论他提出的这些争议是否正当，实际上都是些不值得争论的细枝末节。最后，一位威尼斯领事官在当地因为拖欠债务逮捕了一名本地神父，却被代理主教逐出教会，尽管这名代理主教随后就因为此举受到所管辖的主教的谴责，但费拉拉公爵选择站在他这一边。更有甚者，即便在主教向威尼斯道歉不迭，更额外说明教宗西克斯图斯听说这道逐出教会的命令时表示出的震惊与愤慨之后，埃尔科莱仍然坚持拒绝将那位威尼斯官员官复原职。

毫无疑问，费拉拉公爵想要挑起战争；而同样可以确定的是，他选择这个时候这样做，是因为他知道威尼斯经过了漫长且负累深重的战争后国力衰弱，正可以乘虚而入。但是埃尔科莱误判了一点，正是威尼斯从他这里受到的羞辱，使得它必须向自己和他人证明威尼斯还有余力一战，并且可以获得胜利。于是执政官再次开始筹集资金，而威尼斯人也再一次积极响应，意大利的其他国家也再次出于各自的私利联合起来。

这一次，威尼斯感受到了敌方施加的巨大压力。费拉拉一方集结了最强大的意大利国家，包括米兰、佛罗伦萨和那不勒斯。而在威尼斯这边，教宗令人惊讶地成为它重要的盟友之一。不过教宗西克斯图斯有他个人的盘算，因为希望费拉拉和那不勒斯对他俯首称臣，西克斯图斯从一开始就鼓动威尼斯进行战争。有了教宗的支持，威尼斯军队在圣塞韦里诺的罗伯特率领下发动了进攻，并且在一开始取得了相当多的胜利。但随后教宗突然毫无预兆地转变了立场。或许是因为教宗领地的南部边界正受到那不勒斯国王的严重威胁，当然也可能正如一些人的合理猜测，弗朗切斯科·斯福尔扎最优秀的儿子，刚获得米兰公爵之位的卢多维科·斯福尔扎[1]巧舌如簧的外交手段起到了最后的推动作用。变换阵营后的教宗所做的第一件事是要求威尼斯放下武器，却被莫切尼戈执政官礼貌但坚决地拒绝了。他谨慎地指出，由于这些武器在不久前受到教宗本人的祝福，因此无论如何，它们能使威尼斯人获得最终的胜利。

1 此人又名 Ludovico il Moro，意为“摩尔人”。卢多维科因为自己黝黑的肤色得到了这个绰号。

对于威尼斯的答复，教宗西克斯图斯的反应可想而知。公元 1483 年 5 月 25 日，他下令禁止威尼斯一切宗教活动。不过威尼斯共和国拒绝接受这一惩罚。共和国在罗马的代表拒绝将教宗诏书转交给自己的政府，迫使教宗派特使将其交给宗主教，但对方却宣称自己重病在床，无法将诏书送给执政官和元老院。不过宗主教在第一时间将消息报告给了十人议会，后者下令不惜一切代价将消息保密，让威尼斯的教堂像平常一样继续履行其神圣职责。与此同时，教宗了解到威尼斯决定在下一场宗教会议上进行申诉，威尼斯人将这一意图写在信上公之于世，并且将一份副本钉在罗马圣切尔索教堂的大门上。

威尼斯再一次通过实际行动表现出它对教宗权威的公然藐视，但是这却不能为它重新赢得当下急需的盟友。就在差不多全意大利都团结起来与它对抗的时候，威尼斯采取了一步将在未来招致严厉谴责的举动：它派遣使者拜访新即位的年轻法兰西国王查理八世，邀请他入侵意大利，主张对那不勒斯的合法权利，与此同时，查理八世的远亲奥尔良公爵就可以进军米兰，主张他对米兰的继承权。[1] 事实上，这算不上是特别叛逆奸猾的行为，威尼斯与法兰西这个所谓的同盟至少暂时还是一纸空文。况且这并不是外国势力第一次被邀请介入意大利内战，当然也不会是最后一次。然而对威尼斯来说，这一决定表现出不同寻常的短视，而且也助长了法兰西国王对意大利半岛长期的野心。

虽然此时无论是查理八世还是奥尔良公爵都没有接受威尼斯的提议，但幸运的是，那不勒斯国王的船只和位于阿普利亚地区的海港被威尼斯舰队重创，因而他急于求和。而卢多维科亦发现斐迪南国王是个执拗且不好

---

1 公爵对米兰无可辩驳的继承权来自他的祖母瓦伦蒂娜·维斯康蒂（见第 23 章），而查理八世对那不勒斯宣称的权利则见第 28 章。

相处的盟友，于是产生了与他同样的想法。就这样，双方达成了一份对彼此都体面的和平协议，威尼斯甚至从中额外得到了罗维戈城和波河三角洲附近的部分地区。当公元 1484 年 8 月最终在巴尼奥洛签订协议时，威尼斯全城欢腾。虽然在某些人听来这样的欢庆未免有些小题大做，整整三天内，全城教堂的庆祝的钟声响彻云霄，还有烟火、彩灯装饰与圣马可广场上举办的马上长枪比武，这些庆祝元素足够让大多数人相信他们或多或少赢得了胜利。只有一个微弱的声音对和平表示不满。当双方停战媾和的消息传入教宗西克斯图斯耳中时，他已经处在弥留之际。“他的舌头肿胀起来，”佛罗伦萨大使呈给洛伦佐·德·美第奇的信中这样写道，“这让他几乎不能组织语言。”不过最后老教宗还是成功说出话来，他谴责和平，认为它“全是混乱和耻辱”。老人含含糊糊地嘟囔着绝不接受这场和议。当教宗的使者们上前安抚他时，濒死的西克斯图斯用一个不知是祝福还是不怎么友好的驱赶手势让他们退下。次日早晨，他就死了。

乔瓦尼·莫切尼戈执政官仅仅比教宗多活了一年有余，不过这点时间已经足够让他安葬在长眠于圣乔瓦尼保罗大教堂的兄弟坟墓附近之前，先见到教宗西克斯图斯的继任者英诺森八世解除对威尼斯的禁令。乔瓦尼·莫切尼戈的执政生涯也不如意，战争（这和他之前的五位执政官遭遇到的如出一辙）和战争带来的国家破产的幽灵给它蒙上了重重阴霾。这位执政官还不得不对付一次国内的大灾难。公元 1483 年 9 月 14 日，一支无意间被遗忘在执政官宫小礼拜堂内的蜡烛引发的火灾几乎烧毁了整座执政官宫东翼在天井和宫殿河之间的建筑。在警报声中，人们冲进火场，最终控制了灾情，但是许多无价的绘画和艺术品都毁于一旦。萨努多描写这件事时认为，假如执政官没有因为太害怕抢掠者而拒绝打开他居所的大门，那么会有更多的艺术珍宝免于火焚。

当元老院开会讨论重建执政官宫时，有许多份过于雄心勃勃的计划摆在他们面前，不过他们最终决定沿用现存的建筑平面图，这对后世的人来说是一件幸事。然而在主持重建工作的人选上，元老院错误地将这项任务托付给了维罗纳籍建筑师与雕塑家安东尼奥·里佐。不管我们如今怎么看待重建结果（它们标志着，从那时起执政官宫不再是一座纯哥特式建筑，而开始呈现出如今风格混杂的面貌），当时的威尼斯人都有足够的理由来后悔没有将工程交付给其他人进行。公元 1498 年，威尼斯人发现里佐已经在重建的建筑上耗费了八万杜卡特的巨款，但工程还只完成了一半。一份官方调查显示，至少有一万两千杜卡特被建筑师中饱私囊，但这一次十人议会没有及时采取行动，让里佐成功逃到了安科纳。随后代替他的是建筑师彼得罗·隆巴尔多，他的建筑风格更加浮夸奢华，并且在工程中大量使用了彩色大理石镶嵌的工艺，这或许可以从侧面证明隆巴尔多的前任侵吞的公款数额有多么巨大。

自从公元十一世纪多梅尼科·弗拉班尼科的宪政改革之后，威尼斯一直严格保持着执政官不能连续两届都出自同一家族的规则。它认为，只有这样才能让共和国避免像其他意大利城市那样被一个家族王朝统治的情况。如今这条规则在公元 1486 年 8 月被首次打破，乔瓦尼·莫切尼戈的继任者马可·巴尔巴里戈继任不到一年便去世了，取而代之的是他的兄弟阿戈斯蒂诺。[1] 不过这两位兄弟执政官的性格可谓大相径庭。马可温和善良却优柔寡断，而阿戈斯蒂诺则顽固易怒，并且有着吝啬到病态的恶名。尽管在费拉拉之战中他是一名活跃的政府监督官，但阿戈斯蒂诺出人意料

1　马可·巴尔巴里戈是第一位在里佐主持建造的“巨人阶梯”前方的宫殿天井内举行就职仪式的执政官，由此开创了一个直到共和国完结的长期传统。

的当选完全是因为威尼斯贵族阶层中老派家族和新贵之间长期的争斗再度爆发的结果。威尼斯政坛的分化直接导致选举者中的大多数人代表新贵的利益，在第五次投票时，四十一票中有二十八票投给了巴尔巴里戈，令他稳胜老牌贵族家族的代表贝尔纳多·朱斯蒂尼安。

阿戈斯蒂诺·巴尔巴里戈上台后的第一个举动，就是达成了一项重要的成就。威尼斯靠着它在历史上一贯的狡猾外交政策和几乎无耻的投机主义完成了这个目标，并且使得它的成果保持了二十年之久。这项成就就是威尼斯正式吞并塞浦路斯王国。在狮心王理查将其授予圣殿骑士团之后，塞浦路斯在公元1192年被骑士团卖给十字军领导人吕西尼昂的居伊，尽管此后这个王国一次次处于外国势力的影响下（其中最著名的是十四世纪热那亚对它的控制和开罗的马木留克王朝影响，到本章所述的时期，塞浦路斯仍然是它的附属国），吕西尼昂家族仍然持续统治着塞浦路斯。

塞浦路斯最近一次的危机发生于公元1460年，前国王约翰二世的私生子詹姆斯·吕西尼昂从他姊妹夏洛特女王和她的丈夫萨伏伊的路易手中篡夺了王位，迫使这对夫妇在逃往罗马之前在凯里尼亚的城堡中避难长达三年。等到詹姆斯坐上了王位，他开始需要盟友，于是这位新任国王找上威尼斯，正式要求迎娶卡特琳娜·科纳罗，即威尼斯贵族马可·科纳罗（或科纳）[1]年轻美丽的女儿。科纳罗家族长期以来都和塞浦路斯岛保持着密切的联系，特别是卡特琳娜所属的这一支科纳·德拉·卡·格朗德家族虽然只是拥有埃皮斯科皮领地的塞浦路斯最富有地主之一科纳-皮斯科皮亚家族的远亲，但卡特琳娜的父亲却是詹姆斯国王的密友，为其完成了数

1 在这本书中，连续性是不太可能，亦不需要做到的事。尽管笔者迄今为止一直用威尼斯方言的拼写方式，将卡特琳娜家族的姓氏写作科纳（Corner），但是卡特琳娜本人的姓氏却以相应的意大利标准语形式写为科纳罗（Cornaro）而为人所知，哪怕不会引起读者的迷惑，这看上去也略显咬文嚼字的学究气。

项棘手的外交任务，而她的叔叔安德烈亚不久后就担任了塞浦路斯王国的审计官员。卡特琳娜的母亲一系血统更为显赫，她可以宣称自己的外曾祖父是身份不亚于特拉布宗皇帝约翰·科穆宁的显贵要人。

让塞浦路斯王国有一个威尼斯籍王后对元老院来说是个难以抵御的诱惑。于是元老院热情地一口答应婚约，而且为了防止詹姆斯反悔，威尼斯立即派代理人开始进行婚礼的准备。公元 1468 年 7 月 10 日，在威尼斯倾其所能打造出的奢华宏大排场下，十四岁的卡特琳娜在四十位贵族妇女的护送下从圣波罗的科纳宫前往执政官宫的大议会厅。莫洛执政官在大厅内将一枚戒指交给塞浦路斯大使，后者以其主君的名义将指环套上新娘的手指。接着卡特琳娜被授予圣马可之女的头衔，都灵主教辛辣地批评这个前无古人的称号，称他从不知道圣马可曾经结过婚，即便他有过婚姻，要生出一个十四岁的女儿，以他妻子的高龄来说也做不到。四年后，卡特琳娜在公元 1472 年 11 月 10 日由四艘桨帆船护送离开威尼斯，前往她的新王国。[1]

然而新婚第二年，詹姆斯国王就以三十三岁的年纪英年早逝，留下身怀六甲的卡特琳娜。对詹姆斯的死，人们难免有毒杀的猜测，但这并没有事实根据。然而元老院害怕萨伏伊一系的拥护者会发动政变令夏洛特复辟，因此他们不想冒任何风险。于是彼得罗·莫切尼戈再次作为海军总司令，受命率领舰队前往塞浦路斯，表面上是为了保护年轻王后的安全，但实际上是为了守护威尼斯的利益。他按照命令巩固了环绕全岛的战略要地，并且将那些不能确定忠诚的人从塞浦路斯王国重要的职位上赶走。从这时开始，塞浦路斯作为一个独立王国的事实就受到了破坏，莫切尼戈在行动时通常会尽可能取得王后的同意，但他也被授予特权，在必要的时候

1 她去国离家的场景，据说成为卡尔帕乔绘制现藏于学院美术馆的圣厄休拉系列作品的灵感来源。

可以强行动用武力。

莫切尼戈一如既往认真出色地履行他的职责，但许多塞浦路斯本地贵族先前已经对威尼斯在当地事务上越来越强的影响力感到不满，莫切尼戈采取的措施就更助长了他们的怒火。就在他离开塞浦路斯后不久，一场阴谋在尼科西亚大主教的领导下成形了。公元 1473 年 11 月 13 日黎明到来前的三个小时，包括大主教在内的一小群人闯入法马古斯塔的王宫，当着卡特琳娜的面砍死了她的宫廷总管大臣和医生。接着经过短暂的搜索，王后的叔叔安德烈亚与表亲马可・本博也遭遇到了相似的命运，这些人赤裸的尸体被丢到卡特琳娜屋子窗下的壕沟里曝尸示众，直到城里的狗将其啃得七零八落。而尽管詹姆斯国王已经将塞浦路斯遗赠给他的妻子，让她成为女王，卡特琳娜也已经生下儿子，她却仍不得不同意詹姆斯的一个私生女与那不勒斯国王斐迪南的私生子阿方索之间的婚约，并且承认后者将继承塞浦路斯的王位。

很快政变的消息就传到了威尼斯，莫切尼戈被命令立即返回塞浦路斯岛。他很快将相关人员逮捕，包括大主教在内的一两人侥幸逃脱，不过剩下有牵连的人全部落网，首犯被处以绞刑，其他人则被投入监狱。新颁布的王位继承安排自然也宣告作废。威尼斯元老院还派遣了两位可信的贵族担任卡特琳娜的顾问，并以她的名义接管了塞浦路斯政府的事务。尽管被剥夺了所有权力，这位不幸的女王仍然在位，不过随着时间流逝，她变得越来越像一个名义上的领袖，她的地位也越来越不稳固。公元 1474 年，卡特琳娜与詹姆斯的儿子詹姆斯三世在出生一年后即不幸夭折，因此她不得不周旋在前女王夏洛特和那不勒斯的阿方索制造的阴谋之间。同时，塞浦路斯岛上的大贵族又视她为威尼斯的傀儡而非他们的女王。她的性命依赖于威尼斯的保护，而这种保护又逐渐变成对她和她的臣民们的一种压迫。塞浦路斯宫廷和政府机构中每一个重要的职位都掌握在威尼斯人手里，岛上的每一座城镇与城堡亦都由威尼斯的总督与总管把持。卡特琳娜和她的父亲曾一度向塞浦路斯当地的贵族抱怨，称女王的保护人更像是一群狱卒：卡特琳娜不允许离开她的宫殿，她的仆人被撤走，只能独自在一张小木桌边进餐；而所有的通信联络，哪怕是她与自己臣民们的交流，都被禁止了。这些抱怨起到了一定作用，公元 1480 年之后，卡特琳娜的日子稍微好过了一些，不过从此时起，她开始意识到，不管是不是所谓的圣马可之女，对威尼斯共和国来说，她就是个累赘，只要到了恰当时机，威尼斯人就会毫不犹豫地彻底摆脱她。

威尼斯给了女王最后的期限。自公元 1426 年塞浦路斯成为埃及苏丹的附庸以来，王国每年要付给苏丹八千杜卡特的年贡，因此如果塞浦路斯直接被威尼斯吞并，后续造成的复杂外交困局是卡特琳娜无法应付与承担的。但到了公元 1487 年，苏丹告知卡特琳娜，奥斯曼土耳其苏丹巴耶济德二世正在准备一场针对他的大规模远征，并将在途中攻占塞浦路斯。他恳求女王使用一切必要措施巩固防卫，作为回报他会免除塞浦路斯两年的年贡。这项进展意味着威尼斯和塞浦路斯准备团结起来对抗共同的敌人，这也促使塞浦路斯的贵族们走出一步险棋。公元 1488 年夏，一个新的计划浮出水面，这一次女王被安排嫁给那不勒斯的阿方索，鉴于女王本人很可能知道这项计划的内幕，她的遭遇就更令人同情了。这个计划的主要策划人里佐·迪·马里诺是一个与公元 1473 年的政变有所牵扯的人，就像他的朋友大主教那样，当年他也成功逃脱了追捕，而这次他未能幸免，被抓回威尼斯之后，十人议会下令将他处以绞刑，而女王再婚也显然不可能再提。公元 1488 年 10 月，威尼斯决定将塞浦路斯正式合并入威尼斯的帝国，而女王将被带回她出生的国度，如果可能，她的回归将隆重无比，当然有必要的话，威尼斯亦会对她采取强硬手段。

接到这项棘手任务的是海军总司令弗朗切斯科·普留利。十人议会预料到卡特琳娜可能会不情愿，于是他们采取预防措施，秘密命令女王的兄弟乔治奥前往塞浦路斯做好准备，并试图说服卡特琳娜一个女王主动退位的表象对所有人都好。此刻处于无力自保的危险状态的塞浦路斯可以在威尼斯的保护下免受土耳其觊觎；而女王本人则可以因为赠给母国这样一份厚礼而获得尊荣和礼遇，她会被隆重迎回威尼斯，并且得到一块富庶的封地与八千杜卡特的年金，足以让她继续过着平和奢华的女王生活；最后，卡特琳娜的家族也会因此得到极大的权利和声誉，但假如她拒绝配合，一切都将化为泡影。

当乔治奥第一次与他的姊妹说明威尼斯希望她做的事时，女王苦涩地抗议道："威尼斯的诸位大人难道不能满足于等我死后再得到塞浦路斯，而非要这么迫不及待地夺走我丈夫的遗赠吗？"但最后她还是让步了。公元 1489 年初，卡特琳娜离开尼科西亚前往法马古斯塔，在那里举行的冗长又盛大的典礼上，女王正式命令海军总司令将圣马可的旗帜插遍全岛。随后在 6 月的第一周，卡特琳娜和她的兄弟一同抵达利多的圣尼科洛教堂。巴尔巴里戈执政官在成群贵妇人的陪同下乘坐黄金船出海欢迎女王。然而不巧的是，就在它抵达利多时，海上突然掀起了风暴。黄金船不得不暂时驶离几个小时，而更令这些人感到不快的是，卡特琳娜终于可以启程时，他们未能表现出最体面的一面。此后，女王一行人在隆重的仪仗队列簇拥下，沿着大运河到达费拉拉公爵宫（这儿也正是五十一年前拜占庭皇帝下榻之处），与此同时鼓号喧天，教堂钟声齐鸣，威尼斯人向女王致意的呼喊声此起彼伏。随后队伍经过科纳宫[1]，执政官为表彰乔治奥对共和国

1　威尼斯有不下六座科纳宫。这一座位于大运河与圣卡西亚诺河的交汇处，不幸的是它如今已经不存。公元 1724 年，这座宫殿被如今在该地的建筑所取代，尽管它现在是蒙特皮塔酒店的店址，仍然有着科纳王后宫的名字。

所做出的贡献，授予他骑士的头衔，随后他还得到了将自己的纹章和四分之一吕西尼昂王室纹章共用的特权。

经过三天在费拉拉宫的庆典，女王在圣马可大教堂举办了退位仪式，正式将塞浦路斯王国割让给威尼斯。10 月，卡特琳娜在山间小镇阿索罗定居，她在这块供她度过余生的封地上继续生活了二十年，在此期间这儿一直是一个文雅却乏味的小朝廷中心。直到公元 1509 年，慑于皇帝马克西米利安麾下军队不断进逼的威胁，卡特琳娜不得不离开这个充斥着音乐、舞蹈和有教养的人们的彬彬有礼言辞的世界，前往威尼斯寻求庇护。公元 1510 年 7 月，她在那儿去世，享年五十六岁。在一个狂风暴雨肆虐的夜里，人们从科纳宫运出了塞浦路斯女王的棺材，穿过一条搭建在大运河上的浮桥前往圣阿波斯托利教堂。然而这座教堂内只收藏了塞浦路斯的王冠，女王的遗体则按照圣方济会的传统安葬。她被埋葬在家族小礼拜堂内，随后又被移往圣萨尔瓦托雷教堂，她在这座教堂南耳堂的坟墓上刻着这样的铭文："此地埋葬着卡特琳娜 · 科纳罗的骨灰，她是塞浦路斯、耶路撒冷和亚美尼亚的女王。"（D.O.M. CATHARINAE CORNELIAE CYPRI HIEROSOLYMORUM AC ARMENIAE REGINAE CINERES）

28

法兰西的进军

（公元 1489—1500 年）

我穿过这座城的主干道，本地人称其为大运河。这条交通大动脉如此宽阔，桨帆船也能频频横穿水面。事实上，我已目睹过四百吨或是更大吨位的船只在房屋边上下锚。我认为，这是世界上最美、营建得最好的街道。而且纵观全城，房屋由石头垒成，宽敞舒适，陈旧的屋子全被粉刷过，而那些矗立了百余年的古宅则由伊斯特里亚的白色大理石（它们的产地离威尼斯有百余里之遥）装饰表面，并嵌入斑岩和蛇纹石……这是我所见过的最壮丽的城市。

——费利佩·德·科米内，《回忆录》（A. R. 斯考伯英译）

公元 1492 年对西方历史来说是一个转折点。就在这一年，哥伦布发现了新大陆，而他的两位资助人阿拉贡的斐迪南与卡斯蒂利亚的伊莎贝拉终于击败了格拉纳达的摩尔人王国，从而巩固了他们对一个统一的西班牙的统治。在佛罗伦萨，“豪华者”洛伦佐·德·美第奇在这一年去世，尽管他毕生都不信任威尼斯，但却比任何人都致力于促进或在必要时维护意大利的统一，以对抗法兰西的觊觎野心。罗马经历了教宗国历史上最为腐败的选举之后，诞生了自“妓女政治”后六个世纪以来最臭名昭著的教宗

（假如我们不将对立教宗约翰二十三世计算在内）：罗德里戈·波吉亚，即教宗亚历山大六世。不过对年仅二十二岁的法兰西国王查理八世来说，这一年他终于摆脱了前摄政，姐姐博热的安妮的束缚，得以投入全部精力来策划他梦想已久的伟业——进军意大利。

在外表上，查理全然不像一个气宇轩昂的军事冒险者。“陛下这个人，”威尼斯驻法兰西大使[1]在公元1492年描述道，“个子矮小，面容发育不良且十分丑陋。他双眼近视，眼神黯淡，鼻子大得过分，异常厚的嘴唇常常张开着。他的手常常出现一些不忍卒观的痉挛动作，说话吐字极其缓慢……但是整个巴黎都盛赞他在打球、马上长枪比赛和追猎活动中表现出的高超技巧。”或许正是因为最后一项使得查理八世受到其臣民们的喜爱。而这位国王性格上的优点为他赢得了“温厚者”的绰号，编年史家费利佩·德·科米内评论说：“他或许是世间最好的造物。”毫无疑问，在查理的眼中，这场即将开始的远征包含了他至高的动机。他无意去征服其他的领地，只希望确认那些属于他的土地的所有权，这些土地中无疑包括那不勒斯王国。[2]有了这个王国，以及它与耶路撒冷国王这一头衔长达三个世纪的联系，一旦查理在意大利的领地权利被确认，这个头衔就可以给予他所必需的声望，来发动和领导一场延误已久的十字军东征。

这是个光荣的梦想，也是个令人梦寐已久的目标。但就像科米内指出的那样，对所有有经验和明智的人来说，十字军东征的事业是愚蠢的。查理没有钱，他不得不在出发前典当自己的珠宝；他对军务亦所知甚少，似

1　自公元1478年起，威尼斯就在法兰西宫廷设立了常驻使团，这是它在意大利之外设立的第一批长期性外交代表。

2　法兰西对那不勒斯宣称的所有权来自圣路易的兄弟，安茹的查理。他在公元1265年从教宗手中接过了那不勒斯的王位，而在那不勒斯被西班牙的阿拉贡王室于公元1432年夺取前，查理的家族已经统治当地将近两个世纪。

乎完全不担心带着大军长途跋涉前往南方遥远的意大利半岛，同时苦苦支撑漫长脆弱的通信补给线，将它置于至少六个强大、机警且暗藏敌意的国家掌心之中的可能前景。只有两位法兰西近臣和查理八世抱有同样的乐观态度：一是查理八世的导师和宫廷大臣艾蒂安·德·韦斯克，科米内对他嗤之以鼻，称其“鄙陋竖子，难成大器”；其二是查理八世的表亲奥尔良的路易，他对米兰公国拥有来自祖母瓦伦蒂娜·维斯康蒂的继承权力。从国王筹备的军事行动中，路易看到了对这片领土宣示所有权的机会。而尽管本国大臣响应寥寥，但许多来自米兰、热那亚和那不勒斯的流放者，波吉亚家族在罗马的敌人和美第奇家族在佛罗伦萨的敌人，都已摩拳擦掌，准备好在查理需要的时候进一步鼓动他出征。

在所有重要的意大利大国中，此时只有威尼斯稳如磐石，法兰西宫廷中也没有针对它的反对派系。它在法兰西的代表就只有政府合法任命的大使们。当公元 1492 年末查理提议与威尼斯组成一个正式的军事联盟时，他们表现出的热情要远逊于九年前。大使们圆滑地指出，威尼斯与法兰西两国之间已经拥有良好的关系，无须再通过进一步的表示来证明，同时威尼斯在公元 1482 年已经与巴耶济德苏丹签订了和平条约，因此它就不能参与任何针对土耳其的军事行动。大使们本可以再额外说明，威尼斯一直以来与那不勒斯的关系都算不上和睦，但他们没有这么做。如果查理远征胜利，那么威尼斯倒是很乐意在其战利品中分一杯羹。但鉴于威尼斯已经清楚查理在它所关注的问题上保持着善意，于是它决定继续保持中立，站在它最喜欢的观望位置上。到了第二年，当卢多维科·斯福尔扎极有能力的年轻外交家妻子，埃斯特家族的贝亚特丽斯作为一个杰出使节团的领导人前往威尼斯，探查共和国对可能发生的入侵所持有的态度时，共和国的这项政策仍然没有改变。贝亚特丽斯得到了一如既往的盛情接待，她下榻在费拉拉宫，并且游览了整座城市；这位年轻女士还参加了大议会的一次会议，以及一场为她在童贞圣母修道院举办的音乐会。但是贝亚特丽斯的问题没有得到答案，她只得到威尼斯方面表达的殷切希望与含糊的泛泛而谈。

卢多维科希望得到一些对法兰西进军更积极支持的保证。奥尔良的路易对他公国的主权宣言并不令卢多维科感到忧虑，他有更直接的焦虑原因。卢多维科从合法的米兰公爵，他的侄子吉安·加莱亚佐手中篡夺了权力，由于后者的岳父是那不勒斯的阿方索王子，因而导致了那不勒斯王室与米兰之间旷日持久的战争，而当公元 1494 年 1 月阿方索继承了父亲斐迪南的王位后，这场战争逐渐演变到了更具威胁的规模。在很短的时间内，这位新国王取得了刚继承其父洛伦佐成为佛罗伦萨实质统治者的彼得罗·德·美第奇以及教宗亚历山大六世的支持。这是一个可怕的联盟，假如这群人决定发动突袭，或许就能令卢多维科倒台。危机逐步升级，米兰驻巴黎特使开始越来越露骨地煽动国王对意大利的野心，直到他们几乎是在邀请他进军意大利半岛为止——此时查理八世已经不必等待一份邀请。他付出巨大的代价，取得了西班牙的斐迪南与伊莎贝拉、英格兰的亨利七世与德意志国王马克西米利安对其军事行动的默许。公元 1494 年夏，查理八世率领着包括一万一千名骑兵、四千名瑞士长矛兵，以及作为国王护卫的苏格兰弓兵在内的四万六千人部队（这是目前为止人们印象中法兰西组织起来的最大规模军队，也是自两个世纪前圣路易之后，第一次由君主本人领导的军队），向意大利进军。

法兰西军队越过阿尔卑斯山、长驱直入伦巴第地区、随后南下半岛的速度与取得的胜利正符合了查理的最高期望。9 月初，查理在阿斯蒂[1]收

1　皮埃蒙特地区的阿斯蒂是瓦伦蒂娜·维斯康蒂嫁给初代奥尔良公爵时的一部分嫁妆。不久后菲利波·玛利亚将它夺回，但他死后，阿斯蒂又回到奥尔良家族的手中，成为查理在意大利极为有益的一个远征基地。

到了表兄弟奥尔良公爵（他领导先头部队与法军绝大多数的重火炮，比国王早一个月出发）率领法兰西、瑞士与热那亚的水陆联军在拉帕洛大胜那不勒斯的消息。因此查理不顾轻微的天花症状，在 10 月 6 日离开阿斯蒂，两个月后胜利进驻比萨与其近邻路加。他于 11 月 17 日抵达佛罗伦萨，这座城市的大部分市民在多明我会修士萨伏那洛拉的煽动下，迫不及待地驱逐了软弱无能的彼得罗·德·美第奇，准备打开城门迎接法兰西军队。就在这年的最后一天，查理抵达罗马，教宗亚历山大六世起初惊恐不已，将自己锁在圣天使堡内，但很快他意识到他没有别的选择，只能不情愿地求和。

在罗马逗留了四周后，法兰西人继续向那不勒斯进军。他们不断进逼的消息逼得阿方索国王退位让贤，将宝座交给儿子斐迪南，即为众人所知的费兰蒂诺，不过后者很快也重蹈覆辙。公元 1495 年 2 月 22 日，一直以来都视阿拉贡王室为压迫者的那不勒斯人奋起欢迎他们新的统治者。仅仅六个月，查理就差不多实现了他全部的抱负，而且更了不起的是，除了在拉帕洛的激战，他几乎兵不血刃地达到了目的。意大利人似乎忘记了如何战斗，长达一个多世纪以来，意大利唯一主要陆上战役的参战者是雇佣兵首领和他率领的杂牌军与雇佣兵，这些人并没有崇高的爱国情感与原则来驱策他们去厮杀或舍生取义，他们所想的只有金主支付的酬金、抢劫来的金钱和勒索得来的赎金。结果意大利人最终培养出一种形式化的战争形式，这种战争的参与者所冒的身体危险与现代花式击剑相差无几；然而当意大利人要面临完全不遵照他们设立的此类战争规则行事，只想将他们砍作碎片的敌人时，他们便在嫌恶与恐慌中落荒而逃。

查理在他的新王国逗留了三个月，5 月 12 日，他在那不勒斯正式加冕。但是他的成功很快就走向了下坡路。那不勒斯人起初很高兴借法兰西人的手摆脱了阿拉贡人，但很快他们就发现外国压迫者实际上都是一丘之貉。于是动乱在那不勒斯许多小城镇蔓延开来，当地居民认为自己没有必要来支持毫不餍足且常常肆意妄为的法兰西驻军。而在那不勒斯王国之外，人们也开始感到警惕与忧虑。即便是过去一开始对查理的入侵抱有正面态度（至少没有公开表现出敌意）的意大利诸国和其他国家都开始怀疑，查理达到他最初的目标如此容易，这是否会促使他更进一步，率领几乎毫无损伤的军队调头对付它们自己，在这些国家中，威尼斯对此最为忧心忡忡。

对后人来说幸运的一点是，查理在这段时间任命阿让通领主费利佩·德·科米内为威尼斯政府常驻大使，他的回忆录或许是我们目前拥有的最早一份由一位睿智敏锐的目击者精确记录的威尼斯政治史。从科米内留下的记录中，我们可以确切无疑地了解到查理胜利的消息传到里亚尔托时威尼斯政府的反应：

> 当威尼斯人知道一些意大利城镇已经宣告投降，以及国王在那不勒斯的事，他们便召唤我去，告诉我这些消息，并假装对此狂喜不已。然而他们也告知我，那不勒斯的城堡还在继续抵抗国王，堡垒内驻扎重兵，并且有一切防御所需的物资，因此我可以猜测，他们还怀抱着很大希望，期待这座城堡永远不被攻克。

但一两天之后，威尼斯人再一次召唤了科米内。

> 我发现有五六十人，与这时正忍受着疝气折磨的执政官一道聚集在会议室内。执政官神色自若，似乎还隐隐表现出高兴地告诉我最新的消息，但是周围其他人的反应却没能伪装得那样完美无缺。一些人坐在低矮的座位上，手肘支着膝盖，双手抱头；其他一些人姿态各

异，但都流露出心中极大的悲伤。我敢相信，即使是坎尼之战[1]后罗马元老院的成员，也不会感到比这更大的恐怖了。除了执政官之外，他们没有一人有勇气抬头看我或和我搭话，我感到不自在极了。

事实上，巴尔巴里戈执政官没必要绞尽脑汁粉饰太平，因为六个星期以来，威尼斯执政团试图和西班牙国王斐迪南、德意志国王马克西米利安、亚历山大六世以及卢多维科·斯福尔扎进行密谈的动作早已被法兰西的这位大使知晓，特别是卢多维科，面对这场他至少要负起一部分将其释放出来的责任的风暴，如今他比任何人都感到焦虑，并且因为奥尔良公爵在阿斯蒂一直徘徊不去而更感恐慌，卢多维科终于意识到，奥尔良的路易对米兰宣称的所有权和查理八世对那不勒斯王国宣称的所有权一样有力。因此，当得知一个新的联盟在 4 月 1 日成立时，科米内完全不感到惊讶。

我一到那儿坐下，执政官就告诉我以圣父、圣子、圣灵神圣的三位一体的名义，他们已经和教宗陛下，罗马人民的国王[2]、卡斯蒂利亚国王以及米兰公爵组成了一个拥有三条原则的联盟。这三条原则中，第一是守卫基督教世界，抵抗土耳其；第二是保卫意大利；最后一条则是保护他们自己的领土……在场的大概有一百余人，个个高昂着头，兴高采烈，全然看不出那一天得知那不勒斯的城堡投降时的悲伤……

晚餐之后，所有联盟国的大使聚集在船上（这是他们在威尼斯主要的消遣活动）：在场共有四十艘船（它们由威尼斯政府提供，然后

1　这是古罗马史上的一次大败。公元前 216 年，在名将汉尼拔的指挥下，迦太基人几乎将兵力约五千人的罗马军队屠杀殆尽。

2　见第 20 章。

分配给每一个人的随从），所有人都对船上代表他们主君的纹章非常满意，在这样的盛况下，他们的船演奏着乐曲，从我窗下经过……到了夜里，多到惊人的焰火从建筑物的角楼、尖塔和大使宅邸的屋顶上升起来，人们燃起熊熊篝火，全城的大炮也点火鸣响。

不知是因为气恼（就像一位当时的观察者所猜测的[1]）还是身受高热之苦（他随后在给国王的一封信中如此宣称），在那之后几天，科米内留下的记录很少，只有一次，他隐姓埋名乘着一艘有雨棚遮蔽的船从住地悄悄来到圣乔治·马焦雷岛观看庆典活动。不过到了棕榈星期日，人山人海的圣马可广场上举办的露天大弥撒结束后，他再一次出现在公共场合，此时执政官、威尼斯的执政团以及联盟的所有大使（后者穿着豪华的新长袍，向执政官展示）在神圣庄严的游行队列中环绕广场，最后在“公告石”那里停下[2]，将新的同盟公之于众。

威尼斯学者兼日记作者马里诺·萨努多写道，当执政官告知费利佩·德·科米内新联盟缔结的消息时，他立刻询问自己的国王陛下是否能够安然无恙地返回法兰西，阿戈斯蒂诺·巴尔巴里戈执政官如此回答：“如果他打算以一个朋友的身份返回，没人会加害于他，但如果是以敌人的身份返回，那么所有的联盟成员都会守望相助。”在另一位地位尊贵的权威人士（他甚至可能就是一位目击者），元老院成员多梅尼科·马利皮耶罗的记录中，执政官甚至愿意提供给查理三十五艘桨帆船，以便当法兰西国王

1 马里诺·萨努多，《查理八世的意大利远征》，第285—286页。

2 这根粗短的斑岩石柱如今仍然矗立在圣马可大教堂的西南角。它是十字军东征时期威尼斯人从阿卡得到的战利品，从公元1256年起，它作为威尼斯共和国发布法令的惯用场地，直到共和国覆灭。

害怕从陆路取道意大利半岛回国时运送他和他的士兵。不过科米内本人则没有提到这一项交易条件。

联盟成立的消息传到身在那不勒斯的查理耳中，法兰西国王怒火中烧，他召来威尼斯大使，威胁要和英格兰、苏格兰、葡萄牙以及匈牙利组成一个对立的联盟。不过查理没有低估他当下面临的危险。早在他加冕那不勒斯王冠之前，联盟对抗他的军队就已经开始集结，加冕后一周，查理带着由法兰西人、瑞士人、加斯科涅人、苏格兰弓兵和一队德意志雇佣兵组成的近一万两千人军队永远地离开了他的新王国，朝北方进军。

查理北上的旅途，不管是政治上还是物质上都麻烦缠身。他希望在罗马和教宗进行友好商谈，但等他抵达，却发现亚历山大六世已经逃到了奥尔维耶托，随后又躲到了佩鲁贾。托斯卡纳发生的问题更为严重，这起因于他曾经许诺佛罗伦萨人将比萨重新归入他们的统治之下，但又对比萨人保证绝不会让此事发生。查理沿着西部海岸一直行进到拉斯佩齐亚，然后他轻率地在那儿将军队一分为二。布雷斯的菲利普奉命领导几千名士兵经热那亚走沿海路线，同时查理自己带着剩下的军队选择右翼路线，沿着山路穿越亚平宁山脉北麓进入伦巴第。到目前为止，查理八世的对手们还没有协调一致的行动，当然，这也是查理所希望的。不过他也很清楚就在山峦那一边的某处，联盟的大军正严阵以待，他们究竟会不会让他通过呢？这是一个问题。

三个月前巴尔巴里戈执政官向科米内殷勤介绍的联盟，实际上只是个纯粹的防御性组织，因此如果这些同盟国看到法兰西国王正在有序地和平撤退，或许会乐于让他畅通无阻地归国。但这样的假设被一场突如其来且毫无缘由的攻击打破了，在他的表兄弟向南进军时，奥尔良公爵一直与一小支殿后部队驻守在阿斯蒂，但在 6 月初，他突然决定向米兰施压，主张自己对公国的所有权，作为这个计划的第一步，他夺取了诺瓦拉城。从这时起，武装中立的局面演变为了公开战争。除非进行协商并说服公爵撤军，否则法兰西人绝不可能和平地全身而退。

而在另一边，即便是在盛夏，拖曳沉重火炮翻越高山隘口仍然是一场噩梦。山道的上坡路对法兰西人来说已经够糟了，而下坡的路就更可怕，一路上需要多达百名已精疲力竭的人两两拉紧绳索，以防沉重的火炮撞向悬崖绝壁，而如果他们动作不够快，则很可能会被一同裹挟着撞上去。幸运的是，查理军队中数日前可耻地焚烧并洗劫了已投降的蓬特雷莫利的瑞士军人似乎急于弥补先前的暴行，他们变回过去在家乡时的那些有经验的登山者，熟练且坚韧不屈地承担起了山间行军的任务。最终到了 7 月 5 日星期天，山路变得平坦，查理也终于能俯视浅浅的塔罗河河谷，河谷弯弯曲曲穿过伦巴第平原通向波河，而就在这里的福尔诺沃小镇以及城镇后方的河流右岸上，部署了联盟的三万大军。

这支军队大部分是威尼斯招募的雇佣兵，由共和国特别任命的雇佣兵首领，曼图亚侯爵弗朗切斯科·贡扎加领导。此外，尽管卢多维科·斯福尔扎的军队正忙于和奥尔良公爵作战，在福尔诺沃的军队中仍有少数米兰人的身影。除此之外，反对法国进军的联盟中其他的三个国家没有派遣军队到场。查理八世一抵达福尔诺沃，他便发现通向帕尔马的道路被蓄意封锁了。福尔诺沃镇上的居民很友好，但驻扎在此处的两座军营却危险地彼此相邻，于是整整一夜，法兰西人被名为“斯特拉迪亚特”的巴尔干轻骑兵抢掠小队骚扰，苦不堪言。这种轻骑兵十分剽悍，主要成员来自阿尔巴尼亚和伊庇鲁斯，威尼斯时常招募他们，作为雇佣兵使用。

次日破晓后不久，查理八世率军前进。他和他的一万名将士已充分做好作战准备，但查理此时仍然对避免公开冲突抱有一丝渺茫的希望，因此他选择在大雨中冒险渡过因为前夜雷雨大作而暴涨的河流，沿着河流左岸行军。渡河十分顺利，不过联盟军队尾随而至，并攻击了法兰西军队的后方。拥有查理最为自傲的火炮的前锋军此时已经前进得太远，以至于它和剩下的军队分散，来不及回头救援，于是国王本人命令中段军队迅速转向，攻击敌人。

贡扎加的军队在战斗中占尽上风。他率领的军队是法军的三倍多，甚至接近于四倍，而且给养充分，以逸待劳，亦有充分的时间去选择部署位置并准备即将到来的遭遇战。而法军的情况则完全相反，他们疲惫不堪，饥肠辘辘（由于担心被下毒，他们对福尔诺沃当地人供应的食物和饮水避而不用），且毫无斗志。尽管如此，他们还是投入了战斗，国王作战勇猛尤胜他人，而这场战役也成为两百年来意大利最为血腥的一场战斗。作战没有持续很久，在场的科米内认为它只持续了差不多一刻钟，而且他认为这次战役估计高达四千到五千人的死亡数字略有夸张。这个早晨过了没多久，联盟军队发现他们陷入了孤立无援的包围之中。巴尔干轻骑兵首先要对目前的情况负责，在战斗早期阶段，他们将注意力放在法军距离河流有一定距离且脱离大部队独自行动的辎重上，他们难以抵御劫掠的诱惑，因此在贡扎加最需要他们的时候，缺席的轻骑兵就造成了灾难性的恶果。贡扎加本人表现出的领导能力也十分糟糕，他驱马在战场奔驰，却没有建立起有效的指挥系统，因此有一半的军队收不到任何指令，也无法有效地执行命令与作战。

但贡扎加奇迹般地让他和联盟取得了福尔诺沃会战的胜利，甚至在他返回曼图亚之后建造了一座胜利圣母教堂纪念此事，还特别委托曼特尼亚[1]制作了一幅祭坛画。威尼斯同样欣喜若狂，银行与商店停止营业以示庆祝，而在数位来自法兰西和萨伏伊的游客被市民投掷水果后，政府发布了一道特别法令，宣布保护这两地访客的安全。然而我们很难看到所谓的

1 这幅画名为《圣母的胜利》，讽刺的是，它如今成了卢浮宫的藏品。

胜利胜在何处。诚然，查理八世丢失了他的辎重车队以及它运送的所有物资，其中包括圣路易的宝剑以及从那不勒斯劫掠来的战利品，当时有人估计，这批失去的物资总价值高达三万杜卡特。但如果计算他的军队伤亡，那么它比起意大利人可谓微不足道。而且意大利人此战的主要目标可谓完全失败了，查理八世和他的军队在当晚继续行军，并且在数日后安然无恙地抵达了阿斯蒂。

但是查理在阿斯蒂也没得到多少安慰。一支法军舰队与热那亚交战落败，被敌人夺取了舰队中大部分船只以及从南方带回的大量战利品。与米兰军队作战的奥尔良公爵受困诺瓦拉，眼看支撑不了多久。而那不勒斯的年轻国王，阿方索之子费兰蒂诺在西西里的西班牙军队支持下登陆卡拉布里亚，很快势如破竹，直逼那不勒斯首府。不久后，正如所有人预料的那样，诺瓦拉陷落了，法兰西和米兰在韦尔切利单独媾和。7 月 7 日，费兰蒂诺收复那不勒斯，于是顷刻间，法兰西在前一年取得的胜利尽数化为泡影。10 月中旬查理率军翻越阿尔卑斯山之际，他身后已经全无法兰西军队留在意大利的痕迹。

而这一点，正是这场远征最为重要的特征之一。在查理发动这场远征之前，很少有人认为它会成功，反而很多人预言这会成为一场灾难。同时，从这场远征一开始的目标来看，所有人都相信它不会给意大利带来长远的影响。卢多维科 · 斯福尔扎仍掌握着米兰，阿拉贡王室回到了那不勒斯，即使是为了抵抗法军而结成的伟大同盟，也在卢多维科单独与法兰西人谈判的背叛之举发生后不欢而散。到公元 1496 年底，最后一支法军的踪迹从意大利半岛上消失，意大利人回到了他们过去的生活。他们甚至都没有吸收随着查理八世入侵而不可避免地接受的重要教训：哪怕不能在内部事务上达成共识，至少在外敌入侵时，国家也应当保持团结一致的重要性。意大利人古老、传统的政治模式已是根深蒂固、难以改变——大杂烩一般的地方自治，城邦国家之间和城市之间互不信任，为了达成一个大致上的势力平衡，他们的效忠对象与同盟者像万花筒一般变幻无常。对意大利人来说，法兰西国王只不过是又一个在需要的时候可以利用、操纵、巧计智取或欺骗的君主罢了。

而更令人惊讶的是，查理似乎下意识地接受了意大利人施加给他的这个角色定位。他对意大利的影响更近似于一些本地的雇佣兵或雇佣兵首领，而非欧洲最重要，相应也是最短命的统治者之一。从某些方面来说，查理的行动正揭示出他是一个怎样的人：他以法兰西人的方式战斗，并通过这么做迫使意大利人全盘改变他们的战争哲学。在过去的一个世纪中，随着神圣罗马帝国的衰落，意大利的土地几乎已不受外来侵略者的进犯，但随即它又变成了欧洲的主要战场之一。从此之后，意大利人再也不能将战争简单视作一场较大规模的比武锦标赛，在未来的日子里，他们将学习如何像他们的敌人那样战斗——去杀戮。

但矛盾的是，查理八世对意大利进军所造成的最深远影响并不显现在意大利，而是在欧洲北部。公元 1495 年 11 月，当查理那国籍混杂的军队在里昂得到报酬之后，军人们散入欧洲大陆各个角落，四处传播意大利民族的消息，军人们称意大利人居住在温暖、阳光普照的土地上，过着比其他气候较寒冷也更阴暗的地方精致文雅得多的生活（或许也正是因为这个原因，他们各自为政，势力分散，不足以对抗一个下定决心入侵的敌人）。随着这些消息的传播，以及查理从意大利带回的画家、雕塑家、泥水石膏工人和木雕工人开始将查理八世在安布瓦斯的旧城堡从一座中世纪要塞改造为一座文艺复兴式的宫殿，意大利在它的北方邻居们眼中就显得比过去更诱人，它像是一个邀请，或者是一个挑战，吸引它们在之后的数年内趋之若鹜。

不过这些被遣散的雇佣兵还带来了比任何征服之梦都更为致命的东西。公元 1493 年，哥伦布从加勒比海地区返回西班牙的三艘船带来了旧世界最早的一批梅毒病例。通过斐迪南和伊莎贝拉派去支持阿方索国王抗击法兰西侵略的雇佣兵，这种疾病在那不勒斯迅速蔓延，在查理抵达时它正处在盛行阶段。而经过三个月优哉游哉的日子，查理的将士们可以说彻底染上了梅毒，所有现存证据都证明，正是这批士兵将梅毒传播到了阿尔卑斯山以北的地区。这种疾病在公元 1495 年传播到法兰西、德意志和瑞士，在公元 1496 年传到荷兰与英格兰，到了公元 1497 年，甚至阿伯丁也不能幸免。就在这一年，瓦斯科 · 达伽马绕过好望角抵达印度，公元 1498 年，当地出现了梅毒的记录。七年之后，这种疾病传播到了中国广东地区。

不过尽管这种“高卢病”（大众亦称其为法国病）蔓延极快，查理八世的死却来得更加迅速。公元 1498 年，就在棕榈星期日前夜的安布瓦斯，查理八世在前往城堡壕沟观看网球比赛的路上，头部撞到了一根低矮的门楣。这一击当时看上去没有造成特别大的伤害，查理继续走到比赛场地并观看了比赛，但当比赛结束，国王在回房间的路上经过刚才撞到头的地方时，他突然倒下了。尽管国王倒下的地方是整座城堡最肮脏破旧的角落，科米内嗤之为“一个所有人都在那儿撒尿的地方”，但查理的随从们出于某种原因，认为此时不移动他为好。于是查理就躺在那儿，在一张粗糙的毡毯上过了九个小时，然后他死在午夜到来前不久，享年二十八岁。

不到一周，国王的死讯就传到了威尼斯。信使匆忙赶路，甚至跑死了十三匹马。然而查理去世的消息并没有引起威尼斯人多少悲伤，反而令他们陷入深思。

由于查理的独子在襁褓中就已经夭折，王位继承人就轮到了他的表兄弟奥尔良公爵，即后来为人所知的法兰西国王路易十二。对意大利的众多统治者来说，在过去的几年中，他们已经对这位国王有了充分的了解。路易十二的即位只意味着一件事：对意大利半岛的新一场侵略，这次他极力维护的不仅仅是安茹王朝对那不勒斯宣称的所有权，还有奥尔良家族对米兰更强烈的渴望。意大利人毫不惊讶这位新王在其加冕典礼上公开使用米兰公爵的头衔，更别提路易十二几乎是立即与他的政治同盟者，西班牙的斐迪南、英格兰的亨利七世以及瑞士永久同盟的各州长官公开谈判一事。同时路易十二的大使源源不断地拥入意大利。米兰和那不勒斯直接选择了无视，但几乎其他所有的意大利城邦国家，无论大小，都从个人途径接收了法兰西结盟或是至少保持中立的请求。只有威尼斯没有等待法兰西人采取主动权，它早已派遣大使前去觐见路易，在恭贺他即位的同时向其保证威尼斯共和国的支持。很快两国开始谈判，公元 1499 年 2 月，双方在布洛瓦签订了合约，合约不但规定了两个国家之间的同盟关系，还就击败米兰公爵卢多维科・斯福尔扎之后如何瓜分战果做了约定。

当初威尼斯在法兰西侵略军面前几近独力保卫伦巴第，并承受了巨大伤亡，因此教宗授予它“意大利解放者”的称号。如今时隔不到四年，为何它几乎是一百八十度地转变了自己的政策？为什么威尼斯会如此迫不及待地邀请一位外国侵略者来到自己的家门口？对此威尼斯共和国的官方回答是它别无选择。福尔诺沃会战中，法军已经证明他们的武器装备比意大利人更为精良，而路易的军队很可能会比查理的军队规模更大，装备更优，并且在组织上更有效率。而一旦路易入侵，威尼斯完全不能期待那不勒斯国王伸出援手，因为他正在自己濒临破产的王国内与饥荒做斗争。而几个月前刚将萨伏那洛拉处以火刑的佛罗伦萨，此时立场未定，它在对威尼斯抱有敌意（在比萨独立问题上，威尼斯与佛罗伦萨各有盘算，如今正争吵不休）的同时，又悄悄与法兰西暗通款曲。至于教宗，路易通过授予教宗之子切萨雷·波吉亚（他已经厌倦了枢机主教的生涯，决心抛弃教会，投向他所喜爱的军事生涯）富庶的瓦伦蒂诺公爵领地，又安排了他与纳瓦拉国王的姊妹，阿尔布雷特的夏洛蒂公主的婚姻，顺利买通了教宗亚历山大六世。至于卢多维科·斯福尔扎，他在公元1495年与查理八世单独媾和的行为不但摧毁了当时抵抗法军的同盟，还破坏了很可能将由他们自己重建起来的自由意大利的基本概念。从那之后，卢多维科的种种行为更进一步激怒了威尼斯共和国，他接待土耳其大使，在比萨问题上公开站在佛罗伦萨一边，又拒绝让威尼斯军队通过他的领地。难道他将自己视为第二个维斯康蒂吗？如果是这样的话，那么卢多维科的幻想是时候破灭了。

所有这一切无疑在说服威尼斯采取前述的行动上发挥了重要作用，不过这并不是全部的原因。促使威尼斯转变政策的还有另一个更简单的动机，即对领土的贪欲。能将它的陆上帝国向比萨和第勒尼安海的港口扩张的前景，是威尼斯无法抵御的诱惑。于是威尼斯人像过去一样扮演了棘手的谈判者角色，布洛瓦谈判持续的长度（只差几天就满六个月）就是最好的例证。不过他们从中获得了想要的东西，作为威尼斯提供所许诺的一千五百名武装士兵和四千名步兵，用于颠覆斯福尔扎政权的回报，它将得到克雷莫纳城及邻近的地区，以及阿达河以东向南直至阿达河与波河汇流处的所有土地、城镇和城堡。

公元1499年8月，法军再度侵入意大利。率领军队的是一位米兰流亡者吉安·贾科莫·特里武尔齐奥，他的家族被斯福尔扎驱逐在外，因此他需要通过一场速胜来获得所有的东西。他屠杀了安诺内当地守军，接着又毫不费力地攻占了瓦伦扎和托尔托纳，随后包围了亚历山德里亚，并在四天后迫使其投降。这样一来，卢多维科的事业眼看已经陷入了绝望的境地。8 月 30 日，在米兰街道上发生的动乱中，斯福尔扎的司库被杀，三天后，他逃往了因斯布鲁克。而卢多维科所信任的，甚至托付了米兰城堡的朋友贝尔纳迪诺·达·科尔特，在他返回时将其出卖给了法兰西人，10 月 6 日，路易十二正式占有了米兰公国。

然而这并不是一切的结束。卢多维科在蒂罗尔的避难地成功组建起了一支估计兵力可多达两万人的军队。公元 1500 年初，他返回故乡，甚至短暂地收复了米兰。不过他的成功只持续了不到两个月，一旦事实证明他无力支付酬金，卢多维科便被他的军队抛弃。在试图化装逃亡的途中，卢多维科很快被人认出并逮捕，他动荡无常的事业生涯也就此告终。卢多维科·斯福尔扎被带往法国，他在那里以囚犯的身份度过了余生，于公元 1508 年死在洛什的城堡内。

29

双重灾难

（公元 1499—1503 年）

告诉威尼斯的执政者们，他们已经与海洋缔结过婚姻，现在轮到我们了。

——公元 1500 年 2 月 28 日，土耳其维齐尔对威尼斯大使阿尔维斯·马嫩蒂说

有一点毋庸置疑：在十五世纪最后的二十年内，威尼斯的运气变好了。十五世纪六七十年代，威尼斯在对土耳其的战争中蒙受了惨痛的损失，它的帝国亦随之开始崩溃。随后相对温和的巴耶济德二世苏丹于公元 1481 年即位，威尼斯的景况就突然发生了改变。威尼斯在公元 1484 年得到了罗维戈与波河三角洲，又在公元 1488 年吞并了塞浦路斯；查理八世从那不勒斯撤军后，威尼斯共和国取得了阿普利亚沿海地区三个极有价值的港口布林迪西、特拉尼和奥特朗托；公元 1499 年 9 月 10 日，威尼斯军队踏入克雷莫纳，于是有人认为，这个世纪若是这样结束，那就再好不过了……但是就在这最后一场胜利到来之际，令整座城市陷入哀悼的消息传到了威尼斯。它的位于萨皮恩扎海域的舰队，在土耳其人手中遭遇了惨败，上一次威尼斯在伯罗奔尼撒半岛这命中注定的西南海域丢掉差不多整

支舰队，还要追溯到公元 1354 年与热那亚的激战。这次的惨败和当年一样，共和国不但承受了重大的损失，还蒙受了耻辱。关于这场灾难的第一批报告将战败的结果归结于海军司令的优柔寡断，或者说懦弱。

暂且不论巴耶济德二世的温和脾气（马基雅维利曾经评论，假如奥斯曼土耳其有更多巴耶济德这样的苏丹，那么欧洲就再也不必害怕这个帝国的野心了），威尼斯和奥斯曼土耳其帝国之间的关系已经持续恶化了相当长的一段时间。土耳其海盗持续不断地抢掠达尔马提亚沿岸，足迹远至伊斯特里亚。卡塔罗（今科托尔）地区两个原本依赖威尼斯保护的城市，由于威尼斯拒绝让他们自行任命教区神父，于是起兵反叛，寻求土耳其人的保护。而最严重的是，巴耶济德苏丹被米兰和佛罗伦萨的代理人说服，认为先前威尼斯与法国结成同盟，其意图直指自己。公元 1498 年末，事态已经到了威尼斯派遣特使前往奥斯曼土耳其的政府部门“高门”（Sublime Porte）进行解释，同时收集可能正在进行的战备情报的地步。

大使报告的内容并不令人欢欣鼓舞，看上去战争已经势在必行。公元 1499 年 4 月，时年六十五岁的安东尼奥·格里马尼被选为海军司令，他不但无偿为共和国提供服务，还贷给国家一万六千杜卡特的巨款。其他具有爱国心的市民们一如既往地很快追随他的榜样。不过尽管威尼斯再次开始筹备战争，它在选择军队领导人方面却表现出一种过去未曾有过的胆怯和漫不经心。当格里马尼向政府征求意见，询问他是否应当将注意力放在土耳其那一边时，他没有得到任何回复，甚至当他率领舰队南下亚得里亚海前往东方之际，仍然没有人回答这个问题。于是双方冲突爆发的关头，格里马尼和他的三位政府监督官不得不自行签署命令。

萨皮恩扎海域发生的第二场海战事实上由四场遭遇战组成，它们分别发生在 8 月 12 日、8 月 20 日、8 月 22 日和 8 月 25 日。纵然拥有一百七十艘船的威尼斯舰队在军力上逊于拥有二百六十艘船的土耳其舰队，但威尼斯人每一次都勇敢地冲入战场，尤其是在第一次和最后一次作战中，一些威尼斯军官表现出了过人的英勇。其中最为引人注目的是自动加入舰队的科孚岛指挥官安德烈亚·洛雷登以及温琴佐·波拉尼单枪匹马冲进土耳其人阵线战况最激烈之处，造成对方长达两个多小时的混乱。还有马利皮耶罗认为值得大众效仿的榜样阿尔维斯·马尔切洛，他“就像上帝必然是全能的上帝那样，将整支土耳其舰队送到我们掌心”。然而随后由于威尼斯军队一而再，再而三地“失去基督和我们的国家的爱护，失去勇气，失去纪律，失去名誉”，白白贻误战机。威尼斯舰队最后陷入完全混乱，最终逃之夭夭。剩下的舰船无力阻止土耳其人驶向勒班陀，去达成从海上和陆上包围这座城市并迫使其投降的主要军事目标。

我们很难确定威尼斯共和国蒙受的这场耻辱究竟有多少该归咎于海军总司令个人的缺陷，不过当勒班陀陷落于土耳其人之手后，人们显然需要一只替罪羊，于是格里马尼的同胞们立即开始渴求他的鲜血，“安东尼奥·格里马尼，背德的基督徒！”的叫嚣沿着运河回响。9 月 29 日，梅尔基奥尔·特雷维桑接管了指挥权，同时奉命将他的前任押解回威尼斯。对曾是威尼斯最受尊敬的市民，以及忠实且卓越地服务了国家超过四十年的圣马可大教堂总务官来说，无论他是否罪有应得，这都是一个残酷的打击。不过幸运的是，格里马尼的四个儿子在父亲落魄时，仍然尽一切力量支持他。其中一个叫彼得罗的儿子搭乘一艘双桅快船疾驰过亚得里亚海，在赞特岛找到了他身患疾病，又因为忧郁而半疯的父亲，他告诉格里马尼威尼斯将他召回的消息，顺利说服他凭自己的意志返回；另一个儿子温琴佐一抵达威尼斯就决心站在父亲这一边，他知道元老院的命令必须在各个方面都得到执行，于是他在伊斯特里亚拦住格里马尼，将镣铐戴在父亲的脚上。

11 月 2 日晚，安东尼奥·格里马尼抵达莫洛。他的身为罗马教廷枢机主教的儿子多梅尼科披着红色的斗篷在那里等他。多梅尼科和他的兄弟一样毫不犹豫地站在父亲这边，格里马尼入狱途中，他将沉重的脚镣捧在手上，来减轻老父的负担。即便已经锒铛入狱，安东尼奥·格里马尼也不是孤身一人。主教和他的两个兄弟陪着父亲一整夜，直到次日早晨他被提审至大议会。这场审判十分漫长，令人精疲力竭，不过格里马尼为自己辩护的演讲触动了所有人的心灵，或许正是因为如此，他才免于被判处绞刑。格里马尼最后只被判处流放，监禁地在达尔马提亚海岸附近的凯尔索岛（如今的茨雷斯岛）。

土耳其人受先前的胜利鼓舞，继续保持着进攻的势头。当安东尼奥·格里马尼的命运还悬而未决的时候，他们的骑兵已经再度肆虐弗留利，一直推进到维琴察，在伦巴第地区东部造成了极大破坏，引起当地人的恐慌。新年到来之际，威尼斯又派出了另一位特使前往君士坦丁堡求和。巴耶济德苏丹提出了苛刻的条件，他要求威尼斯放弃伯罗奔尼撒半岛几乎全部的领地，共和国愤怒地拒绝了这一要求。次年苏丹亲自率军包围了迈索尼，尽管驻军英勇抵抗，迈索尼还是沦陷了。守军见到所有的希望都已经离他们而去，便在城镇中放了一把火，只留给占领者余烟缭绕的灰烬。迈索尼的姊妹港科罗尼随后也被土耳其人攻占。

失去这两个港口后，威尼斯在西班牙的帮助下占领的凯法洛尼亚岛和伊萨卡不过是微不足道的补偿，在其后的两个半世纪中，这两个据点构成了威尼斯共和国在伯罗奔尼撒地区的主要基地。尽管随后威尼斯、西班牙和驻扎罗得岛的圣约翰骑士团在爱琴海和多德卡尼斯群岛进行了大量的海军军事活动，但任何一方都没能取得更可观的收获。最后，威尼斯与土耳其缔结了一场不稳定的和平，它于公元 1503 年 5 月在威尼斯生效。土耳其没有归还任何之前夺取的东西，如今它已经实际控制了整个伯罗奔尼撒沿海。无怪乎银行家吉罗拉莫·普留利在日记中悲观地写道：“由于失去了他们的船只和海外帝国，威尼斯人也会失去他们的名望和声誉，这是一个渐进的过程，只需数年，它们就会完全消耗殆尽。”

不过土耳其人不是造成威尼斯不幸的唯一原因，也不是普留利哀叹的唯一因素。从长远来看，某个没有侵略意图的基督教国家对威尼斯共和国造成的永久伤害要远远大于一个掠夺成性的苏丹在位时的军事行动造成的伤害。公元 1499 年 9 月 9 日，就在萨皮恩扎的致命消息传回里亚尔托的时候，瓦斯科·达伽马完成了从印度取道好望角返回欧洲的航行，在里斯本登陆。

达伽马不是第一个绕过好望角的人，这份荣誉应当归于他的同胞巴尔托洛梅乌·迪亚士，他在十三年前就完成了这一壮举。不过达伽马是第一个完全走海路从欧洲前往印度的人，他的这项成就对威尼斯在商业上的优越地位造成了毁灭性的打击，同样也严重削弱了地中海作为通向东方捷径的重要地位。从此之后，东方商人再也不必在苏伊士或者波斯湾的霍尔木兹卸下他们的丝绸和香料货物，再由陆路穿过地峡或者波斯与小亚细亚的山脉，将货物运到亚历山大港、君士坦丁堡、士麦那或安条克重新装船。此外，他们也再不必信赖每年缓慢穿越中亚前往中国的步伐迟缓且靠不住的骆驼商队。自那时起，只要一艘船就能将商人们从出发港口直接送往目的地。更糟的是，开往英格兰和北欧的航线再也不需经过地中海中转，而它们在航运中所占的比例与日俱增。新的国际货物清算地变成了里斯本，它要比威尼斯更靠近伦敦两千海里，又是属于汉萨同盟的港口，相对来说更安全，更不容易受到海盗骚扰，并且可以摆脱众多把持陆上商路的东方统治者们近乎勒索的高额过境税，因此里斯本的货物价格仅是威尼斯货价的几分之一。一夜之间，威尼斯就变成了一个闭塞的穷乡僻壤。

或者说，威尼斯看上去变成了那样。自然，像普留利记述的那样，有一些威尼斯人“拒绝相信这消息，其他人则断言葡萄牙国王不会继续使用前往卡利卡特的新路线，因为他派出的十三条船中，只有六条沿此路线安全返回，不但损失远大于收益，也很少有水手愿意将性命赌在这危险漫长的航行上”。但是暗示末日到来的预言更甚嚣尘上。“这座城市已经完全六神无主，城中最聪明的人认为这是他们可能听到的最坏的消息。”此时威尼斯正在严重的经济危机中苦苦挣扎。它最主要的私人银行之一加尔佐尼银行，纵然有执政官本人为了拯救它以个人身份提供的三万杜卡特资金，还是在前一年损失了二十万杜卡特。随即另一家利波马诺银行步加尔佐尼银行后尘，导致了席卷全城银行的大恐慌。普留利本人的银行也在数年之后宣告倒闭。

在这时有什么可以做的呢？人们曾短暂讨论过切断苏伊士的运河河道这个方案，但因为不切实际而否决了它。起初还有人质疑，威尼斯是否会接受葡萄牙国王曼努埃尔一世给予威尼斯密使的邀请，派它的商人前往里斯本载货，但这条航线激起了埃及苏丹的不满，他可以轻易地采取报复行动，扣押或洗劫威尼斯在开罗与亚历山大港的货仓，而且只要他想，苏丹就能够对整个威尼斯贸易殖民地实施惩罚性措施。而不管如何，对葡萄牙卑躬屈膝所产生的屈辱感已经压倒了威尼斯元老院成员愿意考虑这一问题的理智。公元 1502 年，元老院成立了一个特别咨询委员会来“提出相关建议，以免葡萄牙国王从我们的手中取走金银，破坏我们的商业和繁荣”；公元 1504 年，威尼斯派另一位密使列奥纳多·迪·卡马瑟就未来前景做展望报告，并且在可能的时候开启新的谈判，但在此期间佛罗伦萨商人在里斯本十分活跃，而且煽动葡萄牙人与威尼斯作对，以至于这位密使险些锒铛入狱。

因此，就在公元 1499 年夏末的几日之内，威尼斯就遭受了两次严重的打击，许多市民看着毛罗·柯度西新完成的钟塔上敲钟报时的两个摩尔人铜像，或许会在心里猜想他们是否已经时日无多，或者这报时声是否就是共和国的丧钟。但如果他们知道即将到来的第三个打击会比之前两个更致命，更具灾难性，或许会更加难过。这一次不只是一个国家，而是全欧洲都团结起来，成为他们的敌人。

公元 1501 年 9 月 13 日，八十二岁的阿戈斯蒂诺·巴尔巴里戈执政官召集了执政团，告诉他们自己决定辞职。他如今老迈不堪，疾病缠身，共和国需要一个更年轻且更有活力的统治者，来领导这个国家走出当下的危险与困难。而卸任后的老执政官就可以回到他位于圣特洛瓦索的宅邸，平静地度过人生最后的一段时光。他将执政官的戒指从手上摘下，交给资深的议员妥善保管，直到下一位继任者得到任命为止。

巴尔巴里戈交出的辞呈和戒指都被退了回来，但需要在此特别说明的是，这并非是因为老执政官的性格中有什么过人的品质。一直以来，巴尔巴里戈都是个骄傲且贪得无厌的人，在他十五年的执政生涯中，尽管有诸多削减执政官权力的法律保障措施，他仍然不止一次被公开指控犯有贪污罪行，更别提他还走私了数量巨大的葡萄酒。事到如今很少有威尼斯人愿意说他的好话，但巴尔巴里戈垂垂老矣、病在危笃的情况已经很明白地摆在所有人面前，因此让一切都按照自然的轨迹发展显然会轻松得多。请辞事件后仅一个月，老执政官就去世了。[1]此时尽管威尼斯的群众不再享有任何涉及执政官选举的法律权力，他们仍然为自己支持的人选菲利波·特隆吵嚷不休，而当 9 月 26 日特隆去世时，坊间一度流行着常见的黑暗谣

---

1 巴尔巴里戈家族宏伟华丽的家族坟墓，哪怕不是出于安东尼奥·里佐本人之手，也是他手工作坊的产品。它原本保存在慈恩圣母教堂（如今的学院美术馆），但当教堂被改作世俗用途时，它遭到了破坏。这座陵墓包括了阿戈斯蒂诺执政官跪像的最大一部分，如今收藏在圣母安康教堂的前厅圣物室内。

言，认为他死于毒杀。不过照马里诺·萨努多的日记来看，特隆是个极度肥胖的人，他真正的死因只是某天这具肥胖的身躯突然爆裂开罢了。[1]这一不幸事件将选举略微延长了一段时间，直到10月2日，四十一名选举人才最终选出威尼斯的新统治者——列奥纳多·洛雷登。

大概就在他继任的一到两年内，乔瓦尼·贝利尼为洛雷登绘制了一幅华丽的肖像，画像描绘了一位高挑瘦削，年龄在七十岁左右，面容英俊且具有感性的男子。[2]与他的很多前任不同，洛雷登没有担任过将军或是外交官员，因此也没有可以炫耀的漂亮履历。我们第一次听到他的名字是在公元1480年，他作为教会总务官负责奇迹圣母教堂[3]的建设工作，接着他又短暂地担任了帕多瓦的代官，在那之后，他便将自己几乎全部的壮年时光消磨在威尼斯。很少有人像他那样了解整个政府机构的运转，不过要将共和国从当下的绝望境地拯救出来，新执政官要做的比一个高效率的贵族阶级公务员要多得多。

此时在威尼斯国内，人们情绪低落，商业和经济的崩溃只是问题的冰山一角，真正的原因则扎根在社会的更深处。积年的富裕对社会产生了常见的软化效果，为防止侵吞公款和贪污设立的法律不再像过去那样被严格执行，而阿戈斯蒂诺·巴尔巴里戈不是唯一一个将国家公帑中饱私囊的人。为了确保巴尔巴里戈的继任者们能遵从于一套更加正直的行为准则，人们引入了一个新的机制。一旦执政官死亡，人们会立即选出三名审查官，调查死者的一切记录，并审查针对他的指控。但是将被这种特别法令扑灭的腐败恶行仍然屡见不鲜，滥用权力的现象亦在继续。这不是威尼斯

1　其原文如下：Fo ditto per la terra esser stà tosegado, ma non fu vero, fu da graveza el crepò.

2　这幅肖像原本属于威廉·贝克福德的收藏，如今保存于伦敦的国家美术馆。

3　它是彼得罗·隆巴尔多的杰作，也是威尼斯最可爱的小教堂之一。尽管教堂的内部工程在之后仍然持续了一段时间，但它还是在公元1489年12月31日接受了祝圣。

政治体制上存在的唯一弊病。威尼斯政府缺乏党派架构，这就意味着对反对派来说，他们没有一个可控的发泄渠道。从政者个人性格与观念上的冲突本来是一个健全的政治有机体中不可避免也不可或缺的部分，但是威尼斯的寡头政治体系是封闭且内省的，因而它就永远不能避免派系的纠葛。在平时这还可以被约束在可控范围之内，但是到了十六世纪初，这种紧张局面失去了控制，街头和广场的暴力冲突及流血事件不断爆发。然而这并不是说威尼斯人积攒金钱以备国家不时之需，并在国家号召的时候团结起来保卫家园的场景再也不可能出现了。在之后短短的数年间，一纸新的战争号召令引起了民众的极大反响和自发回应，其热烈程度不亚于历史上的任何一次。但尽管如此，在这正需要力量的时刻，威尼斯人在精神和物质上都变得衰弱了。

30

康布雷同盟

（公元 1503—1509 年）

战栗吧，战栗吧，有产的威尼斯人，

你们拥有的古老宝藏实在太多，

你们作恶，四处征伐，早就屈服于它们的需要。

——皮埃尔·格兰古瓦（约 1475—1538 年）

以罗马的标准来看，公元 1503 年的夏天一如既往地炎热。8 月 13 日晚，教宗亚历山大六世在卡斯特洛枢机主教哈德里安的庭院[1]中用晚餐时，突然发起高热。亚历山大六世回到家中接受了放血疗法（教宗的医生们对这个年纪的老人仍然有如此充沛的血流量感到惊奇不已），但是他的情况却很快恶化，在五天后的 8 月 18 日死去。毒杀是亚历山大六世死因的一个常见推测，不过另一方面，当时瘟疫盛行，教宗身边的人亦有染病，其中就包括他的儿子瓦伦蒂诺公爵切萨雷，他病得十分严重，甚至无法到老

1 哈德里安“富有枢机”的名声已经传遍整个罗马，而且令人惊讶的是，身为赫里福德的主教，他在次年将这个教区换成了巴斯和韦尔斯的教区。与其他人一样，他也染上了疾病，“内脏有火灼般的感觉，令他头昏目眩，身体麻木”……而尽管他及时恢复了健康，但在此之前他全身的皮肤都从身体上剥落了下来。见《国家传记词典》。

父的病榻边去。

自从公元1498年卸下枢机主教的职务后，切萨雷心中有两个目标：一是重建对教宗国土地，特别是罗马涅地区和边境地区的严密控制。多年来，这些地方已经逐渐脱离掌控，变为半自治的状态；二是切萨雷希望为自己和他的孩子在意大利争取到一个长久的世俗国家进行统治。作为教宗军队的领导者，切萨雷以辉煌的军事胜利达到了他的第一个目标，在追求第二个目标的路上看起来亦是一帆风顺，但亚历山大六世的猝死将他的全盘计划投入了危险的境地。如今切萨雷自己也身患重病，他已经没有时间可以浪费。于是他即刻派密探去弄到梵蒂冈教宗宝库的钥匙，然后夺取库内的财宝。在得到十万杜卡特与大量贵金属杯盘之后，切萨雷让手下军队占领了罗马，并威胁主教们选举出一个合适又顺服的继任者。主教们选择了前教宗庇护二世的一个温和亲切的侄子，这个人原本非常符合切萨雷的目的和计划，但这位庇护三世当选后不到一个月便去世了，在这时，切萨雷·波吉亚发现他正面临一个新问题——威尼斯对领土的渴望。

此时威尼斯看到了属于它的机会。不久前它骤然被剥夺了商业上的霸权地位，又失去了朋友和同盟者，正处在东方的土耳其与西边的欧洲统治者们持续不断且与日俱增的威胁之中，现在看来，它唯一能够长久存续的希望就只有建立一道广阔的陆上屏障。因此，当那些被瓦伦蒂诺公爵放逐的城邦领主们逃往威尼斯避难时，威尼斯立即对他们表示同情并提供了庇护所。如今轮到切萨雷运交华盖，面临危机，这些贵族几乎在同一时间决心夺回自己的权力与地位，威尼斯又积极给予他们支持，只是提出条件，要求他们将它作为主君，以威尼斯共和国的名义进行统治。到了年底，圣马可的旗帜已经飘扬在鲁西、福林波波利、里米尼、切尔维亚和法恩扎。

假如庇护三世还在世，或许威尼斯人会见好就收，带着他们无耻掠夺来的成果离开。但庇护三世一死，他们就召集了教廷中所有的力量，在选举中推波助澜，试图让枢机主教朱利安诺·德拉·罗韦雷成为新一任教宗。这或许是因为威尼斯人相信，这位枢机主教对波吉亚家族根深蒂固的憎恶会让他答应恢复罗马涅地区那些被放逐的领主们的地位，他对威尼斯出了名的偏向与同情态度（这甚至让他得到了一个“威尼斯人”的绰号）也可以令这位新教宗对他们扩张领土的行为有所偏向。如果威尼斯人是这样想的话，那么他们彻头彻尾地误判了德拉·罗韦雷主教。他如愿当选教宗，称尤利乌斯二世。尤利乌斯二世即位后快刀斩乱麻，迅速处理了瓦伦蒂诺公爵。切萨雷一开始被监禁在圣天使堡，数月后以囚犯的身份被送往西班牙，从此再也没有回来。

至于罗马涅地区，新教宗已经明白盘踞此地的威尼斯人并不比波吉亚家族更适合。就像它一直以来那样，罗马涅必须属于教宗国，因此它也必须归还到教宗手中。纵然威尼斯辩称它对教廷的忠诚首屈一指，它掌握这些有争议的土地，仍然会将它们看作教宗的领地并愿意每年上缴年贡，但这一切都无济于事。尤利乌斯二世对此充耳不闻。“威尼斯人想把我们当成他们的专属教士，但这件事他们永远做不到。”公元 1504 年 7 月，他当着威尼斯大使安东尼奥·朱斯蒂尼安的面讥讽道。然而威尼斯的立场同样坚定，在无法劝说教宗认可它的扩张主义政策后，它只能选择蔑视教宗的权威。

在二十一年前的费拉拉战争中，威尼斯就曾经对尤利乌斯的叔叔西克斯图斯四世这样做过。那一次教宗对威尼斯下达了禁止一切宗教活动的惩罚令，但这项措施被证明毫无用处。所以假如这一次威尼斯向教宗屈膝臣服，那么它显然是被施加了更世俗的办法。尤利乌斯二世没有从军事或经济领域亲身上阵，不过法兰西的路易十二以及德意志国王哈布斯堡的马克西米利安都希望抓住这一机会，收复他们传统上具有所有权但此刻掌握在威尼斯手中的土地。因此我们只能难过地再次目睹外国军队被引入意大利来处理它的内部分歧。教宗随后承认他采取这一步是多么不得已，他对朱斯蒂尼安说：“我和威尼斯互相受到对方的控制，它想保住自己所有的，而我却想赢回它们。我们或许可以合作，共同找出将意大利从外国暴君手下解放出来的方法。”这是个有价值的观点，不过尽管教宗确实不情愿借助外力，但行动起来却毫不犹豫。公元 1504 年秋，尤利乌斯二世成功地与法兰西和神圣罗马帝国结成了对抗威尼斯的同盟，并在 9 月 11 日在布洛瓦签署协议，这也正是五年半之前路易十二和威尼斯共和国的代表签署类似协议的地方，而当年的协议在理论上依然有效。

然而西班牙的卡斯蒂利亚女王伊莎贝拉在当年 11 月去世，随之而来的继承问题导致了法兰西与神圣罗马帝国之间的分裂，最终使得布洛瓦协议变成了一纸空文，但在此之前，布洛瓦协议缔结的消息就已经传到了里亚尔托。威尼斯人第一次开始意识到他们的扩张政策存在的危险以及如果教宗坚持己见将带来的灾难性后果。为了试图安抚尤利乌斯二世，威尼斯同意归还一部分有争议的波吉亚家族旧领地（尽管其中不包括里米尼、法恩扎与切尔维亚，对这三座重要城市，威尼斯人的立场和过去一样坚定）。而教宗采取军事行动的愿望迅速消减，他接受了威尼斯人给出的条件。但教宗同时清楚地表示他不会将这一让步看作最终的处理结果，除非罗马涅地区完全回到他的掌控，否则他绝不满足。

威尼斯这一绥靖之举并不成功。尽管它做出了重大的让步，但却暴露出它的虚弱。威尼斯人无法左右教宗对共和国的态度，令他变得更友好或是相反。事实上，一旦有什么地方牵涉到威尼斯共和国，教宗的政治立场就会发生深刻的变化。仅仅在五年前，德拉·罗韦雷枢机主教还是威尼斯在教廷最值得信赖的朋友，但如今教宗尤利乌斯二世却决心要让这个国家走向毁灭。

不过此时教宗无暇顾及威尼斯，他正忙于征服佩鲁贾和博洛尼亚。它们和罗马涅地区一样，在理论上是属于教宗的领地，但它们各自的领主巴利奥尼和本蒂沃利奥以这两座城市的独立统治者自居，并以此进行统治。不过教宗对威尼斯的憎恶仍然存在着，它像在灰烬下闷烧的火星，在公元1508年夏发生的一系列事件后死灰复燃。首先是马克西米利安以前往罗马接受加冕为幌子，率领一支庞大的军队进入威尼斯的疆域。早在一年前，他便提前告知威尼斯他的意图，要求共和国提供安全通行证和军队补给物资，但是安插在马克西米利安宫廷内或是其周围的威尼斯密探回报，马克西米利安的主要目的是将法兰西人驱逐出热那亚和米兰，同时把威尼斯人赶出维罗纳和维琴察，重新确立神圣罗马帝国对这四个城市古老的所有权。因此威尼斯礼貌却坚决地回复马克西米利安，只要尊贵的皇帝陛下"不带来有战争危险的骚动与兵器的铿锵声"，他就能得到贵客一切应得的欢迎与照顾，而另一方面，假如马克西米利安带着军队前来，鉴于威尼斯身负的协议义务与一贯秉承的中立政策，共和国只能遗憾地拒绝他的要求。同时，由于担心发生最糟的状况，威尼斯加强了它在弗留利地区的防御，而且它十分小心，反复确认这些措施不会被此时已经抵达特伦托的马克西米利安解读为敌意的表现，而只是在此多事之秋出于谨慎采取的正常防御措施。

马克西米利安对威尼斯的回应大为震怒，因此毫不顾忌地挥师进军。公元1508年2月，他率主力军队抵达维琴察，同时勃兰登堡侯爵带着一支较小规模的军队沿阿迪杰河河谷而下，前往罗韦雷托，然而他发现当地人的反抗比他想象的要强硬得多。此时威尼斯也调用了两位奥尔西尼家族的成员，皮蒂利亚诺伯爵尼科洛和他的堂兄弟巴托洛梅奥·德·阿尔维阿诺担任雇佣兵首领，前者在法兰西人的帮助下成功拦住了勃兰登堡侯爵，而后者则毫不费力地让皇帝掉头回击。一到两周后，帝国的一支蒂罗尔小分队沿皮亚韦河河谷而下进入弗留利西南，组成了第三波攻势，不过这一队的战况也不乐观。与马克西米利安交手的阿尔维阿诺急行军穿过维琴察，在击败奥地利人的同时顺便占领了戈里齐亚、的里雅斯特和阜姆。到了 4 月，由于他所雇佣的军队六个月的合约期限将满，又没有钱续约，马克西米利安不得不答应在之后的三年内停战，并允许威尼斯人保留他们已经获得的领土。

威尼斯人取得的胜利，绝不是教宗希望看到的消息。正在他试图彻底孤立威尼斯的时候，威尼斯人反而进一步巩固了国家的地位，这让他愤怒不已。当下威尼斯已经开始谨慎试探与法兰西和西班牙结盟的可能性，因此这两个国家看上去都没有阻止威尼斯进军的倾向。在停战后的数周内，威尼斯采取的两个决定被尤利乌斯二世解读为公开违抗他的权威。首先，威尼斯拒绝将因在博洛尼亚复辟失败而前往威尼斯潟湖避难的乔瓦尼·本蒂沃利奥和他的几名下属移交给教宗；其次，威尼斯无视教宗的提名，自行为维琴察的一个主教空缺的教区任命了一位主教。

威尼斯的第二项决定只是在履行一项传统权力，但教宗完全没有心思从这方面考虑。尤利乌斯二世决心“即便要以我头上的冠冕作为代价”，也要维护自己的权力。他召集了所有外交力量来实现自己的主要目标，不但要孤立威尼斯，还要狠狠羞辱它，打压它，让它从此再也不能恢复昔日的威势与繁荣。于是罗马源源不断地派出新一批密使前往法兰西和西班牙，它们拜访马克西米利安一世，还踏足米兰、匈牙利和尼德兰。所有的密使都携带着同一份提议，邀请收信者加入西方基督教国家讨伐威尼斯共和国的联合作战，随即解体威尼斯的帝国。假如这场战争胜利，马克西米利安可以借此夺回明乔河以东曾经是帝国领土或哈布斯堡家族下属的所有土地，包括维罗纳、维琴察、帕多瓦、特雷维索及其周边地区，还有弗留利与伊斯特里亚。法兰西可以得到贝加莫与布雷西亚、克雷马、克雷莫纳以及所有威尼斯从九年前的布洛瓦协议中获得的土地。而威尼斯在南方的土地，如特拉尼、布林迪西和奥特朗托将转交给阿拉贡王室。如果匈牙利加入这一联盟的话，它就能得到达尔马提亚，塞浦路斯则会成为萨伏伊的囊中之物。费拉拉与曼图亚所有的土地都会物归原主。因此，这事实上对所有人都非常重要。

至于教宗本人，自然可以通过战争取回构成开战理由的余下几座城市——切尔维亚、里米尼与法恩扎，以及它们附属的城堡。不过尤利乌斯二世的长远目标远远不只是领土边界问题。在他看来，意大利如今被分作三块，北方是法兰西统治的米兰，南方则是西班牙掌控的那不勒斯，在这二者之间，还有，也只有一个强盛国家存在的空间，尤利乌斯二世决定这个国家必须是教宗国。如果威尼斯希望存续下去，那么它只能以一座城市的身份继续存在，但若作为一个帝国，它就只能被摧毁。

对于教宗的政策，威尼斯不能期待从欧洲其他国家获得同情，对那些国家而言，它们也没有这么做的理由。这些国家加入教宗提议的联盟，其动机并不完全是为了支持教宗国，也是为了它们自己。马克西米利安一世意识到，如果没有法兰西的帮助，他将永远不能夺回失去的领土，于是在教宗主动倡议之余，皇帝开始试探性地与路易十二进行接触。对他和其他收到教宗求助的未来盟友而言，除了罗马涅地区的城市（当然这也与他们无关），威尼斯对他们意图攫取的土地拥有完美的合法权利，这权利铭刻在它与法兰西、西班牙自由签署的协议内，以及最近由马克西米利安本人仅仅在数周前签订的三年停火协议中，但是在这些将要结成联盟的国家眼里，这已经不重要了。它们的不良行为带来的道德顾虑就更算不上什么了。然而这些结盟者必须让自己的行为看上去像代表正义惩罚邪恶的重拳出击。一般来说，经过这样的战争，掠夺成性的侵略者最终将被绳之以法，但这些国家都很清楚，它们自己的所作所为实际上要比威尼斯做过的更应受到谴责。不过现实的诱惑实在太大，教宗许诺的报酬又太诱人，于是它们接受了教宗的提议。

公元 1508 年 12 月 10 日，尼德兰摄政奥地利的玛格丽特代表父皇马克西米利安，与代表法王路易的红衣主教乔治·德·安布瓦斯在康布雷签下了威尼斯帝国的死刑执行令。而虽然教宗特使当时也身在康布雷，但尤利乌斯二世直到次年 3 月才正式加入这一同盟，不过作为战争的前奏，人们一次又一次地听到教宗本人的演说：

> ……威尼斯人不仅仅对罗马教廷，还有神圣罗马帝国、奥地利的哈布斯堡王室、米兰公爵、那不勒斯国王以及其他各位统治者们带来损失、伤亡、侵害与毁灭，威尼斯人还肆意强占掠夺他们的货物、财产、城市与城堡，似乎他们蓄谋已久，要对所有周围的国家制造麻烦，如今我们就要终止这一切……
>
> 因此，我们认为召集所有人复仇，并且像扑灭烈火那样消灭威尼斯人永不餍足的掠夺和他们对权力的渴望是明智的，光荣的，甚至是必要的。

三个月后，威尼斯人遭遇了一场他们自己引起的大火，使这个国家的不幸达到了顶峰，这场灾难进一步打击了公众的士气。公元 1509 年 3 月 14 日，当大议会正在召开会议时，一场巨大爆炸引起的冲击波震动了整个执政官宫。爆炸来自四分之一里外的军械库，一点火星引燃了某台火药机器，酿成大祸。正在进行的会议随即终止，在场的所有人都匆匆跑出门查看爆炸的损毁情况。现场情况要比他们想象的更严重，军械库周围的地区都变成了人间地狱。许多房屋在爆炸当时就已经倒塌，还有无数房屋正在燃烧。全城所有可以调动的人手都被召集起来，议员们也脱掉自己的官服，冲入火场进行救援。他们做了所有能做的事，但爆炸死亡人数仍然是个极高的数字，伤者和无家可归者的数目更甚于此。可以想见，爆炸是法兰西国王路易十二手下密探进行破坏的流言迅速传播开来，十人议会下令彻查此事，但无济于事。威尼斯人唯一可以感到安慰的是，就在二十四小时前，四千桶火药已经装船运往克雷莫纳，如果它们在威尼斯多留一日，爆炸造成的破坏会更加剧烈，甚至连执政官宫也将不能幸免于被炸成废墟的命运。尽管如此，威尼斯的战争潜力，在它需要所有的力量来应对即将到来的风暴时，被危险地削弱了。

而另一边，战争的阴云飞快地聚集起来。教宗终于选择加入联盟，他最初的拖延是因为质疑其他签署国的诚意，尤利乌斯二世并不想将他所有的权力筹码押在一个五年前他试图组建但胎死腹中的联盟背后。但当这年 3 月西班牙国王正式宣布效忠这个联盟后，尤利乌斯再不犹豫，4 月 5 日他公开了与联盟其他成员之间的关系，九天后，法兰西正式对威尼斯宣战。

威尼斯的焦虑转变成了实实在在的惊慌。威尼斯人准备付出真正的牺牲，哪怕是他们的国家尊严，来转移这个联盟的目标。他们欣然接受了英格兰国王亨利七世的调停建议，甚至愿意将里米尼和法恩扎重新交给教宗控制，但是教宗再也不会听取任何调解之词。“让威尼斯的执政者们随意处置他们的土地吧。”尤利乌斯二世在听到后一项提议时如此答复。威尼斯还派遣特使觐见神圣罗马帝国皇帝，重申共和国始终不变的忠诚，并解释前一年他们不恭敬的行为只是与法兰西的协约义务。如今威尼斯人已经不受任何束缚，因此他们认为向皇帝陛下报告法兰西的野心是唯一正确的选择，法兰西要实现它的目标，一定会以损害帝国的利益为代价，因此他们愿意在一切太迟之前支持皇帝对抗路易十二。

必须承认，这种做法算不上精妙，威尼斯的外交手腕通常会更高明，因此马克西米利安一世没有做出回应也在威尼斯执政者们的意料之中。但现在威尼斯正面临着众多欧洲大国组成的联盟，这个联盟包括了基督教世界中的四个巨头，这要比任何一个意大利城邦所经历过的都更可怕。威尼斯没有任何盟友，它已经走投无路，当 4 月 22 日大议会召开全体会议时，洛雷登执政官不再隐瞒事实，号召他的同胞们痛改前非，原谅他们的仇敌，忘记所有分歧，为拯救共和国做最大的努力。“因为假如我们落败，我们就会失去一个美好的国度，大议会将不复存在，我们也不再能享受如今的自由。”执政官如此总结。他将在圣马可节依照传统主持完国宴之后，以身作则向国库捐献自己的所有金银餐具，并从薪水中退还五千杜卡特，只留下两千杜卡特供自己使用，他相信会有许多人效仿他的行为。当执政官离开会堂时，人们发现这位老人已经悲伤得不能站立。

屋漏偏逢连夜雨，4 月 27 日尤利乌斯二世签署了一份教宗诏令，其内容要比二十六年前他叔叔所签署的更为激烈。教宗在诏令中怒斥威尼斯高傲自大，骚扰包括教廷在内的邻居们并入侵它们的领地，同时指控它为背叛基督代理人的恶徒提供庇护所，蔑视教会律令自行下令肆意监禁与流放教宗属下的主教与教士。最后教宗指出，当他为了团结基督徒抵抗异教徒努力奋斗时，威尼斯为了自己的利益和发展故意进行阻挠。鉴于以上种种，尤利乌斯二世宣布，假如威尼斯在二十四天之内没有彻底做出补偿，威尼斯将被逐出教会，并禁止举办一切宗教活动。此外，他还允许其他国家与个人攻击、抢掠威尼斯及其子民，堵塞它的海上与陆上交通，任何损害这个国家的行为都将被允许。

对于这条新的处罚，威尼斯就像对付前一条类似的法令一样拒绝接受，并禁止在国内公开其内容，它还派两名代理人将一份声明钉在圣彼得大教堂的门上，呼吁为此召开一场宗教会议。不过如今威尼斯的状况要比西克斯图斯教宗的时代更危急，而且教宗的禁令还在罗马引起了另一场变故。为了保证一个由奥尔西尼家族领导的强大反教宗派系的支持，威尼斯刚付出了一笔高额的资助，而就像我们所看到的那样，这个家族的两位成员之前接受威尼斯的雇用，成为雇佣兵首领。然而世上没有不透风的墙，这场交易的内容不可避免地传入教宗耳中，于是尤利乌斯威胁要将整个奥尔西尼家族逐出教会，这是这个家族不敢小觑的信仰惩罚。于是奥尔西尼家族立刻撕毁了所有与威尼斯的协议，此外他们还被禁止归还从威尼斯人那里收到的钱财。可敬的是，奥尔西尼家族明知教宗的禁令，还是秘密归还给威尼斯特使三千杜卡特。

急需盟友的威尼斯人再次试图收买皇帝，如果马克西米利安一世愿意与其结盟，他们愿意提供高达二十万莱茵弗罗林的预付款以及征服米兰的军事支持，但马克西米利安没有回应。直到同盟军队开始袭击威尼斯，神圣罗马帝国依然保持沉默。

公元 1509 年 4 月 15 日，宣战后仅过了二十四小时，第一批法兰西军队就进入了威尼斯领土。此时的威尼斯雇佣兵仍然由奥尔西尼兄弟领导，就像他们一年前击退马克西米利安的军队一样。这对堂兄弟成功抵挡住了教宗对奥尔西尼家族其他成员施加过的压力奋勇作战，在最初三个星期较为次要的前哨战中，威尼斯军队和联盟军队几乎平分秋色。但是在 5 月 9 日，由于兄弟二人忙于抢劫刚收复的特雷维格里奥，法军得以从西方距离该城一到二英里的卡萨诺渡过阿达河。在讨论如何处理当下的危机时，两兄弟之间脾气性格上的分歧对他们的联合指挥产生了威胁，最终导致两人公开不和的灾难性结果。年轻冲动的阿尔维阿诺主张与敌人一决雌雄，但较为谨慎的皮蒂利亚诺则理智地指出威尼斯指示他避免激战，建议他的兄弟保持耐心和观望。作为两者中较为年长的一个，皮蒂利亚诺本可以说服阿尔维阿诺同意自己的观点，但阿尔维阿诺此时却带着自己那部分军队南下转移到一个更具战略地位的位置，也就在此时，他突然遭遇了驻扎在阿尼亚德洛镇外的法军。

在这一战下达攻击命令的很有可能是法王路易本人。此时阿尔维阿诺是否有机会避免战争，或者被建议这么做，还是个悬而未决的问题，但无论如何，阿尔维阿诺毫不犹豫地向位于前方一至二里的皮蒂利亚诺紧急求援，然后将自己的军队与大炮带往一排葡萄园上方的山坡，与法军开火交战。毫无疑问，威尼斯军队占据了地理优势，法兰西指派的米兰总督德·肖蒙[1]第一次使用骑兵，第二次派出了手下的瑞士长矛兵团两度试图进攻，但是葡萄藤与灌溉渠将他们与威尼斯人分隔开来，令他每一次都不能积聚力量进行冲锋。很快当地开始下起大雨，雨水迅速将本已泥泞的地面变为一个大泥淖，在法军寸步难行的时候，阿尔维阿诺却可以命令骑兵从坚实的缓坡上冲锋而下。因此他顺利地打退了法军的两次攻击，将敌人压制在谷地之中。虽然地势对威尼斯军的攻击造成一定困难，他们的火枪需要降低角度才能达到最佳射击效果，谷中的法军依然是容易击中的目标。

因此，假如皮蒂利亚诺回应了堂兄弟最新的求援讯息迅速赶到战场，威尼斯或许就能赢得战争，甚至对共和国未来的历史产生深远的影响。但是皮蒂利亚诺没有回应，他只是重申了避免战争的希望然后接着赶路，将发生在他背后的事抛到九霄云外。即便如此，阿尔维阿诺仍占据上风，直

1　肖蒙领主查理·德·安布瓦斯是安布瓦斯枢机主教的侄子，康布雷同盟中法兰西方面的签字代表。卢浮宫藏有列奥纳多·达·芬奇为他绘制的肖像。

到路易十二毫无预兆地带着主力部队出现，同时法军后卫部队突然袭击了意大利军的后方，三面遇敌的阿尔维阿诺军队随即崩溃。有两批骑兵乘乱逃跑，而无法逃跑的步兵则被当场砍倒。尽管阿尔维阿诺面部受了重伤，在被俘虏之前他仍然奋战了三个小时。

威尼斯人此战共损失了近四千人，包括在罗马涅招募的一整个长矛兵团，他们在另一位雇佣兵首领南多·达·布里西盖拉的指挥下奋战到最后一人。但战败所付出的真正代价并不是人力的丧失，而是士气。大多数骑兵毫发无伤，皮蒂利亚诺手下还有数千名未曾参战的士兵，但事实证明雇佣兵是不可信的，他们缺乏土生土长的士兵组成的军队留在战场上作战的动机——爱国热情，保护家族的意愿，对光荣的渴望，对家园的认同感——或是害怕怯懦表现带来的惩罚，纵观历史，一旦获得丰厚报酬的前景变得渺茫或是战局变得不利，雇佣兵们便会随之散去。于是皮蒂利亚诺只能无助又羞愧地（有人希望如此），眼睁睁看着他的军队一队又一队地抛弃他。即便现在他还想作战，剩下少数仍然服从他指挥的士兵已经不够组织起可以继续战斗的力量。于是皮蒂利亚诺别无选择，只能以最快的速度退回潟湖。

威尼斯收到前方惨败的消息是在 5 月 15 日夜里十点钟。日记作家马里诺·萨努多此时恰巧和一些贤人待在元老院的会议室内，当听到威尼斯大败、皮蒂利亚诺逃跑和那些重要的死伤者姓名（鉴于威尼斯这座城市的规模，其中大多数人都为在场者所熟识）时，全场因为震惊陷入了寂静。执政官与元老院立刻戒备起来，他们不顾夜深，以最快速度集合起来召开了紧急会议。在此时，萨努多写道，执政官仍像之前一样，看上去气息奄奄，半死不活。与此同时，流言像野火一样迅速传遍整座城市，普通市民匆匆赶往执政官宫，将庭院挤得水泄不通。所有人都吵着要求得到官方的消息，徒劳地希望真相不至于像他们想的那么坏。

但事实上真相更为糟糕。此时法军已在逐步收复明乔河以西所有法兰西可以宣称拥有所有权的土地，而马克西米利安一世的动作虽然仍旧慢了半拍，但显然要不了多久，他也将抵达威尼斯。总而言之，威尼斯在大陆上的领土已经等同于全部丢失，剩下的土地几乎毫无防御之力，只能依靠称不上是军队的武装力量来抵挡即将到来的掠夺。到此为止，康布雷同盟约定的大多数目标都已一举实现，剩下的看上去在不远的未来也将变为现实。要不是威尼斯被危险的浅水所包围，这个一切幻想都已经破灭，沮丧消沉且受到了彻底羞辱的国家，或许就没有多少存续的机会了。

如果是在一个世纪之前，威尼斯人尚可以安慰自己，即便没有大陆上的土地，他们也可以过得很好。在过去情况不那么错综复杂的时候，威尼斯人仍然是海洋的住民，依靠由黎凡特和远东市场主导的丰富及有利可图的商业活动度日。但是时移世易，他们在黎凡特的贸易随着公元 1453 年君士坦丁堡的陷落再也无法彻底恢复，威尼斯也不再是地中海东部的霸主。它在那儿的统治地位一度无可争议，但如今威尼斯昔日的殖民帝国已经不复存在，只剩下在奥斯曼世界中渺小且不稳定的几个据点。如果土耳其向它关闭港口，威尼斯就再也不能依靠遥远的东方市场来拯救自己，更何况葡萄牙人已经看到了这一点。总而言之，威尼斯已经不能够仅凭借海洋生存。如今比起东方，威尼斯的居民更愿意将视线投向西方肥沃的伦巴第与威尼托平原，关注维罗纳、布雷西亚、帕多瓦和维琴察蒸蒸日上的工业，以及将他们和欧洲富裕的商业城市联系起来的水陆道路网。如今的威尼斯人在大陆上倾注了他们的财富与信任，但现在大陆上的土地已经不归他们所有了。

此时在元老院和十人议会，人们正在讨论继续战斗的问题。众人同意继续试着招募更多的士兵，征集更多的金钱（虽然没人清楚到哪里获得它们），同时还要给海军总司令，政府监督官安德烈亚·格里蒂还有威尼斯驻布雷西亚总督写信，向他们保证政府还没有失去信心，鼓励他们保持坚定。不过在威尼斯，两位特别甄选出来指导部队重新整编和鼓舞士气的监督官拒绝接受任命，而且所有人都知道，至少此时战局已经毫无希望。教宗的禁令亦产生了效果，根据萨努多记载，当年5月17日的耶稣升天节，过去常见的成群外国游客完全消失了，圣马可广场仿佛被遗弃般空空荡荡。整座城市仿佛陷入了哀悼之中，然而威尼斯人此时并非无所事事。虽然他们的敌人们不能穿过潟湖的浅水，却可以实施封锁，于是威尼斯人利用这暂时的喘息之机囤积谷物，甚至还在水边的筏子上建造了应急磨坊。城里的流浪汉与形迹可疑的人都被逮捕。威尼斯人还建立了一个贵族和平民成员各半的特别委员会，二十四小时在潟湖所有入口保持戒备。

同时，威尼斯人继续与马克西米利安一世进行接触，再次试图将他的注意力转移到法兰西人的野心上，而且只要皇帝同意成为共和国的“父亲与保护人”，威尼斯愿意一次性付出二十万弗罗林的巨款（或者在十年内每年送上五万弗罗林，只要皇帝本人愿意）作为回报，它甚至提议归还一年前在计划之外夺取的所有土地，但皇帝仍然不做回应。到了6月初，皇帝的特别授权代表忙得马不停蹄，维罗纳、维琴察、帕多瓦、罗韦雷托、里瓦、奇塔代拉……他们一个接一个地接收这些城市的投降书，直到威尼斯丢掉了整个伦巴第和威尼托，退却到梅斯特雷为止。与此同时，那不勒斯国王收复了阿普利亚的诸多港口，费拉拉公爵夺回了罗维戈、埃斯特、蒙塞利切和波莱西内，这些城市所在的区域位于阿迪杰河下游，长期以来费拉拉公国就宣称对其拥有所有权；而曼图亚侯爵收回了阿索拉和卢纳托。到了5月28日，这整场悲剧开始的重要地区，包括里米尼、法恩扎、切尔维亚与拉文纳在内的罗马涅地区终于被教宗特使收回。与协议的明文规定形成鲜明对比的是，这些城市中所有的威尼斯籍官员都被投入了监狱。

在其他地方，事态并没有好到哪里去。特雷维索勇敢地违抗了神圣罗马帝国皇帝的特派官员（他的随行军队更像是执行礼仪性任务而非炫耀武力），并且在 6 月 10 日的宗教节日上悬挂起圣马可的旗帜。弗留利同样保持着最坚决的态度，乌迪内还要求共和国派遣一队轻骑兵，以便在有需要的时候保卫城市。然而尽管威尼斯向支持它的城市表达了感激之情，并授予它们种种特权与税收优惠，比起它所失去的，这些城市的忠诚也无法给共和国带来多少真正的安慰。

31

投降与赦免

（公元 1509—1510 年）

我们建议你们同教宗保持友好的关系……这对你们来说大有好处，你们也会因此不乏支持。

——尤利乌斯二世对威尼斯大使说

（由多梅尼科·特雷维桑报告，萨努多记录，《日记》第十卷，第 78 页）

威尼斯遭受了巨大的损失，但随着数周的时间过去，人们慢慢从阿尼亚德洛战役最初带来的打击和之后的结果中恢复过来，他们开始扪心自问，自己的第一反应是否有些夸张了。如果事情只是涉及他们的米兰领地，当时路易的军队在战场上势如破竹，按法兰西人的要求交出所有土地是唯一的选择。但轮到帝国这方，种种迹象表明，如果威尼斯人采取更强硬的立场，或许会更有益。他们突然意识到，马克西米利安一世除了挂名参与同盟外，并未做出什么实质性的成果。他甚至没有派遣一兵一卒前来讨伐他们，而且直到威尼斯人战败后过了十四天，马克西米利安一世才在 5 月 29 日明确宣战。从弗留利和特雷维索人的描述来看，即便违抗马克西米利安的皇家特使也不会遭到惩罚，至于这位皇帝另一件为人所知的事，就是他缺乏资金。因此威尼斯人询问自己，他们如此轻易地放弃自己的城镇真是正确的选择吗？威尼斯人当时这么做，是认为自己无力抵挡敌人，但或许事实上这样的防御并不是必需的。当时的威尼斯人还认为，这些城镇是他们维持威尼斯本土作为一个独立国家存在而付出的代价，就像一名船长在船只遇难时放弃货物来拯救自己的船那样（这个比喻在元老院和十人议会内部讨论时被反复提及）。而如今他们开始对自己过去的所作所为产生了不确定的情绪。康布雷同盟的成员们对共和国的敌意似乎仍然无法消除，如果未来他们想要彻底斩草除根，那么帕多瓦和它的姊妹城市就是潟湖的重要屏障。更何况这些城市中很多都对威尼斯的统治感到满意，就在管理权移交后的几天之内，他们就开始对帝国主人更高压严酷、缺乏同情心的统治手腕感到愤怒。

这一年7月初，仅在阿尼亚德洛战役后不到两个月，大陆城市中就出现了支持威尼斯的自发起义，现任驻特雷维索监督官的安德烈亚·格里蒂则收到命令，用他能召集到的一切力量支持这些叛乱分子。差不多在同时，关于两个身披白色兜帽斗篷的旅行者的神秘流言被传播开来，流言称他们会乘着夜色搭上十人议会派出的官方船只离开大陆来到威尼斯，与执政团密谈至凌晨一点，然后再悄悄返回。数日后的7月16日，一支舰队驶过潟湖前往富西纳，同时有船在威尼斯附近的水域巡逻，确保没有任何未经允许的人离开城市。萨努多写道，次日清晨，三辆满载谷物的马车出现在帕多瓦的柯达隆加门前。德意志守军并未怀疑便放下了吊桥，前两辆马车迅速地通过了大门，但第三辆车却停在半路，保持整座桥的通道打开的状态。突然，伴随着“圣马可！圣马可！”的大声呼喊，一群骑兵如同从天而降，冲进了城门。驻守帕多瓦的雇佣兵从最初的惊愕中反应过来，勇猛地进行抵抗，但经过城内主广场上短暂血腥的遭遇战后，他们不得不承认失败。

就这样，经过四十二天的帝国统治，帕多瓦重新回到圣马可之狮的双翼庇护之下，随后周边以及波河平原上的一些小城镇也重归威尼斯统治。同时，另一位威尼斯雇用的雇佣兵首领卢西奥·马尔韦佐夺取了阿迪杰河上的重镇莱尼亚戈，并以此为基地威胁维罗纳和维琴察。这样看来，或许情况还没到山穷水尽的地步。

尽管在公元 1509 年盛夏仍有一些威尼斯人怀疑共和国能否成功收复之前匆忙丢弃和轻率投降的大陆领地，但即便是最乐观的威尼斯人也不敢想象他们能兵不血刃地达到目的。马克西米利安一世身在距离边境仅数英里的特伦托，他迟早会现身，而威尼斯人收复帕多瓦的消息只会加快他到来的脚步。

皇帝也确实这么做了。8 月初，一支多种部队混杂的庞大军队开始向帕多瓦进军。由于严重缺乏拖曳枪炮的马，这支军队移动的速度比平时缓慢得多。进军途中，这支军队中又加入了几千名骑兵和步兵，一群西班牙人，与从曼图亚、费拉拉和教廷来的几支小部队。同时，马克西米利安明智地决定在阿索洛建立一个临时司令部，它位于逊位的塞浦路斯女王在当地的宫殿，女王和她的众多随从在收到第一份皇帝逼近的消息时就逃去了威尼斯。

虽然首批帝国军队一抵达帕多瓦城墙下就和守军发生了小规模的武装冲突，但直到一个月后，全部军队才集结完毕准备作战。这段时间足够守军加强城市的防御，储备足够的食物、饮水和弹药了。侥幸在糟糕的表现之后保住了指挥权的皮蒂利亚诺带着剩余的属下，以及包括洛雷登执政官的两个儿子在内的两百名志愿参战的威尼斯贵族前来增援当地守军。9 月 15 日，攻城战终于正式开始，而帕多瓦也已经做好抵挡所有来犯敌人的准备。

帕多瓦必须做好这样的准备。德意志和法兰西的重炮不停地轰击着帕多瓦的北面城墙，将它轰成一堆瓦砾，不过幸而当地守军有着高超的战斗技巧和严明的纪律（这是三个月前皮蒂利亚诺的士兵们所缺乏的），他们击退了每一次攻势。最终马克西米利安一世在9月30日放弃了进攻，正如他在一周后写给女儿玛格丽特的信中所说的："考虑到威尼斯人在城内布置的火力与守卫力量，他们在其中进行的伟大工作在世上罕有匹敌，以及一万五千名全副武装的士兵，我和我的军官及顾问们一致同意放弃攻城要比继续攻打更有利可图。"

而攻克其他地方也没有多大的利益，他已经丢了大脸，皇帝自己也很清楚这一点。他匆匆做下安排，将一部分军队留在意大利交给安哈尔特公爵，用于守卫其他城市，以备不时之需。三周后，他带着自己步履沉重的军队翻过了阿尔卑斯山，回到了他们当初来的地方。

皇帝饱尝失意的同时，威尼斯人则欢欣鼓舞。这不但是因为收复帕多瓦的胜利，还因为他们成功抵御住了四万大军的进攻，这是一个巨大的成功。而接下来还有更多的胜利即将到来。11月14日，皮蒂利亚诺挺进维琴察，安哈尔特公爵几乎在第一时间就选择投降。虽然一周后进攻维罗纳的另一场相似的战役失败了，但是战败带来的失落很快就被忘记了，北方的奇拉代拉、巴萨诺、费尔特雷以及贝卢诺，还有南方的埃斯特、蒙塔尼亚纳和蒙塞利切，越来越多的城镇都宣布站在威尼斯这一边。

上述最后三个城镇是威尼斯对费拉拉公爵作战的结果。公爵不但在阿尼亚德洛战役后夺取了波河平原长期存在争议的地区，他的兄弟枢机主教伊波利托·埃斯特还为马克西米利安一世攻打帕多瓦提供了宝贵的（哪怕不是全然徒劳无功的）帮助。为了给这位公爵一点更深刻的教训，威尼斯海军总司令安杰洛·特雷维桑收到指示，率领由七艘小型船组成的队伍沿波河而上，尽可能破坏费拉拉领地。特雷维桑反对这个计划，认为其中的危险与他能够造成的破坏相比并不相称，但最后他的反对还是无济于事。

一路沿河逆流而上的途中，特雷维桑的军队遇到的抵抗越来越强烈，直到距离费拉拉差不多十里左右的波莱塞拉，他决定率军弃舟登岸，挖掘了一个堡垒躲藏其中，又在上游一些的位置用大批船和铁链组成防御，来保护他们的船不受攻击。这一切本该很顺利，但 12 月的雨水导致河流暴涨将河中的防御工事冲断，费拉拉公爵借此机会对堡垒发动了攻击。在随后的混乱中，费拉拉人在夜色的掩护下将他们的重炮移动到水边，他们从那儿可以近距离平射威尼斯在水面上毫无防御的船只。最后只有两艘船幸免于难，不幸的特雷维桑则被带回威尼斯由元老院和十人议会提审，并被判处三年流放，监禁地在波尔托格鲁阿罗。

尤利乌斯二世听说威尼斯收复帕多瓦的消息，简直怒发冲冠；而在马克西米利安试图重夺帕多瓦失败后，他得知维罗纳也倾向于支持威尼斯，而受雇于同盟的曼图亚侯爵在带来增援的路上成了威尼斯人的俘虏时，据说愤怒的教宗将自己的帽子摔在地上，狠狠咒骂圣彼得的名字。威尼斯退还了所有的教宗领地这件事一点也没起到安抚作用，尤利乌斯依然对威尼斯心怀憎恨，蓄意复仇。虽然教宗回应了执政官恭敬顺服的信件，同意让六名威尼斯使者前来罗马，但很快事实证明他这么做只是想要进一步羞辱威尼斯共和国。使者们在 7 月初抵达罗马，但他们却像被逐出教会的罪人一般，直到入夜才被允许进入城市，亦被禁止住在同一座房子内，也不许一同外出公干。这些使者在罗马没有享受到一丁点外国代表应当得到的特权或礼遇，只有尤利乌斯二世多年前认识的吉罗拉莫·多纳得到教宗接见，但很快这次会面就激化为教宗单方面的大声谩骂：难道威尼斯人真的认为交还几个一开始他们并没有所有权的城市，就能取消之前的教会禁令吗？除非康布雷同盟规定的条款全部生效，威尼斯人脖子上套着缰绳向他屈膝，他才会考虑赦免他们。最后教宗交给多纳一份总结了他所有要求的文件，作为本次会面的结尾，它随后被萨努多描述为一份“丑恶又可耻的文件”。元老院看到它时，立即否决了其中的内容。执政官的儿子洛伦佐·洛雷登怒吼道：“要接受这种条件，倒不如让我们派遣五十名使者去土耳其！”

这不是一句空谈，洛雷登的听众们也不觉得他的话有多么惊世骇俗。他们非常清楚，近来在意大利大陆上获得的成功，除了给大众士气提供了一剂急需的强心针之外，对改善他们的长远处境没有任何帮助。康布雷同盟依然存在，同盟国对威尼斯的敌意仍未消除。神圣罗马帝国皇帝确实暂时在战场上蒙羞，不过他的军队仍安然无恙，到了春天他一定会卷土重来，挽回自己的尊严和名誉。留在米兰的法兰西人也仍然磨刀霍霍。同时威尼斯孤立无援，它的军队战败了，士气低落；它的国库空虚，大部分来自大陆的收入来源都被截断，没有一个朋友愿意给予它帮助。对威尼斯来说它别无选择：如果没有一个基督教国家愿意站在它这一边，那么它就向土耳其寻求帮助。

因此，威尼斯在 9 月 11 日做出了向苏丹求助的决定。它对苏丹指出，康布雷同盟不但是它自己，也是苏丹公开的敌人，当下最紧要的是苏丹能分派给威尼斯尽可能多的军队，以及不少于十万杜卡特的贷款。它甚至请求苏丹停止购买佛罗伦萨和热那亚的布匹，因为这些交易所得的利润都将成为支持同盟的经费。对西方的统治者来说，如果他们知道这件事，威尼斯的求助就会成为它毫无信仰、背信弃义的又一个证据，而不是因为他们的行为而做出的绝望之举。在基督教世界风雨飘摇挣扎求存的时候，它那些以教宗为首的领导者们联合起来，要摧毁一个组成基督教世界第一道防线的国家，逼迫它试图与他们共同的敌人结盟，这不能不说是欧洲政治思想的一个可悲反映。

但苏丹对威尼斯的求助保持沉默，同时，虽然新继位的英格兰国王亨利八世对威尼斯释放出明显的同情和善意，他却同样没有为威尼斯提供任何物质上的支持。特雷维桑的舰队在河上的惨败是又一个重大的打击，于是到了年底，威尼斯共和国再无法继续支撑。12 月 29 日，它下决心接受教宗的和平条件。条件的内容非常苛刻：威尼斯必须彻底臣服于教廷，抛弃所有在国境内任命主教和教士，在自己的法庭审判他们，以及在未经教宗允许的情况下对其征税的传统权力。同时失去的还有威尼斯对身处国内的教宗国子民行使司法权的权力。教宗为了收复领土付出的代价全都得到了补偿，他还得到了威尼斯掌控这些土地时失去的全部收入。亚得里亚海从此对所有人敞开了大门，威尼斯习惯于向所有外国船只征收的关税一概免除。最后，威尼斯共和国必须提供至少十五艘桨帆船，用来抵抗土耳其人。

暂且不论他们所处的危急环境，尽管先前没有太多期待，但即便事到如今，威尼斯人也不能说服他们自己接受这些要求。当通过它们的必要决议在元老院提出时，第一次遭到了否决，在第二次投票中这个决议也只勉强达到了实行所必需的最低票数。经过一个月的谈判，威尼斯人终于令教宗做出了两个较次要的让步：首先，亚得里亚海免关税的对象仅限于教宗国的子民；其次，如果威尼斯愿意提供桨帆船，那么这项义务不会在协议中明文列出，以免招致苏丹不必要的攻击。

双方就这样达成了协议。公元 1510 年 2 月 24 日，尤利乌斯二世坐在圣彼得教堂中央大门外一张特制的宝座上，十二位枢机主教围绕在他身边。五位威尼斯特使（第六位在数日前刚刚去世）身着鲜红的服饰走向他，亲吻教宗的脚，接着他们跪在台阶上，由发言人多梅尼科·特雷维桑代表威尼斯共和国正式向尤利乌斯二世提出赦免请求，安科纳主教随即宣读协议全文。对威尼斯的使者们来说，聆听其内容是一个痛苦的过程，不过这痛苦的程度还比不上宣读这份协议所花的一个小时中他们必须保持双膝跪地的痛苦来得深，因为这个动作包涵了威尼斯对它应当遭到逐出教会惩罚的各种罪恶和不道德行为的主动忏悔，而且主教的声音幸运地低到几乎难以耳闻。接着他们艰难地站起身来，接受了十二位枢机主教们象征性的十二次鞭打（实打实的鞭打被仁慈地略过了），宣誓遵守协议的条款，然后他们再一次亲吻了教宗的脚，最终得到了赦免。直到这时大教堂的大门才纷纷敞开，众人列队进入教堂，来到主祭坛前，准备参与西斯廷礼拜堂举办的弥撒，但教宗并不在场，就像一位威尼斯人在他的报告中写的那样，“[教宗] 从来不参加这种冗长的仪式”。[1]

威尼斯就这样屈服了，但这只是因为它别无选择。威尼斯政府决心将这一事实铭记在案。因此，就在大使们代表共和国全权签署那份协议的当天，十人议会就以十三票对两票[2]的压倒性多数决定发表一份正式声明，宣布威尼斯忍受教宗强加的不白之冤并接受他提出的不公要求“不是出于共和国自身的意愿，而是迫于压力，受到逼迫、出于恐惧和遭到逼近的威胁之故”，因此协议中的义务对他们来说没有约束力，只要有机会，无论是对眼前这位“到了更容易沟通并且不再处于敌对势力影响下之时”的教宗，还是他的继任者，他们保留重新提交审查这个案子的权利。

威尼斯特使或许并不比尤利乌斯二世和他的枢机主教们更了解事实真相，那些得以让他们列席这些仪式的手段，以及让他们不得不长时间倾听并痛苦不堪的条件，差不多三周前就已经被他们自己的政府宣布无效并废除了。

教宗与威尼斯和解并不为康布雷同盟的其他成员所乐见。特别是法兰

---

1 在萨努多的日记中（第十卷，第 9—13 页），保罗·卡佩洛在他的信中记录了三份典礼目击者的见闻，其中两份来自威尼斯使团，一份来自威尼斯籍的科纳枢机主教。

2 当然，执政官和他的内部执政团一如既往地出席了会议（见第 20 章）。

西人，他们尽了一切努力来劝阻教宗不要走到这一步，在赦免仪式上，当时身在罗马的法兰西、神圣罗马帝国和西班牙驻教廷大使不约而同地缺席。尽管尤利乌斯二世并没有将自己从同盟中分离出来的举动，但随后很快就有人听说，教宗吹嘘赦免威尼斯的举动正是他插进法王心脏的一把匕首。如果需要证据，这就足够了，如今教宗已经用法兰西取代了威尼斯的位置，将其视为他意大利政策的主要阻碍，因此他效率极高地迅速改变了立场。公元 1510 年 3 月，我们发现威尼斯元老院开始考虑如何以最佳方式将教宗纳入一个计划中的战略同盟之内，这个同盟的成员还包括英格兰和苏格兰，同时尤利乌斯二世有意向之前的盟友费拉拉公爵阿方索挑衅，这位公爵近来与法兰西之间的共同利益与日俱增，引起了教宗的不满和警惕。

不过这并不意味着康布雷同盟已经是一纸空文。事实远非如此。随着春季来临，法兰西人接受了安哈尔特公爵与费拉拉公爵阿方索的物质支持，再度向意大利进军。他们试图联合马克西米利安一世，毕其功于一役，彻底解决威尼托地区的问题。正如意料之中，马克西米利安没有出现，不过即便没有他加入，这支联军的人数也远远超过了威尼斯军队。此时威尼斯一方也有一个问题，这年 1 月，皮蒂利亚诺在洛尼戈去世，[1] 要找到一位适合的继任者并不是件简单的事。作为权宜之计，威尼斯只能将最高指挥权交给它的监督官安德烈亚·格里蒂，虽然他正直勇敢，具有丰富的作战经验，但就像所有的政府代表一样，他的平民身份不能起到鼓舞职业雇佣兵军队信心的作用。

但无论如何，即使是最伟大的雇佣兵首领，他能否阻止法兰西、德意

1 他的遗体被送回威尼斯，哀荣备至地安葬在圣乔瓦尼保罗大教堂，如今在教堂的南耳堂中还可以见到他的纪念碑，以及上面鎏金木质的骑马雕像。

志和费拉拉军队的进攻，还是一个未知数，这三支军队集结在莱尼亚戈南部，它们迅速地夺回了埃斯特和蒙塔尼亚纳，接着挥师向北剑指维琴察。安德烈亚·格里蒂无法组织行之有效的抵抗，只能向东撤退。5月24日，安哈尔特公爵进入维琴察，这座城市的居民在一年内第二次被迫承认神圣罗马皇帝为自己的君主。

维琴察人并不情愿这样做。但他们知道安哈尔特因为他们的背叛而感到愤怒和羞耻，所以这次他卷土重来，必定不会手下留情。很多身份显贵的市民带着妻小和最贵重的财产逃亡帕多瓦或威尼斯，剩下的人困守城内，无力支付帝国军队向他们索取的高额罚金。更雪上加霜的是，维琴察市民们发现，街上随处可见醉醺醺的德意志雇佣兵东倒西歪地穿过道路，在所到之处任意劫掠，于是又有大批人逃离城市。在这个过程中，有超过一千名难民逃入附近的贝里克山，躲藏在深入大山中心的巨大岩洞内。然而若是知道这些人之后的遭遇，我们或许会觉得他们留在维琴察城内可能会更好。这些人藏入岩洞后不久，一支法兰西非正规军发现了这个藏身之处，或许这些军人有意抢劫，便要求岩洞内的避难者出来。遭到拒绝后，他们在洞口点起熊熊大火，很快洞内就充满了浓烟。我们从资料中读到，藏在岩洞内的维琴察人中，只有一个小男孩找到一条岩石上的微小裂缝，通过它呼吸到新鲜空气而幸免于难，其他的人则全部死于窒息，尸体上所有的值钱物品也被剥夺一空。

为公平起见，在这里必须补充一点，贝里克山暴行的消息传入法军大营后，对相关责任人的惩罚来得迅速且严厉。自公元1494年查理八世初次踏足意大利以来参与了所有法兰西在意大利主要战役的著名骑士贝亚德，即最初的“无瑕无畏的骑士”，将两个主谋吊死在岩洞前，另一些参与者也受到了类似的惩罚。然而大祸已经铸成，在贝里克山上发生的事迅速传遍整个北意大利，激起一大波对侵略者的痛恨之情。法兰西人的声望因此遭受到致命的打击，而且它不会在短时间内得到恢复。

但是丢失维琴察，以及在其陷落之前十四天落入敌手的莱尼亚戈，对威尼斯来说更为致命且后患无穷。无论有没有马克西米利安一世参与，康布雷同盟的军队都十分强大，它们的速度和攻势令人望而生畏，士气亦相当高昂。而威尼斯的军队无论在数量还是战略战术上都落了下风，正在不断撤退。如今适合作战的季节才刚刚开始，谁能保证在它结束之前不会再有其他的灾难？继维琴察后，帕多瓦一定会再度遭到攻击，如果帕多瓦陷落了，威尼斯还有什么希望保住大陆这一边的潟湖湖岸呢？假使这些地区被攻破，威尼斯是否依然能像过去几个世纪中所表现出来的那样安然不受外敌侵犯？在过去的二十年中，威尼斯已经承受了不可挽回的伤害，它在东方的贸易与在西方的帝国都已经被摧毁；共和国的尊严或多或少还在，不过它的声望却一去不复返。同时这个国家的经济形势非常严峻，看不到改善的希望。在这样的情况下被敌人打到大门口，威尼斯共和国还有什么苟延残喘的希望呢？

不过对时局漠不关心的普通游客并未感觉到异样，威尼斯看上去从未如此壮丽宏伟，它历史上最痛苦的十年款款走近，见证了共和国遭到的破坏，同时见证了所有威尼斯创作天才炉火纯青的杰作问世。在此期间，七十岁的乔瓦尼·贝利尼正在圣匝加利亚教堂投入他人生最后也是最钟爱的一幅祭坛装饰画的创作工作，与此同时，他的兄弟真蒂莱·贝利尼正与他人合作描绘如今收藏于威尼斯学院美术馆的《真十架的奇迹》。正当二十余岁的焦尔焦内与提香在这段时间通力合作，为现在是中央邮局的德意志商馆的墙面绘制壁画（很可惜现在这些壁画已经湮灭，无从寻觅）时，卡尔帕乔为圣乔治信众会会堂创作的九幅绘画杰作令这座建筑蜚声世界。也正是在这些年，彼得罗·隆巴尔多与他的儿子们即将完成圣母奇迹教堂的收尾工作，而毛罗·柯度西负责的圣匝加利亚教堂外立面、圣玛利亚福尔莫萨教堂、圣马可学校和圣乔瓦尼福音教堂的完成亦指日可待。

这时，威尼斯还成了意大利知识分子聚集的中心。自公元1469年克里斯托弗罗·莫洛执政官签署了第一份印刷工执照以来，仅仅过了三十年，威尼斯印刷出版的书籍已经超过罗马、米兰、佛罗伦萨和那不勒斯的总和。到了公元1490年，威尼斯又得到了文学中心的美誉，这是因为罗马伟大的印刷匠人和人文学者泰奥巴尔多·皮奥·马努齐奥（他还有另一个更为人所知的名字叫阿尔达斯·马努蒂乌斯）选择在威尼斯定居，还在圣阿戈斯蒂诺广场建立起出版社，[1] 开始长达二十五年的漫长工作：编辑、印刷和出版希腊古典文学全集。阿尔达斯的编辑团队即是通常所称的“阿尔多学派”，其中囊括了几位当时最伟大的学者，甚至鹿特丹的伊拉斯谟也参加了几个月的编辑工作，还与马努齐奥全家建立了深厚的友谊（尽管他觉得他们的饭菜实在难以下咽）。马努蒂乌斯的事业非常成功，等到公元1515年他去世时，他已经出版了不少于二十八种希腊经典的权威版本，每一本书上都带有阿尔达斯著名的船锚与海豚印记。幸亏有阿尔达斯，书籍再也不是富人的特权，它们可以以便宜的价格大量售出，这在之前的时代是不可想象的，而德意志商馆内的德意志和佛兰德商人抓住这个机会，迅速建立起将书籍出口到欧洲北部的繁荣贸易。所有这些活动，都没有因为威尼斯在康布雷同盟成立之前和之后受到的苦难被影响。

不论威尼斯人是贫是富，有教养或庸俗市侩，他们都不会忘记娱乐自己。吉罗拉莫·普留利在日记内记录，公元1510年的狂欢节，威尼斯举办了许多庆祝活动、烟火表演和假面舞会，以至于让人以为这座城市重

1　通常人们认为阿尔迪内出版社最初的所在地是位于泰拉二号运河的一座小型哥特式宫殿（No. 2311），但根据可靠证据，它应当在广场上的一座建筑内。见塔西尼，《威尼斯的好奇心》，第10页。

新回到了它的黄金时代。在弗朗切斯科·福斯卡里·迪·尼科洛和乔瓦尼·韦尼耶之女的结婚典礼上，十人议会的首脑以及四百二十名宾客出席了宴会，婚宴之后，主人家又为新人精心准备了拥有歌手、舞者、剧团，还有小丑与杂技表演的假面舞会，直到日上三竿才宣告结束。此外，尽管政府周期性地发布法令禁止，威尼斯人的服饰仍然变得越来越奢侈。过去不止一位历史学家认为，威尼斯将自己全心全意投入奢华与享乐之中的行为，只是它试图忘记周边诸多苦难的绝望之举，但这样的观点忽视了威尼斯人固有的性格。他们从没有忘记，也不试图忘记：公元1510年5月16日，在元老院的一场会议进行期间，雷暴吹下了大会议厅的一扇玻璃窗，同时将广场石柱顶圣马可之狮的一只翅膀撕了下来，因为当时不合时令的高温聚集在会议厅内的人们，包括马里诺·萨努多本人，一度将其视为共和国即将崩溃的可怕预兆。但威尼斯人始终拥有欢庆作乐的天赋，纵观他们的历史，这些人热爱美与豪华的事物，并且从不耻于追求它们。失去帝国，商业崩溃，甚至他们深爱的共和国处在消亡的边缘——所有这些灾难都不能给他们足够的理由来改变保持了几个世纪的习性。反之，如果威尼斯真要灭亡，就让它以华美壮丽的弄潮儿姿态步向死亡——这也正是这个国家存在的方式。

32

善变的同盟

（公元 1510—1513 年）

这些法兰西人令我倒尽胃口……让意大利从法兰西人的手中获得自由是上帝的旨意。

——引自尤利乌斯二世写给威尼斯大使的信

（萨努多，《日记》第十卷，第 369 页）

但威尼斯并未死亡。突然之间，那些远道而来讨伐它的军队就分崩离析了。尽管先前有诸多承诺，经过无限期地拖延搪塞后，正如伊拉斯谟所言“他在火炉边打盹儿”，皇帝马克西米利安一世一直没有出现。至于路易十二，他最亲密的顾问和意大利政策的幕后推手，枢机主教德·安布瓦斯于 5 月去世，法兰西国王顿时失去左膀右臂。不过造成康布雷同盟军队四散的最重要原因既非德意志的那位皇帝，亦非法王路易十二，而是教宗本人。公元 1510 年盛夏，尤利乌斯二世终于完成了立场的一百八十度大转变，他和威尼斯算完总账，现在轮到法兰西了。

以所有的客观标准来看，尤利乌斯二世的行为都堪称卑鄙。他鼓动法兰西人拿起武器讨伐威尼斯，又为了自己的目的无耻地操纵他们。如今尤里乌斯不但拒绝给予法兰西人先前承诺的报酬，反而将之前针对威尼斯人的暴力与恶意倾泻到他们头上。[1]而且教宗还不满足于此。为了将皇帝争取到自己这一边来对抗他昔日的盟友，他与马克西米利安开启了新的谈判。后世为教宗辩护的人提及他的诉求，往往称其最终的目标是将意大利从外国侵略者手中解放出来，但假若教宗起初没有将侵略者引入意大利来使某个意大利国家屈服的话，这个借口看上去或许会更有说服力。顺便一提，哪怕这个借口是真的，很遗憾其结果也并不成功。

无论如何，教宗突然转变政策一定有另外的理由，它或许不那么理想主义，但更有力，更可信。在首次巩固了教宗国的势力后，如今尤利乌斯二世致力于防备费拉拉公国对这些土地的逐步侵吞。在过去的几年里，阿方索公爵不可否认有一定用处，但如今他已经无异于法王的代理人，公爵和法兰西国王之间的联系日益紧密，甚至可能比当年与教宗之间的更甚。他位于科马基奥的盐场也与教宗在切尔维亚的盐场产生了直接竞争。最后，公爵作为卢克雷齐娅·波吉亚的丈夫，教宗亚历山大六世的女婿，这个身份就足够令教宗将其定罪了。

不过无论我们如何争论尤利乌斯二世迂回曲折的政策所有的功过和动机，有一点是很明确的：正如之前他一手制造了威尼斯的耻辱和萧条，如今教宗又突然变成了它的救世主。尤利乌斯二世不但以威尼斯急需的强大盟友自居，还主动与它接触。如今威尼斯共和国可以离开舞台的中心（我们完全可以想象出它是怎样松了一口气），再也不必做时局的主角了。现在是教宗与路易十二之间的战争，因此它的任务就只是为这个意料之外的盟友提供力所能及的帮助。

威尼斯与教宗第一次联合作战是在 7 月，他们试图用一支水陆联军

---

1 公元 1510 年，在威尼斯使节送回国内的信件中，评价罗马的法兰西人给予的待遇“并没有想象中那么糟糕”（原文：“Francesci sono tutti storniti la mita più di quello erano nostri l’anno passato.”）。

将法兰西人逐出热那亚，但宣告失败。不过这时威尼托地区和波河平原的威尼斯军队已经得到了新战略部署的好处。有流言称教宗在5月雇用了一万五千名瑞士士兵，准备在攻击费拉拉的途中入侵米兰公国领土，这导致法兰西驻米兰总督肖蒙紧急召回大量军队。尽管安哈尔特和一部分法军仍然在战场上与威尼斯军队作战，但他们已经无力阻止威尼斯人收复特雷维索地区的大多数主要城镇。同时，正等待瑞士人到来的教宗没有因收复热那亚失败而气馁，而是继续在外交和信仰这两个战场上与敌人作战。首先，为了打击法兰西，同时将西班牙争取到他这一边，教宗承认阿拉贡的斐迪南为那不勒斯国王，否决了路易十二代表安茹家族宣称的古老所有权。数周后，在一封传示整个基督教世界的教宗诏令中，尤利乌斯二世以殉道者圣彼得的口吻表达他怒发冲冠的情绪，随即他宣布将费拉拉公爵逐出教会。

这一切对威尼斯的士气都产生了有益的影响。8月初，威尼斯政府最终批准卢西奥·马尔韦佐这位博洛尼亚雇佣兵首领世家成员为军事指挥。当月威尼斯军队就夺回了包括维琴察在内的很大一部分威尼托地区。8月底，他们一路将安哈尔特追击至维罗纳城门口，后者由于他指挥的法籍军队减员严重，不得不选择战略性撤退。如果马尔韦佐当即决定攻打维罗纳，他或许就能拿下这座城市，但是他犹豫了十四天，战机随即消逝。在费拉拉，威尼斯和教廷联军也取得了相似的进展，尽管他们也被阻挡在城墙之外，但是沿阿迪杰河溯流而上的军事行动极大程度上洗刷了威尼斯军队在去年12月遭受的耻辱。随着秋季临近，即便不是在所有方面都取得了胜利，威尼斯也可以感到庆幸，至少这一年的情况比任何一位威尼斯人曾设想过的都更鼓舞人心。

教宗尤利乌斯二世同样对未来抱有很高期望。不过他不得不承认瑞士人令他失望透顶。当他们最终抵达伦巴第地区时，其中的几个领导人接受了肖蒙的重金贿赂，几乎立刻掉头翻越阿尔卑斯山打道回府，而剩下的瑞士人以他们只是被雇用保护教宗本人安全为理由，拒绝与皇帝和法兰西国王作战。但在另一方面，尤利乌斯二世的侄子乌尔比诺公爵率领的威尼斯—教廷联军于 8 月 17 日轻松夺取了摩德纳，尽管此时费拉拉仍然固若金汤，但人们有充分的理由相信，这座城市不会再有无限期承受有组织的攻城行动的能力。决心助阵的教宗在月底离开罗马，从容不迫地向北行进，在 9 月底到达了博洛尼亚。

博洛尼亚人对教宗的到来反应冷淡。自从本蒂沃利奥家族在公元 1506 年被驱逐出城，市民们就忍受着教廷代表可耻的恶政统治与剥削，已经处在公开反叛的边缘。当地统治者弗朗切斯科·阿利多西枢机主教一度被召回罗马回应挪用公款的指控，随后因为教宗的干涉而无罪释放，因此在罗马传出了阴暗的流言：尤利乌斯二世对这样一个有明显腐败行为的人如此偏袒，是因为他们之间有着同性恋的关系。不过博洛尼亚城中的紧张气氛很快就被一种更严重的焦虑压倒。德·肖蒙领主在 10 月初从伦巴第挥师南下，他佯攻摩德纳的行为欺骗并分化了教宗军队，因此这支军队得以迅速绕过城镇，全速进军博洛尼亚。到了 10 月 18 日，他距离城门只有三英里之遥。

此时的尤利乌斯二世身处一座从根本上对教廷保持着敌意的城市，缠绵病榻高烧不退，当知道自己身边只有不到一千人可供依赖时，他选择放弃，承认失败。“唉，这就是我们失败的结局！”据说他这样悲叹道。为了获得博洛尼亚人的坚定支持，教宗许诺免除他们的税款，但所得到的反响并不热烈。就在尤利乌斯二世已经与法兰西人开始和平谈判的最后时刻，来自两个方面的援军同时到达了。其中一支援军是由轻骑兵和巴尔干轻骑兵组成的威尼斯军队，另一支则是那不勒斯国王斐迪南作为教宗承认他地位的酬谢而派出的军队。于是教宗的心中重新升起了勇气，和谈也随之停止。以约克大主教克里斯托弗·班布里奇为首，留在教廷的外国大使们站在相对强势的位置，说服肖蒙不要再穷追猛打，而后者似乎对攻击教廷中人还怀有最后一丝顾虑，于是同意撤军。不过尽管肖蒙做了这个决定，在他离开之后教宗还是将他逐出教会。

对此我们不得不为德·肖蒙大人感到遗憾。他是个出色的将军，偶尔在战场上的指挥还可见神来之笔，但他实在是不走运。我们一次次发现他处在大胜的转折点上，胜利果实唾手可得，但又一次次地被荒谬的命运捉弄。在公元 1511 年 1 月隆冬的战役中，当六十八岁的教宗和他的军队一同穿过积雪，包围了米兰多拉城堡时，肖蒙援军的脚步却被耽搁了两次：第一次是他正巧被一个包裹着石块的雪球击中面部，次日他又从马背上坠河，险些因为铠甲的重量淹死。他在距离被围困的城堡仅有十六里的地方休养了三天，米兰多拉因此被攻占。到了 2 月，肖蒙重夺摩德纳的军事行动亦无望地宣告失败，随后他身患急病，并将病因归咎于中毒（虽然别人并不那么想）。肖蒙在 3 月 11 日去世，距离教宗的文书抵达，宣布撤销对他的惩罚，只差七个小时。

教会的禁令对费拉拉公爵相对来说没有那么重的分量，此时他刚击退了从波河下游向费拉拉进军的教宗国军队，取得了辉煌的胜利，教宗因此再一次转入守势。5 月中，吉安·贾科莫·特里武尔齐奥成为肖蒙的继任者，这个老兵转战意大利半岛长达半个世纪，从查理八世的时代起就是法兰西忠实的拥护者。他接过指挥权后再次向博洛尼亚进军，就在他进军途中，博洛尼亚的居民看到彻底摆脱令人憎恶的阿利多西枢机主教的机会，纷纷揭竿而起。主教恐慌不已，来不及知会与教宗军一道驻扎在西边大道的乌尔比诺公爵，或是南边一两英里外由卡佩洛率领的威尼斯军队，就逃之夭夭。于是这两支军队措手不及，无法夺回已经向他们关闭了大门的博洛尼亚，只能艰难地从这个丢脸又岌岌可危的状态下撤退，途中还丢失了一些辎重行李。公元 1511 年 5 月 23 日，特里武尔齐奥率军凯旋入城，协助本蒂沃利奥家族恢复了他们昔日的统治。

至于枢机主教阿利多西，他或许缺乏种种良好的品质，但至少还有足够的羞耻心。他将自己关在里瓦的城堡内来逃避教宗的怒火，不过事实证明这些预防措施对他来说毫无必要。数日前出于谨慎撤退到拉文纳的教宗对他毫无怨愤，甚至到如今，尤利乌斯都认为他亲爱的朋友不会做错事，毫不犹豫地将这次惨败的全部责任推到乌尔比诺公爵的头上，当即召唤他前来面谈。因为做了主教的替罪羊，所以在这之后进行的谈话完全没有消除公爵对主教长期以来的蔑视。就在这时主教离开城堡，来到拉文纳向教宗报告近来发生的事件，当公爵在路上与老冤家打上照面时，他再也无法压抑自己的怒火。他将主教从骡子上拽下来，用剑攻击他，阿利多西的随从们以为公爵此举是奉教宗的命令，因此犹豫不决，不敢插手，等公爵重新翻身上马奔向乌尔比诺，他们也只是让开路，将主教的尸体丢在尘埃中。

我们从资料中读到，由于钟爱的主教被杀，尤利乌斯二世悲伤得难以自持。他控制不住地哭泣，不思饮食，而且不愿继续留在拉文纳，当即坐在一顶有遮蔽的轿子内往里米尼而去。一路上任何从轿子边经过的人都能听见教宗在帘幕后的啜泣声。直到抵达里米尼次日，教宗才恢复了沉着，但是更多的打击即将到来。教宗认为由自己亲自攻占的米兰多拉，在一两周内就落入了特里武尔齐奥之手。教宗军混乱不堪，士气低落，缺乏将领，陷入分崩离析的状态。自法兰西人夺回博洛尼亚之后，他们攫取教宗长期以来在罗马涅努力保全的教会土地之路就彻底被打开了。尤利乌斯二世过去八年的成果全部付诸东流，更糟糕的是，他在里米尼发现了一则钉在圣弗朗切斯科教堂大门上的布告，至少有九位得到马克西米利安一世和路易十二支持的枢机主教在上面签字，宣称将在 9 月 1 日在比萨召开一场宗教会议，调查并纠正教宗滥用权力的相关事宜。

但即便到如今，最令教宗感到耻辱的消息至少还要过一段时间才到来。教宗在博洛尼亚的密探回报，欢欣鼓舞的市民们不但拆除了尤利乌斯在城中心一手建造起来，保护他人身安全并展示个人荣耀的城堡，还推倒了米开朗琪罗为尤利乌斯二世所铸的雄伟青铜雕像，将其解体后卖给费拉拉公爵，后者将这些青铜残片重铸成一门大型火炮，并且“亲切地”将其命名为尤利乌斯。

无论身为教宗还是一个人，尤利乌斯二世有许多缺点。他十分冲动，圭恰迪尼写道：“如果不是受益于人们对教会的敬畏、统治者之间的矛盾以及时代条件，这种冲动会使他毁灭。”这位教宗反复无常，复仇心强，而且是个糟糕的组织者和管理者，个人的判断力亦十分贫乏。尽管他是位老练的外交谋士，但为了达到目的，尤利乌斯全然不择手段。不过他仍然有几样了不起的品质，其中之一是勇气，另一种是不屈不挠的精神。在返回罗马的路上，年近七十的老教宗还在考虑组建一个由他领导，包括威尼斯、西班牙和英格兰，如果有可能，神圣罗马帝国也将参与其中的新同盟。这个同盟的联合军队能够彻底将法军赶出意大利半岛，于是组建同盟的相关谈判在 7 月初正式开始。

谈判没有出现重大问题。西班牙的斐迪南已经从康布雷同盟中得到了所期望的全部东西，他不希望看到法兰西的地位在意大利进一步加强。斐迪南的女婿，英格兰国王亨利八世，亦欣然同意让自己的对手留在意大利北方，而让盟友占据南意大利。不过他不得不同时对教宗指出，在英格兰接受结盟提议的同时，他们之中最好不要夹上一个行迹明显、定期将一切进展汇报给路易十二的双面间谍（就像之前由阿利多西主教推荐的那位一样）。威尼斯在谈判的同时还在奋力作战，抵挡法军进攻威尼托和弗留利的军事行动从总体上看形势喜人，再没有比这更好的事了。马克西米利安一世一如既往地犹豫不决，但即便没有他，新同盟也已经被证明是一股不可小觑的力量。

且不论皇帝天生的性格，他表现出如此矛盾态度的一个原因是他与路易十二联合资助的即将在比萨举办的宗教大会。路易十二事实上已经后悔做下这个开始受到质疑的决定，当初被认为是这次会议主办方的九名枢机主教中至少有四人抗议他们从未被咨询过类似的内容，因此他们与会议毫无干系。而尤利乌斯二世宣称他被邀请在 5 月出席一场合法组织的宗教会议，因此不需要参加这次不合教规的集会。每个人都可以看出来，比萨宗教会议只是一场拙劣的政治把戏。比萨会议的召开日期从 9 月延迟到 11 月的事实，就可以被看作它遭到抛弃的证据。而等到 11 月会议召开，在两场短会之后，当地人的反对迫使与会者将会场转移到法兰西保护下的米兰，而在米兰，会议又因为一名当地编年史作者记录会议议程时惜墨如金的行为而受到公开嘲笑，因为此人宣称与会者完全没有认真对待此事，而且不管怎样，他的墨水不够用了。

与此同时，教宗近乎奇迹地从一场险些要了他性命的疾病中康复，[1] 他在 10 月 4 日宣告他的“神圣同盟”成立（英格兰直到 11 月 17 日才正式宣布加入），开始筹备战争。但很快教宗发现路易十二手中也新增了一张重要的好牌——他的外甥内穆尔公爵加斯东·德·富瓦，此人不过二十二岁，就已是当时最出众的军事领袖之一。他勇武过人，富有创造力，且足智多谋，这位出众的年轻人可以瞬间做出决定并付诸实施，行

1　事实上教宗恢复健康，神迹的功效十分有限，反而是医生让他戒酒的嘱咐起到了更大的作用。

军如电，用兵如神。公元 1512 年 2 月初，他猛攻米兰的行为抑制了主要由西班牙军队组成，由西班牙驻那不勒斯总督拉蒙·德·卡多纳担任指挥的教宗军收复博洛尼亚的拙劣企图。不幸的是，布雷西亚和贝加莫的市民们认为法兰西军队离开城市前往战场是一个发动叛乱并迎回威尼斯老盟友的机会，事实很快证明他们料错了这一步。内穆尔公爵冒着恶劣的天气率军日夜兼程折返回城，途中还在凌晨四点的星光下重挫了一支试图阻挡他的威尼斯军队，终于在当地人的防御措施尚未部署妥当之前就赶到了布雷西亚的城墙下。公爵与他的朋友贝亚德领导了攻城战，他们赤足战斗，以便于更好地在有坡度的湿滑地面上立足。布雷西亚很快就被彻底征服，法军将叛乱的领导者在中央广场上斩首，整座城市被洗劫长达五日。法兰西和德意志军人攻击当地居民，野蛮地奸淫烧杀，事后为了清理堆积在街道上的一万五千具尸体，整整花了三天时间。为免落到和布雷西亚一样的下场，贝加莫赶紧奉上六万杜卡特，反叛也随之告终。

但战争还没有结束，内穆尔公爵决心不给敌人喘息之机，他赶回米兰集结有生力量，随后立刻返回了战场。他带着多达二万五千人的军队直扑罗马涅，那正是之前刚遭遇失败的教宗军准备前往的目的地。卡多纳急于避免和内穆尔公爵正面对抗，不只是因为对方在兵力和个人实力上都胜过他。卡多纳还在期待会在之后数周内到来的六千名瑞士援军，同时，人们有充分的理由相信亨利八世侵入法兰西的承诺即将兑现，到时留在意大利的大批法军将撤回国内抵御英军。而也正是出于同样的原因，内穆尔公爵希望速战速决。时至 4 月初，他抵达拉文纳，包围了这座城市。

作为引出教宗军的手段，这一招奏效了。卡多纳不能袖手旁观，任由这样一座重镇在他鼻子底下被占领，于是公元 1512 年 4 月 11 日复活节星期日，战斗在城下平坦的沼泽平原打响了。

自从差不多二十年前年轻的查理八世做出让法兰西在意大利半岛占有一席之地的重大决定以来，拉文纳战役是有记录的战争中最血腥的一场。在如此平坦的战场上双方都很难使用战术技巧，于是只能用火枪、剑、矛与长枪进行搏斗。当教宗军最终逃离战场时，他们丢下了差不多一万名西班牙人和意大利人的尸体，更不用说被法军缴获的军备与物资。一些重要的西班牙军官被法军俘虏，其中一些还身负重伤，教宗特使德·美第奇枢机主教也在战俘之列。当天早先时候就逃离战场的拉蒙·德·卡多纳是少数全身而退的人之一，据说他一直跑到安科纳才勒住马缰。

然而战斗结束后一两天，贝亚德在写给叔叔格勒诺布尔主教的信中写道，尽管路易十二赢得了拉文纳战役，但是他的军队可谓虽胜尤败。事实上法军得到的不过是皮洛士式的惨胜，仅步兵的减员就高达四千人，十五名德意志军官中十二人阵亡，多年来与贝亚德并肩作战的法兰西战友也所剩无几。更糟的是，就在法军胜利的时刻，内穆尔公爵试图阻止西班牙军队撤退，这一典型的冲动行为要了他的命。他的死对法军来说是不可挽回的损失，还令他的军队群龙无首，不知所措。内穆尔公爵留下的位置由德·拉·帕里斯阁下接任，他是意大利战争中弥足珍贵的一员老将，帕里斯的年龄是内穆尔公爵的两倍，却没有令后者获得“意大利闪电”绰号的速度和威风。假如年轻的内穆尔公爵还活着，他会整编剩下的军队，进军罗马和那不勒斯，迫使教宗求和，让路易十二重获那不勒斯王位，这样一来，之后意大利的历史就会是另一种面貌了。但是帕里斯的性格更加谨慎，他满足于攻占拉文纳——在那里他无力阻止手下军人陷入奸淫掳掠的狂欢之中，这次的恶行甚至超过了数周前布雷西亚的惨剧——接着帕里斯回到博洛尼亚，接受罗马涅其他城市的投降，同时等待进一步指示。他随行带回了内穆尔公爵的遗体，然后在圣佩特里诺大教堂举行了葬礼。[1]

事实证明这一次延误是致命的。就在两个月内，一件政治上的非凡变化突然发生了，它不但使得这段意大利史的读者们一头雾水，也令这段历史的写作者恼怒不已。尤利乌斯二世得知拉文纳战役的消息，预见到法军会立即进军罗马，于是准备逃亡。正当他准备离开罗马时，教宗收到了被俘的特使德·美第奇枢机主教的信。帕里斯极不明智地允许主教与他的主人联系，于是德·美第奇主教在信中告知教宗，法军所承受的损失和同盟一样惨重，如今他们疲惫不堪，因为年轻统帅的死而士气低落，新任将军在没有得到来自本国的批准与指示之前拒绝移动半步。同时威尼斯驻罗马大使面见教宗，否认了最近广为散布的流言，声称威尼斯共和国绝不会接受法兰西任何单独媾和的提议，也无意这样做。

尤利乌斯二世立即获得了新的勇气。鉴于教宗在军事领域软弱无力，或至少暂时软弱无力的现实，他将自己所有的精力投入下个月即将召开的宗教会议中去。路易十二在米兰召开的对立宗教会议借拉文纳战役胜利的东风，宣布教宗抗命不从，随即中止了他的任期。即便是在米兰，也很少有人将这种明显的政治性裁决当真，但这种公开分裂教会的行径是不能不闻不问或听之任之的。5 月 2 日，教宗坐在轿子内，在教廷最隆重的仪式中前往拉特朗，随行人员包括十五位枢机主教、十二位宗主教、十位大主教、五十七名主教和三位修道会的首脑，这样一个层级结构展示了教廷的力量，将米兰的那些反叛者对比得不值一提，这也正是教宗准备这个大阵仗的目的。随后，拉特朗会议的第二次大会宣布比萨 / 米兰宗教会议所有的会议议程与结果无效，以及所有参加该次会议的人员都是异端。

1　不久后他的遗体被送回米兰安葬，我们现在可以在公民博物馆见到出自班巴亚之手的精美绝伦的陵墓纪念雕塑。但遗憾的是，陵墓其他的部分都散佚了，只有一部分保存于维多利亚和阿尔伯特博物馆。

不过从威尼斯的角度看，教宗在宗教领域的胜利并不及同时在外交上斩获的成果。尤利乌斯二世最终成功令马克西米利安一世行动起来，他在同一天公开声明反对异端宗教会议，并且宣布加入神圣同盟。一支新的瑞士军队得到帝国的通行证，迅速从特伦蒂诺南下来到维罗纳附近，与那里的威尼斯军队会师，这批威尼斯军队从拉文纳的血腥屠杀中侥幸逃生，如今又有了重新投入战斗状态的机会。更重要的是，如今马克西米利安向帝国的所有臣民下达了对法作战，将法军赶回国内的命令，违者以死论处。

就像帕里斯担心的那样，他手下的法兰西军队为了应对亨利八世迫近的入侵被召回国内，数量上大大损耗；而德意志雇佣兵突然纷纷离去，将他变成了一个光杆司令——或者至少他没有足够的兵力来抵挡突然联合起来对付他的瑞士人与威尼斯人。这时西班牙与教宗的军队重返战场，尽管之前的战败令他们心有余悸，但他们已经能在战场上所向披靡——罗马涅地区的重要城市立即再度向教宗宣誓效忠，伦巴第以及博洛尼亚周边地区亦是如此，本蒂沃利奥家族再次被逐出博洛尼亚，6 月 13 日，这座城市向重获叔父欢心的乌尔比诺公爵敞开了大门。到了 7 月初，教宗不但收回了全部领土，还将教宗国的疆域扩展到帕尔马和皮亚琴察。卢多维科·斯福尔扎的儿子马西米利安诺作为斯福尔扎家族的代表被迎回米兰，甚至热那亚也宣布重获独立，推举了一位新的执政官。帕里斯别无选择，只能带着军队回国。三个月前，路易十二差不多要将整个意大利半岛收入囊中，如今他的一切希望都化为泡影。

虽然法兰西人离开了，但是要让神圣同盟的胜利者们在友好理解的气氛下分配战利品显然是一种奢望。早在 7 月初，教宗就已经引起了各方面的警惕，当时费拉拉公爵来到罗马，拜倒在教宗宝座前接受赦免，但尤利乌斯不满足于接受费拉拉公爵的投降书，他宣告了将整个公国据为己有的企图。虽然处于弱势，但费拉拉公爵阿方索愤怒地拒绝了教宗，此举得到了阿方索几位昔日敌人的支持，其中就包括西班牙国王。据说国王曾这样说："意大利不能再有一个暴君，教宗也不能恣意妄为。"[1] 于是尤利乌斯不得不放弃这个企图，但当下仍有许多悬而未决的问题，等待 8 月在曼图亚举行的同盟会议上解决。

对威尼斯来说，最主要的问题在于以何种态度对待皇帝马克西米利安一世。很快皇帝的态度很明显地表露出来，只要是他认为属于帝国领土的土地，马克西米利安分毫不让。他坚持的领土范围不仅包括了维罗纳和维琴察这些重镇，还加上了帕多瓦、特雷维索、克雷莫纳和布雷西亚。但威尼斯共和国不再是四年前那个破败消沉的国家，它的代表们在相对强势的地位再一次进行抗辩，宣布皇帝对这些领土宣称的所有权是不可接受的。威尼斯人坚持这些城市对威尼斯的贸易非常重要，因此它们关系到整个国家的生死存亡。如果这些城市落入一个对威尼斯抱有敌意的国家，共和国前往亚平宁山口，甚至去往伦巴第西部的通道就有可能被切断。居中调解的教宗建议，假如威尼斯人可以交出两座主要城市，他们可以以向帝国缴纳年贡的方式保留剩下的土地，但这个建议也被严词拒绝了。威尼斯人这么做不仅是因为教宗提议让他们交出一笔巨款，其中包括两千五百磅黄金的首批款项，之后还需每年再向帝国上缴三百磅黄金；而且还因为它拒绝将自己置于一个长期附属国的地位。

随着曼图亚会议的讨论进入拉锯战，真相也慢慢浮出水面：就在神圣同盟的其他成员忙于为自己争夺战利品的时候——教宗得到了帕尔马和皮亚琴察，皇帝马克西米利安得到维罗纳和维琴察，西班牙国王将那不勒斯收归囊中——为神圣同盟贡献了大笔经费的威尼斯却被排挤到一边，甚至

1　这份记录出自当时在西班牙朝廷担任佛罗伦萨大使的圭恰迪尼之手。

有失去它原本享有的东西之险。威尼斯的代表们迅速指出了这一点，但教宗唯一的反应是大发雷霆并大叫着威胁道：“如果你们不接受我们的条件，我们将重新联合起来讨伐你们！”换句话说，康布雷同盟就要复活了。

教宗本应知道，用如此欠考虑的行为对待一位盟友会造成危险的影响。如今威尼斯不但觉得受到了不公待遇，同时还感到被孤立，身处危险之中，在这样的情况下，它转而投向另一个不会对它造成威胁，反而能给予它回报的国家的行为就在意料之中了。而这一次甚至不需威尼斯采取主动，在过去六个月，甚至更早之前，路易十二就在不遗余力地拉拢它，试图将其从神圣同盟中分化出来。最终在公元 1512 年秋，路易十二成功了。双方的谈判一直进行到公元 1513 年初，威尼斯授权安德烈亚·格里蒂和安东尼奥·朱斯蒂尼安为大使，在此期间，教宗与皇帝签署了一份新协议，在协议中他将威尼斯排除出所有即将签署的和平条约，并且运用各种信仰和世俗上的手段对付它。尤利乌斯二世甚至签署了一份教宗训诫书，谴责威尼斯的行为，但尽管如此，教宗没有再将威尼斯逐出教会，这令马克西米利安一世十分失望。不过威尼斯不会被这些举动吓倒，使者们在里亚尔托和位于布洛瓦的法兰西宫廷之间不断穿梭奔忙，公元 1513 年 3 月 23 日，双方终于在布洛瓦签署了一份新的同盟协议。两个国家彼此约定团结一致，共同防卫威胁它们任意一方的敌人，“哪怕这个敌人光辉照人，具有至高的威严”。若是路易十二希望收复米兰，或者威尼斯希望重新占有昔日的领地，双方都需要协同一致，为达成以上目标而奋斗。协议的最终目的是希望意大利恢复到公元 1499 年协议规定的状况，凭借协议的条款，威尼斯将得到克雷莫纳及其在伦巴第的附属地区，这块土地的范围向西可以一直远至阿达河。[1]

1　见第 28 章。

就这样，在短短四年多的时间内，康布雷同盟之战的三个主角已经彼此排列组合，结成了各种可能的同盟关系。首先法兰西与教宗联手讨伐威尼斯，接着威尼斯与教宗携手对付法兰西，如今威尼斯和法兰西又联合起来与教宗为敌——当然，还包括其他所有愿意牵涉其中的国家。以现代的标准来判断，对待这类结盟协议，人们通常会更加慎重（虽然不是一成不变），在万花筒般的政局内如此迅速地反复变化实在是令人震惊且难以置信。然而在十六世纪的意大利，在这马基雅维利主义盛行的意大利，这样的举动却不难被理解。盟友是重要的，尤其是为了战术上的便利，但当盟友们不再具有使用价值时，他们就分道扬镳，然后转头去寻找对他们更有利的新盟友。这并不是背叛朋友，因为在国际事务上并不存在友谊。所有人遵从的只有一条基本规则：人人为己。

33

新威尼斯

（公元 1513—1516 年）

上帝给予我们教宗的职位：那就来享受它吧。

——教宗利奥十世

就在最后的布洛瓦协议签署前一个月，公元 1513 年 2 月 21 日，七十岁的教宗尤利乌斯二世因为高热在罗马去世，3 月 4 日，枢机主教们按时聚集在圣彼得大教堂目前所仅剩的小礼拜堂[1]内，开始选举他的继任者。由于主教们商议得太慢，以至于教宗选举会议的守卫们要通过降低膳食服务的标准来加快进度，一开始一餐饭只供应一道菜，接着就只有全素的食物，即便是这样，选举会议还是花了一个星期才宣布了最终人选：枢机主教乔瓦尼·德·美第奇，他继位后，称号为利奥十世。

无论这位新教宗是否真的如传说认为的那样，说过本章开头这句极端愤世嫉俗之语，在那个时代，即便他真的这么说也不会令大多数意大利人感到诧异。新教宗时年三十七岁，权势熏天，富可敌国，通过公元 1512

1 尤利乌斯教宗拆毁老圣彼得大教堂及其内部几乎所有陈设的行为，是基督教历史上最无耻的官方破坏历史文化行径。此时这项拆除活动已经彻底完成，由布拉曼特设计的新大教堂随即动工。

年曼图亚会议上的决定，他的家族在度过十八年的流放生涯后，重新掌握了佛罗伦萨的政权。利奥十世比他的父亲洛伦佐更喜爱奢华，新教宗的盛大加冕仪式在罗马可谓前所未见。不过同时利奥十世还是一个爱好和平的人，他从心底对拉文纳发生的杀戮感到震惊，对罗马人民来说，不论是神职人员还是俗世百姓，和平都是他们期盼已久的。威尼斯对和平亦求之不得，利奥十世继位时，洛雷登执政官当即表示祝贺，很快他又正式邀请教宗加入布洛瓦协议。然而尽管利奥十世是位具有和平倾向的教宗，他依然很清楚，一旦法兰西人回到米兰，他们就会坚决要求夺回前任尤利乌斯二世获得的帕尔马与皮亚琴察，出于个人的名誉考量，利奥十世绝不允许自己主动让步。于是利奥拒绝了布洛瓦方面的劝诱，与马克西米利安一世继续保持盟友关系，然后他安顿下来，专心等待法兰西的新一次入侵。

法兰西人来得很快。以六十五岁的吉安·贾科莫·特里武尔齐奥以及特雷穆瓦耶领主路易为指挥官的大军在5月初进入意大利，这两位指挥官都是查理八世时代就纵横意大利战场的老将。5月15日，阿尼亚德洛的英雄巴托洛梅奥·德·阿尔维阿诺穿着镶有金边的华丽长袍，在身穿红白格子制服的家人簇拥下隆重地前往执政官宫，随后又从那里走到圣马可大教堂，接过列奥纳多·洛雷登执政官授予的神圣的圣马可旗帜。接着阿尔维阿诺带着军队继续往伦巴第进发，他们与法军几乎同时到达，却发现对方受到的欢迎比他们自己期望得到的更热烈。马西米利安诺·斯福尔扎在位不到一年，就已经是个不受臣民欢迎的君主，人们不但厌恶他奢侈挥霍的作风，而且还憎恶斯福尔扎赖以保护自己人身安全的大群瑞士雇佣兵。如今即便有瑞士人的帮助，斯福尔扎还是无法阻止自己的国土寸寸丢失，最后只剩下科摩和诺瓦拉两座城市。

法军随即向诺瓦拉进军，斯福尔扎手下七千人的当地守军急忙撤入城内。通常来说，接下来法军就会发动攻城战，诺瓦拉也十有八九会陷落，但就在 6 月 6 日夜里，趁着特雷穆瓦耶的路易还在备战，诺瓦拉的瑞士人决定先发制人，对城东一两英里外的法军营地发动了攻击。这是个需要超凡勇气的决定，法军人数是瑞士人的三倍，而且相较袭击者，他们拥有战马和火炮的双重优势。但必须承认，法兰西人的骑兵在这场战斗中没有起到作用，战场的地面柔软泥泞，而战马在黑暗中的行动又被法军自己挖掘的壕沟所阻碍。一开始法军的火炮确实造成袭击者大量伤亡，但后者设法保持住了阵型，奋力向前冲锋，不久他们就夺取了炮位，调转炮口朝法军开火。法兰西人眼见兵败如山倒，惊慌失措，纷纷逃跑，直到阿尔卑斯山脚下才停住脚步。经此一役马西米利安诺的声望大大提升，他不但得以返回米兰，不久前还热烈欢迎敌军的城市们如今也重新承认他为主君。

而威尼斯如今又是孤家寡人了。由于诺瓦拉远在威尼斯拥有主权的土地之外，阿尔维阿诺不必对在那儿发生的惨败负任何责任，但即使是这样，没有法兰西盟友的帮助，他也就无法推进两者的联合战略。于是阿尔维阿诺后撤到阿迪杰河，企图据河坚守，但当他听说一支同盟军队在卡多纳领导下往威尼托进军时，阿尔维阿诺匆忙返回帕多瓦进行防御。然而卡多纳径直来到潟湖岸边，焚烧了富西纳、梅斯特雷和马尔盖拉，对威尼斯的威胁近在咫尺。

这个时候，洛雷登执政官对子民们发布了又一次动人的请求，号召他们自愿为国库做贡献，拯救共和国。如果是体格健全的男性，就要聚集在圣马可的旗帜下听候国家调遣。因为洛雷登不能做到上述的任何一项（毕竟他已经有七十五岁，但他还是要做出适当的表态），所以人民的反应在一开始有些漫不经心，但随着危机步步升级，越来越多年轻的威尼斯人不分贵贱，穿过潟湖聚集在阿尔维阿诺麾下，准备敌人一有任何入侵威尼斯的迹象，就进行反击。

但敌人没有入侵。就像过去常常被证明的那样，威尼斯是难以攻克的。潟湖宽达两英里半的浅水使得它安然居于西班牙火枪的有效射程之外，而卡多纳也没有船或可供入侵的运输工具。他在当地逗留了一两天，随后不得不带着军队回到他来的地方。威尼斯人也随即回到家乡，如今他们觉得自己已经足够强大到对付西班牙人，甚至还有些不甘心放任西班牙军队毫发无伤地返回他们的冬季营地。公元 1513 年 10 月 7 日，这两支军队在斯基奥附近狭路相逢，这个地方位于阿尔卑斯山开始在伦巴第平原上隆起的山脚，就在维琴察西北方向几英里的位置。这是一场苦战，但最终阿尔维阿诺的非正规志愿军队无法凭着一腔热血与卡多纳手下的职业军人匹敌。起初威尼斯人开始撤退，接着撤退就变成仓皇逃跑，其中一些人成功逃脱了，但更多的被西班牙人在维琴察城墙下追上，当场被杀死。政府的监督官，亦是执政官亲属的安德烈亚·洛雷登也被俘虏并遭到冷血无情地杀害。消息传到里亚尔托，威尼斯人羞耻地低下了头。

公元 1513 年战争季节的结尾如此惨烈，以至于在这之后威尼斯对接下来一年的前景展望亦十分悲观，尤其是它唯一的盟友法兰西正专注于应付北方亨利八世和东方瑞士的双重入侵，无法再分出更多注意力在意大利事务上。但尽管这一年中，特别是在弗留利地区依然战火不断，它却没有产生决定性的结果。教宗利奥十世忙于拉特朗会议，没有动力参与具有尤利乌斯二世风格的战争事务；而马克西米利安依旧对战事漫不经心，经济上捉襟见肘，行动上毫无进展，因此事实上事态陷入了一个僵局。

公元 1515 年 1 月 1 日，路易十二在这个“良辰吉日”于巴黎去世。他疲惫不堪，心力交瘁，享年五十二岁，而就在前一年秋天，尽管已经露出早衰的迹象，他还是与亨利八世的妹妹，英格兰的玛丽公主成婚。玛丽芳龄十五岁，光彩照人，而且像兄长一样拥有取之不尽的旺盛精力。路易十二已经尽了全力，但依然无力回天，他只多支撑了三个月的生命。

路易十二的女婿和继承人弗朗索瓦一世相对来说是更适合玛丽的夫婿。在这位国王身上，青春和男子气概仍在熊熊燃烧，他在加冕仪式上正式使用了米兰公爵这个头衔，清楚地表达出对意大利的企图。与此同时，他延续了与威尼斯之间的协议。到了 7 月，他在多菲内集结了五万名骑兵和六万名步兵，并任命帕里斯、特里武尔齐奥和加斯东·德·富瓦的一个堂兄弟洛克雷特领主为指挥官，这是神圣同盟不敢等闲视之的重大威胁。总计有四支部队集结起来，准备应对新的侵略者：第一支是由教宗的兄弟朱利亚诺·德·美第奇领导的教宗军，第二支是卡多纳为指挥官的西班牙军，之后是马西米利安诺的米兰军，最后是已然成为米兰事实上主人的瑞士劲旅。不过这四支军队各有分工，西班牙人前往维罗纳阻挡威尼斯人与他们的法兰西盟友联系，教宗军则朝波河进军去保卫皮亚琴察，而瑞士和米兰军队进入山区，在塞尼山口和日内瓦山口两个法军很可能会经过的重要关隘入口处就位。

虽然老特里武尔齐奥在法兰西军中效力多年，他却是个土生土长的米兰人。在意大利征战长达半个世纪，这位老将从中积累了丰富的经验。他没有选择任何一个明显的隘口，而是率军穿过斯图拉河谷，当瑞士人意识到发生什么事时，特里武尔齐奥和他的军队已经在前往米兰的路上。不过特里武尔齐奥没有立即攻打米兰，反而在城南数英里外的马里尼亚诺（如今的梅莱尼亚诺）驻扎下来，占据了通往洛迪和皮亚琴察的道路，希望威尼斯人可以设法迂回突破卡多纳的封锁与他会合。

这时在米兰城内重新整编完成的瑞士人决定故技重施。和当年诺瓦拉大胜时一样，他们人数远远少于法军，[1] 也没有装备火炮，这些瑞士人打算

1 此时在米兰或其附近的瑞士军队中，领导者们产生了极大的分歧。差不多有一万人接受了法兰西人的重金贿赂返回祖国，最多只剩下一万五千人依然保持着对米兰的忠诚。

再一次依赖他们的速度、纪律、冲锋到底的势头，以及他们用于肉搏战的尖锐长矛来取得胜利。9 月 13 日黄昏，瑞士人冲向法军营地，发动了进攻。法兰西人此时已经严阵以待，他们将火炮安排在右翼，又准备了一万两千名加斯科涅弓兵在左翼，与火炮组成交叉的火力网。瑞士人在通过这道防线时损失惨重，但他们的阵线一直没有崩溃，在抵达敌人触手可及的位置前他们也一直没有停下脚步。此时瑞士人掌握了优势，不过直到夜幕降临，双方仍没有分出胜负，在午夜到来前两个小时，战斗暂时停止了。

伴随着瑞士人的新一轮杀戮，战斗在黎明重新开始，但随后到来的插曲对整场战斗起到了决定性的作用。就在法兰西人将要撤退的时候，东方地平线上扬起了一阵尘土，阿尔维阿诺绕过了西班牙人，正穿过平原疾驰而来。威尼斯军队的到来如同及时雨，给予特里武尔齐奥的部下们新的勇气和力量，而在另一边，瑞士人则意识到他们大势已去。战后，瑞士军队丢下了一万名死者，剩下少数未受重伤的幸存者逃离战场，艰难地返回米兰城中。

由于瑞士雇佣兵在军事上盛名在外，因此当首批关于马里尼亚诺战役的报告抵达罗马告知教宗瑞士人的胜利时，利奥十世亲手将战报递给威尼斯大使马里诺·佐尔齐，毫不掩饰他志得意满的情绪。不过次日早晨，佐尔齐就接到威尼斯政府发出的信件，告知他战事发展的真相。佐尔齐立刻前往梵蒂冈，这时利奥十世尚未起床，但在大使的紧急请求下，他穿着晨衣接见了他。

“圣父，”佐尔齐道，“昨天您给了我坏消息，但那是错误的，今天我为您带来正确的好消息：瑞士人战败了。”他将信交给教宗，后者一言不发地阅读起来。

“我们会怎么样呢？——你会怎么样呢？”教宗喃喃自语起来，随后他想了想，加上一句，“我们还是把自己交给法兰西国王，然后乞求他大发慈悲吧。”[1]

在起因于康布雷同盟，漫长且令人厌倦的战争中，马里尼亚诺战役是最后一次重大的军事行动。瑞士人惨败之后，毫无疑问，马西米利安诺·斯福尔扎已经无力继续拥有米兰，10月4日，法军正式攻占米兰的城堡。两个月后，利奥十世和弗朗索瓦一世在博洛尼亚会面并达成协议，根据协议，教宗不情愿地交出了帕尔马与皮亚琴察，更不必说费拉拉公爵从他手中得到了摩德纳与雷焦。利奥十世交出土地，用来交换法兰西不插手他蓄谋没收乌尔比诺公国一事，教宗希望将这个公国留给他的侄子，即洛伦佐·德·美第奇。公元1516年8月，根据努瓦永条约，西班牙斐迪南与伊莎贝拉的外孙，西班牙国王查理一世（他很快会成为神圣罗马帝国皇帝查理五世）与弗朗索瓦一世单独媾和，查理一世承认法兰西对米兰的权利，作为对方承认西班牙对那不勒斯所有权的交换条件。同年12月，又一次试图收复米兰失败，甚至还未抵达目的地就打道回府的老马克西米利安在布鲁塞尔同意和谈。作为威尼斯向他支付一笔首付款的回报，马克西米利安放弃了尤利乌斯二世在康布雷许诺给他的所有土地。老皇帝唯一犹豫不决的是维罗纳，为了维护帝国的尊严，他不能将这座城市直接交到威尼斯手中，不过最终这个尖锐的问题还是得到了解决。马克西米利安将这座城市交给孙子西班牙的查理，再由查理将其转交给法兰西人，然后威尼斯共和国再从他们手中取回维罗纳，以及除克雷莫纳之外北意大利所有被法兰西占领的前共和国领土。

就这样，当年使威尼斯面临灭国威胁的康布雷同盟，时隔八年后，它最初的几个缔约国居然共同归还了威尼斯过去的财产，令它再一次成为意

1 《马里诺·佐尔齐报告》，阿尔贝里，《威尼斯报告》系列二，第三卷。

大利首屈一指的世俗国家。在这八年中，威尼斯承受了许多苦难，做出了巨大的牺牲，但它坚守立场，像过去一样结合高超的外交手段、政治手腕以及好运，终于渡过难关。同时，威尼斯还证明了它依然是难以攻克的，无论它的敌人们在大陆上对其造成的威胁有多危险，威尼斯本土始终不受波及。总之，当威尼斯人听到布鲁塞尔协议的内容时，他们有足够的理由来大肆庆祝一番——事实上他们也确实这么做了。

不过在其他方面，威尼斯再也不能回到昔日的辉煌了。虽然共和国的独立性得以保持，财产和领地也归还到它手中，但是威尼斯的权势已经一去不复返。鉴于威尼斯被剥夺了往日的商业霸权与海上优势，它再不能制定雄心勃勃的政策，并且像当年一般付诸实施。在当初的黄金时代，威尼斯的政策坚决朝向东方，它往拜占庭去，它往黎凡特去，它纵横黑海，甚至去到更远的地方，那里寄托着共和国的命运，共和国从那里得到的财富如河水滚滚流淌。而如今这个国家彻底地向后转了，它实际上变成了一个意大利国家，虽然与其他意大利城邦国家相比，它的历史、传统、卓越的政府组织结构和半孤立的地位使其有些特立独行，但此时的威尼斯仍是个意大利国家——政策西向，更倾向于一个陆地国家而非海洋国家，并且同样服从于约束意大利半岛上其他国家的政治压力，而就在不久以前，威尼斯还从未考虑过自己会成为意大利国家的一分子。

威尼斯的国家自信也被打碎了，整个欧洲的基督教国家不止一次联合起来讨伐它，将它置于万劫不复的深渊边缘，虽然威尼斯幸免于难，但身处这种不友好且善变的新秩序中，谁能预测下一次危机何时到来？或者新到来的危机会产生怎样的结果？威尼斯依靠独特的地理位置来保护自己是否已经足够？或者意大利各国保持权力平衡的共识，是否能够确保有朝一日某个国家想要吞并威尼斯时，其他国家会携手保卫它？威尼斯也很清楚，如果不涉及它的实际生存，那么其未来的福祉，今后不会取决于它的将领、商人或是雇佣兵首领，而是它的外交人员。因此威尼斯外交的伟大时代拉开了序幕，威尼斯人在任何一个他们认为对国家关系重大的问题上表现出威尼斯外交所追求的实用性和彻底性，直到他们超凡的外交技巧在整个文明世界成为传奇。

这不是那种用来结交朋友的外交技巧，与此相反，它倾向于播下和友谊同样多的恐惧与不信任的种子。就像它表现出来的那样，威尼斯外交很大程度上依赖间谍和暗探、机密与阴谋，还有十人议会邪恶秘密的商谈。因此，随着这个世纪慢慢过去，无怪乎威尼斯的头顶戴上了一个会让我们将它与文艺复兴时期悲剧中那些耸人听闻的夸张形式联系起来的"光环"（至少在很多欧洲人脑海中如此）。或许人们并不太理解威尼斯外交情报机构如此令人恐惧的深层理由：它之所以可怕，是因为威尼斯自身心怀恐惧。

34

帝国的胜利

（公元 1516—1530 年）

作为双方君主的朋友，在此我只能引用使徒的话语：我与他们同欢乐，亦与他们共悲泣。

——当得知弗朗索瓦一世在帕维亚被俘的消息时，执政官安德烈亚·格里蒂说

如果说努瓦永条约未能给意大利带来长久的和平，那么可以确定的是它至少提供了一个受人欢迎的喘息之机。公元 1517 年是大多数人记忆中最平静的一年，但这一年并不无聊：一个以土耳其人攻占开罗起头，以马丁路德将他的九十五条论纲钉在维滕贝格教堂大门上做结尾的年份，绝不会被这样轻易地一笔带过。虽然这些事件的影响非常重大，却并不直接。威尼托和伦巴第的人们得以在之后的十二个月内重建破破烂烂的房屋，在荒废的土地上再次播种。他们也能够在夜里安睡，不受四处劫掠的军队，还有强奸、抢劫和流血的噩梦困扰。

公元 1518 年 7 月，帝国和共和国之间签署了一份五年停战协议，进一步稳定了局势，但若是哈布斯堡家族的老马克西米利安没有在公元 1519 年 1 月 12 日死于上奥地利的韦尔斯城堡，没人能说清楚这段平静时

光能够延续多久。一段时间以来，马克西米利安一直致力于确保让帝国传承到他的孙子查理手中。查理本人通过一连串王室之间的联姻和一系列意外的死亡，十九岁就已经成了西班牙（包括西西里、撒丁岛和那不勒斯，更不必说西班牙新获得的美洲殖民地）[1]、奥地利、蒂罗尔地区、德意志南部大部分地区、尼德兰和弗朗什-孔泰的主人。然而查理继承的这份遗产庞大的程度，以及出于对神圣罗马帝国掌握在一个家族手中太久会演变为一个世袭君主国的担忧，使得一些选帝侯倾向于选择查理唯一的一个皇位竞争者，弗朗索瓦一世。

弗朗索瓦一世身为一个欧洲的国王，并不像起初看起来那样处于劣势。从疆域上看，他或许比不上查理，但另一方面，法兰西的王位要比西班牙人的更加稳固，国王扎根于国内的权势更根深蒂固，拥有的资源也要丰富得多。此外，就在弗朗索瓦一世继位的那一年，马里尼亚诺战役的胜利为他赢得了米兰以及远至威尼斯边境的整个北意大利的控制权。由于从表面上看，七个选帝侯的选票明显受到了银弹攻势的影响，弗朗索瓦拥有的巨大财富也是一个胜出的优势。最后，弗朗索瓦一世还争取到了英格兰亨利八世和沃尔西主教的支持（后者急于维护各国之间的势力平衡），利奥十世也站到了他这一边，由于查理的那不勒斯王国距离罗马不到四十英里，所以教宗不希望有一位皇帝出现在卧榻之侧。

马克西米利安去世后的头两个月，两位竞争者尚属势均力敌，但最终查理成功从以奥格斯堡的富格尔家族为代表的德意志各大银行家家族那里用汇票形式筹集到巨额资金，为帝位选举起到了强大的作用。利奥十世也在最后关头转变了支持的对象。公元 1519 年 6 月 28 日，查理在法兰克福接过了祖父的皇位，当选为新一任皇帝。对弗朗索瓦一世来说，他付出大

1　他从母亲疯女胡安娜，即斐迪南国王与伊莎贝拉女王的女儿那里继承了这些领地。

量金钱却得到落败的结果，这无论对他个人还是他政治上的声望都是一个严重的打击。不过竞争还没有结束，弗朗索瓦在欧洲的法庭和账房里输了第一轮，现在是在战场上继续较量的时候了。

与此同时，威尼斯不同于教宗，依然对法国盟友保持着忠诚。弗朗索瓦自继位以来就是威尼斯的好朋友，毕竟正是因为他从中大力斡旋，威尼斯才成功收回了大陆上的领土。虽然威尼斯无力为弗朗索瓦一世争夺帝位的斗争提供帮助，但它也没有因为对方落败就转变政策的理由。因此当公元1521年查理五世皇帝（即查理一世国王）的大使前来拜访，请求让帝国军队不受约束地自由通过威尼斯的领地时，威尼斯人给予了礼貌但立场坚定的回复：它与法兰西签署的协议使它不可能做出这样的允诺，共和国只能希望皇帝陛下让他的士兵选择其他进军路线，这样它就不必站到那些想与其和平共处的对象的对立面。

7月6日，安东尼奥·格里马尼接替列奥纳多·洛雷登成为威尼斯第七十四任执政官，这个回答是他做出的首批重要声明之一。老洛雷登主持威尼斯政务时并没有什么显著的成就或辉煌功绩，但他的执政期恰逢威尼斯历史最痛苦艰难的一页，共和国最后几乎毫发无损地渡过了难关，因此人们将这位老执政官与威尼斯能够化险为夷联系在一起也就成为必然。老洛雷登享年八十五岁，他的去世引起全城真挚的哀悼，无论是其葬礼还是前往圣乔瓦尼保罗教堂的送葬行列，庄严宏大的程度都超乎寻常。老洛雷登的坟墓位于主祭坛右侧，即便还要经过半个世纪它才能彻底完工，此时看来也已经相当壮观。

不得不说，安东尼奥·格里马尼着实是个奇怪的执政官人选。首先他已是八十七岁高龄的老人，是威尼斯历代执政官就任时最年长的一个。其次，且不管对错，人们认为他需要对公元1499年勒班陀海战中威尼斯在土耳其手下遭受的惨痛损失负责，[1]格里马尼个人的声誉也因此受到严重影响。经过三年在达尔马提亚的流放生活，格里马尼来到罗马寻求庇护，很多年前他以三万杜卡特的价钱为儿子购买了一个枢机主教的职位，如今这无疑使他在罗马左右逢源，并且有机会进入教廷，伺机以共和国的名义进行一些次要的外交活动。通过这样的行为，格里马尼逐渐赢回国民的支持，公元 1509 年，在大议会投票一千三百六十五票赞成、一百票反对的压倒性优势下，格里马尼被召回国内，成为圣马可大教堂的总务官，他在这个职位上负责重建教堂的钟楼，建成后的新钟楼第一次拥有了金字塔形的绿色屋顶，这个外观一直保留到了今天。[2]

不过威尼斯选择老安东尼奥为执政官的真正原因，应当是希望继续保证一位在罗马极有影响力的枢机主教的支持。它的这个需求显而易见，就在不到一个月前，教宗和皇帝结成了新的同盟，虽然威尼斯并没有因此感到直接威胁，但在这个关头冒着激怒他们在教廷最有价值的盟友的危险是愚蠢的，更别提从乐观的角度看，这位主教很有可能继承利奥十世的圣彼得宝座，成为下一任教宗。

然而遗憾的是，在威尼斯能够从它的行为中获利之前，形势就迅速地发生了变化。公元 1521 年初秋，一支教宗与帝国的联合军队走上战场，在没有遇到法军像样抵抗的情况下横扫伦巴第。他们于 11 月 19 日占领米兰，

---

1 见第 29 章。格里马尼的执政官承诺书现今收藏于大英博物馆，这份文件的内容有一点格外引人注意，它终结了一个几乎与威尼斯共和国的历史一般悠久的脆弱传统——在执政官就职典礼上，他要赠给各地的地方长官野鸟。鉴于后者的数目在数年内激增，而本地野生动物的数量相应减少，这个传统便越来越难以维持。于是从此之后格里马尼和他的后继者们就开始分发特制的钱币代替野鸟，为了纪念这些鸟，这种硬币以“oselle”的名字为世人所知。

2 现在位于圣马可广场上的钟楼并不是最早的那一座。原钟楼在公元 1902 年 7 月 14 日坍塌，十年后的公元 1912 年，在其原址上建起了一座外观相近的复制品。

随后几乎不费一枪一弹迅速接连攻占洛迪、帕尔马、帕维亚和皮亚琴察。接着，利奥十世在一次狩猎的归途中染病，死于突发高热。作为一个佛罗伦萨人以及美第奇家族的一员，利奥十世一直以来都对威尼斯抱持着家族惯有的敌意，威尼斯人反过来也发自内心地厌恶他，因此他们用响彻全城的欢呼来迎接教宗的死讯。萨努多将当时的场景称为 miraculosa e optime nuova，他描述道，因为利奥十世是基督教世界的祸根，于是人们庆祝他的死亡，仿佛是在庆祝威尼斯打了一场大胜仗，或者土耳其的海军司令已经一命呜呼。可是等威尼斯人知道教宗继承人的名字时，欢呼声戛然而止，新教宗不是他们所希望的同胞，枢机主教多梅尼科·格里马尼，而是一个帝国的傀儡——乌得勒支的阿德里安，这个荷兰人曾经是查理五世的导师，甚至一度在西班牙担任过总督。次年阿德里安去世时，威尼斯人一度重燃希望，可惜结果仍不值得高兴。公元 1523 年 11 月召开的教宗选举会议投票选举另一位美第奇，利奥十世的堂弟朱利奥为教宗，称克雷芒七世。

此时安东尼奥·格里马尼执政官也退出了历史舞台——就在不久前，他已经让国民们有充分的理由来后悔他们当初选举时做下的决定。毫不令人意外，格里马尼被证明优柔寡断，蹒跚迟钝，不久后，坦白地说，他便老糊涂了。更糟的是，老人还非常固执，因为他拒绝支付每年两千杜卡特的养老金和死后国葬的费用，致使一位不耐烦的元老以放弃权位作为回敬。唯一可以安慰的是老人不可能在位太久。公元 1523 年 5 月 7 日，威尼斯人听闻格里马尼的死讯，都感到松了一口气。根据他毕生的事迹，格里马尼被安葬在城堡区不起眼的圣安东尼奥教堂内，三个世纪后，为了给待营建的公共花园开辟空间，这座教堂毁于拿破仑之手。[1]

---

1 格里马尼的纪念物中，现存最优秀的作品是位于执政官宫四门厅的两幅肖像画。其中一幅由提香原作，在画家去世后借他人之手完成，随后它被卖出。另一幅画的作者则是提香的学生乔瓦尼·孔塔里尼。

格里马尼的继任者安德烈亚·格里蒂是个比他更引人注目的人物。格里蒂身材高大，十分英俊，他已经六十八岁却并不显老，而且可以夸口这辈子从没生过一天病。年轻时格里蒂曾随祖父前往英格兰、法兰西和西班牙执行外交任务，他能够熟练地使用当地语言，还通晓拉丁语、希腊语和土耳其语。格里蒂习得最后一种语言是当年滞留君士坦丁堡的结果，他在当地因为一项证据确凿的间谍指控被捕入狱，多亏朋友艾哈迈德维齐尔大力相助才逃脱了可怕的穿刺之刑。据说格里蒂被判刑后，他在土耳其人中依然像在欧洲殖民地一样异常受欢迎，甚至当他迈入监狱大门时，一些女性含泪站在门边为他守夜。此后在与康布雷同盟的战争中，格里蒂曾经担任外交官和文职官员，公元1523年5月20日当选执政官时，他还在军中担任政府监督官。从他这份辉煌的履历来看，我们很惊讶他并没有获得人民一致的拥护，他们更希望他的主要对手安东尼奥·特隆当选，于是在格里蒂举行传统的绕行广场仪式时，他们用喉音有节奏地以威尼斯方言反复喊着“Um, Um, Trum, Trum”，不过无论是当时还是之后，缺乏拥戴这件事都没有对格里蒂产生任何影响。

由于格里蒂当选时共和国正忙于和帝国进行相当微妙的谈判，所以或许正是他拥有的丰富外交经验受到了选举者们的欢迎。查理五世是一位与他的祖父截然不同的统治者，这不仅是因为查理五世的财富或是领土的广阔程度，而是缘于查理五世本人的性格与政治哲学。“上帝将您置于成为世界主宰的道路上。”查理五世的外务大臣梅尔库里诺·德·加蒂纳拉在即位典礼上这样说，于是皇帝将此话铭记在心，时刻不忘。这无关个人野心，对查理五世来说，这是一项神圣的责任，是在实现神圣的目标，基督教世界需要在政治和精神上都统一在一个帝国标准之下。然后只有这样，才能击败步步进逼的异教徒，等到稳妥地处理完土耳其人的问题，再将这股联合的力量转而对付马丁·路德与他的外道同伴们。

纵观查理五世的一生，他将这个目标贯彻到了最后，而至少到此时为止，全能的上帝还站在他的身后支持他。就在查理五世继位后的四年内，他以削弱自己的主要对手法兰西国王为代价，逐步巩固自己的地位。他不仅重新夺取了米兰和伦巴第，而且还通过个人的外交努力成功谋求到了英格兰国王亨利八世的支持，并通过与亨利的女儿玛丽缔结婚约达成了一份协议（尽管玛丽此时只有六岁，先前又已经与弗朗索瓦一世订婚，公元 1522 年查理访问英格兰时，这桩婚约还在温莎得到了进一步的确认）。同年，神圣罗马帝国军队粉碎了法军对意大利的新一轮进攻，并占领了热那亚。同时在罗马，对帝国怀有善意的教宗继承了宝座，他成为与帝国有密切关系的皇帝密友，承诺之后会更加服从。

总之，现在是威尼斯思考自身处境的时候了。它与法兰西的同盟关系越来越像是一种负担，自从皇帝在最近的军事胜利中反复提及“将意大利从法兰西暴政下解放出来”的借口后尤其如此。而另一方面，威尼斯与帝国之间的分歧也不是一朝一夕能轻易解决的。即便是优柔寡断、磨磨蹭蹭的老马克西米利安，在涉及帝国领土问题上也是寸步不让。而查理甫一即位，威尼斯人希望在公元 1516 年的布鲁塞尔盖棺论定的一些旧议题又被他重新提起。不过谈判仍然顽强地进行着，公元 1523 年 7 月 29 日，距格里蒂当选不到三个月，威尼斯终于在沃尔姆斯与帝国签订了一份郑重的条约，根据条约规定，作为威尼斯在八年内支付二十万杜卡特的报酬，它可以继续拥有当时在其管辖下的所有前帝国领土。另外，双方约定联合防卫彼此在意大利的领地，除非进攻者是教宗本人；此外，缔约任意一方都必须承诺为对方的子民提供安全通行证，保证其在当地居住和贸易的自由，威尼斯还需额外负担向那不勒斯派遣二十五艘桨帆船支援其防卫的任务，不过这个条件只有在威尼斯不忙于和土耳其交战时才成立。受邀加入这份协议的教宗与亨利八世也对其进行共同担保，此外，被皇帝送上米兰统治者宝座的卢多维科·斯福尔扎之子弗朗切斯科·斯福尔扎二世也成了这份协议的额外签约者。

或许执政官签下这份协议后心中并非毫无尴尬之情，他致信给法兰西国王并在信中解释，威尼斯是在法军及其援军没有到来的情况下被迫签订的这份条约，若是不这么做共和国就不可能独善其身。它也同样希望尊重教宗反复祈求欧洲和平的愿望。因此，弗朗索瓦一世没有将威尼斯这一新的缔约行为解读为心怀敌意，两国之间反而继续保持着友谊，至少在威尼斯关注的事物上一切照旧。在异教的仇敌越来越强大，对西欧的威胁时时刻刻都在增强的时刻，基督教世界重燃战火是威尼斯最不愿意见到的事。

安德烈亚·格里蒂所说的都是事实，自征服者穆罕默德二世去世后的四十二年来，威尼斯只在公元 1499 年至 1503 年的四年间，因为爱好和平的苏丹巴耶济德二世感受到它的威胁而与奥斯曼土耳其帝国交战。即便是公元 1512 年巴耶济德逊位，将宝座让给儿子冷酷者塞利姆，一切都仍然风平浪静——至少在涉及欧洲的问题上是这样——因为新苏丹正巧将他的大部分旺盛精力投入巩固东方伊斯兰领地的事业上。而八年后，塞利姆的长子，之后很快以“大帝”的称号为人所知的苏莱曼继承了苏丹的位置，一切都立刻不同了。苏莱曼分秒必争，公元 1521 年，他成功攻克了匈牙利人的边境要塞贝尔格莱德，次年又对罗得岛发动水陆双线的猛攻。圣约翰骑士团在罗得岛建立了存续长达两个世纪的独立王国，从那时起他们就时常对土耳其船只发动进攻，四十年前骑士们已经面对过同样的猛攻，他们经过浴血奋战，将侵略者赶回大陆上，不过这一次，敌人的实力对骑士们来说太过强大了。公元 1522 年 12 月 21 日，经过数周的围困，加之考虑到当地平民的安全，骑士团向土耳其人有条件地投降，要求苏莱曼做出承诺，允许他们安全从岛上撤退——苏莱曼答应了这个要求，但过了不到十年，当他知道骑士团在马耳他岛上建立起新的国度时，想必有足够的理由来后悔当年的决定——到了年底，骑士团就从罗得岛上离开了。

整体来看，罗得岛的陷落从政治上和战略上对欧洲没有造成重大的影响。骑士团从未在地中海地区建立过一个大国，他们经营着罗得岛上小小的基地，根本没有能力装备或支持在规模上可以媲美威尼斯、热那亚，或苏丹手下庞大舰队的海军。骑士团将绝大多数的精力与资源投入他们的医疗工作上，一个多世纪以来，罗得岛的医院是基督教世界中公认最佳的，而骑士团的军事行动在大多数时候都只限于突袭土耳其港口以及骚扰土耳其船运，对奥斯曼帝国来说，骑士团的行动更像是一种轻微的刺激而不是重大威胁。如果不是因为罗得岛几近坚不可摧的防御，或许骑士们根本不能坚持这么久。尽管如此，这些来自欧洲各地的骑士们虔诚、坚毅，十分勇敢，因此得知骑士团覆灭，各方都表现出了与其政治重要性不相符的哀伤。或许这其中只有威尼斯的反应并不完全是感性的，对威尼斯人而言，骑士团的失败是一个预兆，罗得岛已经落入土耳其人手中，他们还有多大希望保住多德卡尼斯群岛上剩下的殖民地呢？还有克里特、塞浦路斯又将如何呢？苏莱曼苏丹的野心，还能被局限在爱琴海多久？威尼斯人明白，很快，土耳其人就要染指亚得里亚海了。

不过威尼斯不能独自对抗奥斯曼土耳其，而查理五世和法兰西国王之间的竞争尘埃落定之前，皇帝也不会插手对付土耳其人。这场两个王者之间的竞争一直持续到公元 1529 年，自此威尼斯和其他意大利国家都只能在其中扮演一个相对次要的角色。如今欧洲局势逐渐变得两极化，舞台的中心只有两个主角活跃的空间。因此公元 1525 年 2 月，威尼斯军队没有参与神圣罗马帝国和法兰西之间爆发的帕维亚大战，在这场战役中，弗朗索瓦一世做了俘虏，被押送到西班牙关押起来。他于次年获释后，教宗为了抑制帝国不断增长的势力，组建了支持法兰西的科尼亚克神圣同盟，威尼斯成为其中一员，但除此之外就没有再为其做过什么。公元 1527 年 5 月，报复心旺盛的查理五世集结了主力为德意志人和西班牙人的两万大军攻向罗马，在城内屠杀抢掠了整整三天，其间损毁了大批艺术品，自蛮族入侵之后，还未曾有过如此可怕的暴行，而当罗马遭受劫难时，威尼斯完全没有帮助它的教宗盟友。威尼斯这么做的确冷漠，因此当热那亚人在名将安德烈亚·多里亚的率领下倒戈投奔帝国，法国和神圣罗马帝国同意单独讲和之时，它也没办法抱怨什么。公元 1529 年 8 月，法兰西王太后与皇帝的姑母，奥地利的玛格丽特在康布雷谈判，签署了被后世称为“夫人们的和平”的条约，根据条约，法王正式放弃对意大利领土的所有权利，同时还放弃了对阿图瓦和佛兰德的宗主权。作为回报，弗朗索瓦一世得到了查理五世的保证，帝国不会对勃艮第宣称所有权，不过法兰西在科尼亚克同盟中结成的盟友们都被清算出去，之后又被迫在年底接受查理强加的条件——以威尼斯为例，按照皇帝的条件，它要将阿普利亚地区拥有的领地尽数交给那不勒斯的西班牙王国。

对那些认为法王背叛了他们的人来说，这是一个耻辱又令人伤心的处理方式，不过它至少恢复了意大利的和平，并且终结了这一段漫长无益的历史，自公元 1494 年查理八世入侵以来，这段历史带给意大利人的只有破坏与毁灭。此后，在公元 1536 年至 1537 年，以及公元 1542 年至 1544 年，查理五世和弗朗索瓦一世这两位老对手又短暂地发生过两次冲突，不过那时的冲突不再激烈，皇帝也是毫无疑问的赢家。

不过获利的不只是查理五世。苏莱曼大帝抓住敌人混乱的机会，继续不断向欧洲进军。公元 1526 年，就在克雷芒七世正用科尼亚克同盟威胁查理五世，西班牙监狱中的弗朗索瓦一世也在积极斡旋谋求释放的时候，一支土耳其大军正向匈牙利挺进。当年 8 月 29 日的莫哈奇之战，匈牙利人遭遇了历史上最具毁灭性的惨败，二十三岁的国王拉约什二世战死沙场，根据当时的作者描述，大战之后的一天一夜，由于人马尸体堵塞河道，多瑙河河水暴涨。经历过莫哈奇惨败，匈牙利人再也不可能继续抵抗，数日之内，奥斯曼土耳其的新月旗就飘扬在布达上空。查理的兄弟兼奥地利帝国总督斐迪南大公迅速行动起来，通过被马扎尔贵族推选为国王，他得以保住原匈牙利三分之一左右的领土，但剩下的土地全都落入了苏莱曼的手中。

现在，威尼斯受到了严重的威胁，三年后的公元 1529 年 5 月 10 日，苏莱曼率领一支规模更大的军队再次发动攻击。此时斐迪南正准备面对匈牙利历史上最可怕的围城战，人们加固城墙，增援守军的士兵们接受召唤不断到来，满载谷物、武器和弹药的四轮马车与大车从奥地利和德意志各处源源不断地涌入城内。然而随着土耳其人一步一步深入欧洲，基督教世界中已经没有几个人还相信这些措施会发挥作用，或者当下还能做些什么事来阻止奥斯曼土耳其军队的汹汹狂潮。

维也纳在此时奇迹般地幸免于难。造成这一结果的原因首先要数天气，公元 1529 年的夏天是中欧人印象中最糟的，无休止的雨水使河流暴涨，冲毁道路与桥梁，毁掉了土耳其人赖以支持军队远征的粮食作物。因此，土耳其人从君士坦丁堡到维也纳比预想中多花了六周的时间，直到 9 月 27 日，苏丹才终于能在城墙下安营扎寨。这样一来，这一年的征战季节最多只剩下一个月，而在这一个月内，土耳其人要迫使欧洲防御最固若金汤的城市之一投降。事实上留给苏丹的时间比这更少，当地的天气没有转化为小阳春般的和暖天气，反而变得更坏，到了 10 月的第二个星期，降雨变成了暴风雪，于是 10 月 14 日，苏莱曼签署了撤军命令，返回土耳其在贝尔格莱德的冬季营地。次年春天，出乎所有人意料，他没有下令继续攻击，而是返回博斯普鲁斯海峡。

就在苏丹进军维也纳的时候，查理五世正在前往意大利的路上，他此行是为了签署“夫人们的和平”之后必需的一系列正式条约，同时安排他的皇帝加冕典礼。不过后者现在并不是成为皇帝不可替代的仪式了，包括查理的祖父马克西米利安一世在内的几位先皇完全没有经历过它，而即便没有这项对其权威的最终确认仪式，查理本人也已经在皇帝宝座上待了十年之久。不过尽管如此，直到教宗将皇冠戴在他头上之前，查理在理论上都不能自称为皇帝，而且对一个有强烈神圣使命感的人来说，无论是这个头衔还是这场神圣的仪式都非常重要。

皇帝的加冕典礼传统上在罗马举办，不过 8 月中查理从热那亚登陆时，他收到土耳其进犯的消息，当即认为在此时远道南下意大利半岛是愚不可及的行为。意大利之旅不但耗时漫长，而且容易使他陷入危险之中。于是信使迅速与教宗克雷芒七世联络，鉴于情况特殊，双方约定仪式将在博洛尼亚举办，这座城市更方便皇帝抵达，而且还没有处在教宗的严密控制之下。即便如此，这件事还有不确定的因素。9 月查理前往博洛尼亚的途中，他受到斐迪南大公的紧急求助，险些取消加冕仪式，疾驰前去为兄弟解围。不过经过深思熟虑，查理认为这么做没有意义，等到他抵达维也纳，这座城市或者已经被攻陷，或者苏莱曼和他的军队已经因为冬季到来撤军，更何况如今与他同在意大利的这支军队规模太小，完全不足以扭转战局。

公元 1529 年 11 月 5 日，查理五世正式进入博洛尼亚，教宗克雷芒七世在圣彼得罗尼奥大教堂门前迎接他的到来。在简短的欢迎仪式后，两人穿过广场进入市政官宫，他们的房间彼此相邻。在加冕典礼开始之前，还有很多事要做，还有很多突出的问题亟待讨论与解决。毕竟距离帝国军队洗劫罗马刚过去两年，身在圣天使堡内的教宗本人都成为查理事实意义上的囚徒，因此双方总得想办法重建友谊。接下来，神圣罗马帝国还需要与它所有意大利的昔日敌人分别签订和平协议，除去克雷芒七世，这些缔约对象中最重要的就是威尼斯、佛罗伦萨和米兰。只有当意大利半岛的和平终于稳如磐石，查理才能堂堂正正地跪在教宗面前接受皇帝的冠冕。加冕日期定在公元 1530 年 2 月 24 日，所有基督教世界的统治者都受到了邀请。因此查理和克雷芒七世只有不到四个月的时间来解决意大利的未来。

皇帝查理五世大权在握。没有一个意大利国家能有可以直接拒绝他意图施加的条件的地位。皇帝本人希望建立的是一个长久的和平，而不是七拼八凑的短暂安宁，只有土耳其对基督教世界的威胁才能吸引他的注意，因此查理决定不表现出任何尖锐的态度，在一切可能的地方做出让步。举例来说，在 12 月 23 日帝国与威尼斯签署的协议中，威尼斯被要求将特拉尼、莫洛波利和其他阿普利亚地区的城镇交还给查理统治的那不勒斯王国（这是意料之中的事），另外，作为对克雷芒七世的安抚，拉文纳和切尔维亚重归教廷所有。虽然威尼斯丧失了这些土地，但是这并不对它的繁荣和福祉造成严重影响。在真正攸关大局的地区，如伦巴第、弗留利和威尼托，威尼斯所有的领地都得到了保全。而且当威尼斯强烈反对查理安排亚历山德罗·德·美第奇统治米兰的提议时，皇帝无视了弗朗切斯科·斯福尔扎二世坚定为法兰西人而战的事实，同意让他重新担任统治者，只是坚持城中心的城堡仍必须由西班牙军队驻守。

和威尼斯差不多，其他与帝国有显著矛盾的意大利国家也与它成功签署了协议，只有佛罗伦萨是个例外。两年前的公元 1527 年，佛罗伦萨人再一次掀起叛乱，将美第奇家族逐出城市。在这个为众人所厌恶的家族成员占据着教宗宝座的时刻，佛罗伦萨人此举称得上是勇敢，甚至可以算有勇无谋，克雷芒七世认为必须对此施加惩罚，因此查理五世如果不承诺派遣军队帮助美第奇家族重新控制城市，他就可能要放弃加冕仪式的所有安排。起初查理五世还抱着用和平手段劝说佛罗伦萨人投降的希望，但佛罗伦萨人对萨伏那洛拉还记忆犹新，于是人们决心战斗到底，还让米开朗琪罗负责佛罗伦萨的城市防御。查理五世见状只得长叹一声，接受了无法回避的现实：如果他的意大利政策必须要牺牲佛罗伦萨才能成功，那么就只能如此了。

除此之外，再也没有不能解决的问题了。就在盛大的加冕典礼举行前一日，查理奠定了一个泛意大利同盟的基础，此外，它还证明了帝国势力在整个意大利的深度和广度是过去不能比拟的。当然，这一切建立在外交伙伴关系而非封建法律的基础之上，但它仍然是真实可信的。因此和平条约签订之后，[1] 克雷芒七世教宗的科尼亚克同盟以及查理对罗马的劫掠一概被忘记，或者有意在记忆中被摒弃了。公元 1530 年 2 月 24 日，查理先在圣彼得罗尼奥大教堂接受了涂油礼，随后从教宗手中接过了宝剑、宝球、权杖，以及最后的神圣罗马帝国皇冠。不过整个加冕典礼过程仍一度笼罩着少许阴霾，当皇帝的随从经过连接教堂与市政官宫的一座木桥时，整座桥突然坍塌，不过当木桥被重建起来，且确认了伤者中没有显贵人员之后，人们的精神又振作起来，庆祝活动一直持续到晚上。

这是一场精彩的仪式，而假如它的参与者们当中有人意识到这是最后一次皇帝加冕仪式，它或许会更具有庄严色彩。神圣罗马帝国建立于公元 800 年圣诞节，教宗利奥三世亲自将皇冠戴在查理大帝的头上，从那时起，教宗加冕的理念就成为帝国的重要组成部分，许多罗马人民的国王赌

---

1 出人意料的是，马可·韦切利奥将这件事描绘成画留在执政官宫的十人议会大厅内，以作纪念。

上自己的性命，希望获得这个对自己皇权的最终承认。而对他们中的少数人而言，在当时的政治大环境下，加冕之旅被证明有着潜在的危险，但尽管这些没有完成加冕的王者高居宝座，有皇帝之实，但是他们永远不能堂而皇之地自称皇帝。如今，随着查理五世完成加冕典礼，这个长达七百年的传统也走向了终结。神圣罗马帝国仍然存在，但是它的统治者再也不能，哪怕是仪式性地，从基督在地上的代言人手中接过这个国家。

IV

第四部分

衰　亡

那么等它的荣光逝去之后又如何?
那些响亮的名号失色，强大的力量衰减;
当它漫长的生命终于走到尽头，
总有些哀悼需要奉上:
身为凡人，我们不免感伤，
这昔日伟大的国度，连影子都已消亡

——华兹华斯,《为威尼斯共和国覆亡而作》

35

和　平

（公元 1530—1564 年）

年老的通奸者们会用结婚来息事宁人，他们既是丈夫也是奸夫。

——杜·贝莱

至少以意大利人的标准来看，半岛回到了和平之中。尽管这是由帝国和教宗的代理人带来的和平，整个意大利仍然处在帝国之鹰羽翼的阴影下，威尼斯却不仅成功地捍卫了自己在政治上的独立性，甚至保住了它大陆领地的完整性。更了不起的是，威尼斯仅靠外交手腕就取得了这一系列的成就。在过去的十四年间，除了迫于大势不得不加入其中的同盟和条约，威尼斯一直在避免参与实际战斗。和平为共和国带来的利益远甚于战争，因此威尼斯决心在其能力范围内不惜一切手段来维护它。

不过这可不是一项轻松的工作。此时退回布洛瓦舔舐伤口的弗朗索瓦一世仍然年轻且精力充沛，也一刻都没有放弃对意大利的勃勃野心。如今弗朗索瓦一世正饶有兴趣地观望着新教在德意志的迅速传播，考虑着帝国内发生宗教战争的可能性，假如战争发生，将会有效牵制帝国军队，得以让他毫无顾忌地去收复阿尔卑斯山那一端他至今还坚持拥有与生俱来的权利的那些土地。与此同时，苏莱曼大帝正在率军全线推进——他进攻地中海的各个岛屿，威胁北非海岸，剑指巴尔干和中欧。由于各基督教国家显然不可能结成一个对抗土耳其的大联盟，所以当下也就不可能有效抵抗苏莱曼的军事行动。于是绥靖政策似乎就是唯一可行的选择。当威尼斯挑选参加皇帝加冕典礼的代表时，特使托马索·莫切尼戈已经在前往君士坦丁堡的路上，他向苏丹再度保证威尼斯对奥斯曼土耳其不变的敬重，并且在苏丹儿子的割礼仪式上奉送了大批礼物。

然而要与苏莱曼苏丹维持良好的关系并不容易，至少对威尼斯来说是这样。奥斯曼土耳其海军的规模越来越庞大，东地中海的海面上聚满了土耳其船只，其中不少都在海雷丁·巴巴罗萨这类臭名昭著的海盗指挥之下，由于这些人从不关心所谓的协议或停战约定，肆意攻击所到之处目之所见的基督教船只，于是双方之间的武装冲突在所难免。公元 1553 年 11 月，就在威尼斯断然拒绝加入一个由教宗、皇帝和其他一些意大利国家组成的反土耳其同盟后八个月（它非常清楚手下的军队难以有效抗击土耳其人，只会不必要地惹怒苏丹），一场特别令人难堪的事发生了，一位年轻的威尼斯指挥官吉罗拉莫·达·卡纳莱在克里特海域侦察到土耳其船队的踪迹，他立即投入战斗，击沉了对方两艘船，俘虏了其中的五艘。在过去事件就会这么结束了，但如今一切都大不一样。威尼斯对此惶恐不已，立刻派遣更多的大使前往土耳其宫廷进行解释并且提供补偿措施。而如何处理卡纳莱又是一个难题，因为他被称作英雄而广受好评，对这个年轻人来说，在这个时刻他在赞特岛死于可疑的意外，或许是件幸运的事。[1]

由于对土耳其持绥靖政策，威尼斯拒绝向其他小规模的反土耳其军事行动提供支持，例如公元 1535 年，一支神圣罗马帝国舰队在热那亚将

1 在谨慎地经过一段时间之后，他的儿子为他在圣乔瓦尼保罗教堂东北角的墙壁高处设立了一尊纪念雕像。

军安德烈亚·多里亚的带领下短暂夺取突尼斯的行动。发动这类进攻对查理五世来说有益无害，他可以随时随意将军队撤出战斗，回到他在内陆的要塞。和威尼斯不同，查理五世和他的帝国并不处在前线，如今在地中海上也没有攸关自身利益，能否继续拥有它们却取决于苏丹善意的贸易港口。

或许正因为如此，威尼斯可以拒绝查理五世。但如何维持苏丹的善意呢？就像威尼斯所知的那样，有些事的发展并不在他们掌控之中。如果时机允许，苏莱曼一定会对付他们，迟早他们不得不进行抵抗。

两年后的公元 1537 年，这个时候到来了。在这两年内发生了许多事，公元 1535 年 10 月，弗朗切斯科·斯福尔扎二世死后无嗣，法兰西国王立刻代表儿子奥尔良的亨利对米兰公国宣称所有权，而皇帝的兄弟，罗马人民的国王斐迪南，为了自己的子孙亦不甘落后，于是次年夏天，这两个老对头再一次爆发了战争。皇帝率领一支军队穿过法兰西边境深入普罗旺斯，包围了阿尔勒和马赛，并摧毁沿途的乡村，这条破坏的路线几乎和法军撤退的路线重合。但很快形势产生了变化，帝国军队中爆发了痢疾，导致一半军人死亡或失去行动能力。幸存者们不断受到法军骑兵的袭扰，不得不尽其所能地拼命撤退。到了 9 月初，战争的第一阶段仅开始了两个月，就以法军的全面胜利告终。

威尼斯在帝国与法兰西之间极尽斡旋调停之能事，但当一切努力都落空之后，共和国选择不插手战斗，然而弗朗索瓦下一步的行动却将它无法逃避地拉进了战争。弗朗索瓦与苏莱曼达成了一项秘密协议，根据协议法军将在佛兰德对帝国发起一次新的进攻，牵制大批帝国军队，同时奥斯曼土耳其军队会进一步深入匈牙利，由海雷丁·巴巴罗萨指挥的土耳其舰队也将和一支法兰西舰队联手攻击那不勒斯王国。对威尼斯人来说，战争将在亚得里亚海海口爆发的前景已经足够让他们不满，而当苏丹派大使前来，暗示共和国要为他的新盟友提供支持时，威尼斯人愈发感到沮丧不安。

苏莱曼的邀请是经过精心策划的。假如威尼斯接受了这个邀请，在夺取地中海中部至高地位的过程中，苏莱曼就能获得它的有力援助，而等到他获得了这样一个地位，反过来就可以让威尼斯臣服；如果威尼斯拒绝，就给了苏莱曼立即采取行动对付它的绝好借口。权衡之下，威尼斯应该更有可能接受这个邀请，不过苏莱曼先前收到了关于基督教世界分裂的明确证据，因此威尼斯可能会选择接受或拒绝任意一种结果。不过无论如何，苏丹都胜券在握。

另一方面，格里蒂执政官和他的顾问们正陷入进退两难的窘境。再一次卷入神圣罗马帝国的麻烦显然不在威尼斯人的考虑范围之内，但是拒绝苏丹的要求将导致对方采取蓄谋已久的报复，而这正是威尼斯人不愿意去想的。因此威尼斯人给予苏丹他们所能想到的最礼貌但暧昧不明的回答，同时海军总司令吉罗拉莫·佩萨罗收到紧急指示，除非亚得里亚海的安全受到威胁，否则必须避免与法兰西或者其他外国船只，特别是土耳其船只交战。

苏丹很快做出了回应。首先遭殃的是叙利亚的威尼斯商人，他们的所有货物都被新征收了百分之十的税款。接着是共和国在海上的船只，它们每偶遇一艘土耳其船，就会受到对方有计划的骚扰。不可避免地，有些船做出了抵抗，于是苏莱曼随即宣称他遭到不义的攻击并宣战。不久后，奥斯曼土耳其舰队就在公元 1537 年 8 月底出现在科孚岛附近海面。这次轮到威尼斯四处求援了。科孚岛于公元 1386 年成为威尼斯殖民地，它是威尼斯在南亚得里亚海的重要海军与贸易基地，在公元 1499 年迈索尼和科罗尼两港陷落后更是如此。考虑到科孚岛临近那不勒斯王国，它对帝国和西班牙的意义同样重大。但是威尼斯向这些国家的求援不但石沉大海，安德烈亚·多里亚麾下正在附近巡航的一支帝国舰队甚至径直航向热那亚。多里亚辩称他不能在未收到皇帝指示的情况下出战，不过没人相信这个借口，威尼斯人很清楚，身为热那亚人，多里亚对他们心怀憎恨，如果可以的话，他是绝不会伸出援手的，于是威尼斯人不得不独自面对敌人。

幸运的是，科孚岛的防御力量很强大。岛上的城镇位于东部海岸的半山腰（它至今还在原处），而岛上的城堡位于城镇后方的山石嶙峋的半岛之巅，这座半岛朝东指向阿尔巴尼亚海岸，控扼海陆要道。城堡内有两千名意大利守军，还有差不多同样数目的科孚岛本地人，以及当时停泊在港内的威尼斯船上的所有水手。城堡内食物与火药的储量都非常充足，守军的士气也十分高昂——他们需要这样，因为科孚岛的守卫者们沮丧地发现，他们现在要面对的不是来自海上的攻击，而是部署严密的海陆大规模联合作战。8 月 25 日，两万五千名土耳其人和三十门火炮在距离城镇三英里左右的帕塔拉村登陆，五天后后续增援部队到达，加入了这批军队。当地农民和普通市民遭到可怕的蹂躏，而尽管岛上的要塞遭到土耳其火炮从陆上和海上连续不断的轰击，甚至还遭到数次强攻，但它依然屹立不倒。不幸中的大幸，随后下起了大雨，科孚岛向来以它暴风雨的凶猛而著称，而公元 1537 年 9 月最初几天突然到来的暴风雨即便以当地的标准来看也异常猛烈。土耳其火炮在泥泞中动弹不得，营地内痢疾和疟疾横行。于是经过三周的围城后，奥斯曼土耳其军队在 9 月 15 日登船离开，将欣喜若狂甚至还有些不敢置信的守军留在身后庆祝胜利。

不过战争还没有结束。海雷丁·巴巴罗萨的舰队仍在海上活跃，威尼斯在地中海掌握的其他港口和岛屿并不像科孚岛那样固若金汤。它们中很多在理论上处于威尼斯共和国的保护之下，但实际上只是被威尼斯籍的家族把持，这些家族没有任何手段来避开持续不断的进攻。于是这些港口和岛屿一个接一个地沦陷：先是位于伯罗奔尼撒半岛东部沿海的纳夫普利翁和马尔维萨，接着是那些距离土耳其本土比威尼斯更近的岛屿——斯基罗斯岛、帕特莫斯岛、埃伊纳岛、伊奥斯岛、帕罗斯岛和阿斯蒂帕莱阿岛——而威尼斯的舰队此刻正被大批土耳其船只封锁在亚得里亚海的海峡之中，动弹不得。

科孚岛的胜利已经不再受欢迎了，每一周，新的战败报告和损失报告都会送到威尼斯。苏莱曼再一次采取攻势，至于欧洲各国，它们各有目标盘算，因此它们要组成一个并非纸上谈兵或不会在成形之前就毁于彼此猜疑和琐碎争吵的联盟几乎是不可能的。公元 1538 年夏，威尼斯、教宗、皇帝和罗马人民的国王着手对此进行了尝试，这些人凭着十字军东征的狂热和一种疯狂的乐观主义精神制订了一个在他们之间分割奥斯曼土耳其帝国的进攻计划，这个计划并未终结在他们收复君士坦丁堡的想象中，却终结于普雷韦扎的惨败。普雷韦扎是位于伊庇鲁斯海岸的一个土耳其要塞，一千五百六十九年前，这正是阿克提姆岬战役发生的地方。安德烈亚·多里亚不情愿地在这儿被推上战场，于是他事事拖延，含糊搪塞，处处阻碍他的威尼斯战友，直到战斗失败。鉴于多里亚既不是个懦夫也不是个蠢货，因此他背叛盟友或心怀恶意就是其行为最可能的解释。不过不论哪个是真正的理由，他需要对威尼斯损失七艘桨帆船的结果负间接责任。与此产生鲜明对比的是，土耳其人几乎没受到多少损失。

显然此时威尼斯的命运正处在低潮。公元 1538 年 12 月 28 日深夜，执政官安德烈亚·格里蒂去世，享年八十四岁，据说他的死因是在圣诞前夜不明智地享用了过多的烤鳗鱼。格里蒂一直都是个享乐主义者，就在他当选之前，与他同阵营的议员阿尔维塞·普留利就听见有人窃窃私语：“我们可不能让一个在土耳其有三个私生子的男人当执政官。”假如当时的记录可信，他随后又多得了至少两个私生儿女，甚至有一个孩子的母亲是个修女，名叫切莱斯蒂娜，或许这也正是他无法获得威尼斯子民真心爱戴的原因之一。尽管威尼斯人欠他良多——年轻时格里蒂不但在战场上奋勇作战，此后他在外交上的成就又为威尼斯带来了多年和平；即便到了公元 1537 年，已经接近人生尽头的格里蒂还在元老院坚持了整整三天，为反对与苏丹开战辩论，最后他的议案以一票之差遭到否决。其实在最后一件事发生前不久，格里蒂已经在谋求退位许可，回到他建在圣弗朗切斯科·德拉·维尼亚的豪华大宅[1]中安度晚年，然而当他发现战争已经不可避免时，格里蒂撤回了他的请求。他在终生热爱的豪华排场和盛大仪式中葬在圣索维诺四年前刚营建完成的圣弗朗切斯科教堂，至今人们还可以在主祭坛的左侧看到他的死者纪念碑。[2]

形势现在很明朗，威尼斯必须不惜一切条件与苏丹进行和谈。格里蒂执政官的继任者，七十七岁的彼得罗·兰多上任后最早做的几件事中，有一项便是往君士坦丁堡派遣了全权代表。近来威尼斯共和国遭受的损失中，失去伯罗奔尼撒半岛上最后的贸易港纳夫普利翁和马尔维萨对它是最沉重的打击。威尼斯大使托马索·孔塔里尼的谈判任务中，拥有最高优先级别的是说服苏丹在和平协议方案中归还这两座港口，为此威尼斯愿意支付高额赎金——这笔钱的数额一开始为十五万杜卡特，如果苏丹的反应

1 这座建筑如今仍然存在于广场西面。公元 1564 年，威尼斯政府买下它，将它作为教廷特使的住所呈送给教宗。此后圣方济会修士在十九世纪接管了这座建筑，他们建造了由柱子支撑，高架在头顶的走廊，将它和他们的修道院连起来。

2 尽管教堂的主体建筑是桑索维诺的手笔，但它的门面外观则是公元 1568 年至 1572 年增建的，设计者是帕拉弟奥。

特别棘手，那么威尼斯会将金额提升至三十万。三十万无论怎么看都是一笔天文数字，人们认为正忙于征战东方的苏莱曼至少不会反对在西方海上停战的主意，接受这笔款项。但是事实证明苏莱曼并不是这种人，威尼斯最终不得不在公元 1540 年 10 月接受一份条款比它所想象过的更苛刻的条约。威尼斯原本准备作为交换款项提供的三十万杜卡特被当作一般准备强行征收，但绝无可能归还纳夫普利翁和马尔维萨，或者任何威尼斯在之前三年内丢失的领土，未来威尼斯船只也不能在未经允许的情况下进入或离开土耳其的港口。之后还有二十余条精心设计的条款，每一条都能让威尼斯遭受到最大的不便和羞辱。但如今威尼斯别无选择，而二十五年前身为当时最勇敢的军官之一扬名立万的彼得罗·兰多，也只能接受令人伤感的命运，亲自签字放弃威尼斯黎凡特帝国的一部分。

到了这个历史阶段，威尼斯走向衰落的事实已经变得越来越明显，而且难以挽回。它扩张的时代一去不复返了，取而代之的是收缩阶段的开始。威尼斯贸易模式迅速发生了转变，虽然因此造成的负面经济效应不像悲观主义者担心的那样坏，但是也没有留下太多长期乐观的理由。不断入侵亦永不餍足的奥斯曼土耳其已经打到了家门口，而基督徒的西方世界却不能团结起来共同抗争。

同时，威尼斯政府正处在破产的边缘，然而它却缺乏足够的勇气来采取必要的行动，选择一直以来都饱受争议的筹款方式。公元 1537 年，拖欠国库债务的公民已经达到一个极大的数目，以至于有人提议选出二十五个罪行最严重的人，立即没收他们的全部财产，但是政府没有采取任何行动，威尼斯在没有收回债务的情况下新发动了一场灾难性的战争。两年后，威尼斯的财政情况比过去更糟糕，我们发现当年元老院为了充实国库讨论了不下五种紧急措施：强制性贷款，征收人头税，对市民所有收入征收什一税、财产税和土地税。所有这些措施都经过仔细考虑，但没有一个能够有系统地付诸实施。由此不可避免地推导出这样的结论：威尼斯政府机构变得懒惰低效，并且不敢推行任何会让他们变得不受欢迎的立法措施。更糟的是，威尼斯出现了腐败的迹象；就在公元1540年的和平之后两年，苏莱曼在纳夫普利翁和马尔维萨两港问题上毫不让步的真正原因暴露了。两名备受信赖的威尼斯政府高级官员尼科洛与康斯坦丁诺·卡瓦扎兄弟（他们一人就职于元老院，另一人则是十人议会的成员）被发现接受了法兰西国王的贿赂，向他透露了孔塔里尼和他的继任者接受的秘密命令，这些命令中包括一条：如果对达成协议是绝对必要的，那么威尼斯可以放弃对这两个港口所有的权利。于是弗朗索瓦一世立即将这一信息交给了他的新盟友苏莱曼苏丹。

这件事对公众士气是粉碎性的打击，过去的公共精神消失无踪，威尼斯人逐渐变得软弱。他们将财富用于追求奢侈，在奢侈中变得游手好闲，游手好闲恶化为不思进取，即便是国家正处在危难之际亦是如此。这并不是来自现代人的评价，很多当时的人都意识到并且承认了这一点。克里斯托弗罗·达·卡纳莱在公元1539年写道："过去的共和国可以独力建立起很多强大的舰队，这是如今它无力做到的；而尽管我们的人民团结一心，安分守己，但如今的安逸和繁荣使得他们已经没有登上一艘桨帆船作战的迫切需要。"

人们耽于安逸富足，国家就变得失去决断，穷困破产：这就是十六世纪威尼斯所面临的矛盾处境。共和国自身的步调被打乱了，公元1527年和1528年，连着两年所有的作物都毁于一旦（第一年是因为雨水连绵，第二年则是因为长期的干旱）；接着在一场严重的瘟疫大爆发后斑疹伤寒又开始大肆流行；更雪上加霜的是，随着帝国军队深入意大利半岛，杀气腾腾地逼近罗马，沿路大批难民源源不断地拥进威尼斯。但即便是在这样的危急关头，威尼斯狂欢节的欢庆活动也没有逊色半分，在此期间举办的舞会、假面舞会和婚宴甚至比过去都还要奢华。有人猜测，在威尼斯人挥金如土的疯狂行为中，是否隐藏着绝望的因素？在他们娱乐至死的狂热举动中，是否可以察觉到歇斯底里的阴影？或者从冷酷的宿命论角度来看，或许市民之间正传播着共和国末日将近的流言蜚语，于是人们正抓紧剩下的最后一点时间及时行乐？

我们或许可以回答这些问题。事实上威尼斯人是正确的，在任何丛林法则盛行的时代——在文艺复兴时代的欧洲，这其实是唯一通行的法则——无论人或者国家，都必须深匿其弱，善使其才，用尽天机。如果威尼斯对外界表露出任何经济和士气衰弱的明显迹象，它的生机就会大大减少，因此共和国必须小心翼翼。至于这个国家特殊的天赋共有三样：第一是威尼斯在潟湖内得天独厚的地理位置，它孤悬于外且难以攻克；第二点某种程度上也是必然的，即威尼斯对大海及其相关事物的了解和丰富的知识；第三就是它在组织豪华排场和游行上的天赋。

威尼斯第二项才能的重要性随着它的商业天地逐渐没落而降低，因此能从第三项才能中获取越来越多的利益无疑是一种幸运。我们所知从十六世纪初就开始实施的未成文的豪华建筑营建计划，在十六世纪中叶仍有增无减，那些威尼斯的常客们，即便是短期离开过一段时间，返回时都会惊讶于这座城市比他们离开之前更灿烂华丽。特别是正在进行改造工作的圣马可广场，虽然长久以来都被认为是世界的奇迹，但是直到公元1504年，广场上最后的树木和灌木丛才被清除（当时它们是一个修道院花园的最后遗迹），一两年后，毛罗·柯度西主持建造的钟塔完成，十年后，钟楼的重建工程才终于完成。这时柯度西开始进行旧行政官邸大楼的建筑工作，这座建筑组成了广场的北部侧面，直到公元1532年才宣告完工。五年后的公元1537年，当土耳其人徒劳无功地炮击着科孚岛的防御设施时，雅各布·桑索维诺正在计划建造钟塔东侧的可爱前廊，同时在后方小广场上他主持的图书馆也初见雏形。等到图书馆这件杰作宣告落成，设计师又将注意力转向了执政官宫。差不多半个世纪以来，在沿着宫殿河的宫殿东段，一批又一批的石匠辛勤工作着，如今桑索维诺给这座宫殿加上了“黄金阶梯”，又在“巨人阶梯”的两侧增加了墨丘利和尼普顿两位神明的巨大雕像。到了公元 1586 年，当温琴佐·斯卡莫齐沿着圣马可广场南侧完成了新行政官邸大楼之后，整座广场西端的面貌就已经很接近于我们今天所看到的景象了。威尼斯其他地方的改造工程并不像圣马可广场这样大兴土木，沿着大运河，原先便有彼得罗·隆巴尔多小巧玲珑、引人入胜的达里奥宫以及柯度西更为壮观的文德拉明宫[1]这些最初的文艺复兴风格宫殿，如今又增添了更雄伟的新成员，譬如桑索维诺的科纳宫与马宁宫[2]，或是米凯莱·桑米凯利恢宏壮丽的格里马尼宫。同时，在威尼斯南方最重要的两个离岛上，安德烈亚·帕拉弟奥建起了救世主教堂和圣乔治·马焦雷修道院两座教会建筑杰作。

当我们回忆这段时期的威尼斯，也应当明白这也是提香、丁托列托和委罗内塞活跃的国度，艺术和建筑的辉煌反映在了贵族和资产阶级奢华的服饰上面——没有一项政府临时设立的禁止奢侈法律能够彻底遏制这种奢华的风潮，法律只能对其产生暂时的效果，而且收效甚微——而且在威尼斯，差不多每天都有盛大的游行队伍，无论是公共的还是私人的，是宗教性质的还是世俗的。或许我们正是从所见的事物中开始潜移默化地接受这座辉煌耀眼的城市所希望施加给我们的影响。一些愤世嫉俗的外国使节或许会问他们自己，在这一切辉煌和排场后面究竟掩盖了什么；而严厉的路

1　它是威尼斯的冬季赌场，顺带一提，公元 1883 年，理查德·瓦格纳就在这座宫殿中去世。

2　如今它们分别是区长官官邸和意大利银行的所在地。

德宗牧师们看到这一场充斥着奢侈、物欲、寡廉鲜耻的表演，则带着厌恶转过眼去，但是威尼斯的这一面都给这些人留下了深刻印象，无一例外。这对威尼斯来说亦非常重要，为了在正经历变化的世界中保住自己的地位，威尼斯不能再依赖自己的商业财富，也不能依靠它的海军和活跃在上世纪的那些骄横又摇摆不定的雇佣兵首领。如果现在威尼斯想要继续存在下去，它就需要和平。撕裂欧洲的纷争仍然在继续，而威尼斯的和平就建立在它中立的地位上。但是面对来自教宗和皇帝，法兰西人、西班牙人、奥地利人和土耳其人日渐增强的压力，共和国继续维持中立地位就显得十分艰难。为了维持住中立的地位，威尼斯不得不使用最精妙狡黠的外交手段，而威尼斯的外交官们也必须时常从一个强势的地位，或者说看上去强势的地位来表达他们的立场。

因此，威尼斯比过去任何时候都需要得到比它力量更强的邻居们的敬重，在这一点上，也只有威尼斯最清楚它展示给世界的这一面有多么重要。事实远不止于它尽其所能地将自己装扮得金碧辉煌，或者花费钱财来夸耀自己，我们绝不能单纯将威尼斯的辉煌奢华看作欺诈的行为，不过就像任何一个人间胜地一样，威尼斯清楚地认识到它的美丽对他人产生的影响，并将这一点利用到了极致。

彼得罗·兰多执政官和他的继任者们努力维持着威尼斯的中立，这其中牵涉的问题主要有两个方面：第一是哈布斯堡王室和瓦卢瓦王朝之间持续不断（哪怕现在并不势均力敌）的纷争，第二就是威尼斯与土耳其日渐处于败势的战争。但现在第三个重大问题横空出世，它将导致欧洲更大范围的分裂，更严重的是，它造成的影响不分国别，一视同仁。马丁·路德的教义和他的拥护者们已经分裂了英格兰、法兰西、德意志和中欧一些过去曾是罗马教廷忠实追随者的地方，在暴力与迫害造成的冲击波中四处传播，自从三个世纪前的阿尔比派十字军之后，欧洲还从未出现过如此大规模的政治宗教动荡。

在政治分界不能阻挡新教思想蔓延的时候，天然屏障看上去却对此有效得多。到目前为止，新教教义尚未被推行到阿尔卑斯山或比利牛斯山的另一端，威尼斯人从来没有加入路德宗抵抗教宗野心的需要，因此他们对神学争端表示不感兴趣。教宗保罗三世却不相信这一点，像当时所有的罗马人一样，教宗对威尼斯抱有极深的不信任感，他清楚处在威尼斯统治下的维琴察有着一小批敢于直言的新教少数派，同时教宗同样警惕帕多瓦大学内一群年轻的德意志学生，他相信这些人会在任何可能的时间与场合传播新教思想。当然，保罗三世更没有忘记威尼斯如今仍然是基督教世界最重要的印刷和图书生产中心，所以只要威尼斯人有心去做或者被说服，这座城市就会变成得天独厚的颠覆信仰场所。

教宗的怀疑并非全部都有充分理由。威尼斯人经常在政治问题上和教宗进行交锋，但他们处理事务时从未让宗教发挥过主导作用。尽管以他们自己的标准来说威尼斯人是虔诚的天主教徒，而且他们还准备在认为有需要的时候采取积极的行动，就像过去对付其他异端一样对付路德宗。但威尼斯人并不使用野蛮和毫无顾忌的迫害，这是他们所不齿的。早在公元1289年，当威尼斯人首次接受宗教裁判所在威尼斯领土上的代表时，他们就提出条件，宗教裁判所的代表只能以地方预审法官的身份而非审判者的身份履行职责，而且这些代表的审判结果必须服从于世俗权力。随着时光流逝，威尼斯顶住了教宗越来越强的压力坚持这条准则，坚定拒绝所有将有异端嫌疑的人员送往罗马受审或受刑的建议。如果在威尼斯的土地上发现这类异端嫌疑人，他们会在威尼斯接受处理，由当地法官进行审讯和裁决，只有这样才能够确保审判公正。

因此毋庸讳言，威尼斯更不可能放任自己牵扯入宗教战争的泥潭之中，就如同它避免参与政治性的战争那样。公元 1545 年 12 月，当罗马教会试图制定宗教改革相关政策的特伦托会议召开时，威尼斯与欧洲其他大多数国家都派出了使节在大会中做报告，但除此之外，威尼斯没有发挥任何积极作用。随后到了教宗在自己的同盟者中寻找能和皇帝一起讨伐德意志新教国家的战争时，威尼斯断然拒绝加入，并且在各方面对同盟进行阻碍。威尼斯还拒绝了与新教徒断绝关系的要求，声称“这不是基于宗教原因，而是出于国家的理由”，因为威尼斯坚持这些理由考虑的“更多是为了个人的自由而非宗教的利益”。

不必怀疑，威尼斯人此举令他们变得更可疑。教宗有责任保护信仰的纯洁性，这是毋庸置疑的；而另一方面，出于他真心的虔诚，查理五世对宗教改革带来的一个最不祥的负面效应深感忧虑——宗教改革具有增强帝国内部各个国家国家意识的趋势。这些国家以国家意识为指导奋斗了很久，对帝国的野心抱负产生了很大的阻碍，并得到了广泛的同情。此外，查理五世仍然是西方各国之间的潜在威胁，它们都乐见他的地位受到削弱。

因此，凭着谨慎小心的外交手腕和幸运，威尼斯得以过上安定的日子。这段时期亦是威尼斯史上历时最长的和平时期之一。在一位研究威尼斯的重要法兰西历史学家[1]笔下，“对威尼斯人来说，这段历史没有铭记上任何值得子孙后代注意的事件”。在此期间，一个执政官接着一个执政官以迅速和很大程度上不容易记住的接任顺序走马上任：先是公元 1545 年热爱艺术的弗朗切斯科·多纳，接着是公元 1553 年虔诚的马尔坎托尼奥·特雷维桑，公元 1554 年上任的是博学的弗朗切斯科·维尼耶，跟着公元 1556 年 7 月上任的执政官是洛伦佐·普留利，这位执政官的独特之

1 达吕，第四卷，第 118 页。

处在于，自马可·巴尔巴里戈之后七十年，经过了一连串的鳏夫和单身汉，普留利终于为威尼斯带来了一位执政官夫人。

普留利的执政生涯，尽管因为长达一年的饥荒而蒙上阴霾——这场饥荒的影响因为一场严重的流行麻疹[1]造成的大量死亡而得到了部分缓解——但至少从内政而言，这段时期和他的前任们一样风平浪静。但是在欧洲舞台上，普留利短暂的执政生涯标志着一个时代的结束。就在他上任后两个月，查理五世将帝国交给他的兄弟斐迪南，但是将他本人在西班牙、那不勒斯、米兰、弗朗什-孔泰、尼德兰和美洲的领地交给了儿子菲利普。随后查理从弗拉兴登船上岸返回西班牙，开始了他一生中最后的航行。公元1558年初，查理五世在埃斯特雷马杜拉地区隶属于尤斯特修道院的一间小屋内去世，身后留下一个和过去一样战火不断的意大利。正在查理五世乘船沿海峡而下的同时，阿尔瓦公爵正率领一支西班牙军队穿过教宗的领土，这次入侵很快得到回敬，吉斯公爵和一万法军立即出发为教宗解围。此时保罗四世正利诱威尼斯，他不但提议交还威尼斯在阿普利亚的旧领地，甚至还许诺将整个西西里岛授予它（作为威尼斯的一个贸易港，共和国从未在当地获得过如此多的土地），但尽管如此，威尼斯还是拒绝参与战争。于是当吉斯公爵被突然召回，去处理一次在西班牙支持下对法国本土的入侵时，教宗孤立无援，不得不低头求和。

而瓦卢瓦王朝和哈布斯堡王室之间旷日持久的纷争也终于接近终结。不过令人惊讶的是，双方是在法兰西而非在意大利解决争端的。公元1559年4月5日，双方在卡托-康布雷齐签署了友好同盟关系的永久协议，这使得六年来意大利经受的巨大痛苦终于画上了句号。双方都保全了尊严和体面，还进一步通过联姻巩固了条约。就在王后玛丽·都铎去世七

---

1 基于临床记录，这或许是最可信的诊断结果。

个月之后，西班牙的菲利普在 6 月和法王亨利二世十四岁的女儿伊丽莎白结为夫妇。[1]不过，至少在涉及意大利的问题上，哪一方获得胜利已是毋庸置疑了。法兰西在战场上落败，而就在女儿的婚礼后不到三周，亨利二世在长枪锦标赛上被刺中眼睛，不久去世。到了 8 月，三年前因为激烈的反西班牙政策导致阿尔瓦公爵入侵的教宗保罗四世亦步亨利二世后尘。哈布斯堡就这样获得了胜利，他们也因此成为意大利半岛的支配性势力。在阿尔卑斯山的那一头，查理的退位同样标志了一个重要转折点：从此之后，神圣罗马帝国和德意志失去了威望和荣光，退居次要地位；欧洲的重心转移到了西班牙。

多亏法西两国之间的争端得到解决，洛伦佐·普留利的兄长吉罗拉莫在公元 1559 年 11 月继任执政官时，发现在外交政策方面许多困扰威尼斯共和国多年的问题都烟消云散了。但我们知道不是所有的问题都得到了解决，奥斯曼土耳其仍然是一个长期存在的威胁，幸运的是，苏莱曼此时正忙于在国内处理由子嗣之间最终继承权纠纷引起的内战，而大部分的土耳其海军一直在全力阻止葡萄牙人在红海和波斯湾沿岸建立据点，这样一来，土耳其将有一段时间不会给威尼斯造成大麻烦了。短期内威尼斯面临的更严重问题来自乌斯科克海盗，这是一群民族成分复杂但极其棘手的人，他们主要由土耳其入侵造成的基督教逃亡者组成，盘踞在塞纳（如今

1　阿尔瓦公爵是国王的代理人，他不仅代替菲利普完成了结婚典礼，还在同一晚将这桩婚姻彻底缔结圆满。威尼斯大使乔瓦尼·米希尔向政府报告了有关细节：

“王后来到床榻上，接着在许多火把的映照下，她的国王父亲和阿尔瓦公爵一起走进寝室。公爵光着一只脚，他掀起王后床上的一侧被单，将那只赤足插进被褥底下向前探去，一直碰到王后裸露的肌肤。通过这样一个仪式，人们认为菲利普国王已经通过第三方代理人完成了整桩婚姻。这是之后的人所不能理解的。”

的塞尼）和达尔马提亚海岸，捡起了当地住民的“老行当”。[1]熟读威尼斯历史的读者们都知道，海盗早已不是个新鲜问题，海盗以亚得里亚海上无数的岛屿和沿岸隐蔽的河湾为据点，零零散散遍地开花地进行活动，从威尼斯共和国建立起，他们就威胁着——并且偶尔扰乱——它的商业活动。然而乌斯科克人的活动还有一个副作用，那便是激起了土耳其人的怒火，他们的船只每一次遭到海盗袭击，都会向威尼斯正式进行投诉，指出既然威尼斯宣称对达尔马提亚海湾地区拥有所有权，那么它就应当对当地负起有效监管的责任。土耳其人关于这问题得出的结论或许并不清晰正确，但对威尼斯政府的暗示已经不言自明。鉴于达尔马提亚如今已经是帝国的领土，而罪犯又是帝国子民，威尼斯转而向斐迪南一次比一次恳切地申述，请求他采取有效行动打击海盗。但尽管斐迪南一世反复承诺，却没有做任何事，在接下来的很多年中，乌斯科克人始终都是威尼斯一根常年存在的肉中刺。

威尼斯面临的第三个问题（尽管程度较轻）来自宗教改革。随着它的各种教义不断传播，以及因为它们遍及大部分欧洲地区的宗教迫害与火刑，无论是天主教徒还是新教徒，都发现他们自己变成了持有异议的少数人。正如他们一贯以来的作风，威尼斯人对目前失控的状态感到本能的厌恶。作为欧洲最具世界性的城市，威尼斯人为他们宽大包容的悠久传统感到自豪——当然除了更高层次的人文关怀，威尼斯人还明白，不这么做的话，会对他们的贸易产生灾难性的影响——而且他们如今比过往任何时候都决心将这一传统维持下去。然而达到这个目的必须建立在威尼斯在信仰

1 无论从历史、民族、政治或是社会的层面，对一群臭名昭著且难以下定论的人来说，这都是个太过简略的描述。诸位读者如果对这群不可爱的人们有兴趣，可以参阅菲利普·朗沃斯，《重思塞尼乌斯科克人》一文，收录于《斯拉夫与东欧评论》，第十七卷，1979 年第 3 期。

上的行动自由，所以对威尼斯人来说，与教宗尽可能保持良好关系，并且避免为他不必要的焦虑提供把柄，就显得尤为重要。因此当保罗四世的继任者庇护四世在公元 1563 年 1 月重开特伦托会议时，不必像会议早先时候那样极度忌惮帝国影响力的威尼斯开始表现得体贴乐助，于是到年底会议结束时，心怀感激的教宗将罗马的圣马可宫赠给威尼斯，作为共和国的永久大使馆和圣马可教堂枢机主教的官邸，而这位主教的人选通常都是威尼斯人。[1]

特伦托会议可以说是罗马教廷对宗教改革的第一个明确回应。它确定了天主教最本质的教义，小心地将它们从其他被认为是合法讨论主题的神学问题中剥离开来；它对更极端的守旧派产生了缓和的作用，并制定了多项急需进行或是被拖延已久的改革。不过从威尼斯的角度来看，至少这次会议对它还未完成的事来说相当重要——那是一个威尼斯至少要负起部分责任的消极方面。不过在重新确认教会在基督教世界至高无上地位的同时，特伦托会议没有公开挑战各国在宗教领域也如同世俗事务一般适用本国法律的权力。因此，当会议的决策和相关法令在公元 1564 年 1 月由阿尔杜斯·马努提乌斯的第三个儿子，威尼斯人保罗·马努齐奥——公元 1561 年，庇护四世说服他在罗马设立了一间制作主教仪典书的出版社——印刷出版时，威尼斯有充分的理由感到满意。

1 威尼斯宫正如其名，它作为威尼斯大使馆直到威尼斯共和国覆灭。当威尼托成为奥地利的一部分后，它成了奥地利大使馆，履行使命直至第一次世界大战。之后墨索里尼把威尼斯宫当作自己的办公室。如今，这座历史建筑作为博物馆仍然留存世间。

36

痛失塞浦路斯

（公元 1564—1570 年）

> 奥斯曼苏丹塞利姆，土耳其人的皇帝，万主之主，众王之王，神所保护的，地上天堂和耶路撒冷的主人，致威尼斯诸位阁下：
>
> 我们要得到你们的塞浦路斯，无论你们是主动给予还是被迫将它奉上；不要惊动我们可怕的宝剑，因为我们会在各地对你们发动最残酷的战争；你们也不要寄希望于自己的财富，因为我们会令它们像激流一般离你们而去。
>
> 所以当心吧，不要激起我们的怒火……

到目前为止，威尼斯和土耳其彼此相安无事的日子已经差不多过了四分之一个世纪，在这二十五年中，威尼斯得以重建自己的经济，组建舰队，以及兴修更多令朋友和敌人都倾倒不已的豪华建筑。不过威尼斯人明白，和平不会无限期地延续下去。苏莱曼大帝并不满足于他的征服成果，虽然近期奥斯曼土耳其的国内事务占据了他大部分的注意力，不过自公元 1559 年起，土耳其海军在地中海的活动令人担忧地显著增加，虽然这些活动的重心落在威尼斯直接利益范围之外的北非海岸，但这也足够引起它的忧虑。一度令欧洲所有的海洋国家闻其大名就战栗不已的海雷丁·巴巴罗萨死了——尽管不久前他刚短暂地占领并洗劫了尼斯，还大胆地让自己的舰队在土伦过冬——不过另一个海盗头子，即大多数基督徒熟知的德拉古特继承了他的衣钵，很快他就自诩是海雷丁·巴巴罗萨的事业实至名归的继承者。公元 1551 年，他击溃圣约翰骑士团并从其手中夺取的黎波里，直到九年后菲利普二世派西班牙舰队将其驱逐。

当下的这两场胜利很有可能就是促使苏莱曼决定大规模袭击马耳他的原因，就像四十年前他将骑士团赶出前一个基地罗得岛那样。苏丹的目的是将骑士们赶出马耳他岛，而且他并不认为这次会比前一次困难。马耳他岛或许拥有全世界最好的天然港口，但它并不是一座天然要塞，而骑士们可以倚靠的也只有他们建造的人工屏障。更糟的是，骑士团储备的资源非常贫乏，与绿意葱茏、土地肥沃的罗得岛不同，马耳他岛几乎就是一片荒漠，岛上岩石嶙峋，树木稀少，没有湖泊和河流，显然不足以在漫长少雨的夏季支撑守军度过长期围城战。

如果说骑士团的骑士们还可以利用岛上满是石头的贫瘠土地维持一点生计，那么对进攻一方来说，这片土地就更不适合逗留了。从一开始，在公元 1565 年攻打骑士团的土耳其军队，其补给很大程度上都依赖自给，然而与之前的战斗不同，罗得岛距离土耳其沿海只有十英里，而马耳他则有近千里之遥。因此苏莱曼入侵马耳他的舰队不仅带上整支军队以及战马、火炮和弹药，还带上了所有的食物和饮水，据说这是至今在远海上出现的最大规模的舰队之一。

马耳他岛上有六百名骑士（这些骑士和他们的大团长让·德·拉·瓦莱特一样，都已经是老人）和包括雇佣兵及当地民兵在内的不到七千名士兵，他们英勇奋战，成功抵御了土耳其的入侵，成为历史上一段伟大的史诗，不过在本书中就不多加叙述了。自公元 1530 年起圣约翰骑士团在马耳他岛上安顿下来——查理五世以一只隼的名义性租金将这个岛屿租借给骑士团，每年在万灵节支付租金——他们就不再拥有过去曾经拥有的战略重要性了。作为医院骑士团的成员，这些骑士仍在履行对世人有益的职责，他们向所有人开放的医院在整个基督教世界都享有盛名，但如果作为一支抵抗土耳其人的有生力量，他们是微不足道的。

另一方面，马耳他占据着地中海中部的关键位置，是从被土耳其占据的的黎波里前往西西里（它随后成为西班牙的菲利普领地的一部分）的跳板。假如马耳他陷落，岛上的天然良港落入苏莱曼之手，西西里被征服的危险就变得真实且迫在眉睫，南意大利也同样如此。在这样的环境下，唯一令人惊讶的是西班牙对骑士团的“大援救”——九千余名西班牙军人最终在 9 月到达，为当时已经陷入绝境的骑士们解围——在规模上其实并不那么大，而且耽搁得实在太久。不过即便如此，西班牙军队的出现对战局仍然起到了决定性的作用，苏丹的军队此时已有超过一半的人员因为发烧和痢疾无法作战，见状他们放弃围城登船离去，整个基督教世界为此欢欣鼓舞。五个世纪以来，土耳其人所向披靡的攻势终于被阻止了，差不多在一年后的同一天，从土耳其传来了同样令基督徒雀跃不已的消息，苏莱曼大帝去世了。

土耳其人暂时被阻止，但这不意味着他们最终停止了进攻的脚步。到了公元 1567 年 11 月，八十五岁的彼得罗·洛雷登接替吉罗拉莫·普留利成为执政官时，[1] 人们有充分的理由怀疑新苏丹塞利姆二世正在筹划一次大规模的远征。不过这次苏丹的目标不是马耳他，而是塞浦路斯。

人们一直认为，绰号“醉鬼”的塞利姆二世公开决定夺取塞浦路斯

1 作为一个打破僵局的妥协性人选，洛雷登仅经过十四天和七十七轮投票就顺利当选。他的职业生涯完全平淡无奇，以至于选举结果公布，人们在洛雷登回家吃午餐的途中追上来告知他当选的消息时，有好长一段时间他拒绝相信。

岛，是因为岛上特产的烈酒能满足他同样出名的嗜好。事实上这座岛屿的战略价值和财富与肥沃土地一样显而易见，奇怪的是多年以来，尽管塞浦路斯距离土耳其南部海岸不到五十英里，塞利姆苏丹的父亲苏莱曼都没有对这个多余的基督徒岛屿采取行动。公元 1568 年 2 月，里亚尔托收到报告，许多经土耳其授意、由当地居民实施的阴谋在塞浦路斯岛上出现。很多当地人对他们的威尼斯主君并无好感，甚至还有更糟糕的传言称土耳其船只正在塞浦路斯港口刺探情报，而在法马古斯塔，有人布置了一个巨大的水雷，准备在土耳其舰队到达时引爆。与此同时，威尼斯得到了关于塞利姆二世更可靠但同样不受欢迎的情报，迄今为止，这位苏丹继承父亲的事业在匈牙利作战，但现在他和神圣罗马帝国新皇马克西米利安二世签订了一份长达八年的停战协议，因此他可以放开手脚，将所有资源投入新的征战事业中去。

面对所有这些报告，威尼斯元老院仍然举棋不定。显然他们必须准备应对可能到来的攻击，但另一方面，塞利姆希望在自己的即位典礼上与共和国签署和平协议。而且威尼斯人知道，这不是他们第一次收到类似的警报了，而他们偶尔辅以精心策划的贿赂的“静默外交”一直以来都有成效。无论如何，威尼斯人绝不做任何可能激怒新苏丹的事，尤其此时他还不习惯使用手上的权力，性格又反复无常。争论贯穿了整个公元 1569 年，当年的农业歉收导致了全意大利的饥荒，使得人们更难做出决定。9 月 13 日午夜，威尼斯军械库发生了一起神秘的爆炸，大火烧毁了军械库和圣弗朗切斯科·德拉·维尼亚之间的大部分城区，摧毁了切莱斯蒂娜女修道院和附近其他三座教堂。当然又有人怀疑这是一场阴谋，但这个猜测没有得到证实。

不过公元 1570 年 1 月底，威尼斯新收到的消息迫使它采取行动。威尼斯在君士坦丁堡的市政官接到大维齐尔索科卢·穆罕默德的传召，后者明确地告诉他，苏丹认为塞浦路斯自古以来就是奥斯曼土耳其帝国的一部分，坚持这座岛屿应当归其所有。一两天后，许多威尼斯商人在港口被抓，威尼斯的船只也遭到扣押，威尼斯立即发出同样的命令，采取相应手段对付苏丹和土耳其在威尼斯的船只。同时，威尼斯向教宗、西班牙的菲利普和其他欧洲统治者们求助，海湾司令马可·奎里尼带着二十五艘桨帆船匆匆奔赴克里特，并奉命整备停泊在干地亚的另外二十艘桨帆船，为它们配备战争所需的人员和物资。

尽管此时在元老院内仍有一部分人不愿见到长久的和平走向终结，相信他们和苏丹之间仍有斡旋的可能，但是避免开战的机会正飞快地消逝。到了 3 月中，人们收到了来自君士坦丁堡更坏的消息，塞利姆二世派出的一位大使已经带着最后通牒踏上旅途，最后通牒称：如果威尼斯不主动交出塞浦路斯，土耳其就会强行将其夺走。到了这个地步，威尼斯人再也不必怀疑自己的选择了。威尼斯有一个延续数个世纪的传统，在执政官与顾问团列队前往城中各座教堂的路上，他们会携带六面旗帜，两面白色，两面蓝色，两面红色。在和平时期，白色旗帜出现在最前方，在停战期则是蓝色，到了战时就换成红旗。当年的复活节是 3 月 26 日，尽管距离苏丹特使的到来还有两天，在一年一度前往圣匝加利亚教堂的晚祷行列中，红旗却走在了队列的最前方，随后在复活节星期一，吉罗拉莫·扎内在圣马可大教堂的特别弥撒上被任命为威尼斯舰队的总司令，从洛雷登执政官手中接过了元帅杖和圣马可旗。扎内时年七十九岁，而执政官已经八十八岁，因此不止一位典礼的目击者会扪心自问，在这重大的历史时刻，共和国的命运是否被交付到了对的人手中。

彼得罗·洛雷登去世后不到六个星期，阿尔维塞·莫切尼戈[1]接替了

1 这也暗示一般在紧急状态下，委员会的成员以及那些与军械库和军备项目有关的官员都不会参加选举。

他的位置，他曾是一名在查理五世和庇护四世的宫廷内服务的外交官，前者还授予他帝国的荣誉称号。同时扎内带着七十艘桨帆船正航行到札拉，他正踏上一场远征的第一阶段，而这场远征将以惨败告终，并令扎内名誉扫地。

苏丹特使在 3 月 28 日寄给委员会[1]的原始信件并没有流传下来。假如本章开头出现的信件版本[2]翻译得确切真实，那么塞利姆二世的最后通牒已经将他的意图表达得非常明确，语气也格外具有攻击性。威尼斯的回应针锋相对：它对苏丹意图破坏新近签署的协议一事感到震惊，不过威尼斯共和国是塞浦路斯的主人，凭着耶稣基督的恩典，它有勇气保卫这座岛屿到底。之后为了不吸引聚集在外的愤怒人群的注意，土耳其特使被安排从执政官宫的侧门离开，又被一路护送上等待已久的船只离开威尼斯。

似乎是为了补偿之前失去的时间，威尼斯迅速投入备战工作。被爆炸大火摧毁的军械库很快得到了修复，随后立即开足马力全速生产。同时政府采用了更极端的手段来筹集资金，甚至将圣马可教堂总务官的数目增加到八个（这个职位是全国除了执政官之外地位最高的），靠买卖新增头衔获得了两万杜卡特的贷款。周边城镇按照各自承担的份额出钱出力，同时就像过去一样，富裕的市民们自掏腰包，建造或装备船只，或者招募有时多达数千人的私人武装。至于威尼斯向其他基督教国家发出的求助，得到的结果却不甚乐观。皇帝马克西米利安二世声称帝国与土耳其之间的停战协议还有五年的有效期。鉴于自己易受攻击的位置，波兰国王也不愿意插手。而实质上的法兰西摄政，王太后凯瑟琳·德·美第奇正与西班牙就佛

---

1 这时的委员会包括执政官和他的六个顾问、贤者们以及十人议会与大议会的首脑。

2 引自乔治·希尔爵士，《塞浦路斯史》，第三卷，第 888 页。

兰德发生纠纷，正向法兰西的老盟友苏丹寻求帮助，不过尽管如此，她还是提议让自己的儿子查理九世居中调停，不过威尼斯婉拒了这个建议。葡萄牙国王声称自己正忙于东方事务，而且国内瘟疫肆虐，无暇分神他顾。身为塞浦路斯最大地主的圣约翰骑士团派出五条船支援，但其中四条一离开马耳他就被土耳其人俘获。威尼斯甚至向沙皇寄去一封求援信，不过这封信很可能压根就没被送到他手上，更何况沙皇"恐怖的伊万"正在和波兰交战，即使他有心，也很难为威尼斯提供帮助。至于英格兰的伊丽莎白女王，因为她在 2 月份被逐出教会，所以共和国没有准备寄给她的信件。

剩下的希望只有教宗庇护四世和西班牙的菲利普二世。只要威尼斯提供船只，教宗愿意承担十二艘船的装备。而菲利普则提供了一支五十艘船的舰队，由他的侄孙兼继承人吉安·安德烈亚·多里亚担任指挥官。前文中已经提过，多里亚对威尼斯心怀憎恨，这直接导致三十年前他在科孚岛和普雷韦扎两次背叛共和国的信任。[1] 即便受到的帮助不过是杯水车薪，威尼斯还是设法组建起一支包括一百二十六艘作战用桨帆船在内，总计一百四十四艘船的舰队。但菲利普一直不信任威尼斯人，他怀疑只要一有机会，威尼斯人就会准备好与苏丹和谈（这倒也不算是毫无根据），于是就像之后事实所表现出来的那样，菲利普秘密对多里亚下令——后者对共和国的抵触情绪并不比菲利普少——让他尽量置身事外，让威尼斯人去战斗，并且在开战后，尽快将西班牙舰队安全带回国内。

因此这场战斗从一开始就注定了不幸。威尼斯海军总司令以为西班牙和教宗派出的船队会在札拉与他会合，因此在那里白白等待了两个月，在此期间，他的舰队中爆发了种类不明的瘟疫，不但造成大量染病者死

---

1 见第 35 章。

亡，还使得军队士气低落，大批士兵逃亡。6 月 12 日海军总司令扎内启程前往科孚岛，在那里带上刚被任命为驻塞浦路斯督战总司令的塞巴斯蒂安诺·维尼耶，后者在科孚岛时就曾经担任过同样的职务。扎内在科孚岛听说马尔坎托尼奥·科隆纳率领教宗的船队在奥特朗托等待西班牙人的到来，不过菲利普许诺的船队仍然不见踪影。直到 7 月，人们才知道吉安·安德烈亚·多里亚借口没有得到继续前进的指示，在西西里逗留不前。直到教宗迫切要求，菲利普才终于发出启航命令，命令到达时已是 8 月 8 日，随后舰队又花了四天从墨西拿出发，八天后才到达奥特朗托。在当时的良好天气下，这趟旅程花费的时间通常不会多于两天。

等到和教廷方面的盟军会合后，多里亚不但没有拜访科隆纳，甚至没有与他联系，等到科隆纳决定无视这种故意的无礼行为主动与多里亚接触时，多里亚回应他的是一顿长篇大论，言辞间暗示应当取消这次出征。多里亚宣称出战季节已经接近尾声，西班牙舰队还不在战斗状态，他还不厌其烦地强调，虽然自己接到了与教宗军队会合并接受其调遣的命令，但他仍然要遵照主君的命令，保证舰队安然无恙。科隆纳设法忍耐住提醒多里亚他应当为前两次惨败负责的冲动，只是指出国王和教宗都希望他的舰队能与威尼斯人一同前往塞浦路斯，因此他必须出航。多里亚最终不情愿地答应了。

此时吉罗拉莫·扎内开始向克里特岛转移，并在 9 月 1 日与教宗和西班牙军队会师，这时距离他离开威尼斯已经过了五个月。终于碰面的三方召开会议，会上多里亚再一次发难，这次轮到他指责威尼斯的桨帆船不适合作战，假如联合舰队与敌人发生冲突，威尼斯船或者会被摧毁，或者就会可耻地逃之夭夭。多里亚还提到，一旦离开克里特岛，他们就再也没有可供躲避的港口。他还透露出本该提早通知的事实：最迟在这个月末，他就必须返回西方。

科隆纳的立场十分坚定。尽管战斗的季节已接近尾声，但是还不至于完全不能作战，在冬天到来前，他们还有足足两个月的时间，而且塞浦路斯有足够的良港用来停泊船只。虽然威尼斯船过去确实人手配备不足，不过长久的等待给了他们足够的时间来补充人手，他们的水手人数已经再一次补足了编制。现在联合舰队的船只总数已经多达两百零五艘，而土耳其一方或许最多只有一百五十艘。因此为什么他们要害怕与土耳其发生武装冲突？逃跑确实是可耻的，但是连敌人的面都没见到就撤退回国，却比逃跑更可耻。

出于科隆纳的谨慎建议，扎内回避了公开讨论，此时他加入进来，提出了一份远征必须继续进行的书面请求。但是多里亚仍然推诿搪塞，直到西班牙船只获得优待条件后他才终于同意出战，优待条件如下：西班牙船只不必担任舰队后卫的责任，而且它们可以以单独集团的方式航行，这样一来只要西班牙船只感到它们离危险太近，就可以迅速脱离战场，置身事外。因此我们毫不意外地看到，当 9 月 7 日讨论仍然在僵持时，扎内给十人议会寄去了一封语气几近绝望的信，控诉多里亚消极怠战的表现。多里亚不但推三阻四，旧事重提，还不断制造新的阻碍，尽管其他人付出了耐心，使用了诸多策略，仍然不可能将它们一一克服。多里亚让他们所有的计划都陷入了混乱之中，远征也因此中断了。

9 月 13 日，舰队到达了岛屿东端的西提亚，多里亚坚持要在此处对军队进行全面检查。见到威尼斯桨帆船人手不足，多里亚完全掩饰不住自己的满意之情。每艘威尼斯船只有差不多八十名战斗人员，而教宗和西班牙船上则有一百多人。于是多里亚再一次提议撤退，尽管他的意见最后被否决，但他仍然成功拖延了三天，这段时间足够扎内再经受一次严重的打击：有报告称土耳其人已经在塞浦路斯登陆。事态已经到了生死攸关的时候，9 月 17 日晚，舰队终于起航驶向被围困的塞浦路斯岛。

不过就在他们抵达卡斯特洛里佐岛附近时，传来了更坏的消息，尼科西亚沦陷了。为此联军又召开了一次会议，会上多里亚毫不意外地提出更强烈的抗议，而这次指挥那不勒斯分队的圣克鲁兹侯爵也建议返回，虽然迄今为止，作为多里亚名义上的下属，他的斗志一直比上司更加坚定。他指出尼科西亚的沦陷意味着土耳其舰队的可作战人数有了大幅度的增加，对方的士气也会随之明显提高——在己方水手变得越来越消沉之际，这样的士气消长可以说是最糟的。虽然科隆纳十分伤心，也不愿意如此，但他还是赞同了侯爵的意见。只有塞巴斯蒂安诺·维尼耶赞同继续前进，他努力进行争辩：土耳其人目前或许是强大的，但如果此刻不前进，次年他们就会变得比现在更强，而且联军现在也有超过两百艘船，可以与土耳其人一决雌雄。

维尼耶的豪言壮语没有说服其他人，于是这支飘扬着基督教世界各方势力旗帜的强大舰队还没有见到敌人就掉头折返。为了挽救已经所剩无几的名誉，可怜的扎内向盟友们提议至少试着在回程中对敌人的领地制造些伤害；可是多里亚急于归国，再次打破了他的希望。11 月 17 日，当他们在克里特短暂停留后到达科孚岛时，一场瘟疫在扎内的舰队中爆发，他本人也染上疾病，从精神到肉体都一蹶不振。此时扎内甚至已无心归国，他致信元老院请求解除职务。元老院批准了这个请求。12 月 13 日，塞巴斯蒂安诺·维尼耶接替扎内，被任命为海军总司令。

于是威尼斯历史上最耻辱的一节就这样结束了。除非拥有联合舰队四分之三兵力的威尼斯舰队能够坚持在 6 月就独自进军，而不是将时间浪费在等待盟友上面，或许平心而论，它不必为眼下的局面负责。但是它既无法逃避因此带来的耻辱，又将这份耻辱的大部分责任归咎到不应承担它的老吉罗拉莫·扎内头上。公元 1571 年，威尼斯命令扎内回国，次年他被十人议会传召（为何延迟一年我们不得而知），回应对他在这次远征中行为的几项严重指控。经过漫长的质询，扎内最终无罪释放，不过这个判决来得太晚了，公元 1572 年 9 月，他在狱中去世。

吉安·安德烈亚·多里亚的命运却截然不同。毫无疑问，菲利普二世遭遇了盟友们因为他的海军司令而引起的激烈情绪，庇护四世接到科隆纳的报告后，向西班牙国王发送了正式的控诉信件，但是他置之不理。多里亚不折不扣地遵守了他的命令，因此受到嘉奖，被擢升为将军，其资历远在所有西班牙、那不勒斯和西西里的舰队指挥官之上，在他令人生厌的职业生涯完结之前，多里亚在这个职位上对基督徒的事业造就了更多的妨害。

到公元 1570 年为止，威尼斯已经占据了塞浦路斯八十一年。卡特里娜女王的统治已经被有着代理官员头衔的威尼斯总督替代，这位总督和他的两名顾问——这三个人被称为总督团，相当于塞浦路斯的执政团——几乎把持了当地政权。此外，塞浦路斯还有一个大议会，岛上所有年满二十五周岁的贵族都是大议会的成员，成员中还有一些定居在岛上的威尼斯人。贵族们可以直接获得大议会的议员资格，而剩下的人如果不是“技术行业”的一员，可以在当地居住满五年之后购买大议会的席位。不过大议会的主要功能是进行选举，它的决议也需要经过总督团三人的批准。

塞浦路斯的文官政府位于尼科西亚，但军事指挥总部则位于法马古斯塔。当地驻扎着骑兵和步兵，以及以塞浦路斯为基地的舰队，上述的这些军事武装均听命于一名威尼斯籍军官，不过如果是战争时期，威尼斯就会从本土派遣一名政府督军司令官来到塞浦路斯行使最高权力。与尼科西亚不同，法马古斯塔是一个固若金汤的要塞，一个受到城市风貌震撼的旅人将它描述为“无可比拟的强大要塞”。在历史上，法马古斯塔也一直是岛上的重要港口，直到公元 1570 年萨利内斯（如今的拉纳卡）以商业港口的身份取而代之。

当时塞浦路斯岛总人口约为十六万，岛上社会仍然处在一种过时的封建体制下，共和国统治塞浦路斯期间，对这个体系进行了微乎其微的改变，或者也可以说一切照旧。塞浦路斯社会的顶端是贵族阶级，这些人当中有一部分是威尼斯人，但绝大多数仍然是昔日法兰西十字军世家的成员，前王室吕西尼昂家族亦在其中。贵族阶级拥有大部分的土地，不过在当时的长子继承制下，不能继承财产的幼子们数量日益增加，成为政府面临的一个问题。塞浦路斯社会的底层人群是农民，他们中很多人事实上仍然是农奴，每周需要为主人服务两天。对农民来说，尽管岛上的土地极其肥沃，他们的生活还是非常艰辛，并受到压迫。商人和城市中产阶级处在这两个阶层之间，后者这一群体可谓黎凡特地区的大熔炉，其中包括了希腊人、威尼斯人、亚美尼亚人、叙利亚人、科普特人和犹太人。

总而言之，塞浦路斯不是一个容易治理的地方，不过在此我们也应当承认，威尼斯人治理本土时，他们的内政管理可以说是文明世界的奇迹，其成果令世界钦羡不已，但对于塞浦路斯，他们其实可以将其治理得更好。或许是威尼斯官员在国内受到极其严格的标准要求，以至于当他们与本土保持着一段安全距离时，本国的严格要求反而助长了在海外中饱私囊对这些人的诱惑力；当然，威尼斯官员也有可能受到当地贪赃枉法风气的影响，我们知道，这种氛围在威尼斯人执掌塞浦路斯统治权之前就已经在岛上流行了很长的时间。不管上述的猜测是否正确，可以确定的是，公元 1570 年夏土耳其人登陆之际，威尼斯人在岛上已经因管理不善和腐败声名狼藉，遭到塞浦路斯臣民一致的厌恶。即使是自己也在压榨农民的富裕贵族阶级，也反对他们所见到的威尼斯损塞浦路斯以肥己的政策，以及威尼斯官方代表们通过相对隐晦的方式做与他们的政府同样性质的事。此外，塞浦路斯贵族还对他们缺乏实权的现状感到愤愤不平。岛上社会阶层较低的其他人也这么想。很多人相信针对政府的任何改变都只可能带来比现在更好的结果，这种情绪在往日无足挂齿，直到危机降临的时刻才发挥出它可怕的重要性。

联合救援塞浦路斯的军事行动被证明完全是一场灾难。虽然联军安全抵达目的地，让所有的士兵下船，不折不扣地遵守每一项命令，但还是没能拯救这座岛屿。如果此时联军在海上能获得一场大胜，那么威尼斯丢掉塞浦路斯这个必然的结局或许会推迟一两年到来，但由于 7 月 3 日在拉卡纳停泊的土耳其舰队的船只数目至少达到了三百五十艘——这个数目是科隆纳估计的两倍还多——联军取得这场胜利至少已经不太可能。事实上，从塞利姆二世决心将塞浦路斯吞并入自己的帝国那一刻起，这座岛屿就已经在劫难逃。

基于同一个根本原因，马耳他在五年前侥幸逃过一劫：任何一支军队在战场上的力量，与其补给和通信线的长度成反比，这是一个无法逃避的事实。因为塞浦路斯既没有相关的手段与能力，（很可能）也没有保卫自己的意愿，因此威尼斯只能从本土调集所有的军需物资、武器和弹药，以及参战的士兵和马匹。但是威尼斯本土远在一千五百多英里的地中海那一端，而目前大部分地中海已经在土耳其人的掌握之下。土耳其人从安纳托利亚南部港口出发，只需航行五十英里就可以抵达塞浦路斯，他们可以从那些港口源源不断地获得物资和人员的供应。

此外，除了法马古斯塔，塞浦路斯当地极其薄弱的防御进一步保证了土耳其人的胜利。虽然尼科西亚以它长达九英里的环状中世纪城墙而自豪，但是城墙包围的区域比城镇大得多，因此需要一支大军来进行防御。此外，十六世纪的攻城技术已经与十四世纪的不可同日而语，中世纪的城墙如今看来已经太薄，尽管在威尼斯工程师们最后的疯狂努力中，城墙得到了加固，但在长期以来都是土耳其人专长的大规模火炮轰击下，它们存留的可能性也小得可怜。凯里尼亚曾经是一座了不起的宏伟要塞，但它已经倾圮多年，变成了一堆废墟。尽管不久前要塞接受了一些修复工作，残存的城墙也得到加固，但显然它也不可能在土耳其军队面前支撑太久。而其他塞浦路斯城镇上的堡垒或是微不足道，或是已经不复存在，从一开始，被认为有长期抵抗希望的，就只有尼科西亚和法马古斯塔。此外，驻守塞浦路斯的人员供应也相当不足。虽然很难精确估计人数，但当尼科西亚攻城战开始时，城内可能只有包括五百名骑兵在内的不到两万名士兵。经历了战斗全程的弗拉·安杰洛·卡莱皮奥告诉我们，当时弹药库内还有一千零四十支火绳枪，但是它们没有得到妥善的调派，也没有人下达命令使用它们，因此很多士兵发现除非点燃他们自己的胡子，否则根本不可能开火。

塞浦路斯首都在防御上的种种弊端，应当归咎于塞浦路斯总督尼科洛·丹多洛。他为人优柔寡断，胆小怕事，总是在一阵又一阵几乎歇斯底里的兴奋和冷漠迟钝之间摇摆反复，显然不能胜任最高指挥权——假如指定的督军总司令塞巴斯蒂安诺·维尼耶与吉罗拉莫·扎内的远征军同行并且到达岛上，那么指挥权就不会落在这等人手中。在接下来痛苦的几个月中，丹多洛的言行证明了他的种种缺陷：缺乏判断能力，以及过度的小心谨慎——这一点偶尔会引起人们猜疑，虽然没有事实根据，但当时有人认为丹多洛被敌人收买了。幸运的是在法马古斯塔有更好的指挥者，威尼斯在 4 月派出的总指挥官，来自佩鲁贾的将军阿斯多·巴利奥尼，还有驻军总指挥兼船长马尔坎托尼奥·布拉加丁，他在城破之后遭到的可怕命运为他在威尼斯的名人堂赢得了永久的一席之地，他的敌人也因此遗臭万年。

7 月 1 日，土耳其侵略军的身影出现在塞浦路斯海滨。对父亲苏莱曼大帝在马耳他的耻辱往事还记忆犹新，塞利姆苏丹不遗余力地进行战斗准备，而且委托两位最有能力也最富经验的指挥官，拉拉·穆斯塔法帕夏负责陆军，皮亚莱帕夏负责指挥舰队——皮亚莱帕夏是克罗地亚人，曾和德拉古特在十年前击败吉安·安德烈亚·多里亚指挥的西班牙舰队。土耳其军队首先对利马索尔采取闪电战，他们在被击退前对当地造成了巨大破坏，还洗劫了城镇和一座附近的修道院，然后他们沿着南部海岸一直到了拉卡纳。由于丹多洛的怯懦，穆斯塔法在没有遭到任何抵抗的情况下全军顺利登陆，他让士兵安顿下来，等待从大陆来的后续部队。接着他从拉卡纳派出一名希腊盲修士前往尼科西亚传达最后通牒：鉴于威尼斯已经没有成功抵挡他手下二十万装备精良的大军的机会，它现在最好和平割让整座岛屿，来继续维持苏丹的友谊和好感，否则将会有更可怕的情况等待着它。尼科西亚的总督团没有回应这份信函，他们转而向法马古斯塔紧急求助，要求巴利奥尼回来增援。法马古斯塔方面否决了这个要求，因为他们认为尼科西亚的威胁或许只是佯攻，土耳其人进攻的重点仍然是法马古斯塔。

穆斯塔法没打算伪装自己的意图。在后续增援部队抵达的 7 月 22 日当夜，他就朝着尼科西亚进发，两天后，他的庞大军队就在尼科西亚城墙下安营扎寨。这时守军方面再次延误了战机：一位意大利步兵指挥官请求允许他立刻出战，此时敌人正因为在塞浦路斯夏季的酷热下跋涉了三十多英里而疲惫不堪，他们的火炮和重骑兵也还没有准备妥当，但是丹多洛和其他两名总督团成员拒绝冒险，于是土耳其人得以不受打扰地站稳脚跟。

然后攻城战开始了。尽管土耳其军队不像其司令官宣称的那样庞大，它的士兵也有十万人之多，而且还拥有可怕的重炮与轻火炮，相较城墙边守军拥有的那几支可怜的火枪，这些大炮有着致命的精准度。而同时丹多洛害怕火药短缺，下令节约使用，以至于他手下拥有火器而且知道如何使用它们的士兵，被禁止射击对面阵地上人数少于十的土耳其人小队。纵然丹多洛胆小怯懦，他周围却不乏有勇气的人。在这些人的努力下，尼科西亚坚持过了闷热的 8 月，直到 9 月 9 日，穆斯塔法的士兵们兴高采烈，热闹地欢迎两万名从大陆前来增援的土耳其士兵，而守城者们终于在土耳其人的第十五次大规模进攻下落败了。就这样，经过四十五天的战斗，尼科西亚沦陷。但即便土耳其人耀武扬威地拥进城市，抵抗仍然在继续，直到总督宫殿前方的城市主广场成为战斗的最后舞台。几个小时前，丹多洛在士兵们还在城墙上奋战时就躲进宫殿避难，现在他终于穿着鲜红的天鹅绒长袍露面，希望能够获得与他身份相符的宽大处理。但就在他踏上阶梯的一刹那，一个土耳其军官砍下了他的头。

当一座被围困的城市选择抵抗到底，作为惯例，城破后胜利一方的长官会允许部下劫掠三天。随之而来的是土耳其军队一如既往的暴行，屠杀，四马分尸，穿刺之刑，还有对教堂的亵渎，以及对年轻男女的侵犯，唯一不同寻常的是尼科西亚遭到劫掠的程度。尼科西亚是一个富庶的城市，拥有来自教会和俗世、西方与拜占庭的巨额财富。土耳其人花了整整一周，才将城市中所有的金银宝石、珐琅圣物箱、镶有珠宝的法衣、天鹅绒和锦缎装上马车运走——自从一个多世纪前君士坦丁堡沦陷以来，这是土耳其人获得的最大一批战利品。

当土耳其军队撤回海岸时，穆斯塔法在尼科西亚城中留下了四千名禁卫军巩固城市防卫。他还在等待威尼斯解救塞浦路斯的援军到来，如果他们真的来了，他绝不能小觑这支军队试图收复尼科西亚的军事行动。同时穆斯塔法无意放弃继续进攻。9 月 11 日，就在尼科西亚沦陷后两天，穆斯塔法向法马古斯塔的指挥官传信要求他投降。作为额外的刺激物，他将尼科洛·丹多洛的头装在盆里一并送往法马古斯塔，暗示那将是对方的下场。

虽然穆斯塔法帕夏并没有太过期待最后通牒发挥预期的效果，能令法马古斯塔不战而降，但他还是忍不住咒骂塞浦路斯守军指挥官们的顽强。尼科西亚之战给他带来的麻烦已经超过预期，但攻克法马古斯塔看上去会是个更艰巨的挑战。法马古斯塔老旧的堡垒在上世纪末被全部拆毁，换成纳入了所有军事建筑新发展的全新城郭，而城镇从外部看也是固若金汤。但是在高墙之后，法马古斯塔的守军只有大约八千人，而随着土耳其人隔几周便从大陆送来增援部队，如今兵临城下的穆斯塔法大军已经十分接近于当初他恫吓丹多洛时的二十万人。不过法马古斯塔守军有着布拉加丁和巴利奥尼两位广受敬重的一流指挥官，在之后的一系列事件中，人们对他们的敬爱和钦佩更与日俱增。

9 月 17 日，土耳其陆上部队和满载尼科西亚大劫掠战利品的舰队在同一天到达法马古斯塔，攻城战随即开始。这一次的战斗从一开始就远比尼科西亚当时的交战更有活力，守城者们时常突围出城，甚至打入了城下土耳其人的营地。战争持续了整个冬天，威尼斯人没有表现出任何被削弱的迹象，事实上到了 1 月，他们从物质上和士气上，都因为马尔科和马尔坎托尼奥·奎里尼率领一千五百人的军队突破土耳其人封锁，带着武器弹药前来支援而大大振作。4 月时城内的食物供应状况令人担忧，不过布拉加丁通过逐出城内五千“没用的吃饭的嘴”到附近城镇寻求庇护，有效地解决了这个问题。到了 4 月底，穆斯塔法改变了策略，命令手下的亚美尼亚坑道兵团在南边挖掘巨大的壕沟网。随着兵团人数上升到四万人，土耳其人又强迫当地农民作为人力补充，整个工程进展迅速，到了 5 月中旬，城墙外三英里距离内的地区都像蜂巢一般布满了壕沟，足以容纳整支攻城部队，壕沟的深度可以令骑兵策马沿着它奔驰时，城墙上的守卫只能见到他们的枪尖。土耳其人还建造了十座逐步靠近城市的攻城塔，他们可以从上面居高临下朝守城军队开火。5 月 15 日，土耳其人对法马古斯塔最后一场炮击开始了。

威尼斯人怀着勇气和决心奋力还击，他们的火炮一次又一次地摧毁整座土耳其攻城塔的各个部分，但无济于事，在百余名坑道兵的工作下，第二天早晨攻城塔就会和新的一样。一周又一周过去，威尼斯人渐渐开始失去信心，威尼斯与西班牙能联合出征援救塞浦路斯曾经作为精神支柱支撑他们度过冬天和春天，现在这希望也逐渐变得渺茫了，同时火药告罄，食物的储备比火药更短缺。等到 7 月，城内所有的马匹、驴子和猫都被吃光了，剩下的只有面包和豆子。守军中只有五百人还能拿起武器，而他们也因为缺乏睡眠而濒临崩溃。7 月 29 日，土耳其发起了第五次总攻，基督徒们以死伤三分之二的代价打退了他们。即便到了此时，穆斯塔法在 7 月 30 日和 7 月 31 日连续两次进攻，都没能冲进城市，但是当晚威尼斯将军检查了他们的防御设施和剩下的弹药粮食储备，意识到他们再也不能支撑下去了。如果主动投降，那么根据战争中普遍为人们接受的规则，他们还可以避免法马古斯塔遭受屠杀、劫掠等城破之后不可避免的暴行。于是 8 月 1 日清晨，法马古斯塔城墙上扬起了一面白旗。

土耳其人给出的和平条件令人意外地宽宏大量。所有意大利人都被允许登船，升起他们自己的旗帜前往克里特，所有愿意与他们同行的希腊人、阿尔巴尼亚人或土耳其人也可以一起上船。途中他们不但不会受到土耳其船只的骚扰，它们还会在需要的时候提供补给帮助。土耳其人还保证选择留在塞浦路斯的希腊人的个人自由与财产安全，这些希腊人还有两年的时间来决定永远留下或是离开，选择离开的人会得到前往目的地国家的安全通行证。列出这些条件的文件由穆斯塔法亲自签名，盖上了苏丹的印鉴，文件交还到巴利奥尼和布拉加丁手上时还附带了一封信，赞扬他们的勇气和保卫城市的丰功伟绩。

在之后的四天内，守军离开塞浦路斯的安排进行得十分顺利。粮食物资源源运到，除了一些小摩擦，欧洲人和土耳其人之间的关系十分融洽。8 月 5 日，布拉加丁带话给穆斯塔法，希望前来拜访他，并正式上交法马古斯塔的城门钥匙，后者答复很乐意与他会面。于是当晚布拉加丁穿上紫色的官服，在巴利奥尼和一批高级官员的陪同下，由一队意大利、希腊和阿尔巴尼亚士兵组成的卫队护送下出发。穆斯塔法隆重地接待了他们，但之后他的表情毫无预兆地阴沉下来，态度也随之一变。他在暴怒中毫无根据地指控面前的基督徒，声称他们谋杀了土耳其囚犯，还藏匿了原本根据投降条件应当全数上缴的弹药物资。接着穆斯塔法突然拔出刀来，割掉了布拉加丁的右耳，还命令一个随从割掉对方的左耳和鼻子。随后穆斯塔法命令自己的护卫将所有人处决。阿斯多·巴利奥尼和火炮指挥官路易吉·马丁嫩戈被斩首，除了一两人侥幸逃命外，其他大多数人和一些恰巧在附近的基督徒都被屠杀殆尽。最后这些被谋杀的基督徒的头颅被堆在穆斯塔法的帐篷门前，据说总共有三百五十个。

屠杀一旦开始就很难停止。穆斯塔法最终恢复了理智，阻止他咆哮的部下进入城市，违者以死论处，但是有很多人违背了他的命令，在城内乱冲乱杀，杀死所有遇到的市民，在嗜血的疯狂中纵火抢劫。还有一些人前往码头，在那里的受害者中有很多都是正准备启程前往西方的基督徒。

在所有人中，马尔坎托尼奥·布拉加丁遭到了最凄惨的命运，他被投入监狱近十四天，在此期间他的伤口因没有受到治疗而化脓发炎，令他身染重病。起初他身负装满土石的麻袋，被拖着绕行城墙；接着又被绑在一张椅子上，吊在土耳其旗舰桁端，任由水手们嘲讽耻笑。最后布拉加丁被带到中央广场的刑场，土耳其人将他赤身裸体捆绑在一根石柱上，活生生剥了他的皮。即便在这样的折磨中，据说布拉加丁仍然保持了半个小时的沉默，直到刽子手动手到他的腰部，他才断了气。这场可怕的任务结束后，土耳其人砍下死者的头，将尸体四马分尸，布拉加丁的皮被填入稻草和棉花，放在一头牛背上游街示众。

9 月 22 日，穆斯塔法启程回国，他将几名重要死者的头和布拉加丁的皮作为战利品，自豪地呈给苏丹观看。那些头颅的下落无人知晓，不过九年之后，一名当年逃过围攻的幸存者吉罗拉莫·波利多罗将那具皮囊从君士坦丁堡的军械库中偷了出来，交还给布拉加丁的儿子，后者将其存放在圣格里高里奥教堂。公元 1596 年 5 月 18 日，人们将它从这座教堂转移到圣乔瓦尼保罗教堂，将其存放在一只大瓮——它组成了英雄纪念碑的一部分——后方的壁龛内。直到今天，它还在那里。[1]

1 当你从西门进入教堂，即刻就能在南边走廊发现它。这个壁龛在公元 1961 年 11 月 24 日，由布拉加丁家族的领袖（亦是布拉加丁的直系后代）玛利亚·格拉齐亚·西拉托阁下打开。在壁龛内，人们发现了一具铅制的小棺材，里面盛放着数片鞣制过的人类皮肤。公元 1962 年，在布拉加丁新的纪念雕像落成后，它们被转移到新的存放地。布拉加丁的胸像由维托里亚的一位模仿者制作，雕像做得很好，但看上去不够鼓舞人心。而且同样令人遗憾的是，描绘布拉加丁殉难场面的，只有一幅黑白壁画。

37

勒班陀

（公元 1570—1571 年）

在这宫廷内的人，没有一个不察觉到这其中的上帝之手所在，这对我们来说简直像一个梦，在这之前，人们从未在海上见过或听说过这样的一场战斗和胜利。

——公元 1571 年 11 月 11 日，国务秘书

胡安·路易斯·德·阿尔萨莫拉给奥地利的堂胡安的信

公元 1570 年远征的失败，无论对威尼斯还是教宗国来说都是奇耻大辱，不过他们已经开始筹备寻求一个更坚定、更有效率盟友的谈判。主动发起这个倡议的是教宗本人，庇护五世对土耳其的威胁苦思良久，意识到威尼斯和西班牙之间未能达成深刻理解的主要障碍在于威尼斯见到的是黎凡特殖民地的问题，而西班牙则对苏丹属下的摩尔人诸侯对它的北非领地所产生的威胁深感忧虑。因此，庇护五世认为当前基督教世界的主要目标在于重新建立对地中海中部的控制权，切断苏丹的非洲领地与欧亚领地之间的联系，将他的帝国有力地分为两半。公元 1570 年 7 月，教宗召开了一场会议，在会上起草了一个新基督徒同盟的相关章程。在接下来的几个月内，通过耐心的论战以及威尼斯积极的帮助，庇护五世终于逐渐赢得了

菲利普的支持。这是一场艰难的斗争，八个月后，就当众人即将克服最后的障碍时，西班牙人改变了主意，威胁推翻所有先前同意的一切。直到威尼斯耗尽耐心，派出特使前往君士坦丁堡试图与土耳其单独议和，才使得西班牙人再次改变态度，顺利解决剩下的问题。

公元 1571 年 5 月 25 日，由此会议产生的条约在圣彼得大教堂正式对外宣布。这份永久条约的内容攻守兼备，不但针对奥斯曼土耳其，同时也将矛头对准了奥斯曼帝国在北非海岸的摩尔人诸侯和与他们信仰同宗教者。条约的签约国——其中包括西班牙、威尼斯和教宗国，如果神圣罗马帝国皇帝、法兰西和波兰国王愿意加入，他们也仍有机会——将共同提供两百艘桨帆船、一百架运输工具、五万步兵、四千五百名骑兵以及所需的火炮弹药。这些军队每年最迟在 4 月聚集一次，在任何认为适合的地方开始夏季作战。每年秋天，同盟各国在罗马召开会议，商讨决定下一年的活动。如果威尼斯和西班牙任何一国遭到攻击，另一方就必须前去援助，这两国也必须尽全力保护教宗的领地。条约规定，所有的战斗都必须以同盟的名义进行，任何重大决定也需要经过三位将军——威尼斯的塞巴斯蒂安诺・维尼耶，教宗国的马尔坎托尼奥・科隆纳，以及代表西班牙的联合舰队海军总司令，菲利普二世的异母兄弟奥地利的堂胡安——进行多数投票进行定夺。

堂胡安是查理五世与一名德意志妇人芭芭拉・布隆贝格的私生子，时年二十六岁，容貌十分英俊，而且天生具有领导者的魅力，就在前一年，他因为镇压了西班牙的摩里斯科起义而脱颖而出，名声大噪。威尼斯人对这一任命十分高兴，因为国王如果改变主意，他的第一选择很可能就是吉安・安德烈亚・多里亚，不过如果威尼斯人知道，菲利普二世认为这位年轻亲王的勇气会蒙蔽他的判断，因此命令他没有得到多里亚首肯的情况下绝不能出战，他们或许就不会那么兴高采烈了。

尽管此时要遵守条约中规定的时间表显然已经太迟，同盟各方还是同意不荒废公元1571年的夏天，第一年作战所需的军队也必须尽快在墨西拿招募起来。到了8月，所有人都已抵达，堂胡安制定了出航命令，他和维尼耶、科隆纳三人将指挥中间部队的六十四艘桨帆船，军队右翼的五十四艘桨帆船归多里亚指挥，而左翼五十三艘桨帆船的指挥官则是威尼斯军官奥古斯蒂诺·巴尔巴里戈，此外，还有八条桨帆船组成的前哨部队和六条船组成的后卫部队，分别由堂胡安·德·卡多纳和圣克鲁斯侯爵指挥。以上每一部分军队都能分配到六艘三桅划桨炮舰。至于联军中的西班牙大帆船和大运输船，由于这些船并不像桨帆船一样配备有船桨，在机动性上大大落后，因此它们独自组成了一支船队。[1]

与此同时，攻陷法马古斯塔增强了土耳其人的底气，更兼威尼斯舰队几乎从墨西拿全员出动，他们大批拥入亚得里亚海，在科孚岛和达尔马提亚登陆，引起了威尼斯对当地不设防的城市很可能遭受突袭这件事越来越强的恐慌。但是联合舰队一出现，土耳其人就迅速往希腊的大本营撤退，他们不想在敌人环伺的狭窄海域遭到封锁。因此就在10月6日，土耳其人从勒班陀（今天位于帕特雷湾的纳夫帕克托斯）驶出亚得里亚海时，遇上了逼近的基督徒舰队。

基督徒的斗志十分旺盛。就在两天前，他们在凯法洛尼亚岛听说了法马古斯塔沦陷的消息，特别是马尔坎托尼奥·布拉加丁的死激起了他们

1　我们需要用一些简要的描述来区分这些船只，以免产生混淆。

桨帆船（Galley）：单层甲板，一百二十至一百八十英尺长，二十英尺宽。一般来说它依靠风帆航行，但在作战时经常使用船桨驱动。它在船首装配有五支枪，船中部还有一些较小的火器。金属撞角长约十至二十英尺。

西班牙大帆船（Galleon）：较桨帆船沉重得多，双层甲板，装配大量火器。没有船桨，船身极其高大，行动笨拙，是一座海上的漂浮堡垒。

三桅划桨炮舰（Galleass）：形制介于前面两者之间。它的船首和船尾很高，可以给桨手提供庇护，全船装配五十至七十支枪，靠操纵大型的三角风帆前进。

心中的怒火和复仇情绪。不过就在同一天，发生了一件几乎酿成大祸的意外。一名西班牙军官和他的几个下属在塞巴斯蒂安诺·维尼耶的船上侮辱了几名威尼斯人，随之发生的斗殴导致数人丧生，而维尼耶没有经过讨论，自行将犯人吊死在桅杆顶端。当这件事被报告给堂胡安时，年轻的亲王暴跳如雷，下令逮捕维尼耶——如果执行了这条命令，可能就会使整支舰队分崩离析。幸亏那些明智的军事顾问——他们很有可能是科隆纳的部下——占据了优势，堂胡安也被说服撤销了命令，但是在心里他始终没有原谅维尼耶。所以从此之后，堂胡安和威尼斯军队的一切联系都假手于他的第二指挥官。

10 月 7 日早晨，两支舰队在斯克罗法角东方一到两英里处，帕特雷湾的中心地带狭路相逢。这时西班牙大帆船还未到达战场，但堂胡安决定立即与敌人交战。在略微修正了他的战斗序列之后——巴尔巴里戈和多里亚各得到了十艘桨帆船——堂胡安排出阵列，发动攻击。土耳其人严阵以待，他们的舰队船只数目几乎和堂胡安的舰队船数相当，从海湾这一头到另一头，排成了巨大的新月阵型。在这个新月阵型中，指挥中军八十七艘桨帆船的是阿里帕夏将军，右边是率领五十四条船的亚历山大港总督穆罕默德·绍拉克，而直面多里亚的左翼军队，它的六十一艘船则由乌鲁克·阿里指挥。

战斗开始于 10 时 30 分前后，双方首先在战线北段交火，堂胡安属下巴尔巴里戈的左翼与阿里属下绍拉克的右翼军队之间爆发了战斗。战斗十分激烈，巴尔巴里戈的旗舰一度被五艘土耳其舰队袭击，并遭到对方的箭雨洗礼，其中一支箭射中了这位威尼斯将军的眼睛，造成了致命伤。巴尔巴里戈的外甥马可·孔塔里尼在舅父受伤后接管了指挥权，但过了不到五分钟，他也不幸阵亡。尽管如此，这场遭遇战仍然以基督徒的全面胜利告终，他们在费德里科·纳尼和马可·奎里尼的指挥下，最终成功将土耳其舰队的右翼逼到了海岸上。土耳其人弃船而逃，试图躲进附近的山里，但威尼斯人穷追不舍，将他们纷纷砍倒。绍拉克成了威尼斯人的俘虏，但是他身负重伤，不久便因伤而亡。

如今整场战斗的中心转移到了中军。大约在 11 点，堂胡安的桨帆船排成队列，以整条完整的战线匀速向前逼近，即便靠近了阿里帕夏的舰队，双方的旗舰仍然刻意保持着正面相对。接着船与船相遇，纠缠在一起，沿着整条战线，其他的桨帆船也是如此，同时它们不断向中间靠近，直到海面被船只占满看不到海水，人们在船和船之间跳跃攀爬，用剑、短刀和阿拉伯弯刀进行肉搏战。阿里帕夏麾下四百名精心选拔的禁卫军曾两次登上堂胡安的旗舰，西班牙人也进行了三次反攻。最后一次反攻时，不久前朝阿里副手佩尔塔鲁帕夏的船开火的科隆纳，下令用猛烈的火力掩护战友战斗。正是在这第三次猛攻中，一颗炮弹击中了阿里的前额，他倒下时被一名来自马拉加的士兵砍掉了头，对方将首级插在长矛尖上高高挥舞，以此激励战友。土耳其一方见到指挥官被杀，旗舰被夺，士兵们迅速失去了斗志，许多土耳其战舰毁于混战，成功抽身而退的舰船也不再恋战，迅速调转船头逃之夭夭。

然而与此同时，南边的战斗却进行得不太顺利。差不多上午 10 点全军出击之时，吉安·安德烈亚·多里亚对他在战局中所处的位置感到不安。多里亚面对的是乌鲁克·阿里指挥的土耳其军左翼，对方舰队阵型比他的更长，实力也更强大——土耳其军队有九十三艘船，而多里亚只有六十四艘——它正向南边延伸，意图将他的舰队一举包抄。为了避免这种情况，多里亚改变了原定朝东南方向而去的行船路线，这就使他和堂胡安的军队之间拉开了一段更长的空当。他应当思考得更周详一些。乌鲁克·阿里发现了联军阵线的空隙，立刻改变了原先的计划，不再向西北移动，而是指挥舰队径直插入基督徒的阵营中，从前方进行攻击。这就使得乌鲁克·阿里对上了堂胡安船队的南端，这里不但有西班牙船，还有数艘由马耳他岛的骑士团提供的战舰。基督徒们作战十分勇敢，但是寡不敌众，全员战死，他们的旗舰被拖曳在土耳其人的船后，乌鲁克·阿里的战利品又增加了。

这时堂胡安·德·卡多纳带着八艘备用的桨帆船前来援助，十六艘土耳其舰船在他靠近时发动了袭击，于是当天最激烈亦是最血腥的战斗就此打响。战斗结束时，拥有五百名士兵的卡多纳舰队死伤高达四百五十人，卡多纳本人也重伤濒死。事后人们登上这些船，发现有些船的甲板上堆满了尸体，无人存活。此时其他人也赶来支援，其中既有作为第二预备队的圣克鲁兹舰队，也有迅速离开自己的战场赶来救援的堂胡安。于是乌鲁克·阿里无心久留，他命令手下的十三艘桨帆船加快划桨速度，全速驶向西北方的圣毛拉（今天的莱夫卡斯岛）和普雷韦扎，剩下的战舰则往其他方向纷纷逃散，返回了勒班陀。

除去因吉安·安德烈亚·多里亚的怯懦、背叛和糟糕的航海技术造成的混乱与可怕损失——战后多里亚的众多同僚都以上述这三个罪名对他提出了指控——勒班陀之战可谓是基督徒对土耳其人的一场压倒性胜利。根据最可信的估计数据，联军有十二艘桨帆船沉没，一艘被俘，而相应的土耳其人损失了一百一十三条战舰，一百一十七条船成了联军的战利品。因为大部分战斗都是肉搏，双方均不可避免地死伤惨重，不过基督徒联军方面的人员损失应该不会超过一万五千人，而土耳其损失的数目应当是这个的两倍，这其中还包括了八千名俘虏。[1] 此外联军还收获了巨额的战利

---

1 在基督徒的伤员中有一个服役于“侯爵夫人号”，名叫米格尔·德·塞万提斯的人。他前胸受伤两次，第三次中弹永远地损伤了他的左手，“为了让右手得到更大的荣耀”。他将勒班陀海战描述为“从古至今，直至未来的人们可能见到的最伟大的战役”，而且他认为，将自己的一部分丢在战场上，是一件比人生中其他任何事都值得自豪的经历。他正是名著《堂吉诃德》的作者。

品，仅在阿里帕夏的旗舰上，他们就发现了十五万枚钱币。而最可喜的是，一万五千名沦为土耳其人划桨奴隶的基督徒重获自由。此次胜利最大的功劳应当归于堂胡安，他高超地指挥着庞大且组成复杂的联军舰队，而且在这一战中他对舰队火力的绝妙运用给之后的海战发展造成了深远的影响。未来海战的胜败将更多地取决于枪炮而非士兵的剑术，这就意味着更大、更沉重、只能由风帆来驱动的船只出现。勒班陀海战是最后一次使用划桨的桨帆船、利用船与船的互相撞击作战的大规模海战，船舷炮的时代就此开始了。

10 月 18 日，一位名叫吉弗里多・朱斯蒂尼安的信使带着胜利消息搭载旗舰“安杰洛号”抵达威尼斯。在这之前，威尼斯全城还沉浸在失去塞浦路斯的哀伤和对马尔坎托尼奥・布拉加丁遭受的残暴对待的愤怒，人们同时还担心，土耳其人日后会对他们采取可怕的报复行动。但当船尾拖着土耳其旗帜、甲板上堆满战利品的“安杰洛号”出现在人们视野里，所有的气氛为之一变。威尼斯没有等太久便得以报仇雪恨，它的广场上、街巷内和运河上，突然间充满了欢呼声，每个人都匆忙奔向圣马可广场聆听大战的细节，寻找朋友，额手相庆。哪怕彼此陌生的两人也大笑着互相拥抱，亲吻对方，债务人监狱也打开了大门，人们自发特赦了其中的囚犯。而与此同时，城内土耳其商人们的感受则截然相反，出于安全考虑，他们将自己关在土耳其商馆内，直到市民们兴奋的骚动过去。为了这则喜讯，圣马可大教堂专门点亮灯火，在感恩弥撒之后，又特别举办了一场赞美诗的颂唱仪式，里亚尔托周边的布商用天蓝色的大匹布料缀上金星装饰他们的店铺和宅邸，里亚尔托桥上亦竖起一座凯旋门，上面悬挂着威尼斯以及它勇敢的盟友们的纹章。当天晚上，全威尼斯的每一座房子都被蜡烛和火把由里到外照亮，乐队高奏乐曲，市民纵情舞蹈。为了不让任何人对加入大众的狂欢产生担忧，就在这一晚，人们得到特许可以佩戴面具。为了更长久地纪念勒班陀大捷，干布洛为军械库精心设计的精美大门进行了扩建，又额外增加了一只有翼雄狮（上面镌有恰如其分的铭文）和两个生有翅膀的胜利之神神像。一两年之后，这座建筑的三角形山墙顶上增加了圣贾斯蒂娜的雕像，因为正是在以这位圣徒命名的日子，联军与土耳其人在勒班陀开战并取得了胜利。于是从公元 1572 年到共和国覆灭的那一天为止，每年到了这一天，执政官和顾问团就会列队行进到这位幸运的守护圣徒的教堂进行庆祝，并且在这座教堂外向公众展示缴获的土耳其旗帜。[1]在圣乔瓦尼保罗教堂内，还有一座为此献给玫瑰圣母的还愿礼拜堂。最后在执政官宫内，勒班陀海战两次以艺术作品的形式表现在建筑上，其一是安德烈亚·维琴蒂诺在审查厅内具有英雄主义气息（哪怕不是全然激动人心）的大幅油画，以及委罗内塞在委员会厅内极具魅力的杰作，他描绘了圣马可和圣贾斯蒂娜观看塞巴斯蒂安诺·维尼耶和奥古斯蒂诺·巴尔巴里戈得胜归来感恩的场景。

就这样，勒班陀海战作为世界上最具决定意义的战役之一被人铭记，它也是亚克兴角海战和特拉法尔加海战之间最大的一次海战。尽管在英格兰与美洲，它的声名主要依赖于 G. K. 切斯特顿振聋发聩的诗篇，但是在地中海的天主教国家，勒班陀战役已经突破了历史的界限，像龙塞斯瓦列斯一样成了传奇。不过，这场战役真的值得如此盛名吗？从技术和策略上看，它确实值得，自公元 1571 年之后，就再也没有与其相似的海战发生。但是从战略角度则并非如此，勒班陀之战没有像它的胜利者所期望的那样终结钟摆般反复摇摆不定的事态，从而扭转基督徒的命运，让他们转守为攻，直到将土耳其人驱赶回他们祖先所在的亚洲中心地带。威尼斯没有

---

1 歌德在公元 1786 年恰巧有机会目睹了抵达教堂的游行队列，并将这一幕记录到了他的《意大利之旅》中。不过他并没有参加之后举行的弥撒。

夺回塞浦路斯，两年后我们将看到它和苏丹单独议和，放弃了对这座岛屿的全部权利。勒班陀也并没有为共和国丧失领土的过程画上句号，到了下一个世纪，克里特也跟着脱离了威尼斯的掌控。而对西班牙来说，这场胜利没有显著增强它在地中海中部的控制力，十七年后，无敌舰队的惨败给了西班牙的海上力量一记重创，短时间内难以恢复如初。当然西班牙也没能借助勒班陀大捷切断君士坦丁堡和北非摩尔诸侯之间的联系，土耳其人在不到三年的时间内将西班牙人逐出了突尼斯，将本地统治者们扶植为诸侯，然后将这一地区降格为奥斯曼土耳其帝国的一个行省——他们已经在突尼斯西边的阿尔及利亚大部分地区和东边的的黎波里塔尼亚做过了类似的事。

不过对所有在这个 10 月欢欣鼓舞的基督徒来说——特别是威尼斯的人民——勒班陀海战真正的重要意义并不在战略或者战术层面，而是关乎人们的精神士气。那片笼罩在他们头顶长达两个世纪的，自从公元 1453 年以来变得更具威胁性，以至于令他们感到自己已经时日无多的阴云，一夕之间突然散去了。从这一刻开始，人们心中重新升起了希望。或许威尼斯历史学家保罗·帕鲁塔在圣马可大教堂缅怀勒班陀海战死者时发表的葬礼演说是概括民众感情的最佳范本：

> 他们用自己的行动告诉我们，土耳其人并不像我们过去想象的那样，是不可战胜的……因此我们可以说这场战争开始时，对我们来说如同身在日落时分，即将进入漫漫长夜，如今这些人的勇气就像一轮真正的、赋予世界生命的太阳，赐给这座城市有史以来最美丽、最欢乐的时光。

38

走入黄昏的十六世纪

（公元1571—1595年）

我们可以从与那些带给共和国极大损害的盟友合作的经验中，获得一些有用的结论。在战争时机敏果断、抓住战机是至关重要的，而对于海战来说，在4月初出港就尤为重要……与权势熏天的统治者合作是有害的，我们不得不考虑他们的意愿……我们必须更多地依赖自己的军队而非同盟者的军队，因为他们通常会考虑自身的利益而非整个同盟的利益。此外，总指挥官也不应当是王公贵族，最好是能够经得起赏罚的人……最后，对方如果没有足够把握彻底消灭或者重创敌人，最好让他与其议和，不过假使战争不可避免，与其让他进行防守，不如让他将战火引入敌人的阵营。

——公元1572年，海军总司令贾科莫·福斯卡里尼致元老院

“机敏果断、抓住战机”，勒班陀海战结束之后，这对威尼斯来说就只意味着一件事。他们必须立即乘胜追击，不给土耳其任何喘息的时间和机会，在土耳其有机会修复崩溃的军队之前，在威尼斯人的盟友们还有进军的动力时，威尼斯必须对其穷追猛打。威尼斯人反复向他们的西班牙盟友和教宗提起这些信息，但对方却充耳不闻。有人猜测堂胡安私下赞同威尼

斯的意见，并且很乐意在冬天继续进攻，不过他无法违抗菲利普二世的命令。按照同盟的规定，联军将在春天再次集结，所以直到那时之前，他不得不和同盟中的其他人告别，在 11 月 1 日带着舰队回到了墨西拿。

公元 1572 年的春天来临时，威尼斯人的预感成真了。西班牙像过去那样搪塞拖延，制造一个又一个的障碍。教宗尽了最大努力敦促西班牙人采取行动，但是他已身患重病。随着庇护五世在 5 月 1 日去世，同盟失去了斗志。最后威尼斯不再寄希望于西班牙的帮助，独自发起了一次远征，马尔坎托尼奥·科隆纳带着手下的教宗舰队自愿与威尼斯人并肩作战。直到此时，西班牙人受到远征消息的刺激，终于有所动作。在显然可以再一次取胜的情况下，他们不愿被排除在外，于是菲利普的阻挠彻底消失，堂胡安终于在 6 月得到了加入盟友们的许可。

联军舰队约定在科孚岛会面，然后向南搜寻敌人。当他们听说塞利姆二世在勒班陀海战后又组建了一支拥有一百五十艘桨帆船和八艘三桅划桨炮舰的舰队时，心中不免感到失望。将三桅划桨炮舰纳入舰队对土耳其人来说是一项创举，显然他们对勒班陀战役中堂胡安对这类战舰的精妙运用印象深刻。不过有谣言称，土耳其的造船工匠深知如果延误苏丹定下的期限，等待他们的会是什么命运，因此为了缩短工期，他们不得不使用未经干燥的生木材制造舰船，匆忙铸造的枪炮也有很多不能使用，至于为了补充勒班陀海战后大量的人员损失，强征入伍的土耳其水手们的战斗训练也相当不足。总之，这样一支舰队不太可能会给联军造成太大的麻烦，现在最重要的问题是如何让他们投入战斗。

事实也确实如此。双方舰队在迈索尼遭遇——二百五十年来，迈索尼一直都是威尼斯在伯罗奔尼撒半岛重要的港口之一，直到公元 1500 年沦陷于苏丹之手——土耳其人立即就朝港口奔去，联军穷追不舍，在纳瓦里诺港（如今的皮洛斯）外占据了阵地，安顿下来耐心等待。他们知道迈索尼不可能长期供养一支规模如此庞大的舰队，这座港口多山的腹地贫瘠且不通道路，所有的物资都必须从海路运输进来，现在敌人被迫出现只不过是时间问题，只要土耳其人离开迈索尼，第二次勒班陀海战就将开始。

但是威尼斯再次眼睁睁地看着胜利的希望离它而去，而罪魁祸首依然是西班牙人。10 月 6 日，堂胡安突然宣布他不再继续留在希腊海域，准备返回西方，当目瞪口呆的福斯卡里尼询问原因时，这位亲王做出了难以令人信服的回答，声称他遭遇了物资短缺。福斯卡里尼当即表示愿意用自己的储备来资助他，而且在必要的时候，还可以向威尼斯要求更多。但是堂胡安显然按照从西班牙发来的新命令行事，对福斯卡里尼的话不为所动，而科隆纳也站在他这一边。虽然为丢失战机感到恼火，但福斯卡里尼不得不承认他的舰队不足以单独挑战迈索尼港内的土耳其军队，只能下令返回。

那一年，威尼斯驻马德里大使整个冬天都在试图说服菲利普二世。他指出，土耳其人决心支配整个世界，他们开疆拓土的行为已经持续了差不多五百年，而且还将继续下去，留给他们侵略的时间越多，他们就会变得越强大，越难以抵抗。拿起武器对抗土耳其人，直至这项以勒班陀海战为辉煌开端的事业彻底终结，这既是国王对基督教世界的责任，也是令他王位稳固的保证。但是菲利普拒绝听取大使的话，他对威尼斯心怀憎恨与不信任，而且认为自己已经在前一年尽了讨伐土耳其的责任并取得了重大胜利，经此重创，土耳其人需要再过一段时间才能再次抬起头来。同时，菲利普正忙于镇压沉默者威廉在低地国家反抗西班牙的斗争，他没有因此向威尼斯抱怨，要求它提供帮助，所以他也不认为自己有什么非得向威尼斯提供帮助解决它的问题的理由。

法兰西国王查理九世在这个冬天同样忙碌，他在三个方面密谋策划对付西班牙的菲利普：首先他为低地国家的反叛提供一切可能的帮助；又在地中海运筹帷幄，控制了阿尔及尔——他在此地的阴谋计划很可能就是菲利普将堂胡安从纳瓦里诺召回的原因；而查理九世的大使们则在君士坦丁堡和威尼斯努力周旋，试图在苏丹和共和国之间建立起和平的桥梁。不过威尼斯不想要和平，特别是在勒班陀战役后，它尽了一切力量将同盟联合在一起，并且说服同盟成员与它一同发起一场彻底的攻击，在上帝的帮助下，直捣黄龙打到君士坦丁堡。但是它的努力失败了，菲利普二世公开表示他对此事毫无兴趣，而新教宗格列高利十三世的反应亦是如此。被盟友们抛弃的威尼斯深知如果独自继续战争，只会招致土耳其对亚得里亚海新一轮的侵略，而且他们很可能会占据克里特岛和威尼斯在黎凡特最后的要塞，于是它别无选择，只能接受对方提出的和议条件。公元 1573 年 5 月 3 日，双方签订了和约，除此之外，威尼斯还需在三年中支付给苏丹三十万杜卡特，并且放弃对塞浦路斯的所有权利。

消息传来，大多数天主教国王领地上的人们对此感到恐慌和憎恶。暴怒的堂胡安在墨西拿扯下了桅杆顶端的同盟旗帜，改为升起西班牙的旗帜。菲利普的臣民们互相传说他们的国王当时多么英明，威尼斯人是不可相信的，他们迟早会背叛他。从这一切的发展来看，仿佛勒班陀大捷从来没有发生过。

事实确实如此。除去所有的欢庆、欢呼和高声喊叫，以及持续到今天的勒班陀神话，这场史上最负盛名的海战之一事实上从未起到长期的重要战略意义，反倒是那些最为它感到痛心的人，才是真正应该受到责备的。

执政官阿尔维塞·莫切尼戈的执政期开始于公元 1570 年的失败远征和丢失塞浦路斯的双重灾难，接着到来的勒班陀海战大捷则立即将威尼斯人的精神从最低谷提振到史上罕有其匹的喜悦高峰。不过在他波澜起伏的执政期结束之前，他还将目睹另一场大众欢乐情绪的爆发，以及另一场比前一次灾难更可怕的大祸。

前一件事指的是公元1574年7月，二十三岁的法兰西国王亨利三世对威尼斯的访问。至少我们得说，这情况实在不同寻常。就在这年2月，得益于其母凯瑟琳·德·美第奇的谋划，亨利成为波兰国王。但到了5月，因为亨利的兄长查理九世意外去世，他被紧急召回巴黎继位。因为害怕引起波兰臣民的不满，这位登上波兰王位仅三个月的年轻国王趁着夜色乔装逃出他不需要的王国，为了支付旅途所需，他还从波兰王冠上取走了价值五十万埃居的钻石，然后亨利一路马不停蹄，直到进入神圣罗马帝国的领土才停下来。在这之后，亨利在维也纳同皇帝马克西米利安二世短暂相处了一段时间，便转而前往威尼斯。

自威尼斯和苏丹议和，从而与西班牙和神圣罗马帝国关系疏远以来，它与法兰西之间的关系就显得尤为重要，向来喜爱举办狂欢庆典的威尼斯人决定给亨利一个难忘的欢迎仪式。当亨利到达位于大陆上的马尔盖拉时，就有六十名身着红色天鹅绒长袍的议员在那里欢迎他，接着众人登上一队镀金的贡多拉船前往穆拉诺，那里有六十位持戟仪仗队员，他们身上特别设计的制服使用了法兰西的国家代表色。在场的还有四十位威尼斯显贵家族的子孙，他们将作为亨利逗留威尼斯期间的随从。迎接亨利的隆重入城仪式被安排在次日，不过就在当晚，年轻的国王披着黑斗篷悄悄溜出去，通过密集的运河水网，在无人察觉的情况下秘密游览了一番。

次日执政官驾临穆拉诺，两位统治者一起乘船前往利多，他们穿过为当前这桩盛世而竖立的凯旋门（由帕拉弟奥设计，委罗内塞和丁托列托在上面作画），进入圣尼科洛教堂参与庄严的颂圣歌仪式。[1] 仪式过后，众人再次登上国务礼船穿过圣马可湾，沿大运河而上到达福斯卡里宫，为了欢

1 维琴蒂诺根据这一幕描绘的画作，悬挂在执政官宫的四门厅内。

迎亨利，这座宫殿和毗邻的朱斯蒂尼安宫都悬挂着金色的帷幔，鲜红的天鹅绒和刺绣着向亨利致敬的百合花纹章的浅蓝色丝绸。

接下来的一个星期，每一个白天和大多数的夜晚都令亨利沉醉其中。威尼斯所有的禁止奢侈法令都暂时停止生效，贵族们被鼓励穿上他们最豪华的衣服，用最珍贵的珠宝来装饰自己，还有舞会、游行、演员表演、舞者和杂技艺人连番献艺，令人目不暇接。亨利成为元老院的荣誉成员之一，还参与了它的一次会议。穆拉诺岛的吹玻璃艺人前来威尼斯，在亨利窗下展示他们的作品。亨利还召见了时年九十七岁的提香，为丁托列托做了模特，他甚至还在为数不多的闲暇时间内找到空隙，仔细研读威尼斯顾问团特意展示给他看的一本袖珍画像集之后，一亲威尼斯最受欢迎的交际花维罗妮卡·弗兰科的芳泽。不过威尼斯人也希望向这位年轻国王证明，他们除了美和欢愉之外，还为了其他的某些东西生活。某天早晨他们带亨利前往军械库，向他展示了准备安放的船只龙骨。就在同一天日落时分，威尼斯人带亨利回到原地，那艘船已经装配完毕，全副武装，载满物资，准备从船台上运下来投入使用。

直到访问即将结束时，莫切尼戈执政官才以鉴赏稀有书籍的借口邀请亨利前来，两人开始谈论政治问题。他对亨利说，勒班陀海战确实是一场辉煌的胜利，但是它最后只助长了西班牙的专横霸权，这对所有具有正确思维的欧洲国家来说都是一件憾事。执政官声称他由衷相信法兰西应当重塑它往日的荣耀，并且应当尽其所能抑制菲利普二世的野心。至于法兰西的宗教问题，例如两年前发生的圣巴托罗缪大屠杀，威尼斯当然毫不关心，不过莫切尼戈还是希望年轻的国王陛下可以允准他表达自己的希望：法兰西在新的统治者管理下，可以恢复到宽容仁慈的道路上，并且对宗教的宽容能达到一个理智的水平。莫切尼戈称，这样的政策一直以来在共和国实施得非常好，因此他斗胆揣测，只有这样才能保证国家的稳定与和平。

亨利对此不置可否，作为法兰西天主教势力的前首脑，这是他唯一可能做出的反应。此后不久，在一场极其奢华的告别宴会后，亨利离开了威尼斯，执政官以个人身份一直陪同他到富西纳。不过亨利三世一直没有忘记威尼斯，他牢记抵达威尼斯时受到的盛大欢迎，以及这个国家美丽和效率、优雅和智慧的独特结合。当他与新朋友告别时，心怀感激的亨利赠给他们大批礼物来感谢对方的盛情接待——执政官得到一枚巨大的钻石，为亨利提供下榻之所的东道主路易吉·福斯卡里得到了一根沉重的金链——于是收到礼物的诸人和其他市民十分确信，他们的钱花在了刀刃上。

然而假如亨利在次年年末，或者在公元 1576 年或公元 1577 年再次造访威尼斯，他就会发现这座城市与他先前所见的截然不同——原本充斥这座城市的欢声与喧嚣都沉寂了，取而代之的是一种古怪不祥的沉默。人群的踪迹从圣马可广场上消失了，里亚尔托和默瑟里亚附近的店铺全都关门大吉，瘟疫笼罩了城市。

这场灾祸和两个世纪前的黑死病一样猛烈可怕，它蔓延到城市每个角落，市民无论贫富贵贱，无人幸免。两位被政府卫生官员从帕多瓦召来的名医也束手无策。过了不久，老传染病医院就挤满了患者，而新的那间则忙于接收疑似感染病人，一些陈旧的大帆船被拖到潟湖中心，匆匆为隔离在外的医院提供食物、药材、新鲜饮水、医生和神父。随着死者和外逃的人越来越多，威尼斯渐渐变成一座死城。旅馆和客店全都关门大吉，因为法官、律师和诉讼当事人都逃往意大利大陆避难，威尼斯法庭也停止运转；在监狱内，只有少数囚犯还活着。只有执政官、顾问团和元老院还在履行职责，但尽管如此，活跃的议员数目也已经减少到了一个危险的水平。公元 1576 年秋，作为阻止瘟疫进一步传播的最后一搏，所有还活着的居民都闭门在家长达一周，但这项措施也毫无作用。最终到了冬季，瘟疫才现出减弱的迹象，不过直到公元 1577 年 7 月 21 日，即第二年夏，政府才正式宣布瘟疫已经结束。

这场瘟疫夺走了包括画家提香在内约五万一千名威尼斯市民的生命。公元 1563 年，全城人口约有十六万八千人，到了公元 1575 年，这个数字上升至十七万五千人，但是到了公元 1581 年，威尼斯只剩下十二万四千人。几乎所有的威尼斯人都在瘟疫中失去了一个或多个的至亲好友，甚至很多家庭从户籍上被彻底抹去。即便瘟疫结束之后，仍有人怀疑政府此举是在冒险，疾病随时都有可能再度爆发。不过渡过一劫的威尼斯还是迅速地举行了感恩活动。在朱代卡岛上，威尼斯当时最伟大的建筑师安德烈亚·帕拉弟奥受国家委托，开始建造一座宏伟的新教堂，命名为威尼斯救世主教堂。直至共和国消亡，每年 7 月的第三个星期天，执政官和顾问团都会在这座教堂举行大弥撒，时至今日，这项仪式仍然每年举办。[1]

阿尔维塞·莫切尼戈没能活着见到这座教堂落成。他在公元 1577 年 6 月 4 日寿终正寝，安葬在圣乔瓦尼保罗教堂，他的坟墓位于西墙下两位过去的莫切尼戈执政官彼得罗·莫切尼戈与乔瓦尼·莫切尼戈的坟墓之间。他去世一周后，威尼斯最声名显赫的国民，勒班陀的英雄塞巴斯蒂安诺·维尼耶以八十一岁高龄当选执政官。维尼耶性格倔强，暴躁易怒，他非常明白自己辉煌功绩的作用，因此他就任执政官后最开始下达的命令之一，就是要求所有曾在勒班陀作战的贵族都要在一周的时间内穿着红色长袍。维尼耶只统治了威尼斯一年，但就在这一年内，共和国遭遇了又一场灾难，它所造成的长期影响更甚于先前的瘟疫。早在公元 1574 年，就在

1 直到二十世纪七十年代中期，在类似的庆祝活动中，人们仍然会用船搭起从浮码头区横跨朱代卡运河到救世主教堂的浮桥。遗憾的是，为了服从当地工业区的需要，这项迷人的传统如今已经不再继续。

亨利三世离开后不久，执政官宫遭遇了一场严重的火灾，大火烧毁了委员会厅和元老院的房间，以及一些私人寝室，而到了公元 1577 年 12 月 20 日，执政官宫再受祝融之祸，这一次造成的破坏比前一次更加严重。大会议厅和投票厅完全化为灰烬，瓜里恩托、贝利尼以及提香、丁托列托和委罗内塞这些当代艺术大师的杰作都被火焰吞噬，尽管上述这些大师中的最后两位还可以为重建后的房屋提供新作品，但是已经造成的损失是永久且不可弥补的。由于火灾造成的破坏实在太大，当时最重要的一些建筑师，包括帕拉弟奥本人在内，都强烈要求将整座建筑夷平，代之以更古典的设计。所幸当时明智的建议占了大多数，八个月之内，这座世界上最伟大的世俗哥特式建筑就精心重建完成，它过去的外立面也得到了周到仔细的修复。[1]

大火过去三个月后，当初拒绝离开熊熊燃烧的宫殿的维尼耶执政官去世。[2] 为了按照威尼斯的奇特方式召开会议，选举执政官选举人的大议会不得不在军械库内进行，直到大议会将四十一位选举人任命完毕，这群选举人才能够回到执政官宫一间未损毁的房间内开始选举执政官的会议。公元 1578 年 3 月 18 日，一位比他的前任更年长的八十七岁老人尼科洛·达·蓬特当选为执政官。他过去为国服务的履历无可指摘，达·蓬特不仅曾出席特伦托会议，还在罗马承担起向教宗解释威尼斯与苏丹单独议和的合理性所在的艰巨任务。好在此后七年的执政期内，达·蓬特没有遇

---

1 不过在执政官宫临水的那一边，新建成的大议会厅窗户位于一个较高的位置，并且没有右方从火中幸免的两扇古老窗户上可爱的花格窗饰。

2 令人吃惊的是，他被埋葬在穆拉诺岛上的圣玛利亚天使教堂。直到公元 1907 年，他的遗体才被带回威尼斯，存放在圣乔瓦尼保罗教堂北耳堂，其祖先安东尼奥·维尼耶执政官的坟墓附近。

上同等分量的外交问题，只有一项——出于奇妙的人情味而非实质上的历史重要性——值得在此一记。这件事涉及威尼斯历史上少数几位罗曼史女主角之一：比安卡·卡佩洛。

比安卡容貌出众，出身于一个威尼斯古老家族。公元 1563 年，年仅十五岁的她和同住在圣阿波纳尔区的邻居，一个不名一文的佛罗伦萨银行职员彼得罗·博纳文图里相约私奔。比安卡的父亲大发雷霆，向政府提出控告，十人议会随即下令正式展开调查，威尼斯的国家公诉机关随即宣布这对情侣是潜逃的不法之徒，并悬赏捉拿他们。然而当这两个年轻人安全抵达佛罗伦萨后，比安卡很快对之前的一时冲动感到后悔。博纳文图里的父母生活窘迫，无力蓄养仆人，而比安卡对如今占据了她日常生活的烦琐家务毫无兴趣，更别提还要照顾博纳文图里常年卧病的母亲。因此我们毫不意外地看到，比安卡偶然引起了柯西莫·德·美第奇大公堕落的儿子弗朗切斯科的注意后，她很快就屈从于对方的花言巧语，和弗朗切斯科堕入情网，弗朗切斯科还承诺给予比安卡更愉快、更有利可图的生活，这是她和博纳文图里一起生活无法比拟的。

鉴于她的新情人已经和古板虔诚的奥地利女大公约翰娜结婚，比安卡很快就成了一个比她在威尼斯惹出的丑事更大的丑闻中心。同时，弗朗切斯科无视他父亲的愤怒，将比安卡的丈夫博纳文图里任命为自己的侍从，甚至还试图通过威尼斯的佛罗伦萨侨民和罗马教廷大使的影响力，为比安卡安排特赦并和她的父母和解，不过这个举动失败了。随后，柯西莫在公元 1574 年去世，几乎在同时，彼得罗·博纳文图里在一次不甚体面的街头斗殴中被杀，这或许是出于弗朗切斯科的授意，不过他本人并没有对此下达直接命令。现在弗朗切斯科·德·美第奇正式成为托斯卡纳大公，他立即将比安卡安置在他住所附近的一座宫殿中，在此后的四年中，比安卡作为弗朗切斯科的情妇，同他一起在整个佛罗伦萨招摇过市。约翰娜倍感羞辱和悲哀，于是选择将自己更久、更频繁地沉浸在宗教中，用虔诚来逃避现实。

但是大公夫人没有被彻底忘记。奥地利的约翰娜在公元 1578 年死于生产。这之后不到两个月，弗朗切斯科就和比安卡在 6 月 5 日正式结婚，尽管为了遵守服丧的传统，一年后这桩婚姻才正式对外公布。因此直到公元 1579 年 6 月，弗朗切斯科大公才派遣特使，向达・蓬特执政官通知这件事，并且还加上了一项特别要求：威尼斯应当授予比安卡・卡佩洛共和国之女的头衔，作为对这场婚姻喜悦和满意的表示。比安卡在她寄回威尼斯的信中重申了这个要求，她认为这场婚姻无疑会拉近威尼斯和托斯卡纳之间的距离并乐见此事，而且决定公平对待自己引以为豪的两个角色：一个是大公可爱的配偶，另一个是共和国忠诚的女儿。

要一举让一个被公开定罪的法外之徒获得共和国授予女性的最高头衔，或许会引起很多顾虑和争议。但元老院毫不犹豫地同意了这个要求，还授予比安卡的父亲和兄弟骑士身份，让他们加入由阿奎莱亚宗主教带领的代表团，同其他身份显赫的成员代表共和国前往佛罗伦萨，参加 10 月这对新人拖延已久的公开庆典。作为回报，年轻的大公夫人遵守诺言，在之后的八年内从没有忘记自己威尼斯人的身份，不让任何一个可以增加母国利益的机会从指尖溜走。

但是比安卡和她的丈夫在佛罗伦萨树敌不少，其中最危险的是她从十四岁起就担任枢机主教的小叔子费迪南多・德・美第奇，在弗朗切斯科没有儿子的情况下，他看到了自己继承大公宝座的机会。而没能生下子嗣是比安卡长久以来的焦虑之源，她甚至在公元 1576 年策划了一次假孕事件，并偷偷将一个婴儿带进寝室，宣称是自己所生，但是这个伎俩被她的丈夫识破。如今十年过去，比安卡试图故技重施却毫无作用，在这最后一次尝试之后，她和她的丈夫在次年年底双双去世。

弗兰西斯科夫妇正值盛年，他们在两天之内相继去世，加上费迪南多枢机主教在他们兄弟互相猜疑的情况下，还在此时拜访了大公夫妻，这一切加起来，不可避免地引起人们习惯性的猜测。有流言称两人死于一个由费迪南多准备的有毒馅饼，但其他人则坚持称是比安卡将一些毒馅饼混在无毒的食物中，准备除掉自己的小叔子。如果按照后一个说法，身负嫌疑的枢机主教将有毒的食物挑出来，用在了弗朗切斯科身上，见到丈夫在死亡线上痛苦挣扎的比安卡惊恐不已，于是她拿起属于她的那块毒馅饼吞下，在绝望中自杀。或许有人非常愿意相信这个莎士比亚式的结局，但我们必须承认，事后费迪南多立刻下令尸检，在宫廷医生和比安卡的家人见证下，尸体没有发现任何中毒的痕迹，两人很可能死于疟疾。

尽管新大公很快向威尼斯人宣布了他所承受的“最悲惨的双重损失”，但是费迪南多拒绝将比安卡安葬在她的丈夫身边。她的尸体被草草包裹，投入一条普通的沟壑内。新大公还下令，必须摧毁比安卡家族的纹章，代之以弗朗切斯科的原配约翰娜的纹章。所有对她的哀悼活动都被禁止，而威尼斯考虑到费迪南多的感受，和他站在了同一阵线。

大公小肚鸡肠的报复行为尽管值得谴责，至少在佛罗伦萨，他这么做还情有可原，但威尼斯的做法就实在令人难以原谅，比安卡值得在她的家乡得到更好的对待。不过她的威尼斯同胞从没有忘记她，而我们也很愉快地发现比安卡出生并在其中度过了童年的房子——它位于圣阿波纳尔区，临近斯托尔托桥，是威尼斯最美丽的一个角落之一——之中还有一小块纪念她的牌匾。

比安卡·卡佩洛死于公元 1587 年 10 月，这时尼科洛·达·蓬特已经在地下长眠了两年。不过在说完另一件在他任期内发生的事之前，我们还不能让这位老执政官去休息，虽然这件事本身与他关系并不太密切，却是这个时期威尼斯政治生活重要且危险的特点的生动写照：十人议会的权力不断增长，也招致了民众更多的不满。

读者们或许还记得，十人议会一开始只是一个临时的公共安全委员会，它成立于公元 1310 年 7 月，目的是对贝亚蒙特·提埃波罗失败的阴谋进行善后。[1] 虽然它预计的存在寿命不过两个半月，但到了我们讨论的这个时候，这个组织已经存在了几个世纪，并成为威尼斯国家机器中的一个重要组成部分。从一开始，作为一个重要但并非是系统中不可或缺的一部分的组织，十人议会不能完全适用于威尼斯的政治体制模式。威尼斯的政治模式通常表现为金字塔结构——执政官在塔顶，接着是执政团，再往下是委员会、元老院和大议会，但十人议会始终与众不同，它不合规矩常理，却有着极大的权力，在紧急情况下它甚至可以简化手续，跳过元老院一切进展缓慢的审议程序下决定并将其付诸实施。政治、军事以及经济外交上的正常议题，通常会通过正常途径解决，亦需要经过正常的预约手续和延迟；至于那些紧急事务，或者需要机密行事或小心处理的事务，就需要经过委员会批准直接移交给十人议会，后者有权自主行事，动用私下募集的资金，甚至给海外的威尼斯外交官下达秘密指令。它的权限范围包括了“所有涉及国家安全和维持健全道德”的内容，而对十人议会的限制非常模糊，以至于实际上毫无意义。

我们如果只看表面现象，会惊奇地发现，至少在大多数时候，十人议会明智地使用着它的巨大权力，一切都运转良好——尤其是它还不必对任何上级部门解释自己的行为。不过事实上十人议会之所以能够避免权利的滥用，是因为它内在固有的制衡因素。议会成员每年选举一次，到下一年选举之前不进行再次选举。同一家族出身的两名议员绝不会同时担任十

---

1 见第 14 章。

人议会的职务，十人议会的领导权也不会落在一个人头上，而是采取三人执政，每月进行轮换的方式。议会的成员在就任期间，必须与世隔绝，以免受到谣言的影响或接受贿赂，十人议会的成员如有受贿腐败的行为，将被处以死刑。最后也是常常被遗忘的一点，这个议会除了十名选举出的成员之外，还包括了执政官本人和他的顾问团，因此它的实际人数应当是十七人。

不过随着时间流逝，即便是十七名成员也显然不足以处理十人议会需要面对的所有事务。我们已经见到，在需要决定重大事务时，十人议会会向大议会申请选举一些作为补充的议员，加入特别议题的讨论。[1]这些额外补充的议员大大增强了十人议会的权力，消除了其他委员会中可能存在的反对力量，但随着十人议会逐渐强大，它开始包揽更多的国家事务，因此其他从宪法角度更加正规的组织的重要性就被十人议会削弱，从而不可避免地对十人议会产生恶感。这种情绪最早出现在公元 1457 年，当时十人议会受到指控，称它在命令弗朗切斯科·福斯卡里执政官退位一事上越权行事。十一年后，十人议会的权限被明确限制为只能处理“最为微妙的问题”，即绝密的任务（cose segretissime）。不过这样的定义仍有充分的争议空间，而十人议会的行为也没有得到明显的限制。

事实恰恰相反，十人议会的权力此后不但没有被扼制，反而进一步发展。十五世纪末到十六世纪初的二十五年间，威尼斯多灾多难，麻烦缠身，十人议会需要申请额外议员的情况亦越来越多，到公元 1529 年为止，申请增补议员从起初偶然的例外措施成为一个常设机制，十人议会宣布增加一个永久性的“编外议员”组织，其中囊括了十五位共和国最重要的官员。八年后，十人议会的组织结构和功能又出现了新的、更

1　见第 25 章。

进一步背离宪法的发展，经过扩大化的十人议会开始任命只对它直接负责的附属委员会。这些附属机构中最早出现的一个是“反亵渎行为执行委员会”（Esecutori contra la Bestemmia），主要负责抑制卖淫、赌博等恶习，虽然实际上它并不比过去类似的机构运作得更成功。但之后在公元 1539 年，较之“反亵渎行为执行委员会”更进一步，三位“国家监察委员”（Inquisitori di Stato）的出现引发了威尼斯一些有识之士深深的忧虑。威尼斯公开承认设立他们的目的是加强国家安全，这是可以理解的。法兰西和西班牙的国王在威尼斯共和国全境安插了许多密探，向他们出售秘密，已成为一种常见且有利可图的生意，由于如今的威尼斯依赖外交手段来谋求生存，因此显然必须制止这种危险的交易。但当威尼斯人知道这三人名义上向十人议会负责，却可以被特别授予和他们的上级机关同等的权利，尤其是可以在未经十人议会事先批准的情况下进行审判和处刑时，人们就不禁要问，这种治疗社会痼疾的手段是否会比亟待治理的弊病更糟糕。

这是个相当中肯的问题，但它始终都没有得到解答，而十人议会继续作为威尼斯事实上的统治者存在着，而且显然对它不受大众欢迎的现状不屑一顾。然而在公元 1582 年发生的两件事，即使没有打破十人议会的霸权，至少也动摇了它的自信。第一件事与一位圣马可大教堂总务官安德烈亚·达拉扎有关，十人议会特别希望他加入十五人的额外增补议员之列，但是大议会拒绝推选这个人。遭遇这次挫败，十人议会恼怒非常。作为回击，它准备利用手头的权利增加一个教会总务官，并且给予达拉扎特别职权，但是这个举动同样遭到了大议会的否决。第二件事则与利多岛上的一次斗殴有关，一群年轻贵族在那儿侮辱了一名本地姑娘，当地人出于义愤攻击他们并赢得了混战的胜利，随后迅速向十人议会提出控告。十人议会心怀同情地听取了他们的上诉，当次日年轻贵族们转而控告这些人时，十人议会不予理会。贵族们向四十人议会求助，后者站在他们这一边，驳回了十人议会的决定。

大议会继续它与十人议会的不合作态度，在之后增补议员选举时，它本该按规定批准十五个名额，却只同意批准十二人或更少的数目。12月的时候，大议会又竭力谋求将所谓的绝密任务的精确定义限定在公元1468年的法律解释上。但是这么做无济于事，有争议的问题越多，它们越不可能得到解决。公元1583年1月1日，三名被否决的增补人员再一次进入选举阶段，但没有成功，增补议员制度的全部规则也被默许废除。这在一定程度上削弱了十人议会的权力，但是它无法解决根本上的问题：十人议会是政府中的一个非正常组织，它一直都以这样的形式存在着，从中获得力量。即使再多的整顿和权力削减，也不能使它良好地适应原本其中就没有它一席之地的宪法体系。缩减到正常规模的十人议会收敛下来，从此开始将自己的活动限制在它拥有无可置疑的权限的范围之内。十人议会依然是个令人畏惧的组织，但是它在过去曾经受到的敬重却消失了大半，此后也再没有完全恢复。

此时老尼科洛·达·蓬特已是九十多岁的高龄老人，在大议会和十人议会角力的过程中，我们很怀疑他是否还有能力在其中施加影响。达·蓬特衰弱得很快，因为他在议会会议期间容易打盹，为了应付这一尴尬情况的需要，执政官的宝座前方增加了一块搁板，防止他在打瞌睡时滑到地上。公元1585年4月15日，达·蓬特患上中风，从此不能开口说话。虽然他仍然尽力履行职责，但这之后不久，他又在一场于元老院大厅内举行的国宴上睡着了，据说这一次他的执政官帽从头上滑落下来滚过地板，停在一位教会总务官帕斯夸里·奇科尼亚脚下。这或许可以被看作一种天意，当达·蓬特终于蒙主宠召，在7月30日咽下最后一口气后，奇科尼亚就被选为了下一任的执政官。[1]对这位新执政官而言，这不是他第一次以这种奇迹般的方式脱颖而出。数年前他在科孚岛参加弥撒时，一阵突如其来的风将圣餐从主持仪式的神父手中直接吹到了他手上。因此即便帕斯夸里·奇科尼亚的奇妙遭遇并不真的是出于神圣的意志，那么至少也给了人们他属于神的选民的感觉。

不过奇科尼亚坐上威尼斯最高统治者宝座的过程并非一帆风顺。他经过了十九天的审议，并经过了五十三轮投票，才获得了所需的大多数选票，而直到这个时候，他的当选很大程度上还要归因于竞争对手温琴佐·莫罗西尼突然退出竞选的决定。当最后结果公布时，在执政官宫外大声喧闹示威的莫罗西尼支持者们愤怒不已。莫罗西尼富可敌国，而且因为慷慨远近闻名，假如他当选，在执政官环绕广场，按照传统向人群分赠钱币时，莫罗西尼就能充分展示他富裕慷慨的美德。另一方面，与莫罗西尼形成鲜明对比的是奇科尼亚一毛不拔的糟糕名声，这名声在他抛撒金钱时再一次得到了证实，奇科尼亚抛给人群的不是传统的金杜卡特，而是少量价值五索第的小银币，这些银币随后被人轻蔑地称为“奇科尼亚钱”(Cigconini)。

虽然新官上任局面不利，但是奇科尼亚的执政时期风平浪静，他也渐渐建立起了相当高的人望。虽然恶名昭彰的乌斯科克海盗仍然一如既往地制造麻烦，但是奇科尼亚在任期间遇到的其他重要问题全部都是外交层面的，它们不但尽数迎刃而解，并且取得了相当大的成果。这些成果中最重要的一部分来源于一场暗杀。公元 1589 年 8 月 1 日，一名狂热的多明我会修士刺杀了法兰西国王亨利三世。亨利三世长期不与妻子同房，沉迷于

1　达·蓬特安葬在慈恩圣母教堂，但是当这座教堂在公元 1807 年被改作学院美术馆时，他的陵墓受到了破坏。只有他的半身像保存下来，存放在威尼斯神学院博物馆。

下流的声色之娱，因此自然没有生下孩子，而他的死，意味着法兰西瓦卢瓦王朝就此绝嗣。亨利合法的继承人是新教徒纳瓦拉国王波旁的亨利，而尽管波旁的亨利宣布将改信天主教，法国国内的天主教势力、权势熏天的吉斯家族、西班牙的菲利普和教宗西克斯图斯五世仍然强烈反对他继位。

不过威尼斯却欢迎波旁的亨利继位。共和国一直以来都保持着宗教宽容政策，而且它也充分意识到，在欧洲列强中，法兰西是它抵御西班牙野心的唯一支撑。威尼斯所要的是这个国家强大、统一，而且可以为它所用。刺杀的报告传到威尼斯后，威尼斯驻法兰西大使乔瓦尼·莫切尼戈就收到了从祖国发来的指示，要求他立即请求获得新王接见，祝贺他继位，并且向他保证威尼斯将继续与法兰西保持友谊。共和国得到了积极的回复，新王派特使弗朗索瓦·德·卢森堡带来他对威尼斯友好态度的谢意，更让他感激的是，威尼斯是唯一承认他的意大利国家。

威尼斯如此主动的行为不可能不引起教宗的震怒，他很快做出了反应。西克斯图斯五世恐吓威尼斯，如果它希望维持教会忠诚的女儿这一好名声，就必须避免和异端有所牵扯。难道威尼斯竟敢认为自己是世界上最伟大的国家，所以迫不及待地敢为诸国之先吗？威尼斯的回答坚定可敬：纳瓦拉的亨利是法兰西王位的合法继承人，他是一位明智且品德高尚的统治者，而且还非常强大，他已经表现出各种迹象，愿意接受纯正的天主教信仰，而且已经下令全国的天主教会及其成员都将保持自由，受到尊敬，不受打扰。此外，在经历了种种惨痛之事后，纳瓦拉的亨利是唯一一个能将国家团结起来的人。难道教宗真心相信那些踏上法兰西土地的外国军队是出于无私的虔诚信仰，而非因为私人的野心和权欲吗？

这是威尼斯驻罗马大使阿尔贝托·巴多尔反复提出的强大论据，它具有很强的说服力，最终也产生了效果。教宗同意让德·卢森堡先生留在威尼斯——只要他不出现在国务典礼上——更为重要的是，他还同意在梵蒂冈接见纳瓦拉的亨利派出的代表，开始商讨法兰西新王转变信仰的相关事宜。

现在轮到菲利普火冒三丈，大声抗议，甚至觉得受到威胁了，但是他手下的西班牙军队和法兰西天主教势力的军队却正在纳瓦拉的亨利军队面前一步步慢慢败退。公元 1593 年 7 月 25 日，获得胜利的国王亨利接受了天主教信仰，他以“巴黎值得为此举办一场弥撒”来评论自己的行为。公元 1594 年 3 月，亨利进入首都，十八个月后，教宗克雷芒八世给予他赦免，正式欢迎他回归到天主教徒之中。

当然，威尼斯没有在亨利为自己赢得合法王冠的军事斗争中出什么力。但是在外交领域，威尼斯勇敢地公开承认亨利，为其他国家树立了榜样，同时它还在连续五位教宗[1]面前为亨利辩护，对这位新王巩固已经掌握的成果做出了极大的贡献。此外，共和国还冲破了天主教势力对亨利的反对壁垒，逐渐为他赢得了政治上和宗教上急需的声誉。这些得到巩固的成果和教宗对亨利的承认最终击溃了菲利普二世的精神。他继续勉力支撑了每况愈下的军事局面一段时间，终于不得不在公元 1598 年 5 月与法兰西议和，四个月后，菲利普离开了人世。

在菲利普之前，帕斯夸里·奇科尼亚在公元 1595 年 4 月因为一场短促却来势汹汹的恶性高烧去世。他的遗体埋葬在圣母升天教堂[2]，但是他最

1 从公元 1590 年 8 月西克斯图斯五世去世，到公元 1592 年 1 月克雷芒八世即位，其间人们惊奇地看到，罗马居然迎来了三位教宗。首先是在公元 1590 年 9 月即位，统治时间只有十四天的乌尔班七世；之后是格列高利十四世，他的任期从公元 1590 年 12 月到公元 1591 年 10 月，共十个月整；最后是英诺森九世，他在公元 1591 年 10 月至 12 月在位，任期为六十二天。

2 它在十八世纪得到了重建，如今新建的建筑被称为杰苏伊蒂教堂，不过在先前教堂内精心保存的奇科尼亚的死者纪念碑，如今成了圣物室大门的一部分。

出众的纪念物却是威尼斯人最熟悉的地标性建筑——里亚尔托桥。

里亚尔托桥此时仍然是大运河上唯一的一座桥梁。早在十二世纪，这个位置就有了一座浮桥，但直到公元1264年，这里才建造了第一座架设在木桩上的真正桥梁。里亚尔托桥曾被两度摧毁，第一次是公元1310年，贝亚蒙特·提埃波罗叛乱失败后将其故意毁坏；第二次则是在公元1444年，由于人们簇拥在桥上观看费拉拉侯爵经过，桥梁不堪重负而意外坍塌。自公元1444年之后，里亚尔托桥得到重建，新桥仍然是木质结构，规模比过去的稍大一些，附近配有店铺和吊桥——就像卡尔帕乔在如今收藏于学院美术馆的《真十字架的奇迹》系列画的其中一幅中描绘的那样。到了十六世纪，里亚尔托桥的木质结构显然已经快到它自然使用寿命终结的时候，于是人们决定在原址上重建一座石桥。竞争就此开始——如果从进入角逐的人选质量来看，这或许是有史以来最了不起的建筑竞赛，参与竞争的建筑师有米开朗琪罗、桑索维诺、维尼奥拉、斯卡莫齐和帕拉弟奥（他的带有三角形山墙柱廊的五拱桥设计方案至今依然存世），他们都上交了自己的设计。面对备选方案太多以至于不知如何选择的情况，政府当局迟迟无法决定最终方案，甚至到执政官宫连续遭遇两场火灾，继而需要所有技术高超的工人进行重建施工时仍然犹豫不决，这就耽搁了更久的时间。等到威尼斯政府终于将注意力转回里亚尔托桥时，与他们签订合同的并不是先前互相竞争的建筑巨擘中的任何一人，而是一位相对不那么出名，主持了执政官宫重建工作的建筑师，名为安东尼奥·达·蓬特。他和外甥安东尼奥·孔廷——后者是设计了威尼斯另一座广受喜爱的桥梁叹息桥的建筑师——一起在公元1588年到公元1591年之间设计并营建了我们今天所知的里亚尔托桥，桥上还铭刻了纪念执政官帕斯夸里·奇科尼亚的文字。

作为一件艺术品，我们必须承认里亚尔托桥缺乏独特性。如今大多数人很难像寻找威尼斯其他广为人知的地标建筑那样找到它，因此自然有许多人呼吁要对它进行改建。但也正因为它缺乏特点，所以里亚尔托桥获得了认可。它令人们感到熟悉的外观使人对它的缺陷视而不见——例如其糟糕的比例，怪异的重心过高感，以及粗糙的细节。虽然有时我们会看着这座平庸的建筑，希望它能够变得更好，但是这种情况下感到的遗憾，并不像人们见到那些让天才们自行其是产生出的杰作时一度感到过的后悔那么尖锐。

39

最后的禁令

（公元 1595—1607 年）

我们无法理解，像威尼斯共和国这样一个生为自由国度，蒙主垂怜以此方式存在了一千两百年之久的国家，要如何才能假装为了所谓"保存这个国家的需要"而不被允许继续如此，哪怕这些行为没有对其他统治者的政府有任何损害。

——公元 1605 年 11 月 26 日，威尼斯元老院致威尼斯驻罗马大使

从里亚尔托桥沿大运河向东而行两百码左右，庞大的格里马尼宫拔地而起，它高出周围的建筑一大截，令它们相形见绌。它由米凯莱·桑米凯利在公元 1605 年动工兴建，这座宫殿不但是威尼斯宫殿建筑中最美丽的，也是最高大宏伟的，而格里马尼宫恢宏壮丽的文艺复兴鼎盛时期风格的建筑外立面，更使得它当之无愧地成为令人印象最深刻的宫殿建筑之一。这座豪宅广厦的主人是威尼斯第八十七任执政官[1]马里诺·格里马尼，在他执政期间，威尼斯迎来了十七世纪的曙光。公元 1595 年 4 月 26 日，格里

1 按照传统的计算方式，他是第八十九位执政官，不过如今有人怀疑执政官名单最前面列出的两个姓名并不是威尼斯执政官，而是拜占庭驻拉文纳总督和他的大元帅。见第 1 章。

马尼正是从这座宫殿出发，浩浩荡荡列队前往就职典礼。

就像他的生活方式所清晰表现出来的那样，马里诺·格里马尼是威尼斯最富有的人之一。在威尼斯，如果一个人既富有又慷慨，那么他很容易成为受人欢迎的执政官，尽管格里马尼这一次选举惊人地拖沓，在三周半的时间内一共经历了七十一次投票，最终的结果还是令大多数人欢欣鼓舞。新执政官没有令威尼斯人失望，他的环绕广场就职仪式与前任形成了鲜明的对比，广场上的人们被如雨的金币淹没，同时执政官的夫人和儿子一把又一把地将钱币撒出执政官宫的窗户。接着按照惯例，是辞藻华丽的献词，资料记载，这一次献词的是一个名叫狄奥尼索·拉扎里的六岁孩子。新执政官还为城里的穷人提供了取之不竭的免费面包和酒，至于庆祝他就职的活动，毫无疑问，它们一直举办到深夜。

但此刻种种奢华排场，与两年后格里马尼为妻子准备的加冕典礼相比仍然不值一提——这两年的空当被认为是用来做典礼所需的种种准备的。执政官夫人受到的这样一份殊荣在威尼斯可谓罕见，在历史上它仅举行过两次，一次是在公元 1457 年，接受加冕的是帕斯夸里·马利皮耶罗的配偶，另一次则是在公元 1556 年，主角是洛伦佐·普留利的妻子。但这两次典礼都无法和公元 1597 年 5 月 4 日的这一次相提并论。首先，两百名侍女穿着为此次盛事特别设计的华丽衣裙，陪同身穿金色衣裙的执政官夫人进入圣马可大教堂，参加一场欢乐的圣歌颂唱会，此后执政官夫人登上执政官宫的阳台，检阅城中十九个行会成员组成的盛大游行。等到游行结束，大议会厅内摆开惊人的盛宴，随后连续三天，城中都举行众多的庆祝活动，举办更多的宴席，进行更多次庆祝游行，在火把的照耀下，舞会在广场和大运河的筏子上（某种程度上，后者因为糟糕的天气被破坏了）经久不息。为了庆祝执政官夫人的加冕礼，威尼斯甚至安排了一次阅舰式，其中不但有威尼斯本国的船只，来自英格兰、荷兰和佛兰德的舰船也参与其中，最后以赛舟会作结。庆典期间，人们还互赠很多昂贵的礼物，执政官夫人向人们分赠刻有她小像的特制钱币“oselle”[1]，她还收到了教宗克雷芒八世赠送的一朵黄金玫瑰。

但不久后，教宗的态度变得截然不同，令格里马尼和他的臣民们惴惴不安。因为不久前费拉拉公爵阿方索的去世，一场危机拉开了序幕。由于公爵没有儿子，他指定自己的堂兄弟埃斯特家族的堂凯撒为继承人，但是教宗拒绝承认这次爵位继承的合法性——虽然堂凯撒之后得到了合法承认，但他仍然是个私生子——并且坚持费拉拉公国应当交还给教会。这自然被新公爵断然拒绝，因此教宗派出了一位骁勇好战的枢机主教领兵强取费拉拉，同时向威尼斯要求支援。

这时就出现了一个问题。并不强大的费拉拉公爵无法对威尼斯造成什么大麻烦，但是强大的教宗却正在共和国卧榻之侧，掌握了波河所有重要的三角洲地区——当然这是另一个问题了。但另一方面，假如威尼斯追随本心，在两者间保持中立，拒绝给予教宗他想要的军事支援，教宗很可能就会调转矛头对付它；而一直以来虎视眈眈，意图发现扳倒威尼斯机会的西班牙便会借此站到教宗这一边，随之发生的战争就会导致更加灾难性的结果。于是威尼斯决定敷衍搪塞。威尼斯人向教宗特使指出，当下最需要的是意大利长久的和平，这类国土纷争问题应当诉诸谈判而非战争，如果双方需要调停，威尼斯愿意尽绵薄之力。

公元 1598 年 1 月，在威尼斯被迫下决心介入费拉拉和教宗之间的纷争前，堂凯撒向教宗的军队投降——当堂凯撒知道教宗将他逐出教会时，他的心理防线崩溃了，从此再无斗志——同意割让费拉拉以及公国的全部领地来换取教会重新接纳他的恩典，以及一两个对教宗来说微不足道的让

1　见第 34 章。

步。克雷芒八世大喜过望，他亲自前去费拉拉接收他的新领地，耀武扬威地进驻城内，而已经尽其所能阻止此事发生却没能成功的威尼斯则不得不派四名大使，到费拉拉向教宗表示祝贺。

不幸的是，教宗给威尼斯带来的麻烦还未结束，事实上，它们才刚刚开始。首先，教宗采取新的行动来削弱共和国对本地神职人员的权限；接着，他又抗议威尼斯任命被逐出教会的马可·斯奇拉对抗乌斯科克海盗。然后是对波河边境与航运问题的争议，当威尼斯人为了重建布雷西亚的防御城墙，对教士和平民一视同仁征税时，教宗又表达了他的愤慨。公元1600年，教宗和共和国之间再次因为司法问题发生了一场更严重的争执。这次问题发生在小镇切内达[1]，尽管从中世纪早期开始，当地主教两百年来都是这个地方事实上的统治者——正因为如此，教宗才有底气向当地主教发送劝喻信，否认威尼斯在当地的统治权，教宗要求从此以后当地所有诉讼都必须转交罗马处理，违者将被逐出教会。这次纠纷触及了威尼斯的原则底线，因此它拒绝退让半分。克雷芒八世感到自己弄巧成拙，于是有所让步，但是这件事却愈演愈烈——威尼斯人随后将知道，它预示着更猛烈的风暴的到来。

随着新世纪来临，威尼斯本能的宗教宽容倾向显然越来越不见容于罗马。而将事态变得愈来愈糟糕的罪魁祸首也正是罗马而非威尼斯。宗教改革的浪潮如今席卷欧洲，特别是亨利四世在公元1598年发布南特敕令，授予法兰西境内的新教徒与天主教徒同等的信仰自由和政治权利，证实了教宗最坏的猜测，于是罗马教廷的统治手段越来越收紧，它对依然维持天

1 如今的地图上已经没有切内达这个地名了。它现在属于维托里奥-威尼托的一部分，距离贝卢诺东南方向大约二十公里处。

主教信仰的政府施加愈来愈大的压力，迫使它们臣服于教宗的控制。这是威尼斯所不愿做的。从它的立场来说，威尼斯并不认为自己犯下了在宗教上不服从教宗的罪，就像不久后执政官被控告有加尔文派倾向时所说的那样："什么是加尔文派教徒？我们是基督徒，就像教宗一样，无论别人是否喜欢，我们生为基督徒，也将以基督徒的身份死去。"[1] 但是这个问题的困难在于共和国认为纯属政治争端的问题，却被教宗认为是宗教问题。服从教义对威尼斯来说没有问题，但是它的政治独立性却是神圣不可侵犯的，威尼斯人也绝不会将其置于危险的境地。况且身为一个国际化都市，威尼斯存在的根本是国际贸易，它如何能像过去排斥异教徒那样排斥所谓的宗教异端？

尽管克雷芒八世从未放松努力，威尼斯还是取得了一些胜利。切内达问题顺利解决是其一，此外，在公元 1596 年，威尼斯书商和印刷者从一份协定中得到可以在特定条件下印刷教廷禁书目录上所列书籍的权力。（虽然他们很少这么做，但至少这种行为在原则上得到了承认。）而且威尼斯还违抗了教宗命令，允许来自瑞士格劳宾登州的新教商人和手工业者在共和国定居。此外，威尼斯共和国坚定地捍卫外国使节的宗教信仰自由。公元 1604 年，当威尼斯共和国因允许亨利·沃顿爵士将新教祈祷书携带入境，并且在私人礼拜堂内以英国国教方式进行宗教活动而受到罗马申斥时，共和国做出了立场坚定的回复："共和国搜查一位英格兰使节的行李[2]的行为是不明智的，更何况所有人都知道这位使节从未造成过任何丑闻，一向过着清白平静的生活。"于是教宗没有再坚持，亨利爵士也得以在他

1 原文为："Che vnol dir Calvinista? Siamo Cristiani quanto il Papa, e Cristiani moriremo, a dispetto di chi non lo vorria."

2 见下章。事实上他们很可能已经这么做过了。

十四年的驻威尼斯外交生涯中，不受打扰地进行宗教活动。[1]

克雷芒八世在公元1605年3月去世，他的继任者利奥十一世在位只有二十六天，亦没有留下什么值得纪念的东西，此后继位的教宗卡米洛·博尔盖塞，即保罗五世，虽然有着履历出众的神职生涯，仍然对自己的当选震惊不已，他将这一任命解读为上帝指派他消灭异端，维护教会至高无上地位，不折不扣地执行教会律法的神圣旨意。于是教宗特使愈来愈频繁地觐见执政官，表示教会的反对和抗议：为什么元老院近来在没有得到特许的情况下禁止在城内建造更多的宗教建筑？为什么共和国在近期禁止向教会转让世俗的不动产，使教会不能从虔诚的威尼斯立嘱人手中得到这些有利可图的遗赠？面对诘问，威尼斯提出抗议，它声称哪怕是要维持现存的教堂和修道院，对共和国来说都已经是一件愈来愈不可能做到的事，这些建筑如今已经占据了城市一半的土地，而且因为克雷芒教宗下令不许将教会产业转售给俗人，因此共和国有必要制定相应的互补法令，防止流失更多的共和国土地。然而威尼斯的抗议是徒劳的，它的论据完全不被教廷方面接受，教廷的使者开始取得足以威胁共和国的新优势。

因此，从保罗五世即位以来，教廷和威尼斯走上了一条冲突不断的道路，教廷不愿大事化小减少冲突，而威尼斯则无法摆脱这种局面。威尼斯竭尽所能与教廷维持友好关系，甚至将博尔盖塞家族加入共和国的贵族之列——此举取悦了保罗五世，他为此送来一封热情洋溢、赞誉不绝的感谢信，但这温情脉脉的面纱很快就被撕下，保罗五世登上教宗宝座的前一年

1 这十四年并非连续不断。沃顿最早的一个任期是从公元1604年到公元1612年，第二个任期从公元1616年到公元1619年，最后一个任期从公元1621年到公元1624年。他就任期间，大多数时候忙于为国王和白金汉公爵购买绘画作品。后来沃顿成为伊顿公学的教务长，他赠给学校一幅描绘威尼斯全城风景的巨型画作，这幅画至今还保存在学校内。

恰巧发生了三件大事，它们全都加速了危机的到来。

第一件事是威尼斯宗主教马泰奥·扎内去世，元老院指派弗朗切斯科·文德拉明为继任者。作为威尼斯的传统，在这种情况下，出于礼貌，威尼斯人会向梵蒂冈征求同意。然而早在扎内获得任命的时候，克雷芒八世就做出了教廷不会理所当然地批准威尼斯宗主教任命的回复，他同时坚持新宗主教必须亲自来罗马面见教宗并接受审查。威尼斯一开始拒绝了这个要求，随后同意扎内在不接受审查，仅受教宗恩赐接见的情况下前往罗马。如今到了文德拉明的时代，保罗五世的回应和克雷芒八世如出一辙，言辞则更直白生硬。威尼斯再次试图妥协，但教宗坚持己见，直到第二个问题爆发时，这个矛盾依然没有得到解决。

更准确地说，应当是第二和第三个大动荡发生之时，因为这两件事十分相似，并且在极短的时间内连续发生，所以基本上可以被看作一件事。这两件事的中心人物是自称为神职人员的西皮奥·萨拉切尼（他随后被发现从未领受过圣职）和马尔坎托尼奥·布兰多林，十人议会分别在 8 月和 9 月收到对这两人的控诉。前者坚持让侄女守贞，当这些尝试全部失败后，他开始公开诽谤侄女，辱骂她，并且在其家前门上涂抹污物。至于后者，正如对他提起控诉的其贵族叔父所说的那样，此人犯有“谋杀、贪污、强奸以及对受他供养的人的一切暴力行径”。十人议会下令立即调查这两个案子，并且确认指控成立，取得审判权，对两名犯案者施以惩罚。此刻教宗顿时忘记了自己已被威尼斯封为贵族，开始进行攻击。他声称这两名囚犯身为神职人员，不应受到共和国司法权力的约束，共和国也没有扣押他们的权力，他们必须立刻被移交给教会的行政管理机构，后者随后会采取任何它们觉得合适的行为来处置他们。

公元 1605 年的整个秋天，双方都为此事争论不休。时间接近年底，争论的气氛变得愈来愈紧张。到了 12 月中，威尼斯和教廷的关系已经处于破裂边缘，共和国指派一位经验丰富，曾经出使西班牙和君士坦丁堡，并且多次完成派驻教廷任务的列奥纳多·多纳作为驻罗马官方发言人。但是一切都晚了，当多纳还在翻越亚平宁山脉时，教宗已经向威尼斯发出了两份谕令，一份关于教会财产的处理方式，另一份则涉及萨拉切尼和布兰多林的案子。假如威尼斯没有立即撤销原先的裁决交出两名囚犯，教会就会禁止它的一切宗教活动。

这两份公文在圣诞节早晨抵达威尼斯，因此它们没有被立即拆封。当晚老执政官去世，[1]没有开封的文件一直被保留到下一任执政官当选才被拆阅。新任执政官就是列奥纳多·多纳，他在任务途中被紧急召回，打开了装着教宗最后通牒的信封。此时这些措辞严厉的信件已经在威尼斯滞留了大半个月，而在此期间教廷特使们的态度完全没令人对信件的内容产生怀疑。此外，由于元老院一名粗心的秘书没有送出第二封教宗谕旨，而无意中将第一封谕旨的副本当作它送了出去，因此当发现真相时，执政官大为惊愕。危机已经不可避免地到来了。按照当时的情况，威尼斯不可能投降屈服，因此它就必须准备抵抗。但是威尼斯有什么抵挡教宗的武器呢？可供外交斡旋的时机已经过去，威尼斯人必须深入敌方阵营抗争。鉴于世人皆知保罗五世以法律学家自诩，因此威尼斯需要一位可以在全世界面前为它辩护的人，这个人必须是教会法律的专家、辩论专家和政治哲学家，他必须熟悉教会历史，并且能发挥辩才，以无懈可击的清晰逻辑对付教宗的论据，以彼之道还施彼身。

因此，元老院毫不犹豫地召来了保罗·萨尔皮。

---

1 马里诺·格里马尼和他的妻子（她比丈夫多活了七年）合葬在位置偏远的家族教堂——卡斯特洛圣朱塞佩教堂，对自认为是威尼斯有史以来最伟大的一对执政官伉俪来说，选择这样一个偏远和低微的长眠之地，实在是非常奇怪。

对威尼斯史学家和他们著作的读者们来说，学者们叙述的故事中人物缺乏人格魅力的事实无疑令人遗憾。除去诸位执政官之外——即便是执政官群体，从总体上看他们的形象也是黯淡无光的，因为他们只有在担任最高政府职位之后，才有机会表现自己——即便是在那些有能力影响历史事件转变的人当中，有血有肉，引人注目，值得我们尊敬、憎恨甚至蔑视的人物都寥寥无几。保罗·萨尔皮就是这样的一个人物，我们对他在这几页的文字中带给我们的人情味感激不已，不过这点感激之情远远无法与威尼斯对萨尔皮的相比，正是这个人带领着它安然度过了共和国历史上最后也是最危险的宗教危机。

萨尔皮受到召见时已经五十三岁。他自十四岁起就一直是圣母玛利亚会的修士。他年轻时曾一度担任曼图亚公爵的宫廷神学家，随后在公元 1575 年返回威尼斯，四年后被任命为都主教。之后他继续学习，涉猎范围超越了信仰的领域，事实上，萨尔皮的头脑更倾向于科学性而非哲学性。作为一名解剖学家，他被认为早于哈维二十五年发现了血液循环，以及瓣膜和静脉。作为一名光学设备专家，在公元 1592 年至公元 1610 年伽利略执教于帕多瓦大学期间受到萨尔皮的帮助，他在架设天文望远镜时，以“我的父亲与导师萨尔皮”的表述来表达感激之情。[1] 或许是因为萨尔皮简朴的饮食习惯，他患有严重的伤风，和他相熟的亨利·沃顿爵士曾经描述了萨尔皮在房间内的难忘画面：“当他独自阅读或写作时，椅子后方围着成叠成堆、高过他头的纸张，他简直就是我们的圣奥尔本斯领主。”尤其在他聚精会神的时候，“他具有强势的捕猎者般的风度”。尽管他本人是“人文学科领域最谦卑的一员”，但亨利·沃顿爵士对萨尔

1　他们两人定期在大运河边的科纳-马丁嫩戈宫见面。当时这座宫殿是安德烈亚·莫罗西尼和尼科洛·莫罗西尼兄弟的财产，他们将其变成一座科学院校。列奥纳多·多纳和后来的执政官尼科洛·孔塔里尼也是这儿的常客。

皮的敬仰却无穷无尽：

> 他积极务实，擅长经院哲学和神学论辩，即便在最深奥的数学领域亦是少有的大家；此外他还是植物史的专家，他在这方面如此精通，仿佛从出生起就只在潜心钻研大自然；最后他还是一位伟大的教会法专家，他以这个头衔为国家提供服务，并且在教宗下达禁令的紧急关头为威尼斯发挥了重要的作用。

萨尔皮被任命为元老院官方顾问后，就开始着手草拟共和国对教宗第一封关于教会财产谕旨的回应。回应全文口吻恭敬但毫不动摇，行文简练朴实，每一个字都掷地有声。他写道："统治者们依靠人力无法废除的神圣律法，有权就在他们管辖范围内的事务制定法律，教宗陛下没有必要对此进行规劝，因为这些事务是世俗的而非精神领域的。"

第二封关于两位不法神职人员的公文最终在2月底送到萨尔皮手上，他同样给予了理智且慎重的回应。但是教宗没有耐心与他认为"充满了异端气息"的论据纠缠。4月16日，保罗五世在一场宗教法庭上宣布，除非威尼斯在二十四天之内全面投降，否则将强行将它逐出教会并禁止它的宗教活动。次日，相关的警告就向全世界公布了。不过这次威尼斯没有等到时间白白耗尽。5月6日，多纳在一份致威尼斯领土范围内所有宗主教、大主教、主教、教区神父、修道院院长与神父们的布告上加盖了自己的印鉴。

多纳在布告中写道，他作为威尼斯执政官，在世俗事务上的权力仅次于上帝，他的职责是保证国家的和平与安定，因此他要在全能的主以及全世界面前与教宗进行严正交涉，以各种方法试图让教宗陛下理解共和国最合理合法的权利，但教宗对威尼斯的解释充耳不闻，反而公开发布训诫书，鉴于这份训诫“全然不合常理，背离了《圣经》、圣父和神圣的教会律法的教诲，对共和国由上帝赐予的世俗权力与自由抱有偏见，使得上帝的忠臣子民蒙其恩惠、不受打扰地享受生活与福祉的权利受到损害”，因此多纳正式宣布它毫无价值。因此多纳指出，神职人员作为布告的宣传对象，需要继续治愈国民忠诚的灵魂，举办各类弥撒典礼，因为这些活动代表了共和国“继续神圣的天主教信仰和福音使徒信仰的坚定信念，以及服从神圣的罗马教会的表示。”多纳的抗议最后以祈祷作结，他希望上帝可以让教宗明白他所作所为的徒劳无益，他对共和国犯下的错误，以及威尼斯提出的理由是正当合理的。

接着，执政官遵照萨尔皮的建议，放逐了国内所有的耶稣会（由于耶稣会的亲西班牙倾向，使得它从一开始就坚定地站在教宗一边）、戴蒂尼会和嘉布遣会的修士，同时以这样的话来应付教宗特使：

> 阁下！您必须了解，我们每一个人，不只是我国政府官员，还有全体贵族与平民都十分忠实且坚定。我们不在乎被逐出教会，这对我们没有任何意义。但现在请您想一想，如果我们的这种决心被他人仿效，将会使事态发展到何种地步。

这可不是空虚的豪言壮语。威尼斯人坚持着不可动摇的信念，认为他们是正确的，因此绝不会被吓倒，大多数威尼斯神职人员也是如此。据说有一个拒绝做晚祷的教区神父早晨醒来，发现有人在他的教堂外竖起一个绞刑架，他瞬间就领会了其中的暗示。还有另一件被更详细记录的事，帕多瓦一位教区神父受命交出来自罗马的信件，神父回答他会在圣灵的驱使下选择如何行事，威尼斯统治者回应十人议会同样受到圣灵的感应，可以吊死所有不遵从他命令的人，于是信件被按时送到了威尼斯政府的手里。

毕竟这不是威尼斯第一次承受教廷禁令的惩罚，它第一次被施以禁令是在公元 1284 年，然后分别又在公元 1309 年和公元 1483 年经历了一次。与前几次不同的是，这一次威尼斯将它对教宗权力的反抗有意局限在世俗层面，而在精神上，它依然希望做教会忠诚的女儿。如果教宗执意要将其逐出教会，那么这显然不是威尼斯的错，而且这将成为教宗的损失。当前新的变化已经产生，“归于上帝之物”和“归于恺撒之物”两者间古老的问题以新的模式呈现在后宗教改革时代的欧洲人眼里。正因为如此，过去三次针对威尼斯的禁令没有令外界产生太多兴趣，反而是这一次与教宗的论战吸引了西欧所有基督教国家的关注。在书籍和小册子中，或者在布道坛和广场上，威尼斯或是被热情地拥护，或是遭到恶毒地咒骂。

在论战愈演愈烈之际，保罗·萨尔皮仍然处于舞台的中心。他撰写了数不胜数的信件和辩论文章，并通过讲道、讨论和争辩进一步明确了教会神学的道路和统治者们世俗统治轨迹之间的区别。因此，在一些人眼里，萨尔皮无异于一位大天使长，但对另一些人而言，他仿佛就是敌基督的化身。在威尼斯，人们匍匐在地亲吻他的双脚，而在罗马与马德里，他的著作被公开烧毁。萨尔皮不可避免地被宗教法庭传讯，他像人们预料的那样拒绝出庭。与此同时，无论是美名还是恶名，他当下的名声已经超过了过去他任何科学、历史或者早期神学成就所带来的，这也是他从未渴望或梦想过的事。

显然这样一个重要议题不可能停留在理论讨论的层面。很快各个国家就像双方辩论者一样划分了阵营，西班牙自然对威尼斯采取敌对态度，英格兰和荷兰则积极提供帮助。然而在法兰西，亨利四世正如同走钢索一般处在一个危险的境地，他不能公开宣称他所希望的。尽管亨利对威尼斯抱有同情并且担任了调停人的角色，但是如今的威尼斯无心做出妥协。多亏有萨尔皮的宣传，如今共和国的立场得到了比预想中更广泛的支持。它像以往一样继续着宗教生活，如果有什么区别的话，威尼斯的教堂比以往更门庭若市。威尼斯认为自己辩护的理由合情合理，而且问心无愧。随着时间过去，一周又一周，一个月又一个月，共和国内自豪和兴奋的情绪不断高涨，这是一场了不起的道德之战，而它正在赢得这场战争。不过此时还有一件事值得忧虑，教宗或许会通过武力将自己的权威强加在威尼斯头上，而西班牙会很乐意与他结盟。因此威尼斯或许会考虑与教宗达成和解，但是讲条件的主动权将握在它手中。

至于教宗和他的教廷成员，此时正要面对一个可怕的真相：教廷禁令失去了效果。教宗的武库中最可怕的武器——在中世纪，这项武器的威胁足以令国王和皇帝屈膝——失去了它的力量。更糟的是，禁令的失败已经昭告整个世界。现在它已经对教宗的声誉造成了不可估量的影响，而此影响在这个滑稽的判决生效期间与日俱增。因此禁令必须被取消，而且要快。然而做这件事很难一蹴而就，不过至少它还有一定的惯例可循。

于是教廷开始进行撤销禁令的讨论。保罗五世的骄傲受到毁灭性的打击，以至于一度不愿意去思考这个问题，但最终他不得不同意撤除禁令。法兰西居中调停的请求得到接纳，于是双方开始谈判。威尼斯仍然接受萨尔皮的建议，拼命在谈判中讨价还价。举例来说，威尼斯断然拒绝向教廷祈求撤销禁令，所有类似的请求必须来自法兰西国王，然后威尼斯共和国才愿意同它联署，除此之外，它绝不会做出比这更进一步的行动。至于造成争议的两名囚犯，一旦禁令被撤销，威尼斯就会将他们移交给法兰西大使，作为对国王的致意，但是这不能使它审判与惩罚这两人的合法权利受到损害。此外，威尼斯绝不重新接纳耶稣会士，至于其他被放逐的修会，如果确认它们中个别成员是安全的，那么这些人将被允许重回威尼斯，不过共和国拒绝把这一点明文写在书面文件上。最后，一份精心起草的裁决报告新鲜出炉，它写道：鉴于教宗改变了看法并撤销了禁令判决，威尼斯也将投桃报李，取消它对教廷的严正抗议，不过这其中没有只言片语暗示威尼斯曾经犯下错误，或者对它的行为表示悔过。

就这样，在经过差不多一年之后，教廷在公元 1607 年 4 月撤销了禁令。在这段时间内，这道命令给它的始作俑者带来的只有声誉上的损失。这也是罗马教会历史上最后的禁令，有威尼斯殷鉴在前，没有一个教宗敢于再下达类似的命令，教宗在天主教欧洲的权威也不复往日强大。不过禁令停止生效，只在正式意义上表示双方和解。保罗五世因这件事受到公开羞辱，但他和威尼斯之间还有很多问题尚未解决，比如未处理的教会财产，对主教与宗主教的审查，以及切内达的未来，保罗五世绝不会让它们被人遗忘。不过现在在他头脑中占据最重要地位的，是如何报复那些违抗他命令的神职人员，以及一手造成他失败的保罗·萨尔皮。

为了修复与罗马的正式关系，萨尔皮没有立刻卸任，他还有很多工作要做，而且仍然每天徒步从圣母玛利亚会修道院前往执政官宫，将他的生命正处于危险之中的种种暗示置之度外。公元 1607 年 10 月 25 日傍晚，萨尔皮从执政官宫返回修道院，当他走下圣富斯卡桥的台阶时遭到了刺杀，刺客在逃走前捅了他三刀，两刀落在脖子上，还有一刀从侧面插进萨尔皮的右耳，刀锋深深嵌入了颧骨。但身受重伤的萨尔皮奇迹般地康复了，随后在见到凶器之后，他证实了自己的观点，因为受伤，萨尔皮痛苦地露出笑容，语带双关地笑称他终于领教了罗马教廷的“作风”。当然没有证据证明萨尔皮的指控是正确的，不过那些自称是刺客——这时他们的身份已经得到确认——的人事发之后立刻逃去了罗马，在那里他们全副武装，在街上自我吹嘘没有地方可以指控他们袭击萨尔皮的罪行，因此，哪怕他们没有受到教廷唆使，至少他们的行为也没有遭到它的反对。

在这件事之后，萨尔皮拒绝了共和国在圣马可广场为他置一座宅邸的建议，但他同意此后乘坐贡多拉船前往执政官宫，并且在他的必经之路上建造一座廊道，这样他就可以安全地从修道院抵达码头。而尽管有了这些防御措施，在萨尔皮的余生中，他又经历了两次刺杀，其中一次甚至发生在他自己的修道院内，但他都幸运地从中生还。最终，萨尔皮于公元 1623 年 1 月 15 日清晨在自己的床上去世，他的遗言是“愿它存续万世”，听到这句话的人将它套在为萨尔皮鞠躬尽瘁服务多年的共和国头上。但即便萨尔皮已经身故，教宗对他的积怨仍然存在，当元老院提议为萨尔皮建造一座纪念碑时，教廷特使表示强烈反对，威胁如果威尼斯着手做类似的事，宗教法庭就会宣布萨尔皮为执迷不悟的异端分子。这一次威尼斯做出了让步，直到公元 1892 年，如今我们看到的萨尔皮青铜像才竖立在圣福斯卡广场的中央，距离当年萨尔皮死里逃生之处不过几码之遥。[1]

1 萨尔皮安葬于修道院的教堂中，公元 1828 年他的遗体被转移到圣米迦勒教堂。圣马可图书馆收藏着一幅他老年时期的肖像，明确地描绘出了他脸上的疤痕。刺伤他的匕首如今是朱斯蒂尼安家族的收藏，然而圣母玛利亚会修道院留下的遗迹却不多，令人感到遗憾。这座修道院在十九世纪初停止使用，数年后修道院精美的十四世纪建筑就被拆毁，它废墟中的砖石在公元 1852 年出售，罗斯金对此事评论：“一块石头接着一块，直到片瓦不存。”

40

叛国与密谋

（公元1607—1622年）

去与那些奴隶和亡命徒混在一起，还有那些臭名昭著的刺客，割鼻者，以及埋伏在小巷中的恶党们！

带上这样一批人，再雇用流氓地痞，在那些可怜人入睡时割断他们的喉咙。

——托马斯·奥特韦，《威尼斯得免于难》

凡是重大的胜利，无论它发生在军事、外交或道德层面，都不可避免地令胜利一方的领导人受到大众的欢迎。不过列奥纳多·多纳却是个例外。在威尼斯被施以教会禁令的时期，它的领导权从多纳转到了萨尔皮手上（虽然在名义上并非如此）。尽管在那之后五年，多纳继续作为执政官统治威尼斯，但他一直没能得到子民的爱戴。其原因再清楚不过，特别是在威尼斯的历史上，这个令人难过的事实总是反复出现，威尼斯人只用一个简单的标准来评判执政官，即他是否慷慨。据记载，在他绕行广场的就职游行中，多纳没有向人们抛掷多少赠礼，陪同的三个侄子更是一毛不拔，因此愤愤不平的民众纷纷向他们投掷雪球。这种节俭的行事风格贯穿了多纳整个执政时期，游行队伍的长度被缩短了，公共开销被无情地裁减，至于那些按惯例加入盛大活动和游行，给未获邀请的人民大众带来比受邀宾客更多欢乐的国务宴会，无论在参与人数和奢华排场上都不如从前。就在威尼斯遭受禁令，最需要这些活动的时候，威尼斯人的生活却因为执政官的举动失去了大部分色彩。人们恋恋不舍地怀念多纳的前任，慷慨的老马里诺·格里马尼执政的日子，个个伤心不已。

不过在其他方面，多纳是个优秀的领导者。他聪敏绝伦，是伽利略的密友，而且他勤勉肯干，尽职尽责，据说大议会、元老院与十人议会召开的会议，除了极少几次生病缺席，多纳次次到场。而且在会上，没有任何小细节可以逃过他的眼睛。因此，这样一个高大严厉、不苟言笑、有着一双睿智且富有洞察力的眼睛的男人，会极度在意自己不受欢迎的事实，实在是件怪事。公元 1612 年 2 月，多纳在一年一度的圣母洁净礼日访问圣玛利亚福尔莫萨教堂，人们在那里奚落他，朝他大喊“格里马尼执政官万岁！”，这次不愉快的经历给多纳沉重的打击，以至于他随后拒绝举办任何公开游行。此后他也确实没能有举办活动的机会，五个月后的公元 1612 年 7 月 16 日，多纳经历完一场在委员会大厅内举行的激烈辩论，突然毫无预兆地倒下，不到一个小时就与世长辞。[1]

列奥纳多·多纳的三位继任者，马尔坎托尼奥·梅莫、乔瓦尼·本博和他的远亲尼科洛·多纳对历史影响甚微——尽管本博在勒班陀海战中表现优异，击沉了三艘土耳其桨帆船，自己也身受重伤，甚至留下了两处伴随终身的伤疤——他们的执政期很短，前两位分别执政三年，而最后一位因中风去世时，只做了三十四天的执政官，这或许就是他们在执政官之位上毫无建树的原因。不过在这些人的统治下，威尼斯经历了一段可谓是共

1　他被埋葬在圣乔治·马焦雷教堂，在教堂的西墙上，可以看到他的纪念墓碑。执政官宫的判决厅内，还保存着一幅由提香之子马可·韦切利奥执笔的肖像。

和国历史上最不可思议、最令人感觉到不真实的时期。

此时西班牙势力若隐若现的幽灵正给整个意大利蒙上阴霾。一个多世纪以来，西班牙的野心都受到法兰西的制约，但就在这个世纪初，法兰西宣布放弃它在意大利半岛上的最后一块领地。[1]公元1610年，亨利四世遇刺，王位落到他九岁儿子路易十三头上，并由坚定支持西班牙的亨利遗孀玛丽·德·美第奇担任摄政，以便让年轻的国王不至受到西班牙更多抵制。如今西班牙已经是米兰与那不勒斯的至高统治者，玛丽的堂兄弟，佛罗伦萨大公柯西莫二世在很大程度上受制于西班牙，鉴于西班牙籍枢机主教和耶稣会势力的联合影响，罗马教宗亦受到西班牙的操纵。只有两个意大利国家决心抵挡西班牙与日俱增的威胁，一个是萨伏伊公国，它的统治者萨伏伊公爵卡洛斯·伊曼纽尔二世在法兰西元帅莱迪吉耶尔的主动协助下召集了两万余人的军队，做好了接受西班牙驻米兰总督派来的任何军队挑战的准备，而另一个国家，就是威尼斯。

就在米兰给萨伏伊带来麻烦的时候——萨伏伊借此弄到了极大一笔财政补贴——威尼斯正在面临比萨伏伊更大的麻烦。在东边，哈布斯堡大公奥地利的斐迪南的军队正联合西班牙人形成夹击之势。究其根本原因，是乌斯科克海盗的抢掠行径在公元1613年达到了顶峰，他们甚至还将一位威尼斯海军将领克里斯托弗罗·维尼耶斩首。威尼斯一次次向斐迪南进行抗议，要求他采取有效措施约束他令人难以忍受的臣民，但随着威尼斯和西班牙之间的关系恶化，大公看待乌斯科克海盗的眼光开始带有越来越多的同情。他在表面上对乌斯科克人进行了几次温和的规劝，私下却给予他们尽可能多的支持。威尼斯于是自行发动了征讨乌斯科克人的惩罚性战争（这已不是威尼斯人第一次这么做），斐迪南随即进行抗议，从而导致

1　按照公元1601年的《里昂条约》，萨卢佐被割让给萨伏伊。

新的战争爆发。公元 1617 年秋天之前，这场战争还停留在零敲碎打的阶段，战场亦仅局限在伊斯特里亚和弗留利地区。但当威尼斯、萨伏伊和西班牙之间的和平进入了一个不稳定的状态，乌斯科克海盗的命运就被一锤定音了（尽管除此之外，三个国家间的这种状态没有在其他方面造成多少结果）。乌斯科克海盗的海港和堡垒被摧毁，船只则被付之一炬，那些逃离了死亡命运的乌斯科克人带着家眷逃往克罗地亚腹地，他们在那儿与当地人通婚，逐渐失去了自己的民族特性。

不过西班牙在为自己攫取利益时，既没有诉诸武力，也没有采用和平的外交手段，而是使用了见不得光的方式。毕竟十六世纪末到十七世纪初是阴谋诡计盛行的时代，而阴谋诡计来来去去总是那些花样：佛罗伦萨的美第奇家族，米兰的维斯康蒂家族，尤其是罗马的波吉亚家族（如果关于这个家族的传言值得取信），可以举出数不清的阴谋、毒杀、间谍与反间谍行为、密会以及藏在斗篷下的危险匕首的例子。当然阴谋也不是意大利的专利，在法兰西，不必将回忆上溯到中世纪，就有圣巴托罗缪大屠杀，还有胡格诺将军科利尼以及亨利四世遇刺事件；而苏格兰女王玛丽悲哀扭曲的一生与无数阴谋紧密交织，英格兰亦有著名的火药阴谋。只有威尼斯，直到刺杀保罗·萨尔皮未遂事件发生前，相对来说不受其不良影响。然而现在它转变得很快，和过去一样，它的大街小巷充斥着四处游荡的意大利及外国冒险者，但是往日这些人中的大多数都会接受雇用，成为水手和雇佣兵，现在他们更倾向于加入亡命徒的小团体，在广场周围或里亚尔托周围游荡，试图寻找任何可能的金主，来雇用他们去做一些“脏活儿”糊口。

通常这些人不需要等待太久。在过去的几十年间，威尼斯迎来了一类新的访客——国外的贵族世家子弟。虽然旧日英国贵族让子女到欧洲游历的教育方式还不为人所知，但到了17世纪初，整个西欧都已经饱受文艺复兴观念熏陶，其中的核心观念之一，就是去外国旅行，尤其是去意大利旅行的价值是一名具有良好教养的绅士教育中不可或缺的一部分。在中世纪，这类人很少出国冒险，除非是为了作战、朝圣或偶尔接受外交任务，为了娱乐而旅行显然是个崭新的概念。威尼斯风景优美，城市壮丽，是著名的国际大都会，还时常举办盛大庆典，它也因为能够向来访者同时提供最纯洁和最堕落的乐趣声名鹊起，于是它自然成为最受旅行者喜爱的目的地。威尼斯热情欢迎这些早期的游客，尽可能为他们提供食宿，并煞费苦心地确认没有人采取不公正的手段欺骗他们，即便如此，有什么能比新来者接受一个或更多上述不法之徒的劝诱更容易的呢？这些人了解他们的行为方式、使用的语言，这些人还了解与金钱相关的事务，清楚当地风俗，并且能提供娱乐活动、人身保护，以及其他雇主需要的特别服务。

但是在这些人之中还有一些更罪恶的交易。威尼斯极度发达的通信网络和稳定的政府令它成为欧洲最主要的间谍大本营和国家秘密的交易场。这时候世界上所有的重要国家都通过它们的大使、密探、银行、贸易中心或者更私密的机构在威尼斯占有一席之地，对这些机构和人中的很大一部分来说，收集情报是一种基本职责。出于收集情报的目的，多一些眼线总是有用处的，一个用刀好手和一个永远不显得过于敏感的直觉也总是受到欢迎。

像威尼斯这样一个有着高度发达于其他任何国家的情报系统的共和国，如果没有蓄养自己的眼线关注所有这些隐秘活动，以及在需要时将它们为自己所用，那才是咄咄怪事。每一个外国大使馆，甚至每一间外国人的屋子，都被威尼斯密探渗透，他们直接向十人议会报告这些建筑人员出入的细节、收到的信件以及窃听到的对话。威尼斯还特别关注城内有名的交际花，她们中有一些人甚至被国家雇用，传递任何有用的消息用来进行勒索或者达成其他目的。威尼斯还有一个活跃的双面间谍网络，这些人的任务是给外国的情报系统提供错误或者带有误导性的消息。但即便是有着所有情报专门技术和看不见的告密者大军（更别提早已声名远播的“狮子之口”[1]）的十人议会，都不可能立即出现在城市中的任何地方，更何况威尼斯有迷宫一般的小巷、幽暗的门廊，甚至还有附近的潟湖可供处理尸体，它本身复杂的地理条件使得十人议会和它的手下们完成这一任务更加艰难。

公元1618年5月18日，就在这一天，威尼斯情报工作达到了胜利的顶峰。这天威尼斯人头攒动更胜往日，不仅因为四天前这里举办了共和国最大的年度庆典，耶稣升天节的海婚仪式，而且就在前一天（5月17日），执政官尼科洛·多纳不合时宜地去世，新当选的执政官安东尼奥·普留利之前正在达尔马提亚执行任务，整肃威尼斯和奥地利两股势力的战斗前线，将很快回到国内。普留利富裕且有慷慨之名，他巡游广场的就职仪式可谓是万众期待。[2]但此时威尼斯在名义上仍然没有执政官坐镇，这天早晨，当早起的市民穿过小广场时，他们震惊地发现两具男人的尸体，死者以一条腿吊在两根石柱之间仓促竖起的绞刑架上的方式悬挂在半空中。尽管过去几个世纪以来，这个地方一直是执行死刑的刑场，但近年来十人议会更习惯于在私下里履行它令人不快的职责，这种异于平常的行为只意味着十人议会想要发出公开警告。之后时间一天天过去，又一具尸体出现在同样的地方，但是没有任何声明，没有任何确认死者身份或者解释其死亡的只言片语。于是谣言不可避免地流传开来，并促使一些亡命徒匆匆离开威尼斯，这些谣言假定这时正有一个针对共和国的巨大阴谋，而

1　见第25章。

2　他没有让人们失望，抛撒出了两千杜卡特的小额钱币，以及价值一千杜卡特的金币。他的女儿阿德里亚娜·科纳也从宫殿的窗户那里抛出了更多的钱币。

这个阴谋的幕后黑手自然只可能是西班牙。因此怀有敌意的人们聚集在西班牙大使馆外示威，西班牙驻威尼斯大使贝德马尔侯爵不得不向政府要求保护。他对自己的政府汇报道："陛下的名号与西班牙的国名是威尼斯最恶于提及的两个词。在当地人中，'西班牙人'是一个侮辱性的词汇……他们渴求我们的血。这都是威尼斯统治者们的过错，他们总是教导自己的人民憎恨我们。"

大使的话不完全是正确的。多年以来西班牙大使馆一直是威尼斯最繁忙的阴谋策划中心，它的地下室、接待室和走廊中充满了罪恶，在等待大使接见时，戴着耷拉下来的宽边软帽的人们聚在一起窃窃私语。公元1617年10月，当十人议会最终向元老院发布完整报告，详细披露西班牙大使馆内发生过什么事时，人们发现——也正像他们猜测的那样——贝德马尔侯爵正是后世史称"西班牙阴谋"的重要策划者之一。

我们完全可以这么说，"西班牙阴谋"间接地给予托马斯·奥特韦灵感，充实了他最出色亦最出名的剧本《威尼斯得免于难》的情节。[1]尽管这部戏剧不完全是悲剧结局（除了那些遭到应得报应的人），而且由于涉及性的内容完全出于作者本人的想象，这部分内容亦令人遗憾地乏善可陈，但它还是拥有了十七世纪意大利音乐剧的全部要素。戏剧讲述，反派奥苏纳公爵兼西班牙驻那不勒斯总督堂佩德罗决心摧毁威尼斯在地中海的势力，但他同时又背叛了自己的国家，想要在那不勒斯建立独立的王国并自立为王。剧中的西班牙大使贝德马尔侯爵富有教养，在社会上极具魅力，但他实际上却是"西班牙最强大且危险的灵魂之一"。侯爵对威尼斯和它的人民怀着难以消解的敌意，因此他全盘同意奥苏纳公爵的

1 奥特韦参考的直接来源是圣雷阿尔的小说《1618年西班牙人针对威尼斯的把戏》。

第一个目的，却没有察觉到对方狼子野心昭然若揭的第二个目的。此外还有一位居住在那不勒斯的威尼斯人加斯帕罗·斯皮内利，他是共和国忠诚的仆人，但却天真，易于轻信，头脑愚钝，显然无法与正在策划颠覆行动的那些人邪恶的智慧相抗衡。这些西班牙阴谋家雇用了两个听命于他们的人，作为实施计划的重要工具：一是名叫雅克·皮埃尔的诺曼底冒险家兼海盗，虽然他几乎是个文盲，却是当时最优秀的海员之一；二是皮埃尔不可分割的对立面尼古拉斯·勒尼奥，他受过良好教育，满口花言巧语而且寡廉鲜耻，不择手段，此外，勒尼奥能说一口流利的意大利语，还写得一手好字。最后出场的是全剧的主人公巴尔塔萨·朱旺，这个年轻的法兰西人是莱迪吉耶尔元帅的外甥，他来到威尼斯，准备参军入伍。

就像所有这一类型的阴谋一样，西班牙人的阴谋无论在理念还是实施手段上都极其复杂难解。如果完整地叙述它，会令人感到难以忍受地冗长乏味，当然本书也没有为它保留更多篇幅的打算。[1]但是它整体的计划却野心勃勃，足以满足最苛刻的剧本作者。在剧本内，早在预定发动阴谋的数周之前，穿着平民衣服的西班牙士兵便三五成群秘密潜入威尼斯境内，由身在威尼斯的贝德马尔侯爵秘密给他们送来武器装备。接着，当一切准备停当，飘着奥苏纳本人旗帜的船只将侵入亚得里亚海域，其上搭载的远征军随即会在利多岛登陆，与一支平底驳船组成的舰队穿过潟湖攻入城市。他们将夺取圣马可广场和里亚尔托，在那里设置街垒，西班牙人的特别小分队将占领军械库和执政官宫，攻入这两个地方的武器库，把里面的武器分发给阴谋策动者们和支持他们的市民。与此同时，一支受雇于威尼

1 建议非常想要一看究竟的读者阅读霍雷肖·布朗，《威尼斯史研究》第二卷，第245—295页，这本书巨细靡遗地记载着全部的故事。

斯以备不时之需的荷兰雇佣军以及搭载军人前来的十一艘船上的水手将在他们临时落脚的传染病医院被说服发动兵变，加入西班牙人的行动。重要的威尼斯贵族们或被杀死，或被用于勒索赎金。此外，作为额外的独立行动，威尼斯驻克雷马守军将背叛共和国，把城镇交给西班牙驻米兰总督。于是威尼斯就会落入奥苏纳掌控，所有掠夺而来的财富与勒索到的赎金将和其他的阴谋家分享。

至于这个疯狂的计划是否可能成功，至少我们得说这机会非常小。不过它的策划人从未有机会将这个阴谋付诸实施，也可以说是一桩幸事。朱旺发现了西班牙人的阴谋，他在自己的旅店“特龙贝塔”里遇见一位同胞加布里埃尔·蒙卡桑，对方告知他西班牙人正在筹备的阴谋，并邀请他加入。但蒙卡桑愚蠢的地方在于没能事先发现朱旺是名胡格诺教徒，而且他和他声名显赫的舅父一样对西班牙心怀憎恨。朱旺随即被介绍给皮埃尔和勒尼奥，他假意答应加入他们，逐步诱使对方和盘托出包括主谋名字的全部阴谋计划。一到两天后，朱旺编造了些蹩脚的借口，让蒙卡桑同他一起前往执政官宫，径直朝执政官的接见室走去。故事进行到这里，蒙卡桑突然警觉起来。

“你究竟要从执政官那儿得到什么呢？”他问。

“实际上没什么。”朱旺回答，“我只是向他请求许可，让我们炸掉军械库和造币厂，然后将克雷马拱手让给西班牙人。”

“你这家伙会把我们都毁了！”蒙卡桑高喊出声，他的脸色变得惨白。

“放心，你不会的。”朱旺说道，他把他的朋友交给一位他信任的威尼斯贵族马可·波拉尼看管，然后走进了接见室。朱旺向执政官简单解释了整件事的大概之后，蒙卡桑被带进房间，他为了求生立刻交代出一切。

一旦威尼斯政府掌握了阴谋事实，十人议会便像往常一样迅速秘密地行动起来。正和威尼斯舰队同行的雅克·皮埃尔立即被处决，人们将他缝进一个口袋里，从船上丢进汪洋大海。勒尼奥和两名次要的阴谋策划者德布尔莱奥兄弟被逮捕和拷问，等他们交代完罪行，便被倒吊在小广场的绞刑架上。此外，差不多有三百名阴谋的次要参与者也被谨慎地清除掉了。

至于奥苏纳和贝德马尔，他们的企图再次被挫败，气得七窍生烟，但他们位高权重，难以被逮捕，因此这两人得以继续在他们各自的宫殿高墙内进行罪恶的勾当。但他们已经失去了最佳的机会，威尼斯幸免于难。

在他人的描述中，威尼斯共和国常常是一个极权的警察国家，在某种程度上它也确实是。但是因此而指责它的人们忘了一些事：其一，在十六世纪到十七世纪的欧洲，几乎每个国家都是如此，威尼斯与其他国家的主要区别或许就在于共和国的此类机制要高效得多。而尽管威尼斯像其他国家一样，时常使用一些如今看来应当受到谴责的不光明手段（在当时人们却普遍接受这些手段，认为使用它们再正常不过）来对付那些敢越雷池的人，但它的底线和其他地方的相比则要宽容不少，这一点在尊重言论自由上体现得尤为明显，而这部分正是现代警察国家最敏感亦最受人诟病之处。当时的威尼斯在一切涉及宗教的重要问题上亦表现得自由宽大。最后值得我们牢记的是威尼斯的另一个独特之处，它从来都不是君主专制统治。威尼斯每一任统治者都通过自由选举来获得他们的职位，或许除了瑞士以外，在当时的欧洲没有一个国家在民主治理上能和它相提并论。然而威尼斯偶尔也会做出悲剧性的错误，特别是当它放任自己对西班牙的合理猜疑，让它扭曲了自己的判断力时尤其如此。安东尼奥·福斯卡里尼和阿伦德尔伯爵夫人阿莱西亚两人的事就是其中最著名的一个错误。

福斯卡里尼的职业生涯有一个很好的开始。他曾作为威尼斯驻法兰西大使，在亨利四世的宫廷中表现优异，随即他调动到伦敦担任大使，给国王詹姆斯一世留下了极好的印象，结交了不少朋友。然而此时他遭到手下一名秘书的怨恨，后者多次对他进行几近歇斯底里的指控，其内容主要涉及出售国家秘密，最后他甚至上告至十人议会。福斯卡里尼被召回威尼斯回应指控，他一抵达，就立刻锒铛入狱，在这之后，对福斯卡里尼的讯问持续了三年（公平地说，在此期间双方都提出了很多看上去令人信服的证据），最终在公元 1618 年 7 月 30 日，福斯卡里尼被判无罪，洗清冤情并从狱中获释。到了公元 1620 年，他已是元老院的一员，之前的不幸事件仿佛正在被逐渐淡忘。

公元 1621 年夏，阿伦德尔伯爵夫人抵达意大利。她时年三十五岁，是哈德威克的贝丝的曾孙女，伊丽莎白一世的教女，丈夫第二任阿伦德尔伯爵托马斯·霍华德是詹姆斯国王宫廷中的重臣。和伯爵一样，伯爵夫人也是艺术的狂热爱好者，她用自己庞大的财富打造了英格兰最大的私人收藏之一。艺术是伯爵夫人来到意大利的原因之一，另一个原因则是为了她两个幼子的教育，她决心给予他们意大利式的人文主义教育，这在当时是非常超前的。不过当伯爵夫人带着大批随从前往威尼斯，在大运河畔的莫切尼戈宫住下时，这两个孩子却被她留在位于布伦塔河边多洛的别墅内度夏。

伯爵夫人一直在威尼斯逗留到次年春天，正在这时，针对安东尼奥·福斯卡里尼的第二次打击到来了。4 月 8 日，他在离开元老院的路上遭到逮捕，罪名是“与其他国家的臣属和官员们频繁密会。他们见面不分昼夜，地点在这些人的宅邸或者其他地方，城内城外都布满他们的足迹；他们或是乔装打扮，或是以正常的装束见面。他［福斯卡里尼］或是借言谈之际，或是用书写的方式向他们泄露了共和国最私密的情报，以此换取金钱报酬”。这一回威尼斯的司法机器飞快地运转起来，过了不到十四天，十人议会就在 4 月 20 日一致认为福斯卡里尼有罪。当天夜里，福斯卡里尼就被执行绞刑。

如今被处决的恶人尸体单腿倒挂在小广场绞刑架上的景象对威尼斯人来说已经见怪不怪了，但这次却不同。受刑者不是什么无名刺客，而是威尼斯元老院的成员，他为众人所知，出身显赫的贵族家庭，而且先前福斯卡里尼曾受到恶劣的造谣中伤，他蒙受无妄之灾，在漫长的牢狱生涯中备受身心上的折磨，这番遭遇得到了威尼斯人广泛的同情。因此人们开始怀疑，在针对福斯卡里尼的第一次指控中，那些罪名是否确有其事。接着流言一如既往地四处传播开来，人们逐渐相信福斯卡里尼与外国人密会的主要地点就在莫切尼戈宫，那位“高贵的英国人”为他们的行动提供庇护，由此推论，这位贵妇人显然就是一名反派人物，她就像一只母蜘蛛，盘踞在织出的大网中央。

这些流言很快就传到英格兰大使亨利·沃顿爵士耳中，这次他一反常态地失去了理智。如果当时他能直接面见执政官，就这个问题与他进行讨论，那么一切都会安然无事。而沃顿爵士却给阿伦德尔伯爵夫人送了一封紧急信件，告知她威尼斯方面正准备将她驱除出境，三天之内裁决就将生效，同时他还建议伯爵夫人尽快离开共和国领土。但是爵士此举低估了伯爵夫人的志气，这导致了致命的后果。阿伦德尔夫人没有辱没哈德威克的贝丝曾孙女之名，她直接找到沃顿爵士，否认福斯卡里尼曾经在她的宅邸内密会客人，尤其是大使先生特别在信中提及的教宗特使或者皇帝斐迪南[1]的秘书这两位外国使节。此外，夫人补充道，她看重英格兰的名誉，就像珍视自己的名誉一样，因此她会在次日早晨试着觐见执政官。伯爵夫人希望爵士可以陪同她一起前往，但如果不行，她就自己一个人去。

伯爵夫人的反应显然不是沃顿所希望见到的。他现在落入了一个非常

1　这位前奥地利大公在公元 1619 年继承了神圣罗马帝国。

尴尬的境地，实际上他并没有得到任何流放伯爵夫人的通知，只是捕风捉影地听到一些流言，并且觉得这些消息可以取信。他的行为也全然是一厢情愿。阿伦德尔夫人手握权势，富贵逼人，而沃顿却囊中羞涩，他微薄的薪水与津贴几乎使他无法保证职位所需的最低体面。沃顿能够维持生活，很大程度上源于白金汉公爵交给他任务，让他为自己的艺术收藏购买画作，但是阿伦德尔夫人已经买走了最好的那一批作品——即便她支付了虚高的价格。事实上，她的丈夫和白金汉公爵在宫廷中的斗争又将事态进一步复杂化。最后，归根结底还是宗教问题。伯爵夫人与她的丈夫不同，仍然坚持天主教信仰，然而沃顿却是一个坚定的新教徒，他为了新教在威尼斯享有如今的种种权利已经奋斗多年。以上种种理由使得伯爵夫人成了沃顿爵士的眼中钉肉中刺，他也很乐意不再和她打交道。

次日早上执政官接见了阿伦德尔夫人，他热情地欢迎她，并授予她坐在他身边的殊荣。执政官一言不发地听完了夫人的情况，向她明确地保证从未有过流放她的命令，更不会让她牵连进最近令人痛心的事件中去，相反，威尼斯欢迎她，过去如此，现在亦然。阿伦德尔伯爵夫人感激地接受了执政官的保证并向他表示感谢，不过她又进一步提出了一个要求：她需要一份公开的无罪证明书，这份证明书不但要在威尼斯公布，也要在伦敦公之于众。这个要求也得到了满足，数日后，当伯爵夫人和亨利·沃顿爵士来到大议会时，威尼斯人在她面前高声朗读出一份由元老院起草的正式声明，以及威尼斯大使因此收到的相关指示，威尼斯政府要求他首先对阿伦德尔伯爵，其次对英格兰宫廷中任何对伯爵夫人的清白感兴趣的人做出最明确的保证。此外，作为共和国进一步的尊敬表示，执政官特别邀请伯爵夫人参加即将到来的海婚典礼，届时她将在两名海事大臣的护送下登上一艘特别的国务礼船；另外威尼斯还赠给夫人十五只大碗盛放的蜡和蜜饯，这批礼物价值一百杜卡特，将由专人送到她的府上。[1]

毫无疑问，阿伦德尔夫人有充分的理由对事件结果感到满意，而显然她也因为这件事怪罪亨利爵士，这令后者开始害怕自己会被免职。不过六个月后，当他令人生畏的同僚带伯爵夫人离开时，沃顿仍然留在威尼斯，伯爵夫人随行携带了三十四匹马和七十包在执政官个人命令下特别免除关税的封存货物，它们和她的儿子们一起，向北方跋涉而去。

此时值得欣慰地留书一笔的是，尽管悲剧地迟来一步，威尼斯终于做出了另一项补偿。我们不知道究竟是什么消息被曝光，让安东尼奥·福斯卡里尼第二次被诬告的事实大白于天下，不过公元 1622 年 8 月 22 日，那些指控福斯卡里尼的人在三位国家监察官员面前受审，[2] 他们被判有罪并且被处以死刑。随后十人议会对他们犯下的错误进行了全面公开的交代，这份陈诉的副本文件被送到福斯卡里尼的家人手中，还分发给海外所有的威尼斯大使馆，剩下的文件则在威尼斯的街头巷尾被传阅。人们掘出福斯卡里尼的棺材，以公费为其举行国葬。在威尼斯圣欧达奇教堂的福斯卡里尼礼拜堂内有着一尊福斯卡里尼的半身像，还有铭文如下：

ANTONIO FOSCARENO EQUITI

BINIS LEGATIONIBUS

AD ANGLIAE，GALLIAEQUE REGES

FUNCTO

FALSAQUE MAJESTATIS DAMNATO

---

1 我们必须要注意，关于阿伦德尔夫人最受欢迎的逸闻，即福斯卡里尼并非出于政治目的定期拜访她的宅邸，而是两人有暧昧关系这件事，并没有实际证据的支持。相反，从福斯卡里尼在英格兰的经历来看，这两人并不是密友，而且事实上很少见面。

2 即前文提到的“Inquistori di Stato”（见第 38 章）。

CALUMNIA INDICII DEJECTA

HONOR SEPULCRI ET FAMAE

INNOCENTIA

X VIRUM DECRETO RESTITUTA

MDCXXII

（大意：安东尼奥·福斯卡里尼，他两度为国家使节，因为受到诬告，被判处死刑，如今在此昭告天下，推翻过去的不实指控，由十人议会恢复他的清白名誉。公元 1622 年）

41

泽恩对抗十人议会

（公元 1623—1631 年）

他是一个随时准备滔滔不绝发言的人，一个优秀的公众演说家，他激情澎湃，慷慨大方，正直的品行为众人所知，但他的问题出在思想上，这个人常常引起争议，并且熟练地以法律条文和公众利益来支持他的论点；而且为了在市场上受到欢呼喝彩，他总渴望挑起公开辩论，显示自己的智慧和才干。

——米凯莱·福斯卡里尼评论雷尼耶·泽恩

安东尼奥·普留利的死没有引起他臣民们多少悲伤的情绪。他做出许多美好的承诺，最后却只剩失望的泡影。我们得承认，他在位期间，统治得颇为不易。普留利一上位，就身处“西班牙人阴谋”的风口浪尖，等到临近他去世卸任，又有福斯卡里尼的无罪声明，而处死福斯卡里尼正是他做下的决定之一。虽然上述情况已经很糟，但还有事更甚于此。尽管他的生活事实上并不算放纵——实际上在执政官不得不遵守各种限制的情况下，他也不太可能过着放纵的生活——但普留利不知为何给人一种从未认真履职，而且无法维持执政官尊严体面的印象。这位七十五岁的老执政官从位于布伦塔的别墅返回后不久，便于公元 1623 年 8 月 12 日去世，这时便有人私下说，假如普留利执政官的生活更加规律，他或许还能多活几年。他埋葬在圣洛伦佐教堂，不过在那里既没有纪念物，也没有铭文来标示他坟墓的位置。

之后接任的弗朗切斯科·孔塔里尼任期只有十五个月，而这短暂的一年多时间在很大程度上（如果不用受到很深影响来描述的话）因为一场战争蒙上了阴影。尽管有些本身规模较小的战争会反映出在别处范围更大的冲突，但它本身囿于狭小的范围，对欧洲局势造成的影响亦很有限。在孔塔里尼任期内发生的这次战争亦属于此类，这一战与瓦尔泰利纳有关，瓦尔泰利纳是阿达河从它位于蒂罗尔西南部的源头到位于科莫湖河口沿线长长山谷的名字，这条峡谷在当时约有七十英里长，是威尼斯共和国的西北边界线。这个区域构成了瑞士重要的新教州格劳宾登州的一部分，随着公元 1618 年三十年战争爆发，此地作为西班牙控制的米兰与哈布斯堡的奥地利之间唯一的直接通道，对西班牙的意义愈来愈重要，两年后，西班牙军队将其占领。

眼看事态发展到这个地步，法兰西、萨伏伊和威尼斯很自然地感到警惕和忧虑，因此它们在公元 1623 年结成同盟，希望能借此赶走侵略者，恢复现状。但就在它们还未行动之前，西班牙人已将瓦尔泰利纳峡谷内所有的要地都移交给了教宗。这是（或者说本应是）绝妙的一步棋，西班牙人此举建立在他们对枢机主教黎塞留的一个猜测之上，黎塞留刚掌握了法兰西大权，西班牙人认为他会遵从教宗的权威，但是他们的判断错了。公元 1624 年 11 月，三千法军与四千瑞士步兵带着五百匹马，在威尼斯人强力支持下进军瓦尔泰利纳。到了年底，这支军队便成功地将驻守在当地的教宗军队逐出了峡谷，而联军在战斗中俘获的旗帜则立即被恭敬地送回罗马。这场战斗历时短暂，却获得了彻底的胜利。但是公元 1626 年初，西班牙和法兰西在阿拉贡的蒙松签订了协议，同意瓦尔泰利纳成为一个自治的罗马天主教国家，西班牙和法兰西将共同保证它的独立，瓦尔泰利纳境内所有的堡垒要塞也随之被永久拆毁。

威尼斯和萨伏伊对此怒火中烧。黎塞留有什么权力可以完全不同法兰西的两个盟友商议就单独与西班牙讲和，在处置这样一个战略要地的问题上，他又有什么权利可以自行与他们先前的敌人达成一致？威尼斯对拆除瓦尔泰利纳地区的堡垒这件事抗议得尤其激烈，它认为这些堡垒对保持通信顺畅十分重要。

黎塞留主教毫不吝惜他的道歉，他声称这一切都是法兰西驻马德里大使的错，后者逾越了他的指示，路易十三对协议的某些方面亦有不满。但木已成舟，破坏也已造成，主教肯定地认为威尼斯不会重启事端，冒险进行一场可能持续很久且耗资巨大的战争。于是威尼斯人只能不快地耸耸肩，接受了无法逃避的事实。

此时孔塔里尼执政官去世了。公元 1625 年 1 月，乔瓦尼·科纳接任执政官，他来自科纳这个大家族一个古老的分支，是三个世纪前马可·科纳执政官的直系后代。选举结果出来之后，整个威尼斯都大感诧异，但最惊讶的莫过于科纳本人，因为他的职业生涯实在没有特别可圈可点之处。据教宗特使传回罗马的报告称，比起国务，科纳在商业事务上投入了更多的热情，此外，尽管他过着符合其地位阶级的奢华生活，慷慨虔诚地从华丽的宅邸中取出钱物施舍给邻近的圣波罗教堂[1]，他却丝毫没有谋求高位的意图。因此颇为矛盾的是，正是科纳这种不谙世故的品性吸引了雷尼耶·泽恩的注意，后者或许是威尼斯最狂热的改革者，而且可以说，此人

1 历史建筑编号为 No.2128a。它由桑米凯利在十六世纪五十年代主持建造，正面朝向运河，因此游客在桥上可以得到最佳的观赏角度。二十世纪初，这座建筑曾短暂地被科尔沃男爵弗雷德里克·罗尔夫继承。

一定是威尼斯最令人不快的改革者。

公元 1621 年，作为威尼斯驻教廷大使的泽恩就已经给共和国带来了不少尴尬，他曾公开指控与他同住在圣马可宫内的威尼斯籍枢机主教多尔芬被法兰西收买。待到回国，泽恩得到了一个政府高层职位，但是他的傲慢以及在某些他认为（有时只有他这么认为）是原则问题的事务上不知变通的顽固表现导致他被免职，甚至还因为藐视议会的罪名被短暂流放。但是不少忧虑世风日下、社会道德水平日益降低的威尼斯人却认为，泽恩虽然让人难以忍受，但共和国或许正需要这样的人，因此泽恩在公元 1627 年得到赦免，返回威尼斯，随即被选为十人议会的成员。此时雷尼耶·泽恩改革的热情终于死灰复燃，他改革的第一个目标就是执政官本人。

此时的乔瓦尼·科纳正处在一个极其容易受到攻击的立场上，然而即便这个处境不是由他自己造成的，至少他当时也能设法避免。首先是他的儿子贝加莫主教费代里科被教宗乌尔班八世任命为枢机主教。威尼斯有一条历史悠久的法律，在职执政官的子侄们禁止接受有俸圣职，但费代里科不愿意拒绝这次升迁，执政官也没有命令儿子这么做，反而选择支持这项任命。这件事引起的争议没有在元老院引起太大波澜，元老院甚至最终决定，鉴于科纳家族声望卓著，且考虑到费代里科如果拒绝任命，可能会有冒犯教宗，使其不再任命威尼斯籍枢机主教的危险，因此这次法律将网开一面，不予追究。

遗憾的是事情没有就此落下帷幕。就在教宗授予任命，新任枢机主教毫不犹豫接受之后不久，在维琴察又空缺出一个主教职位。公元 1627 年夏，执政官的另外两个儿子很快设法通过一个由元老院组建的编外议员团主持的非法投票获选这个职位，再次公然违抗了现行的法律。

此时雷尼耶·泽恩正巧回到威尼斯在十人议会就职。到了 10 月，他成为十人议会的三名首脑之一。[1]于是他立即召见了国家公诉官员，向他们展示相关法律，并要求他们宣布先前的主教选举结果无效。这些官员微弱地表示同意（除此之外他们也无法做其他事），但在他们有所行动之前执政官就先发制人，他同样要求宣布选举结果无效，宣称他和他的顾问们都没有充分了解相关法律范围的内容，如果他们事先知道，一开始就绝不会同意进行选举。10 月 27 日，这一次主教选举被宣布无效。此时其他大多数人都认为事情可以告一段落，但雷尼耶·泽恩却不这么认为。就在同一天下午，正当元老院集合开会时，他要求以十人议会首脑的身份和执政官进行几分钟的私下对谈。科纳同意了，不过他坚持谈话要在执政团在场的情况下进行。于是泽恩以礼貌的姿态指出，作为十人议会的首脑，他有职权确保执政官的就职承诺书的内容被正确遵守，接着他宣读了一份正式警告，在警告中泽恩罗列了相关法律的全部细节，以及近来执政官违反这些法律的具体行为，顺便还添上了他在调查过程中发现的一两个程度较轻的违法事实。

乔瓦尼·科纳是个有耐心的人，他安静地听完对方的话，随后同样礼貌地一一简要回复。然后他继续走向元老院会议室，准备在那儿选举替代他两个儿子成为主教的人选。但泽恩仍然不满足，他在元老院众人面前要求将这份警告正式记入执政官档案，这几乎等同于将其公之于世。因此这个要求被元老院愤怒地拒绝了。科纳执政官或许在过去有做事不妥当之处，但他已经将近七十七岁，而且广受尊重，老执政官犯过的毕竟只是一些小错，更何况他已经将其改正。泽恩的这个要求不但会给科纳本人的名誉泼上他所不应得且无法去除的污点，也同样会对执政官的声誉造成严

1　表面上看，他擢升的速度或许可以用十人议会首脑一次只有一个月任期的规定来解释。见第 20 章。

重甚至危险的影响。但此时泽恩已经跳上发言坛，坚决地为自己的建议辩护。他声称，除此之外没有其他方法可以在未来根除类似滥用权力的行为，威尼斯也不能继续受到罗马用圣俸和官职来收买它最具影响力的国民这一恶毒阴谋的戕害。法律的存在就是为了保护国家：为什么神职人员就需要专门立法？为什么执政官亲属的活动要受到审查？正是因为他们具有受到国外影响的潜在风险，所以这些人不得加入元老院（泽恩在此停顿了一下），就像他们具有依靠身份额外获利的机会，因此不得从事商业活动一样。

泽恩说毕，会场一度陷入寂静。在场的所有人都知道科纳家族的一些成员经常对罗马进行长期访问，而且这个家族中，至少有一人，即执政官的儿子乔治奥在过去两年间依靠从达尔马提亚进口牛只积聚了庞大的财富。这个家族的友人们同样清楚，在科纳家族位于圣波罗的宫殿内，充斥着禁止进口的佛罗伦萨奢侈品。一百年前，这样公开滥用法律和违背执政官承诺书规条的行为，哪怕它们相对来说程度较轻，亦不可容忍，而雷尼耶·泽恩的抨击也令许多人暗暗赞同地点头。于是现场骚动起来。如果说科纳家族中某些成员有中饱私囊的行为，那么他们无疑是值得谴责的，但是威尼斯执政官没有理由在整个元老院成员面前受到一个自命不凡的道学先生的侮辱，更何况就在三个月之前，后者还受到他应得的惩处，被判流放在外。十人议会的另两名首脑劝说泽恩从讲坛上下来，并向元老院宣布他们已经将泽恩的警告撤销。但泽恩拒绝离开，并称他的同事们无权这么做。最后十人议会被召集起来，正式维持废除警告书的决定，但泽恩仍然继续与众人抗争。在之后的大议会会议上，他坚称十人议会的另两位首脑做出了不符合宪法的裁决，因此他们应当每人被处以两千杜卡特的罚款，十人议会同样否决了这个提议，但直到泽恩的任期结束不能再继续上下运动游说，这件事才宣告作罢。即便到了这时，雷尼耶·泽恩仍然继续公开抨击执政官和执政团几乎每一个提案。

公元 1627 年 12 月 30 日大约下午五点时，雷尼耶·泽恩在执政官宫纸门外遭到一伙蒙面刺客的袭击。尽管身受重伤，他还是摇摇晃晃地爬起来示警。这天是星期日，十人议会的成员并不在执政官宫内，但他们还是从家里匆匆赶来召开了临时会议，会上任命了三位审判官调查这件案子，还悬赏一万杜卡特征求嫌疑人的线索。任何藏匿刺客或者协助他们逃跑者，一经定罪就会被处以死刑。

很快人们就发现袭击者藏在执政官宫内，所有的线索都指向执政官的儿子乔治奥，认为他是事件的主谋。当乔治奥被发现和两名近亲一起在私人贡多拉船夫的帮助下逃往费拉拉时，他身上的嫌疑就变成了确凿的罪证。公元 1628 年 1 月 7 日，三人被判流放，他们的贵族身份被剥夺，财产被查封充公，依照传统，耻辱柱上也记录了这桩罪行。

但普罗大众对处理结果仍然感到不满。自认为受到权贵富豪损害的想法总是很受欢迎，而雷尼耶·泽恩也受到了人们的喜爱。威尼斯人没有忽略这些蛛丝马迹：直到科纳家族有足够的时间将大量属于乔治奥·科纳的财产转移走，查封命令才正式生效；科纳家族其他几位有共谋嫌疑的成员甚至没有被讯问，他们仍然像过去一样，傲慢地在城中招摇过市。最后，从费拉拉传来新消息，三名潜逃的嫌疑人正光明正大过着安逸日子。为什么共和国不采取行动，将他们绳之以法？显然这是因为十人议会已经腐化堕落，而且不愿，或者说害怕触犯执政官的利益。

与此同时，雷尼耶·泽恩正迅速地重新积聚力量。当年 7 月，他再次当选为十人议会的首脑。就在他带着众多保镖上任的第一天，泽恩被冷冰冰地告知保镖们被禁止进入办公场所，他同时发现有人采取行动，将他的权力削减到了最少的地步。此外，泽恩还得到一份最新拟就的备忘录，上面写着根据十人议会最新讨论的决定，任何已经过他们充分讨论的问题都不能再次进行审议，他也不能对任何公务人员提起控诉。起初泽恩安分了几天，等到 7 月 23 日早晨，他在大议会会议上宣告他决定就执政官承诺书的内容提出问题。泽恩强调，他之所以提前预告这件事，是为了让执政官和他的家族成员按照法律提出离开会议室的要求。之前从未有人提出过类似的要求。随后当着乔瓦尼·科纳和他其他几位亲属的面，雷尼耶·泽恩再次登上了讲台。

泽恩称，他之所以能够从刺杀中康复，是因为他需要继续和国家的腐败做斗争。在过去的几个月内，十人议会想尽办法要封锁他的言论，这公然违反了每个国民都能自由发表言论，谈论他们认为对共和国有利之事的法律。此刻执政官和他在场的家人又违反了一条法律，在讨论他们的家族事务时，他们本应该回避。这时一位老顾问保罗·巴萨多纳打断了他，老人控诉泽恩企图颠覆政府，迫使大会成员做出仓促的决定，好让他自己成为独裁者。“正相反！”泽恩反驳道。他声称独裁者只想为自己攫取权力，而他身为一个忠诚的威尼斯人，只是希望国家的立法机构可以承担起自己应尽的责任。

就在泽恩继续说下去之前，执政官站起来激烈抗议，坚持自己清白无辜。科纳毫不怀疑，泽恩的这些控诉只是对他全未参与其中的袭击行为进行报复。那些该对刺杀负责的人已经得到应有的惩罚，而他剩下的家族成员则是无辜的。执政官坚持他从未违背承诺书的内容。执政团全体同意他儿子当选主教，而贝加莫的主教职位是在前任执政官在位期间获得的，因此当时他完全没有拒绝的理由。至于维琴察的主教职位，他只是将其当作前者的替代品接受下来。他和往常一样出席议会会议是因为执政团告诉他可以这么做，如果让他回避是议会的意愿，他会立即离场。执政官最后这些话几乎没能说出口，因为泽恩再也不能忍耐，他大声召唤公诉官员履行职责，确保法律得到充分执行。“那么现在呢？”执政官大声喊道，“我们现在已经不允许说话了吗？”此时现场一片混乱，到处都有人叫喊，一些人试图让泽恩安静，他们起身的动作弄得长椅乒乓乱响，而其他人则为执政官徒劳地努力让人们在喧哗中听见自己的举动喝彩。最后执政官放弃了，泽恩想要将一份文件提交讨论，但也没有成功，人们在愤怒和混乱中结束了会议。

当天下午，除了没有得到邀请的泽恩以外，十人议会在执政官私人房间内召开了一场特别会议。会上决定逮捕雷尼耶·泽恩。被派出执行任务的官员来到泽恩的家却没有找到他，于是十人议会签发了一份声明，要求他在三天之内来执政官宫报到。泽恩对此置之不理，因此被判处十年流放，并处罚金两千里拉，判决生效次日就必须离开威尼斯。虽然处置了泽恩，但十人议会并没有解决它自身的问题，反而进一步将问题恶化，对很多人来说泽恩获得的判决只证明了他之前所说的，十人议会如今只不过是一群由科纳家族牵线操纵的傀儡。他的支持者因此变得越来越多，他们不仅来自被剥夺了公民权利的大众，还有不少贵族（尤其是这个阶层中等级较低的那一部分），一个改革团体开始初具雏形，不过具体需要采取哪些方面的改革，却是一个更加难以回答的问题。需要限制十人议会的职权范围吗？执政官本人以及他的亲属需要被排除在十人议会之外吗？十人议会可以将权力委托给强大的下属委员会，比如三位国家监察官吗？它应该从社会上更广泛的区域选取成员吗？还有作为十人议会下属公务员的那些秘书，他们一旦获得任命，任期往往不明确，乃至任职终身，他们因此渐渐攫取了庞大的权力；这些人的任期是否应当像他们的上司那样有固定的时限呢？

这些问题以及类似的疑问成了当时的主要议题，但直到另一件事的发生，才促使政府采取行动。8 月 4 日，距离泽恩被放逐还不到一周，执政官的另一名近亲安杰洛·科纳用火绳钩枪射击了一位有身份的体面市民贝内代托·索兰佐，十人议会没有采取任何制裁安杰洛的行动，直到过了近一个月，在持续不断的抗议下才有所动作。这时泽恩的改革团体终于开始行动起来。9月3日，这个团体任命了一个由五名“纠正者”组成的委员会，调查十人议会的职权范围以及共和国类议会的成员与职员。两周后，当这个委员会还在准备他们的报告时，一名公诉官员贝尔图奇·孔塔里尼在大议会就泽恩相关的问题发表了长达两个小时的演说，他在演说中出示了7月8日致泽恩的备忘录——孔塔里尼坚持，这份备忘录和由此而来的逮捕令以及放逐判决都是非法的。演说结束后人们进行了投票，以一千八百四十八票对二百九十八票的多数结果宣布这份备忘录、逮捕令和判决无效，就像它们从未出现过一样。

因此，雷尼耶·泽恩于9月19日结束了第二次流放回到威尼斯，在他位于圣玛库拉的宅邸前，人群欢呼着欢迎他归来，但失望随即接踵而至。在大议会的新一次会议上，泽恩再度发表长篇大论，他的自大和自以为是激怒了在场所有人，泽恩最后得到命令和警告，他必须满足于当下获得的胜利，见好就收，不要期待更多的东西。数日后，“纠正者”们发布了他们的报告。他们对十人议会的工作提出了几点改革建议：首先编外议员的制度需要废止，秘书们将来也只能在有限的时间内任职，除此之外，报告还提出了一两点较为次要的管理调整建议。但是从十人议会整体的势力分布来看，除了失去修改大议会决定的权力之外，它的权威在真正重要领域的各个方面都得到了确认。而十人议会其他的职权范围仍然像过去一样广大。

对威尼斯来说这是悲伤的一天。十人议会得到鼓励，继续以更独断专行的风格行事，更加不受外界的控制，而且使它愈加不受自身领域遭到侵犯的全体市民和被它激起嫉恨之情的其他政府部门的欢迎。回头看雷尼耶·泽恩，他实际上做到的事十分有限，甚至都没能使科纳家族受到惩罚。老乔瓦尼因为受到的严厉指责心灰意冷，请求卸任隐退到修道院，不过这一要求被人以“这样退位会被政敌当作承认有罪的表示”的理由驳回，因而他仍然担任执政官一职，他的家人亦因此继续在私下牟取利益。同时，科纳执政官的政敌泽恩正在慢慢退出政治生活，他享受很多人的尊敬，但是却没有得到任何人的友谊。雷尼耶·泽恩正是最令人不快的那一类人的绝佳代表，作为一个改革者，一开始他孜孜追求一份有价值的事业，获得了广泛的爱戴和盛名，随后他被这一切冲昏了头脑，最终将其一度神圣的事业当成了自吹自擂的手段。

不过当乔治奥·科纳被无名刺客刺杀的消息从费拉拉传来时，泽恩还是感到了最后的满足。泽恩究竟有没有牵涉进这件事已经永远无法证实了，但他与这件事有关的可能性很小。乔治奥·科纳是个树敌众多的恶徒，而且我们很难想象无法忍受这种事的泽恩会堕落到谋杀一个人的地步。另一方面，泽恩是正义的狂热信徒，他经常用自己特殊的方式对其加以解读。我们可以想象他的模样，无论是否对乔治奥的刺杀案负有责任，他都露出了一缕微弱的胜利微笑。

就在雷尼耶·泽恩在执政官宫外被袭击的四天前，温琴佐·贡扎加公爵在曼图亚去世。他在自己的床上平静地迎来了死亡，但他的死给威尼斯的统治者带来了一场短暂的、比泽恩的控诉造成更多事实性焦虑的恶战。就像所有未留下遗嘱就去世的统治者那样，他们身后引起战争的原因往往就是继承权问题。温琴佐曾经指名最年长的表亲内维尔公爵查理为继承人，但是已经与法兰西深深卷入三十年战争的西班牙决定不能让一位法籍统治者占据一个如此重要的意大利公国，于是便用更站不住脚的谱系借口，支持瓜斯塔拉公爵与内维尔公爵竞争。这已经引起了严重的冲突，而温琴佐公爵曾经拥有的第二个极具战略意义的领地蒙费拉侯爵领地则使事情变得更加复杂。这片领地是覆盖了波河上游河谷到都灵东部与南部的一块广大的不规则地区，萨伏伊的卡洛斯·伊曼纽尔对它垂涎已久，不过为了保证这两块土地都处在同一个统治者的控制下，温琴佐生前已未雨绸缪，将蒙费拉领地的女继承人，他的侄女玛利亚嫁给了内维尔公爵的儿子，雷泰尔伯爵查理。

此时威尼斯的外交政策建立在两个原则之上：维持意大利的和平，以及在任何可能的时候抑制西班牙和神圣罗马帝国的势力。它的边界和曼图亚接壤，因此让一个西班牙或者帝国的傀儡坐在家门口执掌邻国大权是共和国最不愿意见到的事。因此它毫不犹豫地向内维尔提供了支持。公元 1629 年 4 月 8 日，威尼斯和法兰西、曼图亚以及教宗达成了一份长达六年的共同防御协议，共和国愿意在需要的时候向战场投入一万两千名步兵和一千两百匹马。此时战争才真正开始。西班牙驻米兰总督和萨伏伊公爵联手占领了蒙费拉，作为回敬，法军穿越边界支持内维尔，并占据了苏萨城。到了 8 月，当帝国军队的身影出现在瓦尔泰利纳时，曼图亚显然岌岌可危，威尼斯的出战也已经刻不容缓。随着帝国军队向南推进的步伐，威尼斯的钱财、人员、武器装备源源不断地涌入受到威胁的城镇，截至公元 1630 年 3 月，威尼斯为了帮助新公爵保住他的宝座，已经花费了六十五万八千杜卡特的巨款。

但这还远远不够。公元 1630 年 5 月 25 日，一支由威尼斯人、曼图亚人和少数法兰西人胡乱拼凑，指挥也十分糟糕的军队在瓦莱焦溃败，威尼斯督军司令官匝加利亚·萨格雷多受到弹劾，并以玩忽职守的罪名被处以十年监禁。7 月 18 日，经过近十个月的围困，曼图亚终于向帝国军队投降，任由对方洗劫。但令人惊讶的是，即使战胜者们已经进入了这座刚被征服、经历饥荒、瘟疫横行的城市，向西两百英里之外法军却正在赢得战争。3 月底，在黎塞留亲自指挥下，一支新组建的法兰西军队进入了萨伏伊，黎塞留丢掉了头上的主教帽，代之以插着羽毛的头盔，他胸前的十字架覆盖在胸甲之下。萨伏伊的军队在韦利亚诺被击溃。公元 1631 年 4 月 6 日，参战各国在皮埃蒙特的凯拉斯科签署了一份和平协议，根据协议条款，皇帝斐迪南同意将曼图亚和蒙费拉交给内维尔公爵，作为交换，内维尔要将一部分蒙费拉的领地割让给萨伏伊公爵。

因此曼图亚，或者说它留下的残垣断壁，最终得救了。9 月 20 日，内维尔公爵收复曼图亚，重新进入这座俨然已是鬼城的城市，他发现它的财富与艺术品已经被抢掠一空，它的美丽荡然无存，人口在不到一年的时间内减少到过去的四分之一。对于城内的幸存者们来说，唯一值得安慰的是瘟疫在城内发挥了最大的危害，它一视同仁地使德意志侵略者们染上疾病，只有少数士兵能够活着返乡。

然而瘟疫的传播没有止步于此，它席卷伦巴第，身后留下的惨状比任何一次蛮族入侵所造成的破坏范围更广，情况也更严重。就在曼图亚沦陷的那个月，病魔袭击了威尼斯，六个月后在城内造成了四万六千四百九十人死亡，自瘟疫上一次来访后，威尼斯的人口数量一直都没有恢复，如今更是雪上加霜。根据官方记录，公元 1633 年威尼斯的人口已经下降到十万两千两百四十三人，达到了十五世纪以来的最低点。而就在这时，威尼斯最著名的地标建筑开始动工兴建。就在公元 1575 年瘟疫之后，威尼斯人建造了威尼斯救世主教堂，因此在公元 1630 年，出于祈求获得解救而非感恩的心理，他们希望在大运河入口处的老三位一体济贫院旧址上建造一座更宏伟的大型建筑。这座建筑被献给童贞圣母玛利亚，即是安康圣母大教堂（S. Maria della Salute）。[1] 建筑师之间又展开了一场激烈竞争，

1　在字面意思上，教堂的名称也可能表现出救赎的意思。因为 salute 这个词在意大利语中，既有“健康”的意思，也代表“救赎”。

最后从十一份值得考虑的方案中脱颖而出的是一位三十二岁的年轻威尼斯建筑师巴尔达萨雷·隆格纳设计的作品。在公元 1630 年 1 月接替乔瓦尼·科纳的新任执政官尼科洛·孔塔里尼原本预计在公元 1631 年的耶稣升天节为教堂放下奠基石，但这个仪式却推迟了一周，好让执政官从折磨了他有一段时间的小毛病中恢复过来（尽管当时仍然每天都有受害者的报告，孔塔里尼执政官却没有染上瘟疫）。到了 4 月 1 日，执政官的情况仍然没有好转，但他强撑病体完成了仪式，次日早晨七点，他便去世了。

这样一座以“安康”为名的教堂，建造它导致的第一个结果是一位执政官的死，这不能不说是个充满讽刺意味的事实，不过即便是比孔塔里尼执政官年轻四十五岁的建筑师本人也没能见到它完工。直到公元 1687 年 11 月教堂拆除脚手架，人们才得以毫无阻隔地一观其辉煌全貌。这座教堂是威尼斯对外公开宣告自己自信和力量的一个表现，尽管半个世纪前当它放下第一块基石却带来如此致命的结果时，威尼斯人并未表达出这样的情感。

42

克里特之战

（公元1630—1670年）

克里特是意大利的外部防御线和门户，伺机而动的土耳其军队可能通过它长驱直入，对大半个欧洲造成巨大的伤害。

——威尼斯大使乔瓦尼·萨格雷多致奥利弗·克伦威尔

公元1631年4月10日，四十一位选举者聚集起来选择尼科洛·孔塔里尼的继任者，不同往日，这一次选举的结果早在人们预料之中。当选的弗朗切斯科·埃里佐时年六十五岁，这个年纪对一名执政官来说有些年轻，不过他在瓦莱焦惨败后接过声誉扫地的匝加利亚·萨格雷多的职位，在短短几个月内就令溃不成军的部队焕发新的生机与活力，这令他的上司们印象深刻。因此威尼斯政府的执政团确信他会当选为执政官，便在选举开始前就将他从维琴察监督新要塞营造的岗位上召回，而他们对埃里佐的信心也随后被证明是正确的。这次选举中只有一个充满争议的人被视为埃里佐的竞争者，但选举者们在第一轮投票中就已经清楚地表现出他们的倾向，投票结束后，弗朗切斯科·埃里佐得到四十票，雷尼耶·泽恩只有一票。

尽管新任执政官早早动身，但因为布伦塔河异常地泛滥（人们甚至拆除了河流上的一座桥梁来让他的船只通过），他直到 4 月 11 日才抵达威尼斯，不过他到得正是时候。就在埃里佐踏上威尼斯土地之后两个小时，他的臣民们期盼已久的消息从凯拉斯科传来：和平协议签署，意大利重获和平。不过由于瘟疫肆虐，所有不必要的公开集会都被禁止，因此新执政官不必遵守传统，举办围绕广场的巡游。作为一个相对低调的人，埃里佐此时一定松了口气，对他来说，这项典礼花费实在高得令人为难。

埃里佐的好运还在继续。众所周知，随着气温逐渐回暖，染上瘟疫的人数亦会随之增加，但时间尚未到达盛夏，瘟疫感染人数就突然开始下降。很快，即便是最悲观的人也清楚地意识到，瘟疫开始退去了。到了 11 月 28 日，执政官得到卫生部门官员的授权，签署了人们期盼已久的宣告威尼斯已经再度挺过传染病流行的布告。自瘟疫流行以来第一次，圣马可广场上人头攒动，所有市民跟随执政官的队列缓缓经过圣摩西堂，登上由小船组成的跨越大运河的浮桥，来到对岸隆格纳设计的伟大建筑正拔地而起之处。感恩仪式在一个为典礼临时搭建的木质建筑物中举行，在威尼斯日历上，这天成为延续至今的又一个年度节日。

此后的十二年风平浪静，这在三十年战争正烽火连天，许多方面都在对威尼斯不断施加压力要求它加入战争的情况下尤为可贵。威尼斯的外交官员们比以往更加忙碌，而在城内，元老院、委员会和十人议会几乎在无休止地开会。尽管威尼斯设法让自己保持中立，围绕着它的欧洲大陆却因为战争而持续分裂，共和国仿佛正处在平静的台风眼中。直到公元 1642 年，因为一场无须我们进行关注的当地纠纷，教宗派军进驻帕尔马公国，令威尼斯不得不与托斯卡纳和摩德纳结成防御同盟，引起了一场短暂的混乱。次年这三个同盟者被迫开战，重挫了教宗的军队和教宗国的船运贸易。不过战争不到一年便结束了，公元 1644 年 3 月，参战几方齐聚费拉拉签订和平协议，在互相妥协的局面下，所有人都在合理范围内得到了满足。

从威尼斯的角度看，和平来得正是时候。这年10月发生的一起事件将本来对其毫无责任的它卷入一场长达二十五年的战争，并最终导致共和国失去了最有价值的殖民地——克里特岛。但威尼斯迟早会明白，这场战争事实上是无法避免的：因为克里特是一个极具诱惑力的战利品，因为土耳其是个贪婪的敌人，还因为威尼斯对克里特的占领已经导致长期的不满。讽刺的是，土耳其人主动发起袭击是因为一个小国的蓄意挑衅，而这个小国，在基督教世界失去东地中海的最后一个重要据点克里特岛之后，承受了仅次于威尼斯的损失。

尽管圣约翰骑士团在威尼斯拥有一座教堂和一座小修道院（它们继承自公元1312年解散的圣殿骑士团），几个世纪以来他们与威尼斯人却相看两相厌。这并不令人惊讶，因为威尼斯的信条是在全欧洲基督教世界拥有巨大财富，而骑士们却厌恶商业和贸易。作为上帝的战士，骑士们受到苦行僧式的誓约约束，遵守清贫、禁欲和服从的规约，他们对威尼斯人的物欲以及热爱享乐的行为颇不赞同。最后，作为战士和十字军东征的产物，圣约翰骑士团公开宣扬的目标除了医治病人以外，就是在任何发现异教徒的地方与他们作战，因此骑士们谴责威尼斯一再试图与苏丹媾和的行为，认为这种态度是对基督教事业的无耻背叛。

在十七世纪中期，骑士团只不过是八十年前成功在苏莱曼大帝手下保卫大本营的骑士们所处的英雄时代的虚弱倒影。骑士们还在经营闻名在外的医院，其医疗卫生水平仍然远远领先于其他地区，但他们的十字军精神却开始消失，他们的海军作战常常更像是一种无趣的荣誉作战而非打击海盗活动。此外，这些骑士也不再将他们的掠夺破坏行为局限在穆斯林船只上，他们用不足取信的借口对威尼斯和其他基督教商人愈来愈频繁地发动突然袭击。

简而言之，对威尼斯人而言，这些马耳他骑士已经变成了与先前的乌斯科克海盗相差无几的可怕公害。最糟的是，这些骑士还继承了乌斯科克人昔日的恶习，在亚得里亚海海域袭击劫掠土耳其船只。一直以来，苏丹都将此类事件归咎于威尼斯，因此这将破坏里亚尔托和奥斯曼土耳其之间极其重要的友好关系。执政官不止一次被迫召来骑士团在威尼斯的代表，表示强烈抗议。公元 1644 年 9 月，他甚至威胁骑士团：如果还不改正他们的行为，就要扣押他们在共和国境内的所有财产。但骑士团一直置若罔闻。一个月后，骑士团鲁莽地发动了最后一次袭击，这次事件点燃了战争的导火索，酿成了这个世纪威尼斯军事上最大的灾难。

公元 1644 年 10 月，一支由六艘船组成的骑士团舰队在爱琴海中巡航时，袭击并俘获了一艘满载前往麦加朝圣的显贵人士的豪华土耳其大帆船。船上乘客包括苏丹宫廷黑人宦官头领、麦加的穆斯林法官、差不多三十名后宫女眷和约五十名希腊奴隶。骑士们随即带着战利品前往克里特，在岛屿南部一个无人看守的海岸登陆，他们走入水中，令奴隶们和一些马匹下船。当地的威尼斯总督很快到来，他满心不希望被卷入这次纯粹的海盗劫掠行为之中，于是命令他们离开。骑士团的成员在岛上各个港口几度尝试入港，但每一次他们都遭到直截了当的拒绝，最后他们放弃了那艘已经不能继续航行的土耳其船，让它听天由命，转而返回马耳他。

此时奥斯曼土耳其帝国的苏丹是半疯癫的易卜拉欣，在公元 1640 年即位前，他一直是帝国后宫中的一名囚徒。他短暂的执政期以残忍、轻率和堕落闻名，最后在公元 1648 年，这位苏丹被愤怒的臣民们处决。土耳其船的消息传入他耳中时，苏丹大发雷霆，下令立即屠杀帝国内所有的基督徒。所幸之后他被说服撤销了这条命令，但很快威尼斯密探传回消息称，土耳其人正在博斯普鲁斯海峡准备一支庞大的战舰舰队，规模惊人的报复行动已经在酝酿之中。起初人们很自然地设想，这支舰队将直接讨伐马耳他，公元 1645 年 3 月，这个猜想通过一份官方声明得到了确认；但是威尼斯驻君士坦丁堡市政官发出的急件却包含着愈来愈急迫的警告——声明不过是个假象。这位官员称苏丹相信威尼斯才是整起事件的幕后主谋，不然为何袭击者会直奔克里特岛？因此苏丹认为他真正的敌人是威尼斯而非骑士团，他攻击的目标也将是克里特而非马耳他。

不久急件的内容就得到了证实。4 月 30 日，一支拥有四百艘船，搭载了五万名战士的土耳其舰队穿过了达达尼尔海峡。起初它像之前宣称的那样往马耳他方向行驶，途经克里特，然后在纳瓦里诺（如今的皮洛斯，位于伯罗奔尼撒半岛西南角）入港等待援军和补给。但 6 月 21 日舰队从海港离开时却改变了航向。三天后，它被人目击出现在史帕莎岬，6 月 25 日，一小部分侵略军在干尼亚西部登陆，朝城市进军，克里特之战的第一轮战斗就这样打响了。

克里特，或者按威尼斯人称呼其首府的名称，干地亚，是威尼斯在海外经营得最好的殖民地，其历史可以追溯到公元 1211 年，法兰克军队占领君士坦丁堡之后十字军对拜占庭帝国的瓜分。克里特当地政府建立在母城威尼斯的行政体系之上，包括一个拥有执政官头衔的总督（不过他的任期只有两年）、一个执政团和一个大议会，但这个政府从未能像威尼斯的政府那样运作得得心应手。岛上土地最肥沃的地区大部分已经被威尼斯显贵家庭的封建庄园鲸吞蚕食，这些家族无尽的财富和骄横跋扈的行事方式令本地的希腊人十分厌恶。而这些克里特岛上的威尼斯家族反过来又在抱怨他们缺乏政治上的实权，岛上政府所有的重要官员都由威尼斯本土指派，所有的重要决策也在威尼斯制定。平时克里特的防御主要依靠封建征兵制，由大地主承担招募和维持军队的费用，此外还有城市平民和农民组成的本地民兵，但是双方都在互相推卸责任，军队纪律亦介于废弛和荡然无存之间。贪污腐败和唯利是图是当地的恶习，殖民地当局的金库作为威尼斯的财源之一经常被压榨得空空如也。公元1574年，一个叫贾科莫·福斯卡里尼的人被威尼斯授予特权来到克里特推行改革。他取得了不少短暂的成效，包括引进更准确的会计系统以及更公平的税收方式，打击腐败，重新激起征募兵和民兵的士气，还修复了行将倒塌的要塞；但福斯卡里尼一离开，克里特人就又堕落到老路上。如今面对土耳其人正在迫近的袭击，威尼斯政府下令执行一个有力的新防御计划来应对这次危机，督军总司令安德烈亚·科纳带着包括军事建筑师和工程师在内的两千五百人，和由三十艘桨帆船与两艘三桅军舰帆船组成的舰队，前往支援克里特岛驻军。此外，还有一支舰队正在筹备之中，只要一切就绪就会尽快起航。公元1645年2月10日，科纳收到了一笔金额为十万杜卡特的特别汇款，以及采取任何看上去有必要的措施来应对即将到来的攻击的命令。科纳本人和他的前任福斯卡里尼一样高效且一丝不苟地工作，但他面前的任务太过繁重，以至于手头的资源依然捉襟见肘，留给他的时间也实在是太少了。就在6月攸关命运的那一天，当他匆匆赶到滩头时，他或许就已经明白，这个威尼斯殖民地能够在土耳其人手下幸存的机会已是微乎其微。

克里特能否保全很大程度上依赖于威尼斯许诺的后续舰队到来的速度，假如它可以在一到两周之内抵达，干尼亚或许可以幸免于难。但是约定好的舰队没有出现，科纳惊恐地收到消息，这支舰队受命在赞特岛停留，等待之后包含了二十五艘舰船的联合舰队前来会合，这支联合舰队包括了来自托斯卡纳、那不勒斯、马耳他骑士团和教宗方面的船只。然而时间紧迫，纸上谈兵的战力毫无用处，土耳其军队每天都在逼近。圣西奥多岛的要塞陷落了，不过它的指挥官比亚焦·祖利亚尼眼看已经没有继续抵抗的指望，就在堡垒落入敌手时点燃了弹药库，将他自己、他手下的士兵、土耳其侵略者和整座要塞建筑一起炸成齑粉，爆炸巨大的声响在干尼亚都清晰可闻。圣西奥多城的抵抗亦很快变得虚弱，城中的弹药与物资慢慢告罄，防御系统也一步一步被土耳其工兵破坏。最终这座城市在 8 月 22 日投降，毋庸置疑，土耳其人希望通过一场适时展现宽大为怀的表演来促使进军路上的更多城市选择投降，于是他们承诺尊重当地人的生命和尊严，保护他们的财产。土耳其人还允许守军打着他们自己的旗帜离开城市，不受打扰地乘船前往苏达。

现在命运比以往任何时候都更眷顾土耳其入侵者。威尼斯驻苏达的海军将领安东尼奥·卡佩洛突然失去理智，抛弃城市逃之夭夭。而终于抵达克里特附近海域的联合舰队两度试图通过突然袭击收复干尼亚，但都因春秋分前后出现的二分点风暴铩羽而归。到了 10 月中旬，联合舰队中指挥非威尼斯舰队的皮翁比诺亲王尼科洛·卢多维西——此人从一开始就对这次远征深恶痛绝——宣布他打算打道回府。威尼斯的盟友已经不止一次对它造成伤害，正如威尼斯的海事大臣吉罗拉莫·莫罗西尼早已指出的那样，共和国最好还是独自行事。

就在这时，威尼斯政府已经进入了完全的战时状态。由于威尼斯没有理由相信易卜拉欣会将战场局限在一处，它又派遣军队前往达尔马提亚与科孚岛，甚至开始加固利多岛和马拉莫科附近的潟湖防御。不过克里特仍然是享受最高优先级别的重中之重，如今每一天都有满载军需品和各类物资的桨帆船和运输船前往克里特岛。但是只有一个需求没有得到满足：克里特此时需要一个最高指挥官，他必须是一个可以超脱于嫉妒和竞争这些始终存在的危险（特别是这一次还有威尼斯籍克里特人牵涉其中）的德高望重之人。元老院就最高指挥官的人员进行了长时间的辩论，在之后的投票选举中，现任执政官弗朗切斯科·埃里佐以压倒性的多数获得提名。只有乔瓦尼·佩萨罗提出异议（后来他凭借自己的努力当上了执政官），他合情合理地指出执政官年事已高，还有两个月就满八十岁，实在不宜出行。佩萨罗还为护送埃里佐前往克里特岛算了一笔账：如果执政官亲自出征，随行的还将有执政团成员和人数足够的职员与秘书，在共和国的每一分钱都必须用于支持战争的时候，这显然是不合适的；此外，执政官亲自出征这一举动或许会刺激苏丹御驾亲征，这将极大地激励土耳其人为战争出力。但是没人听从他的话，所有人的注意力都集中在老执政官身上，他发表了令在场所有人都热泪盈眶的演讲，宣布要承担起这项艰巨的任务。

不过埃里佐没能成功，这或许是威尼斯的一桩幸事。出征所需的准备对他来说实在太多，公元 1646 年 1 月 3 日，弗朗切斯科·埃里佐来不及出发便去世了。人们将他埋葬在圣马丁诺教堂，埃里佐在生前便要求将自己的坟墓建在此地，不过出于对他毫不犹豫地接受最后一项使命的敬意，他的心脏被埋在圣马可大教堂的石板地面之下。[1] 接替埃里佐的是身经百战的老兵弗朗切斯科·莫林，然而他被严重的痛风困扰，所以不能接受督军总司令的职位，承担起指挥克里特岛军事行动的责任。于是现在威尼斯已经没人有足够的名望来担任最高指挥官，因此为克里特岛之战设置总司令的计划就被废置，再也没有人提起。

克里特之战另一个迫切的需要是金钱。公元 1646 年春，威尼斯的一家之主们被召集到各自教区的教堂内，政府向他们呼吁，请求他们在这危急时刻贡献出所有富余的钱物来拯救共和国。但是威尼斯政府采取了一个短时间内收效甚好，但最终会造成极大损害的方法来募集钱财。三个新增的圣马可教堂教会总务官职务以每个职位两万杜卡特的价格出售。由于这

1　它的位置就在祭坛右边的唱诗班座位入口处。一小块白色大理石板标示出了确切的位置，石板上还镶嵌了一块戴着执政官帽的心形斑岩。而老执政官的心脏近期被重修石板路的工人们发掘出来，它装在玻璃容器中，仍然保存完好。

个职位颇受欢迎，最终它的在职人数增至四十人，这个职位的售价也上升到八万杜卡特。即便如此，它们还是很快被抢购一空。年轻的贵族只要花费两百杜卡特就可以买到在大议会的一个席位，而且他们可以在十八岁就走马上任，而不必等到法定的二十五周岁。到了 2 月，连贵族的身份也明码标价以供出售。任何市民只要支持一千名士兵一年的战斗所需（这笔开销不会低于六万杜卡特）就可以立即跻身贵族阶级，他和他的后代将永远拥有贵族的所有尊荣与特权。虽然这个提议在元老院获得了通过，但不出意料被大议会中大多数人驳回，他们可不愿敞开大门，让那些暴发户新贵成为自己的同伴。然而次年，威尼斯政府的一份特别法令还是通过了一大批申请者的申请，这些人选的条件是否合适与他们是否能付出一大笔钱在通过申请上具有同等的重要性。

同时新执政官向基督教欧洲诸国发出了新一轮求助，他的求助对象除了意料之中的英格兰、法兰西和西班牙，还有瑞典、丹麦、波兰和沙皇俄国。威尼斯甚至还向波斯的萨非帝国求助，后者虽然是坚定的伊斯兰教国家，却同样受到奥斯曼土耳其帝国扩张的威胁。但威尼斯没有收到任何回复。事实上，自公元 1642 年枢机主教马萨林接替黎塞留执掌法兰西大权以来，这个国家就延续了它与奥斯曼土耳其交好的传统政策。法兰西政府只让在苏丹宫廷任职的大使拉瓦雷纳在借道威尼斯从君士坦丁堡回国的路上向共和国提出建议，劝说它假如想避免遭到彻底的毁灭，就尽快与土耳其停战言和。尽管执政官反驳称他绝不会这样做，但随着新一个战争季节的到来，显然坚持作战的威尼斯只能单打独斗。

而全盘战事的关键就在于将土耳其人牵制在干尼亚这个唯一掌握在威尼斯人手中的克里特港口。如果土耳其人可以被阻挡在干尼亚城下，同时威尼斯在海岸沿线重地组建起战力，那么还有可能将土耳其军队彻底逐出克里特。为达到这个目的，增援舰队的指挥官吉罗拉莫·莫罗西尼付出了所有的精力和本领，虽然最终这些尝试还是以失败告终，但这并非他的过错。吉罗拉莫的亲戚托马索·莫罗西尼与二十三艘舰船力图封锁达达尼尔海峡，将土耳其舰队限制在马尔马拉海中，此举至少很大程度上阻碍了土耳其军队进攻的脚步，并且激怒了苏丹，他因此下令将舰队司令立即斩首。接替的舰队司令一方面害怕落得与前任一般下场，一方面趁着一阵从舰队后方吹来的顺风，终于率军突破威尼斯人的封锁线，横扫爱琴海诸岛，直逼干尼亚。七十五岁的老海军总司令乔瓦尼·卡佩洛反应不及且优柔寡断，最终没能阻止土耳其人冲入海湾。这是个坏的开头，之后夏季到来，秋天又至，形势逐渐变得更糟。尽管威尼斯凭借着绝佳的自然地理位置和海边新整修完毕、无坚不摧的堡垒守住了苏达，但是威尼斯的舰船实际上已经被驱离海湾，撤退到罗提莫，即今天的罗希姆诺，威尼斯人在那里经过长时间的奋战，最终在 11 月 13 日被迫投降。

不过罗提莫沦陷导致了一个对威尼斯有利的结果，它使得乔瓦尼·卡佩洛被免职（回到威尼斯之后他被处以一年监禁），接替他成为海军总司令的是吉安·巴蒂斯塔·格里马尼，这位广受尊敬和欢迎的指挥官的到来令舰队焕发新生。公元 1647 年初，年轻的托马索·莫罗西尼也得到了一个一雪前一年战败之耻的机会，在他追捕一些巴巴里海盗时，莫罗西尼突然发现他被不下四十五艘土耳其船包围，随后他和他的水手英勇奋战，他们端着自己的武器，直到敌人极其接近时，才近距离开火发射。不久后威尼斯人的船只被三艘土耳其船以抓钩钩住，于是双方开始了肉搏战。莫罗西尼一直在战况最激烈之处作战，直到一个土耳其火绳枪兵从背后偷袭，轰飞了他的脑袋。此时土耳其舰队的司令也受了致命重伤，但他还在继续战斗。突然精疲力竭的威尼斯人发现三艘桅杆顶上飘扬着圣马可旗帜的船正在以密集队形向这边驶来；格里马尼听到了交火的声音，于是前来调查。见此情景，这三条船也加入了混战，迫使土耳其人撤出战斗。这一战令四艘土耳其船葬身海底，剩下的则逃之夭夭。至于那些登上威尼斯桨帆船甲板的土耳其水手此时只有少数人幸存，他们很快就全部缴械投降。虽然莫罗西尼的船已经千疮百孔，但还没有沉没，它被拖回干地亚，英勇的年轻指挥官托马索·莫罗西尼的遗体从那里被送回威尼斯，以英雄之礼下葬。

苏丹听到这次战斗的消息再次大发雷霆。不过这次他没法再处决舰队的司令官，这个可怜人已经伤重而死，于是苏丹没收了他全部的财产，并且下令要往克里特战场输送更多的人、船只和武器，要一次比一次更多，直到威尼斯得到它应得的教训。

与此同时，身在克里特的威尼斯人意识到，尽管托马索·莫罗西尼的英勇行为无疑激励了人们的斗志，却对他们面临的根本局面毫无帮助。克里特岛北方海岸的四个要塞（至于第五个要塞锡蒂亚，由于其位置在东方更远处，现在并不将其计算在内）有两个已经落入敌手，至于另外两个，苏达已经被海上封锁线围困了一年多，城内粮食极其短缺，而且瘟疫在苏达和干地亚两地爆发，疫病不但重挫士气，还消耗了驻防守军的数量，使其严重不足。然而由于有高墙阻挡，城外的土耳其军队却没有染上瘟疫。公元 1647 年夏，土耳其人对承载整个殖民地未来的克里特首府干地亚发起了第一次猛烈的攻击。

对干地亚的攻势持续了二十二年。在此期间，威尼斯孤军奋战，在奥斯曼土耳其帝国军队的海陆夹攻下保卫这座人口不过一万到一万两千人的小城镇。在过去，这样长时间的抵抗听上去简直匪夷所思——哪怕之前只是因为土耳其和威尼斯在商业上的互相依赖，要求它们之间的所有战争都必须短暂急促。但如今绝大多数的海外转运贸易都掌握在英格兰和荷兰的手中，这种顾虑就再无必要了，苏丹大可以对克里特徐徐图之。而威尼斯之所以能够支撑这么久，与其说是因为城墙内守军的决心（尽管这也很重要），倒不如说是因为它的舰队。威尼斯舰队在东地中海持续不断的巡航不但挫败了土耳其每一次企图从海上封锁干地亚的尝试，还加强了威尼斯对爱琴海地区的控制，以至于到了战争最后十年，土耳其人想尽一切办法，避免在海上与威尼斯舰队进行任何正面交锋。当然这并不是说双方从未发生过这样的冲突，这场战争在任何意义上都是一部国家的史诗，它包含了无数大大小小，有心发动和无心挑起的战斗，烽火遍及达达尼尔海峡入口各地。威尼斯舰队集聚了所有的力量，希望能在海峡、在群岛之间和在干地亚下锚泊地阻挡敌人。克里特之战同样涌现出许许多多英雄事迹：公元 1649 年，贾科莫·里瓦追赶一支土耳其舰队到爱奥尼亚海岸的一个小海湾，将这些船只撞成碎片；公元 1651 年，拉扎罗·莫切尼戈在帕罗斯岛附近违抗舰队司令的命令，驾船攻击一整支敌军小分队，尽管他本人受到多处严重箭伤，手臂还被步枪子弹打中，但还是将敌人的舰队打得四散溃逃；公元 1656 年，洛伦佐·马尔切洛率领他的船只冲入达达尼尔海峡，他本人却壮烈牺牲，未能活着目睹威尼斯在整场战争中取得的最彻底、最具有压倒性的胜利；公元 1657 年，已经成为海军总司令的拉扎罗·莫切尼戈带着十二艘船追击三十三艘敌舰更加深入达达尼尔海峡，甚至一直向前推进越过马尔马拉海，进逼君士坦丁堡城下。（如果不是一座炮台发射炮弹直接击中了他船上的火药库，拉扎罗或许已经抵达这座城市。火药库爆炸轰倒了船桅，一根坠落的船桅横杆击中了拉扎罗的头部，令他当场死亡。）然而尽管威尼斯取得了如此多辉煌的胜利，尽管它的将士有着高超的航海技术与战斗的勇气，但是如果有人通览这冗长而可怕的战争记录，就会感到威尼斯的作战缺乏一个全局性的计划。如果威尼斯人能在通向被围困城镇的交通要道上组织有效的防御，就会更成功地切断敌军的补给线和援军来源。因此，虽然威尼斯人做出种种努力，土耳其人仍在继续侵入克里特，甚至是在威尼斯人最得意的胜利时刻，在守城者们的心中也明白，干地亚的沦陷只不过是时间问题。

此时只有来自欧洲各国慷慨热情的援助才能拯救这座城市，但是援助并没有到来。因此，我们将奥斯曼土耳其帝国在欧洲扩张的整段历史归结于欧洲的基督教统治者们长期无力团结一致保护他们的土地与信仰是有道理的。差不多五百年前第三次十字军东征时他们就没有全心全意这么做，现在也是这样。任凭威尼斯一次又一次向他们求助，反复强调这不只是关乎一个偏远微末的威尼斯殖民地的命运，整个基督教世界的安全已经命悬一线，假如克里特沦陷了，那么半个地中海也将遭到同样的命运。而一次又一次，欧洲的统治者们像过去一样拒绝听取威尼斯的求助。身在德意志的皇帝称，他刚和奥斯曼土耳其签订了一份二十年停战协议；而令所有人震惊的是，笃信天主教的西班牙国王已经派遣了一位大使前往异教徒控制的君士坦丁堡；至于热爱玩弄双面把戏的法兰西，它一方面偶尔为威尼斯秘密提供少量资助，一面又继续和苏丹发展友好关系。英格兰此时还不是一个地中海强国，因此并未受到多少期待，而它亦只许下一大堆承诺，却几乎没有其他动作。在此期间陆续继位更迭的几位教宗，将威尼斯的困境看作他们从中得到好处的有效手段，他们同意提供帮助，但是作为交换，威尼斯只能不断做出让步：英诺森十世意图控制威尼斯的主教权力，而他的继任者亚历山大七世则提出让威尼斯重新承认耶稣会的条件，自最后一次教廷禁令下达之后，威尼斯共和国一直在其领土范围内禁止耶稣会活动。

当然我们必须承认，随着时间一年年过去，干地亚坚持不懈的抵抗成为欧洲的一个话题。来自国外的人力、金钱或船只援助变得比过去稍多了一些，但是这些援助总是太少，来得也太晚了。举例来说，公元 1660 年，法兰西派出了四千名士兵，以埃斯特的阿尔梅里戈亲王为指挥官，不过这些士兵没有在最需要他们的春天到达，等他们抵达克里特时已经是 8 月底；这支军队在没有经过事先勘察地形的情况下第一次突击敌人，以惊慌失措的溃逃作结；一两周后，他们又被痢疾击倒，不得不全体前往环境更适宜居住的岛屿恢复元气；剩下的幸存者在这之后（遗憾的是，这些人中并不包括亲王本人[1]）徒劳无功地返回法兰西。差不多同时，皇帝派出的两千名德意志士兵的遭遇也相差无几，他们到达克里特太晚，完全没发挥出应有的作用，在离去时，这些人除了进一步消耗了被围困城市的口粮以外毫无建树。

威尼斯海上指挥官们的累累战功太过显赫，以至于我们很容易忘记干地亚驻军更英勇的抵抗事迹，他们注定要面对二十二年的漫长消耗，其间要经历各式各样最令人绝望沮丧的战事，同时干地亚守军还要承受他们所谓的盟友承诺送来的援军屡屡被证明百无一用的失望。这些军队的士兵就像他们一直表现出来的那样，不但想保全他们自己的性命，同样糟糕的是，他们也不想为自己争得荣誉，因为这不但要用他们自己的生命去冒险，也要搭上别人的生命，在长期缺乏人力的情况下，他们实在无力承担这样的损失。上述两个现象中的后一个，在干地亚攻城战的最后一个阶段越来越频繁地表现出来。如今干地亚之名已经传遍整个欧洲，特别是法兰西贵族家庭的年轻子弟纷纷拥向克里特岛，决心用投身这个光荣战场的方式来证明自己的勇猛。当公元 1668 年路易十四终于被说服对克里特之战产生了兴趣时，最引人注目的一波投军大潮亦同时产生了。即便如此，路

1　他的遗体被带回威尼斯，元老院为他在圣方济荣耀圣母教堂预定了一个豪华壮观的陵墓，我们很难说清这究竟是为什么。

易十四还是没有加入战争，或者和苏丹断绝外交关系。法兰西商人在黎凡特充分利用了威尼斯竞争对手突然离去的机会，他们做得太好，以至于路易完全不想和奥斯曼土耳其公开决裂。不过国王放弃了自己的原则，同意威尼斯在他的领地上招募军队，以路易的陆军司令圣安德烈·蒙特布兰侯爵为总指挥。最终威尼斯得到了五百余人的志愿军，这些人的姓名清单看起来更像是一场金缕地仪式的人员名册而非职业正规军的军人名单。在蒙特布兰侯爵之下地位最高的是拉弗伊拉德公爵，尽管他并不富裕，但还是坚持承担志愿军作战开销中最大的份额，接着是蒂耶利堡和卡德鲁斯两位公爵、奥布松侯爵、维勒莫和塔瓦讷伯爵、年仅十七岁的纳沙泰尔亲王，以及一大批出身于法兰西名门望族的年轻人。

这些人在 12 月初到达克里特，此时威尼斯人的处境要比以往更令人绝望。苏丹已经失去了耐性，因此可以理解，他的大维齐尔艾哈迈德·柯普吕律急于保住自己的脑袋，于是他向克里特派遣新的部队，并且亲自坐镇，告诫士兵们只有拿下干地亚他们才能休息。此时一场来得正是时候的豪雨阻碍了土耳其人的攻城行动，他们挖壕沟的速度有多快，雨水将其灌满的速度就有多快。不过土耳其人转而开始建造一条位于海港入口上方的长防波堤，威尼斯人的主要生命线因此便面临被切断的威胁。威尼斯新任海军总司令弗朗切斯科·莫罗西尼在夏季战役中损失了六百名军官和七千名士兵，而来自盟友一方的助手们比前几年的更无用，教宗和意大利其他城邦送来的寥寥几艘船在初秋便已离开，在这几艘船回国的路上它们巧遇了一支西班牙的小船队，这支船队原本许诺在夏天出发，但直到 9 月都没有离开母港。当这些西班牙人从急于为自己提前离开行为正名的意大利人口中听说这一年的战争已经结束（事实上并非如此），他们立刻松了一口气，调转船头驶回了西班牙。

法兰西的年轻贵族们抵达克里特之后，莫罗西尼安排他们守卫克里特岛朝向陆地一面的一条外围壁垒，但他们拒绝了。这些贵族公子大声抗议，他们经历了漫长难受的旅行来到克里特，居然只被命令蹚过污泥去守卫前线哨所，然后在那里安静耐心地等待，直到土耳其人决定发起下一次进攻为止。他们要求发起一场总攻，照他们中某人的话，这么做可以“迫使敌人放弃攻城”。莫罗西尼明智地阻止他们这么做，他已经发起过许多次突袭，但没有一次能造成持久的结果。莫罗西尼手下的人如今不满五千，仅仅守卫由土耳其工兵时常在城墙上造成的缺口就已经很勉强，但这些公子哥儿没有人听从。正如一位法国历史学家[1]所写的：

> 拉弗伊拉德阁下只是在追求轰轰烈烈的行动和个人的光荣，在返回法兰西之后，他因为在克里特发动了勇猛的突袭而备受尊荣，但他本该多关注一些因他享受到的荣耀而损失的七百到八百名威尼斯共和国士兵。而一旦离开当地，克里特因缺乏防御人手而造成的后续损失则完全不会引起他半分悲痛。

当拉弗伊拉德发现威尼斯海军总司令不为所动，他开始大声抱怨威尼斯人的怯懦，表示他要在毫无后援的情况下独自出击。12 月 16 日，他确实这么做了。拉弗伊拉德象征性地佩带了一条鞭子，率领着已经从五百人减员到二百八十人的军队对土耳其人发起攻击。土耳其人进行了激烈的抵抗，不过法兰西人凭着一股蛮勇，表现出了超人的勇气，将土耳其人逐出两百码之遥，他们占据夺来的阵地长达两个小时，其间杀死了差不多八百名敌人，直到一个营的土耳其禁卫军前来增援，才被迫撤退。维勒莫伯爵

1 菲利贝尔·德·雅里，《干地亚围城战史》，达吕引用了这本书的内容。

和塔瓦讷伯爵以及另外四十人阵亡，奥布松侯爵在内的六十人身受重伤。拉弗伊拉德身被三创，血流如注，他是法兰西军队中最后一个撤回安全地带的人。

这是了不起的战绩，不过这对威尼斯或克里特都毫无作用。当战事结束，这批法兰西的年轻英雄们却没能及时离开克里特，他们将近过了一周才撤离岛屿，其中很多人，即便在战斗中毫发无损，却染上了瘟疫，再也没能见到故国。

就在幸存的法兰西人登陆土伦后不久，另一支规模更大、更职业化、装备也更精良的军队从法兰西出发前往干地亚。路易十四终于被海军总司令的亲戚，威尼斯大使乔瓦尼·莫罗西尼说服，认真承担起他基督徒国王的责任。公元 1669 年春天，路易的第一批重要捐助准备完毕，它包括六千名士兵、三百匹马和十五门大炮，装满了二十七艘运输船，此外还有十五艘战舰为它们保驾护航。但即便如此，路易仍然试图弥合他和他的土耳其朋友之间在信任上的裂痕，这支舰队的旗帜并不是法兰西王室的百合花，而是教宗国的十字钥匙。

另外，在博福特公爵和诺瓦耶公爵联合指挥下，一支四千多人的军队于 6 月 19 日抵达克里特。眼前所见的景象令他们惊骇不已。某位军官[1]这样写道：

> 这座城镇的情况看上去可怕极了：街道上落满子弹和炮弹，还有地雷和榴弹的弹片。城里没有一座教堂，甚至没有一座建筑的外墙不是千疮百孔，它们几乎被敌人的炮火轰作瓦砾堆。居民的房屋只不过

1 德罗·德·拉·里夏迪埃，《航向干地亚》，达吕引用了这份文献的内容。

是一些凄惨的窝棚茅屋。到处都弥漫着令人作呕的恶臭，在每一个街角都可能发现尸体、伤者或者残废者。

很快拉弗伊拉德的故事再度上演，新来的军人们迫不及待准备出战，甚至拒绝等待剩下的战友到来，在6月25日清晨自行发动了攻击。这场战斗开局不利：他们遭遇上并开火进攻的第一批军队实际上是一群新到达克里特的德意志援军。重新下达命令之后，这支军队开始攻打土耳其人的炮台并取得了一些成果，接着一颗流弹突然击中并引燃了某个被匆忙放弃的炮台内储藏的火药桶，土耳其工兵的威力因此被重新发挥出来。土耳其工兵的地雷作业是本次攻城战的一大特色，大部分城镇防御系统的破坏都来源于地下爆炸。因为刚才炮台的爆炸，流言迅速传遍这支法兰西军队，引起士兵们的恐慌。流言称他们所站的这片土地正是雷区，那座废弃的炮台实际上是一个隐藏起来的爆破孔，而刚才他们听见的爆炸声不过是一连串将把他们炸成碎片的爆炸的开端。随着谣言愈演愈烈，法军惊恐地四散逃跑，他们被自己的战友绊倒，互相践踏。土耳其人见到对方突然莫名其妙地开始逃跑，迅速重整旗鼓，开始反击，最终五百名法军在战斗中身亡，他们的头颅在几分钟内被砍下，被土耳其士兵穿在矛尖上，耀武扬威地展示给大维齐尔检阅。这些死者中包括了博福特公爵，法兰西大元帅蒂雷纳子爵的外甥罗桑伯爵，以及一位随军担任施赈人员的圣方济会托钵僧。

对于一支六千人的大军来说，五百人的损失算不上令人难以接受。四天后路易十四派出的余下部队抵达克里特，于是莫罗西尼开始计划一场夺回干尼亚的新攻势。但是他的新盟友们很快就失去了斗志。7月24日，一艘装有七十支枪的法兰西军舰由于过分靠近一个土耳其海岸炮台，被打得落花流水，数日后，诺瓦耶公爵便无情地告知威尼斯海军总司令，他要让军队上船回乡。幸存的官兵向法军抗议、恳求、威胁、哀乞，对方均不为所动，甚至连神职人员的怒喝都没有起到任何作用。8 月 21 日，法军舰队起锚离开，返回国内。在普遍失望情绪的影响下，教宗国、神圣罗马帝国和马耳他骑士团的援军也向西踏上归程，留下莫罗西尼和他的驻军独守克里特。就在此时，大维齐尔艾哈迈德下令发动总攻。

威尼斯人设法击退了这次进攻，但海军总司令明白他最终还是会败在土耳其人手里。他手下的军队只剩三千六百人，这一年不会再有援军到来，而所有的防御设施已经变为废墟，他们已经不可能再守住干地亚，平安度过冬天。但如果现在投降，而不是等着城镇在土耳其人的猛攻下迎来不可避免的沦陷结局，莫罗西尼或许还能确保从土耳其人那里获得有利的，甚至是体面的投降条件。当然，他本人没有代表共和国与土耳其进行谈判的权力，但是他知道过去至少有三次（最早在公元 1647 年，之后又在公元 1657 年和公元 1662 年），元老院激烈讨论了克里特之战通过谈判达成和平的问题，所有可能导致它发生的情况都得到了与会人员相当大的支持。更何况事到如今，莫罗西尼也没有多少实际的选择了。

公元 1669 年 9 月 6 日，双方签订了协议。大维齐尔本人对莫罗西尼十分敬佩，因此给出了优厚的条件，威尼斯人可以在十二天内自由且不受打扰地离开城市，而且这个期限会在天气恶劣的情况下适度延长。在攻城开始之前就已经装备在城内的大炮必须留在原处，剩下的可以由威尼斯人带走。土耳其人将成为克里特岛新的主人，不过威尼斯人可以继续拥有西北边境上的格里武萨岛，从未向土耳其人投降的苏达，以及他们在史宾纳隆加岛上的要塞，它的原址就在现今的伊罗达镇附近。

9 月 26 日，威尼斯的圣马可旗经过威尼斯对克里特四百六十五年的统治与二十二年的保卫战后，终于从干地亚城堡的残垣断壁上降下，最后一任威尼斯共和国在当地的官方代表们启程返回威尼斯。这一行人中包括了克里特的末代威尼斯总督匝加利亚·莫切尼戈，他本人在谈判中并未发挥多大的作用，几乎所有不愿被新主人统治的城内居民也和官员们一起离开。对威尼斯来说，这意味着一个时代的结束。虽然它还拥有三个据点，在爱琴海诸岛的版图上还有一两个立锥之地飘扬着圣马可的有翼狮子旗，尽管这只狮子的咆哮声已经远去，低微得几乎难以耳闻。但随着威尼斯在亚得里亚海之外最后的主要领地克里特落入土耳其人之手，威尼斯在东地中海的势力，甚至是实际存在，都永远地成为历史。

不过至少这个时代有一个壮烈的结局。威尼斯人从未在陆地和海上如此长时间地英勇奋战过，他们也从未面对过决心如此坚定的敌人。威尼斯在这场战争上的花费可谓天文数字，仅在公元 1668 年它就消耗了四百三十九万两千杜卡特，而人员的损失则更加惨烈。此外，在近四分之一个世纪的时间内，威尼斯人差不多是孤军奋战。威尼斯的那些盟友们，即便他们真的给予协助，也是勉勉强强，漫不经心，极不充分或者出于他们的私利，甚至偶尔还会对共和国的利益造成损害（举例来说，它们会怠惰拖延很长时间，或是突然毫无预警地撤军回国）。即使是到了围城的最后两三年，之前的消耗战变成了疯狂的破坏和流血，外国援助势力的加入也只造成当地守军士气低落，消沉沮丧。

不过弗朗切斯科·莫罗西尼并不是因为低落的士气或者消沉的心态而选择投降的。他只是冷静地认识到干地亚的沦陷不可避免，即使威尼斯或者其他什么地方提供再多支援，也只能延长这座城市和它的居民垂死挣扎的痛苦，在此刻通过体面的投降条件离开，或者在不久之后经历大规模的屠杀与抢掠之间，只有一个真正的选择。因此当莫罗西尼回到威尼斯，公诉官安东尼奥·科雷尔对他做出的指控，纵观整个威尼斯的历史，其不公都是屈指可数的。莫罗西尼的罪名不仅有僭越职权，以共和国的名义与敌人媾和（对这些罪名他已经做好充分的回应准备），还有他和他的下属不应蒙受的意外指控——怯懦、叛国，甚至侵吞公款和贪污腐败。幸运的是莫罗西尼有许多支持者，他们很快前来为他辩护，在双方都进行了激情洋溢的演说之后，莫罗西尼的问题最终交由大议会裁决，而投票结果压倒性地有利于他。莫罗西尼得以从这件事中毫无名誉污点地抽身，而正如我们所看到的那样，当时机来临时，他面对老敌手，不止一次地为自己报了仇。

在本书中，对克里特长期艰苦战斗的记录势必变得短暂和碎片化。考虑到对一般读者来说，每一场战斗，无论在陆上或者在海上，看起来都非常相似，纵观这二十余年的战争，即便读者们事先受到提醒，对他们来说这期间众多的事件与交战，以及许多奋勇作战的英雄事迹，都不如一句正义最终得到伸张。出于同样的原因，我们需要用几页的篇幅来涵盖一段四十年的时光，即使是以如此明显肤浅的审视历史标准来说，这段时期也值得解读一番。因此，在进入下一个章节之前，我们必须简短地回溯过去，将眼光重新投向威尼斯。

克里特之战期间，威尼斯至少更换了七任执政官。最开始是三位七十余岁的执政官：弗朗切斯科·莫林死于公元 1655 年，继任的卡洛·孔塔里尼执政期仅有十四个月，接着是创下了最短执政记录的弗朗切斯科·科纳，他于公元 1656 年 5 月 17 日上任，死于 6 月 5 日。当 6 月 15 日威尼斯第一百任执政官[1]贝尔图奇·瓦列尔以五十九岁的年纪当选时，人们希望相对年轻的他能有足够的活力解决克里特的僵局。然而遗憾的是，瓦列尔是个萎靡不振的病人，于是公元 1658 年 3 月，四十一位选举人又开始

1　见第 39 章。

了他们的工作。继任的乔瓦尼·佩萨罗年长瓦列尔十岁，但内心依然充满热情，事实上，他的当选或许正要归功于数月之前，他就是否接受土耳其提出的和平条件一事对瓦列尔进行攻击的气势。尽管在当时瓦列尔占据优势，委员会中的其他一些人也赞同他的观点，但佩萨罗义愤填膺的雄辩仍然取得了胜利，他或许可以带给威尼斯急需的领导力，但是就任后仅过了十七个月，佩萨罗就与世长辞，身后几乎没有留下多少建树。公元 1659 年，在佩萨罗之后继任的是多梅尼科·孔塔里尼，他在任期间，干地亚终于陷落，威尼斯也最终与土耳其停战言和。

在这些执政官们短暂且无甚出众之处的执政期内，威尼斯政府的关注重心主要在克里特，但不仅限于此。威尼斯一直都明白这场战争有扩大到其他战线的可能，就像我们所见到的一样，它在所有认为有必要的地方都采取了防御措施；同样，一旦战争真的爆发，如果有机会能速战速决轻松获胜，威尼斯会毫不犹豫地出击，即使这么做可能会开辟新的战场也在所不惜。无论这样的政策对一个军队处在敌众我寡状态的国家来说是否明智，或者有待商榷，但不得不承认它是奏效的。公元 1645 年至公元 1648 年，列奥纳多·福斯科洛指挥一支威尼斯舰队解决了一系列针对达尔马提亚海岸各处的袭击，还几次击退了土耳其人从陆上对威尼斯所属城镇的攻击。公元 1649 年，威尼斯攻占了斯帕拉托东南数英里之外的土耳其要塞克利萨，将这长达三年的战事推向了高潮。[1] 同样，就在弗朗切斯科·莫罗西尼在克里特担任海军总司令的第一阶段，在数次试图让土耳其舰队投入战斗失败后，公元 1659 年，他突袭了伯罗奔尼撒半岛南部的克拉马塔，一吐过去的郁闷之气。克拉马塔的要塞与城镇在威尼斯军队到来时当即选择投降，这是二十五年后莫罗西尼重夺摩里亚走出的第一步。

1　我们或者可以用现代的南斯拉夫式名字，将这两个地方称为克利斯和斯普利特。

在克里特之战期间，威尼斯享受到了一项其价值难以估计的恩惠。公元 1648 年签订的《威斯特伐利亚和约》为三十年战争画上了句号。西班牙人的天主教热情和威尼斯人的公民精神一样，疯狂燃烧后终于耗尽，尽管此后数年，在欧洲各统治者之间仍有相对规模较小的战事爆发，但它们都没有对威尼斯共和国或意大利其他城邦国家造成深远的政治影响。事实上，如果有人阅读这段时期的欧洲通史，就会发现世界的注意力已经向北移去，将意大利半岛留在黯淡安静的阴影里。只有土耳其对它的威胁还在，不过就像之后二十年我们将见到的那样，即使是奥斯曼土耳其，它的巅峰时刻也已经过去了。

43

莫罗西尼和摩里亚

（公元 1670—1700 年）

> 不管面对什么，他都毫不动摇。他总是神态愉快，待人公平，表现出很强的自信和自尊。总而言之，人们说的可能是事实，他是个翩翩君子，而共和国从未有过另一个像他这样的人和他拥有的力量，将来也不会有。
>
> ——菲利贝尔·德·雅里评论
>
> 弗朗切斯科·莫罗西尼

干地亚沦陷后的十五年，威尼斯风平浪静，在此期间它整顿内政，重建崩溃的经济。这不是项简单的任务。在黎凡特，法兰西和德意志商人，甚至还有少数英格兰商人取代了威尼斯商人昔日的地位，同时由于海上战事频仍，威尼斯不得不雇用外国船只运输货物，或使用武装船只护送它自己的货运船，威尼斯货物的价格出现了灾难性的上涨。威尼斯此时债台高筑，债务利息有时甚至高达百分之十四。然而威尼斯通过精心设计的联合措施，利用税收、激励政策、关税、新的保护性法规，以及重新启动过去的阿迪杰河河运这个重要项目，终于慢慢走上了复兴之路。就在此时，中风后卧床挣扎了十八个月的老多梅尼科·孔塔里尼在公元 1675 年 1 月去世，享年九十四岁，他撒手人寰之际，威尼斯的国库又一次开始充盈起来。[1]

孔塔里尼的继任者尼科洛·萨格雷多在正处于经济复兴期的威尼斯担任了一年半的统治者，在此期间，默瑟里亚地区头一次铺上了石板。萨格雷多死后，四十一位选举者按照公元 1268 年生效以来已经良好运作了四百余年的选举系统[2]选举新一任的执政官；然而这一次，这个复杂得令人难以置信的笨重系统产生的人选出现了问题，当时为人所知的是，选举者中至少有二十八人属意前任执政官的远亲，前驻奥利弗·克伦威尔政府大使乔瓦尼·萨格雷多。这个结果可信度极高，以至于乔瓦尼的亲朋好友已经开始陆续抵达萨格雷多宅邸进行庆贺，但此时有一位访客带来了令人不安的消息：差不多有六十位贡多拉船船夫聚集在执政官宫窗下，激烈反对萨格雷多担任执政官，他们甚至威胁要在他进行广场巡游的时候用石头打他。

船夫们看上去并没有指控萨格雷多的具体罪名，可以确定的是，他们被一位或者更多萨格雷多的竞争者收买，通过这样的方式来进行抗议示威。尽管事实可能如此，议会成员们却不打算无视这些危险的信号，他们拒绝批准四十一位选举者的选举结果，另外召集了十一人重新选举。最终结果是乔瓦尼·萨格雷多没能戴上执政官的尖角帽，而是另一位阿尔维塞·孔塔里尼坐上了执政官的宝座，他是委员会的成员，曾经担任过外交官，正是在他的领导之下，威尼斯继续走在和平的道路上，一步

---

1 他被安葬在圣贝内代托教堂的家族墓地内。“他拥有仁慈的本性，人见人爱，和蔼可亲和具有高贵的气质，他对贵族与普通人都怀着爱与尊敬，在履行公职时，年轻的绅士们尤其看重那些我听你们说过的美德。”利摩容·德·圣迪迪埃，《威尼斯共和国这座城》。

2 这个体系已经在前文中详细介绍。简单来说，大议会选出三十名代表，接着通过抽签选出九人，这九人投票选出四十人，随后这四十人在他们中选出十二名代表，十二名代表投票选举二十五人，这二十五人又在新一轮投票中减至九人，然后他们选出四十五人，这四十五人中将有十一个人脱颖而出，选举最终票选执政官的四十一人。

步迈向繁荣。

不过维持和平并不总是件容易的事。公元1683年，皇帝利奥波德一世的匈牙利臣民掀起叛乱，并邀请苏丹支援，这使得大批土耳其军队陈兵于维也纳大门之外。威尼斯的外交官员们使尽浑身解数，来解释为何威尼斯拒绝参与保护基督教世界中最重要的都城之一（在此并不能确定他们是否提醒过皇帝，当威尼斯在克里特艰苦奋战的时候，神圣罗马帝国提供的帮助是多么少且无用）：首先，这是一场陆上战争，威尼斯共和国并没有能为战斗出力的军队可供调遣。而且无论如何，利奥波德还是有足够的同盟军，其中包括萨克森选帝侯、巴伐利亚选帝侯以及他最宝贵的盟友波兰国王约翰·索别斯基。威尼斯相信利奥波德一世能够获胜的信心被证明是正确的，土耳其军队的指挥相当糟糕，而且他们没有重型火炮。当土耳其人暴露在固若金汤的维也纳城和索别斯基的援军之间的致命交叉火力之下，他们惊恐地四散逃窜，在战场上留下了多达一万具尸体。土耳其人的威名从此粉碎，他们的衰落明明白白地摆在所有人眼前。自此之后，土耳其再也无力对基督教世界造成严重威胁。

但是战争还没有结束。随着基督徒的军队继续在各个战线上继续推进，已经得到教宗和索别斯基支援的皇帝重新向威尼斯发出更紧迫的求助。他强调必须维持当下的胜利势头，作为一个新的进攻性同盟的成员，如果他们的陆上军队可以结合威尼斯的海上力量，就能永远将苏丹逐出欧洲。假设这一目标达成，威尼斯将从中获得最多的好处。

威尼斯没有立即回应皇帝的邀请。它花了十余年的时间才从克里特之战的影响中恢复过来，在经过了许多牺牲和痛苦折磨之后，共和国才得以慢慢恢复元气，甚至现在才刚刚开始享受和平的果实。在此情况下，难道威尼斯真的会再次押上所有的一切，在另一场战争中赌一赌自己的运气吗？但自从土耳其在维也纳城墙下惨败以来，形势无疑发生了变化，战争的下一阶段至少有一部分将在海上进行，难道威尼斯不该为自己的利益和好名声采取一个更为主动积极的策略吗？在过去的几年内，威尼斯一直默默忍受着来自奥斯曼宫廷的无数微小侵扰与羞辱，这使它在尊严上付出了高昂的代价，有时候还伴随着大笔杜卡特的损失。为了区区一个苏丹随时可能撕毁的不稳定和平协议，威尼斯是否付出了太大的代价呢？假使苏丹最后与皇帝和他的朋友们达成和解，难道他就不会随即将自尊受损的怒火倾泻到共和国头上吗？如果苏丹真的这么做了，威尼斯又能从一群不久前才拒绝向他们提供帮助的对象那里得到什么支援呢？土耳其人现在虚弱且斗志低落，他们的大维齐尔兼总司令官，可恶的卡拉·穆斯塔法已经被苏丹下令处决，他们的军队也支离破碎。而威尼斯的情况则正相反，它恢复到了一个相对强有力的状态，因此难道现在不正是采取攻势，为丢失干地亚复仇，并且夺回它以及其他威尼斯前殖民地的好时机吗？经过长久的辩论，公元 1684 年 1 月 19 日，皇帝的大使终于被召唤到委员会，他被告知威尼斯将加入同盟。

这是一个应当由执政官本人来宣布的历史性决定。不过此时执政官之位仍然虚悬。阿尔维塞·孔塔里尼四天前刚刚去世，威尼斯还没来得及选出他的继任者。于是重新就任海军总司令的弗朗切斯科·莫罗西尼的名字被列入了候选人的名单，所有人都知道他一直希望能有机会同时作为国家首脑和舰队指挥官，出海对付他的老敌人。然而令莫罗西尼失望的是，人们觉得他在军事上的责任最好不要受到管理国家这一职责的束缚，因此选举者们略过他的名字，一个名叫马尔坎托尼奥·朱斯蒂尼安的人当选为新任执政官。此人是一位曾经出色地担任过路易十四宫廷大使的年长学者，整个威尼斯都传说他不但是个单身汉，还是个处男。

就这样，在这些暧昧不明且互不协调的征兆下，威尼斯开始了它两百年来最为成功的军事行动。人们开始着手准备夏季出征，而同时在君士坦丁堡，作为猝然去世的市政官秘书，乔瓦尼·卡佩洛向苏丹正式递交了开战宣言，其后他在同一天夜里乔装成水手，明智地逃离了奥斯曼帝国的都城。

弗朗切斯科·莫罗西尼如今六十四岁，尽管没能得到他想要的执政官之位，他却得以心怀决心和热情指挥六十八艘战舰，其中包括六艘大帆船。由于这样一支大舰队的出航准备耗时很长，因此他直到 7 月才扬帆起航，不过这次拖延至少令莫罗西尼在出发前得到了几艘来自教宗、托斯卡纳大公和马耳他骑士团送来支援的战船。舰队一出港，莫罗西尼就直奔他的第一个目标圣毛拉岛（即如今的莱夫卡斯岛），经过十六天作战，莫罗西尼在 8 月 6 日将其攻陷。这类闪电战的结果很少能具有与这一次匹敌的战略意义。圣毛拉岛位于科孚岛和凯法洛尼亚岛之间，扼亚得里亚海与科林斯湾入口，一个多月后，它成了一支陆军小部队从大陆前往普雷韦扎城堡并迫使其投降的桥头堡。此外，沿着海岸向北，波斯尼亚和黑塞哥维那的弗拉赫人掀起叛乱，反抗他们的土耳其主君，并且向南转进阿尔巴尼亚和伊庇鲁斯。再往北，皇帝与约翰·索别斯基的军队正继续向匈牙利挺进。到了这年冬天第一个作战季节结束时，威尼斯和它的盟友们有足够的理由为他们取得的胜利而自豪。

随着公元 1685 年春天到来，莫罗西尼的舰队驶向昔日威尼斯的重要港口科罗尼。科罗尼在公元 1500 年被土耳其占领，如今它将面临九千五百人的登陆大军，其中除了三千名威尼斯人之外，还包括来自德意志、教宗国和托斯卡纳的士兵，以及一百二十位圣约翰骑士团骑士。这一次科罗尼的奥斯曼守军殊死抵抗，直到 8 月城堡才竖起了投降的白旗。接着在双方讨论投降条件时，一尊土耳其大炮突然开火，导致数名威尼斯人死亡，于是谈判立即破裂，愤怒的联军拥进城市，大开杀戒。

此后其他一大批要塞也随之被攻陷，在接下来的两到三个月内，联军掌控了摩里亚以南的大片地区，威尼斯共和国还以一万八千杜卡特的薪水雇用了一位瑞典将军奥托·威廉·冯·柯尼希斯马克伯爵作为陆上部队的总指挥。

公元 1686 年初，莫罗西尼和柯尼希斯马克在圣毛拉岛召开战时会议。他们有四个主要目标可供选择：希俄斯岛，尼格罗蓬特、克里特和摩里亚剩下的区域，主要由于柯尼希斯马克的极力坚持，他们选择了最后一个目标。事实证明，这完全不是一个明智的选择，不过这个选择确实没有给攻击者们造成麻烦。在之后的两次夏季作战中，联军接受了迈索尼、纳瓦里诺、阿尔戈斯、纳夫普利亚、勒班陀、佩特雷和科林斯等众多城市的投降。

上述提及的最后三个胜利在公元 1687 年 8 月 11 日传回威尼斯。整座城市因喜悦而沸腾。他们终于报了干地亚的一箭之仇。大议会立即停止正在进行的会议，以便让与会成员参加人们在圣马可大教堂自发举行的感恩仪式，元老院下令在执政官宫的十人议会军械库内安置一尊莫罗西尼的青铜胸像，并附上铭文：

FRANCISCO MAUROCENO
PELOPONNESIACO ADHUC
VIVENTI
SENATUS[1]

1　这尊由帕罗迪制作的半身像随后向公众展示，直到公元 1884 年莫罗西尼家族最后一位直系成员加腾堡伯爵夫人洛雷丹娜·莫罗西尼去世之前，它一直保存在圣斯特凡诺的莫罗西尼宫内（它位于广场的东边，俯瞰圣毛里齐奥河，历史建筑编号为 No. 2802）。如今这尊半身像回到了它在军械库的最初陈列位置，此外我们还能在科雷尔博物馆看到它的大理石复制品。

（大意：弗朗切斯科·莫罗西尼令伯罗奔尼撒半岛重获新生　元老院立）

与此同时，联军正在迅速地征服摩里亚。柯尼希斯马克在内陆肃清了一些小规模抵抗，其中最值得注意的军事行动发生在米斯特拉斯和斯巴达地区。而另一方面，莫罗西尼和他的舰队绕过阿提卡，准备进攻雅典。

就在此时，历史上应当归罪于威尼斯的两次大悲剧中的第二场悲剧降临了。在前文中我们已经读到第四次十字军东征的悲惨故事，[1]这一次我们得悲哀地记住公元 1687 年 9 月 26 日星期一，大约晚上七点这个时间，一名德意志中尉在卫城对面的缪斯庙山上用莫罗西尼放在那儿的一门炮轰击了当时被土耳其人当作军火库的帕提农神庙（对神庙来说，这简直是命运的诅咒）。他直接击中了神庙建筑，随之而来的爆炸几乎将帕提农神庙整个内殿、雕带部分、北面的八根柱子、南边的六根柱子以及它们的柱顶部分完全摧毁。

而破坏还没有结束。在拿下雅典之后，莫罗西尼毫无疑问地想起了公元 1205 年威尼斯人从君士坦丁堡竞技场带回国内的四匹青铜马，于是他也试图将作为神庙西面山墙一部分的雅典娜战马与战车弄走，在这个过程中，这尊雕塑落到地上摔成了碎片。最后这位决心要带走什么的征服者只能满足于稍小一些的纪念品，那就是如今矗立在军械库前方的四头狮子中侧面的两只。[2]

很难说帕提农神庙的命运在威尼斯引来了多少热泪，威尼斯人正忙于

1　见第 10 章。

2　右边的那头狮子来自神圣大道。左边的那头狮子身上刻有著名的北欧如尼文铭文，如今已经漫漶难辨，它被认为出自拜占庭皇帝戍守皮埃雷夫斯的瓦良格卫队中那些维京人之手。广场中间的青铜柱和入口处壮观的大铜门也一样是莫罗西尼的胜利纪念品。

欢庆他们的胜利。自从一百多年前勒班陀海战之后，威尼斯已经忘记在军事上取得重大胜利是什么样的情形，更何况莫罗西尼连续成功征服了许多地方，自十五世纪以来，威尼斯再未有过这样的丰功伟绩。更重要的是，所有这些胜利都表示着长久以来笼罩在共和国上空的奥斯曼土耳其之阴影将最终散去，或许还意味着遥远的过去那个威尼斯商业帝国的归来。因此无怪乎威尼斯人欢欣鼓舞，无怪乎他们胜利归来的将军被认为是威尼斯历史上最伟大的军事英雄。公元 1688 年 3 月，马尔坎托尼奥・朱斯蒂尼安去世后，弗朗切斯科・莫罗西尼在第一轮投票获得全票通过，当选为下一任执政官，就更是水到渠成，顺理成章。[1]

莫罗西尼实现了他最终的抱负，不过他并不想就此放弃军事指挥权。公元 1688 年 7 月 8 日，他带着手下一支两百余艘战船的舰队驶出雅典海湾，前往下一个目标尼格罗蓬特岛。就像克里特一样，尼格罗蓬特曾是威尼斯在第四次十字军东征时从拜占庭帝国瓜分得来的殖民地，在两个世纪前的公元 1470 年，威尼斯被迫将它放弃，交给土耳其人统治，这损失一直令共和国耿耿于怀。众所周知，尼格罗蓬特由重兵把守，土耳其人在此驻军六千人，哪怕没有援军，这些士兵也将进行顽强的抵抗。不过联军的人数是土耳其人的两倍多，而且无论是莫罗西尼执政官还是柯尼希斯马克伯爵都毫不怀疑，这座岛屿过不了多久就会落入他们手中。不过他们打错了算盘，这次的行动似乎并未得到上帝保佑，很快他们的运势逆转。攻城

1　暂且不论莫罗西尼当选为执政官的欢庆活动。去世的马尔坎托尼奥・朱斯蒂尼安被人们真心爱戴和怀念着。威尼斯的穷人甚至像膜拜圣徒一样崇拜他，而据说教宗英诺森十一世每周都要公开表示："唯愿上帝让世间的统治者们都像他［朱斯蒂尼安］一样！"朱斯蒂尼安被安葬在位于圣弗朗切斯科・德拉・维尼亚的家族礼拜堂内，这座礼拜堂通常被称为先知教堂。

战开始不久，一场可怕的瘟疫就袭击了基督徒的营地。这瘟疫究竟是什么我们如今已经不得而知，或许是痢疾，亦可能是疟疾。短短数周，联军就失去了三分之一的士兵，柯尼希斯马克也染病身亡。到了 8 月中，威尼斯送来四千多人的增援部队，这给莫罗西尼打了一剂强心针，支持他继续战斗，但他立即发现手下士兵发生哗变。来自不伦瑞克-汉诺威的神圣罗马帝国军队拒绝继续作战，随着将士的不满情绪像疾病一样飞快传播开来，莫罗西尼别无选择，只能下令全军撤退。

但即便到了这个地步，莫罗西尼也不甘心忍下毫无所获径直返回威尼斯的耻辱。他需要再获得一场胜利，哪怕是最微小的，也足够挽回他的尊严，令威尼斯的子民们以对待英雄的方式欢迎他归来。在莫罗西尼看来，少数还控制在土耳其人手中的陆上要塞之一，位于伯罗奔尼撒半岛东南角的马尔维萨要塞（亦称莫奈姆瓦夏）正是理想的目标。遗憾的是，曾经向舰队指挥官莫罗西尼微笑的命运如今对执政官莫罗西尼眉头紧锁。马尔维萨城堡高踞难以攻下的岩石之上，只能通过一条大半路程宽度不及一码的羊肠小道抵达——对攻城部队来说这条小路全无作用。使用炮火轰炸是当下取胜的唯一希望，莫罗西尼下令建造两个炮位，但在它们完成之前，他就被病魔击倒，不得已将指挥权留给督军司令官吉罗拉莫·科尔纳罗，自己则在公元 1690 年 1 月乘船返回威尼斯。当他抵达威尼斯时，身患重病郁郁寡欢的莫罗西尼得到几乎以为不能拥有的热烈欢迎，随后他前往位于大陆上的别墅，在那里进行了一段长期休养。

科尔纳罗被证明是莫罗西尼当之无愧的接班人，而且他的运气似乎更好一些。他攻下了马尔维萨，近一百五十年来，首次令圣马可的旗帜在要塞的城垛上飘扬。之后他听闻一支奥斯曼舰队正穿过爱琴海群岛，便向北迎击，在米蒂利尼附近海域将土耳其舰队打散，使其遭受重创。科尔纳罗再一次返回亚得里亚海时，对法罗拉发动突然袭击，攻占了这座城市并拆除了城市的所有防御设施，而他也在那里发起高烧，于一两天后去世。科尔纳罗的死是一个重大的损失，而当多梅尼科·莫切尼戈接过最高指挥权后，就显得这个损失更为惨痛。人们很快发现莫切尼戈是个不可靠的家伙，他在公元1692年试图收复干尼亚，但仅仅因为听到一则毫无根据的谣言，称一支土耳其舰队正从摩里亚赶来支援，他就放弃了全盘计划。

威尼斯对土耳其战争的开头如此出色，如今却令人难以忍受地停在这样一个可耻的状态，威尼斯人便再一次向他们的执政官请求，让他出面领导军队。莫罗西尼此时已是七十四岁高龄，自重病以来一直没有完全恢复健康，但即便如此，当他受到臣民的邀请时仍然没有犹豫。公元1693年5月24日星期三，就在准备出航的前一日，他身着海军总司令金线刺绣的华丽斗篷，手握司令杖，庄严行进至圣马可大教堂。我们从记载中读到，尽管一些威尼斯人反对莫罗西尼的司令权杖，认为它“在一个共和政体的自由城市中过度表现出威权的迹象”，但这并不妨碍他们在弥撒结束后，从每一个窗户朝现身在大庭广众之下，正穿过一连串为本次盛事特别竖立的凯旋门准备进行巡游广场仪式的莫罗西尼大声欢呼。

次日，莫罗西尼在手下卡宾枪手、戟兵、旗手、军乐队、号手、宗主教与其他神职人员、顾问团成员、圣马可教堂总务官、教宗特使、外国使节、元老院成员以及亲朋好友的簇拥下，浩浩荡荡从位于小广场一角的铸币厂出发，沿着斯拉夫人堤岸前往卡斯特洛区最远处，黄金船在那里等着接应他穿过簇拥在周围装饰华丽的贡多拉船，驶向潟湖另一端。首先莫罗西尼将拜访利多岛上的圣尼科洛教堂做临行前的最后祈祷，接着登上准备出航的桨帆船。他踏上桨帆船的甲板，船只立刻起锚，风帆升起，圣马可旗帜在船首飘扬。这艘船从利多港出发，将驶向威尼斯舰队已经在当地集结的马尔维萨。[1]

尽管有这样一场辉煌盛大的登舰仪式，弗朗切斯科·莫罗西尼此生最后一次战役却显得有些虎头蛇尾。土耳其人利用冬天和春天休战的时间加强了干尼亚和尼格罗蓬特的防御；莫罗西尼的舰队在达达尼尔海峡遭遇逆风，阻碍了他的另一项军事行动，反之土耳其舰队却顺风顺水。他增援了科林斯以及摩里亚地区另外几个要塞的守军，还追击了一小股阿尔及利亚海盗；最后，为了不空手而归，莫罗西尼在前往纳普利亚过冬前攻占了萨拉米斯、伊兹拉岛和斯皮特赛岛。但是此时莫罗西尼的努力显然已经给他的身体造成了损害。整个 12 月，他都经受着胆结石的折磨，然后到了公元 1694 年 1 月 6 日，弗朗切斯科·莫罗西尼溘然长逝。

莫罗西尼得到了预料之中的盛大葬礼。首先人们在纳夫普利亚举行了一次葬礼，莫罗西尼的心脏和其他内脏被交付给当地威尼斯人的圣安东尼奥教堂；此后在威尼斯的圣乔瓦尼保罗大教堂举行了第二次葬礼，葬礼之后人们将遗体安葬在圣司提反教堂。在圣司提反教堂内，有一块雕花墓石标示这位执政官最终的安息之所。不过莫罗西尼的纪念物中最伟大的不在此处。在执政官宫投票厅尽头，人们竖起了一座几乎顶到天花板的巨大大理石凯旋门，门上装饰有六幅由格雷格里奥·拉扎里尼创作的象征主义绘画。虽然无论从建筑角度或者艺术角度，这座凯旋门都不甚出众，[2] 而且它放置的位置亦十分古怪，与周围并不相称，但是很少有类似的纪念碑可以更好地阐明威尼斯对它最后一位身为战士的执政官怀有的敬意，或者是共

---

1 大部分历史学家忽略了重要的一点，这支舰队浩浩荡荡出发的日期正是耶稣升天节。执政官通常在这一天会按照传统主持海婚仪式。我们没有找到为何这一天没有举行这项仪式的原因，不过有趣的是，威尼斯人似乎也遗忘了这一点。

2 如今收藏在科雷尔博物馆莫罗西尼展厅内的那些画要更有意思（编号为 XIX—XXIV）。其中还有一些莫罗西尼家族的有趣物品，包括他溺爱无比的宠物猫经过防腐处理的躯体。

和国对莫罗西尼执政官至少在数年内重拾了它的旧日荣光的感激。

紧随弗朗切斯科·莫罗西尼担任执政官可算不上什么美差，最后这一任执政官落到西尔维斯特罗·瓦列尔身上，四十多年前，他的父亲贝尔图奇·瓦列尔也曾有过一段短暂的执政官生涯。西尔维斯特罗当选的时候形势已经很明朗，他不会再像前任一样执掌军事指挥权；不少威尼斯人有着坚定的共和主义观点，尽管他们十分敬仰莫罗西尼，但他们仍然因军政大权集于一人之手的潜在危险感到不安，并且担忧这会成为一个被后人效仿的先例。于是在新执政官的承诺书上增加了相应的条款，未来只有经过六位执政官顾问中的四位，以及四十人议会三位首脑中的两位同意，才可以中止威尼斯海军总司令的独立选举；即便如此，这个决定还要经过大议会三分之二的成员同意，而大议会表决时的合法人数应当不低于八百人。事实上这些预防措施准备得太过充分，莫罗西尼之后，再也没有一位执政官走上战场。

就在新执政官上任的同时，军队的最高指挥权被交给了安东尼奥·泽恩，他在次年夏天出航，在公元 1694 年 9 月 7 日派九千名士兵登陆希俄斯岛。希俄斯岛号称拥有大量基督徒，分别信奉天主教和东正教，双方都拥有各自的主教。这时岛上的基督徒们赶紧前来欢迎威尼斯人，并且保证他们会协助威尼斯人抵抗土耳其守军。当地土耳其军队中只有两千名士兵，他们主要集中在城镇较高处的城堡内。威尼斯人立刻采用了炮火轰炸战术，希俄斯岛的海港以及恰巧停泊在港内的三艘土耳其船被兵不血刃地拿下，而当地守军则于 9 月 15 日投降，以保证他们能够得到返回大陆的安全通行证。

到目前为止一切都进行得很顺利，即使当五十艘土耳其船组成的舰队正在向希俄斯岛驶来的消息传到岛上，威尼斯人的斗志仍然旺盛。数年以来，土耳其人一直尽力避免与威尼斯人在海上交战，而泽恩手下的军官们对土耳其人的航海技术和勇气都甚少赞赏。然而不走运的是，当泽恩正驶出希俄斯岛和大陆之间的狭窄海峡往公海去时，风突然变小了，在风平浪静的海面上双方根本无法开战，而等到 9 月 20 日海上再次吹起微风，风向却对土耳其船有利，土耳其人见到近在眼前的危险便迅速返航，在威尼斯人追上他们之前逃入了士麦那的港口。此时泽恩仍然准备一战，于是在港口外的泊地下锚等候，但就在他这么做之后不久，来自英格兰、法兰西与荷兰的当地领事就造访了他的旗舰，这三个欧洲国家并不在反土耳其联盟之中，领事们恳求泽恩不要拿城内基督徒的生命和财产冒险，无缘无故地发动攻击，作为支持，我们得知领事们“带来了一大笔钱财”。鉴于己方军队补给匮乏或者其他的一些原因，泽恩同意了他们的请求，调头返回希俄斯岛。[1]

不过多数威尼斯军官热切期盼的大海战没过多久就到来了。因为丢失了最有价值的离岛之一，苏丹勃然大怒，下令不惜一切代价立即将其夺回，于是公元 1695 年 2 月初，一支新的奥斯曼土耳其舰队出现在众人面前，它包括二十艘最大的主力舰“苏丹娜号”，以及二十四艘桨帆船与一些西班牙大帆船。安东尼奥·泽恩率领差不多规模的舰队（其中包括来自马耳他骑士团的一支规模可观的船队）再一次出港迎敌，大约在 2 月 9 日早晨十点左右，战斗终于在海峡东端斯帕拉马托利群岛附近海域打响。这

1　包括达吕和罗马宁在内的一些历史学者，都支持当时的威尼斯历史学家彼得罗·加尔佐尼的观点，加尔佐尼是泽恩的主要指责者之一，他反复提及一个故事，其大意如下：在某个风平浪静的时刻，威尼斯人发现一些土耳其船进入了他们的攻击范围，但是那位海军司令拒绝让手下官兵袭击土耳其人。从表面上看这件事不太可能发生，一些当事人的报告也互相矛盾，以至于真相如何已经无人知晓。关于这件在希俄斯岛发生的小插曲，菲利普·阿格雷迪在《1694 年：威尼斯人占领希俄斯岛》（伦敦，1935 年）中给出了更准确细致、令人深思的记录。

是一场漫长且激烈的战斗，威尼斯人在交战中有不少显著的英勇事迹（或许土耳其人也有类似事迹，不过它们不会被记录在威尼斯人的报告中）。但直到夜幕降临两支舰队停止缠斗，双方均有巨大伤亡（威尼斯一方战死四百六十五人，伤六百零三人），此战不分胜负。

不过这只是战争的第一阶段。两支舰队停泊在对方的火器射程之外整整十天，到了 2 月 19 日，随着它们后方吹来强劲北风，土耳其舰队再一次飞快冲向敌人。就在两支舰队战斗的时候，狂风大作，大海亦变得更加波涛汹涌，这使得舰队不可能实现近距离操作。威尼斯人拼力奋战，试图转移到上风处，但他们慢慢不得不撤入狭窄的海峡，回到港口城墙下。在这样的天气下，至少笨重的三桅军舰帆船是不可能进入港口的，于是威尼斯人只能将船停泊在港外泊地，在那里一次又一次地被追上来的土耳其船扫射。这是一场灾难，相较于土耳其人，威尼斯在这一轮作战中损失惨重。海军总司令立即召开了战时会议，但战争的结果似乎已经不可扭转了。威尼斯人已经没有足够的人手守护要塞，城市的防御设施也处在糟糕的状态，他们的金库空虚，补给也逐渐告罄。而且在可能的援助到来之前，土耳其人就会再次进攻，如果他们这么做了，那么结果无疑会是一场灾难。只有陆军指挥官冯·施泰瑙男爵还相信他们能守住希俄斯岛，但是他的意见被众人驳回了。根据一封信中的描述——我们几乎可以肯定作者就是当时在场的一员[1]："海军总司令哭得像个孩子，他丧失了斗志，只是反复说着'做你们想做的吧！决定权在你们手里！'"

不到半年，希俄斯岛得而复失。2 月 20 日夜里，所有可以被带走的战争物资都被装上船，防御工事也尽数毁坏或拆除——无论如何，至少这是值得做的。接着在 21 日上午，威尼斯舰队驶离海港。为了逃避土耳其

1　菲利普·阿格雷迪在其著作中引用了这一段。

人的报复，岛上大多数显贵的天主教徒家庭也离开了希俄斯岛，为补偿他们抛下的财产，这些人在摩里亚地区得到了新的地产。不过即便离开了希俄斯岛，坏运气仍然跟随着威尼斯。就在最后一艘船绕过防波堤时，泽恩舰队中最重要的舰船之一，满载武器弹药的“财富丰裕号”撞上了一块暗礁。人们竭尽全力试图营救它，但所有行动均告失败，最后他们不得不放弃了这艘船，以及在它甲板上原封未动的货物。

当不久前刚为夺取希俄斯岛庆祝的威尼斯人听到这座岛屿失陷的消息，他们感受到的悲伤并不比愤怒少。不少舰队军官都证明了海军总司令性格上的缺陷，他优柔寡断，怯懦胆小，毫无先见之明，亦缺乏主动性和领导能力。于是元老院当即要求进行调查，不走运的泽恩和他的两名政府监督官以及其他数名高级官员镣铐加身，被押回威尼斯。调查尚未结束，泽恩就在公元 1697 年 7 月 6 日死于狱中，在去世前不久他还撰写自辩书为自己辩护，这份自辩书随后被威尼斯政府公之于众，这一举动被有识之士认为等同于赦免泽恩的过错，但这场调查的正式结果却再也没有公布。

就在此时，泽恩的继任者，在陆上军队中地位仅次于广受尊敬的冯·施泰瑙男爵的亚历山德罗·莫林取得了一些引人注目的胜利，大大提振了威尼斯的士气。他击退了一支在阿尔戈利斯登陆的土耳其军队，并且在希俄斯岛附近海域的一场海战中大大洗刷了前一年威尼斯人蒙受的耻辱。接着，公元 1697 年，威尼斯在安德罗斯岛附近取得海战胜利；公元 1698 年 9 月，威尼斯舰队在达达尼尔海峡入口击败土耳其海军，实际（哪怕是暂时地）控制了爱琴海。但丧失希俄斯岛仍然是威尼斯人的一块心病，直到很多年以后依然如此。

正当威尼斯作为反土耳其联盟的一员在地中海作战时，它北方的盟友也没有虚度光阴。公元 1686 年，洛林公爵查理攻下布达，令这座城市在一百四十五年后，脱离土耳其的统治回到帝国版图之内；而公元 1688 年攻下贝尔格莱德则使得基督徒重新控制了波斯尼亚、塞尔维亚与瓦拉几亚的大片土地。虽然贝尔格莱德在公元 1690 年再度落入土耳其人之手，但基督徒在次年征服了特兰西瓦尼亚，从某种程度上弥补了这一损失。公元 1696 年，波兰国王约翰·索别斯基去世，给了联盟一个沉痛的打击，不过他们很快又得到了沙皇俄国彼得大帝的支持。在彼得的请求下，同年威尼斯人派遣了十三名造船工匠前往莫斯科。最后，萨伏伊的欧根亲王在森塔大胜土耳其军队，共歼灭对方约两万人。

经过多次战争，土耳其人还没有被打倒，但无疑已经遭受重创，他们开始希望获得谈判求和的机会。从皇帝利奥波德的角度来说，他也急切盼望他们这么做，因为他知道一个新的危机正在逼近，这个危机并非来自帝国东线边境，而是来自西方，半疯且无子嗣的西班牙国王卡洛斯二世显然已命不久矣。卡洛斯二世的王位有两个主要的竞争者，皇帝本人及法王路易十四的孙子菲利普三世以及女婿菲利普四世，可以理解，利奥波德希望能腾出手来，对付近在眼前的继承纷争。英格兰与荷兰害怕见到路易成为法兰西与西班牙共主的情况，于是愿意出面帮助皇帝与苏丹调停；此外，假使可以保留已经征服的土地，波兰和威尼斯也很愿意放下武器，结束长达十五年的战争；至于彼得大帝，为了使自己的国家走出中世纪的蒙昧黑暗，他还有很多事要做。鉴于以上种种原因，多方很快达成了合约，公元 1698 年 11 月 13 日，交战各国在匈牙利的卡尔洛夫奇会面进行谈判，这座城市就是今天南斯拉夫地区塞尔维亚境内的斯雷姆斯基卡尔洛夫奇镇。

这场谈判进行得并不如预想中顺利。苏丹的代表在会上指出他的主君尚未投降，因此联盟各国没有理由要求苏丹放弃现在由基督徒控制的土地。他还特别提及在地中海的领土，威尼斯可以拥有摩里亚，这点苏丹并无异议，它还可以保留圣毛拉岛和埃伊娜岛，以及达尔马提亚沿海地区的多个要塞。然而苏丹坚持要拥有雅典、阿提卡和科林斯湾以北的所有希腊领土。威尼斯谈判代表卡洛·鲁齐尼坚决反对这个方案，但没有得到盟友的支持。一旦确认可以保有匈牙利与特兰斯瓦尼亚，皇帝就迫不及待地想要尽快回国。他放话给威尼斯人，宣称假如他们一定要为谈判制造麻烦，他会毫不犹豫地与土耳其人单独讲和。威尼斯一度继续抗争。公元 1699 年 1 月 26 日，当协议签订时，威尼斯共和国并不在签署国之列。但最终它的理智战胜了自尊，2 月 7 日，瓦列尔执政官在协议上加盖了自己的印鉴。

他这么做是对的，因为《卡尔洛夫奇条约》事实上是标志奥斯曼土耳其帝国衰落的一个外交手段，威尼斯与这个帝国对抗的时间要比其他任何一个基督教国家都长，因此它也最有权参与签订这个条约。但另一方面，威尼斯被迫放弃一些已占领的要地，不仅仅是对它国家自尊的一个打击，还对威尼斯充分保护剩下的战利品造成了极大的困难。土耳其人开始拆毁勒班陀和普雷韦扎的防御工事，但无人能阻止他们从阿提卡侵入摩里亚，或者侵入科林斯湾北部海岸的任何地方，土耳其人的行动很快就证明了这一点。

条约签订后不到一年，西尔维斯特罗·瓦列尔在公元 1700 年 7 月 7 日星期六上午死于和妻子争执导致的中风。或许是对丈夫的死感到自责，执政官夫人委托建筑师安德烈亚·蒂拉利建造了庞大的巴洛克风格陵墓。这座陵墓占据了圣乔瓦尼保罗教堂南翼整个第四间侧厅，将贝尔图奇与西尔维斯特罗父子以及小瓦列尔执政官的夫人三人的坟墓都置于其中。从某种程度上说，十七世纪最后一位执政官确实配得上威尼斯最后一座，也可能是最奢华的一座执政官陵墓；而对西尔维斯特罗的继任者阿尔维塞·莫切尼戈二世来说，新的纪元开始了，它更优雅，更克制，而不是充满豪言壮语与浮夸自大的行为。这个新纪元适逢新世纪的开端，而当这个新世纪行将结束时，威尼斯共和国也将随着它一同成为逝去的历史。

44

帕萨洛维茨与和平

（公元 1700—1718 年）

比利牛斯山不复存在了！

——路易十四听闻孙子得以继承西班牙王位时的感叹

公元 1700 年，两位欧洲统治者相继撒手人寰。一位是才智兼备的威尼斯执政官西尔维斯特罗·瓦列尔，在意大利的范围之外，他的死并不引人关注；另一位是半疯癫的西班牙国王卡洛斯二世，他的死则将整个欧洲大陆卷入动荡。卡洛斯二世起初准备将他的王国遗赠给“卓越的奥地利王室”，但就在他死前一个月，卡洛斯突然修改遗嘱，将王国传给路易十四的孙子，安茹的菲利普。路易十四闻讯，立刻将这位年轻的继承人火速送往马德里即位。路易这么做是对的，因为他非常清楚皇帝利奥波德一世绝不会忍气吞声接受这一新安排。不过他没能预见的是随之而来的战争会有多么漫长绝望，以及他将为孙子的王位付出多大的代价。

皇帝这一方有两个重要的盟友，英格兰与荷兰，它们对西班牙人的压迫仍然记忆犹新。而目前为止法兰西还没有结盟者，于是路易急忙派遣他最信任的顾问枢机主教塞萨尔·德·埃斯特雷前往威尼斯。主教指出，帝国军队已经通过蒂罗尔进入意大利，决心从西班牙手中夺取米兰，如果任他们肆意行事而不加阻止，整个北意大利将被占领，威尼斯在这一区域的领地也不能幸免，因此唯一的解决之道就是建立一个法兰西—西班牙—威尼斯的三方同盟。主教声称，当威尼斯封锁皇帝进入意大利的通道时，法军和西班牙军队将保护威尼斯任何一处受到威胁的领地的利益，比如东方的达尔马提亚、弗留利或爱琴海诸岛，或者是西方的领地，德菲内省已经有三万人集结成军，整装待发。与此同时，皇帝的大使兰姆伯格伯爵也用类似的可怕措辞向威尼斯人描述让法兰西和西班牙王冠在事实上合二为一的结果，并且同样描绘了威尼斯与帝国结盟后的光明前景。

在这样一个关键时刻，在元老院、十人议会、委员会甚至大议会，人们对共和国应当采取何种适当行动路线进行了漫长激烈的讨论。最后众人达成一致意见，这两个孜孜于同威尼斯培养友谊的巨头都不值得信任。[1]于是威尼斯做出了一个令双方王室都头疼不已的决定，保持武装中立，而且它抵抗住了双方施加的巨大压力，在战争猛烈爆发的时候设法坚持了自己的立场。威尼斯这么做是否正确，这个话题至今仍然令历史学家们争论不休。这么做带来的坏处是显而易见的，威尼斯无法阻止交战国进入它在大陆上的领地或国内水域，事实上，在接下来的数年中，威尼斯在大陆上的领土就是一个巨大的战场。萨伏伊欧根亲王的帝国军队与卡蒂纳元帅，以及之后维勒鲁瓦公爵[2]与旺多姆公爵指挥的法军，在维琴蒂诺、维罗纳

---

1 尽管维罗纳已经被威尼斯统治了差不多三百年，但据说利奥波德终其一生，总是将维罗纳称为“我的维罗纳”。

2 因为他的无能，维勒鲁瓦输掉了他参与的几乎所有战斗，成了大众的笑柄，因此他没能在意大利逗留太久。公元 1702 年，他在克雷莫纳遭到一支帝国军队奇袭，沦为俘虏，不过抓捕维勒鲁瓦的军队没能控制住这座城镇，在战争余下的时间中，法军士兵在行军中这样唱道：

Parsembleu! la nouvelle est bonne
Et notre bonhenr sans égal:

（转下页）

地区和布雷西亚地区，以及阿迪杰河、阿达河和明乔河沿岸进军撤退，来去纵横。尽管威尼斯向巴黎和维也纳方面提出抗议、警告和赔偿要求，但都无济于事，它同时还遭到双方的指责，认为它偏向战争的另外一方。同时威尼斯也无法阻止奥地利人将战争物资从对岸的的里雅斯特和其他帝国港口运送到波河三角洲，或者阻挡法兰西船只上溯至海湾，在基奥贾、马拉莫科甚至潟湖入口袭击并摧毁冲撞了它们的船只；还有一支英荷联合舰队胆敢在共和国宣称拥有主权的水域维护治安，威尼斯无力控制这些区域，因此也无可奈何。

上述所有的麻烦和羞辱是威尼斯自主选择中立政策所带来的不可避免的结果，一些威尼斯和国外的评论者认为它其实可以在表面上采取更积极的方式。它或许不必直截了当地宣布站在某一方的立场上，因为一旦战争的两个主角中有一方获得完全胜利，它就可能成为输家，不过威尼斯可以仿效为自身而战的萨伏伊公爵维克多·阿马德乌斯的先例，一开始为了避免被驱逐，公爵支持法兰西一方，但随后又投入帝国阵营，他在认为有必要的时候转换阵营，到了战争结束时，他的领地不减反增。拿破仑时期的法兰西历史学家达吕更进一步评论，认为威尼斯应当“采取一种更具主导性的态度，以一种高贵的决心激励意大利的所有统治者，将它自己放在领导者的位置上，来阻止外国侵入者蹂躏这片美丽的土地”。但这样的观点无疑误读了当时的时代特点。当时意大利半岛大部分地区都被外国势力所占据。所谓的意大利复兴或者与其有些微相似的事物，都还十分遥远。即便是有这样的条件，威尼斯恐怕也是最后一个产生复兴意大利所必需的动

（接上页）

Nonr avons conservé Crémone
Et perdu notre general

（大意：多幸运啊！我们得到了克雷莫纳，却丢掉了将军维勒鲁瓦！）

力的国家。它从未将自己视作意大利的一部分。尽管在大陆上获得领土，建立起帝国，使得威尼斯的所谓“意大利精神”得到增强，但它一直都没有得到充分巩固（或许也永远不会得到巩固了）。因此无论如何，那种有趣、有吸引力、性格激烈、天生是个演说家与领导者、专注于领导整合整个意大利雄心的人，是不会从谨慎且拥有众多委员会来处理国事的威尼斯共和国中产生的。

正如事实所表现出的那样，威尼斯共和国从西班牙继承战争中漂亮地全身而退。随着法国遭遇一连串的失败，以及战争的中心开始向北转移，令马尔博罗得以在那里迅速缔造他自己的传奇，这也意味着在开战四五年后，威尼托地区得以享受相对的和平。也正因为如此，尽管公元 1709 年威尼斯经历了有史以来最可怕的严冬，人们可以从冰封的整个潟湖上走过前往梅斯特雷与富西纳，共和国还是在 3 月为前来造访的丹麦国王弗雷德里克四世举办了威尼斯典型的奢华欢迎仪式，从某种程度上说，除威尼斯外，此时没有一个欧洲国家有心考虑做这种事。

不过欢迎庆典带来的兴奋或是严寒的冬天令执政官不堪重负，他在两个月之后去世，[1] 他生前最后履行的公务之一，就是告知法兰西大使，威尼斯愿意接受路易的邀请，为法兰西和它的敌人调停。而新任执政官乔瓦尼·科纳二世上任后的最初决定之一，就是派遣一位经验丰富的精明外交官塞巴斯蒂安诺·福斯卡里尼前往海牙，后者在那儿使出浑身解数与交战双方谈判，谋求和平。然而以神圣罗马帝国为首的反法“大同盟”在先

1　阿尔维塞·莫切尼戈最主要的纪念物是圣欧达奇教堂雕梁画栋的正面外墙，那是由建筑师多梅尼科·罗西和一群生气勃勃的雕刻家们共同制作的巴洛克式华丽杰作。为了建成它，执政官赠予建设者们两万杜卡特的巨款。他本人长眠在地板中央一块没有明确死者身份标记的大石板下，石板上只有一顶执政官帽的图案和一段拉丁文铭文，写道：“毕生毁誉在此尽归尘土。”

前已获得了一系列辉煌胜利，它借此提出的羞辱性条约被路易十四当即拒绝，同时决定与它对抗到底。直到又经过三年最激烈的战事，并且在马尔普拉凯进行了最血腥惨烈的大会战，筋疲力尽的交战双方才终于坐下来，和威尼斯与萨伏伊齐聚乌得勒支，重新划分欧洲版图。作为中立国，威尼斯的领土保持原样，没有增多也没有减少；不过威尼斯大使卡洛·鲁齐尼对意大利其他国家授予他的光荣大为激动，这些国家虽然在乌得勒支的会谈桌上没有一席之地，但都派了代表到场见证，据鲁齐尼骄傲地报告，这些人一致承认威尼斯为“意大利的重要国家与保护者”。

这场会议达成了许多国际性协议，它们统称为《乌得勒支和约》，在公元 1713 年最初的四个月内陆续签署生效，这一年恰逢威尼斯控制摩里亚二十五周年。在这二十五年中，威尼斯在自己的帝国内进行的统治尝试并不成功，在它重新夺回这些土地前，长期占领它们的土耳其人将这些一度繁荣富庶的地方变得贫穷荒芜，威尼斯人不久便发现，要对这些区域进行管理，是一项花费巨大且吃力不讨好的工作。东正教神职人员一手培养了饱受蹂躏的当地人的爱国主义思想并将其神圣化，这些本地居民的梦想是建立一个自己的国度，当他们的异教徒统治者被异教派的基督徒取代，当地人并不觉得情况变得更好，何况后来的这批威尼斯人并不支持他们的抱负。此外，威尼斯在当地设立拉丁主教职位进一步激起了本地人的愤怒。最后，由于先前威尼斯的势力局限在少数几个重要的商业殖民地和驻军城镇，在防御上显现出来的问题就很少，但如何来保证近一千英里犬牙交错的海岸线不被入侵？但即便是威尼斯人认为有必要设置的新防御工事，例如科林斯卫城低处的堡垒——它如今仍然是威尼斯军事建筑中最令人印象深刻的范例——都只会引起当地人进一步的反感，因为他们要为此缴税支付营造费用，还会被征召为建造堡垒的劳力。因此当土耳其部队踏上伯罗奔尼撒半岛的土地时，当地居民以欢迎解放者的态度对待他们也就不足为奇了。

然而，事实上对所有威尼斯人来说，摩里亚仍然是威尼斯共和国最后一波军事辉煌的纪念碑。公元 1714 年 12 月，当奥斯曼帝国大维齐尔召见威尼斯驻君士坦丁堡市政官安德烈亚·梅莫时，他告知梅莫的消息引起了里亚尔托方面的恐慌。大维齐尔称，作为对近期在蒙特内格罗发生的一系列事件以及一艘土耳其船在亚得里亚海被拦截的回应，苏丹决定开战。事实上这个借口只是确认了苏丹，或者更准确地说，其好战倾向与喜好和平的艾哈迈德三世形成鲜明对比的大维齐尔本人的真正目的，是重新夺回摩里亚。于是威尼斯再一次向欧洲各国寻求帮助，得到的也是和过去一样的含糊答案，只有教宗与马耳他骑士团提供了寥寥可数的一两艘桨帆船。

大维齐尔达马德·阿里策划了一场联合军事行动。当土耳其的陆军部队穿过塞萨利地区时，一支舰队朝西南方行驶，穿越整个爱琴海；公元 1715 年夏，这两支军队不断发动攻击，取得了一次次的胜利。土耳其舰队抵达它的目的地时，成功迫使埃伊娜岛上的提诺斯城投降，守城的怯懦指挥官贝尔纳多·巴尔比回国后，被威尼斯政府判处终身监禁。与此同时，土耳其陆军经过五天围城，攻下了科林斯，随后占领了阿普利亚、迈索尼、科罗尼和马尔维萨，最后是塞西拉岛。而驻守克里特岛的土耳其军队受到同胞们胜利的刺激，袭击并占据了威尼斯人在苏达与史宾纳隆加岛上硕果仅存的据点[1]，当地居民依赖于土耳其人保障他们生命安全的条约义务，只有选择投降。到了公元 1715 年底，克里特和摩里亚已经全境沦陷，当年弗朗切斯科·莫罗西尼取得的辉煌胜利在这灾难性的几个月内化为乌有，土耳其人再次盘踞在亚得里亚海的入口，而留给威尼斯的唯一堡垒就

1　威尼斯已经在公元 1692 年放弃了格拉武萨群岛。

只有科孚岛。

公元1716年初，大维齐尔纠集三万土耳其步兵和约三千匹战马，对科孚岛守军所在的堡垒发动攻击。由于威尼斯军队对战争的估计与事实不同，他们陷入了寡不敌众的境地。不过在围城战事中双方力量的对比并不是最重要的，重要的是攻城方与守城方哪一边的技术更加高超。威尼斯指望的是一位掌握着技术和知识的当时翘楚，马蒂亚斯·约翰·冯·德·舒伦堡元帅。他曾在马尔博罗手下服役，参与过马尔普拉凯战役与奥德纳尔德战役，在反土耳其同盟与奥斯曼帝国缔结和平之后，他受雇于威尼斯共和国。舒伦堡花费了大半个冬天用于改进科孚岛的堡垒，尽管他不能阻止土耳其军队登陆，但他现在可以用远超出之前土耳其人遇到的任何一个防御体系来阻击他们。

围城战持续了整个盛夏，到了8月初，一则消息让守城的威尼斯人倍感振奋，却让土耳其人人心惶惶。威尼斯与神圣罗马帝国结成了同盟关系，后者随即宣布加入战斗。帝国那位几近传奇的欧根亲王再次出战，他在卡尔洛夫奇击溃了土耳其军队，十八年前，正是在这个城镇，土耳其人签下了如今被他们无耻撕毁的和平协议。不久之后，欧根亲王在彼得罗瓦拉丁取得更大胜利，他以不到三千人伤亡的代价歼灭两万敌军，并缴获两百支枪。

土耳其人如今需要双线作战，这是他们先前没有预料到的，对土耳其指挥官来说，如果他不能迅速拿下科孚岛，那么他很可能就再也不能达到这个目的了。于是8月18日夜里，他下令发动总攻，正如过去一般，土耳其人的行动伴随着震耳欲聋的鼓号声、步枪和大炮的开火轰鸣，以及可怕的尖叫与战斗呐喊——这种心理战术虽然原始，但并不是毫无作用。舒伦堡和他的督军总司令安东尼奥·洛雷登立刻就位，召集起所有还有战斗力的科孚岛居民，不论妇孺老弱还是神职人员，一起投入保卫要塞的战斗。战斗持续了六个小时仍然十分激烈，攻守双方都未占据上风，于是舒伦堡决定孤注一掷，采取突然袭击。他挑选出八百名士兵，带着他们从一个小边门出城，从后方袭击了土耳其军队的侧翼。他们立刻就取得了胜利，而这胜利是决定性的，土耳其人猝不及防，纷纷丢下枪支弹药受惊四散，正在攻打城墙其他区域的土耳其军人见此情景陷入混乱，眼看攻城不能取胜，便跟着撤走（尽管他们的秩序要比战友略好一些）。次日夜里，仿佛上天在帮助威尼斯人巩固胜果，一场猛烈的暴风雨在数小时间将土耳其营地变成一片泽国，壕沟成为运河，帐篷被烈风撕得粉碎，或者说固定它们的绳索像丝线一样被吹断，将一部分帐篷掀到空中，随后被狂风卷走。在泊地内的土耳其船只亦有不少被吹离它们下锚的地方，互相冲撞，像火柴一样断裂开来，分崩离析。

当黎明到来时，土耳其军队遭到破坏的程度完全在天光下显露出来，见到这仿佛是这座岛上的神在阻碍他们攻克科孚岛的景象，只有很少攻城者还愿意留在这里，事实上数日之后，土耳其营地就收到了撤退的命令。科孚岛自此得以保全，舒伦堡得到一柄镶嵌珠宝的剑和一笔五千杜卡特的终身年金作为嘉奖，此外，舒伦堡还得到了一项荣誉，他的雕像于他在世时就已经矗立在科孚岛的老要塞之中。[1]而这一次撤离之后，土耳其人再也没有侵犯基督教欧洲地区以扩大他们的帝国疆土。

科孚岛之战的结果不仅仅意味着解除了一次土耳其人的围城攻势，这是一场对威尼斯的士气具有巨大影响力的胜利。这年冬天，军械库的工人们通宵达旦地工作，到了次年初春，才华横溢的年轻将军卢多维科·弗兰

1　这尊雕像在英占时期从岛上转移到现在位于滨海大道的位置，而另一个由莫莱泰制作的更加低调的纪念碑则位于威尼斯军械库的天井内。

吉尼指挥着一支由二十七艘船组成的新舰队从赞特岛出发驶向达达尼尔海峡。公元 1717 年 6 月 12 日，这支舰队正面遭遇了土耳其舰队，经过长达数日的交战，威尼斯人取得了辉煌的胜利，然而弗兰吉尼在这场战斗中壮烈捐躯，他在身中致命箭伤之后，仍然坚持留在船尾后甲板，以逐渐无神的眼睛目睹了战斗的最后阶段。一个月后，奥斯曼土耳其舰队在马塔潘角再度大败而逃，这一次战斗威尼斯一方的指挥官是安德烈亚·皮萨尼，他随后折向北方，在冬天来临前收复了普雷韦扎和沃尼萨。在达尔马提亚地区，阿尔维塞·莫切尼戈的军队亦是捷报频传，此时欧根亲王的军队已经收复了贝尔格莱德所有重要的河流要塞，而土耳其人正全线撤退。

如果战争能够再持续一个作战季，那么威尼斯人将得以保持住他们目前的良好势头，摩里亚或许会再一次掌握在他们手里，尽管这是否有利于他们的长期利益还有待讨论。但我们可以预料到的是，土耳其人再一次求和，此时威尼斯意识到它与奥地利人结盟是多么不明智的行为。神圣罗马帝国面对来自西班牙的新威胁，急于速战速决，因此毫不关心威尼斯提出的领土要求，还颠倒黑白，将科孚岛的胜利与此后威尼斯在军事上的顺境认为是欧根亲王彼得罗瓦拉丁大捷直接导致的结果。因此，当交战相关的几方，以及作为调停方的英格兰与荷兰代表在公元 1718 年 5 月齐聚于帕萨洛维茨时，威尼斯特使卡洛·鲁齐尼发现他在卡尔洛夫奇和乌得勒支积累的外交经验全无用处，无论他怎么努力，都无法对同一阵营的其他谈判者们产生影响。他苦苦恳求了六个小时，要求将苏达、史宾纳隆加、提诺斯、塞西拉岛和摩里亚归还威尼斯，假如以上这些要求不能实现的话，鲁齐尼请求至少让威尼斯在阿尔巴尼亚的领地范围向南扩展到斯库台和乌尔奇尼——后者是威尼斯渴望铲除的一个海盗据点。然而遗憾的是，鲁齐尼发表请求的时间恰好与一封战报重合，战报称一万八千名西班牙士兵此时在奥地利控制的撒丁岛登陆，于是他的要求被彻底驳回。威尼斯不得不接受现实，满足于得到塞西拉岛、布特林特、普雷韦扎和沃尼萨，此外它还得到少数达尔马提亚地区的边境要塞，但条件是必须允许土耳其人自由来往于拉古萨。这对威尼斯过去四年付出的努力与代价，以及舒伦堡、弗兰吉尼等人的英勇行为与牺牲来说，实在是太微薄的回报。

在帕萨洛维茨，威尼斯的帝国边界被最后一次划定，它没有获得什么，也没有减少或改变。因此这或许是勾勒出威尼斯的领土边界的最好时机，除了威尼斯本城以及潟湖内的城镇岛屿之外，威尼斯的帝国包括在意大利大陆上的贝加莫、布雷西亚、克雷莫纳、维罗纳、维琴察等省份，波河平原上的罗维戈以及包括了费尔特雷、贝卢诺和卡多雷的特雷维索边界地区；在海湾一带，威尼斯拥有弗留利、伊斯特里亚和达尔马提亚地区以及附属岛屿，包括科托尔、布特林特、帕尔加、普雷韦扎和沃尼萨在内的北阿尔巴尼亚地区，还有科孚岛、帕克索斯岛、安提帕克索斯岛、圣毛拉岛（今莱夫卡斯岛）、凯法洛尼亚岛、伊萨卡岛、赞特岛和史洛菲特斯岛等爱奥尼亚诸岛；最后，威尼斯的势力范围包括了摩里亚南部，还有塞西拉岛，以上就是全部了。

《帕萨洛维茨条约》签订于公元 1718 年 7 月 21 日，就在两个月之后，一场可怕的夏季风暴袭击了科孚岛，闪电击中了岛上古堡要塞的军火库。军火库的爆炸引燃了其他三个规模较小的弹药库，最终使得整座城堡几乎完全被摧毁。在爆炸中当地总督官邸被夷为平地，海军总司令和几位下属工作人员丧生。大自然在一瞬间造成的破坏就大大超过了当初土耳其海陆联军几个月来所做的，更显得这段时间以来发生的战争是多么没有意义。科孚岛爆炸的消息传到威尼斯，在人们的哀叹声中，我们却仍可以听到微弱的乐观评论：假如这场暴风雨发生在两年之前，造成和今日一般的成果又将如何？因此尽管表象看上去糟糕，或许全能的主还是眷顾威尼斯的。

不久之后，除了这些乐观的言论，又有一批政治上的现实主义者的观点浮出水面。他们认为威尼斯海上帝国的伟大时代已经过去了，莫罗西尼的军事征服行动带给威尼斯的只有麻烦，假如没有它们，共和国的情况或许会更好。尽管《帕萨洛维茨条约》表面上看起来不太光彩，但它却消除了威尼斯与土耳其之间的分歧，并且宣告了它与奥地利哈布斯堡王朝之间永久的友谊，而奥地利正是除土耳其外唯一一个能对威尼斯产生严重政治威胁的国家。这份条约带来的结果是和平，这段和平延续了十八世纪的大部分时间，直到拿破仑将威尼斯共和国的国祚终结。

45

十八世纪

（公元 1718—1789 年）

对威尼斯和它的人民来说，
他们生来就是为了享受如花怒放的盛年然后陨落，
在这片土地上他们收获欢乐与愚蠢之果
当缠绵亲吻不得不结束时，我不禁想，
会有什么样的灵魂在此遗落？

——勃朗宁，《加卢皮的托卡塔曲》

“威尼斯的历史在这里结束了。”保罗·达吕伯爵在公元 1821 年完成这一话题时这样写道，尽管当时他的鸿篇巨制还有三卷尚未完成，但这句话距离真相也不远了：

它［威尼斯］已经变成了一个被动存在的个体。它不再需要继续战争，也不再缔结新的和平，亦没有需要表达的欲望。它只是种种事件的旁观者，这个国家决心不参与任何事，装作对任何事都不感兴趣……威尼斯孤立于其他国家，它冷漠，对一切无动于衷，它对自己的利益视而不见，对侮辱亦麻木不仁，它牺牲一切只为达到一个目标：不侵犯其他任何国家，同时保持长久的和平。

达吕是拿破仑的老战友，在成为法兰西学院的栋梁之前，他因莫斯科撤退一事名声大噪。他在文中毫不掩饰对威尼斯怯懦政策的厌恶之情。不过如今或许我们中的大多数人会倾向于支持威尼斯的这一政策。当本书的读者们发现本书的一个章节涵盖的时间段一般不会超过七十年时，他们会觉得很高兴。尽管站在旁观者的角度，看到威尼斯昔日的伟大慢慢逝去时难免伤感，目睹从十八世纪的威尼斯流传至今的那些全景画家描绘的画作时往往目眩神迷，我们仍不能无视一个事实：昔日身为地中海不可动摇的霸主的威尼斯（更不必提当年那个“八分之三个罗马帝国”）如今已经不能控制住通向潟湖的道路；几个世纪以来以技巧最高超的航海者、最精明大胆的商人冒险者而著称的威尼斯人，如今只以他们的吝啬鬼、阴谋家、赌徒和皮条客的声名闻名于世。

威尼斯共和国在《帕萨洛维茨条约》签署之后的政治史可以简单地在几页纸中讲述完毕。执政官不断更迭，他们任期的显著特点即是，他们决定不做的事要慢慢多过他们着手去做的事。执政官们避免战争，逃避结盟，无视身上的责任。因此达吕被迫“自卫”，对写作技巧进行调整：他放弃（至少是部分放弃）了严格的编年体历史写作方式，转而使用更碎片化、插曲化的写作方法；在试图分析威尼斯在政治与道德上的衰落时，达吕选择分析威尼斯社会显露出来的征兆，而不是记录每日的事件进程。此外，达吕还发现自己的作品要比过去任何同题材的著作都更加关注威尼斯的国内事务，因为从十八世纪以来，威尼斯就像瑞士古往今来的历史一样，几乎不存在涉外事务。当然另一方面，达吕因此也可以将自己的涉猎范围略为扩大到政治层面之外，当他这么做时，他发现了一个之前从未预料到的奇妙现象：尽管威尼斯在十八世纪的大部分时间受到广泛的谴责，被认为在各个方面都衰败堕落，但它却在此时享受了一段不同寻常的商业繁荣与经济增长时期。

达吕的笔到这里戛然而止。或许是因为他的判断终究下得过于仓促。对威尼斯来说，成为欧洲强国，或者是成为一个帝国的中心有多重要？对享乐的追求创造了美的事物且无害于任何人，对财富、土地和军功的追求杀死了成千上万人，造成了大规模的破坏，这两者相比，难道前者比后者更值得谴责吗？威尼斯长达八十年的和平时期，很大程度上归功于英明的政府和成功的外交政策。此外，这八十年，是一般市民享受到的满足与幸福并不亚于从前的一段时期；是即便经济没有腾飞，至少人们也不需要支付战争开销的一段时期；还是艺术繁荣的一段时期——特别是绘画，这种艺术形式从十七世纪的低谷中振作起来，重拾威尼斯人长久以来对色彩和光线的热爱。同时，这座拥有约十六万居民的城市敢于宣称城内有不下七座专门的歌剧院，更别提为数众多的戏院，在这些戏院中，所谓的“喜剧艺术”（commedia dell’arte）正逐渐让位于威尼斯最受欢迎的剧作家卡洛·哥尔多尼创作的更高雅精妙的喜剧。在整个十八世纪，每年都有成百上千位全欧洲最文明、最具文化修养的男男女女拥进威尼斯，他们不可能都是错的。

公元 1722 年 5 月 3 日耶稣升天节，当执政官乔瓦尼·科纳登上黄金船，准备进行一年一度的海婚仪式时，他不慎绊了一跤，执政官帽从他头上滑落下来。他身边的人对这件事不以为然，但科纳本人却苦闷不已，认为这是上天给予的预兆。他去世于当年 8 月 12 日，埋葬在圣尼科洛·达·托伦蒂诺教堂的家族礼拜堂内，十二天以后的 8 月 24 日，又一位阿尔维塞·莫切尼戈登上了执政官的宝座，到此为止，已经有三位同名者获得过威尼斯的最高权力，[1]这实在是很容易令人混淆不清。这位莫切尼戈因为他在两个方面的事迹脱颖而出：首先，他曾作为一名士兵在达尔马提亚地区服役；其次，他在担任外交官员的时候表现出出众的才干，莫切尼戈花费了两年时间纠缠于威尼斯与土耳其和约中细枝末节的阐述和冗长复杂的讨论上，而这些内容对和约来说却是不可或缺的重要组成部分。阿尔维塞·莫切尼戈就任之际，为威尼斯送上了一份迷人的礼物，他赠给威尼斯城两只斑岩雕刻的狮子，它们被安放在圣马可大教堂北面，所在的广场因此得名“狮子小广场”，二百五十年来，这两只狮子给威尼斯的孩子们带来了无尽的欢乐。

现在威尼斯的面貌，已经和我们从伟大的全景画家安东尼奥·卡纳尔（亦称卡纳莱托），卡纳尔的继承者弗朗切斯科·瓜尔迪，卡纳尔的外甥贝尔纳多·贝洛托以及他们的门徒的作品中见到的十分相似了，绘制这类风俗画题材的大师还有彼得罗·隆吉和多梅尼科·提埃波罗。十八世纪正是“壮游”盛行的时代，在这个时期，人们创造出旅游的概念，不仅仅是英格兰的年轻贵族，整个欧洲的贵族阶层都时不时踏足那些最美丽和最恢宏的城市。这也是一个属于狂欢的时代，威尼斯的狂欢庆典仍然是全欧洲持续时间最长、最为恣意放纵的，参与者被强制要求戴上的面具，满足了所有人隐匿身份的需要。在这个时代，十人议会、国家监察官员和秘密警察再也不像一个世纪前那样令人生畏，举例来说，公元1718年，国家监察组织中只有三名职员，半个世纪之后就仅剩一人。与此同时，威尼斯的赌

---

1 阿尔维塞·莫切尼戈二世是一家九兄弟中最小的一个，有趣的是，这九个人的教名全都是阿尔维塞。因此按照排序，这位执政官也可以被叫作阿尔维塞九世。他的侄子，阿尔维塞·莫切尼戈三世执政官，是二世的第四个兄长六个儿子中的第四个，鉴于这六个小辈同样都叫阿尔维塞，于是阿尔维塞三世执政官也被称为阿尔维塞第四。威尼斯的系谱专家能厘清这一家人的关系，没有被如此多同名者逼疯，实在是居功甚伟，对后世的读者意义重大。

博业发展得顺风顺水，赌场上的赌注开得比世界上任何一个地方都高。威尼斯还有最美丽优雅的交际花，她们能投合所有人的喜好，满足最挑剔、最难以讨好的客人。对那些更倾向于知性需求的游客，威尼斯有各种各样的书籍、绘画和雕塑可供购买，还有各式各样的教堂和宫殿供他们游览惊叹，威尼斯的音乐和歌剧也已蜚声整个文明世界。

十八世纪初，威尼斯音乐界的中心离开了一个世纪前乔瓦尼·加布里埃利和克劳迪奥·蒙特威尔第曾经担任过风琴演奏师的圣马可大教堂，转向了四间收容女性弃儿的孤儿院——圣母怜子孤儿院、重病垂危孤儿院、乞丐孤儿院和奥斯佩达莱托孤儿院。安东尼奥·维瓦尔第从公元 1703 年到他去世前的公元 1741 年，曾在这四所孤儿院内担任唱诗班指挥。[1] 接着是巴尔达萨雷·加卢比曾担任这些孤儿院管弦乐团和合唱团的指挥，虽然加卢比的作品如今大多散佚，他的声名却因勃朗宁而永垂不朽。[2] 不过当时威尼斯最著名的音乐家并不全是全职从事音乐事业的，托马索·阿尔比诺尼就是城中一名富裕的纸商，本尼迪托·马尔切洛则是一位律师和四十人议会的成员，他甚至还一度担任过波拉的政府监督官。

在音乐之外的其他艺术分支领域，当时最著名的收藏家和鉴赏家是一名英格兰人约瑟夫·史密斯。史密斯于公元 1700 年定居威尼斯，直到七年后他以八十八岁高龄去世前，一直都是威尼斯最出名的外籍居民之一。史密斯人生最后的三十年都生活在位于大运河拐角处，以及圣使徒河畔的大宅，他特别聘请建筑师安东尼奥·维森蒂尼为他重新设计并修造了后一

1 因为这些孤儿院有着这样的盛名，在教堂南边外墙上镶嵌着一块牌匾，威胁要将那些试图将合法子女当作孤儿送来教堂以获录取的父母受到“严厉谴责”、逐出教会等可怕的惩罚。这块牌匾如今仍然留在原地。

2 他至少写了一百部歌剧和差不多三十首羽管键琴协奏曲，但据我们所知，他没有写过托卡塔钢琴曲。

座宅邸，[1] 这间大宅很快就变成一座宝库，充满了史密斯不断增长的绘画、雕塑、钱币、圣牌、素描画、贝壳浮雕、书籍和印刷品收藏。除了这些私人收藏以外，史密斯的宅邸中还有许多受他庇护的艺术家作品，这些人中有安东尼奥·卡纳莱托，马可·里奇与塞巴斯蒂安诺·里奇兄弟，弗朗切斯科·祖卡雷利，以及出类拔萃的粉彩肖像画家罗萨尔巴·卡列拉，史密斯作为艺术家们的总代理人，为他们和英格兰的贵族赞助人穿针引线。这其中最重要的艺术家应当是史密斯于十八世纪二十年代初通过维森蒂尼初次结交上的卡纳莱托。在当时，所有富裕的英格兰游客都希望至少能得到一幅描摹威尼斯的画作，好让他们回味此生最难以忘怀的一段经历，除了卡纳莱托以外，没有画家可以满足他们的需要；史密斯也很快成为画家和客户之间不可或缺的人物。正是因为有史密斯，卡纳莱托最优秀的作品几乎都收藏在英格兰——威尼斯连一幅油画都没有——而画家在伦敦长达十年的旅居生活显然也非常成功。因此当卡纳莱托短暂从事雕版艺术时，他将唯一出版的印刷集题献给史密斯也就不难理解了。

不过比起收藏家或代理人史密斯，我们更要感激的是史密斯领事——约瑟夫·史密斯在公元 1744 年被任命为英国驻威尼斯领事——其缘由要比一个卡纳莱托多得多。公元 1762 年，史密斯将自己的全部收藏以两万镑的价格出售给乔治三世，在奥利弗·米勒爵士笔下，[2] 它们是“自查理一世的代理人于十七世纪二十年代在曼图亚达成的交易之后，一位英格兰王室收藏家能搜购到的最惊人的藏品”，三年之后，乔治三世又大手笔地以一万镑的巨款购入了史密斯的整座图书馆。史密斯的图书馆藏书，后来成为如今位于大英博物馆的国王图书馆的重要组成部分。不

1 这座宅邸后来被称为曼吉利-瓦尔马拉纳宫。而维森蒂尼后来成了卡纳莱托作品的雕版师。

2 摘自《女王的意大利绘画收藏》，伦敦，1965 年。

过即便售出图书馆也不能标志史密斯收藏生涯的终结，他很快开始搜罗新的宝藏，公元 1770 年他去世之后，新史密斯图书馆的藏品销售活动整整持续了十三天。

公元 1732 年，七十八岁的资深外交官卡洛·鲁齐尼接替执政官阿尔维塞·莫切尼戈三世成为执政官（通常来说，人们会称呼阿尔维塞·莫切尼戈三世的中间名塞巴斯蒂安诺，来将他与另外两位同名执政官区分开来）。三年后鲁齐尼去世，执政官宝座传到了如今威尼斯最富有的家族成员阿尔维塞·皮萨尼手上。皮萨尼不但在圣司提反拥有庞大奢华的皮萨尼宫——这座宫殿如今是威尼斯音乐学校——还在布伦塔的斯特拉镇拥有一座更宏伟的皮萨尼别墅。新任执政官有位名叫安德烈亚·皮萨尼的兄弟，他曾在威尼斯对土耳其战争的最后一个阶段英勇奋战于普雷韦扎和其他地区，因此声名大噪；他还曾经作为驻英格兰大使供职于安妮女王的宫廷，凭着豪华的随扈队伍给整个伦敦留下了深刻的印象。公元 1735 年 1 月 17 日，就在阿尔维塞·皮萨尼当选为执政官时，安德烈亚和他的整个家族不顾冬季严寒，出资举办了三天的庆典活动，这些活动规模之大，即便以威尼斯的标准来看也是史无前例。按照惯例抬着新任执政官环绕广场的军械库匠人们被命令要特别缓慢地行进，以便让执政官有更多的时间来抛撒钱币。在举办庆典的这三天晚上，整个圣马可广场都灯火通明，每一晚都有新的花式烟火。到了第三天晚上，行政官邸大楼每一边的每一根柱子上，特大号的蜡烛展现出皮萨尼家族纹章的大型图案，同时在圣马可大教堂和圣杰米尼亚诺教堂[1]正面的边缘，则点起了上千支熊熊燃烧的火把。

不过尽管阿尔维塞·皮萨尼在物质上的奢华令人目眩神迷，他却依然

1 遗憾的是，它在十九世纪初被拿破仑下令拆毁，代之以一座以他命名的靶场。

和之前的两位前任执政官一样，致力于将威尼斯在国际舞台上出头露面的程度尽可能降到最低。这绝不是一件轻松的任务，此时的欧洲仍然是一片战场，仅在意大利，就有帕尔马的法尔内塞与托斯卡纳的美第奇两个统治一方的家族在很短时间内接连绝嗣，令西班牙和奥地利之间再起纷争；而且当下的局面，因为随着路易十五的岳父，斯坦尼斯瓦夫·莱什琴斯基宣称拥有波兰王位而产生的争议变得更加紧张。到了公元 1733 年，欧洲大陆的大部分地区再度陷入战火之中，而尽管在公元 1735 年，各国重新缔结和平，但这不稳定的和平局面只持续了六年，便被玛利亚·特蕾西亚在父亲查理六世驾崩后登上奥地利王位一事打破，欧洲的王公贵族们再一次拿起武器，征战不休。

在这一系列的动荡之中，威尼斯设法保住了它的中立地位，它能够成功顶住来自外交、经济甚至是军事方面，努力劝说它宣布加入一方或另一方的可怕压力，可谓是一项超凡的成就，即便威尼斯共和国带着无可非议的骄傲回顾昔日种种辉煌事迹，这项成就与它们相比也毫不逊色。此时环绕在威尼斯周围的意大利局势如同万花筒一般瞬息万变，然而它依然身处平静的旋涡中心，似乎感觉不到时局的动荡。不过威尼斯偶尔也不可避免地付出沉重的代价，交战中的军队并不尊重国家之间的边境，特别是当他们知道这段边境线的守卫并不严密的时候，因此威尼斯共和国不止一次要忍受军人们侵入国境的无礼举动，以及随之而来的对那些不巧正在军队推进沿线的农田和城镇的破坏。不过在威尼斯城内依然是行乐至上，还需要再有一场欧陆战争，才能使如今源源不断，已成为威尼斯命脉的游客客流断绝。

威尼斯坚定的中立立场还造成了另一个严重的后果，使得威尼斯开始忽视自己的战舰舰队。或许更合适地说，威尼斯舰队当下的状态至少是它选择中立导致的附加原因。西班牙继承战争期间，在亚得里亚海出现的北方国家的舰船使威尼斯不得不正视一个它一直以来试图无视，但终究无法逃避的讨厌事实：威尼斯曾经独步世界的造船技术，如今已经大大落后于时代了。

早在十五世纪前半叶，威尼斯就抛弃了商船船队中老式的划桨桨帆船。外国制造的“圆形”（船幅更宽）的帆船使用起来不但更经济，具有更大的载货量，还不需要人数众多的划桨手（此时他们的身份通常都是自由人），这样一来，这批水手们所需的食水，以及固定靠岸的时段都可以省去；这些新式船只在装备武器方面也更为便利，如今船只的重量已经是战斗中次要考虑的因素，而且新式船只可以在船上装载重型火炮。不过与欧洲北部以及大西洋周边的国家不同，威尼斯还是偏好于使用桨帆船作为海军的基础，它的造船活动也完全局限在旧有的模式。从表面看，威尼斯这么做有很充分的理由：首先桨帆船的机动性更强，尤其在水深较浅的亚得里亚海水域更加灵活自如；由于桨帆船的行驶不需依赖天气，人们可以更准确地预测它的速度和性能。至于它在航程上的局限，在威尼斯仍然在东地中海拥有补给港的时代，这算不上是很严重的缺陷。而另一方面，圆形船制造和装备费用更加昂贵，尤其威尼斯正长期苦于木材短缺，无论造船木料还是火炮铸造厂的燃料都捉襟见肘，因此制造新型船只显然有一定困难。威尼斯认为随船火炮在地中海的狭窄水域中价值不大，大多数时候船上的火炮并不能实现精准打击，作战效果比不上稳定的岸上炮台，因此一旦重火力武器数量有限，威尼斯会优先将它们分配到炮台而不是船上。

对威尼斯来说幸运的是，他们的老对手土耳其人也持有同样的观点，只要威尼斯在海上不需要与其他强敌作战，它就不会有很强的动机去改革军械库，丢掉所有的旧式机器设备以及过时的技术，着手开始一些昂贵的新项目，更不用说这些新项目中还充斥着问题和困难，当下它还不能很好地加以理解或拥有确实的解决之道。举例来说，直至公元1571年，像勒班陀海战这种规模的战斗，交战双方仍然使用划桨桨帆船。这简直令人难以置信，直到此时，一场发生在北方海域的战斗，作战方所依赖的船只和作战技巧仍然十分近似于两千年前萨拉米斯海战中所使用的，而不是近似于十七年后德雷克与西班牙无敌舰队作战时所采用的船只与战斗技术。

然而就在同时期，英格兰、法兰西、荷兰与西班牙的造船工匠们的技术一路突飞猛进，他们改造出新型的大帆船，这些船经过改进的风帆与索具系统可以让它们逆风而行，同时它们的重火炮如今可以很好地安置在甲板底下，使得火炮的稳定性更胜以往。由于新式帆船同样适用于军事和商业用途，它们在十七世纪初主宰了整个地中海，从威尼斯手中夺走了越来越多的转运贸易份额。因此，速度更慢也更易受到攻击的老式威尼斯商用圆船就成了巴巴里海盗们更中意袭击的目标；于是威尼斯商人不得不为船队雇用护卫并支付高额的保险费，这直接使得他们的商品在市场上定价过高，无人问津。

差不多从公元1650年起，威尼斯开始努力奋起直追。一开始它倾向于在有需要的时候购买或雇用英格兰与荷兰的船只；在克里特之战的后期，一些新式大帆船被投入战场，尽管它们仍然只是被当作浮动炮台（就像在勒班陀海战中大放异彩的三桅划桨炮舰那样），在开火之前需要用一到数艘桨帆船将其拖曳到适当位置。公元1667年，威尼斯开始在军械库制造自己的战列舰，它进口了一条英格兰船作为模板，但当一位威尼斯海军总司令在公元1695年希望能将一艘新式帆船作为他的旗舰时，这个要求却被拒绝了。事实上，尽管到了十七、十八世纪之交，威尼斯得以组建起一小支相对先进的自主制造战舰的舰队，但它并不为此高兴，对新式舰队也没有足够的自信。即便到了公元 1717 年，弗兰吉尼和安德烈亚·皮萨尼取得海战胜利时，他们的舰队中至少还有一半的船是老式的划桨桨帆船。

这时，威尼斯又要面对另一个令人不快的事实：它已经失去了对亚得里亚海的支配权。公元 1702 年，法兰西舰队在潟湖边界上活动，导致当年耶稣升天节的海婚仪式取消，正是这个事实最好也最辛辣的表现。从那时起，英格兰、法兰西、荷兰、奥地利，甚至沙俄的军舰都可以无视威尼斯的抗议长驱直入海湾，威尼斯对这种行为的抗议也因为它逐渐接受了事实而变得越来越少。而当这一现状牵涉到商业运输时，威尼斯就要面临更加屈辱的境遇。在中世纪，任何进入亚得里亚海的商船，都需要将货物送往威尼斯，然后在必要时从那里转运装船。之后这条规定略有放松，威尼斯巡查队转而对送往其他港口的货物征收关税，并确保其他关于征税、检疫，以及最为重要的，国家传统垄断盐业的条例被不折不扣地执行。如今这些商船的速度和装备都大大优于威尼斯巡查队，于是商人们可以大声嘲笑巡查者们试图控制他们的行为，然后大摇大摆，扬长而去，前往神圣罗马帝国的的里雅斯特、教宗属下的安科纳，或者任何他们选择前往的港口。

直到公元 1756 年，在阿尔维塞·皮萨尼的领导下，威尼斯才采取了积极措施弥补这一情况。当时威尼斯政府坚持所有在东地中海的威尼斯商船必须在护卫的保护下出航，以免遭到巴巴里海盗的袭击，但是这一要求最终以失败告终。在这个要求下，为了让护卫有时间集结，船主们不得不为此等待数月，而当船队启航，它的速度又受到船队中船速最慢的一条船的限制；当船队终于抵达目的地时，由于一起运输的货物大批量到达，又对货物的价格产生了灾难性的影响。从此之后，只要是长度超过七十英尺，拥有超过四十名船员和二十四支枪的船只，得以被允许在无护卫的情况下出航。此举获得了很大成功，并且直接引发军械库新一轮的造船繁荣，来响应社会上要求更多符合规定船只的需要。由此，威尼斯的贸易得以向东西两边扩展——尤其是在欧洲大陆战火纷飞之际，威尼斯从中立的立场上取得了不少好处。不过在更新改造船只方面毫不懈怠的巴巴里海盗，仍然在此后的二十年成为威尼斯的心腹大患，以至于最后共和国要忍辱含垢，公然收买他们以求平安。即便如此，我们也可以看到问题没有真正解决，虽然威尼斯共和国在它存在的最后三十年中，成功将它的商船总吨数翻了一番——在公元 1794 年的国家统计数据中，威尼斯至少拥有三百零九艘商船。

就在威尼斯造船业飞速发展的同时，它也迎来了转口贸易的急剧增长。十八世纪初威尼斯的转口贸易一度骤跌，特别是在公元 1719 年神圣罗马皇帝宣布的里雅斯特为自由港，及至十三年后教宗在安科纳也这么做之后，情况变得更加糟糕。但经过公元 1736 年的改革，威尼斯放弃了过去的保护主义政策，不久里亚尔托就像过去那样广受外国商人欢迎。不过在威尼斯出现的货物确实不如过去那样具有浓厚的异国风情。早在 1600 年，香料贸易就已经随着荷兰东印度公司的建立落入荷兰人手中，威尼斯如今的贸易商品，主要是国内，或者至少是亚得里亚海海域本土的商品，举例来说，商品中有来自爱奥尼亚群岛的葡萄酒、橄榄油、硫黄、盐、葡萄干和醋栗。尽管交易的商品出现变化，金钱还是源源流入威尼斯城，公元 1782 年，人们认为有必要拓宽从斯拉夫人堤岸向东到监狱的一段路面，以便有更多卸货的空间，[1] 当时研究威尼斯经济的代表性权威 [2] 如此评论：“这样看来，在公元 1783 年，驶入威尼斯港的船只总吨数还会更大……比

1　如今石板路上有一条白色大理石砌出的长条，标示出它原来的宽度。

2　F. C. 莱恩，《威尼斯：一个海洋共和国》。

这座城市过去一千年来的都更多。”

公元 1741 年 6 月 17 日，就在奥地利继承战争爆发后数月，当医生为阿尔维塞·皮萨尼执政官处理一个腿部的感染溃疡时，皮萨尼突发中风，当即去世。继任执政官的是学富五车的彼得罗·格里马尼，顺带一提，当格里马尼于公元 1712 年担任驻伦敦大使时，他受到英格兰王家学会会长艾萨克·牛顿爵士[1]的推荐，成为王家学会的一员，这项荣誉在威尼斯执政官中是绝无仅有的。格里马尼的执政期同样和平安定，在政治上也相当平稳，这可以说大大优于他同时期的统治者们。不过这段时期发生了一件重要的事，阿奎莱亚宗主教的职位长期以来都是威尼斯历史不可或缺的一部分，它存在的时间甚至比执政官还长，但就在格里马尼执政期间，它最终迎来了消亡。

尽管最近几个世纪以来，阿奎莱亚宗主教不再像威尼斯历史的早期表现得那么令人厌恶，但自从宗主教管辖的弗留利教区被威尼斯和奥地利的边界差不多一分为二后，他就成了一个长期存在的问题。按照长期以来的惯例，继任的宗主教需要得到两个国家轮流批准，不过威尼斯从一开始就无视了这条规定。当时威尼斯籍的宗主教任命了一位助理主教，当他去世后，这位助理主教自动继承了宗主教的位置，从此这种自动继承机制便不受阻挠地一直持续下去，宗主教之位也自然顺畅地由一个威尼斯人交给另一个，全然不顾不时来自奥地利方面的抗议。然而现在对此事表现出强硬立场的玛利亚·特蕾西亚向教宗本笃十四世求助，后者随即宣布废止关于阿奎莱亚宗主教的旧制度，弗留利教区也需要加以分割：宗主教本人只能在威尼斯共和国范围内的那一部分教区行使权威，他亦将在乌迪内获得

1　他的专长是天文学，据格里马尼的传记作者称，他因为在这个科目的卓越表现，在王家学会获得了“Applauditissimo”（声名卓著）的称号。

一个新的住处，在那儿行使他的权力；至于位于奥地利境内的那一部分地区，将由一位宗座代牧管理。这个提议可谓通情达理，不过威尼斯不愿意放弃它之前拥有的那部分位于奥地利境内领地的神职权力，于是强烈反对教宗的决定。教宗温和地进行了回复，称他只是试图令争议双方都感到满意，如果不接受他推荐的解决之道，那么威尼斯和奥地利双方不妨自行解决纷争。

阿奎莱亚宗主教的问题一度有对神圣罗马帝国和威尼斯共和国之间的关系产生严重后果的危险，不过双方最终接受了都灵宫廷的协调，撒丁王国国王[1]查理·埃曼纽尔三世决定了最终的处理方案：宗主教之位将被废除，代之以两个独立的主教职位，主教办公所在地为乌迪内的那个归威尼斯，另一个位于戈里齐亚的则归奥地利。此时威尼斯才发现当初接受本笃十四世的建议会更好，但后悔已经来不及了。威尼斯只能听从安排，拥有一千两百年历史的阿奎莱亚宗主教就这样成为历史，它直到最后都是一个难以处理的问题。

教宗本笃十四世在处理阿奎莱亚宗主教的问题上表现得十分明智，但在对付公元 1754 年发生的一件事上，他的反应就要逊色得多。当时，在两年前接替彼得罗·格里马尼成为执政官的弗朗切斯科·洛雷登，在一份措辞强硬的报告上加盖了自己的印鉴。这份报告谴责了一些威尼斯市民“由于无知、不辨是非，甚至是出于一些恶意的原因”随意且频繁地向罗马方面申请赎罪券、特许状和特许权，这会对共和国的利益造成损害。报告还写道，在未来，类似的文书票据除非以接受认可的方式得到共和国政府正式批准，否则一律视为无效。对教宗本笃十四世来说，这份声明的口吻就和它的内容一样令人不快。他向执政官传达了自己愤怒的抗议，并拒

1　自公元 1718 年起，统治萨伏伊的埃曼纽尔家族同时拥有了撒丁王国国王的头衔。

绝接受威尼斯元老院和威尼斯驻罗马大使对他漫不经心的安抚。随着教廷和威尼斯之间关系日趋紧张，玛利亚·特蕾西亚和路易十五都插手进来，站到了教宗这一边。如果本笃十四世没有在公元1758年去世，很难说这次的纠纷会如何收场。此后，一名威尼斯人卡洛·雷佐尼科以罕见的好运当选教宗，成为克雷芒十三世。

随着有史以来第五位，也是最后一位威尼斯共和国的子民坐上圣彼得的宝座，[1]之前的困难全都像被施了魔法一般迎刃而解。因为新教宗的诞生，威尼斯全城自然又大肆举办奢华庆典，而且威尼斯政府至少指名了八位官方特使前往罗马，恭贺新教宗即位，后者则立即手书一封信件，恳请共和国“通过行使自己的权力”，撤销那份引起麻烦的布告。他写道：“任何猜疑我们对自己的祖国有所图谋的人，他的猜测对我们来说都是极不公正的，除了荣耀，我们不会给自己的国家带来其他任何东西。”教宗安抚的言辞给了元老院一个不伤颜面的退让机会。公元1759年，克雷芒十三世赠给洛雷登执政官代表教宗恩惠的最宝贵礼物——一枝黄金玫瑰，确定了教廷和威尼斯之间新的友谊。

不过，假如教宗以为这件金光闪闪的礼物可以激励威尼斯人走上他所认为的正路，那么就注定要失望了。公元1767年，根据一个特别委员会的报告，共和国境内的教会总收入，在不算非正式捐献的情况下，就已经达到了八百五十万杜卡特，此外，教会仅在过去十年中就接受了总计近二百五十万杜卡特的捐赠。于是威尼斯政府毫不犹豫地采取措施，在9月下令关闭一百二十七座修道院和女修道院，将它们的财产变卖充公。这使得威尼斯国库一举增加了差不多三百万杜卡特的收入，而威尼斯的修道院

1 之前的四位威尼斯籍教宗分别是公元1406年即位，俗姓科雷尔的格列高利十二世；公元1431年即位，俗姓肯杜梅的尤金四世；公元1464年即位，俗姓巴尔博的保罗二世；以及公元1689年即位，俗姓奥托本（亦有说法是奥托波尼）的亚历山大八世。

拥有的人口则从五千七百九十八人降到三千两百七十人。

金玫瑰被退还给罗马，我们或许为此可以得意地记上一笔；但这种外交上的表示并不是政府该有的行为方式，对威尼斯共和国来说也不例外。

如今威尼斯人追随执政官的榜样，正享受着这个国家历史上最不信神明的时期。当然，历史上威尼斯共和国从未表现出在信仰上的热情，更别提所谓的宗教狂热，这一点已经一次次被它在意大利甚至更远的大多数邻居们证实了。在天主教欧洲诸国中，威尼斯是唯一一个从未烧死过异端的国家。我们可以看到，即便在过去的两个世纪中，当大半个欧洲因为宗教纷争分崩离析时，威尼斯仍然保持着温和的、产生自文艺复兴的人文主义的宗教观点，这使得它在当时反宗教改革的欧洲世界有一种古怪甚至是过时的不协调感。威尼斯允许当地的希腊东正教社群拥有自己的教堂（于公元 1561 年祝圣的希腊圣乔治堂），犹太人在聚居区有自己的犹太教会堂，穆斯林在土耳其商馆有自己的清真寺。此外，公元 1707 年，亚美尼亚人在圣拉扎罗岛上建立了自己的修道院。因此威尼斯得到了宗教宽容的名声，这使得它成为一个开明自由的思想与文化传播的中心——在后一点上，共和国的印刷厂居功甚伟——位于潟湖之外的帕多瓦大学也因此而享誉全欧。

如今历史的车轮转了一圈又回到原地。欧洲各国因宗教战争精疲力竭，西方文明再一次恢复了理性，过去威尼斯一直坚持的大多数价值观被“理性时代”所热烈追捧，不过这时威尼斯已经走得更远。如果我们细阅公元 1675 年至公元 1775 年这百年来的执政官名单，我们不能不注意到一个惊人的事实，在这十四位执政官中，只有四人已婚。[1]而更令人

1　他们是西尔维斯特罗·瓦列尔、乔瓦尼·科纳、阿尔维塞·皮萨尼和阿尔维塞·莫切尼戈四世。

惊奇的是，如果我们将注意力从执政官身上扩大到全体威尼斯贵族，情况亦非常相似。威尼斯名流显贵古怪的独身倾向已经不是什么新鲜事了，早在十六世纪，百分之五十一的威尼斯贵族选择维持独身状态，到了十七世纪，这个比例上升到百分之七十，十八世纪则又上升至百分之六十六。[1] 产生这种局面的根本理由很明显，家族必须延续下去，同样它也必须继续富有下去。因此家族中需要有一个儿子（通常是最小的那个）结婚，生出足够的继承人来满足家族的前一个需要，而其他的儿子们会保持单身，或至少不生孩子，这样就避免了财产被分散，满足了家族的后一个要求。或许正因为威尼斯贵族社会这种强制的独身生活，才早在威尼斯成为欧洲的销金窟与风流乡之前，就产生出许多与任何一个繁荣海港不可或缺的大批妓女截然不同的职业交际花。当然这也解释了城中“孤儿院”的数量为何如此之多，同时，威尼斯的女修道院数目也殊为可观，因为在上层人士的独身潮中受到最大打击的就是威尼斯上流社会的姑娘们。一般来说，每三个贵族少女中，就有两个无法找到丈夫——由于贫穷的贵族更倾向于从较为富裕的资产阶级寻找妻子，因此这个比例或许会更高。因此她们别无选择，只能成为修女。鉴于以上的情况，这些女修道院的放荡名声完全不亚于城内的赌场与剧院的小休息室，尽管它们和威尼斯的孤儿院一样，往往是威尼斯音乐界的中心，但这点却不常被人记起。

对那些有幸结婚的女性来说，生活是非常惬意的。婚后不久她就会为自己找一个情夫（cicisbeo），这些男人是一类特别的群体，他们算是贵妇人的侍从骑士，但又有一些面首的感觉——贵妇们往往和这些男人

---

1 E. 罗丹瓦尔特，《威尼斯贵族的生理学调查》，引自麦克尼尔，《威尼斯共和国：欧洲的屏障与文明的窗口》。

形影不离，而她们年长又忙碌的丈夫相对来说陪伴在妻子身边的时间却少之又少。这些情夫不一定是贵妇们的情人，如果她们需要，他们有足够的机会这么做，但这并不是固有的规定。在威尼斯，男女间的风流韵事不一定会结束在床笫之间。虽然花花公子卡萨诺瓦的回忆录给了人们这样的错觉，但他本人是个彻头彻尾的吹牛者，而且卡萨诺瓦在维也纳、巴黎和伦敦也有类似寻花问柳的成功记录。无论如何，从贵妇人的角度来看，情夫最大的好处在于可以召之即来挥之即去，成为丈夫的人选或许很少，但是她们有很多年轻的单身汉可供选择，从中寻找替代品方便又廉价。

不过即便是缔结了婚姻的夫妇，他们的关系也不是稳固不变的。游客们来到威尼斯，这座城市的社会生活中，最令他们感到震惊的一个方面就是人们经常废止他们的婚姻关系，而且这件事操作起来非常容易。法兰西外交官曾在公元1782年以震惊的口吻向母国政府报告，威尼斯宗主教曾一度收到九百封婚姻无效申请，也就在这一年，十人议会采取强硬措施来制止这类行为，而神职机构却只是再一次抱怨十人议会侵犯了它们的权威。

威尼斯人不愿意结婚的情况导致了两个危险的结果。首先是各个家族仔细筹谋的延续计划在实行上偶尔也有马失前蹄的时候，一些古老的贵族家族因此绝嗣。第二个结果更为严重，威尼斯的贵族阶层因为这股不婚风潮，阶级内的贫富差异愈发扩大。在过去的一个世纪中，威尼斯城内穷困贵族的不断增加已经成为社会生活的一个显著特征，由于他们通常居住在圣巴拿巴区或附近，因此得名“巴拿巴人”。作为威尼斯贵族阶级的正式成员，他们被要求穿着丝绸衣服，而且仍然拥有大议会的席位。但由于这些贫穷贵族的教育程度极低，只能胜任最低级的管理职位，又因为身份所限不能够成为手艺人或店主，他们中越来越多的人便开始贪赃舞弊，操纵一些次要选举，或者兜售选票。还有一些穷贵族索性放弃努力，依靠微薄的救济生活。国家为他们提供了包括免费住房在内的特殊安排，但是作为交换条件，接受救助的穷贵族们必须保持单身，不许再生出更多不被需要且无法受雇的年轻“巴拿巴人”。同时，即便是在相对较富裕的家庭，也有很多开始觉得撑起国家要求的门面是件困难的事，因为要做出这种排场，必须要让家族中所有肯上进的成员都在政府中担任高位才行。在整个十八世纪以及先前十七世纪的大部分时间，威尼斯共和国仅仅依靠四十二个家族就能够有效运转，而这些家族也把持了政府中所有的关键部门。

为了吸收新鲜血液，让萎缩的贵族阶层重新焕发活力，大议会的席位被出售给经过批准而且有一定财力的普通市民，即使是在威尼斯并不急需金钱支援土耳其战争时仍然如此。公元 1718 年，共有一百二十七名威尼斯市民以每人十万杜卡特的价钱，为他们和自己的后代买到了贵族的地位，不过尽管这些人中接近三分之二都是商人，从他们获得贵族身份开始，便不能再继续旧业。虽然商业贸易在威尼斯的历史中扮演了重要的角色，但它从来都不被视为适合绅士的职业。如今这些新贵族将和他们在欧洲拥有同等地位的人一样，从地产中获得财富，他们每年至少归乡生活两次，与随行的全家成员、仆人、家具、藏书和绘画收藏一同搬进帕拉弟奥式或巴洛克式的别墅，以此来躲避威尼斯夏季的酷热和早秋的无聊，直到大议会重开议程和新一轮的社交季将他们召唤回威尼斯城。至于商业事务，这些人更倾向于将它们留给犹太人、希腊人和达尔马提亚人等外国来客，这些外国人很善于经商，而且乐在其中。

而在如此长的和平时期中，威尼斯更具政治意识的市民们，不可避免地将注意力转向那些影响国家体制的因素，而他们对所见的事物并不总是抱有好感。至于共和国的基本社会结构，很少有人——至少是统治阶层——对此不满，这个结构在基本不变的情况下已经延续了千余年之久，欧洲其他国家甚至整个世界都望尘莫及。欧洲大陆其他国家终结了奥地利继承战争，签署完《亚琛条约》后不到十年，又经历了七年战争的大清洗，在这种情况下，威尼斯与它们相比，几乎不需要进行大规模的改革。但是在威尼斯的政府机器中，有一个部分始终没能得到大众的欢迎，十人议会与它更邪恶的分支机构，还有三位国家监察官，它们存在的意义，即是在不需要与机构外的成员商讨，就能迅速秘密行动，这也使得它们成为十八世纪自由主义思想最厌恶的对象。

我们已经看到，像雷尼耶·泽恩这样的改革者如何在十七世纪试图剥夺十人议会的权力但终告失败。如今一百四十年过去，十人议会和三个秘密警察组织已经不像它们在“西班牙阴谋”或“阿伦德尔事件”发生的黑暗暴力时代那样可怕，对一般大众来说，他们没有什么理由来害怕这些组织机构，它们甚至得到民众的诸多支持。但许多贵族对它们仍然痛恨不已，特别是“巴拿巴人”，虽然他们是大议会的成员，却既无财力也无影响力来获得更高贵的职位，而这些人的不满情绪也使他们更容易受到频繁的监管。

公元 1761 年，一位心怀不满、痛苦不堪的国家公诉官安杰洛·奎里尼首先对十人议会等机构发起攻击，在十八世纪七十年代，类似的事又不时发生了好几次。令人惊奇的是，这些人采取的行为方式和当年雷尼耶·泽恩的十分相似，造成的全然负面的结果也几乎如出一辙，在此追溯旧事并无意义，因此便不再赘述。然而人们怒气高涨，群情激昂，一发不可收拾，当公元 1762 年弗朗切斯科·洛雷登在十人议会和监察官员的公开支持下就任执政官时，许多威尼斯人不禁对这位新执政官抱有深切的疑惧之情。

另一位执政官马可·福斯卡里尼不是个激进分子，作为一名学者和作家，他或许和安德烈亚·丹多洛一样，是威尼斯最具文化教养的执政官。福斯卡里尼撰写了长诗《珊瑚》，试图通过它促进威尼斯珊瑚产业的复兴，更重要的是，他创作了文学史上的重要著作《威尼斯文学》。这部大作只有第一卷得以付梓印刷。当福斯卡里尼于公元 1763 年 3 月去世时，第二卷尚未完成。这位执政官仅统治威尼斯十个月，就长眠在圣欧达奇教堂的家族礼拜堂内。

福斯卡里尼的继任者又是一位阿尔维塞·莫切尼戈（阿尔维塞·莫切尼戈四世），好在这是这个名字最后一次出现在威尼斯共和国的执政官名单中。阿尔维塞·莫切尼戈四世是一位可敬的人，但却没有什么值得一书的出众成绩，他的执政期以签署了四份协议为开端，而这四份协议如果在之前，威尼斯甚至耻于考虑。它们的目的只有一个，就是以定期付给海盗保护费的方式，制止巴巴里地区沿岸海盗对威尼斯船只愈演愈烈的袭扰行为。就在莫切尼戈就任的六个月内，威尼斯与阿尔及尔和突尼斯的统治者签订了协议，此后在公元 1764 年和公元 1765 年，与的黎波里和摩洛哥的协议也先后达成，在协议中威尼斯承诺以每年六万杜卡特的代价来换取在它曾经呼风唤雨的海域不受侵扰通航的权利。对这个前地中海霸主来说，与海盗签订绥靖协议无疑是个耻辱，但之后几年发生的事证明哪怕付了保护费依然无济于事，事实给了威尼斯共和国一记更响亮的耳光。与威尼斯签订协议的当地统治者，尽管事前信誓旦旦地做出保证，但很快人们就发现他们或是无力控制打着他们旗号出航的海盗船长，或是对海盗的劫掠行为视而不见。虽然海盗行为不如从前那样频繁，但仍然是威尼斯共和国不可忽视的心腹之患。值得庆幸的是，在共和国存在于世的最后岁月中，它仍然拥有一位具有昔日海上英雄遗风的将领，展示出了威尼斯共和国所余不多的力量。

自从安杰洛·埃莫成人的那一天起，他就立下一个理想，要将威尼斯海军彻底改造为盎格鲁-撒克逊模式。虽然他的改革算不上完全成功，但埃莫的航海技术与现代海战技巧是威尼斯贵族所缺乏的素质，这使得他很快在同侪中脱颖而出。因此，当公元1768年威尼斯政府最终决定采取积极措施讨伐海盗时，不到四十岁的安杰洛·埃莫就成了指挥官的不二人选。次年，埃莫对北非沿岸的海盗基地发动了频繁的进攻，从公元1784年到公元1786年，仅靠着少数船只组成的舰队（在过去的威尼斯，这种规模只能称得上是小船队），埃莫与突尼斯贝伊发动了一场时断时续的小规模海战，在长达三季的炮轰之后，迫使贝伊以对威尼斯人极为优惠的条件投降。因此，尽管这些战役事实上没有导致任何激烈的战斗或者决定性的胜利，威尼斯共和国最后的伟大将领安杰洛·埃莫还是通过他的努力，令如今的地中海比以往的几十年更安全、更利于航行，同时，他还向全世界证明，尽管现在圣马可之狮已经老迈虚弱，但偶尔依然能显示它的存在感和力量。

公元1769年7月22日，年轻的皇帝约瑟夫二世微服到访威尼斯，他没有选择下榻在任何一间愿意供他使用的豪华宫殿，而是选择了圣使徒区的“白狮酒店”，这座酒店如今仍然存在，而且可能是接待富裕外国游客最佳的旅馆。[1]尽管如此，威尼斯还是准备了各式各样向皇帝致敬的娱乐项目，但当约瑟夫二世听说威尼斯政府的新提议时。他拒绝了对方，威尼斯原本准备在朱代卡运河和圣乔治·马焦雷岛之间的筏子上仿效神话建造一个金苹果园，在其中栽满鲜花树木，摆放许多彩色水晶，还将在那儿开辟一个挤满鱼的人工湖，以便让皇帝以及他的随从在经过它前

1 这座酒店是大运河畔最古老的建筑之一，它的前身就是著名的卡达莫斯托宅邸。

去岛上赴宴时游乐。

对任何一个研究威尼斯社会史的学生，或者是这本书的任何一位读者来说，对这样一个在计划阶段有着无数细节，比如今用鲜明的描述提出的方案更煞费苦心的方案，应当已是见怪不怪。更值得注意也更不祥的是威尼斯人的反应，如果这场被叫停的庆典活动能够如计划般付诸实施，或许还能消弭人们的抵触情绪，但它最终没有成为现实，这就使得流言四处传播，称有数百甚至数千杜卡特被白白浪费在准备工作上，激起人们的反政府情绪。在众人当中，心怀不满的“巴拿巴人”和许多年轻知识分子的感情尤其强烈，后者既有贵族，也有平民，在他们身上，从法兰西逐渐渗透过来的革命性新思想开始发挥作用。他们纷纷质询，在众所周知共和国身负债务的情况下，怎么能如此轻率地拨出这么大一笔钱，来款待其实根本不想要这种待遇的外国人？已经享受了半个多世纪和平日子的共和国，又怎么会债台高筑？威尼斯潜在的统治者们不断减少，大议会的成员数目已经降低到不足一千人，有时甚至很难聚齐会议投票的法定人数，这局面难道是对的吗？而担任威尼斯最高政府职位成了少数最富有家族的特权，这也是正确的吗？这些富有家族的成员，不论男女，不分日夜，戴着面具油头粉面地在小包厢里赌博度日，还有一些不戴面具的人身穿鲜红的礼服长袍，坐在桌子上首冷漠地占有赌徒的赌注，给他们发牌，这难道像话吗？

在十八世纪下一个十年开始的时候，人们越发畅所欲言，表达他们的不满，其中给人印象最深的演说者当属一位年轻且比其他同类人更激愤不已的“巴拿巴人”乔治奥·皮萨尼，他重振了长期以来（哪怕是断断续续）对十人议会和国家监察官的战斗，并很快成为改革派的非正式领袖。不过直到公元 1774 年，改革派才取得了第一次胜利。当年 11 月 27 日，大议会通过了一部新法，共和国借此“决心维持宗教的虔诚、良好的风纪，以及社会福祉所必需的有节制的行为，同时遏制每一次贪污腐败的邪恶倾向的蔓延，以及社会秩序的解体”，于是新法命令“城中赌博的中心，圣摩西区的赌场[1]将被永久关闭，威尼斯以及它本城之外的省份中严厉禁止所有涉及赌博的游戏，秘密警察将进行监督，确保无人违反这一禁令”。据可信的记载，威尼斯的大众欢天喜地地迎接这部法律面世，他们跑过大街小巷，对每一个遇到的人传播这则消息。不过威尼斯对赌博的热情要比它对法律的尊重更强烈，尽管圣摩西区的赌场关门大吉，在城内还有很多其他更不引人耳目的房子，在几周之内，屋内的赌桌周围仍像过去一样人满为患。

两个月后，有人于公元 1775 年 1 月再次提议出售大议会的席位，这一次面向的对象是位于大陆上的四十个家族，只要他们在当地已经享有四代人或更长久的贵族身份，并且每年最少有一万杜卡特的收入，即可申请加入大议会。这个提议遭到强烈反对，因而双方进行了激烈的辩论，然后以微弱的多数获得通过，虽然达到了目的，但这个提案的支持者们在现实面前仍免不了大失所望。就在一个世纪之前，对不少家族来说，购买贵族阶级的一席之地，十万杜卡特不过是个小数目，如今在这四十个家族中，只有十个家族愿意花钱购买贵族身份，剩下的却对此缺乏兴趣。

阿尔维塞·莫切尼戈四世逝世于公元 1778 年 12 月 31 日，当他离世之际，威尼斯的民心与精神风貌正处在一个可怕的低潮期，即使到了次年 1 月 14 日，保罗·雷尼耶当选新任执政官的消息也没能将其提振起来。新任执政官是一位古典学者，他将荷马、品达与柏拉图的作品翻

1 它是威尼斯城最早建立的一家赌场，如今它仍然矗立在赌场巷，直接穿过瓦拉雷索巷（历史建筑编号 No.1332），它的历史建筑编号为 NO.1362。如今每天都有千余名游客经过此地前往渡船码头或哈利酒吧，却对它毫无所觉。

译为威尼斯方言，他曾经担任过元老院议员和“贤人”的职务，还曾是威尼斯驻维也纳大使和君士坦丁堡市政官。不过雷尼耶不择手段牟利和贪污腐败的恶名也为人所知，即便他可能并没有这么做过，但流言已经广为传播，声称他能当选执政官是因为贿赂了大议会的一百名议员，于是人们从一开始就不信任他。此外，保罗·雷尼耶还十分缺乏血气之勇，他在圣马可大教堂的就职演说声音低得微不可闻，此后聚集的人群要求他更大声说话的叫喊吓得他魂不附体，以至于在离开大教堂准备进行环绕广场仪式时，他几乎无法爬进为他准备的肩舆里，并且不止一次询问随从他的生命是否受到威胁。据我们所知，保罗·雷尼耶身上最受人喜欢的一点是他已经结婚，第二任妻子是曾在君士坦丁堡表演走钢索的希腊艺人，但即使这点也无法使他被威尼斯人真心爱戴。保罗的第二任夫人出了名的不善交际，在雷尼耶执政期间，履行执政官夫人职责的是他的侄女。

尽管保罗·雷尼耶执政官有着这样那样的个人缺陷，但他工作勤勉，切实地阻止了威尼斯衰落的脚步。然而很明显，威尼斯正在变得越来越难以统治。就在雷尼耶就任后一年，乔治奥·皮萨尼当选圣马可大教堂总务官，这是威尼斯的激进分子和“巴拿巴人”获得的一次巨大胜利，哪怕只是因为这让他们支持的人得以和保守反对派中最有权势的人物安德烈亚·特隆平起平坐。十多年来，被人们用威尼斯方言称为“il Paron”[1]的特隆把持了威尼斯政界，他更多地运用了自己的个人魅力而非他所把持的任何一个职位的权力，成为在实权上大大超过执政官的人物。作为一名威尼斯为数不多的天才实业家（特隆的父亲尼科洛在维琴察附近设立了许多获利丰厚的纺织作坊）的儿子，特隆是威尼斯传统价值观的坚定鼓吹者，他

1 在意大利语中又可以称为“Il Padrone”或“le Patron”，意为首领，头儿。

一直在号召其他的威尼斯贵族离开他们的乡间产业，回到传统的商业之路上，然而遗憾的是，他自己却拒绝以身作则。特隆还毫不掩饰他对掌握共和国经济的外国人和所谓“新来者”的蔑视，尤其是对犹太人的厌恶，他特别在公元 1777 年通过了一部残酷的法律，禁止犹太人雇用基督徒，不许他们从事制造业并拥有财产，因此导致一度兴旺有益的威尼斯犹太人群体衰退为一群旧货商人。

现在，有了乔治奥·皮萨尼和他同样激进的同事卡洛·孔塔里尼，似乎安德烈亚·特隆在短时间内找到了对手。他们日复一日地猛烈攻击政府，指责它对国家事务可耻地处置失当，官员不负责任地操纵经济，以及它的堕落和腐败。激进派的慷慨陈词起到了作用，不久他们就得以控制大议会中的大多数人。尽管雷尼耶执政官恳求大家团结一致，指出如果没有内部的精诚团结（它差不多已经消失殆尽），一旦此时外敌来袭，现在的共和国将无力自卫，但他的恳求依然无济于事。执政官提醒他的听众们：“那些欧洲的统治者们正在密切关注我们当下的动荡，盘算着如何从中使他们获得最大的利益。”但是皮萨尼和孔塔里尼仍然不想收敛他们的言论，也不想服从于这个他们所蔑视的政治体制。

事实上如果这么做反而对他们更好，一个更平静、更稳健的量化方式或许至少能实现改革派一部分的目的。结果这些激进分子不断发表激烈争论，进行公开演说，召开秘密会议，迫使当局采取措施对付他们。5 月 31 日夜里，乔治奥·皮萨尼在位于圣摩西区的家中被捕，随后在大陆上度过了十年的牢狱生涯。孔塔里尼则被放逐到科托尔的要塞，不久后死在那里。就像过去一样，十人议会和监察官再次取得了胜利，不过大议会上令人不快的冗长辩论并没有被人遗忘，在威尼斯的历史上，过去从未有过像这样的辩论，将整个国家从灵魂深处撕裂开来。“巴拿巴人”的怨恨在继续增长，而在共和国的最后十七年岁月中，保罗·雷尼耶的言语也一直在他长于思考的同胞耳边阴魂不散地回荡。

> 如果有哪一个国家急需团结，那毫无疑问就是我们的共和国。我们在陆上和海上都已没有军队，我们也没有任何盟友。我们靠着好运，靠着机遇存活至今，我们只能信任威尼斯政府一直以来拥有的审慎之名，那是我们的力量之源。

这是对的，虽然执政官早前已经承认，威尼斯的声名已经不再是欧洲各国使馆官邸内的人们所关心的内容了。但尽管威尼斯共和国不断衰落，它的外交部分依然像过去那样敏锐警觉，雷尼耶很清楚，奥地利与其他国家的政府坐下来讨论，共同设想一个威尼斯不复存在的未来。然而不管经历了多少苦难，威尼斯依然努力向整个世界展示出它勇敢甚至团结的一面，来对抗外界认知中一个优雅、有品位、有着用不完的金钱、冷漠又浮华的社会的传统意象。威尼斯在无形中仍然被它整体性的基础结构支持着，这个体系由许许多多富有经验的故去之人一手打造，他们的智慧无穷无尽，造成的影响确确实实。威尼斯不像被它蒙蔽的人们所认为的那样，是个追求享乐的愚蠢国家。公元 1782 年 1 月，俄罗斯大公，即日后的沙皇保罗一世与他的妻子顶着“北方伯爵与伯爵夫人”的浪漫别名旅行至威尼斯。威尼斯照例举办了奢华的庆典来款待贵宾，在活动举行期间，伯爵夫人用手碰了一只巨大的人造鸽子，这只鸽子便绕着广场飞行，一路点燃百余支火把，最后栖息在一座高达八十英尺的罗马提图斯凯旋门复制品上。但据我们所知，真正给俄罗斯大公留下深刻印象的是围观人群表现出来的安静秩序，他们不需要任何士兵或有权威者进行控制，全场只有由十人议会派出、在身穿红袍的“大长官”领导下工作的五名先导人员。“瞧哇，”大公感叹道，“这就是威尼斯共和国政府的智慧造成的影响，它的人民看上去亲如一家。”我们敢说，这是最能令他的东道主感到高兴的赞美之词。[1]

俄罗斯大公并不是一位智者，他在继承沙皇之位时就已经精神失常，公元 1801 年便被人暗杀，但很多比他更具洞察力的游客也未能发现这座城市中分裂和不满的迹象，无论如何，至少他们没有在平民大众之中发现它们。威尼斯普通劳工阶层对他们的处境很满意，这个国家源源不断地供应他们少许面包以及众多有趣的事去做，他们就没有什么可抱怨的了。普通威尼斯人承受的赋税很少，甚至可能不必缴税，生在统治精英阶层之外，也使得他们很少有政治上的抱负。这些人不给十人议会或秘密警察们找麻烦，相反，他们相信这些机构是共和国有用，甚至不可或缺的一部分，并且在它们揭发一次阴谋或行动起来针对某些心怀不满的“巴拿巴人”时为其摇旗呐喊，毫不吝惜他们的欢呼和助威声。当然这些机构也不会给普通人造成任何麻烦，它们给一般大众比贵族更多的自由，后者的一举一动都在它们的监视之下，如果没有特别许可，贵族们不能离开威尼斯城，更别提远赴国外。因此普罗大众没有为皮萨尼或孔塔里尼流一点眼泪，因为他们只为自己所属的心怀不平的阶级发声，而从不是，甚至从来没有假装是人民大众的一分子。因此平民们认为这些激进分子越快被关进保险的地方越好，在那里面待得越久越好。

保罗·雷尼耶剩下的七年执政期风平浪静。公元 1782 年 5 月，他款待了借道前往维也纳的教宗庇护六世，这是自公元 1177 年亚历山大三世战胜红胡子腓特烈之后在任教宗第一次访问威尼斯。次年，出于一些如今我们并不明了的理由，执政官和元老院拒绝了约翰·亚当斯、本杰明·富

1　然而从另一方面，这对皇家夫妇的造访算不上非常成功。“他们只支付了一半的住宿费，也没有在军械库的国宴上支付小费，更没有按照惯例，赠给孤儿院的女孩们一些礼物。”菲利普·朗沃思，《威尼斯的兴起和衰亡》。

兰克林和托马斯·杰斐逊这三位全权大使提出让威尼斯与新生的美利坚合众国签订贸易与友好协议的提案。与此同时，雷尼耶唯利是图的行径随着年纪增长愈发变得恬不知耻，因此大多数的威尼斯人都发自内心地讨厌他。到目前为止，这位执政官最大的政绩（尽管他也不能独享所有的功劳）是一条由不规则石块垒砌起来的巨大防波堤“穆拉齐”，这条环绕佩莱斯特里纳岛沿岸的防波堤底部宽达十四米，总长近四公里。这条庞大的防波堤始建于公元 1744 年，经过三十八年才宣告竣工。它如今仍然矗立在原地，虽然随着时间流逝，防波堤起到的作用令人遗憾地慢慢变小，但它的存在仍是一个事实的明证：长期以来作为威尼斯庇护所的大海，也开始与这个国家为敌。而在参加这座防波堤落成典礼的人中，一定有不少人伤感地意识到威尼斯如今还面临着其他一些来自国内和国外的更大危险，但它却无力自保。当下威尼斯所能做的就只有继续伪装下去，也正是出于这个原因，保罗·雷尼耶于公元 1789 年 2 月，在无人为他哀伤的弥留之际，无意识地为共和国做出了最后的牺牲。

他没有按照惯例接受国葬，尸体在夜里秘密安葬于圣托伦蒂诺教堂，这样就不会干扰到狂欢节的活动。

46

覆　亡

（公元 1789—1797 年）

强权者的逻辑即是真理，

我们即刻就向您解释分明。

——拉封丹，《狼与小羊》

公元 1789 年 5 月 9 日，当威尼斯共和国第一百一十八任执政官，也是末代执政官卢多维科·马宁以二十八票对十三票的选举结果当选时，他和他的子民们都没有意识到，就在四天前，法兰西三级会议在凡尔赛召开，以此为开端发生的一系列事件将会把法兰西送入革命的风暴。不过即便这个消息传到里亚尔托，威尼斯人或许也不会太留心。七十余年来，威尼斯人生活在象牙塔中，深信传统的中立政策可以让他们避免一切不幸，他们与邻为善的决心会得到广泛的敬重。然而威尼斯人在整个共和国历史中所犯下最大的战略错误，就是他们本该更早发现这个信念是站不住脚的，也不该坚持它如此之久，造成这种灾难性的自我欺骗局面，卢多维科·马宁需要负起一定的责任。

马宁成为执政官，从很多方面来看都是一个令人惊讶的选择。其一，与过去几个世纪来的执政官们不同，马宁不是传统威尼斯贵族阶级的成员。他来自弗留利当地的豪门望族，这个家族在公元1651年花了十万杜卡特买到了威尼斯金书中的一席之地，此时距离卢多维科出生不过七十四年。因此对他的大多数资深同僚来说，卢多维科·马宁是一个暴发户；有人听见在执政官选举中被马宁击败的彼得罗·格拉代尼戈在选举后的庆典活动中喃喃自语："让这么个弗留利执政官统治，共和国完了！"八年之后，他的这句话被所有人牢牢铭记。

马宁在公共生活方面的政绩很出色，但并没有给人留下很深的印象，他被人记住的政绩主要是公元1757年任维罗纳任代官时在治理洪灾时表现出的极高效率。与前任执政官形成鲜明对比的是，马宁是个诚实的人，即便是在之后最糟糕的日子里，人们也没有质疑过他的正直。不过在他被选中领导共和国的那几年里，治理国家所需的其他资质，如力量、远见、勇气以及坚定的意志，要比诚实重要得多，上述资质一言以蔽之，即是领导力，这恰恰是卢多维科·马宁所缺乏的。如果有人通读逐渐步向死亡的威尼斯共和国最后一段日子中令人痛苦的记录，不禁要怀疑这些精神是否已经完全在威尼斯消失了。只有一个名叫弗朗切斯科·佩萨罗的人一开始就预见了危机，他尽全力让他的同僚们觉醒并意识到即将到来的是什么，但还是失败了。当最终的结局到来时，他发现其实他自己同样不堪一击。

法兰西的第三等级在6月17日宣布成立国民议会，在一开始就强调了和平的意图，但是欧洲各国君主们的态度很快就表明和平是不现实的。革命思想是令人兴奋的东西，它已经传遍了整个西欧，如果任由其传播发展而不加组织，那么很快其他国家君主的宝座也会像法国的一样摇摇欲坠，千余年来欧洲大陆的政治基础也将处于危险之中。公元1790年6月，威尼斯驻都灵宫廷的代表致信元老院，警告有一个法兰西的秘密组织正在向全意大利派遣代理人，为的是宣传革命和策动叛乱。三个月后，驻巴黎大使安东尼奥·卡佩洛在一封长篇急件中证实了这并非杞人忧天的谣言。

他写道，这个组织包括了一些国民议会中最出众的成员，比如米拉波、拉法叶和西哀士神父。

如今威尼斯或许可算是共和国，但它从未将自己假扮成一个激进的平等主义国度。事实上，它的整个体制是彻头彻尾的精英政治，尽管近年来威尼斯的贵族阶层被允许注入新鲜血液，但对普通市民来说，要进入这个阶层，依然比在不列颠甚至法兰西困难许多。在后两个国家，平民往往可以凭借财富、个人才能，或者靠取得国王欢心提升身份。对威尼斯统治阶层的各个家族来说，他们对革命的主义与信条的敌视和厌恶毫不亚于奥地利、英格兰和普鲁士那些最保守的封建贵族。因此简而言之，欧洲的王公贵族没有理由不认为威尼斯会成为一个热心抵抗近在眼前的罪恶与混乱的盟友，尽管它起到的作用十分有限。

但很快他们的幻想就破灭了。威尼斯共和国没有低估颠覆活动的危险，它或许已经安全地处置了乔治奥·皮萨尼和卡洛·孔塔里尼，但在贫穷的贵族“巴拿巴人”和普通市民中，还有许许多多人很少或毫不掩饰对这些人从事的激进事业的同情。十人议会和监察官员收紧了对城市的控制，审查制度变得更加严格，政治性的公开集会被禁止，所有外国人和很多本国国民都受到监视。但当公元 1791 年 11 月，撒丁国王维克托·埃曼纽尔建议威尼斯加入一个意大利统治者们集体抵御雅各宾派威胁的联盟时，威尼斯回应它没有必要考虑这些事，雅各宾派的威胁被夸大了，它可以自行采取明智的预防措施，并且很好地将其执行。

六个月后，反法同盟发动战争，奥地利最先加入，之后很快普鲁士和撒丁王国也加入其中。接着，公元 1792 年 8 月 10 日，巴黎暴民冲进杜伊勒里宫屠杀王宫的瑞士守卫，搜寻皇室成员，令他们紧急逃入国会大厦避难。这件事给威尼斯大使阿尔维塞·皮萨尼一次可怕的冲击。他给他的朋友写信时提道：

> 我此生从未见过如此可怕、血腥，令人畏惧的景象……全副武装的暴民在中午时分，于光天化日之下冲进宫殿，拖着重火炮，不断咆哮着："国王在哪儿？国王在哪儿？"不过他们没有找到他……王宫卫兵和驻扎在那里的轻骑兵死伤惨重，死者人数大约在一千人到三千人。我感到无比恐惧和混乱，以至于无法描述所见情景，它可以令最强韧的精神畏缩崩溃。从我因为枪炮开火而摇晃不已的住所窗户望出去，目之所及血流成河。请设身处地地想象一下吧！
>
> 一些受伤的轻骑兵被带进屋里，他们后面跟着百余名暴民。我关上了门，当这些武装分子走近时，他们叫喊道："大使先生！您把国王窝藏在家里，把他交出来！"这时我表现出了不寻常的勇气，我让神父把惊恐的孩子们带上楼，接着打开大门，现身于残暴凶恶的人群面前，发誓除了一些伤者，没有任何人在这屋子里避难。"来吧，朋友们，"我朝他们叫嚷，"来呀！你们自己看看！"这时全能的主保护了我，他们相信了我的话。没有人进屋，但是他们转身离开时，仍然喊着："把国王交出来！"……如今骚乱稍微平息了一点，但这能维持多久呢？人们担心这儿会发生更多可怕和悲惨的事情，这儿危机四伏……我现在只考虑自己以及战栗不已的家人们的处境……

显然这次可怕冲击给皮萨尼造成了太大的打击，以至于他让秘书留在大使馆主持工作，自己则带着家人逃到了伦敦，并在那里逗留了三年。

公元 1792 年 9 月，撒丁国王再一次试图争取威尼斯的帮助。这次他邀请共和国与他和那不勒斯王国组成一个中立的防御同盟，并且希望其他所有的意大利城邦国家也能追随他们的步伐。不过威尼斯再次断然拒绝，委员会甚至决定，不必将这个议题提交给元老院讨论。他们指出，威尼斯已经正式宣布保持中立，因此它如何能加入任何一个，哪怕是专门为维护它中立性而设立的同盟？这条论据事实上显得有些单薄，但是决策者们已经做出了决定，即使四个月后法王路易十六死在断头台上，也没有动摇他们的想法。就像包括巴黎在内的欧洲其他首都一样，国王被处死的消息令威尼斯城的人们感到震惊和恐怖，但元老院却拒绝了与法兰西断绝外交关系（在这种情况下，这已经是足够温和的反应）的请求，阿尔维塞·皮萨尼也继续享受着自己的头衔和地位，并且在伦敦支领自己的薪水。与此同时，法兰西驻威尼斯代表则得到授权，在他的官邸升起共和旗帜。公元 1793 年 2 月，欧洲的君主国家进行了最后一次努力：大不列颠、奥地利、普鲁士、荷兰、西班牙、撒丁王国组成了一个保护欧洲不受无神论者和弑君者侵害的联盟。这一次威尼斯仍然不加入他们神圣的事业吗？事实确实如此。

中立是，或者说可以是一项值得尊敬的政策，但弗朗切斯科·佩萨罗不断向他的同胞们强调，这必须以力量作为它的后盾。法兰西和奥地利之间的战争不可避免地要在意大利的土地上展开，伦巴第和威尼托亦很快会变为战场。当这个时刻来临时，威尼斯再怎样坚持和平，也要表现出它已经做好作战准备。否则它又有什么希望来保全自己的国土呢？以威尼斯目前的状况，它独立国家的地位都岌岌可危。

佩萨罗这样一次次地在辩论中据理力争，但都徒劳无获。反对他的论据依然是薄弱的老调重弹。反对者认为佩萨罗支持的武装中立会迫使威尼斯的陆军和海军不得不进行重大调整，甚至是重组。除非共和国向私人财产课以令人难以接受的重税，不然威尼斯如何有钱支付这些花销？法兰西革命军已经在瓦尔密击退了进犯的普鲁士军队，又在热马普大败奥地利军队，难道佩萨罗真的认为威尼斯应当与这样一支令人生畏的劲旅对抗吗？至于派遣一支军队前往共和国西部边界的点子，除了激怒法兰西人，不必要地刺激他们发动攻击以外，难道还有别的用处吗？

人们或许是真心实意地提出这些论据，不过它们与威尼斯怠惰表现的真正原因无关。事实上威尼斯的精神面貌已经完全堕落，它已经很久都没有不得不采取军事手段的时候了，以至于失去了将类似军事行动付诸实施的意愿。和平，逐乐，爱好奢侈，这种优哉游哉自得其乐的精神消磨了这个国家的力量。威尼斯如今老迈疲惫，骄纵成性，即便是它曾经令邻国妒羡不已的优秀体制，如今也濒临崩溃。选票被买卖交易，曾经高效的寡头政治慢慢萎缩，元老院如今与一枚橡皮图章无异。在威尼斯以国家面貌存在的最后三十年中，它做出的每一个政治决定都在加速它的灭亡。有人不禁猜测，它是否有求死之志？如果确实有的话，那么共和国的覆亡来得要比它所知的更快。

路易十六被处死之后，差不多有两年时间，法兰西与威尼斯都保持着正式外交关系，有时甚至是热情友好的。但即便是再多道貌岸然的中立声明，也无法掩盖威尼斯寡头统治集团的亲奥地利以及君主主义倾向，法兰西新任公使拉雷蒙特非常清楚，自己的一举一动都在监视之下，他也没有理由相信城内其他法兰西外交官员的遭遇会更好。但即便他对赢得威尼斯当权者的友谊不抱任何希望，目前大使至少得到了对方一点勉强的尊敬。归根结底，法兰西如今在欧洲没有朋友，一个在战略上处于中立的国家，还是值得笼络结交的。

然而公元 1795 年 11 月底，一支法兰西军队在意大利土地上第一次战胜了奥地利人，战场位于圣雷莫和热那亚正中间的一个海滨小镇洛阿诺，在此之后，法兰西人对威尼斯的态度几乎立即变得强硬起来。这种强硬态度首先表现在他们不容分说地要求威尼斯将死去国王的弟弟里尔伯爵驱逐出境。此人在前一年定居于维罗纳，当法国王太子在 7 月去世后，他自封为路易十八并正式宣称拥有法国王位继承权。因此，在过去的四个月内，维罗纳成了法籍流亡者的活动中心。

威尼斯作为一个中立国，有权为任何人提供庇护，而法兰西第一共和国方面也没有拿出确实的证据，证明路易十八在安全的威尼斯国土上策划颠覆活动。同时，神圣罗马皇帝虽然不容许这个觊觎王位的法国贵族进入奥地利的国境，却给威尼斯施加了极大压力，要求让他留在维罗纳。但是法方的威胁太过可怕，威尼斯政府没能抵挡多久，不得不在公元 1796 年 3 月 31 日礼貌地要求路易十八离开，并在不久后付诸行动。为了表达不满，路易十八随即要求将波旁家族的名字从威尼斯金书上删去。这件事或许并不是最为重要的，但它恰好印证了弗朗切斯科·佩萨罗的观点。如果威尼斯足够强大，那么它就有底气无视法兰西的威胁，或者违抗奥地利的命令驱逐路易和他的追随者们。无论它选择做哪一件事，都可以保留两者中其中一方的友谊。如今因为它孱弱无力，所以首鼠两端，最后成功地激怒了所有人。

此时另一件更严重的纠纷发生了。法方抱怨（这一次倒是颇为合理）威尼斯让一支从蒂罗尔出发前往曼图亚的奥地利军队穿越自己的领土。对此威尼斯的蹩脚解释是帝国依据一份还未废除的古老条约，得到了穿越戈伊托地区的特别许可。或许威尼斯人真的相信这个理由，因为自从奥地利人在公元 1708 年占据曼图亚公国之后，他们在戈伊托地区可谓是来去自如，不过尽管法国人再三要求，威尼斯人却无法拿出所谓协议的任何副本。因此，在法国人看来，这是威尼斯人对他们所宣称的中立立场的公然违背，之后拿破仑·波拿巴正是利用了这点从中得益。

波拿巴此时二十六岁。两年前，二十四岁的拿破仑在土伦战役中崭露头角，那之后他的上司杜戈米埃将军向巴黎的陆军大臣一再嘱咐："请奖励并提拔这个年轻人，如果没人承认他的功绩，他日后自会靠自己平步青云。”对方采纳了他的建议。次年葡月 13 日，拿破仑几乎以一己之力镇压了保王党人企图武力攻占国民大会的叛乱，成功被提拔为国内陆军的副指挥官。公元 1796 年 3 月，仅在葡月政变五个月后，当新成立的共和国需要再次发动战争，抵抗穿过意大利而来的奥地利军队时，这位苗条严肃、通晓意大利语和科西嘉方言的年轻人就成了领导军队的不二人选。不过此时还没有人（或许除了波拿巴本人以外）能预见到拿破仑本人胜利的速度和程度。蒙特诺特、米莱西莫、迭戈、切瓦、蒙多维……几乎每天都能从前线传来捷报，在 4 月结束前，撒丁王国作为奥地利的盟友，就已经不得不与法兰西单独媾和，并将萨伏伊和尼斯交给法方。5 月 8 日，法军跨过波河，两天后强攻推进，通过阿达河位于洛迪的桥梁。同月 15 日，拿破仑正式进驻米兰。

如今除了曼图亚，整个伦巴第都已是拿破仑的掌中之物，不过它可以暂时放在一边慢慢料理。通向帝国边境的道路已经被高效地清理通畅，虽然它穿过威尼斯所属的中立地区，但这并不能形成阻碍。奥地利人完全不加考虑地穿过其他国家的领土，甚至不再执着于戈伊托地区的通道：数天前，奥地利将军克彭带着败退的残兵，得到了穿越克雷马的许可——由于这座城镇的堡垒几成废墟完全无法防御，当地的威尼斯代官无力拒绝奥地利人的要求。

得知这一威尼斯同情保王党倾向的新证明后，拿破仑立即策马前往克雷马，以个人身份质问代官吉安·巴蒂斯塔·孔塔里尼，要他对此做出解释。之后的会议无甚重要之处，有趣的是孔塔里尼为此提交给元老院的报告，这是威尼斯人在记录中第一次提及拿破仑·波拿巴。孔塔里尼首先惊讶于拿破仑的虚弱，不过后者也无意掩饰他的疲惫。这儿没有在房间里踱来踱去，严词斥责威尼斯行为表里不一，威胁要采取可怕报复的傲慢又年轻的征服者，在孔塔里尼面前的只是一个精疲力竭的年轻人，闭着眼睛躺在一张扶手椅里。孔塔里尼写道："他看上去严肃多思，当被询问'您累吗？'的时候，这位将军回答：'是的，我累极了。'"在双方对话过程中，拿破仑从未表现出对威尼斯的友好感情，只有当他唯一的同伴，科西嘉人萨利塞蒂针对威尼斯发表了激烈的长篇言论时，拿破仑没有参与这次言语攻击。而且如果孔塔里尼的记录可信，当愤愤不平的代官努力做出几次精彩反驳时，拿破仑以微笑表示赞许。轮到拿破仑进行抗议时，他的措辞很温和，甚至是礼貌的，他并没有兴趣去确认奥地利人选择了哪一条路线，一旦知道只有一条路能使奥地利人逃脱被他的军队捕获的命运之后，他就心满意足了。

威尼斯人第二次关于波拿巴的记录来自布雷西亚代官阿尔维塞·莫切尼戈 5 月 26 日的报告，这一次报告的内容展现出拿破仑性格中更为激烈的一面。撤退的奥地利军队占据了加尔达湖畔的佩斯基耶拉要塞，而当地的威尼斯官员除了做出最低限度的微弱抗议之外，没有任何行动加以阻止，拿破仑想要知道他们为何如此。莫切尼戈或许向拿破仑指出，如今法兰西人同样在未受到反对的情况下逗留在布雷西亚，因此他们没有什么反对的立场，不过鉴于年轻将军表现出的态度，他似乎觉得自己提出了一个不明智的论据。在莫切尼戈交给元老院的报告最后，他声称最终成功地安抚了拿破仑的情绪，而且在他离开前，拿破仑·波拿巴表示了他对威尼斯的友谊。不过报告又补充道："他沉浸在最强烈的骄傲之中。只要发生的任何一件事对他的计划产生了最低限度的抵触，那么无论它多么无害，都会立刻激起他的怒火并招来他的威胁。"

这位可怜的代官所不知道的是，在这些事上，拿破仑大部分的怒火不过是虚假的表演，他的大部分威胁也是空洞无物的。波拿巴的计划正完美地进行着。8 月 5 日在卡斯蒂利奥内的决战中，奥地利人损失了两千名士兵和所有的火炮，这次战斗也成为近代军事史上最著名战役之一的高潮，在此之后佩斯基耶拉的居民被疏散，帝国在意大利最后的立足点曼图亚的投降也不过是时间问题。拿破仑·波拿巴与威尼斯周旋的真正目的不是为了获得它的帮助或只是希望它更坚决地站稳中立路线，他知道威尼斯国力有多虚弱，既不能有力地帮助他，也不能对他形成重大阻碍。这样一来不如恐吓它，将错误归咎于它，令它产生负罪感和感到信心不足，同时侵蚀消磨它的骄傲、自信和自尊，令威尼斯共和国在精神层面的抵抗削弱到与物质上的抵抗力度相当的水平。同时，拿破仑还以自己的理由为威尼斯定罪。他与尼科洛·福斯卡里尼的交涉就是他通过这些手段获得胜利的最佳例证。

公元1796年5月初，威尼斯委员会感到元老院中越来越多人开始赞同弗朗切斯科·佩萨罗坚持重新武装国家的呼吁，作为妥协，它提出在大陆任命一位政府督军总司令，总部设在维罗纳。这个职位通常有着近乎独裁的权力，不过这次的这位司令官的职责很明确。他要“重申共和国的立场，维护稳定安宁，给威尼斯的臣民们他们所习惯的安慰与安全保障，及时去到任何需要他的地方，令元老院能够时常得知事态最新发展，并且执行它的命令”。如果时任本周大臣[1]的尼科洛·福斯卡里尼能从元老院得到相关的指点，知道他将会被选中担任这个职位，他或许会把它的职权范围设计得略有不同。鉴于福斯卡里尼要为自己的遭遇负起大部分的责任，因此我们很难对他表示同情。威尼斯所有的陆军不过五千名士兵，他们分散成遍布全国的小支部队，武器装备糟糕，并且缺乏火炮弹药，他要如何在面对一位出众的军事天才，以及他带领的难以抵御的劲旅逼近时，向市民们做出保证？在元老院从未对他下达任何命

1　六名“大贤人”轮流担任议会议长的职务，每次任期为一周，因此所谓的“本周大臣”（Savio di Settimana）基本上就等于这一周的国家总理。

令，对他一再的要求也只是故意含糊其词或者给出一些陈词滥调回答的情况下，福斯卡里尼又怎能执行命令？鉴于如此情况，福斯卡里尼唯一能有点作用的就是主动采取行动，但遗憾的是，主动出击并不是他的长处。

一开始，福斯卡里尼对拿破仑·波拿巴的态度就和他的政府一样，在对方的刻意设计下被激怒。5 月 31 日，就在福斯卡里尼履职后数日之内，他派遣自己的副手前往法军位于瓦莱焦的总部祝贺拿破仑的胜利。不过福斯卡里尼同时提交了一份革命军在威尼斯国境内造成的所有破坏的账单。这次或是真心或是假意，拿破仑大发雷霆，让人不敢直面其锋。他强硬地回应，这些微不足道的琐碎抱怨和威尼斯对法兰西的事业造成的损害相比又如何？如果威尼斯没有开门揖盗，将敌人迎进自己的国土，甚至将佩斯基耶拉要塞交给他们又如何？如今是法兰西报复的时候了，拿破仑这样宣称，首先他要进军维罗纳，将它烧得片瓦不留，接着要和威尼斯算算它应得的一笔账。等到拿破仑·波拿巴言辞激烈的长篇大论终于偃旗息鼓，他打发吓得颤抖不已的副官带着他捎给福斯卡里尼的消息离开，然后在同一晚亲自出现在佩斯基耶拉，来证实他和他的政府的行为。

福斯卡里尼吓得魂不附体，赶紧公开了这件事。在与拿破仑会面前他给元老院写了一封近乎诀别的信，在信中他祈求上帝保佑他“对祖国福祉造成的浩劫”，在随后关于这次会面的报告中，福斯卡里尼看上去非常庆幸能够活着出来。波拿巴洞察了当时的状况并且加以充分利用，他大声恐吓福斯卡里尼，宣称新诞生的共和国授权他毁灭维罗纳，并且他已经在当晚派马塞纳将军带着足够多的部队和军火前往那里，确保这项任务能完美实施。而且拿破仑还宣布，只要意大利的统治者们有任何一人再出现支持奥地利的迹象，他就对所有人宣战，同时他已经向巴黎去信，申请获得进军威尼斯的许可。最后，他指出福斯卡里尼此时正踏足在法兰西领土上，鉴于之前佩斯基耶拉曾一度被威尼斯背信弃义地交给奥地利，而后者把这座要塞当作战利品理所当然地收下，那么出于同样的理由，拿破仑说，他也可以吞并阿迪杰河沿岸所有曾归威尼斯所有的要塞。

不走运的福斯卡里尼只能乞求拿破仑开恩。他恳求了很久，拿破仑不为所动，但最后他同意放过维罗纳，但条件是维罗纳必须允许马塞纳和他的部队不受阻碍地自由入城，阿迪杰河上的三座桥梁也要无条件转交由他控制。威尼斯还需要为法军提供军需物资，甚至允许对方以赊账的方式从它这儿得到特定的军事装备。当福斯卡里尼最终被允许离开时，法国人不费一枪一弹或一分一文就令他让步，同意了他们的所有要求。对福斯卡里尼来说，能让维罗纳逃脱变成火海的命运，这代价已经够低。

如果拿破仑真的曾有过一丁点想要焚烧维罗纳的念头，那么或许这件事就可能会发生了。事实上他压根就没这么想过，他也没有给马塞纳下令这么做。一周之后，他向法兰西第一共和国方面承认了这一点：

> 我蓄意策划了这次争吵，如果你们希望从威尼斯那儿弄到五六百万……如果你们有更多已经决定下来的意图，我觉得出于我们的利益考虑，最好将纷争持续下去；请让我知道你们想做什么，然后让我们一起等待最佳时机，我将充分利用当时的现实情况……
>
> 佩斯基耶拉事件的真相是奥地利指挥官博利厄欺骗了他们，他要求一条可以供五十人经过的通路，但随后占据了城镇。

换句话说，直到不久前还因为外交手段的精明巧妙著称的威尼斯共和国成了受害者。它遭受的不是双重欺骗，而是在很短时间内先后发生的两次欺骗，第一次是因为奥地利人，第二次是因为法兰西人。虚弱无力，优柔寡断，胆小怕事，如今威尼斯共和国又表现出了它的轻信可欺。

在威尼斯，元老院仍然踌躇不决。最后他们终于知道如何回应弗朗切斯科·佩萨罗以及他的支持者们的敦促：比起试着令他们闭嘴，不如提出一些听上去充满希望的妥协措施，接着元老院可以通过扣留资金或设置一些官僚主义的障碍，来使这些措施在法律上无效或者逐步被人遗忘。正是这个策略使得人们设置了督军司令这个职务，元老院可以通过这个措施得到额外的好处，从此他们有了一只为大陆领地情况的不断恶化负责的替罪羊。不过尼科洛·福斯卡里尼也没有顺利进入角色，从他频繁寻求指导的要求中，可以看出他压根就不想为任何事负责。他的这一策略很容易应对，威尼斯政府无视他所有的请求，他递出的信件也全无回音。

到了6月初，元老院出于安抚佩萨罗的目的，下令舰队从科孚岛开赴前线，但数天之后就悄悄撤销了命令。接着元老院又任命了一位“潟湖监督官”作为管理潟湖地区的将领，担任这一职位的是时年七十六岁的贾科莫·纳尼。虽然年事已高，纳尼却是一位尽心尽责且有才干的官员。早在四十年前，他就已经为威尼斯的防御制订了一个计划，上任后他与同样能干的副官托马索·肯杜梅怀着决心投入工作，但他对海军现状的报告却令人沮丧。全军只有四艘桨帆船和七艘大帆船，所有船只的型号都已是陈旧不堪，而且只有部分可以用于战斗，于是纳尼不得不搁置使用它们的计划。此后纳尼的工作没有再得到更多的资金投入，而次年4月他去世之后，也再没有人来接替他的职位。此外，另一个不甚热心准备的强化陆军力量行动也被废除。威尼斯原本邀请拿骚公国的威廉亲王接手陆军指挥权，但立即因为奥地利的强烈抗议而作罢，几乎在同时，拿破仑又对威尼斯大加指责，因为在奥地利入侵时威尼斯毫无作战表示，因此如果法国人穿越威尼斯边界时威尼斯人有所动作，那么他将把它视为敌对行为。于是这一次威尼斯政府决定最好还是保持共和国的陆军与海军当下的状态，重整军备或动员武装一类的话题也再没有被公开提起。

事实上，这已经无关紧要，威尼斯重建军队的时机已经过去很久了。哪怕在五年，甚至两到三年前，威尼斯决定与奥地利结成坚固的防御同盟的话，事情或许还有转机，如今一切都已太迟。公元 1796 年夏天，威尼斯还曾有过唯一一个机会将命运押在法国人身上，信任他们，屈从于革命的风暴，那么它或许还有存续的机会。然而威尼斯将所有的可能性全部都抹去了，也拒绝了全部的机会。

我们并不知道，拿破仑曾认真地把威尼斯当作盟友这个主意纳入考虑范围多久。这个主意很有可能一开始就浮现在他脑海中，但拿破仑刻意拖延，不向威尼斯提议结盟，直到他觉得是时候让威尼斯人接受他的建议为止。而另一方面，我们也很难理解，拿破仑究竟从争取一个任凭他宰割的国家的友谊中看到了多少利益，哪怕在他毫无悬念地取胜后这个国家会令他承担起可能限制其行动自由的责任与义务，都是值得的。拿破仑与威尼斯寻求结盟的态度十分殷勤：在不到两个半月时间内，威尼斯就收到了三份不同的结盟邀约，第一份是 8 月 21 日拿破仑·波拿巴在布雷西亚发出的，第二份经法兰西公使拉勒芒之手，在 9 月 19 日到达，而第三份最为正式的文件，则是由法国督政府五名成员之一，负责对外事务的让·弗朗索瓦·勒贝尔，通过威尼斯驻巴黎大使安杰洛·奎里尼于 10 月 5 日转交的。威尼斯直到次年 3 月才在元老院讨论结盟的可能性，然而尽管元老院成员意见并不完全一致，他们还是做出了和过去一样的决定：威尼斯不愿结盟。

为什么威尼斯选择拒绝？一个可能的，也几乎肯定是有一定推动作用的理由是，大革命时期的法国，它的思想理念和那些主宰威尼斯命运的对象是针锋相对的。无论是在大陆上还是在威尼斯城中，对激进革命信条的支持或许会在威尼斯社会的其他阶层中形成星火燎原之势，不过对组成共和国正式政府的少数富裕家族来说，如今的法兰西是一个充斥着无政府主义者和弑君者的国家，他们不能容忍与这样一个国家签署友好结盟的条约，就好比英王乔治五世在二十世纪二十年代无法考虑与苏俄签订类似条约一样。或许这些威尼斯人让厌恶蒙蔽了眼睛，对政治现实视而不见；然而这些人亦有可能已经充分意识到拒绝波拿巴的提议将会带来怎样的危险，但即便如此，他们仍然决定坚持原则。如果事实是后面这种情况，那么尽管他们的勇气在想法的指导下误入歧途，但仍是值得褒奖的。但在此还有一个更有可能，不过不那么高贵体面的解释：即便时至今日，拿破仑掀起的狂潮已经有将他们吞没的危险，这些威尼斯人想到战争仍然害怕得魂不附体，因此他们更愿意选择其他的出路——甚至是国家灭亡。长期以来，人们争论着一个问题，如果威尼斯接受了拿破仑的提议，它是否还能保持自己的独立性，一旦威尼斯遂拿破仑所愿，他很有可能就会把它当成牺牲品。不过有一件事是可以确定的，一旦威尼斯拒绝拿破仑，就坐实了他一直以来认为威尼斯本能地对他有敌意的猜测。更危险的是，威尼斯此举打击了拿破仑的自尊。因此这是一个自杀性的决定，当威尼斯决定拒绝时，它的死刑执行书也就此盖章生效了。

公元 1797 年 2 月 2 日，曼图亚，这个奥地利在意大利境内最后的据点终于陷落。六周后拿破仑率军翻越布伦纳山口，进入神圣罗马帝国境内。在他身后，拿破仑只留下少数几座他认为需要在已占领的城镇内维持秩序的要塞。他在与当地威尼斯代官关系良好的贝加莫和布雷西亚安置了少量驻军，顺带一提，这两个城市中当地人的内讧亦十分严重。至于在维罗纳，拿破仑则布下重兵，这是一座他绝不敢等闲待之的重镇。维罗纳是威尼斯在大陆上最大且最重要的城市，而且它控制着通向布伦纳山口的道路，只要守住这座城市，拿破仑就可以像他希望的那样，在任何适合的时候从神圣罗马帝国返回意大利。

不幸的是，维罗纳也是反法情绪最强烈的城市之一。驻留当地的大军很久之前就已经不再用现金购买所需物资，而是逼迫本地商人接受所有人都知道不会兑现的代价券和收据。更有甚者，法军的指挥官安东尼·巴兰德视自己为维罗纳的军政长官，他毫不考虑城内的人民，并且任意差遣新上任的政府监督官朱塞佩·焦瓦内利及其副手阿尔维塞·孔塔里尼，把他们当作自己手下的士官长。然而尽管如此，要不是贝加莫和布雷西亚在3月中出人意料地发动叛乱反抗威尼斯，维罗纳人还得默默忍受加之于身的苦难。

今时今日，我们知道这些叛乱实际上是由一小部分法国军官在拿破仑不知情的情况下刻意策划的，鉴于在贝加莫和布雷西亚两座城市内反对教会人员干政的激进政治气氛非常浓厚，因此这项工作进行得很容易。不过要颠覆城市周边地区，煽动那些对政治意识形态不感兴趣，坚定忠于威尼斯共和国的农民就要困难得多。农民们从山间蜂拥而来，用手头上的棍棒、草叉和其他武器进行反抗，在布雷西亚位于加尔达湖畔的一座小城镇萨罗，当地农民战胜了反叛者，恢复了威尼斯在当地的统治，并且捕获了包括两百名拿破仑军中的波兰士兵与少数法国军官在内的三百余名俘虏。从这时起，在山谷内的农民和位于平原上的革命分子之间，爆发了规模有限的游击战。

除了在萨罗被俘虏的那些军人之外，法国人从一开始就没有站到这些叛乱活动的前台，而且他们还否认自己对叛乱负有的责任。不过当同一批人试图在第三座城市煽动叛乱时，他们失败了。这座城市是位于贝加莫以南二十英里左右的克雷马，因为煽动失败，法国人便采用了与奥地利人当年在佩斯基耶拉所成功使用的手段极为相似，但更加无耻的伎俩。3月27日，一小支法军向克雷马代官请求借道经过，并且称会在第二天早上离开城市。代官不情愿地准许了他们的请求，然而次日法军没有遵守承诺，反而打开大门放入另外两支军队，抓捕并绑架了代官和他手下的其他官员。随后克雷马宣布自由，法国人和一群来自贝加莫的叛乱分子在城内主广场上竖起一根自由柱，在当地人惊愕的注视下围着它跳起了传统舞蹈。

叛乱的消息引起了威尼斯的恐慌。威尼斯在明乔河以西的所有大陆领地都已经丢失了，它必须不惜一切代价捍卫由河流形成的新国界，鉴于威尼斯缺乏常规部队，它只能从当地农民中招募武装民兵。巴兰德将军获悉了威尼斯的意图，威尼斯方面一再向他强调这仅仅是出于防卫的目的，针对的并非是法军，而是共和国治下反叛的市民，每一位志愿入伍的士兵都会从这个层面上得到尽可能清楚的指示。接着威尼斯开始募兵工作，我们不清楚它究竟招募到多少志愿军，不过士兵的人数只会受限于可供分发的武器数量，因此这支军队应当不少于一万人，甚至更多。

不过没人能够预料到，这些衣衫褴褛、有生以来第一次手握武器的士兵，居然会不遵守命令。他们没有和贝加莫和布雷西亚的叛军作战，也没有试图渡过，甚至靠近明乔河，而是与法军好好地清算了一笔总账。法军的征粮队经常夺走农民们的庄稼、家畜，甚至不时染指他们的妻女。因此，一群好战的年轻人在帽子上别着蓝色和黄色的帽徽，聚集在维罗纳和邻近市镇的街头，高喊着“圣马可万岁！”渐渐地，他们的喊声中混杂了越来越多、越来越响的战斗口号“打倒法兰西人！”不久之后，城内就爆发了激烈的狙击战。三三两两在街头游荡的法军士兵，在他们所站的位置被挨个狙杀；一队在乡间收集粮草的小队，突然发现他们被人包围，随即被无情地砍倒在地。巴兰德的报复来得很迅速，并且如预料之中一般残酷野蛮，但它们并没有起到预想的作用。于是到了 4 月初，法兰西人和意大利人之间所有冠冕堂皇的礼貌假象都荡然无存。

拿破仑本人在前往维也纳的路上一直都清楚地得知意大利不断恶化的状况，4 月 9 日，他决定立即让他的副手朱诺将军作为特使，给威尼斯执政官送去最后通牒。朱诺在 4 月 14 日耶稣受难日当晚抵达威尼斯，他立即要求在次日早晨面见执政官。威尼斯方面的回答礼貌却坚决，他们无法为他做出如此安排，复活节前的圣周六通常都会被留作举行宗教仪式，因此无论是那时还是复活节星期天，都不会处理政府事务。不过执政官和他的委员会很乐意在周一早晨接见将军。

这可不是朱诺准备认可的那种答案。他对宗教仪式没有兴趣，也如此回复了威尼斯方面。朱诺称他接受的命令是在二十四小时内见到执政官，他也打算遵从它，如果没能在规定的时间内面见执政官，他就会离开，而威尼斯也将承担随之而来的后果。朱诺暗示威尼斯方面，这后果可并不令人愉快。

因此，当委员会最终如朱诺所愿，不情愿地在周六早晨接见了这位拿破仑代表时，共和国的尊严受到了损害。在会面时，朱诺无视了威尼斯人留给他的按照惯例在执政官右手边为大使准备的座位，选择站着谈话，随后他毫无预兆地从口袋里拿出拿破仑的信开始朗读。这是一封值得纪念的重要信件，我们几乎可以听到年轻的拿破仑·波拿巴将军口述这封信的声音，因此它值得全文摘录于此：

共和国五年，芽月，于尤登贝格

所有共和国在大陆上的领地都已经拿起武器投入战争。在各地，你们武装起来的农民们聚在一起呼喊着：“杀死法国人！”并且他们已经宣称杀死了数百名驻意大利的军人。这些民兵是由你们一手组建起来的，因此你们推卸责任亦是无用。你们以为我如今身处德意志的中心地带，就无力确保那些宇宙中最出众的人民受到尊敬吗？你们难道认为，驻守意大利的军团会容忍你们煽动起来的屠杀吗？为了战友流的血，我们将以眼还眼，以牙还牙，因为被授予这个任务而滋生双倍勇气和三倍力量的法国军队将多不胜数。

威尼斯元老院一直以怨报德，用最可恶的背信弃义来回报我们的慷慨。因此，我任命我重要的副手为送交这封信的信使。你们选择战争，还是和平？如果你们没有立即采取措施遣散这些民兵，如果你们没有逮捕那些需要对近期发生的谋杀负责的人，并将他们移交给我，我就对你们宣战。

你们的家门口再也没有土耳其徘徊不去的阴影，也没有敌人威胁你们的安全。你们刻意捏造各种借口，只是为了将招募一大群人来对抗我的军队的行为正当化。这件事必须在二十四小时内得到解决。

查理八世的时代已经一去不复返了。假如你们一定要我违背法兰西政府公开阐明的愿望挑起战争，别以为法国士兵会效仿你们的民兵劫掠骚扰大陆乡间无辜的不幸居民，我会保护那些人，他们总有一天也会祝福法军为了将他们从你们的暴政下解救出来而不得不犯下的罪过。

波拿巴

在众人因为震惊而产生的沉默中，朱诺将信件丢在面前的桌上，然后转身大步离开房间。一艘船正在水边等着他，将他送回法兰西公使馆。

威尼斯共和国存在期间的最后一个复活节星期天，在这令人痛苦的一日中扰乱了共和国原本官方宗教活动的意外会议不只有这一场。当晚元老院的成员被召集起来，以一百五十六票对四十二票的投票结果决定给拿破仑撰写一封屈膝谄媚的道歉信。他们试图让波拿巴相信，他所针对的农民活动只是这些民兵忠诚之心的下意识表示，这些民兵唯一的活动目的就只是为了制约明乔河那一边的叛军。而那些偶然发生的不幸事件完全是因为当时的混乱状况，绝不能将其归咎于一直强调克制必要性的威尼斯政府。

威尼斯将尽一切努力来逮捕那些做出针对法国人暴力行为的人，将他们绳之以法。此外，威尼斯为了表达善意，主动释放了所有在萨罗战役中被俘的政治犯。这封信件一经完成，便立即由弗朗切斯科·多纳和卢纳多·朱斯蒂尼安两位特使送给拿破仑。

不过两位特使还没来得及离开潟湖，从大陆上就传来了比朱诺来访更令人惊愕的消息：维罗纳全城揭竿而起，自发反抗法兰西人。就在复活节前的“圣周”，维罗纳城的大街小巷中神秘地出现了许多标语和海报，号召当地居民举行大起义。无论威尼斯人或者法兰西人将这些宣传品撕去多少，新的海报标语立刻又会出现在原地。而一直在反对革命分子颠覆行为最前线的教士们也利用了这个机会，鼓动聚集在教堂里的信众起来反抗侵略者。此外还有大批的农民和往常一样从乡下入城庆祝节日。就在复活节星期一（4 月 17 日）的下午，人们按照惯例庆祝节日，他们吵吵嚷嚷，甚至有点摇摇晃晃地在街头游荡时，就已做好了作战的准备。在这种情况下，加之早已一触即发的危险局势，很快少数个人的暴力行为就引发大规模的暴乱。到了入夜前，差不多有四百名法兰西人成了阶下囚，剩下的则不得不逃往城中的老城堡、圣彼得城堡和圣菲利斯城堡三座要塞避难。他们被迫在城堡的方寸之地中抵御当地人有力的攻击，直到 4 月 20 日另一支法军前来支援才获得自由。但尽管如此，法军又花费了三天时间，才让全城恢复秩序。

拿破仑对这次被称为“维罗纳的复活节”行动实行了十分严酷的报复。他要求高达十二万杜卡特的赔偿金，维罗纳城中的画作、雕塑和艺术品被有组织地掠夺一空。法军从教堂内夺走白银器皿，当铺也被无情地劫掠。拿破仑还要求维罗纳无偿为军队提供四万双靴子，以及差不多数量的衣物。经过法军一番洗劫，维罗纳城内已经找不到一匹马。而起义的八位领导者，包括一位圣方济会托钵僧路易吉·科拉雷多被执行枪决。

或许有人会问，威尼斯在这之中扮演了什么样的角色呢？令人惊讶的是，它在这次事件中不过是个微不足道的小角色，因为城内的两位威尼斯高级官员焦瓦内利和孔塔里尼化装成农民，在一开始就迅速逃离了维罗纳。次日有人找到他们，这两人暂时被说服返回，但很快又立刻销声匿迹。与此同时，维罗纳伯爵弗朗切斯科·埃米利匆匆前往威尼斯，即便到了最后的阶段，他还在向共和国寻求对起义的支持。不过他的请求几乎没有必要记录下来，就被威尼斯断然拒绝。威尼斯是中立的（这是它第几次不得不这么说了？），而且它也准备将中立的立场继续保持下去。

对身在奥地利的拿破仑来说，早在他听闻复活节起义之前，威尼托地区的状况就引起了他很深的忧虑。对当地反法情绪发展的程度，拿破仑从没有掉以轻心，而且他很清楚，这场战争持续的时间越长，这股情绪就会越发高涨。同时他得到报告，在蒂罗尔的大片地区也爆发了类似的暴动。目前拿破仑还能确定他留在后方的军队可以控制局势，保障他的补给线、联络渠道，以及必要时的撤退通道，但是没有迹象表明，他留下的军队可以长期做到这些。

上述这些消息已经足够令人忧虑，而拿破仑每天从另一方面获得的消息使他更加心焦不已。目前他的军队只对奥地利形成了一侧的打击，而在当时与他齐名的年轻将领，亦是他的主要竞争对手路易·拉扎尔·奥什，正率领着莱茵方面军以可怕的速度向东穿过德意志地区，很可能会在拿破仑之前抵达维也纳。这是拿破仑不愿见到的情况，只有他才是哈布斯堡帝国的唯一征服者，他未来的职业生涯仰赖于此，因此绝不能让奥什窃取这次胜利的果实。

鉴于以上原因，拿破仑决定立即与奥地利言和。3 月 31 日，他就给帝国方面的总指挥官卡尔大公写了一封此生最虚伪的信，信中建议考虑到人道主义的理由，应当结束这场战争。[1] 一周之后卡尔做出了积极的回应，而且为了准备和平谈判，双方达成了休战协议。

公元 1797 年 4 月 18 日，在莱奥本城外的厄肯沃德城堡，拿破仑·波拿巴以法兰西共和国的名义（尽管事实上他根本就懒得和政府方面商议）与奥地利帝国签署了一份临时和约。这份和约的细节直到六个月后在坎波福尔米奥再次确认后才大白于天下，奥地利放弃对比利时和伦巴第的所有权利，作为回报它将得到伊斯特里亚、达尔马提亚和所有在奥利奥河、波河和亚得里亚海接壤的威尼斯大陆领土。而威尼斯则得到了罗马涅、费拉拉和博洛尼亚的前教宗领地作为补偿——尽管相对于它失去的，这份补偿实在太少。

毋庸讳言，拿破仑没有令人信服的正当权力如此处置一个中立国的领土。或许他会以在他眼中威尼斯已经不是一个中立国的理由来辩解，他不再接受威尼斯不断声明的善意，因为威尼斯的每一个行动都与它亲奥地利的倾向背道而驰。他一次次地对威尼斯共和国释放友谊，邀请它与自己结盟，但威尼斯一直都加以拒绝。所有的这一切都是共和国反抗他的证明，因此它也不配再得到他的关心与体谅。但另一方面，现行的国际法不容许任意瓜分中立国领地也是个不争的事实。因此无论威尼斯的中立宣言有多么空洞，它都要设法以此摆脱被瓜分的局面，当然在这个过程中如果它可以表现出不合作，甚至是咄咄逼人的态度，那就更理想了。

到了这一步，或许那些充分意识到法奥和平可能带来的结果，以及仍然对拿破仑因“维罗纳复活节”事件产生的愤怒所导致的前景害怕不已的人会期待威尼斯共和国学会让步，避免进一步触怒拿破仑。然而就在《莱

1　信件原文如下：“我们曾杀伐过重，对不幸的人类造成了太多伤害……如果我有幸向您敞开心扉能拯救一条生命，比起军事胜利带来的悲伤荣耀，我会为自己应得的公民冠冕感到更加骄傲……”

奥本协议》签署两天后，威尼斯做出了一个即便是在目前这个蠢笨浮躁的故事中都令人难以置信的愚蠢举动，因为这个举动，威尼斯直接将自己葬送在了拿破仑手里。

在4月20日星期二的早晨，三艘法国四角帆船出现在利多港。为首那艘船有个颇具挑衅意味的名字——“意大利解放者号”，它由海军少尉让·巴蒂斯特·劳吉尔担任指挥官，随船还搭载有五十二人，其中包括二十位不久前从安科纳招募来的意大利志愿兵，船上还有四支火枪。这些帆船正在执行巡逻任务，它们主要的职责是保障法国船只在亚得里亚海的航行安全，以及侵扰奥地利船只。劳吉尔和他的船员们显然对两天前签订的《莱奥本协议》一无所知，他们多半也不知道，十人议会在4月17日签发了一道命令，威尼斯的港口从此向所有外国战船关闭。而我们也没有理由相信，这四艘船有什么侵略性的意图。

不过圣安德烈亚要塞的指挥官多梅尼科·皮扎马诺却不敢掉以轻心。就在这位“解放者”进入海峡时，他两次鸣枪警告，要求帆船停驶。其他两艘船立刻掉头离开，再也没有出现，但是劳吉尔却仍然向前行进，直到要塞中驶出两艘武装小艇前来拦截，阻断了他的去路。在那之后我们并不清楚发生了什么，法方和威尼斯方面的证词毫不意外地产生了激烈冲突。不过某一时刻“意大利解放者号”迎风停了下来，随即它被一股强烈的潮水带动，撞上了一艘威尼斯大帆船，帆船上的水手以及之前两艘小艇上的海员们趁机登上了“意大利解放者号”的甲板。与此同时，皮扎马诺无视劳吉尔反复发出的投降信号，下令再次开火并且持续进行炮击。等到这一轮攻击最终结束时，劳吉尔和他手下的四名船员死亡，另外还有八人受伤，其中包括五名威尼斯籍水手，他们当中还有一个在船上担任领航员的基奥贾渔夫，由于伤势过重，不久之后也死去了。幸存的法国人被戴上镣铐，他们的船只，或者说船只的残骸被拖往军械库保存。

法国公使拉勒芒在第一时间对此事表示强烈抗议。他强调，“意大利解放者号”当时正被两艘奥地利船追赶，只是希望寻求一个可以摆脱这些船只，并且让它度过恶劣天气的中立港口避难，它也有权这么做。当一名登上甲板的威尼斯官员要求他离开时，劳吉尔也只能听从，但就在他这么做之前，要塞和附近的威尼斯船就已经朝他们开火。在全船暴露于交叉火力之中的情况下，劳吉尔命令所有船员躲避到下层甲板，独自留在甲板上用喇叭重申他已经准备好服从威尼斯方面安排的意愿。但他几乎是立即就死于非命，而随后登船的威尼斯人砍倒了试图做出最轻微抵抗的船员，造成了后来的伤亡。因此，拉勒芒要求逮捕皮扎马诺——后者对这次事件的解释被他斥为谎话连篇——并且还要求将其他所有涉事者投入监狱，准备最终移交给拿破仑接受惩罚。此外，威尼斯还被要求返还所有扣押的法国财产，同时立即将这次事件中法方的幸存者们送回安科纳。

威尼斯本该意识到这次是他们理亏。他们不可能真的相信一条法兰西小四角帆船会试图攻打威尼斯城，而即便它真的这么做了，也不会造成严重的损害。劳吉尔的行为或许有一些傲慢，但这不是皮扎马诺公开决定要将他打得落花流水的理由。他们当下唯一的理性选择，就是尽量缩小这一悲惨事故造成的影响，向法国人道歉，做出合理的补偿（这其实只要他们付出很少的代价）并发起调查。这场调查不需要立刻得出结论，它可以一直拖延下去，直到法国人返回祖国，或者整件事被人们遗忘。然而元老院在 4 月 22 日通过了一份向皮扎马诺致谢的决议，赞赏他的勇气和爱国行为，同时还给当时两条小艇上的水手以及其他当事人额外增加了一个月的薪俸。哪怕威尼斯故意要让拿破仑相信它对他的敌意（当然对方也不需要被说服），它也不可能做得比现在更好了。

在参演威尼斯共和国最后这一幕戏的众多不幸角色中，弗朗切斯科·多纳和卢纳多·朱斯蒂尼安两人值得我们致以最大的同情，这两位特使带着给拿破仑的回复信以及尽力安抚他的命令出发，但即便是从体力的角度，这次任务就已经很不轻松。终其一生，拿破仑以他行军速度之快而闻名，而对两位已届中年的威尼斯人来说，那些为了追赶上他而筋疲力尽的日日夜夜，那些在欧洲路况最糟的山道上无休止的颠簸，以及偶尔抽空在肮脏恶臭的小旅馆中休息几个钟头的经历简直就是噩梦。更别提他们知道当最终追上他们的目标时，前方等待着的会是怎样一场暴风骤雨，因此在精神上丝毫无法放松。而这还不是全部，在每一个他们停下来休息或是打听消息的城镇，都有同样的流言将两人包围——法兰西与奥地利握手言和，而威尼斯被摆上祭坛，成了这场和平的牺牲品。

多纳和朱斯蒂尼安追赶拿破仑脚步的旅程花费了一个多星期，直到 4 月 25 日，这两名筋疲力尽的特使终于在格拉茨的法军营地前停下脚步。拿破仑立刻礼貌地接见了他们，在沉默着听完了两人关于友谊和善意的宣言之后，拿破仑的表情突然变了。

“那些囚犯都得到释放了吗？”他问。

朱斯蒂尼安便回答，所有的法国人与波兰人，以及一些布雷西亚人，他们都已经获得自由，但拿破仑恼怒地打断了他的话。

“不，不，我一直坚持要释放所有囚犯，从我到意大利以来，所有因为他们的政治观点而遭到逮捕的人……如果没有，我就会亲自前来捣毁你们的监狱。因为我不能容忍你们的秘密警察，你们那些中世纪作风的野蛮人。每个人都有表达自己观点的自由……还有我那些被你们威尼斯人谋杀的士兵们呢？我的士兵们吵着要复仇，我不能拒绝……杀人者必须得到处置，任何一个无力管束它子民的政府都是无能的，这样的政府没有存续下去的权利。”

在拿破仑这一通情绪爆发的过程中，多纳和朱斯蒂尼安竭尽全力试图平息他的怒火。他们一再向他保证，那些对法国人施以暴力的罪犯已经被绳之以法。如果他还有任何未受惩处的罪行的证据，他只要通知他们，他们会立即着手调查所有事。但如今拿破仑根本听不进他们的话，他大步从房间的这一头走到那一头，每走一步，他带有浓重科西嘉口音的意大利语在音量和语速上就提高一分。他情绪激动地对威尼斯、威尼斯政府和它的人民破口大骂，指责他们背信弃义、虚伪、无能、不公正，以及在他眼中最恶劣的，对他以及整个法兰西的敌意，最后他以这番话结束这场语言上的攻击，而很快这些语句就会回响在每个威尼斯人心里：

“我要从此以后再没有什么秘密警察，没有元老院，我要成为威尼斯共和国的‘上帝之鞭’阿提拉。”

在威尼斯的国家档案馆收入的关于这次会面的详细报告内，这两位特使在此时只希望能够离开，但是拿破仑还没有打算放过他们。他平息了怒气，坚持要求他们留下并共进晚餐，而根据两位使者在报告中颇为可信的注脚，拿破仑将这餐饭变成了一场讯问，他时而发出讥笑，时而又对十人议会、共和国的秘密警察与监察官员、监狱、拷打手段与“孤儿运河”（在中世纪，共和国常在那里处置不良分子）毫不遮掩地表现出敌意，特使们还记录下“其他一些由法国人捏造出来，用于诋毁和诽谤我们政府的东西”。两位威尼斯特使写道：“我们对此抗议，表示我国的人民不必担心政府的公正性，并且衷心地热爱着它。”用毕晚餐，这两个可怜人又接受了一顿长篇大论的洗礼，才被允许离开。

次日早晨，多纳和朱斯蒂尼安准备启程返回威尼斯，但被一位来自威尼斯的信使拦截了下来。信使带来的政府急件是在他们所能想象的范围内最不愿收到的。信件以对“意大利解放者号”事件（这是他们两人第一次听说这事）细致，甚至某种程度上有所偏颇的描述开始，在结尾，威尼斯方面指示两位特使立刻设法与拿破仑再次见面，向他阐明威尼斯这边对整起事件的过程描述。鉴于两位特使对昨天的经历仍然心有余悸，他们选择灵活地解读威尼斯的指令，决定以书信的形式公布这则消息的行为也就可以原谅了。两个小时后，他们得到了拿破仑的回复。

先生们：

我心怀愤懑地阅读了你们关于劳吉尔被杀一事的信件，这件惨剧在我们这个时代各国的历史中无出其右，但你们的政府为了将自己的行为合理化而做出的连篇谎言使得它更令人难以容忍。

我不会接见你们，先生们，因为你们和你们的元老院成员身上染满了法国人的血。只有当你们把那位下令开火的将军、那位驻守要塞的指挥官和维护威尼斯治安的监察官员交到我手上，我才会听你们的解释。同时，你们最好以最快的速度，从意大利大陆离开。

不过，如果你们刚收到的信件与劳吉尔事件相关，先生们，你们可以前来见我。

波拿巴

于是多纳和朱斯蒂尼安战战兢兢地前去进见拿破仑，他们毫不意外地又忍受了对方一连串的谩骂。拿破仑叫嚣着要前往威尼斯，像带给其他属民自由那样砸碎威尼斯人身上的枷锁。他声称自己很清楚，威尼斯的政府把持在少数贵族手中，所谓的八百人大议会（原作者注：资料原文中如此记载）在过去的三周内都没有召开过（多纳和朱斯蒂尼安都被拿破仑对威尼斯事务的无知或误信感到震惊）。拿破仑对两位特使说，如果威尼斯共和国想要避免毁灭，少数利用权势煽动仇法情绪的人应当立即被剥夺公权。此时陷入绝望的两位特使不明智地暗示拿破仑，威尼斯将做出“另外的一种补偿”，这只不过激起了波拿巴新一轮的怒火。他向两人怒吼道，哪怕取来全天下的财富，也不能阻止他为自己的士兵复仇。

两个威尼斯人见状，知道已经无话可说。于是他们收拾起所剩无几的尊严向拿破仑告别，满怀哀伤和恐惧地踏上了归途。

当多纳和朱斯蒂尼安与拿破仑会面的第一份报告送抵威尼斯时，马宁执政官和他的顾问们就明白威尼斯共和国已经在劫难逃。战争逐步迫近，不可能再有新的谈判，大陆领地已经近于全部沦陷，而唯一避免威尼斯城彻底毁灭的希望则完全取决于那位征服者提出的投降要求。而这些要求非常可怕，它们不啻废除整个国家的寡头政治，抛弃他们延续了千余年的政治体制，代之以民主制度。这事实上是一场革命，不过是一场从国家的上层开始，由将会成为其最大受害者的人推动的革命——这无异于让威尼斯共和国走上自戕之路。

不过要如何让这样一个国家达成自我毁灭？从体制的层面上这是不可能的，如果这个提案通过元老院，势必会遇到强烈的抵制，从而导致旷日持久的辩论，在人们解决问题之前，法军或许就已经长驱直入，冲进了潟湖。无论如何，当这个议题势在必行时，讨论已经没有多大用处，而且为什么要尊重一个正要被废弃的体制呢？4月29日，元老院成员聚集起来处理了一些没什么趣味也不怎么重要的公务，之后他们像往日一样散去，从此再未聚首。

次日黄昏，执政官召开了一次特别会议。到场的除了他和六位顾问，还有四十人议会的三位首脑、包括三位即将离职的政府部长在内的所有"贤者"、十人议会的三名首脑，以及三位国家检察官。尽管这四十二位来自所有政府重要执行机关的代表聚集在一起并不符合宪法，但他们在精神上的威势却相当了得。他们没有穿着正式的长袍，而是穿着非正式的黑色衣服，而这个因此被称为"黑衣会"（Consulta Nera）的组织，成了共和国最后时光中事实上的决策机构。

不过大议会仍然存在着，它的一千一百六十九名成员仍然是共和国政治权力的来源。它不能像之前的元老院那样被弃置一旁，而黑衣会的第一个决议就是在次日召开一个特别会议，届时执政官将亲自报告拿破仑的最后通牒，并且试图通过其中要求采取的措施。而就在黑衣会讨论决议的细节条款时，身在富西纳的托马索·肯杜梅从他的旗舰上寄来了一封急件，报告第一批法国士兵已经抵达了潟湖岸边，甚至已经架起了重型火炮，整座威尼斯城都暴露在火炮的射程之内。这则消息造成的结果极具刺激性，众人一片惊惶，有些人陷入恐慌，有些人情绪崩溃，泪流不止。而迄今为止最有勇气，也是鼓吹反法阵线最坚定的弗朗切斯科·佩萨罗则公开表示他想要逃往瑞士。执政官作为众人表率的行为也仅仅显得略为理智得体，他绞着手在房间里走来走去，不断重复着他余生中再也无法忘记的词句："今夜即便是在自己的睡床上，我们也没有安全可言。"

不过当天晚上波澜不惊地过去了。次日早晨，即 5 月 1 日，大议会按原计划在执政官名下一座由军械库工匠和达尔马提亚人军队重兵把守的宫殿内召开会议。"脸色如同死人一般惨白，眼泪不断顺着脸颊流下"[1]的马宁执政官登上讲坛，他的情绪和身体状态一开始就令听众们明白，执政官可能不足以支撑他完成事先准备好的简短训示。马宁简短且哀痛地说明了共和国当下的状况，然后他提出一个决议，让多纳与朱斯蒂尼安两位特使告知拿破仑，所有的政治犯都会被立即释放，而所有拿起武器反抗法国人的人都会得到惩罚。两位特使还得到授权，向波拿巴阐明和论述他所要求的体制变革。

---

1 原文为"Squallido in viso, e grondante di lagrime"，这段描述来自滕托利修道院院长，他不一定目睹了这个场面，但是他留下了"黑衣会"往来的唯一一份可信记录，还记载了这段混乱的时间内其他的一些事。

但执政官不知道的是，就在这个决议以五百九十八票赞成，七票反对，十四票弃权的结果通过时，两位特使已经在返回威尼斯的路上。他也不知道就在同一天，拿破仑发布声明，举出十五条例证证明威尼斯对法国的敌意（其中大多数都是歪曲事实），并正式对共和国宣战。同时他命令驻威尼斯代表拉勒芒立刻离城，由拉勒芒阴险且热爱筹划阴谋的秘书维尔塔作为临时代表驻留威尼斯。法兰西在意大利的其他指挥官也收到了命令，拿破仑要求他们将所有威尼斯人视为敌人，无论圣马可之狮出现在哪里，都要将它摧毁或抹杀。

威尼斯的覆亡来得非常迅速。5 月 9 日，维尔塔发布了最后通牒，将拿破仑的要求说的比过去更加详细，具体内容如下：

1. 逮捕当特雷格伯爵（此人自封路易十八的大使，但从未获得过威尼斯的认可），在获得他所有的文件与巴黎督政府传递的物品前，不可放他自由。

2. 在下一条提及的最后三名政治犯[1]被释放之后，在威尼斯监狱底层（水平面之上）被称为“水井”（pozzi）的所有牢房，以及位于执政官宫的监狱都要被打开以供检查。

3. 所有囚犯的案件都要被重新检视，并且废除死刑。

4. 达尔马提亚人的军队必须被遣散。

5. 城市治安必须交由前威尼斯大陆总司令萨林贝尼将军领导下的特别委员会授权的巡逻队，以及其他民主制度的拥护者。

6. 圣马可广场上必须栽种一棵自由之树。

7. 威尼斯必须成立一个由二十四名威尼斯人组成的临时市政府，在那之后，来自大陆领地、伊斯特里亚、达尔马提亚和黎凡特城市的代表也将

1　见“尾声”。

加入这个机构。

8. 威尼斯必须发布一份公告，宣告一个民主国家的成立，并且邀请民众选举他们自己的代表。

9. 威尼斯人要在自由之树下烧毁旧政府的徽记，并且要对所有的政治犯实行大赦，在法律上给予出版自由，允许谈论“人物评议或者政府等过去不允许谈论的东西”。

10. 在圣马可大教堂举行感恩仪式。

11. 法国将派三千名士兵进驻威尼斯，接管军械库、圣安德烈亚要塞、基奥贾和其他法国将军标示出的战略要地。

12. 执政官宫、铸币厂和其他重要建筑将交给国民警卫队保护。

13. 所有威尼斯舰队将被召回潟湖，由法军和市政府共同指挥，后者将由马宁和民主领袖安德烈亚·斯帕达担任联合首脑。

14. 所有在外国的威尼斯大使将被“民主主义者”取代。

15. 货币信贷和国家银行将得到国家的担保。

为了在没有任何有影响力的反对声音甚至争议的情况下通过这些要求，大议会在 5 月 12 日周五被召集起来。日出之后不久，威尼斯的人们就像历史上无数次那样聚集在圣马可广场和小广场上。过去他们这么做，常常是为了庆祝，或者在一些极其稀少的情况下表达他们的不满和忧虑，然而如今则全然不同。在此之前，他们从未因为恐惧而聚在一起，此刻所有人都意识到结局即将到来，但是没有人能够确切知道这是个什么样的结局。不确定，困惑，难以名状的忧惧，现场弥漫着一种对威尼斯来说相当陌生的气氛。相较他们地位更高、具有选举权的同胞，威尼斯很多劳工阶层的市民相信无论共和国是否在劫难逃，都能够且应当为它的生存而战，于是这些人的情绪中混杂了毫不掩饰的羞耻和愤怒。这样的几队举止粗鲁的威尼斯共和国拥护者怒吼着穿过街道，高声叫嚷“圣马可万岁！”，痛骂一路上碰见的贵族们。虽然一些贵族已经逃离城市，或者急忙前往位于大陆的产业，以便逃离法兰西军队的掌控，人们的愤怒或许也是大议会人数远远低于标准的部分原因——出席会议的人数比六百人的法定人数少了六十三人。

不过现在已经不是拘泥细节的时候。执政官宣布开会，向与会者通报了拿破仑的要求，并且以“安然无恙地保全我们的宗教、生活、财产和所有最可爱的居民的最高目标”提出了一个议案：威尼斯寡头政治的成员们向临时民主政府交出所有权力。当他结束演讲时，一位议员登上讲坛与他展开辩论，即便这场辩论的结论众人已经心知肚明，大议会仍然得到了表达自己观点的机会。但就在此人准备开口说话时，人们听到了执政官宫外传来的枪声。

现场顿时一片混乱。对议会中惊恐的人们来说，这响声只意味着一件事：他们一直惧怕发生的民众起义开始了。一些人仿佛看到他们自己走出执政官宫，被暴民们撕成碎片；而其他人则想象他们将在不久前刚被清空的监狱中度过数天或数周，直到广场上竖起断头台为止。此时所有人脑海中只有一个念头：趁现在还有时间，逃离执政官宫，有必要的话还得乔装打扮。虽然几分钟之后他们确定了开火的来源，一些达尔马提亚军人在按照拿破仑的命令离开威尼斯之前，用他们的毛瑟枪朝天射击，以此向威尼斯做告别致意。但是恐慌已经蔓延开来，保证就毫无用处。在“投票！投票！”的急切呼喊声中，人们放弃了辩论，威尼斯共和国剩余的立法者们冲向投票箱来匆匆履行他们对这个宣誓统治的国家最后的职责。最后，有五百一十二票赞成决议，十二票反对，五票弃权，不过很少有投票者还留在原地听候结果。他们丢下太过显眼的官服长袍，小心地从执政官宫的侧门溜出这座建筑，面对几近人去屋空的议会大厅，执政官宣布决议通过。从此威尼斯共和国不复存在。

卢多维科·马宁没有试图逃跑。身处这一片喧嚣扰攘中，他是贵族中唯一一个保持冷静的人，这种冷静或许源于一种宿命论的思想或绝望，不过也正是这种冷静保留了他的尊严，即便在他周围，威尼斯共和国最后一点脆弱的结构正在分崩离析，灰飞烟灭。在会议结束后的寂静中，威尼斯共和国最后的执政官慢慢收拾他的讲稿，然后离开会议室回到他的私人寝室。马宁在那里摘下了执政官帽，他小心翼翼地解开执政官帽底下贴发佩戴的白色亚麻小帽的系带，将它交给自己的贴身男仆贝尔纳多·特雷维桑。然后他伤感地说了这样一句话，它要比任何语句都更能代表威尼斯的覆亡。“拿着吧，我再也用不着它了。”

尾　声

这一年的圣灵降临节在6月的第四天，它是个星期日。过去威尼斯人习惯用豪华的排场和游行活动来庆祝这最重要的宗教节日之一。但公元1797年的圣灵降临节则不同。人们目睹自己的城市千年来第一次被外国军队占领，在震惊和不知所措之下已经无心享乐。但尽管如此，法军指挥官路易·巴拉杰·迪里埃将军认为，如果可以激励当地民众，对他们起到当下急需的提振精神作用，举办一些庆祝活动还是值得的。他和临时市政府的领导人一同讨论应当以何种形式举办庆典——如今后者在他的监视下取得了威尼斯新的共和国的最高政治权力。最后他们拟定了一个国庆日方案，威尼斯市民可以在庆典上首次向他们的"民主政治"致意，并和启发它产生的革命主义产生共鸣。

更多是出于好奇而非热情，威尼斯人在这个星期天早晨前往圣马可广场，他们已经逐渐适应了广场中央那根与周围并不协调的"自由之树"，那是一根巨大的木柱，它的顶端有一个象征性的鲜红色"自由帽"，但它看上去更像是过去威尼斯执政官的执政官尖角帽。他们发现广场已经被三个巨大的看台从北、南、西三个方向挤满，为市政府的六十位成员准备的西边看台上，有着"遵守法律即能守护自由"的铭文，另外两个为法国人和身份稍逊的意大利权贵准备的看台，其铭文则是"武力保护初露曙光的自由”和“已确立的自由引领世界和平”。小广场也同样被装点起来，在莫洛近旁的两根石柱中间，人们展开了一条赞颂拿破仑的横幅标语，而两根石柱中的一根被黑色织物覆盖，以此来纪念在威尼斯的贵族政治下罹难的勇敢法国人——让·巴蒂斯特·劳吉尔的名字正列于名单之首。

巴拉杰·迪里埃和市政府官员们落座后，超过三百名乐手四人一组，按照一定间隔环绕广场，开始奏乐，游行活动随即开始。首先出现的是一群意大利士兵，接着是两个举着点燃的火把和写着“成长吧，祖国的希望”标语的孩子。在士兵和孩子们后面，出现的是一对订了婚的夫妇，代表着民主的丰收；随后跟着的是一对上了年纪的夫妇，背负着农具步履蹒跚地走着，他们携带的标语是“直至他们如此高寿，自由才终于降临”。

此时游行结束，临时市政府的领导人走向自由之树，等到在圣马可大教堂内举办的简短仪式结束后，他将在自由之树下进行这天最具戏剧性的一幕：他焚烧了执政官的尖角帽、其他执政官的象征物（卢多维科·马宁被要求为这项活动提供了所有的物品）和一本金书的复制品。接着他和他的市政府同事、巴拉杰·迪里埃将军和他的资深下属开始围着自由之树跳舞，同时士兵们不断发射火枪致礼，教堂钟声齐鸣，乐队演奏起革命乐曲《卡尔马尼奥拉之歌》。最后，整场庆典活动以一场节日歌剧演出告终，歌剧上演的地点，就在落成还不到五年的凤凰剧院。

在威尼斯共和国覆亡后最初的一个月内，整个威尼斯沉浸在无趣的寓言和被当今的集权政府所喜爱的空洞浮夸口号之中，这座城市全面陷入消沉，以至于很多威尼斯市民来到大议会最后一次集会的会场窗户下高喊“圣马可万岁！”而当昔日的辉煌与骄傲被象征性地投入熊熊烈火中时，他们站立在一旁为它们鼓掌。在这之后不久，一位石匠行会的领导人贾科莫·加利尼签订了一份移除或销毁城市中所有有翼狮子的合同，在签订这份合同之前，法国人已经在整个意大利大陆上，以可怕的行动力极其彻底地实行了这件事。值得我们庆幸的是，虽然加利尼接受了九百八十二杜卡特的报酬，他却并不那么尽职尽责地履行合约，只有很少的圣马可之狮被破坏。[1] 这些举动展现出来的事实更清楚地显示出了在这个噩梦般的夏季，法国人和威尼斯人各自的心态。

不过如今这个国家享受到的自由和民主的程度，在热烈程度和规模上，恰巧与它的政纲所宣传的成反比。威尼斯共和国覆灭后的八个月内，这个所谓的“民主”政府行使权力的情况，和它之前鼓吹的完全不是一回事。临时市政府的六十名成员甚至根本没有经过人民选举授权，而是直接由法国方面的临时代表维尔塔指派，既没有事先征询威尼斯人的意见，事后也没有请求他们认可这些任命。在这个临时政府短暂的存续时间内，没有举行过一场选举，事实上，当 10 月 17 日拿破仑根据《坎波福尔米奥和约》，背信弃义地将威尼斯城以及伊斯特里亚和达尔马提亚移交给奥地利之后，举行选举也没有多大用处了。

公元 1798 年 1 月 18 日，奥地利正式占有了威尼斯。不过奥地利人没能占据这座城市太久，在公元 1805 年的奥斯特里茨战役之后，拿破仑夺回威尼斯，将它纳入自己新建立的意大利王国之中。但十年之后的维也纳会议上，威尼斯同意大利的威尼西亚及伦巴第两省一道，又一次被归还给哈布斯堡帝国。自此之后，除了公元 1848 年至 1849 年英勇而无望的十七个月间，威尼斯人发动武装起义反抗奥地利主君，并宣布新成立一个独立共和国之外，奥地利一直掌管这座城市，直至公元 1866 年普奥战争爆发，帝国军队在萨多瓦被普鲁士军队击溃为止。到那时，也只有那时，威尼斯才最终在加富尔几近完成的统一的意大利中得到了一席之地。

---

1 其中最严重的破坏在组成了“纸门”中心部分的雕塑群像处，那儿正是弗朗切斯科 · 福斯卡里跪在圣马可之狮面前的雕像（见第 25 章）。

不过这本书的目的是讲述威尼斯共和国的故事，而这个故事已经讲完。尽管记录下一个不那么可耻的结局会给人带来更多快乐，可历史（在此要再一次重复本书第三部分的第一页所发出的哀叹）很少会遂历史学家所愿。读者阅读威尼斯共和国最后垂死挣扎的那段历史时，难免会设想，如果当初事态朝着一个更有利的不同方向变化，那么那些事件会变得多么简单。举例来说，假如当时威尼斯能出现一位像恩里克·丹多洛、弗朗切斯科·福斯卡里或列奥纳多·多纳那样的强大领导人，集中威尼斯的精力，立场坚定地对付拿破仑的欺凌；假如公元 1796 年的夏天，威尼斯可以组织一支装备精良的军队，让至少两万五千名意志坚定的士兵在一位有能力的将军率领下奔赴战场和奥地利并肩作战（而且还会得到那不勒斯王国和撒丁王国的支持），应该就能够扭转局势，将法国人逐出意大利。

然而遗憾的是，这些设想都没有发生。但即便如此，这段历史也可以不必变得如此不堪。在国家摇摇欲坠之际，威尼斯人本可以展现出他们勇气和坚忍不拔的火花，这些火花昔日常常出现在威尼斯人保卫他们的殖民地，与土耳其人英勇抗争的事迹中，半个世纪后，它们也会在这一代人的孙辈反抗奥地利人的起义斗争中闪耀。人们根本不用要求，甚至不必期待见到公元 1453 年君士坦丁堡城墙上那样英勇的抵抗，哪怕只要还有一丁点儿昔日威尼斯人的精神，威尼斯共和国至少就能带着表面的尊严成为历史，但即便是这一点，走入末路的威尼斯共和国也没能拥有。因此对威尼斯来说真正的悲剧不是共和国的灭亡，而是它的精神衰亡了。

卢多维科·马宁和与他一起主持大局的软弱可悲的人们，在威尼斯共和国覆灭这件事上只有一点可以称道：他们懦弱的投降至少保全了威尼斯城。如果法军设在大陆一侧海岸炮台上的火炮朝着威尼斯开火，假如法国军舰认为有必要进入潟湖并从海上炮轰城市，后果便不堪设想。尽管威尼斯还是失去了很多，拿破仑以最无法取信于人的借口[1]下令劫夺威尼斯城内的画作、雕塑、手稿、教堂金银器皿以及所有他手下的特派专员可以染指的无价艺术品，其中甚至包括圣马可大教堂的四匹青铜马，法国人将它们用船运到巴黎，用来装饰杜伊勒里花园中的卡鲁索凯旋门。我们知道，这些青铜马后来回到了大教堂的美术馆，[2]但是其他很多被征服者拿破仑抢掠的艺术珍品如今仍收藏在卢浮宫，而且似乎将一直留在那里，它们中就包括原本悬挂在圣乔治·马焦雷修道院餐厅内委罗内塞的巨幅杰作《加纳的婚礼》，以及执政官宫十人议会厅天花板上同样由他执笔的中央镶嵌板。我们唯一可以庆幸的是，拿破仑本人意外地没有踏足威尼斯，如果他当初亲自入城，很难说他会怎样更彻底地洗劫这座万城之中最富有的都会，也很难说即便他留下的影响被人遗忘后，还能给这座城市留下多深的创伤。

但不管是否接受威尼斯本可以自救——假设它的人们有足够的勇气、决心，以及有着英明的领导——不至于走上毁灭之路的观点，我们还是对它能够延续如此之久感到一丝惊讶。在它的历史上，共经历过三次最大的打击，第一次是公元 1499 年经由好望角通向印度的航线开辟，第二次是公元 1453 年君士坦丁堡陷落后奥斯曼土耳其势力长达两个世纪的稳步扩张，最后则是差不多全欧洲的国家集结成康布雷同盟，联手对它发起猛烈的攻击（当然最后这次威尼斯需要负主要责任）。这三次打击中的任何一个，都可能导致威尼斯共和国的灭亡，能够度过所有这些危机生存下来，本身就是一项了不起的成就。

1　拿破仑的依据来自《米兰协议》的条款，这份协议签订于 5 月 16 日，威尼斯的代表签署它时，距离威尼斯共和国灭亡只剩下四天时间。而这份协议也从来没有得到巴黎督政府的批准。

2　在写作这段话的时候，这些青铜马正被移入美术馆内，作为大气污染的受害者，威尼斯的雕塑作品因为污染受到的破坏远远大于当年拿破仑造成的。

但是从十六世纪初开始，威尼斯衰落的势头就开始慢慢变强，尽管这个势头偶尔会被一些惊人的成功和胜利所阻碍，但随着它们造成的迷雾散去，欢呼声逐渐低沉平息，威尼斯的胜利成果就会被证明不过是一些假象，而在一开始被认为是威尼斯命运转折点的事件只不过是它衰落过程中的一个里程碑。公元 1571 年它在勒班陀大败土耳其人的辉煌实际上并没带来什么好处；弗朗切斯科·莫罗西尼在公元 1685 年取得的一系列征服成果只保留了差不多三十年；而人们对安杰洛·埃莫在十八世纪七八十年代讨伐巴巴里海盗取得的一系列小规模胜利的欢呼雀跃只能证明威尼斯人是多么渴求胜利的激励，以及他们对胜利的标准已经下降到何种地步。

而在此时，另一方面的事实开始成为威尼斯衰落的明证。尽管威尼斯的文化仍然繁荣，经济还在盛衰起伏，它的国家政体却已经病入膏肓。威尼斯的政治体制曾经奇迹般地保障共和国度过了漫长的岁月，使它作为一个未被中断的政权的时间比欧洲其他任何国家都长。但到了这时，这个体制似乎最终耗尽了生命力，之前所有的灵活和弹性都消失无踪了。举例来说，安德烈亚·特隆凭借着个人魅力和性格，而非任何一个他曾拥有的职位，成为执政时间长达一代人的独裁者，个人能够对政治施以如此巨大的影响力，这在过去是不可想象的，这同时也背离了共和国一直以来坚持的一项基本原则，即个人手中不能集聚太多的权力。即使是在特隆死后，保罗·雷尼耶和他的伙伴们还试图通过一些小型的半官方组织和党团会议进行统治，他们中有一些人不时在委员会或者其他地方担当实权的领导职务，而当他们任期期满之后，这些人的影响却仍然没有消除。不过假如掌权者是一个铁腕人物，那么无论这样的一个体制有着这样那样的缺陷，它在短时间内不会必然导致一个软弱政府的产生；当危机到来时，它甚至可以做出更快的决定，采取更坚决的行动。但假如大权落在庸才手中，这个体制就不能够激发出国家宪政的力量，只能在大革命思想带来的意识形态威胁和拿破仑·波拿巴带来的军事威胁面前表现得软弱无能，无力抵抗它们的联合攻击。因此无论拿破仑如何无所不能，他也不应独力承担起导致威尼斯覆亡的全部责任。拿破仑制造了对威尼斯共和国最后的致命一击，不过共和国灭亡的命运早已注定。这个国家已经精疲力竭，士气低落，再也无法跟上不断发展变化的世界的脚步，因此，可以说它失去了求生的意志。

只有威尼斯的市民为它的灭亡哀叹，但并非他们中的所有人都为共和国走入历史哀伤。在威尼斯共和国覆灭的时候，它在欧洲和意大利没有一个纯粹的朋友。粗窥艺术门径的业余爱好者为它的美丽倾倒，浪荡子因它提供的娱乐蜂拥而来，但是很少有外国人（如果确实有的话）真正爱这个国家本身，这不是什么令人惊讶的事。对外面的世界来说，威尼斯从来都不可爱。当它强大辉煌的时候，它不受外界欢迎的原因可以部分归咎于他人嫉妒它的财富，它的壮丽，它不受外敌入侵的得天独厚的地理位置，但这并非是全部的原因。意大利其他的国家尤其厌恶威尼斯，它们普遍认为威尼斯人既傲慢又专横跋扈，虽然威尼斯商人通常不会在交易中玩些欺诈手段，但是在讨价还价上却毫不留情；虽然威尼斯外交人员一举一动都温和文雅，但看上去总有点儿狡猾邪恶。生而为人，威尼斯的国民缺乏同情心和激情，他们甚至根本不在乎是否受到他人欢迎，一言以蔽之，他们冷若冰霜，拒人于千里之外。

威尼斯人得到的这些名声，至少不算是完全不公正的。威尼斯真正被误解且持续至今的，是它选择治理国家的方式。差不多有五百多年时间，威尼斯被普遍认为是一个极权国家，一个残暴的寡头政治政体，它可以不经控告便逮捕某人，不经审判便将人囚禁，不经上诉就给人定罪，并且将市民与少数被选中的统治阶级分隔开来，使他们在政府中没有发言权，没有言论或行动的自由。对这本书的读者们来说，他们应当早就明白这个观点扭曲了事实。如果威尼斯共和国是一个彻头彻尾的寡头政治政体，那么它也有着相当广大的基础，威尼斯大议会的成员数目时常会超过两千人，而且人们以几乎夸张的尊重程度来遵守它周期性的民主原则，直到共和国历史的最后数十年。这是西方世界的其他国家所无法比拟的，除了威尼斯之外，没有其他地方可以想象，甚至认为值得拥有这样广泛的普选权。威尼斯共和国的执政官们也绝不是恣意妄为的暴君，他们能够享受的实权比任何一位欧洲统治者拥有的都少，而且即使是执政官所拥有的权力，也只能通过众多议会和委员会施行，这些机构严格的选举规定和不断变化的成员数目足够让最坚定的抱负望而却步。

正是这样一个集体责任制的体制而非其他任何固有的不公现象给威尼斯带来了极权国家的名声。尤其是那些成员构成不会超过一两个月不变，因而染上了匿名性质的委员会，就更被注入了神秘和秘密的色彩。不可否认的是，十人议会和威尼斯的国家监察官们就像有史以来任何一个安全部门所做过的一样，使用过间谍和告密者，但是我们需要多从这些机构使用这些手段的目的而非行事手法（除非它们涉及暴力或是威胁）来对它们进行评判。在威尼斯，人们只有经过充分的调查，才会实行逮捕行动，而且除了那些阴谋颠覆国家的犯罪者之外，其他人很少会受到严厉的判决，这些犯案者的数目事实上也令人惊讶得少。拿破仑·波拿巴不是唯一一个想象威尼斯的地牢里塞满了政治犯，而这些政治犯唯一的“罪孽”是热爱自由的人。当威尼斯共和国覆灭的时候，他或许会震惊地了解到，在威尼斯全境，没有一个人因为他的政治立场而身陷囹圄。[1]

1　在此之前不久，乔治奥·皮萨尼终于获得释放，走出关押他的布雷西亚要塞。当法兰西人走进执政官宫的监狱时，他们发现那里是空的。城内被称为“水井”的监狱中只关着三名杀人犯。威尼斯的第三座主要监狱，被人们称为“Quattro”，在其中关押了总计二十四名罪犯，他们犯下的罪行五花八门，各不相同。

因此，我们对威尼斯国内的历史了解越多，就越不免得出这样一个结论：无论以何种政治标准去看，可以说除了最后暗昧昏聩的阶段，威尼斯比起基督教世界中其他任何一个国家，都要更令人愉快。没有任何一个其他地方的人能过得比威尼斯人快活，他们也无法享受比在威尼斯更多免于恐惧的自由。威尼斯人是幸运的，他们虽然被剥夺了政治权利，却从未被蹂躏压迫。当然，身而为人，他们不免偶尔抱怨自己的政府，在威尼斯的历史上，人们也不止一次起事，但这少数的几次叛乱都是由心怀不满的贵族，而非人民大众引起。威尼斯人勤奋地工作，在他们中手艺工匠和艺术家的比例高得非同寻常，他们比世界上其他的任何人都更懂得追逐时尚和炫耀排场，而且他们生活的家乡和祖国（尽管这看上去不太可能），是一座比如今我们所熟知的都更为美丽的威尼斯城。威尼斯人热爱着他们的城市，千余年来，他们也对自己一手缔造的共和国竭尽忠诚，使其富庶安宁。而当最后的末日来临时，直到人们茫然无助，含羞忍辱，直到执政官帽和贵族金书都被付之一炬，直到此时此刻全欧洲都开始在拿破仑·波拿巴进军的铁蹄下战栗不已，他们的忠诚才短暂地有所动摇。而如今，尽管威尼斯共和国已经消亡近两个世纪，在威尼斯的每个角落还都可以看到人们满怀骄傲纪念它的痕迹，威尼斯永远忠实的保护者，伟大的圣马可有翼雄狮，被描画在木头或帆布上，被雕刻在大理石或石块上，在黏土中成型，或借助青铜铸就形状，时至今日，它仍然骄傲庄严地指示着上帝之道：

PAX TIBI MARCE EVANGELISTA MEUS

（主赐你平安，福音使徒马可）

威尼斯执政官名单

（公元 726—1797 年）

奥尔索·伊帕托（Orso Ipato）726—737

空位期　737—742

特奥达托·伊帕托（Teodato Ipato）742—755

加拉·戈罗（Galla Gaulo）755—756

多梅尼科·莫内加里奥（Domenico Monegario）756—764

毛里齐奥·加尔巴约（Maurizio Galbaio）764—775

乔瓦尼·加尔巴约（Giovanni Galbaio）775—804

奥贝莱里奥·德利·安泰诺里（Obelerio degli Antenori）804—811

阿涅洛·帕契帕索（Agnello Participazio）811—827

朱斯蒂尼亚诺·帕契帕索（Giustiniano Participazio）827—829

乔瓦尼·帕契帕索一世（Giovanni Participazio I）829—836

彼得罗·特拉多尼科（Pietro Tradonico）836—864

奥尔索·帕契帕索一世（Orso Participazio I）864—881

乔瓦尼·帕契帕索二世（Giovanni Participazio II）881—887

彼得罗·坎迪亚诺一世（Pietro Candiano I）887

彼得罗·特里布诺（Pietro Tribuno）888—912

奥尔索·帕契帕索二世（Orso Participazio II）912—932

彼得罗·坎迪亚诺二世（Pietro Candiano II）932—939

彼得罗·帕契帕索（Pietro Participazio）939—942

彼得罗·坎迪亚诺三世（Pietro Candiano III）942—959

彼得罗·坎迪亚诺四世（Pietro Candiano IV）959—976

彼得罗·奥尔塞奥洛一世（Pietro Orseolo I）976—978

维塔莱·坎迪亚诺（Vitale Candiano）978—979

特里布诺·梅莫（Tribuno Memmo）979—991

彼得罗·奥尔塞奥洛二世（Pietro Orseolo II）991—1008
奥托·奥尔塞奥洛（Otto Orseolo）1008—1016
彼得罗·琴特拉尼科（Pietro Centranico）1016—1032
多梅尼科·弗拉班尼科（Domenico Flabanico）1032—1043
多梅尼科·孔塔里尼（Domenico Contarini）1043—1071
多梅尼科·赛尔沃（Domenico Selvo）1071—1084
维塔莱·法列尔（Vitale Falier）1084—1096
维塔莱·米希尔一世（Vitale Michiel I）1096—1102
奥尔德拉佛·法列尔（Ordelafo Falier）1102—1118
多梅尼科·米希尔（Domenico Michiel）1118—1130
彼得罗·波拉尼（Pietro Polani）1130—1148
多梅尼科·莫罗西尼（Domenico Morosini）1148—1156
维塔莱·米希尔二世（Vitale Michiel II）1156—1172
塞巴斯蒂亚诺·齐亚尼（Sebastiano Ziani）1172—1178
奥里奥·马斯特罗皮耶罗（Orio Mastropiero）1178—1192
恩里克·丹多洛（Enrico Dandolo）1192—1105
彼得罗·齐亚尼（Pietro Ziani）1205—1229
贾科莫·提埃波罗（Giacomo Tiepolo）1229—1249
马林·莫罗西尼（Marin Morosini）1249—1253
雷尼耶·泽诺（Renier Zeno）1253—1268
洛伦佐·提埃波罗（Lorenzo Tiepolo）1268—1275
雅各布·孔塔里尼（Jacopo Contarini）1275—1280
乔瓦尼·丹多洛（Giovanni Dandolo）1280—1289
彼得罗·格拉代尼戈（Pietro Gradenigo）1289—1311
马里诺·佐尔齐（Marino Zorzi）1311—1312
乔瓦尼·索伦佐（Giovanni Soranzo）1312—1328
弗朗切斯科·丹多洛（Francesco Dandolo）1329—1339
巴托洛梅奥·格拉代尼戈（Bartolomeo Gradcnigo）1339—1342
安德烈亚·丹多洛（Andrea Dandolo）1343—1354
马林·法列尔（Marin Falier）1354—1355
乔瓦尼·格拉代尼戈（Giovanni Gradenigo）1355—1356
乔瓦尼·多尔芬（Giovanni Dolfin）1356—1361
洛伦佐·切尔西（Lorenzo Celsi）1361—1365
马可·科纳（Marco Corner）1365—1368
安德烈亚·孔塔里尼（Andrea Contarini）1368—1382
米凯莱·莫罗西尼（Michele Morosini）1382
安东尼奥·维尼耶（Antonio Venier）1382—1400
米凯莱·斯泰诺（Michele Steno）1400—1413
托马索·莫切尼戈（Tommaso Mocenigo）1414—1423
弗朗切斯科·福斯卡里（Francesco Foscari）1423—1457

帕斯夸里·马利皮耶罗（Pasquale Malipiero）1457—1462

克里斯托弗罗·莫洛（Cristoforo Moro）1462—1471

尼科洛·特隆（Nicolò Tron）1471—1473

尼科洛·马尔切洛（Nicolò Marcello）1473—1474

彼得罗·莫切尼戈（Pietro Mocenigo）1474—1476

安德烈亚·文德拉明（Andrea Vendramin）1476—1478

乔瓦尼·莫切尼戈（Giovanni Mocenigo）1478—1485

马可·巴尔巴里戈（Marco Barbarigo）1485—1486

阿戈斯蒂诺·巴尔巴里戈（Agostino Barbarigo）1486—1501

列奥纳多·洛雷登（Leonardo Loredan）1501—1521

安东尼奥·格里马尼（Antonio Grimani）1521—1523

安德烈亚·格里蒂（Andrea Gritti）1523—1538

彼得罗·兰多（Pietro Lando）1539—1545

弗朗切斯科·多纳（Francesco Donà）1545—1553

马尔坎托尼奥·特雷维桑（Marcantonio Trevisan）1553—1554

弗朗切斯科·维尼耶（Francesco Venier）1554—1556

洛伦佐·普留利（Lorenzo Priuli）1556—1559

吉罗拉莫·普留利（Girolamo Priuli）1559—1567

彼得罗·洛雷登（Pietro Loredan）1567—1570

阿尔维塞·莫切尼戈一世（Alvise Mocenigo I）1570—1577

塞巴斯蒂安诺·维尼耶（Sebastiano Venier）1577—1578

尼科洛·达·蓬特（Nicolò da Ponte）1578—1585

帕斯夸里·奇科尼亚（Pasquale Cicogna）1585—1595

马里诺·格里马尼（Marino Grimani）1595—1605

列奥纳多·多纳（Leonardo Donà）1606—1612

马尔坎托尼奥·梅莫（Marcantonio Memmo）1612—1615

乔瓦尼·本博（Giovanni Bembo）1615—1618

尼科洛·多纳（Nicolò Donà）1618

安东尼奥·普留利（Antonio Priuli）1618—1623

弗朗切斯科·孔塔里尼（Francesco Contarini）1623—1624

乔瓦尼·科纳一世（Giovanni Corner I）1625—1629

尼科洛·孔塔里尼（Nicolò Contarini）1630—1631

弗朗切斯科·埃里佐（Francesco Erizzo）1631—1646

弗朗切斯科·莫林（Francesco Molin）1646—1655

卡洛·孔塔里尼（Carlo Contarini）1655—1656

弗朗切斯科·科纳（Francesco Corner）1656

贝尔图奇·瓦列尔（Bertucci Valier）1656—1658

乔瓦尼·佩萨罗（Giovanni Pesaro）1658—

1659

多梅尼科·孔塔里尼（Domenico Contarini）1659—1675

尼科洛·萨格雷多（Nicolò Sagredo）1675—1676

阿尔维塞·孔塔里尼（Alvise Contarini）1676—1684

马尔坎托尼奥·朱斯蒂尼安（Marcantonio Giustinian）1684—1688

弗朗切斯科·莫罗西尼（Francesco Morosini）1688—1694

西尔维斯特罗·瓦列尔（Silvestro Valier）1694—1700

阿尔维塞·莫切尼戈二世（Alvise Mocenigo II）1700—1709

乔瓦尼·科纳二世（Giovanni Corner II）1709—1722

阿尔维塞·莫切尼戈三世（Alvise Mocenigo III）1722—1732

卡洛·鲁齐尼（Carlo Ruzzini）1732—1735

阿尔维塞·皮萨尼（Alvise Pisani）1735—1741

彼得罗·格里马尼（Pietro Grimani）1741—1752

弗朗切斯科·洛雷登（Francesco Loredan）1752—1762

马可·福斯卡里尼（Marco Foscarini）1762—1763

阿尔维塞·莫切尼戈四世（Alvise Mocenigo IV）1763—1778

保罗·雷尼耶（Paolo Renier）1779—1789

卢多维科·马宁（Lodovico Manin）1789—1797

参考文献

一、原始资料

1. 文献集

（条目后括号为脚注与参考文献其他条目中出现的缩写）

ALBERI, E., *Relazioni degli Ambasciatori Veneti al Senato*, 15 vols. (Florence, 1846–1859). (Sixteenth century only.)

Archivio Storico Italiano. 1st series (Florence, various dates). (A.S.I.)

BAROZZI, N. and BERCHET, G., *Relazioni degli Stati Europei lette al Senato dagli Ambasciatori Veneti nel secolo decimosettimo*, 5 series (Venice, various dates).

Calendar of State Papers, Venetian, 38 vols., edited and translated by Rawdon Brown (London, 1864–1940). (C.S.P.V.)

CESSI, R., *Documenti Relativi alla Storia di Venezia anteriori al Mille. Cura di Roberto Cessi* (Padua, 1942). (C.D.R.S.V.)

Corpus Scriptorum Historiae Byzantinae (Bonn, 1818–1897). (C.S.H.B.)

Cronache Veneziane Antichissime, ed. G. Monticolo (Rome, 1890). (C.V.A.)

Documenti del Commercio Veneziano, XI-XIII sec. (Rome, 1940). (D.C.V.)

GRAEVIUS, J. C., *Thesaurus Antiquitatum et Historiarum Italiae, etc.*, 10 vols. In 45 fol. (Leyden, 1704–1715). (G.T.A.)

MIGNE, J. P., *Patrologia Latina*, 111 vols. (Paris, 1844–1855). (M.P.L.)

MOSCATI, R., *Relazioni degli Ambasciatori Veneti al Senato* (Milan, 1943). (Reports from France in eighteenth century only.)

MURATORI, L. A., *Rerum Italicarum Scriptores*, 25 vols. (Milan, 1713–1751). (M.R.I.S.)

Recueil des Historiens des Croisades, Publ. Académie des Inscriptions et des Belles Lettres (Paris, 1841–1906). Historiens Occidentaux, 5 vols. (R.H.C.Occ.)

SEGARIZZI, A., *Relazjoni degli Ambasciatori Veneti al Senato* (Bari, 1911). (Report from other Italian states, sixteenth to eighteenth centuries.)

TENTORI, B. M., *Raccolta Cronologico-Regionata di Documenti Inediti delta Rivoluzione e Caduta della Repubblica di Venezia* (Florence, 1800).

2. 单独文献

Altino Chronicle, in A.S.I., Vol. 8.

BARBARO, N., *Giornale dell'Assedio di Costantinopoli*, ed. E. Cornet (Vienna, 1856).

BROSSES, *Président Charles des, Lettres sur I'ltalie*, 2 vols. (Paris, 1885).

CHINAZZO, D., *Belli inter Venetos et Genuenses, 1378*, in M.R.I.S., Vol. 15.

COMMINES (COMMYNES), Philippe de, *Mémoires*, ed. B. de Mandrot (Paris, 1901–1903). (Tr. A. R. Scoble, London, 1901–1904.)

CORYATE, T., *Coryate's Crudities*, 1611, 3 vols. (London, 1776).

CRISTOFORO DA SOLDO, *Cronaca*, in M.R.I.S., XXI, iii.

Cronica de singulis patriarchis Nove Aquileie, in C.V.A.

DANDOLO, Andrea, *Chronicon Venetum*, in M.R.I.S., Vol. 12 (new edn. by E. Pastorello, Bologna, 1938–1941).

FABRI, F., *The Book of the Wanderings of Brother Felix Fabri*, ed. A. Stewart (Palestine Pilgrims Texts Society, London, 1891–1893).

GIUSTINIAN, A. (Venetian Ambassador in Rome, 1501–1505) Dispacci, ed. P. Villari (Florence, 1876).

GIUSTINIANI, Bernardo, *De Marci vita, ejus translatione et sepulturae loco*, in G.T.A., Vol. 5, i.

GIUSTINIANI, Bernardo, *Historia dell'origine di Venetia*, in G.T.A., Vol. 5, i.

Grado Chronicle, in C.V.A.

GUICCJARDINI, F., *Storia d'Italia*, tr. and ed. S. Alexander (New York, 1969).

INNOCENT III, Pope, *Letters*, in M.P.L., Vol. 215.

JOHN THE DEACON, *Cronaca Veneziana*, in C.V.A., and M.P.L., Vol. 139.

LORENZO DE MONACIS, *Chron. de rebus Venetis*, ed. F. Cornelius, Venice, 1758 (also in M.R.I.S.), Vol. 8.

MALIPIERO, D., *Annali Veneti*, 1457–1500, ed. T. Gar and A. Sagredo, in A.S.I., VII, 1843.

MANIN, L., *Memorie del Dogado di Lodovico Manin* (Venice, 1886).

MARTIN DA CANALE, *Chron. des Veniciens*, ed. F. L. Polidori, in A.S.I., Vol. 8.

MORYSON, F., *An Itinerary* (Glasgow, 1907).

NICETAS/CHONIATES, *Historia*, in C.S.H.B. (French trans, by L. Cousin in *Histoire de Constantinople*, Vol. 5, Paris, 1685).

PETER DAMIAN, St, *Vita Sancti Romualdi*, in M.P.L., Vol. 144.

PETER DAMIAN, St, *Opuscula*, in M.P.L., Vol. 145.

PETRARCH, Francesco, *Epistolaede rebus familiaribus et variae*, ed. G. Fracassetti, 3 vols. (Florence, 1859–63). (Italian trans, by G. Fracassctti, 5 vols., Florence, 1863–1867).

PHRANTZES G., *Chronicon*, ed. E. Bekker, in C.S.H.B., 1838.

PIUSS II, Pope, *Memoirs of a Renaissance Pope* (London, 1958).

POLO, Marco, *The Travels of Marco Polo*, tr. R. Latham (Harmondsworth, 1958).

PRIULI, G., *Diarii*, ed. R. Cessi, in *Rerum Italicarum Scriptores*, xxiv, part iii (Bologna, 1933–1937).

ROBERT OF CLARY, *La Conquête de Constantinople*, ed. Lauer (Paris, 1914).

SANSOVINO, F., *Delle Cose Notabili delta Città di Venecia* (Venice, 1596).

SANUDO, M., *Diarii*, 58 vols. (Venice, 1879–1903). (Diaries run from January 1496 to March 1533)

SANUDO, M., *Le Vite dei Dogi di Venecia*, in M.R.I.S., VIII.

SANUDO, M., *La Spcdizione di Carlo VIII in Italia*, ed. R. Fulin (Venice, 1873).

SANUDO, M., *Itinerario per la Terrafirma nell' Anno 1483*, ed. R. Brown (Padua, 1847).

SANUDO (or SANUDO), Marino (the elder), *Liber secretorum fidelitum crucis supr Terrae Sanctae recuperatione*, in Bongars, *Gesta Dei per Francos*, Vol. II, Hanover, 1611.

SARPI, P., *Advice Given to the Government of Venice*, tr. Dr. Aglionby (London, 1693).

STELLA, Georgius, *Annales Genuenses, 1298–1409*, in M.R.I.S., Vol. 17.

TAFUR, P., *Travels and Adventures, 1435–1439*, tr. M. Letts (London, 1926).

TREVISAN, Nicolò, *Chronicle*, in Biblioteca Marciana, Cl. xi, Ital. Codex xxxii.

VILLEHARDOUIN, Geoffrey of, *La Conquête de Constantinople*, ed. E. Faral, 2 vols. (Paris, 1938–1939).

WILLIAM OF TYRE, *Belli sacri historia, and Historia rerum in partibus transmarinis gestarum*, in R.H.C.Occ, Vol. I.

WILLIAM OF TYRE, *A History of Deeds Done Beyond the Sea*, tr. with notes by E. A. Babcock and A. C. Krey (New York, 1943).

二、现代历史著作

ALZARD, J., *La Venise de la Renaissance* (Paris, 1956).

ARSLAN, E., *Gothic Architecture in Venice*, tr. A. Engel (London, 1971).

BASCHET, A., *Histoire de la Chancellerie Secrète* (Paris, 1870).

BASCHET, A., *Les Archives de Venise* (Venice, 1857).

BASCHET, A., *Les Princes de I'Europe au XVIe Siècle, d'après les Rapports des Ambassadeurs Vénitiens* (Paris, 1862).

BATTISTELLA, A., *La Repubblica di Venezia nei suoi Undici Secoli di Storia* (Venice, 1911).

BATTISTELLA, A., *Il Conte Carmagnola* (Genoa, 1889).

BERENGO, M., *La Società Veneta alia Fine del Settecento* (Florence, 1956).

BERLAN, F., *I Due Foscari* (Turin, 1852).

BLANC, A., *Il dominio veneziano a Creta nel Trecento* (Naples, 1968).

BRAGADIN, M. A., *Repubbliche Italiane sul Mare* (Milan, 1951).

BRAUDEL, F., *La Méditerranée et le Monde Méditerranéen a I'Epoque de Philippe II* (Paris, 1949) (Tr. Siân Reynolds, 2. vols., London and New York, 1973).

BRAVETTA, E., *Enrico Dandolo* (Milan, 1919).

BROWN, Horatio, *Studies in the History of Venice*, 2. vols. (London, 1907).

BROWN, Horatio, *Venice: An Historical Sketch of the Republic* (London, 1893).

BROWN, Horatio, *The Venetians and the Venetian Quarter in Constantinople to the Close of the Twelfth Century* (London, 1893).

BROWN, Rawdon, *L'Archivio di Venezia con riguardo special alla storia inglese* (Venice and Turin, 1865).

CAMBRIDGE MEDIEVAL HISTORY, esp. Vol. V, Venetian chapters by R. Cessi. (Contains excellent and comprehensive bibliography.)

CAMBRIDGE MODERN HISTORY, Vols. I, II.

CARILE, A., *La Cronachistica Veneziana (Secoli XIII-XVI) di Fronte all' Apartizione dei Romani nel 1204* (Florence, 1969).

CECCHETTI, B., *La Repubblica di Venecia e la Corte di Roma nei Rapporti della Religione*, 2.

vols. (Venice, 1874).

CECCHETTI, Bartolomeo, *La Vita dei veneziani fino al 1200* (Venice, 1870).

CESSI, Roberto, *Venezia Ducale*, 2. vols. (Padua, 1927).

CESSI, Roberto, *Le Colonie medioevali italiani in Oriente*, Part I, La Conquista (Bologna, 1942).

CESSI, Roberto, *Storia della Repubblica di Venezia*, 2nd edn, 2. vols. (Still without sources, bibliography or index!) (Milan, 1968).

CHAMBERS, D. S., *The Imperial Age of Venice, 1380–1580* (London, 1970).

COZZI, G., *Il Doge Nicolò Contarini* (Venice and Rome, 1958).

CRAWFORD, F. M., *Gleanings in Venetian History*, 2. vols. (London, 1905).

CREIGHTON, M., *History of the Papacy*, 5 vols. (London, 1882–1894)

DARU, P., *Histoire de la République de Venise*, 9 vols. (Paris, 1821).

DAVIS, J. C, *The Decline of the Venetian Nobility as a Ruling Class* (Baltimore, 1962).

DEMUS, Otto, *The Church of S. Marco in Venice: History, Architecture, Sculpture*, Dumbarton Oaks Studies, 6 (Washington, D.C., 1960).

DIEHL, Charles, *Venise: une République Patricienne* (Paris, 1915).

FILIASI, Giacomo, *Memorie storiche dei Veneti*, 11 vols. (Venice, 1796).

FIUASI, G., *Ricerche Storicocritiche sull' Opportunità della Laguna Veneta, nel Commercio, sull' Arti e sull a Marina* (Venice, 1803).

FONDAZIONE GIORGIO CINI, *Storia della Civiltit Venezjana*, 10 vols. (Florence, 1955–1966).

Fuller, J. F. C., *The Decisive Battles of the Western World and Their Influence upon History* (London, 1954).

GACHARD, M., *Relations des Ambassadeurs Vénetiens sur Charles-Quint et Philippe II* (Brussels, 1855).

GALLICCIOLLI, G. B., *Delle Memorie Venete antiche profane ed ecclesiastiche…libri tre*, 7 vols. (Venice, 1795).

GEANAKOPLOS, D. J., *Byzantine East and Latin West* (Oxford, 1966).

GEANAKOPLOS, D. J., *Greek Scholars in Venice* (Cambridge, 1962).

GFRÖRER, A.F., *Byzantinische Geschichten*, ed. J. B. Weiss, 3 vols.(Graz, 1871–1877).

HALE, J. R. (ed.), *Renaissance Venice* (London, 1973).

HAZLITT, W. C, *History of the Origin and Rise of the Venetian Republic*, 2 vols. (London, 1900).

HEYD, W., *Geschichte des Levantehandels im Mittelalter* (Stuttgart, 1879). (French translation by

F. Raynaud, Histoire du commerce du Levant au Moyen Âge, 2 vols. Leipzig, 1936)

HILL, Sir G., *History of Cyprus*, 4 vols. (Cambridge, 1948).

HODGKIN, Thomas, *Italy and Her Invaders*, 11 vols. (Oxford, 1880).

HODGSON, F. C, *The Early History of Venice* (London, 1901).

HODGSON, F. C., *Venice in the Thirteenth and Fourteenth Centuries* (London, 1914).

HOPF, K., *Geschichte Griechenlands vom Beginne des Mittlealters bis auf die Neuere Zeit* (Leipzig, 1867–1868).

KRETSCHMAYR, H., *Geschichte von Venedig* (Gotha, 1905–1920; Stuttgart, 1934).

LAMANSKY, V., *Secrets d'Etat de Venise* (St Petersburg, 1884).

LANE, F. C, *Venetian Ships and Shipbuilders of the Renaissance* (Baltimore, 1934).

LANE, F. C, *Recent Studies on the Economic History of Venice* (*Journal of Economic History*, XXIII, 1963).

LANE, F. C, *Venice and History* (Baltimore, 1966).

LANE, F. C, *Venice, a Maritime Republic* (Baltimore, 1973).

LAURITZEN, P. L., *The Palaces of Venice* (London, 1978).

LAURITZEN, P. L., *Venice* (London, 1978).

LONGWORTH, P., *The Rise and Fall of Venice* (London, 1974).

LOPEZ, R. S., and RAYMOND, I. W., *Medieval Trade in the Mediterranean World* (New York and London, 1955).

LUZZATO, G., *Storia Economica di Venezia dall'XI al XVI Secolo* (Venice, 1961).

MACCHI, M., *Storia del Consiglio dei Dieci* (Turin, 1848).

MCCLELLAN, G. B., *Venice and Bonaparte* (Princeton, 1931).

MCNEILL, W. H., *Venice, the Hinge of Europe, 1081–1797* (Chicago, 1974).

MALAGOLA, C, *Le Lido de Venise à travers I'Histoire* (Venice, 1909).

MALAMANI, V., *Il Settecento a Venecia*, 2 vols. (Turin and Rome, 1891).

MARANINI, G., *La Costituzione di Venezia*, 2 vols. (Venice, 1917–1931).

MARIN, C. A., *Storia Civile e Politica del Commercio de' Venczjani*, 8 vols. (Venice, 1798–1808).

MARZEMIN, G., *Le Origini romane di Venezia* (Venice, 1938).

MILLER, W., *The Latins in the Levant* (London, 1908).

MILLER, W., *Essays on the Latin Orient* (Cambridge, 1921).

MOLMENTI, P., *La Storia di Venezia nella Vita Privata*, 6th edn, 3 vols. (Bergamo, 1923).(English translation by H. F. Brown, *Venice: Its Individual Growth from the Earliest Beginnings to the Fall of the Republic*, 6 vols., London, 1906–1908).

MOLMENTI, P. G., *I Banditi della Repubblica Veneta* (Florence, 1898).

MORRIS, J., *The Venetian Empire* (London, 1980).

MUIR, D., *A History of Milan under the Visconti* (London, 1924).

MUSATTI, E., *Storia di Venczia*, 2. vols. (Milan, 1936).

MUTINELLI, F., *Annali Urbani di Venezia, 810–1797* (Venice, 1841).

NEWETT, Margaret, 'The Sumptuary Laws of Venice in the Fourteenth and Fifteenth Centuries,' in *Historical Essays by Members of Owens College*, Manchester, ed. T. H. Tout and J. Tait (London, 1902).

NYSTAZAPOULOU-PELEKIDIS, Marie, 'Venise et la Mer Noire du Xle au XVe Siècles,' in *Thesaurismata: bolletino dell' Istituto Ellenico di Studi Bizantini e Post-Bizantini* (1970).

OKEY, Thomas, *Venice and its Story* (London, 1930).

OLIPHANT, Mrs, *The Makers of Venice* (London, 1893).

PEROCCO, G., and SALVADORI, A., *Civiltà di Venecia*, 3 vols. (Venice, 1973–1976).

PIRRI, P., *L'Interdito di Venezia del 1606 e i Gesuiti* (Rome, 1959).

PULLAN, B. (ed.), *Crisis and Change in the Venetian Economy in the 16th and 17th Centuries* (London, 1968).

PULLAN, B., *Rich and Poor in Renaissance Venice* (London, 1971).

PULLAN, B., *A History of Early Renaissance Italy* (London, 1973).

QUADRI, A., *Abrégé de l'Histoire de la République de Venise* (Venice, 1847).

RAGG, L. M., *Crises in Venetian History* (London, 1928).

ROMANIN, S., *Storia Documentata di Venezia*, 2.nd edn, 10 vols. (Venice, 1912–1921).

ROMANIN, S., *Gli Inquisitori di Stato* (Venice, 1858).

ROTH, C, *History of the Jews in Venice* (Philadelphia, 1930).

ROWDON, M., *The Fall of Venice* (London, 1970).

RUBIN DE CERVIN, G. B., *Bateaux et Batellerie de Venise* (Paris, 1978).

RUNCIMAN, Steven, *A History of the Crusades*, 3 vols. (Cambridge, 1951–1954).

RUNCIMAN, S., *The Fall of Constantinople* (Cambridge, 1965).

RUSKIN, J., *The Stones of Venice*, 3 vols. (London, 1851–1853).

RUSKIN, J., *St Mark's Rest* (London, 1877).

SANSOVINO, F., *Venetia, città nobilissima et singolare descritta in XIII libri* (Venice, 1658).

SELLA, D., *Commerci e Industrie a Vcnezja nel Secolo XVII* (Venice and Rome, 1961).

SENECA, F., *Il Doge Leonardo Donà* (Padua, 1959).

SIMONSFELD, H., *Andreas Dandolo und seine Geschichtswerke* (Munich, 1876).

SISMONDI, J. C. L., *History of the Italian Republics in the Middle Ages* (London, 1906).

SOTTAS, J., *Les Messageries maritimes de Venise aux XIV et XV siècles* (Paris, 1938).

TAMARO, A., *La Vénétie Julienne et la Dalmatic*, 3 vols. (Rome, 1918–1919).

TASSINI, G., *Curiosità Veneziane*, 8th edn (Venice, 1970).

TENENTI, A., *Piracy and the Decline of Venice, 1580–1615*, tr. J. and B. Pullan (London, 1967).

THAYER, W. R., *A Short History of Venice* (New York, 1905).

THIRIET, F., *Histoire de Venise* (Paris, 1952).

THIRIET, F., ‘La Romanie Vénitienne au Moyen Âge. Le Developpement et I'Exploitation du Domaine Colonial Vénitien’ (XII-XV siècles), *Écoles françaises d'Athènes et de Rome*, 193 (Paris, 1959).

THIRIET, F., *Régestes des déliberations du Sénat de Venise concernant la Roumanie, 1329–1463*,3 vols. (Paris, 1959–1961).

TIEPOLO, C. D., *Discorsi sulla Storia Veneta* (Udine, 1828).

WIEL, A., *Venice* (London, 1894).

YRIARTE, C, *La Vie d'un Patricien de Venise au Seizième Siècle* (Paris, 1874).

三、导览与其他

BLUE GUIDE, *Venice* (London, Chicago, New York, San Francisco, 1980).

GRUNDY, M., *Venice, an Anthology Guide* (London, 1976).

HONOUR, H., *The Companion Guide to Venice* (London, 1965).

LINKS, J. G., *Venice for Pleasure* (London, 1966).

LORENZETTI, G., *Venice and Its Lagoon* (Rome, 1961).

MCCARTHY, M., *Venice Observed* (London, 1956).

MORRIS, J., *Venice* (London, 1960).

PIONATTI, T., *Venice* (tr. J. Landry, London, 1971).

SHAW-KENNEDY, R., *Art and Architecture in Venice. The Venice in Peril Guide* (London, 1972).

译名对照表

A

Aachen 亚琛（德国城市）

Acre 阿卡

Acrocorinth (fortress) 科林斯卫城（要塞）

Adams, John 约翰·亚当斯

Adelaide, Regent of the Western Empire 神圣罗马帝国摄政阿德莱德

Adige (river) 阿迪杰河

Adrian of Utrecht 乌得勒支的阿德里安（教宗阿德里安六世）

Adrian IV, Pope 教宗阿德里安四世

Adrianople 哈德良堡

Aegina (island) 埃伊纳岛

Agnadello, Battle of (1509) 阿尼亚德洛战役（公元 1509 年）

Agnello, Leonardo dell' 列奥纳多·德尔·阿涅洛

Agnes, Princess 阿格尼丝公主

Ahmed III, Sultan 苏丹艾哈迈德三世

Ahmed, Vizir 艾哈迈德维齐尔

Aisne (river) 埃纳河

Aistulf, King of the Lombards 伦巴第国王埃斯图尔夫

Aix-la-Chapelle, Treaty of (1748)《爱克斯–拉夏贝尔和约》（签署于公元 1748 年，亦称《第二亚琛和约》）

Alaric 阿拉里克（西哥特国王）

al-Ashraf, Khalil, Sultan of Egypt 埃及马穆鲁克苏丹阿什拉夫·卡里勒

Alba, Duke of 阿尔瓦公爵

Albania 阿尔巴尼亚

Albinoni, Tommaso 托马索·阿尔比诺尼

Albiola 阿尔比奥拉

Alboin, King of the Lombards 伦巴第国王阿尔博因

Albret, Charlotte d' 夏洛特·德·阿尔布雷（法兰西公主）

al-Edrisi, Abu, Abdullah Mohammed 阿布·阿卜杜拉·穆罕默德·伊德里西

Aleppo 阿勒颇

Alessandria 亚历山德里亚

Alexander the Great 亚历山大大帝

Alexander III, Pope 教宗亚历山大三世

Alexander V, Pope (Peter Philarges) 敌对教宗亚历山大五世（彼得·菲拉格斯）

Alexander VI, Pope (Rodrigo Borgia) 教宗亚历

B

C

Castelfranco 卡斯泰弗兰科
Castello 卡斯特洛（城堡区）
Castello, Bishop of 卡斯特洛主教
Castiglione, Battle of (1796) 卡斯蒂廖内战役（公元 1796 年）
Catania 卡塔尼亚
Cateau-Cambrésis, Treaty of (1559)《卡托-康布雷齐和约》(公元 1559 年)
Caterina (Cornaro), Queen of Cyprus 塞浦路斯女王卡特琳娜（科纳罗）
Catherine de' Medici, Queen of France 法兰西王后凯瑟琳·德·美第奇
Catinat, Nicolas, Marshal de 尼古拉·卡蒂纳元帅
Cattaro (now Kotor) 卡塔罗（今科托尔）
Cavalcabò family 卡瓦尔卡博家族
Cavalli, Giacomo de' 贾科莫·德·卡瓦利
Cavazzo, Constantine 康斯坦丁·卡瓦佐
Cavazzo, Nicolò 尼科洛·卡瓦佐
Cavour, Count Camillo Benso di 卡米洛·奔索·加富尔伯爵
Cavriana, Peace of (1441) 卡夫里亚纳和约（公元 1441 年）
Celestino IV, Pope 教宗切莱斯蒂诺四世
Celsi, Lorenzo 执政官洛伦佐·切尔西
Ceneda 切内达
Centranico, Pietro (also called Barbolano) 执政官彼得罗·琴特拉尼科（或巴尔博拉诺）
Cephalonia 凯法洛尼亚
Cervantes, Miguel de 米格尔·德·塞万提斯
Cervia 切尔维亚
Cessi, Roberto 罗伯托·切西
Cetina (river) 采蒂纳河
Chalcedon 迦克墩
Charlemagne, Emperor of the West 查理大帝
Charles, Archduke of Austria 奥地利卡尔大公
Charles of Anjou 安茹的夏尔（那不勒斯和西西里国王卡洛一世）
Charles the Fat, Emperor of the West 神圣罗马帝国皇帝胖子查理
Charles IV of Bohemia, Emperor of the West 神圣罗马帝国皇帝，波希米亚的查理四世
Charles V, Emperor of the West (formerly Charles I of Spain) 神圣罗马帝国皇帝查理五世（原西班牙国王卡洛斯一世）
Charles VI, Emperor of the West 神圣罗马帝国皇帝查理六世
Charles VI, King of France 法兰西国王查理六世
Charles VIII, King of France 法兰西国王查理八世
Charles IX, King of France 法兰西国王查理九世
Charles II, King of Spain 西班牙国王卡洛斯二世
Charles Emmanuel II, Duke of Savoy 萨伏伊公爵查理·伊曼纽尔二世
Charles Emmanuel III, King of Sardinia 撒丁国王查理·伊曼纽尔三世
Charles Martel 查理·马特尔（铁锤查理）
Charlotte, Queen of Cyprus 塞浦路斯女王夏洛特
Château-Thierry, Duke of 蒂耶里堡公爵
Chaumont, Charles d'Amboise, Seigneur de 肖蒙的查理·安布瓦斯
Cherasco, Treaty of (1631)《凯拉斯科条约》（公元 1631 年）
Cherso (now Cres) 凯尔索（今茨雷斯岛）

Chesterton, G. K. 吉尔伯特·基思·切斯特顿
Childeric, King of the Franks 法兰克人的国王希尔德里克
Chioggia 基奥贾
Chios 希俄斯岛
Christian League 基督教同盟
Christopher, Bishop of Olivolo 奥利沃洛主教克里斯托弗
Cicogna, Pasquale 帕斯夸里·奇科尼亚
Cilicia 奇里乞亚
Cinnamus, John 约翰·金纳莫斯
Cittadella 奇塔代拉
Cittanova 奇塔诺瓦
Cività Castellana 奇维塔卡斯泰拉纳
Civitavecchia 奇维塔韦基亚
Claudian, Saint 圣克劳迪安
Clement IV, Pope 教宗克雷芒四世
Clement V, Pope 教宗克雷芒五世
Clement VII, Pope (Giulio de' Medici) 教宗克雷芒七世（朱利奥·德·美第奇）
Clement VII, anti-Pope 敌对教宗克雷芒七世
Clement VIII, Pope 教宗克雷芒八世
Clement XIII, Pope (Carlo Rezzonico) 教宗克雷芒十三世（卡洛·雷佐尼科）
Clissa, (now Klis) 克利萨（今克利斯）
Coducci, Mauro 毛罗·柯度西
Cognac, Holy League of 科尼亚克神圣联盟
Coligny, Gaspard II, Admiral 加斯帕尔·科利尼二世（将军）
Collaredo, Luigi 路易吉·科拉雷多
Collegio 委员会
Colleoni, Bartolomco 巴托洛梅奥·科莱奥尼
Cologne, Archbishop of 科洛涅大主教
Coloman, King of Hungary 匈牙利国王卡尔曼
Colonna, Marcantonio 马尔坎托尼奥·科隆纳
Coloprini, Stefano 斯特凡诺·科洛普里尼
Coloprini family 科洛普里尼家族
Comacchio 科马基奥
Commines, Philippe de, Lord of Argenton 阿让通领主费利佩·德·科米内
Como 科莫
Compagnia della Calza “裤子俱乐部”
Concordia 康科迪亚
Condulmer, Tommaso 托马索·肯杜梅
Conegliano 科内利亚诺
Conrad of Hohenstaufen, Emperor Elect 霍亨施陶芬的康拉德（未加冕的皇帝）
Constance, Council of (1415) 康斯坦茨宗教会议（公元 1415 年）
Constance, Princess 康丝坦斯公主
Constantine the Great 君士坦丁大帝
Constantine VII Porphyrogenitus,Emperor of Byzantium 拜占庭皇帝“生于紫室者”君士坦丁七世
Constantine VIII, Emperor of Byzantium 拜占庭皇帝君士坦丁八世
Constantine XI Palaeologus, Emperor of Byzantium 拜占庭帕里奥格洛斯王朝皇帝君士坦丁十一世
Constantinople (and Byzantine Empire) 君士坦丁堡（以及拜占庭帝国）
Contarini, Alvise 阿尔维塞·孔塔里尼
Contarini, Alvise (Verona vicepodestà) 维罗纳副督政官阿尔维塞·孔塔里尼
Contarini, Andrea 安德烈亚·孔塔里尼
Contarini, Antonio 安东尼奥·孔塔里尼
Contarini, Bertucci 贝尔图奇·孔塔里尼
Contarini, Carlo 卡洛·孔塔里尼

Contarini, Carlo (fl.1770) 卡洛・孔塔里尼
Contarini, Domenico 多梅尼科・孔塔里尼
Contarini, Enrico, Bishop of Castello 卡斯特洛主教恩里克・孔塔里尼
Contarini, Francesco 弗朗切斯科・孔塔里尼
Contarini, Gian Battista 吉安・巴蒂斯塔・孔塔里尼
Contarini, Jacopo 雅各布・孔塔里尼
Contarini, Lucrezia 卢克雷齐娅・孔塔里尼
Contarini, Marco 马可・孔塔里尼
Contarini, Nicolò 尼科洛・孔塔里尼
Contarini, Tommaso 托马索・孔塔里尼
Contarini family 孔塔里尼家族
Contin, Antonio 安东尼奥・孔廷
Cordova 科尔多瓦
Corfu 科孚岛
Corinth 科林斯
Cornaro, Caterina, Queen of Cyprus 塞浦路斯女王卡特琳娜・科纳罗
Cornaro, Girolamo 吉罗拉莫・科纳罗
Cornaro family 科纳罗家族
Corner, Cardinal 枢机主教科纳
Corner, Adriana 阿德里安娜・科纳
Corner, Andrea (Caterina's father) 安德烈亚・科纳（卡特琳娜的父亲）
Corner (Cornaro), Andrea (Caterina's uncle) 安德烈亚・科纳（科纳罗）（卡特琳娜的叔父）
Corner, Andrea, (fi.1645) 安德烈亚・科纳
Corner, Angelo 安杰洛・科纳
Corner, Federico 费代里科・科纳
Corner, Francesco 执政官弗朗切斯科・科纳
Corner, Giorgio 乔治奥・科纳
Corner, Giorgio (Caterina's brother) 乔治奥・科纳（卡特琳娜的兄弟）
Corner, Giorgio (Doge Giovanni Corner's son) 乔治奥・科纳（执政官乔瓦尼・科纳一世之子）
Corner, Giovanni 执政官乔瓦尼・科纳一世
Corner, Giovanni II 执政官乔瓦尼・科纳二世
Corner, Herman 赫尔曼・科纳
Corner, Marco 执政官马可・科纳
Corner (Cornaro), Marco 马可・科纳（科纳罗）
Corner della Ca' Grande family 科纳・德拉・卡・格朗德家族
Corner family 科纳家族
Corner palaces 科纳宫
Corner-Piscopia family 科纳–皮斯科皮亚家族
Corone (Peloponnese) 科罗尼（伯罗奔尼撒半岛）
Correr, Antonio 安东尼奥・科雷尔
Correr, Paolo 保罗・科雷尔
Corsica 科西嘉岛
Corte, Bernardino da 贝尔纳迪诺・达・科尔特
Cortelazzo 科尔泰拉佐
Cortenuova 科尔泰诺瓦
Cortone 科尔托内
Cosimo II, Grand Duke of Florence 佛罗伦萨大公柯西莫二世
Costanziaca 康斯坦齐亚卡
Council of Ten 十人议会
Crema 克雷马
Cremona 克雷莫纳
Carmagnola 卡尔马尼奥拉
Cres 茨雷斯岛
Crete 克里特
Crimea 克里米亚
Croatia 克罗地亚

Croia 克鲁亚
Crotone 克罗托内
Curti family 库尔蒂家族
Curzola (Korcula) 库尔佐拉岛（今科尔丘拉岛）
Cyclades 基克拉泽斯群岛
Cyprus 塞浦路斯
Cythera (island) 塞瑟岛

D

Da Lazza, Andrea 安德烈亚·达·拉扎
Dalmatia 达尔马提亚
Dal Verme, Luchino 卢基诺·达·韦尔梅
Damascus 大马士革
Damascus, Emir of 大马士革埃米尔
Dandolo, Andrea 安德烈亚·丹多洛
Dandolo, Andrea, Admiral 安德烈亚·丹多洛将军
Dandolo, Andrea, Doge 执政官安德烈亚·丹多洛
Dandolo, Domenico 多梅尼科·丹多洛
Dandolo, Enrico, Doge 执政官恩里克·丹多洛
Dandolo, Francesco, Doge 执政官弗朗切斯科·丹多洛
Dandolo, Giovanni, Doge 执政官乔瓦尼·丹多洛
Dandolo, Leonardo 列奥纳多·丹多洛
Dandolo, Marco 马可·丹多洛
Dandolo, Nicolò 尼科洛·丹多洛
Dandolo, Renier 雷尼耶·丹多洛
Dandolo family 丹多洛家族
Dante Alighieri 但丁·阿利吉耶里
Da Ponte, Antonio 安东尼奥·达·蓬特
Da Ponte, Nicolò 尼科洛·达·蓬特
Dardanelles 达达内尔海峡
Dario, Palazzo 达里奥宫
Daru, Paul 保罗·达吕
Delacroix, Eug è ne 欧仁·德拉克洛瓦
Delle Masegne brothers 达莱·马塞涅兄弟
Demetrius, Despot of the Morea 摩里亚领主德米特里
Denmark 丹麦
Desbouleaux brothers 德布尔莱奥兄弟
Diaz, Bartholomeu 巴尔托洛梅乌·迪亚士
Diehl, Charles 夏尔·迪尔
Dodecanese 多德卡尼斯群岛
Doge 执政官
Doimo, Count of Veglia 韦利亚伯爵多伊莫
Dolfin, Cardinal 多尔芬枢机主教
Dolfin, Giorgio 乔治奥·多尔芬
Dolfin, Giovanni, Doge 执政官乔瓦尼·多尔芬
Dominic, Saint 圣多明我
Dominican Order 多明我会
Donà, Andrea 安德烈亚·多纳
Donà, Ermolao 埃尔莫劳·多纳
Donà, Francesco, Doge 执政官弗朗切斯科·多纳
Donà, Francesco (emissary to Napoleon) 弗朗切斯科·多纳（威尼斯与拿破仑交涉的特使）
Donà, Girolamo 吉罗拉莫·多纳
Donà, Leonardo 执政官列奥纳多·多纳
Donà, Nicolò 执政官尼科洛·多纳
Donatello, Donato Bardi 多纳托·巴尔迪·多纳泰罗
Donato (or Donà), Marco 马可·多纳托（多纳）
Donatus, Saint 圣多纳图斯
Doria, Andrea 安德烈亚·多里亚
Doria, Filippo 菲利波·多里亚
Doria, Gian Andrea 吉安·安德烈亚·多里亚

Doria, Giovanni 乔瓦尼·多里亚

Doria, Lamba 兰巴·多里亚

Doria, Luciano 卢西亚诺·多里亚

Doria, Paganino 帕加尼诺·多里亚

Doria, Pietro, Admiral 彼得罗·多里亚将军

Dorsoduro 多尔索杜罗

Dragut (Torghud Ra'is) 德拉古特

Dubrovnik 杜布罗夫尼克

Ducas, Michael 拜占庭帝国皇帝米海尔·杜卡斯（米海尔七世）

Dugommier, Jacques François Coquille 雅克·弗朗索瓦·科基耶·杜戈米埃

Dulcigno (Albania) 乌尔齐尼（阿尔巴尼亚）

Durazzo 杜拉佐

E

Eckenwald 埃肯瓦尔德

Edessa 埃德萨

Edward III, King of England 英格兰国王爱德华三世

Egypt 埃及

Elizabeth, Queen of Philip II of Spain 西班牙国王菲利普二世王后伊丽莎白

Elizabeth I, Queen of England 英格兰女王伊丽莎白一世

Emili, Francesco, Count 埃米利伯爵弗朗切斯科

Emo, Angelo 安杰洛·埃莫

Emo, Pietro 彼得罗·埃莫

England 英格兰

Epirus 伊庇鲁斯

Episkopi 埃皮斯科

Equilo 埃奎洛

Erasmus, Desiderius 德西德里乌斯·伊拉斯谟

Erizzo, Francesco, Doge 执政官弗朗切斯科·恩里佐

Erizzo, Paolo 保罗·恩里佐

Esxutori contra la Bestemmia 反亵渎执行者

Este 埃斯特

Este, Almerigo, Prince of 埃斯特家族的阿梅里戈亲王

Este, Beatrice of 埃斯特家族的贝亚特丽斯

Este, Césare of 凯撒·埃斯特

Este, Ercole, Duke of 埃斯特家族的埃尔科莱公爵

Este, Francesco d' 弗朗切斯科·德·埃斯特

Este, Ippolito, Cardinal of 枢机主教伊波利托·埃斯特

Este, Obizzo d' 奥比佐·德·埃斯特

Este family 埃斯特家族

Estrées, César d', Cardinal 枢机主教塞萨尔·德·埃斯特雷

Euboea 优卑亚岛

Eudoxia, wife to Alexius V Ducas 拜占庭皇后欧多克西亚，拜占庭帝国皇帝阿莱克修斯五世（阿莱克修斯·杜卡斯）之妻

Eugenius IV, Pope 教宗尤金四世

Euphemia, Saint 圣尤菲米亚

Euphrosyne, wife to Alexius III Angelus 拜占庭皇后欧芙洛绪涅（拜占庭帝国安格洛斯王朝皇帝阿莱克修斯三世之妻）

Euripos (strait) 尤里普斯海峡

Euthymius 优锡米乌斯

Ezzelino 埃泽利诺

Ezzelino da Faenza 埃泽利诺·达·法恩扎

F

Falier, Bertuccio 贝尔图乔·法列尔

Falier, Marin, Doge 执政官马林·法列尔

Falier, Ordelafo, Doge 执政官奥尔德拉佛·法列尔
Falier, Vitale, Doge 执政官维塔莱·法列尔
Famagusta (Cyprus) 法马古斯塔（塞浦路斯）
Fano 法诺
Farnese family 法尔内塞家族
Feltre 费尔特雷
Feodosiya 费奥多西亚
Ferdinand, Emperor (King of the Romans) 神圣罗马帝国皇帝斐迪南（罗马人民的国王）
Ferdinand (Archduke), Emperor 奥地利大公，神圣罗马帝国皇帝斐迪南
Ferdinand (Archduke), King of Hungary 匈牙利国王斐迪南（斐迪南大公）
Ferdinand, King of Naples 那不勒斯国王斐迪南一世
Ferdinand (Ferrantino), King of Naples 那不勒斯国王斐迪南（费兰蒂诺）
Ferdinand (of Aragon), King of Spain 西班牙国王阿拉贡的斐迪南
Fermo 费尔莫
Ferrara 费拉拉
Ferrara, Duke of 费拉拉公爵
Ferrara, Alfonso, Duke of 费拉拉公爵阿方索
Ferrara, Alfonso, Duke of (d.1595) 费拉拉公爵阿方索
Ferrara, Marquis of 费拉拉侯爵
Ferrarese, the 费拉拉人
Fine 菲内
Fiume 菲乌梅
Flabanico, Domenico, Doge 执政官多梅尼科·弗拉班尼科
Flanders 佛兰德
Flangini, Ludovico 卢多维科·弗兰吉尼
Florence 佛罗伦萨
Florence, Cosimo II, Grand Duke of 佛罗伦萨大公柯西莫二世
Fondaco dei Tedeschi 德意志商馆（威尼斯）
Fondaco dei Turchi 土耳其商馆（威尼斯）
Forlimpopoli 福林波波利
Fornovo, Battle of (1495) 福尔诺沃战役（公元1495年）
Fortunatus, Patriarch of Grado 格拉多宗主教福图纳图斯
Fortunatus, Saint 圣福图纳图斯
Foscari, Francesco, Doge 执政官弗朗切斯科·福斯卡里
Foscari, Jacopo 雅各布布·福斯卡里
Foscari, Luigi 路易吉·福斯卡里
Foscari, Marco 马可·福斯卡里
Foscari di Nicolò, Francesco 弗朗切斯科·迪·尼科洛·福斯卡里
Foscari family 福斯卡里家族
Foscarini, Antonio 安东尼奥·福斯卡里尼
Foscarini, Giacomo 贾科莫·福斯卡里尼
Foscarini, Giovanni 乔瓦尼·福斯卡里尼
Foscarini, Marco, Doge 执政官马可·福斯卡里尼
Foscarini, Nicolò 尼科洛·福斯卡里尼
Foscarini, Sebastiano 塞巴斯蒂亚诺·福斯卡里尼
Fosco, son of Azzo III 阿佐三世之子福斯科
Fosco, grandson of Azzo III 阿佐三世之孙福斯科
Foscolo, Leonardo 列奥纳多·福斯科洛
Fossanuova 福萨诺瓦
France 法兰西
Francesco of Rome 罗马的弗朗切斯科

Francis of Assisi, Saint 阿西西的圣方济
Francis I, King of France 法兰西国王弗朗索瓦一世
Franciscan Order 圣方济会
Franco, Veronica 韦罗妮卡·弗朗哥
Franklin, Benjamin 本杰明·富兰克林
Frari, S. Maria Gloriosa dei (church) 圣方济会荣耀圣母教堂
Frederick Barbarossa, Emperor of the West 神圣罗马帝国皇帝腓特烈·巴巴洛萨
Frederick II, Emperor of the West 神圣罗马帝国皇帝腓特烈二世
Frederick III, Emperor of the West 神圣罗马帝国皇帝腓特烈三世
Frederick IV, King of Denmark 丹麦国王腓特烈四世
Frederick of Swabia 施瓦本的腓特烈
Frederick, infant son of Henry VI 神圣罗马帝国亨利六世幼子腓特烈
French Revolution 法国大革命
Friuli 弗留利
Fulk of Neuilly 讷伊的富尔克
Fusina 富西纳

G

Gabrieli, Giovanni 乔瓦尼·加布里埃利
Gaeta 加埃塔
Galata 加拉塔
Galba, Emperor 罗马皇帝加尔巴
Galbaio, Giovanni, Doge 执政官乔瓦尼·加尔巴约
Galbaio, Maurizio, Doge 执政官毛里齐奥·加尔巴约
Galbaio, Maurizio (grandson of above) 毛里齐奥·加尔巴约（前者之孙）
Galilee 加利利
Galileo Galilei 伽利略·加利雷
Gallini, Giacomo 贾科莫·加利尼
Gallipoli 加里波利
Galuppi, Baldassare 巴尔达萨雷·加卢皮
Gama, Vasco da 瓦斯科·达·伽马
Gambello, Antonio 安东尼奥·甘贝罗
Garda, Lake 加尔达湖
Garzoni, Pietro 彼得罗·加尔佐尼
Garzoni Bank 加尔佐尼银行
Gattamelata, Erasmo da Narni, 加塔梅拉塔（埃拉斯莫·达·纳尔尼）
Gattenburg, Loredana Morosini, Countess 加滕堡伯爵夫人洛雷达纳·莫罗西尼
Gattinara, Mercurino de 梅尔库里诺·德·加蒂纳拉
Gelasius II 教宗格拉修二世
Genigliano (river) 格尼格里亚诺河
Genoa 热那亚
George of Antioch 安条克的乔治
George III, King of England 英格兰国王乔治三世
Germany 德意志
Gerona 赫罗纳
Gfrörer, A. F. 奥古斯特·弗雷德里希·格夫勒雷尔
Ghiazza, Stefano（“Gisello”）斯特凡诺·吉亚扎（“吉赛罗”）
Gibbon, Edward 爱德华·吉本
Gibraltar, Straits of 直布罗陀海峡
Giorgione, Giorgio Barbarelli 乔治奥·巴尔巴雷利·焦尔焦内
Giorgione of Castelfranco 卡斯泰尔弗兰科（自

由堡）的焦尔焦内
Giovanelli, Giuseppe 朱塞佩·焦瓦内利
"Giselio," see Ghiazza, Stefano "吉赛罗"（斯特凡诺·吉亚扎）
Giudecca 朱代卡岛
Giustinian, Antonio 安东尼奥·朱斯蒂尼安
Giustinian, Bernardo 贝尔纳多·朱斯蒂尼安
Giustinian, Giuffredo 朱弗雷多·朱斯蒂尼安
Giustinian, Lunardo 卢纳尔多·朱斯蒂尼安
Giustinian, Marcantonio, Doge 执政官马尔坎托尼奥·朱斯蒂尼安
Giustinian, Marco 马可·朱斯蒂尼安
Giustinian, Orsato 奥尔萨托·朱斯蒂尼安
Giustinian, Stefano 斯特凡诺·朱斯蒂尼安
Giustinian, Taddeo 塔代奥·朱斯蒂尼安
Giustiniani family 朱斯蒂尼安家族
Godfrey, Duke of Lower Lorraine 下洛林公爵戈弗雷
Goethe, J. W. von 约翰·沃尔夫冈·冯·歌德
Gold, William 威廉·戈尔德
Golden Book 金书
Goldoni, Carlo 卡洛·哥尔多尼
Gonnella, Giovanni 乔瓦尼·贡内拉
Gonzaga family 贡扎加家族
Gonzaga, Francesco 弗朗切斯科·贡扎加
Gonzaga, Luigi 路易吉·贡扎加
Gorizia 戈里齐亚
Gorizia, Counts of 戈里齐亚伯爵
Grabousa 格拉武萨岛
Gradenigo family 格拉代尼戈家族
Gradenigo, Bartolomeo, Doge 执政官巴托洛梅奥·格拉代尼戈
Gradenigo, Giovanni 乔瓦尼·格拉代尼戈
Gradenigo, Giovanni, Doge 执政官乔瓦尼·格拉代尼戈
Gradenigo, Pietro 彼得罗·格拉代尼戈
Gradenigo, Pietro, Doge 执政官彼得罗·格拉代尼戈
Grado 格拉多
Grado, Patriarchs of 格拉多宗主教
Great Council (Maggior Consiglio) 大议会
Gregory II, Pope 教宗格列高利二世
Gregory VII (Hildebrand), Pope 教宗格列高利七世（希尔德布兰德）
Gregory VIII, Pope 教宗格列高利八世
Gregory IX, Pope 教宗格列高利九世
Gregory X, Pope 教宗格列高利十世
Gregory XI, Pope 教宗格列高利十一世
Gregory XII, Pope (Angelo Correr) 教宗格列高利十二世（安杰洛·科雷尔）
Gregory XIII, Pope 教宗格列高利十三世
Gregory XIV, Pope 教宗格列高利十四世
Grimaldi, Antonio 安东尼奥·格里马尔迪
Grimaldi, Napoleone 纳波莱奥尼·格里马尔迪
Grimani, Palazzo 格里马尼宫
Grimani, Antonio, Doge 执政官安东尼奥·格里马尼
Grimani, Domenico, Cardinal 枢机主教多梅尼科·格里马尼
Grimani, Gian Battista 吉安·巴蒂斯塔·格里马尼
Grimani, Marino, Doge 执政官马里诺·格里马尼
Grimani, Pietro, Doge 执政官彼得罗·格里马尼
Grimani, Pietro (son of Antonio Grimani) 彼得罗·格里马尼（安东尼奥·格里马尼之子）
Grimani, Vincenzo 温琴佐·格里马尼
Gritti, Andrea, Doge 执政官安德烈亚·格里蒂

Guardi, Francesco 弗朗切斯科·瓜尔迪
Guariento di Arpo 阿尔波·迪·瓜里恩托
Guarinus 瓜里努斯
Guaschi, Renier dei 雷尼耶·代·瓜斯基
Guastalla, Ferrante II Gonzaga, Duke of 瓜斯塔拉公爵费兰特贡扎加二世
Guicciardini, Francesco 弗朗切斯科·圭恰迪尼
Guiscard 吉斯卡尔
Guise, Francis, Duc de 吉斯公爵弗朗索瓦
Guy, Marquis of Ivrea 伊夫雷亚侯爵居伊
Guy of Lusignan, King of Jerusalem 耶路撒冷国王吕西尼昂的居伊

H

Hadrian, Cardinal of Castello 卡斯特洛枢机主教哈德里安
Haifa 海法
Halicarnassus 哈利卡那索斯
Harrington, James 詹姆斯·哈林顿
Hasan, Uzun 乌尊哈桑
Hattin, Battle of (1187) 哈丁战役（公元 1187 年）
Hauteville, Bohemund de (later Prince of Taranto) 博希蒙德·德·奥特维尔（之后的塔兰托亲王）
Hauteville, Robert de (Guiscard) 罗伯特·德·奥特维尔（吉斯卡尔）
Hauteville, Roger de, Count (later King of Sicily) 罗杰·德·奥特维尔（之后的西西里国王）
Hawkwood,Sir John 约翰·霍克伍德爵士
Henry of Champagne 香槟的亨利
Henry of Flanders, Emperor of Byzantium 拜占庭帝国皇帝，佛兰德的亨利
Henry of Hohenstaufen, King of the Romans (later Henry VI, Emperor of the West) 罗马人民的国王，霍亨施陶芬的亨利（后成为神圣罗马帝国皇帝亨利六世）
Henry II (“The Holy”), Emperor of the West 罗马帝国皇帝“圣人”亨利二世
Henry IV, Emperor of the West 罗马帝国皇帝亨利四世
Henry V, Emperor of the West 罗马帝国皇帝亨利五世
Henry VI, Emperor of the West 罗马帝国皇帝亨利六世
Henry VII, King of England 英格兰国王亨利七世
Henry VIII, King of England 英格兰国王亨利八世
Henry II, King of France 法兰西国王亨利二世
Henry III, King of France 法兰西国王亨利三世
Henry IV (of Navarre), King of France 法兰西国王亨利四世（纳瓦拉的亨利）
Heraclea 赫拉克利亚
Heraclius, Emperor 拜占庭皇帝希拉克略
Hermagoras, Saint 圣赫尔马戈拉斯
Hoche, Lazare, General 拉扎尔·奥什将军
Hodgson, F. C 弗朗西斯·科特雷尔·霍奇森
Holy Roman Empire 神圣罗马帝国
Homer 荷马
Hungary 匈牙利
Hunyadi, John 匈雅提·约翰
Hus, John 扬·胡斯
Hvar 赫瓦尔
Hydra 海德拉

I

Ibrahim, Sultan 易卜拉欣苏丹
Illyria 伊利里亚

Imola 伊莫拉
Incurabili (orphanage) 重病垂危孤儿院
India 印度
Innocent II, Pope 教宗英诺森二世
Innocent III, Pope 教宗英诺森三世
Innocent IV, Pope 教宗英诺森四世
Innocent IX, Pope 教宗英诺森九世
Innocent X, Pope 教宗英诺森十世
Innocent XI, Pope 教宗英诺森十一世
Inquisition, Holy 宗教裁判所
Inquisitori di Stato（"The Three"）国务调查员（"三人"）
Ionian Islands 爱奥尼亚群岛
Ios 伊奥斯岛
Ipato, Teodato, Doge 执政官特奥达托·伊帕托
Isaac, Exarch of Ravenna 拉文纳总督伊萨克
Isaac II Angelus 拜占庭帝国安格洛斯王朝皇帝伊萨克二世
Isabella, Queen of Spain 西班牙女王伊莎贝拉
Isidore, Cardinal (formerly Metropolitan of Kiev) 枢机主教伊西多尔（前基辅大主教）
Isidore, Saint 圣依西多禄
Istria 伊斯特里亚
Ithaca 伊萨卡
Ivan the Terrible, Tsar of Muscovy 俄国沙皇（莫斯科大公）伊凡四世（可怕的伊凡）

J

Jaffa 雅法
James III, King of Cyprus 塞浦路斯国王詹姆斯三世
James I, King of England 英格兰国王詹姆斯一世
Jefferson, Thomas 托马斯·杰斐逊
Jemappes, Battle of (1792) 热马普之战（1792 年）
Jerusalem 耶路撒冷
Jerusalem, Emir of 耶路撒冷埃米尔
Jesolo 耶索洛
Jesuits 耶稣会
Jesus Christ 耶稣基督
Jews, legislation against 排犹法案
Joanna, Archduchess of Austria 奥地利女大公约翰娜
Joanna of England, wife of William II of Sicily 西西里国王威廉二世之妻，英格兰的乔安娜
Joanna (the Mad), Queen of Castile and Aragon 卡斯蒂利亚与阿拉贡女王胡安娜一世（"疯女胡安娜"）
Joanna II, Queen of Naples 那不勒斯女王乔安娜二世
John of Austria, Don 奥地利的唐·约翰
John the Deacon 执事约翰
John II Comnenus, Emperor of Byzantium 拜占庭帝国科穆宁王朝皇帝约翰二世
John V Paiaeologus, Emperor of Byzantium 拜占庭帝国帕里奥格洛斯王朝皇帝约翰五世
John VI Cantacuzenus, Emperor of Byzantium 拜占庭帝国皇帝约翰·坎塔库泽努斯（约翰六世）
John VIII Paiaeologus, Emperor of Byzantium 拜占庭帝国帕里奥格洛斯王朝皇帝约翰八世
John III, King of Cyprus 塞浦路斯国王约翰三世
John X, Pope 教宗约翰十世
John XII, Pope 教宗约翰十二世
John XIX, Pope 教宗约翰十九世
John XXIII, Pope (Angelo Roncalli) 教宗约翰

二十三世（安杰洛·龙卡利）

John XXIII, anti-Pope (Baldassare Cossa) 敌对教宗约翰二十三世（巴尔达萨雷·科萨）

John Sobieski, King of Poland 波兰国王约翰·索别斯基

Joseph II, Emperor of Austria 神圣罗马皇帝，奥地利的约瑟夫二世

Joseph, Patriarch of Constantinople 君士坦丁堡大牧首约瑟夫

Julius II, Pope (Giuliano della Rovere) 教宗尤利乌斯二世（朱利亚诺·德拉·罗韦雷）

Junot, Andoche, General 让·安多什·朱诺将军

Justinian, Emperor 查士丁尼大帝

Juven, Balthasar 巴尔塔萨·朱旺

K

Kairouan 凯鲁万

Kalamata 卡拉马塔

Kara Mustafa 卡拉·穆斯塔法

Karlowitz (now Sremski Karlovci) 卡尔洛夫奇（今斯雷姆斯基卡尔洛夫奇）

Kastoria 卡斯托里亚

Kerpen, General 克彭将军

Königsmark, Otto William von, Count 奥托·威廉·冯·柯尼希斯马克伯爵

Koprülü, Ahmed, Grand Vizir 大维齐尔科普鲁律·艾哈迈德

Korcula 科尔丘拉岛

Kosovo, Battle of (1389) 科索沃之战（公元 1389 年）

Kotor, see Cattaro 科托尔（卡塔罗）

Krk 克尔克

Kublai Khan 忽必烈汗

Kyrenia 凯里尼亚

L

Ladislas of Durazzo, King of Naples and of Hungary 那不勒斯与匈牙利国王，杜拉佐的拉迪斯劳

Lafayette, Marie-Joseph, Marquis de 拉斐德（拉法叶）侯爵马里耶–约瑟夫

La Feuiilade, François, Duc de 弗朗索瓦·拉·弗亚德公爵

Lagosta (now Lastovo) 拉戈斯塔岛（今拉斯托沃岛）

Lajos I (the Great), King of Hungary 匈牙利国王拉约什一世（拉约什大王）

Lajos II, King of Hungary 匈牙利国王拉约什二世

Lallement 拉勒芒

La Lojera, Battle of（1353）拉洛耶拉战役（公元 1353 年）

Lamberg, Count 兰贝格伯爵

Lando, Pietro, Doge 执政官彼得罗·兰多

La Palice, Jacques II de Chabaunes, Seigneur de 雅克二世·德·沙博内斯，拉帕利斯领主

Lastovo 拉斯托沃岛

Latakia 拉塔基亚

Lateran Council (1512) 拉特朗会议（公元 1512 年）

La Trémoille, Louis, Seigneur de 特雷穆瓦耶领主路易

Laugier, Jean-Baptiste 让·巴蒂斯特·劳吉尔

Lautrec, Seigneur de 洛特雷克领主

La Valette, Jean de 让·德·拉·瓦莱特

La Varenne 拉·瓦雷纳

Lazzari, Dioniso 迪奥尼索·拉扎里

Lazzarini, Gregorio 格里高里奥・拉扎里尼
Legnago 莱尼亚戈
Legnano 莱尼亚诺
Lemnos 利姆诺斯岛
Leo III, Emperor of Byzantium 拜占庭皇帝利奥三世
Leo V (the Armenian), Emperor of Byzantium 拜占庭皇帝利奥五世（亚美尼亚人）
Leo III, Pope 教宗利奥三世
Leo X, Pope (Giovanni de' Medici) 教宗利奥十世（乔瓦尼・德・美第奇）
Leo XI, Pope 教宗利奥十一世
Leoben agreement (1797)《莱奥本协议》(公元 1797 年)
Leopold, Emperor 神圣罗马皇帝利奥波德一世
Leopold of Austria, Duke 奥地利大公利奥波德
Lepanto 勒班陀
Lesbos 莱斯沃斯岛
Lesdigui è res, François de Bonne, Duc de, Marshal 法国元帅弗朗索瓦・德・本内，莱迪吉耶尔公爵
Lesina (non・Hvar) 莱西纳（今赫瓦尔）
Leucas, see Santa Maura 莱夫卡斯（圣毛拉）
Levant, The 黎凡特
Lewis II, Emperor of the West 法兰克帝国皇帝路易二世
Liber Albus《白皮法典》
Libérateur d'Italie (ship) "意大利解放者" 号
Liber Blancus《白色法典》
Libro d'Oro (Golden Book) 金书
Lido, The 利多岛
Liguria 利古里亚
Limassol (Cyprus) 利马索尔（塞浦路斯）
Lippomano Bank 利波马诺银行
Lisbon 里斯本
Lissa (now Vis) 利萨岛（今维斯岛）
Liutprand, King of the Lombards 伦巴第国王利乌特普兰德
Loana, Battle of (1795) 洛阿纳战役（公元 1795 年）
Lombardo, Pietro 彼得罗・隆巴尔多
Lombardy 伦巴第
Londo, Tower of 隆多塔
Longhena, Baldassare 巴尔达萨雷・隆盖纳
Longhi, Pietro 彼得罗・隆吉
Longhi family 隆吉家族
Longinus 朗基努斯
Longo, Alvise 阿尔维塞・隆哥
Longo, Geronimo 杰罗尼莫・隆哥
Longo, Giovanni Giustiniani 乔瓦尼・朱斯蒂尼亚尼・隆哥
Loredan family 洛雷登家族
Loredan, Alvise 阿尔维塞・洛雷登
Loredan, Andrea 安德烈亚・洛雷登
Loredan, Antonio (fl.1472) 安东尼奥・洛雷登
Loredan, Antonio (fl.1716) 安东尼奥・洛雷登
Loredan, Francesco, Doge 执政官弗朗切斯科・洛雷登
Loredan, Francesco (Capo) 弗朗切斯科・洛雷登（Capo）
Loredan, Giacomo 贾科莫・洛雷登
Loredan, Jacopo 雅各布・洛雷登
Loredan, Leonardo, Doge 执政官列奥纳多・洛雷登
Loredan, Lorenzo 洛伦佐・洛雷登
Loredan, Lorenzo (Leonardo Loredan's son) 洛伦佐・洛雷登（列奥纳多・洛雷登之子）
Loredan, Pietro, Admiral 彼得罗・洛雷登将军

M

大元帅莫里斯

Maximilian I, Emperor 神圣罗马帝国皇帝马克西米利安一世

Maximilian II, Emperor 神圣罗马帝国皇帝马克西米利安二世

Mazarin, Cardinal 枢机主教马萨林

Medici, Alessandro de' 亚历山德罗・德・美第奇

Medici, Catherine de' 凯瑟琳・德・美第奇

Medici, Cosimo de', Duke of Florence 佛罗伦萨公爵柯西莫・德・美第奇

Medici, Cosimo de', Grand Duke of Tuscany 托斯卡纳大公柯西莫・德・美第奇

Medici, Cosimo II de', Grand Duke of Tuscany 托斯卡纳大公柯西莫・德・美第奇二世

Medici, Fernando de', Cardinal (later Grand Duke of Tuscany) 枢机主教费尔南多・德・美第奇（后成为托斯卡纳大公）

Medici, Francesco de', Grand Duke of Tuscany 托斯卡纳大公弗朗切斯科・德・美第奇

Medici, Giovanni de' 乔瓦尼・德・美第奇（利奥十世）

Medici, Giuliano de' 朱利亚诺・德・美第奇

Medici, Lorenzo de' (the Magnificent) 洛伦佐・德・美第奇（豪华者）

Medici, Marie de' 玛丽・德・美第奇

Medici, Piero de' 彼得罗・德・美第奇

Mehmet I, Sultan 奥斯曼帝国苏丹穆罕默德一世

Mehmet II (the Conqueror), Sultan 奥斯曼帝国苏丹穆罕默德二世（征服者）

Mehmet, Sokollu, Grand Vizir 索库鲁・穆罕默德大维齐尔

Memmo, Andrea 安德烈亚・梅莫

Memmo, Marcantonio 马尔坎托尼奥・梅莫

Memmo, Tribuno 特里布诺・梅莫

Mendicanti (orphanage) 乞丐孤儿院

Menio, Tribuno 特里布诺・梅尼奥

Merceria, The 默瑟里亚

Messina 墨西拿

Mestre 梅斯特雷

Michael VII, Emperor of Byzantium 拜占庭帝国皇帝米海尔七世

Michael VIII Palaeologus, Emperor of Byzantium 拜占庭帝国帕里奥格洛斯王朝皇帝米海尔八世

Michelangelo Buonarroti 布奥纳罗蒂・米开朗基罗

Michiel, Domenico, Doge 执政官多梅尼科・米希尔

Michiel, Faustin 福斯坦・米希尔

Michiel, Giovanni 乔瓦尼・米希尔

Michiel, Vitale, Doge 执政官维塔莱・米希尔

Michiel, Vitale II, Doge 执政官维塔莱・米希尔二世

Milan 米兰

Milan, Dukes of 米兰公爵

Millar, Sir Oliver 奥利弗・米拿爵士

Minotto, Girolamo 吉罗拉莫・米诺托

Mirabeau, Honore-Gabriél, Comte de 米拉波伯爵奥诺雷・加布里埃尔

Mirandola (castle) 米兰多拉城堡

Mocenigo family 莫切尼戈家族

Mocenigo, Alvise I, Doge 执政官阿尔维塞・莫切尼戈一世

Mocenigo, Alvise II, Doge 执政官阿尔维塞・莫切尼戈二世

Mocenigo, Alvise III (Sebastiano),Doge 执政官阿尔维塞・莫切尼戈三世（塞巴斯蒂亚诺）

P

Q

R

S

S. Giovanni in Croce 圣乔瓦尼因克罗切
S. Giuliano (church) 圣朱利亚诺教堂
S. Giuseppe di Castello (church) 卡斯特洛圣朱塞佩教堂
S. Gregorio (church) 圣格列高利教堂
S. Ilario (church) 圣伊拉里奥教堂
S. Isidore (church) 圣依西多禄教堂
S. Lazzaro (island) 圣拉扎罗教堂
S. Lorenzo (church) 圣洛伦佐教堂
S. Luca (fortress) 圣路加堡垒
S. Marco(scuola) 圣马可学校
S. Marco (St Mark's) 圣马可大教堂
S. Maria Assunta 圣母升天教堂
S. Maria Celeste (church) 圣玛利亚·塞莱斯特教堂
S. Maria degli Angeli (church), Murano 穆拉诺圣玛利亚天使教堂
S. Maria dei Miracoli (church) 奇迹圣母教堂
S. Maria del Carmelo (Carmini; church) 加尔默罗圣母圣衣教堂
S. Maria della Carità (church) 慈恩圣母教堂
S. Maria della Carità (scuola) 慈恩圣母学校
S. Maria della Salute (church) 安康圣母教堂
S. Maria delle Vergini (convent) 童贞圣母修道院
S. Maria Formosa (church) 圣玛利亚福尔莫萨教堂
S. Maria Gloriosa dei Frari (church) 圣方济会荣耀圣母教堂
S. Maria Zobenigo (church) 百合圣母教堂（佐贝尼戈圣母教堂）
S. Marina (church) 圣玛丽娜教堂
S. Martino (church) 圣马蒂诺教堂
S. Michael of Cuxa (monastery) 圣米迦勒·德·库克萨修道院
S. Michele (church) 圣米迦勒教堂
S. Michele Archangelo (church) 大天使圣米迦勒教堂
S. Nicolò da Tolentino (I Tolentini; church) 戴蒂尼会圣尼科洛教堂（圣尼科洛·达·托伦蒂诺教堂）
S. Nicolò dei Mendicoli (church) 圣尼科洛乞丐教堂
S. Nicolò di Lido (monastery) 利多岛圣尼科洛修道院
S. Pietro (St. Peter's), Rome 罗马圣彼得大教堂
S. Pietro di Castello (church) 卡斯特洛圣彼得罗大教堂
S. Rocco (scuola) 圣罗科学校
S. Salvatore (church) 圣萨尔瓦托雷教堂
S. Servia, Constantinople 圣塞尔维亚（君士坦丁堡）
S. Servolo (island) 圣塞尔沃洛岛
S. Stae (S. Eustachio; church) 圣斯泰亚（圣欧斯塔基奥教堂）
S. Stefano (church) 圣斯特凡诺教堂
S. Theodore (church) 圣狄多禄教堂
S. Vio (church) 圣维奥教堂
S. Vito 圣维托
S. Zaccaria (church) 圣匝加利亚教堂
Sabas, Saint 圣撒巴斯
Sacile 萨奇莱
Sadowa, Battle of (1866) 萨多瓦战役（公元 1866 年）
Sagredo, Giovanni 乔瓦尼·萨格雷多
Sagredo, Nicolò, Doge 执政官尼科洛·萨格雷多
Sagredo, Palazzo 萨格雷多宫

Schiavo, Domenico 多梅尼科·斯基亚沃
Schio, Battle of (1513) 斯基奥战役
Schulenberg, Matthias Johann von der, Marshal 约翰·马蒂亚斯·冯·德·舒伦堡元帅
Sciarra, Marco 马可·夏拉
Scolari, Filippo degli 菲利波·德里·斯科拉里
Scotland 苏格兰
Scuola della Carità 慈善学校
Scutari (Albania) 斯库台（阿尔巴尼亚）
Sebenico (now Sibenik) 塞贝尼科（今希贝尼克）
Segna (now Senj) 塞纳（今塞尼）
Selim I (the Grim), Sultan 奥斯曼帝国苏丹塞利姆一世（“冷酷者”）
Selim II (the Sot), Sultan 奥斯曼帝国苏丹塞利姆二世（“酒鬼”）
Selvatico, Pietro, Marquis 彼得罗·赛尔瓦蒂科侯爵
Selvo, Domenico, Doge 执政官多梅尼科·赛尔沃
Selvo, Theodora 狄奥多拉·赛尔沃（狄奥多拉·杜卡斯公主）
Serbia 塞尔维亚
Serrata 议会关闭
Serravalle 塞拉瓦莱
Servi (church and convent) 塞尔维教堂与修道院
Seven Years War 七年战争
Sforza, Francesco, Duke of Milan 米兰公爵弗朗切斯科·斯福尔扎
Sforza, Francesco II, Duke of Milan 米兰公爵弗朗切斯科·斯福尔扎二世
Sforza, Galeazzo, Duke of Milan 米兰公爵加莱亚佐·斯福尔扎
Sforza, Ludovico (il Moro), Duke of Milan 米兰公爵卢多维科·斯福尔扎
Sforza, Massimiliano, Duke of Milan 米兰公爵马西米利亚诺·斯福尔扎
Shakespeare, William 威廉·莎士比亚
Shangtu 元上都
Siam 暹罗
Sibenik 希贝尼克
Sicilian Vespers, The 西西里晚祷事件
Sicily 西西里
Sidon 赛达
Sicyès, Emmanuel-Joseph dc, Abbé 埃马纽埃尔-约瑟夫·西哀士神父
Sigismund, King of Hungary and Emperor of the West 匈牙利国王和神圣罗马帝国皇帝西吉斯蒙德
Sile (river) 西莱河
Siliato, Maria Grazia 玛利亚·格拉齐亚·西利亚托
Simonsfield, H. H. 西蒙斯菲尔德
Sitia (Crete) 锡蒂亚（克里特）
Sixtus IV, Pope 教宗西克斯图斯四世
Sixtus V, Pope 教宗西克斯图斯五世
Skanderberg (Albanian chieftain) 阿尔巴尼亚民族英雄斯坎德培
Skiathos (island) 斯基亚索斯岛
Skiros (island) 斯基罗斯岛
Skopelos (island) 斯科派洛斯岛
Smith, Joseph (Consul) 约瑟夫·史密斯领事
Smyrna 士麦那
Sobieski, John, King of Poland 波兰国王约翰·索别斯基
Sofia 索菲亚
Soldaia (now Soldak) 苏达亚（今苏达克）

Soldo, Cristoforo da 克里斯托弗罗·达·索尔多
Soncino 松奇诺
Sophia, Empress 索菲亚皇后
Soranzo, Benedetto 贝内代托·索伦佐
Soranzo, Giovanni, 乔瓦尼·索伦佐
Sottomarina 索托马里纳
Spadz, Andrea 安德烈亚·斯帕兹
Spain 西班牙
Spalato (now Split) 斯帕拉托（今斯普利特）
Spalmatori islands, Battle of (1695) 斯帕拉马托利群岛战役（公元 1695 年）
Spanish Conspiracy 西班牙人阴谋
Spano, Pippo (Filippo degli Scolari) 皮波·斯帕诺（菲利波·德利·斯科拉里）
Spetsai 斯派采岛
Spinalunga 史宾纳隆加岛
Spinelli, Gasparo 加斯帕罗·斯皮内利
Split 斯普利特
Stanislaus Leszczynski, King of Poland 波兰国王斯坦尼斯瓦夫·莱什琴斯基
Staratonio, Nicolò（"Barattieri"）尼科洛·斯塔拉托尼奥（"巴拉蒂耶里"）
Steinau, Baron von 施泰瑙男爵
Stella, Giorgio 乔治·斯泰拉
Steno, Michcle, Doge 执政官米凯莱·斯泰诺
Stephen the Proto-Martyr, Saint 基督教首位殉道者圣司提反
Stephen of Transylvania 特兰斯瓦尼亚的伊什特万
Stephen, King of Hungary 匈牙利国王伊什特万一世
Stephen II, King of Hungary 匈牙利国王伊什特万二世
Stephen III, King of Hungary 匈牙利国王伊什特万三世
Stephen III, Pope 教宗司提反三世
Stilo 斯蒂洛
Suda (Crete) 苏达（克里特）
Suleiman the Magnificent, Sultan 奥斯曼帝国苏丹苏莱曼大帝
Sutri 苏特里
Symonds, John Addington 约翰·阿丁顿·西蒙兹
Syracuse 锡拉库萨

T

Tamburlaine 坦布拉伊内
Taranto 塔兰托
Tavanes, Count of 塔瓦讷伯爵
Tenedos 泰内多斯（今博兹贾岛）
Tenno, castle of 滕诺城堡
Tentori, Abbate 滕托利修道院院长
Teodato, Doge, see Ipato, Teodato 执政官特奥达托·伊帕托
Termoli 泰尔莫利
Terracina 泰拉奇纳
Theatine Order 基廷会
Thebes 底比斯
Theodora, wife of Michael VIII Palaeologus 拜占庭帝国皇后狄奥多拉，皇帝米海尔八世（米海尔·帕里奥格洛斯）之妻
Theodora Ducas, Princess (later wife of Doge Domenico Selvo) 拜占庭公主狄奥多拉·杜卡斯（后为威尼斯执政官多梅尼科·赛尔沃之妻）
Theodore, Saint 圣狄多禄
Theodoric of Niem 尼恩的狄奥多里克
Theodoric the Ostrogoth 东哥特的狄奥多里克

Theodosius II, Emperor of Byzantium 拜占庭帝国皇帝狄奥多西二世
Theophano, Empress of the West 罗马帝国皇后泰奥法诺（奥托二世之妻）
Thirty Years' War 三十年战争
Tibald of Champagne, Count 香槟伯爵特奥巴尔多
Tiepolo family 提埃波罗家族
Tiepolo, Bajamonte 贝亚蒙特·提埃波罗
Tiepolo, Domenico 多梅尼科·提埃波罗
Tiepolo, Giacomo, Duke of Crete (later Doge of Venice) 克里特公爵贾科莫·提埃波罗（后为威尼斯执政官）
Tiepolo, Giacomo II 贾科莫·提埃波罗二世
Tiepolo, Lorenzo, Doge 执政官洛伦佐·提埃波罗
Tiepolo, Pietro, podestà of Treviso 特雷维索督政官彼得罗·提埃波罗
Tino, Domenico 多梅尼科·蒂诺
Tinos 蒂诺斯岛
Tintoretto, Domenico 多梅尼科·丁托列托
Tintoretto, Jacopo Robusti 雅各布·罗布斯蒂·丁托列托
Tirali, Andrea 安德烈亚·蒂拉利
Titian (Tiziano Vecelli) 提香（蒂齐亚诺·韦切利）
Titus, Saint 圣提多
Tolentini, see S. Nicolò da Tolentino 托伦蒂尼（尼科洛·达·托伦蒂诺）
Torbole 托尔博莱
Torcello 托尔切洛
Torelli, Saliguerra 萨利盖拉尔·托雷利
Torghud Ra' is 德拉古特
Tortona 托尔托纳
Tradonico, Giovanni 乔瓦尼·特拉多尼科
Tradonico, Pietro, Doge 执政官彼得罗·特拉多尼科
Trani 特拉尼
Transylvania 特兰斯瓦尼亚
Trapani 特拉帕尼
Trau (now Trogir) 特劳（今特罗吉尔）
Trebizond 特拉布宗
Trent, Council of (1545 - 63) 特伦托会议（公元 1545—1563 年）
Trento, Bishop of 特伦托主教
Treviglio 特雷维格里奥
Trevisan family 特雷维桑家族
Trevisan, Angelo 安杰洛·特雷维桑
Trevisan, Bernardo 贝尔纳多·特雷维桑
Trevisan, Domenico 多梅尼科·特雷维桑
Trevisan, Gabriele 加布里埃莱·特雷维桑
Trevisan, Giacomo 贾科莫·特雷维桑
Trevisan, Marcantonio, Doge 执政官马尔坎托尼奥·特雷维桑
Trevisan, Melchior 梅尔基奥尔·特雷维桑
Trevisan, Nicolò 尼科洛·特雷维桑
Treviso 特雷维索
Tribuno, Pietro 彼得罗·特里布诺
Trieste 的里雅斯特
Tripoli 的黎波里
Trivulzio, Gian Giacomo 吉安·贾科莫·特里武尔齐奥
Trogir 特罗吉尔
Tron, Andrea 安德烈亚·特隆
Tron, Antonio 安东尼奥·特隆
Tron, Filippo 菲利波·特隆
Tron, Nicolò, Doge 执政官尼科洛·特隆
Tron, Nicolò (father of Andrea Tron) 尼科洛·

特隆（安德烈亚·特隆之父）
Troy 特洛伊
Tunis 突尼斯城
Tunisia 突尼斯
Turin, Treaty of (1381)《都灵条约》(公元1381年)
Turkey 土耳其
Turks 土耳其人
Tuscany 托斯卡纳
Tuscany, Marquis of 托斯卡纳侯爵
Tyre 蒂尔

U

Udine 乌迪内
Urban II, Pope 教宗乌尔班二世
Urban III, Pope 教宗乌尔班三世
Urban V, Pope 教宗乌尔班五世
Urban VI, Pope 教宗乌尔班六世
Urban VII, Pope 教宗乌尔班七世
Urban VIII, Pope 教宗乌尔班八世
Urbino 乌尔比诺
Urbino, Duke of 乌尔比诺公爵
Ursus, see Orso 乌尔苏斯
Uskoks 乌斯科克人
Utrecht, Treaty of (1713)《乌得勒支和约》(公元1713年)

V

Valeggio, Battle of (1630) 瓦莱焦战役（公元1630年）
Valenza 瓦伦扎
Valier, Bertucci, Doge 执政官贝尔图奇·瓦列尔
Valier, Silvestro, Doge 执政官西尔维斯特罗·瓦列尔
Valmy, Battle of (1792) 瓦尔密战役（公元1792年）
Valona 法罗拉
Valtelline, war of (1624) 瓦尔泰利纳之战（公元1624年）
Varna 瓦尔纳
Vecellio, Marco 马可·韦切利奥
Veglia (now Krk) 韦利亚（今克尔克）
Vegliano, Battle of (1630) 韦利亚诺战役（公元1630年）
Vendôme, Louis Joseph de Bourbon,Duke of 旺多姆公爵路易·约瑟夫·德·波旁
Vendramin, Andrea, Doge 执政官安德烈亚·文德拉明
Vendramin, Francesco, Patriarch of Venice 威尼斯宗主教弗朗切斯科·文德拉明
Vendramin-Calergi, Palazzo 文德拉明宫
Venetia 威尼西亚
Veneziano, Paolo 保罗·韦内齐亚诺
Venier, Antonio, Doge 执政官安东尼奥·维尼耶
Venier, Cristoforo 克里斯托弗罗·维尼耶
Venier, Francesco, Doge 执政官弗朗切斯科·维尼耶
Venier, Giovanni 乔瓦尼·维尼耶
Venier, Sebastiano, Doge 执政官塞巴斯蒂亚诺·维尼耶
Vercelli, Peace of (1495)《韦尔切利和约》(公元1495年)
Verme, Giacomo dal 贾科莫·达尔·韦尔梅
Verona 维罗纳
Veronese, Paolo 保罗·委罗内塞
Verrocchio, Andrea dal 安德烈亚·达尔·韦

罗基奥
Vesc, Etienne de 韦斯克·德·艾蒂安
Vesuvius 维苏威火山
Vicentino, Andrea 安德烈亚·维琴蒂诺
Vicenza 维琴察
Victor IV (anti-Pope) 敌对教宗维克托四世
Victor Emmanuel, King of Sardinia 撒丁王国国王维克托·埃马努埃莱
Vienna 维也纳
Vignola, il, Giacomo Barozzi 贾科莫·巴罗奇·达·维尼奥拉
Villehardouin, Geoffrey de 杰弗里·德·维尔阿杜安
Villemor, Count of 维尔莫伯爵
Vilieroi, François de Neufville, Duke of 维勒鲁瓦公爵弗朗索瓦·德·纽夫维尔
Villetard 维尔塔
Vis 维斯岛
Visconti, Antonia 安东尼娅·维斯康蒂
Visconti, Azzo 阿佐·维斯康蒂
Visconti, Bernabò 贝尔纳博·维斯康蒂
Visconti, Bianca 比安卡·维斯康蒂
Visconti, Filippo Maria 菲利波·玛利亚·维斯康蒂
Visconti, Gian Galeazzo 吉安·加莱亚佐·维斯康蒂
Visconti, Gian Galeazzo (Ludovico il Moro's nephew) 吉安·加莱亚佐·维斯康蒂（卢多维科·斯福尔扎的外甥）
Visconti, Giovanni, Archbishop of Milan 米兰大主教乔瓦尼·维斯康蒂
Visconti, Giovanni Maria 乔瓦尼·玛利亚·维斯康蒂
Visconti, Matteo 马泰奥·维斯康蒂
Visconti, Valentina 瓦伦蒂娜·维斯康蒂
Visconti family (of Milan) 维斯康蒂家族
Visentini, Antonio 安东尼奥·维森蒂尼
Viterbo 维泰博
Vivaldi, Antonio 安东尼奥·维瓦尔第
Vlachs 弗拉赫人
Vonitsa 沃尼萨

W

Wagner, Richard 理查德·瓦格纳
Warren of Gray, Count 格雷伯爵沃伦
Warren, Abbot of St. Michael of Cuxa 圣米迦勒·德·库克萨修道院院长沃伦
Westphalia, Peace of (1648)《威斯特伐利亚和约》（公元 1648 年）
William I, King of Sicily 西西里国王威廉一世
William II (the Good), King of Sicily 西西里国王威廉二世（好人威廉）
William, Prince of Nassau 拿骚亲王威廉
William I (the Silent), Prince of Orange 奥伦治亲王威廉一世（沉默者）
Wolsey, Thomas, Cardinal 枢机主教托马斯·沃尔西
Worms, Treaty of (1523)《沃尔姆斯条约》（公元 1523 年）
Wotton, Sir Henry 亨利·沃顿爵士

Y

Yeats, William Butler 威廉·巴特勒·叶芝

Z

Zaccaria, Benedetto 贝内代托·匝加利亚
Zacharias, Saint 圣撒迦利亚
Zadar 扎达尔

Zagonara 札哥纳拉
Zane, Girolamo 贾科莫・扎内
Zane, Matteo, Patriarch of Venice 威尼斯宗主教马泰奥・扎内
Zante 赞特
Zara (now Zadar) 札拉（今扎达尔）
Zen, Antonio 安东尼奥・泽恩
Zen, Renter 伦特・泽恩
Zeno, Carlo 卡洛・泽诺
Zeno, Marino 马里诺・泽诺
Zeno, Pietro 彼得罗・泽诺
Zeno, Renier, Doge 执政官雷尼耶・泽诺
Zenta, Battle of (1697) 赞特之战（公元 1697 年）
Ziani, Pietro, Doge 执政官彼得罗・齐亚尼
Ziani, Sebastiano, Doge 执政官塞巴斯蒂亚诺・齐亚尼
Ziegler, P. S. P.S. 齐格勒
Zoë, Empress 拜占庭帝国佐伊女皇
Zorzi, Marino 马里诺・佐尔齐
Zorzi, Marino, Doge 执政官马里诺・佐尔齐
Zuccarelli, Francesco 弗朗切斯科・祖卡雷利
Zuliani, Biagio 比亚焦・祖利亚尼